中国社会科学院创新工程学术出版资助项目

马克思主义专题研究文丛

马克思主义哲学研究

（第6辑·2016）

崔唯航　主编
毕芙蓉　副主编

中国社会科学出版社

图书在版编目（CIP）数据

马克思主义哲学研究. 第6辑，2016 / 崔唯航主编 . —北京：中国社会科学
出版社，2017.9

（马克思主义专题研究文丛）

ISBN 978 - 7 - 5203 - 0940 - 0

Ⅰ. ①马…　Ⅱ. ①崔…　Ⅲ. ①马克思主义哲学—文集　Ⅳ. ①B0 - 0

中国版本图书馆 CIP 数据核字（2017）第 221602 号

出 版 人　赵剑英
责任编辑　徐沐熙
责任校对　庞雪飞
责任印制　戴　宽

出　　　版　中国社会科学出版社
社　　　址　北京鼓楼西大街甲 158 号
邮　　　编　100720
网　　　址　http://www.csspw.cn
发 行 部　010 - 84083685
门 市 部　010 - 84029450
经　　　销　新华书店及其他书店

印刷装订　北京君升印刷有限公司
版　　　次　2017 年 9 月第 1 版
印　　　次　2017 年 9 月第 1 次印刷

开　　　本　710×1000　1/16
印　　　张　30.5
插　　　页　2
字　　　数　503 千字
定　　　价　98.00 元

前　言

以毛泽东、邓小平、江泽民为核心的党的三代领导集体和以胡锦涛同志为总书记的党中央始终高度重视党的理论工作，重视全党对马克思主义理论的学习和研究工作。十八大以来，以习近平同志为总书记的党中央更是把意识形态工作作为党的一项极端重要的工作来抓。

2004 年 1 月，《中共中央关于进一步繁荣发展哲学社会科学的意见》下发，并决定实施马克思主义理论研究和建设工程。为贯彻落实党中央关于把中国社会科学院努力建设成为马克思主义坚强阵地、党和国家的思想库智囊团（智库）、哲学社会科学的最高殿堂的要求，中国社会科学院采取了一系列重要措施。2009 年初决定把加强马克思主义理论学科建设与理论研究作为一项重要工作来抓，并成立中国社会科学院马克思主义理论学科建设与理论研究工程领导小组。领导小组成立后，一方面注重抓好马克思主义理论学科组织机构的建设，设立马克思主义理论类别的研究室和中心等；同时又注重马克思主义基础理论研究。

为了推进马克思主义基础理论研究，中国社会科学院决定从 2011 年开始编辑出版"马克思主义专题研究文丛"，每年收录全国范围内相关学科领域具有代表性的文章，集中展示相关学科研究的优秀成果。

中国社会科学院马克思主义理论学科建设
与理论研究工程领导小组
2015 年 1 月

目　录

历史唯物主义研究

从名词体系到动名词体系

　　——唯物史观的一个完整表述 ……………………… 程广云(3)

破坏与重建：英国之于印度的双重使命

　　——马克思世界历史理论的印度个案 ……… 刘敬东　王淑娟(16)

人民群众是历史的创造者新论 ………………………… 李景源(34)

论青年马克思的黑格尔转向 …………………………… 韩立新(53)

唯物史观"历史性"观念的引入

　　——马克思《1844年经济学哲学手稿》中

　　"异化"概念新解 ……………………………………… 鲁克俭(69)

《资本论》研究

全面认识资本的作用

　　——《资本论》及其手稿中一个被忽视的重要观点 ……… 赵家祥(91)

《资本论》中的"对象性"概念及其语义学意义 …………… 吴　猛(118)

皮凯蒂为21世纪重写《资本论》了吗？ …………………… 孙乐强(131)

从德国观念论到《资本论》

　　——重思马克思哲学的形上观点 ………………… 田冠浩(149)

政治哲学研究

马克思主义道德哲学何以可能？ …………………………… 王南湜(163)

马克思拜物教批判语境中的"自然法"概念 ……………………… 孙　亮(193)

作为自由主义批判者的马克思 ………… ［英］肖恩·塞耶斯　张娜译(205)

黑格尔的法权哲学和马克思的批判

　　——两种政治哲学观念的交锋 ……………………… 赵敦华(224)

历史唯物主义与马克思的正义观念 ……………………… 段忠桥(242)

理解马克思实践概念的政治哲学向度 …………………… 李佃来(257)

价值论与马克思主义中国化研究

价值理想与现实实践

　　——中国社会主义的矛盾运动 ……………………… 张曙光(271)

叙述定向：新启蒙运动与马克思主义中国化 ………… 张立波(288)

关于社会主义核心价值观的几点思考 …………………… 孙伟平(303)

价值论的历史唯物主义基础 ………………………………… 罗　骞(312)

从梁漱溟思想看儒家精神特质

　　——兼论马克思主义与儒学之会通 ………………… 何中华(326)

马克思主义哲学史研究

马克思是在什么样的基点上开始哲学征程的？

　　——以《伊壁鸠鲁哲学》中对"天象"的分析为例 ……… 聂锦芳(349)

《关于费尔巴哈的提纲》：历史、理论和文本 ………… 周嘉昕(366)

马克思与苏格兰启蒙运动中的斯密和弗格森 ………… 臧峰宇(379)

东欧与苏联：马克思主义的分歧和公共际遇 ………… 顾伟伟(390)

国外马克思主义研究

何为马克思主义的"本体论"？

　　——从西方马克思主义研究的角度看 ………… 陈学明　姜国敏(405)

康德问题与当代西方马克思主义问题域的源起

　　——基于卢卡奇的"资产阶级二律背反"的一种考察…… 夏　莹(417)

阿多尔诺与马克思的批判的历史哲学传统 ……………… 何　萍(432)

葛兰西与市民社会观……………………　［意］N.博比奥　田时纲译(447)

主权权力的悬置和复归

　　——论福柯和阿甘本对霍布斯"利维坦"概念的分析……　姚云帆(461)

马克思经济学方法论的奈格里式激进政治解读………………　陈培永(470)

历史唯物主义研究

从名词体系到动名词体系[*]
——唯物史观的一个完整表述

程广云

唯物史观的经典表述是一个名词体系，即以生产力和生产关系、经济基础和上层建筑、社会存在和社会意识诸范畴来描述社会系统，以它们之间的相互作用和矛盾运动来描述历史过程。但是，唯物史观原本还有另外一个体系——动名词体系，即以实践、劳动、交往、生产、分配、交换、消费诸范畴来描述社会生活及其过程。两个体系结合起来，构成了唯物史观的一个完整表述。这个完整表述为我们重新理解唯物史观的社会形态理论和阶级理论提供了崭新视角。

一

唯物史观的表述具有两个理论体系，即名词体系和动名词体系。所谓"名词""动名词"不一定是指词性，而是指：名词是静态的描述，动名词是动态的描述。名词源于动词，动词优先于名词，即人们对自身行为、活动（动作、操作）的意识优先于对事物本身的意识。这是认识源于实践的认识论结论在语言学上的证明。

在《1844年经济学哲学手稿》中，工资—资本的利润—地租、私有财产、货币，等等，是名词概念；而异化劳动、劳动、需要、分工，等等，则是动名词概念。但这样两组概念均未形成理论体系。在《德意志意识形态》中，它们初步形成理论体系。相比名词体系，动名词体系显然居支配

* 本文受国家社会科学基金项目"马克思主义政治哲学与中国特色社会主义民主政治建设研究"（编号08BZX073）资助。

地位。动名词体系包括：实践—劳动—分工交往—生产和再生产，等等；名词体系包括：生产力—所有制—交往形式—市民社会—国家和法—意识形态，等等。对于它们来说，某些概念之间会有一个相互蕴含关系。例如在《1844 年经济学哲学手稿》中，人化自然是名词，自然人化是动名词，它们之间一一对应；对象化、物化、外化、异化劳动和劳动对象化、物化、外化、异化，原本都是动名词，但是比较而言，前一组概念具有名词属性，后一组概念属于动名词；在异化劳动—私有财产—共产主义概念序列中，异化劳动是动名词，私有财产是名词，而共产主义则是名词和动名词的合成，前者作为状态（理想、制度），后者作为运动（扬弃异化劳动、扬弃私有财产）；劳动的对象化（物化、外化）—劳动的分化（分工）—劳动的异化（管理）—自由联合劳动，就是一组动名词序列；协作—分工和工场手工业—机器和大工业—自由联合劳动，也是一组动名词序列。在《德意志意识形态》中，作为一个动名词——分工，蕴含两个名词——生产力和所有制；交往是动名词，交往形式是名词，它们之间一一对应。概略地说，名词概念表征物质现象，而动名词概念则表征人类本质力量及其社会关系。

在《〈政治经济学批判〉导言》中，马克思提出了生产、消费、分配、交换（流通）四个动名词，以生产为核心概念，研究了生产与分配、交换、消费的一般关系，包括生产和消费、生产和分配、交换和流通三个方面。马克思说："我们得到的结论并不是说，生产、分配、交换、消费是同一的东西，而是说，它们构成一个总体的各个环节，一个统一体内部的差别。生产既支配着与其他要素相对而言的生产自身，也支配着其他要素。过程总是从生产重新开始。交换和消费不能是起支配作用的东西，这是不言而喻的。分配，作为产品的分配，也是这样。而作为生产要素的分配，它本身就是生产的一个要素。因此，一定的生产决定一定的消费、分配、交换和这些不同要素相互间的一定关系。当然，生产就其单方面形式来说也决定于其他要素。……最后，消费的需要决定着生产。不同要素之间存在着相互作用。每一个有机整体都是这样。"[1]《〈政治经济学批判〉导言》从生产—分配—交换—消费（动名词体系）再进一步到生产资料—生产关系—交往关系—国家形式—意识形式以及法的关系、家庭关系（名

---

① 《马克思恩格斯选集》第 2 卷，人民出版社 1995 年版，第 17 页。

词体系），表明马克思的阐释是以动名词体系为名词体系的前提和出发点，构造了四个动名词的循环，确立了唯物史观的动名词体系，同时将实践唯物主义体系化。

构建一个完整和严密的实践唯物主义（唯物史观）的动名词体系，应该以实践概念为起点，展开为劳动、交往概念，再进一步展开为生产（再生产）、分配（再分配）、交换和消费诸概念。广义的生产实践包括物质生产即狭义的生产实践、人类自身生产、交往形式生产、精神生产几个基本方面。物质生产一方面是物质资料生产，另一方面则是地理环境生产。人和自然界之间的关系一方面表现为人通过对自然界的征服，生产和再生产物质资料（生活资料和生产资料）；另一方面则是人通过对自然界的保护，生产和再生产地理环境（自然环境和人文环境）。物质生产（地理环境生产）、人类自身生产为交往形式生产提供了前提。交往形式生产包括社会生产、政治生产两个层面。在物质生产基础上，社会生产更进一步为政治生产、精神生产奠定了基础。只有将实践理解为生产和再生产，才能真正理解实践唯物主义（唯物史观）。人们通过实践活动（劳动、交往）不断生产和再生产对象世界以及人类自身。自然提供质料，人类赋予形式。劳动创造了人本身，也创造了对象世界。所有生产和再生产形式，包括物质生产、地理环境生产、人类自身生产、社会生产、政治生产、精神生产均可纳入生产—分配—交换—消费循环之中研究。因此，生产和再生产，包括《资本论》所谓的简单再生产和扩大再生产，以及分配和再分配、交换、消费，不仅仅是政治经济学范畴，同时也是政治哲学范畴。它们不仅仅应当从政治经济学中得到理解，而且应当同时从政治哲学中得到理解。

人们根据马克思在《〈政治经济学批判〉序言》中对历史唯物主义的经典表述①，得出这样一些公式：生产力决定生产关系，经济基础决定上层建筑，生产方式决定社会存在和发展，社会存在决定社会意识。生产力和生产关系的矛盾、经济基础和上层建筑的矛盾是人类社会的基本矛盾，是社会发展的根本动力。这也就是历史唯物主义的经典表述，强调社会历史的客观性、必然性、规律性。当然，后来人们根据恩格斯的补充，得出这样一些公式：生产关系反作用于生产力，上层建筑反作用于经济基础，地理环境、人口因素影响社会存在和发展，社会意识反作用于社会存在。这

---

① 《马克思恩格斯选集》第 2 卷，人民出版社 1995 年版，第 2—3 页。

也就是强调社会历史的主体性、偶然性。但归根结底，在历史唯物主义的经典表述中，社会成为一个有机系统，历史成为一个自然过程。笔者以为，《〈政治经济学批判〉序言》提出了历史唯物主义的经典表述，确立了唯物史观的名词体系。几乎所有马克思主义哲学教科书都以之为蓝本，建构历史唯物主义理论体系，以至于我们如此熟悉，几乎忘记了另外一个版本。

即使在这一经典表述（唯物史观名词体系）中，还是有些范畴、概念、命题、判断被我们忽略了。譬如，"社会意识形式"是与"上层建筑"相并列的，马克思只提及"法律的和政治的上层建筑"，未提及"观念的或思想的上层建筑"。我们将上层建筑分析为政治上层建筑和思想上层建筑两方面，未必符合马克思这一经典表述。第一，思想上层建筑不能穷尽整个社会意识形式，它只涵括意识形态，不包括非意识形态以及社会心理现象，这一缺失是原有社会矛盾分析的一个重大遗漏。第二，"物质生活的生产方式制约着整个社会生活、政治生活和精神生活的过程"①。这一命题集中表达了马克思唯物史观动名词体系的精髓：人们首先要生活，人们的生活包括物质生活、社会生活、政治生活和精神生活四个层面。但是，人们生产着自己的生活。生产贯穿于四种生活中，物质生产方式是根本，制约着整个社会交往形式、政治交往形式和精神生产方式的过程。这是一个动态表述，如果与静态表述相对应，那么，物质生产方式与经济基础（生产力和生产关系）相对应，政治交往形式与上层建筑相对应，精神生产方式与社会意识形式相对应。这里，唯独社会交往形式没有对应范畴。这一缺失是原有社会矛盾分析的又一重大遗漏。第三，还有一个重大遗漏，就是没有与地理环境生产方式和人类自身生产方式相对应的结构，称这个结构为"自然结构"比较合适，它包括地理环境和人口因素。

其实，如果我们回到马克思和恩格斯的早期著述，那么就并不存在上述第一、第二缺失（除第三缺失外）。在《德意志意识形态》中有两段完整、严密的表述：

> 以一定的方式进行生产活动的一定的个人，发生一定的社会关系和政治关系。经验的观察在任何情况下都应当根据经验来揭示社会结

---

① 《马克思恩格斯选集》第2卷，人民出版社1995年版，第2—3页。

构和政治结构同生产的联系，而不应当带有任何神秘和思辨的色彩。①

在这段表述中，从"生产方式"到"社会关系"（"社会结构"）、"政治关系"（"政治结构"），构成三个层次。"这种历史观就在于：从直接生活的物质生产出发阐述现实的生产过程，把同这种生产方式相联系的、它所产生的交往形式即各个不同阶段上的市民社会理解为整个历史的基础，从市民社会作为国家的活动描述市民社会，同时从市民社会出发阐明意识的所有各种不同理论的产物和形式，如宗教、哲学、道德等等，而且追溯它们产生的过程。这样当然也能够完整地描述事物（因而也能够描述事物的这些不同方面之间的相互作用）。"② 在这段表述中，"生产方式"决定"交往形式"以及"市民社会"，市民社会是特定阶段的交往形式，在市民社会基础上阐明国家（上层建筑）、社会意识形式（宗教、哲学、道德等等）。这就说明，上层建筑（国家）并非直接以经济结构（生产方式）为基础，两者之间还有一个社会结构（交往形式）。同时，宗教、哲学、道德等社会意识形式并不能够直接概括在上层建筑中。

马克思在致"帕·瓦·安年科夫"的信（1846 年 12 月 28 日）中指出："在人们的生产力发展的一定状况下，就会有一定的交换［commerce］和消费形式。在生产、交换和消费发展的一定阶段上，就会有相应的社会制度、相应的家庭、等级或阶级组织，一句话，就会有相应的市民社会。有一定的市民社会，就会有不过是市民社会的正式表现的相应的政治国家。"③ 在这段表述中，首先是"生产、交换和消费"，然后，将"社会制度形式、家庭、等级或阶级组织"概括为"市民社会"，最后是"政治国家"。这里，从经济基础经过市民社会到政治国家的递进关系是明确的。

恩格斯在《共产党宣言》"1883 年德文版序言""1888 年英文版序言"中同样指出经济基础与上层建筑之间有一个中间环节。根据他的说法，"贯穿《宣言》的基本思想"是："每一历史时代的经济生产以及必然由此产生的社会结构，是该时代政治的和精神的历史的基础"。"构成《宣言》核心的基本思想"是："每一历史时代主要的经济生产方式和交

---

① 《马克思恩格斯选集》第 1 卷，人民出版社 1995 年版，第 71 页。
② 同上书，第 92 页。
③ 《马克思恩格斯选集》第 4 卷，人民出版社 1995 年版，第 532 页。

换方式以及必然由此产生的社会结构，是该时代政治的和精神的历史所赖以确立的基础，并且只有从这一基础出发，这一历史才能得到说明。"① 在这一表述中，"经济生产方式和交换方式"（即经济基础，包括生产力和生产关系）与"政治的和精神的"（上层建筑和社会意识形式）之间，明显存在着一个中间环节——"社会结构"。所谓社会结构就相当于市民社会、交往形式。

总之，在马克思和恩格斯的唯物史观分析框架中，作为特定历史阶段交往形式的市民社会是经济基础和政治国家之间的中间环节，这一基本观点是完全可以确定的。作为经济基础和上层建筑之间的中介，这里的市民社会是一个特定历史阶段的交往形式，是个特殊性的历史范畴，而经济基础和上层建筑都是普遍性的范畴，所以真正适合作为经济基础和上层建筑之间中介范畴的应该是交往形式。交往形式在人类历史的各个发展阶段上都是存在的，因而也是一个普遍性的范畴。

在马克思和恩格斯的早期论述中，唯独需要补充的是：社会是从自然演化而来的。这个自然不是自在自然，而是人化自然。因此，在唯物史观描述框架中，还应引入一个自然结构，这就是地理环境和人口因素。

由此得出唯物史观两个解释框架：一个是自然结构（地理环境、人口因素）—经济结构（经济基础）—社会结构—政治结构（上层建筑）—文化结构（心理现象、意识形式）；另一个是物质（地理环境）生产方式—人类自身生产方式—社会交往形式—政治交往形式—精神生产方式。前者属于名词体系，后者具有动名词属性。两个体系之间相互对应，并且可以结合成为一个体系，为对社会形态进行具体的和历史的描述提供了基本框架。

这个体系以社会存在概念为起点，展开自然结构（地理环境、人口因素）、经济结构（经济基础、生产方式）、社会结构（交往形式）概念，再进一步展开为政治结构（上层建筑）、文化结构（心理现象、意识形式）概念。社会存在是社会生活的物质方面，这一方面首先是指经济结构（经济基础、生产方式），然后是指社会结构（交往形式）。经济基础就是经济结构，既包括生产关系也包括生产力，是生产力和生产关系的统一。这样，经济结构（经济基础）与生产方式两个概念具有完全相同的外延。

---

① 《马克思恩格斯选集》第 1 卷，人民出版社 1995 年版，第 252、257 页。

区别仅仅在于，经济结构（经济基础）属于名词，是静态描述；而生产方式则具备动名词属性，有动态描述功能。人们的生产活动的规范化和制度化形成经济结构。经济结构是人的生产实践不断生产和再生产的产物和表现。正因为经济结构是在社会劳动中形成的，所以才叫作"生产方式"。同样，社会结构与交往形式两个概念也有完全相同的外延。社会结构属于名词，是静态描述；而交往形式则具备动名词属性，有动态描述功能。人们交往活动的规范化和制度化形成社会结构。社会结构是人的交往实践不断生产和再生产的产物和表现。正是因为社会结构是在社会交往中形成的，所以才叫作"交往形式"，它介于经济基础与上层建筑之间，包括市民社会这样一种特定交往形式。上层建筑只包括政治结构，不包括意识形式，意识形式构成文化结构，社会意识是社会生活的精神方面，包括社会心理现象、社会意识形式（非意识形态和意识形态）两个方面。

历史唯物主义的名词体系和动名词体系并行不悖，相得益彰。这一点在《资本论》中表现尤其突出。在商品—货币—资本—剩余价值—工资—利润—地租（名词序列）中，就蕴含了生产—交换—分配—消费（动名词序列）。名词体系表征物质现象，动名词体系表征人类本质力量及其社会关系。在这一意义上，动名词体系比名词体系更根本、更重要，反映了实践唯物主义（唯物史观）政治哲学的本质特征。

二

如上所述，社会形态包括五重结构：一是自然结构（地理环境、人口因素），二是经济结构（经济基础、生产方式），三是社会结构（交往形式），四是政治结构（上层建筑），五是文化结构（心理现象、意识形式）。自然、经济、社会、政治、文化五重结构具体的、历史的统一，叫作"社会形态"。

除了自然结构（地理环境、人口因素）的演化之外，经济结构（经济基础、生产方式）的变革，导致社会结构（交往形式）的变革，进而导致政治结构（上层建筑）的变革，最终导致文化结构（心理现象、意识形式）的变革。这里，经济、社会、政治、文化的变革虽然在逻辑上形成先后序列，但在具体历史境况中是可以前后颠倒、跨越进行的。

社会形态五重结构（自然结构—经济结构—社会结构—政治结构—文

化结构）理论显然比原有三重结构——生产力—生产关系（经济基础）—上层建筑——理论更优越，它既符合马克思和恩格斯的经典论述，也符合历史事实。原有的三重结构理论存在三大失误：一是忽略自然结构，二是忽略社会结构，三是忽略文化结构。排斥自然和社会的共同基础，以经济为政治和文化的唯一基础，从而走向经济决定论或经济一元论；将文化和政治合并在上层建筑中，从而走向政治决定论或政治中心论。还原五重结构理论可以在理论和实践的双重意义上纠偏补弊：第一，自然既在社会、文化之外，也在社会、文化之内。前者是自在自然，后者是人化自然。人化自然作为自然结构，通过经济结构和社会结构的中介，成为政治结构和文化结构的基础。第二，"社会"原有广、狭二义：广义社会系统包括全部人际关系领域，狭义社会结构是指社会系统中居于经济结构与政治结构之间的结构。政治上层建筑以经济结构为间接基础，以社会结构为直接基础。第三，"文化"亦有广、狭二义：广义文化系统涵括全部人类活动领域，狭义文化结构是指社会系统中居于自然、经济、社会与政治诸结构之外的结构（社会心理现象、社会意识形式）。我们不能将它的一部分（意识形态）归并于上层建筑中，而又将它的另一部分（非意识形态）拒斥在社会系统外。其实，文化附着并渗透于自然、经济、社会、政治诸结构中，但也独立存在。

然而，五重结构理论仅仅是关于社会形态的静态描述，是唯物史观的名词体系。如果我们需要关于社会形态的动态描述，就要转向唯物史观的动名词体系。从名词体系到动名词体系，首先需要将自然结构（地理环境、人口因素）、经济结构转换为生产方式，然后需要将社会结构转换为交往形式，从人类实践、劳动、交往、生产和再生产以及分配、交换和消费的循环中探讨自然结构（地理环境、人口因素）、经济结构、社会结构的运行机制，并且在这样三个基础上更进一步探讨政治结构、文化结构的运行机制。必须指出的是，马克思在《资本论》中所从事的正是这一工作。相比两大社会基本矛盾、两大历史根本动力那样一种简单化描述，马克思的《资本论》展现了资本主义社会生产方式、交往形式乃至整个社会形态的全部复杂性。

以往社会形态理论，不论五大社会形态（原始社会、奴隶社会、封建社会、资本主义社会、社会主义共产主义社会）理论还是三大社会形态（自然经济社会、商品经济社会、产品经济社会）理论，往往都将社会还原为单一经济基础，并将历史还原为单一经济发展。但是，如果我们从社会形态五重结构来考虑，那么社会发展历史形态更为适合的是这样一个划分：自然社会形态、市民社会形态、人类社会形态。所谓自然社会形态是自然结构（地理环境、人口因素）居于支配地位起着决定作用的社会形态。在自然社会形态中，经济结构、社会结构、政治结构和文化结构的界限模糊，整个社会系统处于混沌状态。所谓市民社会形态是经济结构居于支配地位起着决定作用的社会形态。在市民社会形态中，自然结构（地理环境、人口因素）对于社会、政治和文化的影响是通过经济结构（生产方式）的决定作用表现出来的。经济结构成为基础，社会结构（交往形式）异化成为政治结构（市民社会异化成为政治国家，或大社会、小政治，或小社会、大政治），成为上层建筑；文化结构受到经济、政治宰制。所谓人类社会形态是社会结构居于支配地位起着决定作用的社会形态。这是一个特定提法，亦即狭义人类社会形态是广义人类社会的特定阶段。马克思说："旧唯物主义的立脚点是'市民'社会；新唯物主义的立脚点则是人类社会或社会化的人类。"[①] 这就是说，"市民社会"是物化的社会，而"人类社会"则是扬弃物化的人化社会。在人类社会形态中，自然结构（地理环境、人口因素）、经济结构（生产方式）对于政治和文化的影响是通过社会结构（交往形式）的决定作用表现出来的。社会结构成为基础。政治结构扬弃异化，回归社会结构（政治国家回归市民社会，既标志着政治国家的消亡，也标志着市民社会的消亡）；文化结构同样扬弃异化，回归社会结构，既附着、渗透于其他结构中，也自成一体。由此，在这样一个人类社会形态出现前，自然社会形态和市民社会形态的历史也就是人类"史前史"。

三　阶级：从经济单元到社会单元

社会形态的组织单元是人类共同体（社会共同体）。所谓人类社会共同体是指人类在历史上形成的在共同社会生活中由某种纽带联结起来的稳定的人群集合体。这些人类社会共同体分别处于社会形态五重结构中的某一结构。例如，氏族、家庭是自然结构的组织单元，民族是社会结构的组

---

① 《马克思恩格斯选集》第 1 卷，人民出版社 2012 年版，第 140 页。

织单元，国家是政治结构的组织单元，等等。在唯物史观中，关键的问题是：阶级究竟处于社会形态五重结构中的哪一结构？

列宁指出："所谓阶级，就是这样一些大的集团，这些集团在历史上一定社会生产体系中所处的地位不同，对生产资料的关系（这种关系大部分是在法律上明文规定了的）不同，在社会劳动组织中所起的作用不同，因而领得自己所支配的那份社会财富的方式和多寡也不同。所谓阶级，就是这样一些集团，由于它们在一定社会经济结构中所处的地位不同，其中一个集团能够占有另一个集团的劳动。"① 按照列宁的阶级定义，阶级的划分标准是经济标准，主要是生产资料所有制，"占有"其他集团"劳动"的集团是剥削阶级，"劳动"被其他集团"占有"的集团是被剥削阶级。阶级是一个经济范畴，是经济结构的组织单元，而等级是一个政治法律范畴，是政治结构的组织单元；阶层则是按照职业、收入状况划分的。同一阶级可能属于不同等级，同一等级可能具有不同阶级；同样，同一阶层可能属于不同阶级，同一阶级可能具有不同阶层。按照马克思主义的观点，资本主义社会已经消灭等级，实现"法律面前人人平等"的形式平等；而社会主义社会则在于消灭阶级，实现"经济面前人人平等"的事实平等；至于共产主义社会，随着社会分工被消灭，按劳分配为按需分配所取代，社会阶层也就被消灭。

但是，在马克思的早期著述中，比阶级概念更常用的是等级概念。在《黑格尔法哲学批判》中，马克思注意到了黑格尔在论述"政治国家"和"市民社会"的分离时，提及"私人等级"与"普遍等级"（"在政府中供职的等级"）或"市民等级（社会等级）"与"政治等级"的对应。市民社会等级就是私人等级，私人等级就是市民社会等级，与政治国家、普遍等级、政治等级相对应。马克思认为只有法国大革命才完成了从政治等级到社会等级的转变过程，或者说，使市民社会的等级差别完全变成了社会差别，即在政治生活中没有意义的私人生活的差别。这样就完成了政治生活同市民社会的分离。在这一分离中，马克思论述了"私人"与"公人"的双重生活。在《论犹太人问题》中，马克思说："在政治国家真正形成的地方，人不仅在思想中，在意识中，而且在现实中，在生活中，都过着双重的生活——天国的生活和尘世的生活。前一种是政治共同体中的生

---

① 《列宁选集》第 4 卷，人民出版社 1972 年版，第 10 页。

活，在这个共同体中，人把自己看作社会存在物；后一种是市民社会中的生活，在这个社会中，人作为私人进行活动，把他人看作工具，把自己也降为工具，并成为异己力量的玩物。"① 这就是马克思所谓"政治解放"与"人的解放（社会解放）"的根据。这里需要注意的是：马克思是在社会结构和政治结构的双重结构中讨论等级问题的。如果说，在政治结构中讨论等级未必涉及阶级问题，那么，在社会结构中讨论等级势必涉及阶级问题。

阶级即私人等级、市民等级（社会等级），是市民社会的组织单元。市民社会是政治国家的基础，而非个人是国家的基础。在《神圣家族》中，马克思和恩格斯批判了自由主义的原子个人主义或"利己主义"。他们指出："在直白的意义上明确地说，市民社会的成员决不是原子。原子的典型特性就在于它没有任何特性，因此也没有任何受它自己的自然必然性制约的、同身外的其他存在物的关系。原子是没有需要的，是自满自足的；它身外的世界是绝对的空虚，也就是说，这种世界是没有内容的，没有意义的，空洞无物的，正因为原子是万物皆备于自身的。……可见，正是自然必然性、人的本质特性（不管它们是以怎样的异化形式表现出来）、利益把市民社会的成员联合起来。他们之间的现实的纽带是市民生活，而不是政治生活。因此，把市民社会的原子联合起来的不是国家，而是如下的事实：他们只是在观念中、在自己想象的天堂中才是原子，而实际上他们是和原子截然不同的存在物，就是说，他们不是超凡入圣的利己主义者，而是利己主义的人。在今天，只有政治上的迷信还会妄想，市民生活必须由国家来维系，其实恰恰相反，国家是由市民生活来维系的。"② "政治国家由市民社会来维系"，而市民社会则由私人等级亦即市民社会等级组成，而非由原子个人来组成。这就非常接近"阶级是国家的基础"这一马克思主义的经典观点。

马克思关于阶级的定义区分两个层面：一是"自在的阶级"，二是"自为的阶级"。私人等级、市民等级（社会等级）是自在的阶级，普遍等级、政治等级是自为的阶级。马克思在《哲学的贫困》中指出："经济条件首先把大批的居民变成劳动者。资本的统治为这批人创造了同等的地

① 《马克思恩格斯全集》第 3 卷，人民出版社 2002 年版，第 172—173 页。
② 《马克思恩格斯文集》第 1 卷，人民出版社 2009 年版，第 321—322 页。

位和共同的利害关系。所以，这批人对资本说来已经形成一个阶级，但还不是自为的阶级。在斗争（我们仅仅谈到它的某些阶段）中，这批人联合起来，形成一个自为的阶级。他们所维护的利益变成阶级的利益。而阶级同阶级的斗争就是政治斗争。"① 这里提及"经济条件"，说明阶级的起源的确是经济，但是并不等于说明阶级的本质就是经济范畴，或者划分阶级的标准就是经济标准。在《路易·波拿巴的雾月十八日》中，马克思在提及法国小农时指出："小农人数众多，他们的生活条件相同，但是彼此间并没有发生多种多样的关系。他们的生产方式不是使他们互相交往，而是使他们互相隔离。……这样，法国国民的广大群众，便是由一些同名数相加形成的，就象一袋马铃薯是由袋中的一个个马铃薯所集成的那样。既然数百万家庭的经济条件使他们的生活方式、利益和教育程度与其他阶级的生活方式、利益和教育程度各不相同并互相敌对，所以他们就形成一个阶级。由于各个小农彼此间只存在有地域的联系，由于他们利益的同一性并不使他们彼此间形成任何的共同关系，形成任何的全国性的联系，形成任何一种政治组织，所以他们就没有形成一个阶级。"② 这里，阶级的"生活方式、利益和教育程度"超越了"经济生活条件"的范围。所谓"他们是一个阶级"是指他们是一个"自在的阶级"，所谓"他们又不是一个阶级"是指他们又不是一个"自为的阶级"。自在阶级是在社会结构中定义的，自为阶级是在政治结构中定义的。但是，就日常境况来说，阶级概念是在自在意义上使用的，至于自为阶级，则由"政治组织"（如政党等）概念来指称。

根据马克思的论述，阶级、阶级矛盾和阶级斗争是一定历史阶段的产物和表现。阶级的起源首先是经济条件，产生阶级的经济条件主要是分工和所有制。分工和私有制决定了人们的经济生活状况，亦即经济生活的性质和水平，使得特定群体具有共同的或近似的生存境遇，包括他们的"生活方式、利益和教育程度"，从而将这一群体与其他群体区别开来。有了阶级，就有了阶级矛盾和阶级斗争。一个阶级在经济结构和社会结构中占统治地位，也会在政治结构和文化结构中占统治地位。因此，国家是社会的异化。消灭阶级归根结底在于消灭私有制并消灭分工，消灭城乡之间、

① 《马克思恩格斯选集》第 1 卷，人民出版社 1995 年版，第 193 页。
② 《马克思恩格斯选集》第 1 卷，人民出版社 1972 年版，第 693 页。

工农之间、脑力劳动和体力劳动之间的"三大差别"。随着阶级消灭，国家趋于消亡。国家扬弃异化，回归社会本位。随着阶级消灭，个人得到解放，从"有阶级的个人"变成"无阶级的个人"，即"自由人"，联合起来的自由人就是"自由人联合体"。但是，自由人并非原子人，自由人联合体亦非原子人联合体。因为个人依然处于一定的社会结构和政治结构之中，只是这种社会结构、政治结构均已改变：阶级已经消灭，还有其他社会组织；国家已经消亡，还有其他政治组织。但是，在自然、经济、社会、政治、文化诸结构中，一切组织均已成为自由联合体。这就是真正的"人类社会"，也就是所谓"社会主义"（与国家主义相对应，以扬弃国家异化、回归社会本位为目标）、"共产主义"（与私产主义相对应，以"消灭私有制""建立社会所有制"或"联合起来的个人所有制"为目标）的"自由王国"，它终结了人类社会的"史前史"——自然社会和市民社会的"必然王国"。

总之，根据马克思的论述，阶级虽然奠定于经济结构基础上，但不是经济范畴，而是社会范畴，它的划分标准不是经济标准，而是社会标准；相比经济标准，社会标准不是单一指标体系，而是综合指标体系。阶级是一个因综合资源（主要是指经济资源，同时包括其他资源）差别而具有不同社会地位的社会集团，阶级矛盾、阶级斗争是不同社会集团之间的社会博弈。

（原载《哲学研究》2015 年第 1 期）

破坏与重建：英国之于印度的双重使命[*]
——马克思世界历史理论的印度个案

刘敬东　王淑娟[**]

　　马克思在创立世界历史理论的过程中，对处于历史向世界历史转变进程中的中国和印度给予了特别的注意，写下了大量关于中国和印度历史命运的时评。[①] 学界关于马克思世界历史理论的考察多停留在一般描述层面，

　　* 本文获国家社会科学重大基金项目"中国梦理论与实践研究"（13&ZD005）、教育部人文社会科学基金项目"理性、自由与实践批判"（09YJA720015）、北京市哲学社会科学"十一五"规划项目资助。

　　** 作者简介：刘敬东，华大学马克思主义学院教授；王淑娟，清华大学马克思主义学院博士生。

　　① 1850—1860 年，马克思恩格斯写了大量关于中国和印度的文章、时评，其中关于中国的 18 篇，关于印度的有 40 多篇。从 1850 年 10 月—1862 年 3 月，马克思恩格斯共寄往《纽约每日论坛报》500 多篇文章，被采纳、正式发表的通讯近 470 篇。其中关于中国和印度民族运动问题就有 50 多篇，占十分之一，足见马克思恩格斯对中国和印度民族运动的高度关注。马克思恩格斯关注和重视东方社会的原因是多方面的，资本殖民扩张的**世界历史性后果**，在马克思关于资本论的写作计划中是一个重要组成部分。马克思从逻辑上规划他的政治经济学批判的研究路径，是按照资本的生成、发展、世界性扩张、危机和消亡的基本逻辑来考虑的。在《1857—1858 年经济学手稿》的"导言"中，马克思写道："显然，应当这样来分篇：（1）一般的抽象的规定，因此它们或多或少属于一切社会形式…… （2）形成资产阶级社会内部结构并且成为基本阶级的依据的范畴。资本、雇佣劳动、土地所有制。它们的相互关系。城市和乡村。三大社会阶级。它们之间的交换。流通。信用事业（私人的）。（3）资产阶级社会在国家形式上的概括。就它本身来考察'非生产'阶级。税。国债。公共信用。人口。殖民地。向国外移民。（4）生产的国际关系。国际分工。国际交换。输出和输入。汇率。（5）世界市场和危机。"（《马克思恩格斯全集》第 30 卷，人民出版社 1995 年第 2 版，第 50 页。）马克思在这里虽然是在谈论他的写作计划和篇章布局，但它却向我们勾勒、描述和阐明了从资本的本性到资本扩张即世界历史的基本的演化逻辑和发展形态。马克思下面的论点对我们理解世界历史的形成和发展逻辑是有意义的："世界史不是过去一直存在的；作为世界史的历史是结果。"（同上书，第 51 页）在《1857—1858 年经济学手稿》的"资本章"中，马克思再一次列出资本论写作计划的草图，在这一计划的第Ⅵ部分"资本作为财富的源泉"中，马克思在资本家、土地所有制、雇佣劳动、国家之后，写下了"国家对外：殖民地。对外贸易。汇率。货币作为国际铸币。——最后，世界市场。资产阶级社会超出国家的界限。危机。以交换价值为基础的生产方式和社会形式的解体"（同上书，第 221 页。黑体为引者加。）的写作规划，表明了资本逻辑与世界历史的开辟之间所存在着的深刻的必然联系。工业革命后迅速发展、崛起的英国加紧对东方的侵略，导致中国和印度相继发生了诸多重大事件，引起马克思恩格斯的特别关注。因此关于东方社会的殖民地问题，无论在马克思关于政治经济学批判的总体布局和写作计划中，还是从马克思世界历史理论来看，都具有重要地位。这里也有必要指出，马克思物质生活困窘，谋生的迫切需要是他为《纽约每日论坛报》撰稿的重要原因之一。马克思恩格斯的这些时评多是陈述和描绘具体的问题和细节，但其中的某些篇章、特别是被《马克思恩格斯选集》各版和《马克思恩格斯文集》所选入的部分，都深刻地表述了关于东方民族历史命运的许多重要思想，是马克思世界历史理论中大放光彩的经典篇章。

而个案的探索、挖掘、研究和阐释的维度则远未得到应有的重视。本文基于马克思关于英国殖民印度问题的时评，尝试对马克思世界历史理论进行个案考察。① 作为东方大国的印度，是现代世界背景中民族历史向世界历史转变的一个悲剧性的标本。殖民主义扩张政策下的印度的历史命运，是马克思世界历史理论视野和逻辑中具有特别意义的一个典型案例。马克思关于西方现代机器大工业瓦解和破坏东方传统社会结构、关于历史向世界历史转变过程中**历史与伦理之内在矛盾和巨大冲突**的世界历史理论，极其鲜明而又深刻地体现在马克思关于印度问题的考察、研究和阐述中。

一　村社制度与种姓制度：印度社会的一般状况和基本结构

马克思世界历史理论的一个突出特征，是始终强调以机器大工业为物质技术基础、以资本逻辑为核心法则的现代生产方式，在侵略、进逼、统治落后民族的殖民主义扩张中所具有的根本性的作用。这是马克思历史理论关于物质生产逻辑的一个需要深入探索和精心挖掘的丰富矿藏，一个值得特别关注和深入研究的重要维度。马克思历史理论作为考察现代世界历史变革的解释框架，将在这一个案研究中获得一个颇有说服力的诠释和证明。

在1853年6月所写的《不列颠在印度的统治》这篇评论中，马克思首先以对比的方式，生动而又深刻地描绘了印度的地理、历史和社会状况："印度斯坦是亚洲规模的意大利。喜马拉雅山相当于阿尔卑斯山，孟加拉平原相当于伦巴第平原，德干高原相当于亚平宁山脉，锡兰岛相当于西西里岛。它们在土地出产方面是同样地富庶繁多，在政治结构方面是同样地四分五裂。意大利常常被征服者的刀剑压缩为各种大大小小的国家，印度斯坦的情况也是这样，在它不处于伊斯兰教徒、莫卧儿人或不列颠人的压迫之下时，它就分解成像它的城镇甚至村庄那样多的**各自独立和互相敌对的邦**。但是从社会的观点来看，印度斯坦却不是东方的意大利，而是

---

① 关于马克思世界历史理论的中国个案，参见刘敬东、王淑娟《"唤醒"与"革命"：英国侵略中国的历史后果——马克思世界历史理论的中国个案》，《哲学研究》2014年第12期。

东方的爱尔兰。意大利和爱尔兰——一个淫乐世界和一个悲苦世界——的这种奇怪的结合，早在印度斯坦宗教的古老传统里已经显示出来了。这个宗教既是纵欲享乐的宗教，又是自我折磨的禁欲主义的宗教；既是崇拜林伽的宗教，又是崇拜札格纳特的宗教；既是僧侣的宗教，又是舞女的宗教。"① 在观察、透视、展示印度社会状况的过程中，马克思以其丰富的历史、地理知识和广阔的文化、宗教视野，并经由他那精彩纷呈、出神入化的神来之笔，将印度社会的整体面貌既入木三分又栩栩如生地展现在人们的视野中。

为了揭示印度社会结构的性质、特征和秘密，马克思把印度放在东方社会与西方社会相互参照的整体背景下加以考察和研究。马克思着眼于东方社会经济与政治的相互关系，剖析了中央集权与政府举办公共工程特别是水利工程的内在逻辑关系，从而深刻揭示和阐明了东方专制制度的一个重要秘密："在亚洲，从远古的时候起一般说来就只有三个政府部门：财政部门，或者说，对内进行掠夺的部门；战争部门，或者说，对外进行掠夺的部门；最后是公共工程部门。气候和土地条件，特别是从撒哈拉经过阿拉伯、波斯、印度和鞑靼区直至最高的亚洲高原的一片广大的沙漠地带，使利用水渠和水利工程的人工灌溉设施成了东方农业的基础。无论在埃及和印度，或是在美索不达米亚、波斯以及其他地区，都利用河水的泛滥来肥田，利用河流的涨水来充注灌溉水渠。节省用水和共同用水是基本的要求，这种要求，**在西方**，例如在佛兰德和意大利，**曾促使私人企业结成自愿的联合**；但是**在东方**，由于**文明程度太低，幅员太大**，不能产生自愿的联合，因而需要**中央集权的政府**进行干预。所以亚洲的一切政府都不能不执行一种经济职能，即举办公共工程的职能。"② 马克思在这里把东方与西方进行比较，认为由于存在着文明程度和地理环境的差异，东方各国必然会形成集权的中央政府通过**举办公共水利工程**来管理农业，从而成为东方专制制度的重要基础，而不是像西方那样，产生民间私人企业自愿联合的诉求。由此可见，基于现代西方的生产方式洞察、透析东方世界和印度社会的生产方式，是马克思世界历史理论的基本特征之一。

---

① 《马克思恩格斯文集》第 2 卷，人民出版社 2009 年版，第 677—678 页。黑体为引者加。
② 同上书，第 679 页。黑体为引者加。

马克思在总体考察东方社会的经济政治状况的基础上，阐明了印度社会结构的基本面貌："从遥远的古代直到 19 世纪最初十年，无论印度过去在政治上变化多么大，它的社会状况却始终没有改变。曾经造就无数训练有素的纺工和织工的手织机和手纺车，是印度社会结构的枢纽。"① 这就是马克思向我们阐明的，在西方工业革命的最大成果，即以机器大工业为特征的现代生产方式进入之前印度社会经济结构的基本状况。

在对东方社会和印度社会进行了上述考察和研究后，马克思进一步分析了印度社会的村社制度或家庭公社的基本特征："在印度有这样两种情况：一方面，印度人也像所有东方人一样，把他们的农业和商业所凭借的主要条件即大规模的公共工程交给中央政府去管，另一方面，他们又散处于全国各地，通过农业和制造业的家庭结合而聚居在各个很小的中心地点。由于这两种情况，从远古的时候起，在印度便产生了一种特殊的社会制度，即所谓村社制度，这种制度使每一个这样的小结合体都成为独立的组织，过着自己独特的生活。"② 马克思在关于印度的论文、时评中多次把这种村社制度称之为"家庭公社"或"农村公社"，并把它作为一种封闭的自给自足的经济基础，与西方以大工业为物质技术基础的现代生产方式互为参照，来阐明作为民族历史的印度历史向世界历史转变这一深刻变革的根本原因和时代背景。

二 "破坏"与"重建"的双重使命：英国 "摧毁了印度社会的整个结构"

历史向世界历史的转变，首先是在两种不同生产方式的历史较量和优劣对决中开启、进行和完成的。西方的现代机器大工业与东方的传统农业和家庭手工业之间存在着的巨大的历史距离，由此产生了"未开化和半开化的国家从属于文明的国家"、"农民的民族从属于资产阶级的民族"、"东方从属于西方"③ 的世界范围的历史变革。东方国家社会结构的解体和

---

① 《马克思恩格斯文集》第 2 卷，人民出版社 2009 年版，第 680 页。
② 同上书，第 681 页。
③ 同上书，第 36 页。

悲惨的生存命运就发生在这一"从属"的腥风血雨中。历史向世界历史转变的这一过程和逻辑，在马克思关于印度的考察中得到了惊心动魄的体现和极其鲜明的表达。

马克思挺立在现代世界的制高点上，把整个东方世界都看作封闭的、僵化的、停滞的社会。马克思把英国与印度的关系、把英国之于印度的革命性的作用，置放在世界历史的宏大格局，即历史向世界历史转变的滔滔巨流中加以观照、透视和解析。从这一历史基点和解释框架出发，马克思"不同意那些相信印度斯坦有过**黄金时代**的人的意见"①，并无情而断然地做出了**"印度社会根本没有历史"**②的、让无数把印度作为四大文明古国之一的人们为之瞠目、为之愕然的结论。

在马克思看来，在殖民统治印度的历史过程中，英国的蒸汽机、科学和自由贸易，是促使印度发生深刻社会革命的现实的物质基础和推动力量。因此，"不列颠人给印度斯坦带来的灾难，与印度斯坦过去所遭受的一切灾难比较起来，毫无疑问在**本质上属于另一种**，在程度上要深重得多"③。而之所以如此，是因为在英国侵略之前所经历的"内战、外侮、革命、征服、饥荒——尽管所有这一切接连不断地对印度斯坦造成的影响显得异常复杂、剧烈和具有破坏性，它们却只不过触动它的表面。**英国则摧毁了印度社会的整个结构**，而且至今还没有任何重新改建的迹象。印度人失掉了他们的旧世界而没有获得一个新世界，这就使他们现在所遭受的灾难具有一种特殊的悲惨色彩，使不列颠统治下的印度斯坦同它的一切古老传统，同它过去的全部历史断绝了联系"④。马克思在这里谈到印度的"一切古老传统"和"它过去的全部历史"，似乎与马克思"印度根本没有历史"的结论相矛盾，但是，马克思的世界历史理论已经向我们表明，马克思是在"历史"与"世界历史"这两个有着重大区别的概念上来看待印度的历史和印度的世界历史地位的。马克思此时的世界历史理论的话语语境和逻辑是我们必须始终注意的一个重要问题。

马克思在这里基于现代意义上的交换关系和交往原则，向我们指明了英国自由竞争的贸易原则在与印度传统农业的较量中所具有的作用：

---

① 《马克思恩格斯文集》第 2 卷，人民出版社 2009 年版，第 678 页。黑体为引者加。
② 同上书，第 685 页。黑体为引者加。
③ 同上书，第 678 页。黑体为引者加。
④ 同上书，第 679 页。黑体为引者加。

"不列颠人在东印度从他们的前人那里接收了财政部门和战争部门，但是却完全忽略了公共工程部门。因此，不能按照不列颠的**自由竞争原则**——自由放任原则——行事的农业便衰败下来。"① 而作为现代生产力代表的**蒸汽机和科学**所具有的革命性变革力量，在破坏印度经济社会结构的过程中更是发挥了摧毁其基础的巨大作用："不列颠入侵者打碎了印度的手织机，毁掉了它的手纺车。英国起先是把印度的棉织品挤出了欧洲市场，然后是向印度斯坦输入棉纱，最后就使英国棉织品泛滥于这个棉织品的故乡……然而，曾以纺织品闻名于世的印度城市的这种衰败决不是不列颠统治的最坏的结果。不列颠的蒸汽机和科学在印度斯坦全境彻底摧毁了农业和制造业的结合。"② 现代西方的机器大工业在解体、毁灭东方传统农业和手工业的过程中可谓无坚不摧、生机勃勃、一路高歌，对作为民族历史的印度历史向世界历史转变的悲剧性的历史语境，马克思给予了栩栩如生、精辟独到的描绘、刻画和展示。马克思是在为此感到欣慰和愉悦吗？在接下来"第三节"的分析和论述中，马克思基于世界历史理论的宏观视野和解释框架，向我们描绘和展示了历史优先、历史压倒伦理、伦理为历史让路的更精彩同时也更惊心动魄的世界历史的宏观图景。但我们暂且不能着急，我们还必须继续谈论马克思关于英国之于印度的双重历史使命。

在写于 1853 年 7 月 22 日的《不列颠在印度统治的未来结果》一文中，马克思清醒而深刻地意识到英国在印度的殖民统治所具有的深远的、世界历史性的意义："英国在印度要完成**双重的使命**：一个是**破坏**的使命，即消灭旧的**亚洲式的**社会；另一个是**重建**的使命，即在亚洲为**西方式的**社会奠定物质基础。"③ 马克思强调英国所达到、所代表的文明，与以往历史上的传统文明存在着重大不同，并由此成为战胜和摧毁传统文明的现代文明，在这一过程中逐渐地、但不是自觉地担负起破坏和重建的使命："相继侵入印度的阿拉伯人、土耳其人、鞑靼人和莫卧儿人，不久就被**印度化了**——野蛮的征服者，按照一条永恒的历史规律，本身

---

① 《马克思恩格斯文集》第 2 卷，人民出版社 2009 年版，第 680 页。黑体为引者加。
② 同上书，第 680—681 页。黑体为引者加。
③ 同上书，第 686 页。黑体为引者加。

被他们所征服的臣民的较高文明所征服。不列颠人是第一批文明程度高于印度因而不受印度文明影响的征服者。他们破坏了本地的公社，摧毁了本地的工业，夷平了本地社会中伟大和崇高的一切，从而毁灭了印度的文明。他们在印度进行统治的历史，除破坏以外很难说还有别的什么内容。他们的重建工作在这大堆大堆的废墟里使人很难看得出来。尽管如此，这种工作还是开始了。"① 在这里，马克思站在现代世界的制高点上，历史性地向我们指明了，现代英国之于印度与昔日的阿拉伯人、土耳其人、鞑靼人和莫卧儿人之于印度，在统治的性质和历史后果上所存在着的根本性区别。这是我们准确理解马克思关于英国之于印度的双重使命的一个前提和基点。

对历史和现实有着敏锐、细致地观察和透视，并进行深入分析和研究的马克思，接下来为我们揭示和阐明了英国之于印度的殖民统治在客观上所具有的、人们"很难看得出来"的"重建工作"。这个重建的过程和逻辑，包括从经济到政治再到观念的社会生活的几乎所有领域，马克思至少列举了如下八个方面："使印度达到比从前在大莫卧儿人统治下更加牢固和更加扩大的**政治统一**，是重建印度的首要条件。不列颠人用刀剑实现的这种统一，现在将通过**电报**而巩固起来，永存下去。由**不列颠的教官**组织和训练出来的印度人军队，是印度自己解放自己和不再一遇到外国人侵者就成为战利品的必要条件。第一次被引进亚洲社会并且主要由印度人和欧洲人的共同子孙所领导的**自由报刊**，是改建这个社会的一个新的和强有力的因素。柴明达尔制度和莱特瓦尔制度本身虽然十分可恶，但这两种不同形式的**土地私有制**却是亚洲社会迫切需要的。从那些在英国人监督下在加尔各答勉强受到一些很不充分的教育的印度当地人中间，正在崛起一个具有管理国家的必要知识并且熟悉欧洲科学的**新的阶级**。**蒸汽机**使印度能够同欧洲经常地、迅速地交往，把印度的主要港口同整个东南海洋上的港口联系起来，使印度摆脱了孤立状态，而孤立状态是它过去处于停滞状态的主要原因。在不远的将来，**铁路加上轮船**，将使英国和印度之间的距离以时间计算缩短为八天，而这个一

---

① 《马克思恩格斯文集》第 2 卷，人民出版社 2009 年版，第 686 页。黑体为原著者加。

度是神话中的国度就将同西方世界实际地联结在一起。"① 由于第二个方面同第七、第八个方面存在着内容上的关联可以合并为一，所以重建印度的工作亦可以归结为六个方面。而这里之所以说八个方面，主要是考虑到"电报"与蒸汽机、铁路和轮船一样，在重建印度的过程中有其作为现代物质技术所具有的独特功能。

需要说明的是，马克思在全面阐明和综述了英国之于印度的重建工作之后，接下来用了大量的笔墨和详细的文字，专门阐述了英国的**铁路建设、铁路系统**所具有的重大意义。② 此时正处于第三次大规模的经济学研究进程中的马克思③，已经对现代资产阶级（资本）的双重特征，即唯利是图的阶级本性（生产关系）和发展现代生产力的巨大革命功能，有着越来越深刻的认识、理解和把握。因此在这里，马克思在首先向我们指明英国工业巨头们在印度修建铁路的利益动机的同时，也强调为了实现这一目的，他们必须建立现代交通体系，从而体现了现代资本主义生产方式所内在具有的**获取利润**与**发展生产力**之间充满着张力和悖论的双重性格："大不列颠的各个统治阶级过去只是偶尔地、暂时地和例外地对印度的发展问题表示兴趣。贵族只是想征服它，金融寡头只是想掠夺它，工业巨头只是想通过廉价销售商品来压垮它。但是现在情势改变了。工业巨头们发现，使印度变成一个生产国对他们大有好处，而为了达到这个目的，首先就要供给印度水利设备和国内交通工具。现在他们正打算用铁路网覆盖整个印度。他们会这样做。其后果将是无法估

---

① 《马克思恩格斯文集》第 2 卷，人民出版社 2009 年版，第 686—687 页。黑体为引者加。我们有必要注意并强调这里的"自由报刊"一词。马克思为什么在"报刊"前面加上"自由"一词？尽管马克思历史观的基本特征是从物质生产方式出发考察历史和世界历史的变革，但马克思在把现代西方与东方社会进行比较研究的过程中，西方与东方在价值观、在观念上层建筑上的重大差异，必然引起他的特别关注。这是马克思在阐释英国之于印度的破坏与重建之双重使命的过程中，强调自由竞争和自由报刊的基本原因。而黑格尔以自由原则审察世界历史，并因此把中国和印度排除在世界历史的进程、逻辑和范畴之外的历史观念，究竟在何种程度和意义上影响了马克思，也是值得研究的重要问题。

② 马克思《不列颠在印度统治的未来结果》一文共 4191 字，其中论述英国铁路之于印度意义的文字就达 1736 字，大大地超过了马克思所谈到的任何一种现代生产工具之于印度重建之意义的篇幅。马克思对铁路系统的高度重视由此可见一斑。

③ 关于马克思三次经济学研究与哲学思想发展的关系，可参见张一兵《马克思哲学思想发展的三个理论制高点》，载《回到马克思——经济学语境中的哲学话语》"导言"第三节，江苏人民出版社 1999 年版，第 20—26 页。

量的。"① 马克思接着还描述了印度由于极端缺乏运输和交换其各种产品的工具，以至于生产力陷于瘫痪状态的基本状况，以及修建铁路在农业、水利、军事、医疗、供给等方面对英国统治印度所具有的极端的重要性。

而给我们留下深刻印象的，是铁路的修建在英国统治印度，即重建印度的过程中所要完成的历史使命，这是马克思更加重视的重大历史性意义："我们知道，农村公社的自治制组织和经济基础已经被破坏了，但是，农村公社的最坏的一个特点，即社会分解为许多固定不变、互不联系的原子的现象，却残留下来。村庄的孤立状态在印度造成了道路的缺少，而道路的缺少又使村庄的孤立状态长久存在下去。在这种情况下，公社就一直处在既有的很低的生活水平上，同其他村庄几乎没有来往，没有推动社会进步所必需的愿望和行动。现在，不列颠人把村庄的这种自给自足的**惰性**打破了，铁路将造成互相交往和来往的新的需要。"② 马克思基于他所创立的历史唯物主义和世界历史理论，清醒地意识到英国的现代工业在破坏和重建印度的过程中所必将起到的基础性作用："由铁路系统产生的现代工业，**必然会瓦解印度种姓制度所凭借的传统的分工**，而种姓制度则是印度进步和强盛的基本障碍。"③ 在前面的分析和论述中，马克思已经阐明了蒸汽机、科学和自由贸易在瓦解印度经济社会结构所产生的破坏和具有的重建意义，在这里马克思又从铁路这一现代生产工具出发，进一步向我们展示了它在打破和瓦解封闭孤立的农村公社的经济基础、改变印度社会生活方式上所产生的破坏和起到的重建作用。

尽管马克思完全清楚工业资本家在印度修建铁路的利益动机，但这里马克思强调的重点，却依然在于这一利益动机所带来的现代机器和交通工具系统在印度的经济社会结构的变革中所具有的客观历史后果和深远意义："英国的工业巨头们之所以愿意在印度修筑铁路，完全是为了要**降低**他们的工厂

---

① 《马克思恩格斯文集》第 2 卷，人民出版社 2009 年版，第 687 页。

② 同上书，第 688 页。黑体为原著者加。马克思接下来还通过引述他人的文字来论证修建铁路之于印度的意义："铁路系统的效果之一，就是它将把其他地方的各种发明和实际设备的知识以及如何掌握它们的手段带给它所经过的每一个村庄，这样就将使印度世代相传的、领取工薪的农村手工工匠既能够充分显示他们的才能，又能够弥补他们的缺陷。"（［英］查普曼：《印度的棉花和贸易》，引自《马克思恩格斯文集》第 2 卷，人民出版社 2009 年版，第688 页。）

③ 同上书，第 689 页。黑体为引者加。

所需要的棉花和其他原料的**价格**。但是，你一旦把机器应用于一个有铁有煤的国家的交通运输，你就无法阻止这个国家自己去制造这些机器了。如果你想要在一个幅员广大的国家里维持一个铁路网，那你就不能不把铁路交通日常急需的各种必要的生产过程都建立起来，而这样一来，也必然要在那些与铁路没有直接关系的工业部门应用机器。所以，**铁路系统在印度将真正成为现代工业的先驱**。何况，正如英国当局自己所承认的，印度人特别有本领适应完全新的劳动并取得管理机器所必需的知识。"① 1825 年 9 月 27 日，世界第一条铁路诞生并正式通车运营，引起了现代交通运输生产力划时代的重大改革。一向高度重视、密切关注生产工具之于社会变革意义的马克思，很自然地意识到铁路系统的建立对瓦解和破坏印度的农村公社、重建印度的社会结构所具有的根本性意义。所以在这篇评论中，马克思用五分之二的篇幅谈论铁路系统的建立问题，实际上有其历史观上的深刻的理论根基，即基于他所创立的唯物主义历史观，以及作为这一历史观之重要组成部分的世界历史理论。

三 历史与伦理的二律背反："人的感情"与"历史观点"的内在紧张

马克思考察英国与印度相互关系的历史观念，同考察英国与中国相互关系的历史观念一样，蕴含着**历史尺度**与**伦理尺度**两个维度，保持着历史与伦理两个维度的深刻的二律背反和巨大的内在张力。但从马克思考察、研究和阐述的话语体系及具体行文看，虽然同样是面对英国的殖民逻辑，但与对印度的论述相比，马克思对中国表示了更多的同情和肯定，而对英国则表示了更多的道义批判。这是我们在对马克思世界历史理论进行个案

---

① 《马克思恩格斯文集》第 2 卷，人民出版社 2009 年版，第 688—689 页。黑体为原著者加。敏锐而富有远见的马克思所引述的下列文字，已经为 20 世纪后半叶印度人在计算机领域的成就所证明了，"广大的印度人民群众具有巨大的工业活力，很善于积累资本，有清晰的数学头脑，有长于计算和从事精密科学的非凡才能……他们的智慧是卓越的。"马克思的这段文字引自乔·坎伯尔《现代印度·民政管理制度概述》1852 年伦敦版的第 59—60 页（《马克思恩格斯文集》第 2 卷，人民出版社 2009 年版，第 689 页）。尽管当代印度在计算机软件和农业等方面取得了不菲的成就，但马克思所预期的铁路系统本身，迄今为止依然没有取得像中国一样的举世瞩目的重大成就。印度火车的落后和破旧程度实在令人睽目。而中国的高速铁路在进入 21 世纪、特别是在 2010 年之后，已经是举世公认的世界领先水平了。

考察时应当注意的一个方面。

尽管历史观的基点、出发点存在着重大差异，但马克思依然像黑格尔一样，认为东方世界没有历史，或者不具备进入世界历史的条件和资格。①马克思关于中国社会的考察、判断和研究，我在马克思世界历史理论的中国个案部分将作专门阐述。如果把马克思关于中国和印度的阐述加以比较，我们会看到马克思对印度的否定性的观点和文字更鲜明、更直截了当。在前面的讨论中我们已经谈到，马克思在 1853 年 6 月 7—10 日的《不列颠在印度的统治》一文中，不仅否认了印度有过所谓的"黄金时代"，而且认为现代英国带给印度的灾难，与以往其他民族带给印度的灾难存在着本质上的区别。而仅仅在四十二天后，即在 1853 年 7 月 22 日的《不列颠在印度统治的未来结果》一文中，马克思把一个多月前的观点表达得更明确、更不容置疑。马克思在回顾英国统治印度的历史背景时，强调印度社会内部由于存在着不同的宗教之间、部落之间、种姓之间以及所有社会成员之间的普遍的相互排斥和与生俱来的排他思想，而成为一个各种力量势均力敌的社会。因此，"这样一个国家，这样一个社会，难道不是注定要做征服者的战利品吗？……所以，印度本来就逃不掉被征服的命运，而它过去的全部历史，如果还算得上是什么历史的话，就是一次又一次被征服的历史。**印度社会根本没有历史**，至少是没有为人所知的历史。我们通常所说的它的历史，不过是一个接着一个的入侵者的历史，他们就在这个一无抵抗、二无变化的社会的**消极基础**上建立了他们的帝国。因此，问题并不在于英国人是否有权征服印度，而在于我们是否宁愿让印度被土耳其人、波斯人或俄国人征服而不愿让它被不列颠人征服"②。

我们有必要强调，马克思在这里所谈到的，显然是两种不同的"征服"。而在马克思此时的语境中，两种不同的征服代表着两种不同的历史后果，只有英国之于印度的征服，而不是土耳其人、波斯人、俄国人之于印度的征服，才能够担负其破坏和重建印度的双重使命。因此这里所谓的印度没有历史，马克思是以西方历史——更确切地说——是以现代西方历史为基点、为参照、为标准的。按照在《德意志意识形态》中关于大工业

---

① 从考察世界历史的出发点上说，尽管黑格尔是基于自由精神的原则，马克思则是从现代物质生产方式出发，两者存在着根本性的区别，但他们关于东方社会没有历史的判断和结论却如此惊人的一致。这是黑格尔与马克思相互关系问题上一个值得注意的重要现象。

② 《马克思恩格斯文集》第 2 卷，人民出版社 2009 年版，第 685—686 页。黑体为引者加。

首次开创了世界历史、历史向世界历史转变的观念，马克思完全有充分的理由说，在英国的自由竞争、蒸汽机、科学和铁路系统没有根本改造印度的社会结构之前，印度就还没有进入世界历史，还停留在世界历史的门外。

正是从上述世界历史观出发，马克思深刻地注意到并特别强调英国的现代生产方式在摧毁印度的经济结构，即在完成破坏和重建印度的双重使命的过程中所必然产生的重大历史意义："这些细小刻板的社会机体大部分已被破坏，并且正在归于消失，这与其说是由于不列颠收税官和不列颠士兵的粗暴干涉，还不如说是由于英国蒸汽机和英国自由贸易的作用。这些家庭式公社本来是建立在家庭工业上面的，靠着手织业、手纺业和手耕农业的特殊结合而**自给自足**。英国的干涉则把纺工放在兰开夏郡，把织工放在孟加拉，或是把印度纺工和印度织工一齐消灭，这就**破坏**了这种小小的半野蛮半文明的公社，因为这**摧毁**了它们的**经济基础**；结果，就在亚洲造成了一场前所未闻的**最大的**、老实说也是**唯一的一次社会革命**。"① 马克思在这里清楚地阐明了，英国之所以在旧的亚洲式社会、在印度造成社会革命的三个根本性的物质技术因素是：蒸汽机、自由贸易和现代分工。与黑格尔强调东方缺少自由原则因而没有历史存在着重大区别，马克思把现代生产方式及其交换关系作为东方没有历史的根本原因。

历史向世界历史转变是在世界范围内必然发生的历史变革进程。这一转变和变革过程是在现代工业革命所奠基的现实基地上进行的。因此它在亚洲、在印度是通过英国以自由贸易、蒸汽机、科学和分工为代表的现代生产方式，去彻底破坏和摧毁印度的经济—社会结构的过程而展现出来的。②

然而，作为民族历史的印度历史向世界历史的转变，从一开始就包含

---

① 《马克思恩格斯文集》第 2 卷，人民出版社 2009 年版，第 682 页。黑体为引者加。

② 这种重建印度的最大的、唯一的社会革命，在马克思世界历史理论的解释框架中，尽管也存在着"**自由报刊**"等观念上层建筑的"新的和强有力的因素"，但以机器大工业为物质技术基础，以现代分工、自由竞争和普遍交往为基本特征的现代生产方式，才是马克思世界历史理论中浓墨重彩的最灿烂的篇章。这就是马克思历史理论的**唯物主义性质**，是马克思世界历史理论宏大图景中的基础性框架，并由此同青年黑格尔派、康德黑格尔的历史观区别开来。

着历史与伦理的悲剧性的惨烈冲突。① 面对这一冲突，马克思极其鲜明地采取了历史优先、历史压倒伦理、伦理（感情）必须为历史让路的现代历史观念，并由此构成马克思世界历史理论所蕴含着的一个巨大的内在张力，成为我们理解这一理论的中心线索和解释框架。首先让我们读一读下面的文字，马克思是多么清醒、多么冷静地观察、审视和评价古老的印度文明的衰落、瓦解和崩溃过程："从**人的感情**上来说，亲眼看到这无数辛勤经营的宗法制的祥和无害的社会组织一个个土崩瓦解，被投入苦海，亲眼看到它们的每个成员既丧失自己的古老形式的文明又丧失祖传的谋生手段，是会感到难过的；但是我们不应该忘记，这些**田园风味的农村公社**不管看起来怎样祥和无害，却始终是**东方专制制度的牢固基础**，它们使人的头脑局限在极小的范围内，成为迷信的驯服工具，成为传统规则的奴隶，表现不出任何伟大的作为和**历史首创精神**。我们不应该忘记那些不开化的人的利己主义，他们把全部注意力集中在一块小得可怜的土地上，静静地看着一个个帝国的崩溃、各种难以形容的残暴行为和大城市居民的被屠杀，就像观看自然现象那样无动于衷；至于他们自己，只要哪个侵略者肯于垂顾他们一下，他们就成为这个侵略者的驯顺的猎获物。我们不应该忘记，这种有损尊严的、停滞不前的、单调苟安的生活，这种消极被动的生存，在另一方面反而产生了野性的、盲目的、放纵的破坏力量，甚至使杀生害命在印度斯坦成为一种宗教仪式。我们不应该忘记，这些小小的公社带着种姓划分和奴隶制度的污痕；它们使人屈服于外界环境，而不是把人提高为环境的主宰；它们把自动发展的社会状态变成了一成不变的**自然命运**，因而造成了**对自然的野蛮的崇拜**，从身为自然主宰的人竟然向猴子哈努曼和母牛撒巴拉虔诚地叩拜这个事实，就可以看出这种崇拜是多么**糟蹋人了**。"② 从我们对马克思文本的考察和论述中可以看到，至少从《1844年经济学哲学手稿》开始，马克思就把克服地域的民族偏见与克服对自然

① **历史与伦理的冲突**在某种意义上也可以表述为**历史与自然的冲突**。黑格尔在《历史哲学》中以自由与自然作为区分一个民族是否进入历史的分水岭（参见［德］黑格尔《历史哲学》绪论，上海书店出版社1999年版，第1—117页）。马克思这里所展示的历史与自然的分立、对峙和冲突，以及在《1857—1858年经济学手稿》中把"社会、历史因素"与"自然联系"何者起决定作用作为区分现代社会和传统社会的根本标志（参见《马克思恩格斯全集》第30卷，第47页），都可作为佐证。黑格尔关于历史与自然的观念在何种情况、语境、意义上影响了马克思，这一定是很有意思很有价值的问题。

② 《马克思恩格斯文集》第2卷，人民出版社2009年版，第682—683页。黑体为引者加。

的崇拜这两个方面，作为资本推动历史向世界历史转变的基础性的革命力量了。在这里，为了阐明这一重大的世界历史观念，马克思竟不惜连用了四个"我们不应该忘记"来强化论证的语气、逻辑和力量，可见马克思在历史与伦理、历史与自然之矛盾、冲突问题上所持有的基本态度是何等鲜明。

如果说在关于中国问题的评论中，马克思给予了中国更多的同情，而对英国作了尖锐的道义批判，从而在历史与伦理的内在张力中保留了伦理的某种位置，那么在关于印度问题的评论中，马克思则更多地基于历史与伦理的深刻对峙和巨大冲突，从而历史地、义无反顾地展示了伦理为历史所压倒、所消灭的惨烈性质。因此马克思在考察英国统治印度的问题上，并没有给"人的感情"的苍白喟叹留下多少同情的空间，他的重心和焦点是英国统治印度的世界历史性意义："的确，英国在印度斯坦造成社会革命完全是受极卑鄙的利益所驱使，而且谋取这些利益的方式也很愚蠢。但是问题不在这里。问题在于，如果亚洲的社会状态没有一个根本的革命，人类能不能实现自己的使命？如果不能，那么，英国不管犯下多少罪行，它造成这个革命毕竟是充当了**历史的不自觉的**工具。"①

因此，如果仅仅从"人的感情"即伦理的、人道的或道义的维度观察，人们就根本不能理解和接受，马克思为什么会为英国统治印度的"难过的"惨烈后果热情高歌："总之，无论一个古老世界崩溃的情景对我们**个人的感情**来说是怎样难过，但是从**历史观点**来看，我们有权同歌德一起高唱：

> "我们何必因这痛苦而伤心，
> 既然它带给我们更多欢乐？
> 难道不是有千千万万生灵，
> 曾经被帖木儿的统治吞没？"②

对于英国之于印度的双重使命，即印度所遭受的历史命运来说，马克思世界历史理论中这一诗意的表达是无情的、残酷的。在这里，马克思为

---

① 《马克思恩格斯文集》第 2 卷，人民出版社 2009 年版，第 683 页。黑体为引者加。
② 同上书，第 683—684 页。黑体为引者加。

作为民族历史的印度历史向世界历史的转变而高歌鼓舞，将历史压倒伦理、伦理必须为历史让路的世界历史观念表达得何其生动、又何其冷静呵！

尽管如此，马克思依然对英国统治印度的伪善和本性进行了严厉的批判，他的世界历史思想的道义的、伦理的维度始终如影随形，并由此揭露和展示了英国殖民者掠夺财富的罪恶目的："当我们把目光从资产阶级**文明的**故乡转向殖民地的时候，资产阶级文明的**极端伪善**和它的**野蛮本性**就赤裸裸地呈现在我们面前，它在故乡还装出一副体面的样子，而在殖民地它就丝毫不加掩饰了。资产阶级是财产的捍卫者，但是难道曾经有哪个革命党发动过孟加拉、马德拉斯和孟买那样的土地革命吗？当资产阶级在印度单靠贪污不能填满他们那无底的欲壑的时候，难道他们不是都像大强盗克莱夫勋爵本人所说的那样，采取了凶恶的勒索手段吗？当他们在欧洲大谈国债神圣不可侵犯的时候，难道他们不是同时就在印度没收了那些把私人积蓄投给东印度公司作股本的拉甲所应得的红利吗？当他们以保护'我们的神圣宗教'为口实反对法国革命的时候，难道他们不是同时就在印度禁止传播基督教吗？而且为了从络绎不绝的朝拜奥里萨和孟加拉的神庙的香客身上榨取钱财，难道他们不是把札格纳特庙里的杀生害命和卖淫变成了一种职业吗？这就是维护'财产、秩序、家庭和宗教'的人的真面目！"① 马克思在这里一连用了五个"难道"，可谓铁证如山、针针见血，鲜明、强烈而又深刻地暴露了英国殖民主义者的贪婪本性和虚伪面目。②

---

① 《马克思恩格斯文集》第 2 卷，人民出版社 2009 年版，第 690—691 页。黑体为引者加。

② 马克思历史理论包含着历史观点与阶级观点的深刻的内在张力，即马克思一方面历史地肯定了资本（动产）摆脱地产之"地域的和政治的偏见"（［德］马克思《1844 年经济学哲学手稿》，《马克思恩格斯文集》第 1 卷，人民出版社 2009 年版，第 177 页），肯定了资本克服民族的界限和偏见的"伟大的文明作用"（［德］马克思：《1857—1858 年经济学手稿》前半部分，《马克思恩格斯全集》第 30 卷，第 390 页）；另一方面又始终从资本与劳动的对立、从殖民主义对落后民族的掠夺中揭露了资本唯利是图的贪婪本性，从而深刻地揭示了现代资本主义生产方式内在的矛盾、对抗和冲突的性质。马克思世界历史理论中历史观点与阶级观点的这一内在张力，也同样深刻地体现在关于印度问题的探讨和阐释中。这是马克思历史理论之于印度问题的探索之所以富有生机和魅力的深刻秘密所在（参见拙文《"唤醒"与"革命"：英国侵略中国的历史后果——马克思世界历史理论的中国个案》，《哲学研究》2014 年第 12 期；并参见拙著《理性、自由与实践批判——两个世界的内在张力与历史理念的动力结构》，北京师范大学出版社 2015 年版）。

四 "资本的绝对统治"："伟大的社会革命支配了资产阶级时代的成果"

马克思规划其政治经济学批判的研究思路和写作计划，基本上是从资本的一般的抽象规定——资产阶级社会内部的阶级关系——资产阶级在国家形式上的概括（包括殖民地和向外移民）——生产的国际关系——世界市场——危机——以交换价值为基础的生产方式和社会形式的解体这一历史的与逻辑的路径来安排和进行的，即从资本的本性、资本所蕴含的阶级矛盾、世界性扩张、危机、解体的基本逻辑来考虑和规划的。因此马克思考察现代世界的国家和民族关系，考察民族历史向世界历史的转变，有一个极其重要的方面或问题，即现代资产阶级的殖民统治与落后民族的民族解放、特别是与人类解放的关系问题，即以共产主义的基本理念作为批判现存世界、走向未来社会的根本目标，西方哲学传统中所具有的理念世界与现实世界的内在紧张，依然（但却是以独特的方式）体现在马克思的历史理论中。这是包括世界历史理论在内的整个马克思历史理论所始终具有的一个重要维度和基本特征。① 这一维度和特征同样体现在马克思关于印度问题的考察、思考和研究中。

马克思敏锐地注意到英国对于印度的殖民统治与印度本身的解放之间的关系问题。在现代世界，民族国家的建立与否至关重大。从根本上说，它是民族历史向世界历史转化之绝对不可缺少的基本前提。马克思深谙这一重大问题，并由此揭露了英国殖民者之于印度的血腥本质："英国资产阶级将被迫在印度实行的一切，既不会使人民群众得到解放，也不会根本

---

① 理念世界与现实世界的内在紧张是西方哲学—文化传统的一个基本特征。（关于两个世界的内在张力问题，可参阅拙文《两个世界与一个人生——两种哲学传统的一个比较考察：以柏拉图、黑格尔与孔子为例》，《哲学研究》2005 年第 5 期。）马克思批判地继承并历史性地变革了这一传统。马克思历史理论所体现的两个世界的内在张力之所以具有独特性的重大原因之一，在于马克思以资本主义为现实基地，同时又以超越资本主义的共产主义这一理想范式来透视、剖析、批判现代社会，由此马克思历史观同康德、黑格尔和整个现代资产阶级的历史观区别开来。张一兵先生以"现有"与"应有"指谓后者，而以"现有"与"能有"标示马克思历史理论的基本特征，很好地界划和区分了两种历史观的重大差异。（参见张一兵《文本的深度耕犁：西方马克思主义经典文本解读》第 1 卷，中国人民大学出版社 2004 年版，第 37—38 页。）尽管马克思历史理论与康德黑格尔的历史哲学存在着内容和形式上的重大差异，但它们依然有着一个共同的特征，即蕴含着理念世界与现实世界的内在张力。

改善他们的社会状况，因为这两者不仅仅决定于生产力的发展，而且还决定于生产力是否归人民所有。但是，有一点他们是一定能够做到的，这就是为这两者**创造物质前提**。难道资产阶级做过更多的事情吗？难道它不使个人和整个民族遭受流血与污秽、蒙受苦难与屈辱就实现过什么进步吗？"① 非常明确的是，马克思在这里从道义上严厉地揭露和批判了英国对印度进行殖民统治的罪恶本质，这样的批判无疑是一种伦理批判，但马克思在从事伦理批判的同时，又高瞻远瞩地展示了英国的殖民统治之于印度的未来命运或社会历史远景："在大不列颠本国现在的统治阶级还没有被工业无产阶级取代以前，或者在印度人自己还没有强大到能够**完全摆脱英国的枷锁**以前，印度人是不会收获到不列颠资产阶级在他们中间播下的**新的社会因素**所结的果实的。但是，无论如何我们都可以满怀信心地期待，在比较遥远的未来，这个巨大而诱人的国家将得到**重建**。"② 颇耐人寻味的是，像对中国人的文质彬彬有很高的评价一样，马克思接下来对印度人的举止文雅、精细灵巧、沉静高贵以及勇敢，等等，也给予了生动客观的评价。撇开马克思对印度人之民族特性的评价不谈，这里至少有两点值得特别注意：（1）没有印度人自己的独立和强大，就没有印度的新的历史，就不可能真正地参与世界历史进程；（2）印度的命运由于英国的殖民统治而终将得到重建。历史已经证明，一百年后的印度已经重建了自己的国家，马克思的历史预言已成为现实。马克思在这里以英国殖民印度为例，以形象生动的语言阐发了民族历史如何向世界历史转化的原因、途径、机制和未来远景。马克思关于印度问题的历史分析和深刻透视是有普遍性意义的，即任何一个生活在现代世界的落后国家，作为被西方强力殖民的对象，它参与世界历史的真正资格，只有在彻底赢得了民族自由、国家独立、人民解放的基本前提下，才会从可能变成现实。

马克思世界历史理论的又一独特而伟大之处，是他把这一问题与无产阶级的解放，与整个人类的解放紧密地联系在一起加以考察。在关于英国

---

① 《马克思恩格斯文集》第 2 卷，人民出版社 2009 年版，第 689—690 页。黑体为引者加。赵汀阳先生认为："现代史主要还是西方史，这可能是个俗套，但仍然是比较正确的。"（参见赵汀阳《没有世界观的世界》，中国人民大学出版社 2003 年版，第 131 页。）这一观点和论断很好地印证了马克思的历史主义观点，但需要注意的是，马克思的历史主义是在历史主义与伦理主义的张力结构中得到阐发的，脱离开这一张力结构，马克思的历史主义就不会得到合理的解释。

② 《马克思恩格斯文集》第 2 卷，人民出版社 2009 年版，第 690 页。黑体为引者加。

殖民、统治印度的个案考察中，马克思也始终深切地关注着现代资产阶级为人类的彻底解放所客观地肩负的历史使命："对于印度这样一个和欧洲一样大的、幅员 15000 万英亩的国家，英国工业的破坏作用是显而易见的，而且是令人吃惊的。但是，我们不应当忘记：这种作用只是整个现存的生产制度所产生的有机的结果。这个生产建立在**资本的绝对统治**上面。资本的集中是资本作为独立力量而存在所十分必需的。这种集中对于世界市场的破坏性影响，不过是在广大范围内显示目前正在每个文明城市起着作用的政治经济学本身的内在规律罢了。资产阶级历史时期负有**为新世界创造物质基础**的使命：一方面要造成以全人类互相依赖为基础的普遍交往，以及进行这种交往的工具；另一方面要发展**人**的生产力，把物质生产变成对自然力的科学支配。资产阶级的工业和商业正为新世界创造这些物质条件，正像地质变革创造了地球表层一样。只有在**伟大的社会革命**支配了资产阶级时代的成果，支配了世界市场和现代生产力，并且使这一切都服从于最先进的民族的共同监督的时候，人类的进步才会不再像可怕的异教神怪那样，只有用被杀害者的头颅做酒杯才能喝下甜美的酒浆。"① 由此可见，马克思世界历史理论之所以充满着革命的青春和蓬勃的生机，之所以具有历史的远见卓识和永恒的思想魅力，不仅在于它阐明了历史向世界历史转变的基本逻辑，而且还在于，它深刻地贯通了这一转变同资本的没落、同人类彻底解放之间的内在联系和基本规律。

马克思基于政治经济学（资本）批判的逻辑和世界历史理论的视野，在考察和研究印度的基本经济结构和一般社会状况的基础上，通过透视英国之于印度的双重的历史使命这一典型的个案形态，剖析了在实现这一使命的过程中所蕴含着的历史与伦理的二律背反和内在紧张，揭示了现代资产阶级（资本）的绝对统治所具有的深刻的内在矛盾，从而历史性地展示了由现代资产阶级自身所产生的伟大的社会革命所必然带来的人类解放的社会历史远景。

这是包括世界历史理论在内的马克思全部历史理论所孜孜以求的最终的价值目标。

［原载《现代哲学》2015 年第 2 期（总第 139 期）］

---

① 《马克思恩格斯文集》第 2 卷，人民出版社 2009 年版，第 691 页。黑体为引者加。

人民群众是历史的创造者新论

李景源*

自 20 世纪 60 年代以来进行的"历史发展动力"问题的讨论，主要是围绕历史创造者的问题而展开的。与此相关的"人民群众是否是历史的主人？"的问题也成为讨论的核心内容。"人民群众是历史的创造者"这一命题是唯物史观的基本原理，民众是推动历史进步的主导力量、民心是解释历史的重要基础、民主是打破历史周期律的重要武器，等等，都是它的子命题。

一　民众是推动历史进步的主导力量

1984 年，历史学家黎澍在《历史研究》上发表了《论历史的创造及其他》一文，认为"人民群众是历史的创造者"这个提法不能成立，其理由是：这种提法源于苏联，在马恩著作中并无根据；赞成这一提法的人犯了逻辑推理的错误，即"把物质条件的创造者和历史的创造者完全等同起来"，用人民群众的社会实践是一切科学文化艺术的"源泉"来代替精神财富的创造；群众史观与英雄史观一样具有片面性，"这两种说法都离开了创造历史的前提，仿佛历史是按照英雄或人民群众随心所欲地创造的"，都没有脱离唯心主义的窠臼。正确的提法是恩格斯的"人们自己创造自己的历史"，并且"不能随心所欲，而必须受既定条件制约"①。黎澍的观点一石激起千层浪，有关历史创造者的讨论由史学界迅速波及整个理论界，

---

* 李景源，男，中国社会科学院哲学研究所研究员、博士生导师、中国社会科学院学部委员，研究方向为马克思主义哲学。

① 黎澍：《论历史的创造及其他》，《历史研究》1984 年第 5 期。

发表的文章虽然观点各异，但从历史观来看，其核心问题仍是如何理解"历史的人民性"问题，它既是捍卫和发展唯物史观的着力点，也是我们重温这场争论的意义所在。

这场争论尽管已经过去，但黎澍提出的问题仍然给人们留下了许多困惑，这些困惑往往引起人们对原有理论的怀疑。所以，正视和破解人们心中的困惑才能赋予理论以新的生命和生长点。由黎澍问题转化而来的困惑之一是：在马克思主义经典著作中究竟有没有"人民群众是历史创造者"的思想？我们认为，把握人类历史发展的根本动因，是马克思和恩格斯对传统历史观进行变革的理论初衷，唯物史观就是对历史发展根本动因的阐述。由于人民群众是历史创造者的问题涉及历史的本质和历史发展的主体，必然成为新历史观的创立者马克思和恩格斯最为关注的核心问题。我们和"质疑"者的分歧仅仅在于，怎样从马恩著作中寻找根据，即是从个别词句上还是从整个体系上去寻找根据？我们认为，理论不是简单的词句和教条，书本上的词句只是理论的躯壳，贯穿于理论体系的立场与方法，才是理论的生命，避免寻章摘句的教条主义的有效方法是从体系上把握马克思主义的精神实质。

人们可能会问：马克思和恩格斯是怎样层层深入地揭示了"历史的人民性"这一本质的呢？

首先，我们应该从马克思和恩格斯关于物质生活资料的生产是一切历史的前提的观点中来把握人民群众是历史创造者的思想，即人类要生存，首先要吃、穿、住、行。提供人类生活所需的物质资料，正是由广大民众生产的，民众是人类社会赖以存在和发展的物质资料的主要生产者。正如恩格斯所说："自从阶级产生以来，从来没有过一个时期社会可以没有劳动阶级。这个阶级的名称、社会地位有过变化，农奴代替了奴隶，后来本身又被自由工人所代替……无论不从事生产的社会上层发生什么变化，没有一个生产者阶级，社会就不能生存。可见，这个阶级在任何情况下都是必要的。"①

其次，我们应该从马克思和恩格斯关于历史事变的个人动机与群众动机关系的论述中来理解人民群众在人类历史发展中的作用。恩格斯指出，在历史上活动的许多单个愿望在大多数场合下所得到的完全不是预期的结

---

① 《马克思恩格斯全集》第 25 卷，人民出版社 2001 年版，第 534 页。

果，而是恰恰相反的结果，因而个别的动机对全部结果来说往往只具有从属的意义。因此，要探索历史事变的真实的原因，应当注意"与其说是个别人物，即使是非常杰出的人物的动机，不如说是使广大群众、使整个整个的民族，以及在每一民族中间又是使整个整个阶级行动起来的动机；而且也不是短暂的爆发和转瞬即逝的火光，而是持久的、引起重大历史变迁的行动。……这是能够引导我们去探索那些在整个历史中以及个别时期和个别国家的历史中起支配作用的规律的唯一途径。"① 这一论断对于我们自觉地把握人类历史发展的走向，具有极为重要的方法论意义。

最后，我们应该从马克思和恩格斯关于思想动因和经济动因关系的论述中进一步认识人民群众在历史发展中的地位和作用。经典作家多次指出，由于人们已经习惯于以他们的思想而不是他们的需要来解释历史的活动，因而传统的历史理论，至多考察了人们历史活动的思想动机，却没有考究产生这些动机的原因，没有看出物质生产发展要求是这些动机的根源。所以，恩格斯又说，当我们考察了个别人的动机和群体动机的不同历史意义之后，"又产生了一个新的问题：在这些动机背后隐藏着的又是什么样的动力？在行动者的头脑中以这些动机的形式出现的历史原因又是什么？"就是说，探究隐藏在人们动机背后"构成历史的真正的最后动力的动力"②，就显得更为重要。很显然，使人们行动起来的一切，都必然要经过他们的头脑，即形成活动的思想动机。但是，人们的思想动机归根到底是由人们物质生活资料生产的实践所决定的。只要承认物质生产实践在人类社会发展中的决定作用，就必然承认人民群众在社会历史发展中的主导作用。

由黎澍问题所引发的困惑之二是：怎样理解民众是精神财富的创造者？在质疑"人民群众是历史的创造者"的声浪中，主要的指责都集中在"人民群众是精神财富的创造者"这个命题上。有人认为，不能说所有历史都是物质资料生产者创造的，物质生产仅仅是创造历史的前提，至多是搭建了历史剧的舞台，它本身还不是戏，演戏的并不是人民群众。还有人说，源泉并不等于创造；历史上一些精神财富的创造，连源泉也不是来自人民群众："李煜的词来自宫廷生活和亡国之恨，一些著名的美术作品来

---

① 《马克思恩格斯选集》第 4 卷，人民出版社 2012 年版，第 255、256 页。
② 同上书，第 254—255 页。

自湖光山色的自然界。如果说，李煜和唐寅也要先吃饭，然后才能填词和画画，从而将他们的词、画说成是人民群众创造的，那就未免太牵强了，也决不是唯物史观的原意。"① 上述说法听起来振振有词，似乎主张人民群众是历史的创造者，就必然否认文化精英在人类精神文化发展中的地位和作用。其实，我们和质疑者的分歧，既不在于否认李煜的诗词和唐寅的绘画作品，也不在于比拼人民群众和文化精英在历史上各自创造了多少作品，正如他们所说这绝不是唯物史观的原意。真正的分歧在于，历史研究要不要探讨历史发展的根本动力和根本规律？研究人文科学（包括文学和艺术）要不要关注它们产生的历史条件？所有这些其实都是有关事物发展的必然性研究。偶然性是必然性的表现形式，历史上伟大的文学家和艺术家以其特有的风格和才情创作出千古名篇，但是，"个人的性格只有在社会关系所容许的那个时候、地方和程度内，才能成为社会发展的'因素'"②。唯物史观关于社会存在决定社会意识的原理对于理解人民群众和文化精英创造精神财富的关系问题具有重要的方法论意义。恩格斯曾专门论述过哲学和宗教作为更远离物质经济基础的意识形式与社会生活的本质联系，他指出，尽管"观念同自己的物质存在条件的联系，越来越错综复杂，越来越被一些中间环节弄模糊了。但是这一联系是存在着的。从15世纪中叶起的整个文艺复兴时期，本质上是城市的从而是市民阶级的产物，同样，从那时起重新觉醒的哲学也是如此"③。恩格斯这里着重强调的是文艺复兴时期出现的文学、艺术和哲学等精神产品与城市市民阶级的内在联系，对两者之间必然性的揭示是在承认文化精英在个性化创作贡献基础上的深层探索，也在更高层面揭示了文化精英创作所赖以形成的时代条件。

近年来，社会文化史应运而生，特别是对基层社会历史、普通民众历史、日常生活历史、民间文化历史的研究方兴未艾，通过生活方式的变迁阐明社会意识和民族文化心理的发展演变取得重要成果。研究表明，广大民众与精神文化的关系，并非如质疑者所言只是为观念文化创造提供物质前提而已，他们本身就是社会生活的主体，芸芸众生的穿衣吃饭、婚丧嫁

---

① 张岱年、敏泽：《回读百年》第5卷（上），大象出版社2009年版，第320页。
② 《普列汉诺夫哲学著作选集》第2卷，生活·读书·新知三联书店1962年版，第359—360页。
③ 《马克思恩格斯选集》第4卷，人民出版社2012年版，第260页。

娶、社会风习本身就构成了社会观念文化史的本体。比较而言，载入史册的官修正史所关注的大事变如改朝换代之类的历史事件，大多转瞬即逝，如潮汐般很快过去，留不下多少踪迹，但社会底层民众的历史记忆却并不因此而发生根本改变。有的研究者指出，在精英思想世界之外，还有一个更为广阔的民众观念世界，后者具有精英思想不可替代的独特价值。首先，民众观念直接来源于人们的生活实际，是生活经验的总结，最切近于人们的生存需要，因而构成了人们（也包括文化精英）精神文化的内核。其次，民众观念是活在民众生活当中、支配人们日常言论行为的观念，它是最普遍、最一般、最基本的思想观念，因而是决定社会心理乃至上层知识精英思想的重要因素。最后，从思想观念的完整运动过程来看，首先有分散、无序、经验水平的民众观念，然后从中孕育形成理性、概括的精英思想，再升华为被社会所普遍认可的主流思想和主导理念，最后影响于整个社会，回归于普通民众的观念之中。民众观念是精英思想孕育产生的基础、土壤和来源，也是精英思想影响于社会、扎根于社会的归宿。因而，民众观念作为社会思想自身运动过程的首尾两头，是不可或缺的必要环节。① 从民众观念与精英思想的互动来看，源泉固然不等于创造，然而缺少了底层民众观念的支撑，精英文化就成了无源之水、无本之木。

由黎澍的质疑所引发的困惑之三是：能否让英雄史观与民众史观并存？从表面上看，对"人民群众是历史的创造者"这一命题的质疑者摆出不偏不倚的姿态，声言只讲英雄创造历史固然不对，而只讲人民群众是历史的创造者也有片面性，但内心深处却想把二者调和起来，使两个命题平分秋色，各打五十大板，其目的在于兜售英雄史观的合理性。所以，他们在否定两个命题之后又立即表示："事实是英雄创造自己的历史，不能创造一切历史；人民群众也一样，尽管在历史上作用很大，但不能创造一切历史。"② 他们反复强调："不能说，所有的历史全都是物质资料生产者、劳动群众、各国人民创造的，而非物质资料生产者、非劳动群众、各国统治者是不参与历史创造的。"③ 他们的手法是先把马克思主义经典作家提出

① 李长莉：《关注民众观念世界——对思想史研究对象及方法的思考》，《光明日报》2003年1月15日。

② 张岱年、敏泽：《回读百年》第5卷（上），大象出版社2009年版，第280—332、291页。

③ 同上书，第291页。

的"人们自己创造自己的历史"引申为帝王将相和人民群众"各自创造各自的历史"，然后再推销"在承认人民群众是自己历史创造者的同时，也承认人民群众以外的社会历史力量也是自己历史的创造者"的观点，他们认为，只要有了这两个承认，"那么，争论双方就没有太大分歧了"。为此，他们还举例说，从秦到汉的历史，不仅有陈涉、吴广为代表的农民阶级和刘邦、项羽的起义队伍参与创造，秦二世、李斯、赵高为代表的地主阶级当权集团以及六国旧贵族的残余势力也参与了这段历史的创造活动。如果只提人民群众是历史的创造者，就是把人民群众和英雄人物对立起来了。①

其实，正是"各有各的历史"观才导致把人民群众和杰出的个人割裂开来、对立起来。我们在上面所提到的否认人民群众是精神文化创造者的思路正是根源于这里的"各有各的历史"观念。按照质疑者的思路，要把完整的历史或如他们所言的"一切历史"区分为人民群众自己创造的历史和帝王将相创造的历史。研究人民群众的历史就要研究物质资料生产的历史；研究政治、军事、教育、艺术和宗教的历史，就不能离开帝王将相和其他剥削阶级上层人物的活动。② 在他们看来，这两个互不相干的历史是由两个相互分离的主体创造的。英雄人物创造的历史和人民群众创造的历史可以并存，英雄史观和民众史观自然也可以并存。"并列史观"其实是羞羞答答的英雄史观。我们不禁要问，研究政治史、军事史、教育史，等等，可以绕开人民群众及其作用孤立地研究帝王将相在历史上的作用吗？难道说，在解放战争期间，中国人民前仆后继的革命斗争，只是创造了人民群众自己胜利的历史，而没有同时创造蒋介石反动派失败的历史？后者失败的历史只是他们自己创造的吗？很显然，这种"并列史观"将统一的历史分割为互不相干的两块，就必然为神秘主义留下地盘，导致不可知论。

综上所述，人类历史的主体是人民群众，他们是历史进步的主导力量。反对者认为，提出人民群众是历史的创造者，就是把无所不包的历史看作是一个独一无二的力量创造的，这是以偏概全。其实，马克思主义提出这一命题时，从来没有否认杰出个人在历史上的作用，也从来不否认还

① 张岱年、敏泽：《回读百年》第 5 卷（上），大象出版社 2009 年版，第 325—332 页。
② 同上书，第 286 页。

有其他因素是推动历史前进的动力。那么，提出"人民群众是历史的创造者"的用意何在？它的本质内涵是什么？在历史观层面它的独特价值在哪里呢？首先，这个命题的实质在于，它认为物质生活资料的生产活动是人类最基本的实践活动，是决定其他一切活动的活动。因此，人类历史首先应当是直接从事生产实践的人民群众的历史。就此而言，人民群众与其他参与历史创造的人们相比，他们所起的作用是历史的原创力，即原初动力或基础动力的作用。其次，推动人们创造历史的思想动机归根到底是由人们物质生活资料生产的实践所决定的。因此，考察人们历史活动的思想动机，从根本上说主要是考察人民群众的动机，就观念层面而言，人民群众的思想动机是推动历史前进的根本动因。最后，人民群众是推动历史进步的最终决定力量，即帝王将相等少数人物固然能够推动或延缓历史前进的脚步，但最终决定历史格局或决定历史发展趋势的力量则是人民群众。

二　民心是天下兴亡的晴雨表

何为民心？民心是指广大民众在特定历史时期形成的共同心理意向，它是人们能动地把握现实的特殊方式，本质上是一种价值取向，即人们从自身需要出发对事物价值作出的评判和选择（拥护或否定）。民心向背讲的是人们依据价值评价而形成的对社会现实的情感和态度，它往往成为激发人们为改变现实而行动起来的精神动因。民心向背虽然是一种主观心理层面的东西，但它一经形成并有了明确指向（即民心所向）以后，就会通过人们的激情和意志，推动人们行动起来（民变），短时间内就能转化为改变整个社会、震撼整个时代的物质力量。

心态史学有一条重要定律，即得民心者得天下，失民心者失天下。如何理解民心在人类发展史上的作用并把握民心演变的规律性是坚持唯物史观的重要课题。过去一直笼统地把心态史学视为唯心史观。其实，揭示并承认民心向背与天下得失的因果关系，并不就是唯心史观。唯心史观的失误不在于它承认理想、意志等主观因素的历史作用，而在于它忽视和否认最终决定人们行为动机的物质动因，否定主观动机与社会物质动因之间的联系。在承认主观动机方面，它们又往往只承认帝王将相等孤家寡人的思想动机决定历史进退，却看不到或有意抹杀广大民众心理诉求对推动历史变迁的重大意义。正如列宁所指出的，以往的历史理论有两个主要缺点，

"第一，以往的历史理论至多只是考察了人们的历史活动的思想动机，而没有研究产生这些动机的原因，没有探索社会关系体系发展的客观规律性，没有把物质生产的发展程度看做这些关系的根源；第二，以往的理论从来忽视居民群众的活动，只有历史唯物主义才第一次使我们能以自然科学的精确性去研究群众生活的社会条件以及这些条件的变更"①。由此可见，如何理解民心向背决定历史走向这一原理才是不同历史观的分野所在。

毫无疑问，历代史学家都把民心向背作为天下兴亡的晴雨表，但其哲学根据何在，却很少有人问津。其实，这个问题首先涉及人们的价值选择与历史发展的必然性之间的关系，因而是一个涉及价值观与历史观关系的重大理论问题。只有切入这一问题，我们才能一步步解开"其兴也勃，其亡也忽"的历史周期率之谜。下面，我们想从三个方面展开对这一问题的解析。

第一个问题，人们的价值选择能否外在于历史发展的必然性？之所以提出这个问题，是因为国内外学术界对两者的关系还存在许多模糊认识。例如，国内有些人一方面承认历史决定论，另一方面又主张用选择论补充历史决定论。这种主张看起来好像很辩证、很公允。其实，这种主张必然导致从历史必然性之外寻找价值选择的根据，到头来会像卡尔·波普尔那样否定历史决定论的原则。

唯物史观把社会历史理解为现实的人的活动，从人的活动中探索出隐藏在人的目的背后的"物质动因"，并以此为基础来说明社会历史发展的规律性及其作用方式。历史发展的必然性是世代相续的人们活动之间的历史联系，是现实条件同人的活动及其结果之间的本质联系，是活动的目的、手段和结果、直接后果和间接后果之间的内在联系。历史必然性不同于自然必然性，它是在人类社会实践活动中形成的，并在以社会的人为主体的活动中起支配作用的必然性，这种必然性虽然也不能由人事先预制或随意取消，但它却不能离开人的实践而孤立地存在。② 现实的人的活动都是有目的的，历史不过是追求着自己目的的人的活动而已。客观世界不能满足人，人便决心以自己的行动改变世界。目的作为"理想的意图"，是

---

① 《列宁选集》第 2 卷，人民出版社 2012 年版，第 425 页。
② 《刘奔文集》，中国社会科学出版社 2008 年版，第 140—141 页。

人们依据自身的需要对客观现实的某种可能性作出的价值判断和选择。这种判断和选择在事物由可能向现实转化过程中起着不可或缺的作用。因此，人们的价值评价和价值选择，在实践过程中构成历史发展因果链条中的必要因素，或者说，价值因素是内在于历史必然性的东西。"凡是现实的都是合理的，凡是合理的都是现实的"，黑格尔的这句名言猜测到了理性（科学理性与价值理性）与必然性之间的内在联系。按照恩格斯的理解，现实的并不等于现存的，现实的属性仅仅属于那同时是必然的东西，"现实性在其展开过程中表现为必然性"，而我们称之为"必然"的东西，一是指它合于客观世界固有本性之理，二是指它合于人的社会需要，即人的社会本性之理。马克思曾说："动物只是按照它所属的那个种的尺度和需要来建造，而人懂得按照任何一个种的尺度来进行生产，并且懂得处处都把内在的尺度运用于对象；因此，人也按照美的规律来构造。"① 很显然，历史必然性作为现实性的展开过程，乃是客观世界的普遍尺度与人的价值尺度辩证的、历史的统一过程。从这个意义上说，价值关系本身就是一种合乎规律的关系。

历史必然性即社会历史规律，大致可以分为三类，一是体现社会发展趋势的必然性，如生产关系必须适合生产力发展要求的规律；二是体现人本身发展趋势的必然性，如马克思的社会发展"三形态"理论就是以人本身发展为核心而展开的必然性；三是体现社会发展与人的发展的相互关系的必然性，如环境的改变和人本身的改变趋于一致的必然性等。生产力的发展、生产关系的进步，最终是以人本身的自由而全面的发展为归宿的。正如马克思所言，"生产力和社会关系——这二者是社会个人的发展的不同方面"②，"这个历史随着人们的生产力以及人们的社会关系的愈益发展而愈益成为人类的历史"③。人本身的发展是历史必然性的最根本的内容，以人为本是历史必然性所固有的。当然，历史的发展也经常表现出对人的否定，如近代以来的殖民主义、军国主义、霸权主义所奉行的弱肉强食原则，对弱小民族进行种族灭绝等倒行逆施，也具有一定的历史必然性，但这只是历史的、暂时的、必将被取代的必然性。人类社会不同于生物界，

---

① 《马克思恩格斯全集》第 3 卷，人民出版社 2002 年版，第 274 页。
② 《马克思恩格斯全集》第 31 卷，人民出版社 1998 年版，第 101 页。
③ 《马克思恩格斯全集》第 47 卷，人民出版社 2004 年版，第 440 页。

从根本趋势上说，人道的原则（对人本身肯定的原则）不断地战胜邪恶的原则（与资本的本性相联系的弱肉强食原则），是人间的正道。

如上所述，民心向背在人类全部政治生活中最终具有决定意义，揭开这一谜团的正是绝大多数人的价值选择同历史必然性的本质联系。人们不必到历史必然性之外去寻找价值选择的根据，因为历史必然性本身就具有客观的价值取向。历史周期率的重演反复地证明着民心向背与历史必然性的一致性。我们要追问的第二个问题是：民心因何而变化，抗战胜利后，民心骤变是如何发生的，决定民心向背的东西到底是什么？很显然，正是民生状况的剧变导致了民心向背的骤变，人心之厚薄取决于民生之荣枯，这是千古不变的法则。

民生是民众生活的总称，民心则是民众对当下生存状况的感受和对未来的希望。民生包括生活的方方面面，它既包括民众生存相关的物质条件，也包括与民众发展相关的各种社会保障。民生不仅表示人与物的关系，更涉及人与人的关系。因此，民生幸福与否不仅与民生的物质基础相关，也与民众精神需求的满足和政治参与的状况有关，是一个极为复杂的社会心理现象。人类的一切活动都与民生有关，维护和增进民生是政府的唯一职责，政府对民生贡献之大小，取决于满足民生需求的程度和方式。很显然，就政府与民众的关系而言，民生就是最大的政治，基本民生的托底保障是避免历史周期率重演的底线。历史的方向与人民的愿望是一致的，谁代表了人民，谁就代表了历史前进的方向。

中国近代史的主题是对外坚持反抗侵略，对内铲除封建制度，实现民族独立、人民解放。这一时代主题是大势所趋、也是民心所向。是促进还是阻挠这一问题的解决，是评价近代各个政治集团、历史人物和历史事件的根本标准。以唯物史观为指导的中国共产党人坚信，人民是历史的创造者，是历史的真正主人。没有人民主体力量的觉醒，中国无法从沉沦中崛起。在深刻体认中国近代历史走向的基础上，中国共产党把一切为了人民、一切依靠人民作为根本宗旨贯彻于政治、经济和文化各方面的政策之中。在抗战胜利后，高举反帝反封建反官僚资本主义的革命旗帜，不仅普遍地彻底地解决了农民的土地问题，而且代表了城市各阶级各阶层人民的利益，赢得了人民的衷心拥戴。1949 年 1 月，当 55 位各民主党派领袖和无党派民主人士发表联合声明，宣布接受共产党的领导时，表明中国历史翻开了新的一页。中国共产党因扎根于人民之中、以人民为靠山而具有无穷的力量，它的领导地位的获得，是历史的必然，是人民的选择，而这也是共产党人尊重历史规律、自觉选择人民价值观的结果。

唯物史观揭示的真理与价值内在统一的原理，能否破解黑格尔提出的历史目的论或"理性机巧说"？如何理解马克思提出的"历史上报应的规律"？这是我们在思考"民心向背决定天下兴亡"命题时碰到的第三个问题。

在马克思主义哲学产生以前，历史领域始终为唯心主义所支配，即使是坚定的唯物主义者，只要一进入历史领域，都会陷入唯心主义幻想而不能自拔。在社会历史领域，任何事情的发生都不是没有自觉的意图、没有预期的目的的。让哲学家们不解的是，许多单个行动的目的是预期的，行动所产生的直接结果或间接结果却并不是预期的。面对许多英雄人物从历史巨人变为侏儒、从君临天下变为阶下囚的可悲下场，聪明的哲学家往往用神秘的天意加以解释。德国哲学家黑格尔针对这种历史现象提出了历史目的论和"理性机巧"说。由于他把精神、理性看作某种独立的东西，看成是历史过程的决定力量，所以他把历史看作精神或理念显现的过程，认为个人的自觉活动不过是充当理性自我实现的工具。历史就是精神或理性假借英雄人物追逐个人私欲而达到自己的目的的过程，这就是"理性的机巧"。理性一方面假借非理性（私欲、情欲），另一方面又否定非理性，以达到普遍理性的目的。追问历史上的英雄人物的命运究竟是由什么决定的，这是许多历史哲学家挥之不去的心结。"理性机巧论"是一种辩证的历史观，这种朴素的否定性的辩证法早就被明末的王夫之猜测到了，他（早于黑格尔150年）在《读通鉴论》《宋论》等著作中指出，具有大欲的英雄人物是"天意"的工具，他们所成就的大业都是"天假其私以行其大公"的例证，待其使命终了，就被天理所抛弃。所以，他警告那些好大喜功的神武人物不要做天理的被动工具，而要做天理的掌握者，即"独握天枢"的斗士。王夫之和黑格尔从历史人物的成功和失败中发现了个人私欲与历史必然性的对立统一关系，但由于历史观的局限，他们尚未认识到历史的主体是广大民众，而把历史必然性理解为"天理"或"天意"，得出了"历史目的论"的结论。针对黑格尔的"理性的机巧"和历史目的论，马克思和恩格斯指出："历史什么事情也没有做，……创造这一切、拥有这一切并为这一切而斗争的，不是'历史'，而正是人，现实的、活生生的人。'历史'并不是把人当做达到自己目的的工具来利用的某种特殊的人格。历史不过是追求着自己目的的人的活动而已。"① 他们还批评说："天命，天命的目的，这是当前用以说明历史进程的一个响亮字眼。其实这个字眼不说明任何问题。"②

王夫之、黑格尔所说的"天意""天理"并不是某种"无人身"的理性，而是作为历史主体的人民群众的意愿，"天视自我民视，天听自我民听"的古训表明。天意即民意，只有人民群众才是主宰天下、决定英雄人物历史违顺的主体力量。其实，在历史创造中真正起作用的主要不是个别人物的私心和情欲，而正是推动亿万民众积极行动起来的动机。

历史的必然性作为在人的活动中产生并发挥作用的必然性，其本身就包含有客观的价值取向即价值的必然性。从历史的长时段来看，历史必然性与价值必然性的统一，使人类历史表现出一种总的趋势，即正义原则必然战胜邪恶原则，真善美必然战胜假恶丑。正是基于这种根本趋势，马克思提出了"历史上报应"的规律这一命题。他说："人类历史上存在着某种类似报应的东西。历史报应的规律就是，锻造报应的工具的，并不是被压迫者，而是压迫者自己。"③ "善有善报，恶有恶报"并不全是宗教迷信，而是历史必然性的曲折反映，属于历史本身的否定性的辩证法。辩证法在其合理形态上，引起了一切剥削阶级及其辩护者的恼怒和恐慌，因为辩证法对每一种历史行程都是从不断的运动中，因而也是从它的暂时性方面去理解的。它在对现存事物的肯定的理解中同时包含着对现存事物的否定的理解。因此，辩证法既是一种辩证历史观，也是一种辩证价值观。

三 民主是打破历史周期率的利器

1945 年 7 月 1 日，黄炎培等六位国民参政员，应中共中央之邀，飞赴延安访问。7 月 4 日下午，毛泽东在百忙中邀请他们到家中作客，整整长谈了一个下午。毛泽东问黄炎培，来延安考察有什么感想？他敞开心扉、坦诚地说："我生六十多年，耳闻的不说，所亲眼看到的，真所谓，'其兴也勃焉，其亡也忽焉'。一人、一家、一团体、一地方乃至一国，不少单

① 《马克思恩格斯全集》第 2 卷，人民出版社 1957 年版，第 118—119 页。
② 《马克思恩格斯选集》第 1 卷，人民出版社 2012 年版，第 230 页。
③ 《马克思恩格斯全集》第 16 卷，人民出版社 2007 年版，第 334 页。

位都没有能跳出这周期率的支配力。……一部历史，'政怠宦成'的也有，'人亡政息'的也有，'求荣取辱'的也有。总之，没有能够跳出这个周期率。中共诸君从过去到现在，我略略了解了的，就是希望找出一条新路，来跳出这个周期率的支配。"黄炎培这一席耿耿诤言，掷地有声。毛泽东高兴地答道："我们已经找到了新路，我们能跳出这周期率。这条新路，就是民主。只有让人民来监督政府，政府才不敢松懈；只有人人起来负责，才不会人亡政息。"① 在这一问一答中，黄炎培提出历代兴亡的周期性循环问题，提出如何跳出周期率的支配力问题，其用意是希望中国共产党能够找到一条新路，真正打破治乱兴亡的循环。毛泽东从历史观的高度给予了回答，即支配历史变迁的主导力量是人民群众，我们只有依靠创造历史的主体，才能真正打破"其兴也勃焉，其亡也忽焉"的历史周期率，这一回答可谓高屋建瓴。这一见解正是黄炎培所期盼的。所以，他对毛泽东说："这话是对的，只有把大政方针决之于公众，个人功业欲才不会发生。只有把每个地方的事，公之于每个地方的人，才能使得地地得人，人人得事。把民主来打破这周期率，怕是有效的。"②

两位政治家的对话揭开了民主政治建设的新篇章。时至今日，中国在民主政治建设的道路上走过了六十多年的历程，取得了巨大的成就，也经历了许多曲折和失误。抚今追昔，从唯物史观的高度来总结当代中国民主政治建设的实践经验，对其重大的理论问题进行梳理，是十分必要的。

第一，人民当家作主与党的领导的关系

人民当家作主与党的领导的关系，是中国特色社会主义民主政治建设中的核心问题。中国式的民主，在理论上能不能站住脚，在实践中能不能行得通，都与能否正确地认识和处理坚持共产党领导与发展人民民主的关系密切相关。

有人说，民主是没有"领导"的，只要有共产党或其他什么组织的领导，就谈不上民主。还有人说，如果没有触及共产党的领导地位，就谈不上政治体制改革。总之，在这些人看来，人民当家作主与党的领导是对立的。很显然，这种对立论不仅无视民主政治的本质和规律，而且还触及历史观的大问题。马克思主义关于人民群众是历史的创造者的命题内涵是极

① 卢之超：《毛泽东与民主人士》，华文出版社 1993 年版，第 261—262 页。
② 同上。

为丰富的，要具体把握它，就要明晰与这一命题相关的理论问题，如在历史发展的合力中，群众的主导作用是如何发挥的，要不要形成自己的组织？在民主政治建设中，不同层次的政治主体的作用力如何做到不是相互抵消而是相得益彰？这些问题上升到历史观的层面就是群众、阶级、政党、领袖的关系。列宁说："群众是划分为阶级的；……在通常情况下，在多数场合，至少在现代的文明国家内，阶级是由政党来领导的；政党通常是由最有威信、最有影响、最有经验、被选出担任最重要职务而被称为领袖的人们所组成的比较稳定的集团来主持的。"① 可见，要科学地把握人民群众在社会历史中的作用，首先，要对群众进行阶级分析，并通过这种分析阐明群众中究竟哪些阶级是新的生产力和生产关系的代表者，是革命和建设的领导阶级。否则，就会把人民群众创造历史的真实关系遮蔽，变为一个空洞的概念。其次，阶级通常是由政党来领导的。一个阶级要作为整体来行动，就必须形成自觉的组织。政党是阶级组织中最严密、最高级的形式，它有集中代表本阶级利益的政治纲领，并成为本阶级的实际组织者和领导者。与有产阶级具有自发的阶级意识不同，无产阶级的阶级意识不是自发产生和发展的，它要求先进思想的启发和引导，需要在共产党领导下的革命实践中逐步培育和发展，即无产阶级的阶级意识是通过共产党实现的。在相当长的历史时期内，离开了共产党的领导，工人阶级的阶级意识就会松懈甚至瓦解。最后，无产阶级实现民主的途径与资产阶级不同，资产阶级可以通过富人间的议事规则实现民主，无产阶级只能通过共产党领导实现阶级的聚集夺取政权，进而实现阶级的民主。无产阶级的解放不能通过个体行为，一个无产者可以通过个体行为变成有产者，无产阶级的解放却只能是整体的解放，这个整体解放的保证就是用马克思主义武装起来的共产党。②

综上所述，无产阶级与其政党是一个相互依赖、相互作用的有机整体。一方面，人民群众在历史运动中需要先进的阶级及其政党的领导，显示出群众、阶级对政党的正确领导的客观要求。另一方面，是政党对群众、阶级的代表依靠和服从的关系。群众、阶级之所以需要政党，是因为政党能够代表和维护他们的利益。毛泽东说："我们的责任，是向

---

① 《列宁选集》第4卷，人民出版社2012年版，第151页。

② 房宁：《民主政治十论》，中华书局2009年版，第204页。

人民负责。……人民要解放，就把权力委托给能够代表他们的、能够忠实为他们办事的人，这就是我们共产党人。我们当了人民的代表，必须代表得好。"① 总之，政党是民众自愿组成的政治组织，它的功能是使群众组织化。政党是民主政治建设中的题中应有之义，现代的民主政治都是政党政治，否认政党的地位和作用，无异于取消了民主政治建设本身。

与人民群众的血肉联系是共产党最大的政治优势，是社会主义社会政治建设的本质和灵魂。改革开放以来，党的历史方位发生了深刻变化，共产党已经从领导人民为夺取政权而奋斗的党，转变为领导全国政权并长期执政的党；从在外部封锁条件下领导国家建设，到在改革开放条件下领导国家建设，即从领导计划经济的党转变为领导市场经济的党。历史方位的变化，不仅使共产党的自身建设面临新的考验，而且对原有的党群关系、对社会主义民主政治建设都提出了新的挑战。在市场经济条件下，执政的共产党如何保持自身的先进性，总是与在市场经济条件下党群关系的新变化密不可分的，即在市场经济条件下如何保证广大人民群众当家作主这一点紧密相关，这是共产党打破历史周期率所面临的最大历史课题。

要以唯物史观为指导，深入研究市场经济体制对党群关系所产生的重大影响。党群关系问题实质上是执政的共产党与其社会基础的关系问题。经济体制改革和市场经济的发展，部分地改变了社会主义的经济基础，使社会主义民主政治建设面临新的形势。其一，改革开放以来，社会利益的分化与利益格局的深刻调整，是一个具有本质属性的重要变动。随着所有制结构的调整，改变了计划体制时期利益主体单一化的格局，社会内部的不同利益主体得到前所未有的、多元化的发展。社会资源的分配主要由政府行政调配转向主要由市场调节，利益实现机制日益多样化，整个社会的利益关系空前地复杂化了，处于社会变革中的党群关系较之改革前具有了复杂化的趋势。其二，民众的主体意识提升，利益表达、参政意识和维权活动的自觉性增强。所谓主体意识，即公正意识、权利意识和平等意识。民众主体意识的增强使党群关系由单向型转向互动型，即民众由受教育者向平等主体转变。其三，群众性的自治组织日益涌现，公民社会与国家的分离和互动局面初步形成。各类群众自治组织，包括政治社团、第三部门

---

① 《毛泽东选集》第 4 卷，人民出版社 1991 年版，第 1128 页。

在内的公民社会正在对民主政治建设产生重要的影响。公民社会的发展使得在国家权力层面的民主建设之外形成了一种新形态的民主，即非国家形态民主，它是发生在公民社会和自治活动领域中的重要民主形式。很显然，改革开放以来中国社会结构的深刻变动、人们的生产交往关系、价值观念发生的重大变化，对社会主义民主政治建设产生了积极的影响。由经济体制改革引发的全面的改革，本质上都是人的解放、人的自主能力的发挥。正如邓小平所言："调动积极性是最大的民主。"① 改革开放的历史进程以直接和间接的形式为广大人民群众成为社会的主人创造着相应的历史条件，使人民群众当家作主由虚到实、由形式到内容、由名义到实质，而民众主人翁地位的增强也为执政党自觉地提高自身建设的水平创造了前提。

当然，市场经济与社会主义民主政治的关系具有二重性。它既有增强人们民主权利意识的一面，也有与社会主义民主的平等原则相抵触的一面。市场经济的一般属性会导致社会分化和社会差别扩大，导致经济资源和社会权利向少数社会成员集聚，形成所谓的"强势群体"和"弱势群体"。经济不平等是瓦解政治平等的基础，市场经济带来的经济地位上的差别，必然要在政治领域里产生影响，对人民群众的经济、社会平等地位造成冲击②，直接瓦解党的社会基础。问题是，建立市场经济体制是中国现阶段发展社会生产力的必然选择，坚持共产主义信念的共产党要在市场经济条件下巩固和扩大群众基础，就必须做到以下几点：其一，必须摆正自己和人民的位置。要把自己看作人民的工具，而不是把人民作为自己的工具。毛泽东曾经讲过，我们的权力是人民给的，共产党只有牢牢记住人民是自己的靠山，才能把保持人民群众的主人翁地位放在心上。其二，在新形势下，共产党要积极带领人民实现民主权利。民主意味着权利，要坚持以公民权利为本，摆正公民权利和国家权力的关系。公民权利是实现国家权力的目的，实现党的执政权和设置政府权力的目的不是为了限制权利，而是为了保障权利、服务权利、发展权利。总之，要实现和发展人民的民主权利，就要树立马克思主义的群众史观，在对待历史发展和人民群众的关系上，必须坚持尊重社会发展规律与尊重人民历史主体地位的一致

① 《邓小平文选》第3卷，人民出版社1993年版，第242页。
② 房宁：《民主政治十论》，中华书局2009年版，第87页。

性，坚持为崇高理想奋斗与为最广大人民谋利益的一致性，坚持完成各项工作与实现人民根本利益的一致性，这是在市场经济条件下，逐步实现人民当家作主的根本保证。

第二，关于人民当家作主与依法治国的关系

人民当家作主是社会主义民主政治的本质特征，依法治国是共产党领导人民治理国家的基本理念和方略。《中共中央关于全面推进依法治国若干重大问题的决定》中明确指出："依法治国，是坚持和发展中国特色社会主义的本质要求和重要保障，是实现国家治理体系和治理能力现代化的必然要求。"要改革和完善党的领导体制和执政方式，最根本的就是把人民当家作主与依法治国有机统一起来。从哲学层面怎样理解这两者的统一，尚有一系列理论问题需要探索。

要推进依法治国，首先要明了民主与法制的本质联系。民主是法制的基础，法制是民主的保障，两者密不可分。从民主对法制的规范来看，社会主义民主是社会主义法制的灵魂和基础。其一，社会主义民主是社会主义法制产生的依据。只有人民掌握了国家政权，并选择了民主的政权组织形式，才有可能通过国家机关制定体现自己意志的法律，实行社会主义法制。一切权力属于人民，这是我国国家制度的核心内容和根本准则，也是我国推行依法治国的根本出发点和归宿。其二，社会主义民主规定社会主义法制的性质和任务。社会主义民主从根本上说是人民当家作主的政治制度，社会主义法制必然把保障和实现人民的民主权利、特别是保障人民管理国家的权利作为自己的职责。其三，社会主义民主是社会主义法制力量的源泉。法律的威力是"流"，不是"源"，它植根于民主制度。只有当法律真正反映人民意志，受到人民的真诚拥护与遵守时，它才在事实上具有并发挥法制的威力。实践证明，民主制度越发展、越健全，则法制的威力越大。因此，依法治国，建设社会主义法制国家，始终要以发展社会主义民主作为宗旨和使命。从法制对民主的功能来看，社会主义法制是社会主义民主的体现和保障。其一，人民当家作主、掌握国家主权这一事实，需要用法的形式确定下来，使其合法化。同时，还要以法的形式确定适合人民当家作主的政权组织形式（包括国体和政体）。其二，社会主义法制将人民民主具体化为国家机关的职权和公民的各种权利，并为其实现规定了程序、原则和方法。其三，社会主义法制通过制裁违法犯罪行为体现和保障人民民主。总之，社会主义民主与社会主义法制是密切结合、不可分割的，离开民主，法制就会变为专制，民主就会落空。离开法制，民主不可能存在和发展，离开社会主义法制的民主也绝不是社会主义民主，代之而起的将是无政府主义的泛滥甚至动乱的出现。必须正确地认识和处理民主和法制的关系，把民主建设和法制建设结合起来，逐步通过民主法制化和法制民主化的途径，促进民主和法制的共同发展。

要推进依法治国的过程，还要在理论上划清人治与法治的界限。所谓人治，又称个人之治。人治论主张圣君贤相的道德教化，推崇个人权威，拥护个人掌握最高权力，法律的立、改、废由个人决定，把个人意志作为治国的依据。当法律与最高领导人发生矛盾时，人治论主张个人至上、权大于法。与人治思想不同，法治的本意是依法治国，不是单纯地把法看作治国的工具而是看作治国的依据。依法治国的实质是法律主治或法的统治。换言之，人民掌握最高权力，而法律则体现最高权力。人民主权原则，即人民当家作主原则是法治的灵魂，依法治国最能体现和保障人民当家作主权利的落实。只有站在人民主权的立场上，才能把握依法治国的主体与对象。一切权力属于人民，这是我国国家制度的核心内容和根本准则，也是我国推行依法治国的根本出发点和归宿。既然国家是人民的，人民就是依法治国的当然主体。这种主体地位不能授权给任何人或单位，否则，就会使社会主义国家变质，成为改头换面的人治。由此可见，法律是人民意志的体现，正是人民主权原则赋予了法律所具有的至上和至尊的地位，揭示了"依法治国"方略与人民根本利益的一致性。

要推进依法治国的进程，还要自觉地把实质民主与程序民主统一起来。邓小平很早就认识到国家政权与法、民主政治与法、政治体制改革与法的内在联系，他在思考政治体制改革时，总是把民主与法制统一起来。他一方面注意发挥民主的实质性功能，强调没有民主就没有社会主义，民主是思想解放的重要条件，调动积极性是最大的民主。另一方面，他又十分关心民主的形式问题、程序问题、法制化问题。他深深懂得，社会主义民主是随着法制建设的完备而不断扩大的，只有把人民当家作主的各项权利制度化、法律化，才能彻底铲除封建专制主义及其赖以生存的社会基础。法制国家的含义是法治政治，解决领导体制上以党代政，以党代法的问题，必须走民主制度化、法制化的道路，把社会主义民主纳入法治的程序。邓小平说："要通过改革，处理好法治与人治的关系，处理好党和政府的关系。"① 邓小平关于要使民主法治化的思想十分丰富，重温这些论述，对于社会主义民主法制化建设有重要指导意义。其一，强调制度与个人相比，更具有根本性。他说："我们过去发生的各种错误，固然与某些领导人的思想、作风有关，但是组织制度、工作制度方面的问题更重要"，"不是说个人没有责任，而是说领导制度、组织制度问题更带有根本性、全局性、稳定性和长期性。这种制度问题，关系到党和国家是否改变颜色，必须引起全党的高度重视。"② 其二，邓小平对治国理政以及领导制度中存在的人治现象及其危害性作了深刻的剖析，他说："我有一个观点，如果一个党、一个国家把希望寄托在一两个人的威望上，并不很健康。那样，只要这个人一有变动，就会出现不稳定。"③ 他还说："我历来不主张夸大一个人的作用，这样是危险的，难以为继的。"④ 其三，为了保证国家的稳定和长治久安，必须用法治代替人治。邓小平指出，在人治条件下，往往把领导人说的话当作'法'，不赞成领导人说的话就叫做'违法'，领导人的话改变了，'法'也就跟着改变。在这种不讲法治、只讲人治的体制下，人民主权必然受到损害，所以，他明确地指出："为了保障人民民主，必须加强法制。必须使民主制度化、法律化，使这种制度和法律不因领导人的改变而改变，不因领导人的看法和注意力的改变而改变。"⑤ 其四，邓小平鲜明地提出依法治国四项原则，即"有法可依，有法必依，执法必严，违法必究"。总之，在邓小平看来，民主和法制好比人的两只手，缺少任何一只手都不行。要加强民主，就要加强法制。"我们的民主制度还有不完善的地方，要制定一系列的法律、法令和条例，使民主制度化、法律化。社会主义民主和社会主义法制是不可分的。不要社会主义法制的民主，不要党的领导的民主，不要纪律和秩序的民主，决不是社会主义民主"⑥。

[原载《理论演进》第 4 期（总第 254 期）]

---

① 《邓小平文选》第 3 卷，人民出版社 1993 年版，第 177 页。
② 《邓小平文选》第 2 卷，人民出版社 1994 年版，第 333 页。
③ 《邓小平文选》第 3 卷，人民出版社 1993 年版，第 272 页。
④ 同上书，第 325 页。
⑤ 《邓小平文选》第 2 卷，人民出版社 1994 年版，第 146—147 页。
⑥ 同上书，第 359—360 页。

论青年马克思的黑格尔转向

韩立新

在早期马克思思想的形成过程中，黑格尔和费尔巴哈都曾对马克思产生过影响。但两者的作用绝不可以等量齐观，从马克思成熟时期的思想来看，黑格尔的作用要远大于费尔巴哈，对马克思思想框架的影响更为本质，更为根本。对此马克思和恩格斯也都曾有过明确的指认。在《资本论》第1卷第二版"跋"中，马克思这样表白："我公开承认我是这位大思想家〔黑格尔〕的学生，并且在关于价值理论的一章中……甚至卖弄起黑格尔特有的表达方式"①。恩格斯晚年在《路德维希·费尔巴哈和德国古典哲学的终结》一书中，更是赞扬黑格尔而贬低费尔巴哈，称黑格尔哲学才具有"真实意义和革命性质"②，而费尔巴哈只不过是"黑格尔哲学和我们的观点之间的中间环节"③，根本不值一提，因为"与黑格尔体系的百科全书式的丰富内容相比，他本人除了矫揉造作的爱的宗教和贫乏无力的道德以外，拿不出什么积极的东西"④，显得"惊人的贫乏"⑤。从这些表述来看，马克思恩格斯本人认为，黑格尔哲学才是自己创立唯物史观的思想基础。

但是，迄今为止的通行见解却与马克思恩格斯本人的看法大相径庭。譬如，第二国际的马克思主义理论家们，"普列汉诺夫等人过高估计了费

---

① Karl Marx, *Das Kapital*, *Kritik der politischen ökonomie*, Bd. I, In: *MEW* 23, Dietz Verlag, Berlin, 1979, S. 27. 马克思："《资本论》第二版跋"，《资本论》第1卷，见《马克思恩格斯文集》第5卷，中央编译局编译，人民出版社2009年版，第22页。

② 恩格斯：《路德维希·费尔巴哈和德国古典哲学的终结》，见《马克思恩格斯文集》第4卷，中央编译局编译，人民出版社2009年版，第269页。

③ 同上书，第265页。

④ 同上书，第296页。

⑤ 同上书，第290页。

尔巴哈作为黑格尔与马克思之间的中介的作用"①，他们仅仅以唯物主义为标准批评黑格尔的客观唯心主义，而称赞费尔巴哈的唯物主义对马克思唯物史观形成的积极意义。其结果，就是在苏联的马克思主义哲学史教科书中，只有关于费尔巴哈对马克思影响的记述，而黑格尔几乎被抛在了一边，似乎只有费尔巴哈才与马克思的思想形成有关，黑格尔在这一过程中只发挥了反面教材的作用。

不仅如此，教科书体系之外的权威解释也与马克思恩格斯本人的说法相矛盾。在对早期马克思思想转变的解释上，法国的阿尔都塞和日本的广松涉等人主张的所谓"《德意志意识形态》转变说"最为流行。在他们看来，青年马克思作为一名青年黑格尔派成员，从一开始就是以批判黑格尔为己任的，当时由于受鲍威尔等人的影响，其思想框架依从的是康德和费希特。大约在 1841 年至 1843 年期间，费尔巴哈因发表了《基督教的本质》（1841 年）而成为青年黑格尔派的思想领袖，马克思也因此接受了费尔巴哈人道主义异化论，成了一名"费尔巴哈派"②。直到 1845 年的《关于费尔巴哈的提纲》和《德意志意识形态》，马克思才与费尔巴哈彻底决裂，创立了属于自己的唯物史观。按照这一解释，马克思从未真正接受过黑格尔的影响，在新世界观诞生的那一时刻，离他最近的是费尔巴哈，仿佛他是从费尔巴哈哲学直接过渡到了唯物史观。

但是，如果按照马克思恩格斯本人的说法，成熟时期马克思的思想基础是黑格尔，那么，在创立唯物史观的最后关头，伫立在他面前的无论如何都应该是黑格尔，而不能是费尔巴哈。换句话说，在马克思的思想形成过程中，应该存在着一个积极地接受黑格尔的过程，或者说有一个对费尔巴哈和黑格尔态度的逆转过程，因为在此之前他一直是褒扬费尔巴哈而批判黑格尔。而"《德意志意识形态》转变说"却显然缺乏对这一环节的说明。

阿尔都塞似乎意识到了这一缺陷，在《保卫马克思》中提出了这样的假说：在《1844 年经济学哲学手稿》的"最后关头"，即在"对黑格尔的

① Georg Lukács, *Geschichte und Klassenbewuβtsein*, *In*: *Georg Lukács Werke*, Frühschriften II, Band 2, Luchterhand, 1968, S. 23；卢卡奇：《历史与阶级意识》，杜章智等译，商务印书馆 2004 年版，第 16 页。

② 恩格斯：《路德维希·费尔巴哈和德国古典哲学的终结》，见《马克思恩格斯文集》第 4 卷，人民出版社 2009 年版，第 275 页。

辩证法和整个哲学的批判"一节，马克思曾在与自己"'从前的哲学信仰'决裂的前夕，却破天荒地向黑格尔求助"，试图转到"黑格尔的总问题"上去。但是，这次黑格尔转向"无非是费尔巴哈对黑格尔多次进行的杰出批判的重复、说明、发挥和引申"①，它非但没有超出费尔巴哈的水平，相反还有"倒退"之嫌②，结果使《1844 年经济学哲学手稿》仍然停留在"可以比作黎明前黑暗的著作偏偏是离即将升起的太阳最远的著作"③的水平。显然，他的假说的实质是否定黑格尔转向的积极意义，并没能解决自己的解释与马克思本人的矛盾问题。

要想解决这一矛盾，就必须复原在马克思思想发展中这一本应存在的环节，即在马克思成为马克思的前夕，他的思想框架有一个从费尔巴哈向黑格尔的转变过程。下面，本文将尝试着复原这一过程，揭示这一转向的原因及其关键环节。

一　马克思转向黑格尔的原因

马克思为什么会从费尔巴哈转向黑格尔？这主要跟马克思当时所面临的历史任务有关。1843 年马克思在完成了黑格尔法哲学批判以后，开始不满意青年黑格尔派的历史解释，试图建立一个新的历史观，这就是唯物史观。而唯物史观的根本特点在于：对人和历史，不是从人的内在的主观世界，而是从主观世界之外的对象世界，从外部的客观经济关系来说明。这在对社会历史的解释上，显然是一次根本的框架转变。要完成这一转变，对于当时的马克思来说，从现实出发的客观实在性、以私人所有及其关系为核心的经济学、异化或者否定性的辩证法，这三点无论如何都是必需的。而这三点，从当时的思想资源来看，绝不可能来自自己的思想母体即青年黑格尔派，特别是费尔巴哈，而只能来自自己此前的批判对象，即黑格尔哲学。

（一）黑格尔哲学的客观性维度

在一般人看来，说黑格尔哲学具有客观性有悖常识。因为黑格尔是一

---

① 参见路易·阿尔都塞《保卫马克思》，顾良译，商务印书馆 2006 年版，第 18—20 页。

② 同上书，第 148 页。

③ 同上书，第 19 页。

个唯心主义者，马克思和恩格斯也曾多次批判他"头足倒置"。的确，相对于成熟时期的马克思而言，黑格尔哲学的客观性特征并不明显，但是，相对于青年黑格尔派，这一特征构成了他们与黑格尔的根本区别。

青年黑格尔派，虽然在名称上采用了黑格尔的名字，但是，在思想渊源上它并没有继承黑格尔，而是继承了费希特和康德。对此，马克思曾在《神圣家族》中做过这样的分析："在**黑格尔**的体系中有三个因素：**斯宾诺莎的实体，费希特的自我意识以及前两个因素在黑格尔那里的必然的矛盾的统一**，即绝对精神。"① 在这三种因素中，青年黑格尔派并没有继承**"实体"**和**"绝对精神"**的思想，只是片面地发挥了黑格尔在构建自己的体系时曾力图克服的"费希特的自我意识"因素。他们之所以要"以**费希特主义为出发点**"②，主要是对黑格尔哲学过多强调客观实在性和必然性，而给人的主观能动性、人的活动留的空间太小不满意，这样不利于革命，不利于改变当时德国的落后状况。在这一点上，青年黑格尔派的代表人物赫斯表现得最为典型。赫斯本来是从黑格尔的历史哲学出发的，但是，后来受切什考夫斯基的影响，却反过来将黑格尔历史认识中客观性的一面斥为保守主义，而要以费希特的主观实践去与之相对抗，号召建立一种"行动的哲学"。他认为，对德国而言，需要的不是黑格尔，而是康德和费希特。③

针对青年黑格尔派的这一倾向，马克思给予了严厉的批判："如果说黑格尔的'现象学'尽管有其思辨的原罪，但还是在许多方面提供了真实地评述人类关系的因素，那末鲍威尔先生及其伙伴却相反，他们只是提供了一幅毫无内容的漫画。"④ 也就是说，在马克思看来，本来黑格尔哲学是因其客观性和现实性而高于其他哲学的，但是青年黑格尔派的哲学家们非但没有认识到这一点，相反还错误地用主观唯心主义去否定他，结果就只能使他们永远落后于黑格尔。对此，卢卡奇曾给予过准确的概括："这些思想家们［青年黑格尔派］主观上相信，他们已经超过了黑格尔，但在客观上，他们不过是复活了费希特的主观唯心主义……费希特哲学的这种激

---

① 马克思、恩格斯：《神圣家族》，见《马克思恩格斯全集》第 2 卷，人民出版社 1957 年版，第 177 页。

② 同上。

③ 参见莫泽斯·赫斯《赫斯精粹》，邓习议编译，南京大学出版社 2010 年版，第 99 页。

④ 马克思、恩格斯：《神圣家族》，见《马克思恩格斯全集》第 2 卷，人民出版社 1957 年版，第 246 页。

进性纯粹是想象的，只要一涉及对历史的真实运动的认识，黑格尔哲学就立即显示出比费希特哲学高出一筹。这是因为在黑格尔哲学体系中，各种客观的社会的和历史的中介因素的运动造成现存的一切，比费希特仅仅寄希望于未来的做法要更真实，更少抽象性的思想构造物。"①

那么，费尔巴哈呢？费尔巴哈不是因为他对黑格尔"主谓颠倒"的批判而在《黑格尔法哲学批判》和《1844 年经济学哲学手稿》中得到马克思的充分肯定吗？的确，费尔巴哈的哲学包含了不同于鲍威尔等人的实在论内容，譬如"感性""自然主义""现实的人"等。但是，他的实在论只适应于自然领域，一旦进入社会历史领域，就会蜕变为空泛的"爱"的伦理和"美文字"，变成跟鲍威尔等人一样的主观唯心主义。正是在这一点上，他远不及黑格尔。恩格斯在《费尔巴哈论》中曾这样评价他们之间的差异："黑格尔的伦理学或关于伦理的学说就是法哲学，其中包括：（1）抽象的法，（2）道德，（3）伦理，其中又包括家庭、市民社会、国家。在这里，形式是唯心主义的，内容是实在论的。法、经济、政治的全部领域连同道德都包括进去了。在费尔巴哈那里情况恰恰相反。就形式讲，他是实在论的，他把人作为出发点；但是，关于这个人生活的世界却根本没有讲到，因而这个人始终是在宗教哲学中出现的那种抽象的人。"②

总之，在社会历史领域，费尔巴哈和黑格尔的哲学正好相反，费尔巴哈是彻头彻尾的唯心主义，黑格尔倒是实在论的；费尔巴哈的哲学没有为唯物史观的形成提供什么有价值的东西，倒是黑格尔提供了不少实质性的帮助。作为一个事实，马克思从 1843 年起，就开始积极地吸收黑格尔《法哲学原理》中的实在论内容，逐渐实现了思维框架从理性国家到市民社会的转变。这一前进路径，离开黑格尔，靠费尔巴哈的"主谓颠倒"是无法得到合理解释的。

（二）黑格尔哲学的经济学维度

国民经济学是伴随着近代市民社会的出现而诞生的新的学术体系，它

---

① Georg Lukács, *Geschichte und Klassenbewußtsein*, In：*Georg Lukács Werke*, Frühschriften II, Band 2, Luchterhand, 1968, S. 36. 卢卡奇：《历史与阶级意识》"新版序言（1967）"，杜章智等译，商务印书馆 2004 年版，第 31 页。

② 恩格斯：《路德维希·费尔巴哈和德国古典哲学的终结》，见《马克思恩格斯文集》第 4 卷，第 290 页。

是对近代社会本质结构的理论反映。因此，要准确地理解近代社会的本质，不吸收国民经济学的成果是不可能的。马克思之所以能够站在时代的高度上把握人类的历史，跟对这一经济学的认识和批判性的吸收很有关联。对此，只要想一下"生产关系"和"经济基础"这些范畴的内涵以及它们在唯物史观中的地位就很容易理解。

在马克思之前，真正意识到国民经济学的意义，并有意识地将它纳入社会解释的哲学家是黑格尔。这可能也出乎很多人的意料，因为在常识中，黑格尔是一个抽象得不能再抽象的哲学家。其实，早在法兰克福时期（1800 年前后）和耶拿时期（1801—1807 年），黑格尔就认真地研读了詹姆斯·斯图亚特的《政治经济学原理探究》和亚当·斯密的《国富论》等著作，并试图将经济学范畴改造成近代社会的说明原理。譬如，在耶拿《精神哲学》草稿、《精神现象学》和《法哲学原理》等著作中，他将价值和货币概念改造成了"物象本身"（die sache selbst）理论，将私人所有、分工与交换概念改造成了"市民社会"理论，将斯密的商业社会改造成"需要的体系"等，在此基础上建立了一整套历史理论，达到了同时代哲学家难以企及的思想高度。卢卡奇曾这样评判说："黑格尔不仅在德国人中对法国革命和拿破仑时代持有最高和最正确的见解，而且他同时是唯一的德国思想家，曾认真研究了英国**工业革命**问题；他是唯一的德国思想家，曾把英国古典经济学的问题与哲学问题、辩证法问题联系起来。"①

从目前已经出版的文献来看，马克思并没有接触过黑格尔研究国民经济学的耶拿手稿，但是，这并不妨碍他从已经出版的《精神现象学》和《法哲学原理》中得到这方面的启示。早在 1843 年，他就在对黑格尔法哲学的批判过程中，发现了黑格尔市民社会概念的经济学内涵及其意义，受此触发，他形成了市民社会与理性国家的异质性、市民社会决定国家的观念。到了 1844 年，他开始脱离德国观念论的传统轨道，将目光转向了英国的经济学，为完成"市民社会的解剖"的任务，在《巴黎手稿》中对私人所有、劳动、所有、分工与交换等经济学范畴进行系统研究，尝试着结合哲学与国民经济学。而这正是青年黑格尔在耶拿时期所做过的工作。当

① Georg Lukács, *Der Junge Hegel und die Probleme der kapitalistischen Gesellschaft*, Aufbau – Verlag Berlin, 1954, S. 25；卢卡奇：《青年黑格尔》节译本，王玖兴译，商务印书馆 1963 年版，第 23 页。

然，马克思的这一工作中已经包含了远远超过黑格尔的内容，不过黑格尔能比马克思早 40 年尝试这一工作并能达到上述高度，已经是一个了不起的创举。

（三） 黑格尔哲学的辩证法维度

与上述两点不同，说辩证法是黑格尔哲学的特征与人们的常识相符。恩格斯曾把辩证法概括为，"认为世界不是既成**事物**的集合体，而是**过程**的集合体"①，"它彻底否定了关于人的思维和行动的一切结果具有最终性质的看法"②。这是对辩证法自我运动和否定一切特征的概括。但黑格尔的辩证法并没有停留在对宇宙规律的一般描述上，而首先是对近代社会特征的概念反映。在古代共同体中，个体与整体是一致的；可到了近代，个体从共同体中分离出来，变成了只追逐私人利益的恶的个体，结果使个体与整体出现了不一致，这种不一致构成了近代社会的本质特征。那么，如何使个体与整体重新取得一致，或者如何从"个体的恶"再回归到"整体的善"就成为近代哲学家所面临的时代课题。可按照传统的形式逻辑和康德的形式伦理学，这属于从 A 中推出非 A，在逻辑上是不可能的。为了使这一不可能成为可能，黑格尔创立了辩证法。其核心在于，不是直接从"直接性""肯定性""同一性"出发，而是必须要经过异化，即"间接性""中介性"和"否定性"等环节，然后再通过否定之否定，实现从 A 到非 A 的过渡。由于这其中的关键是否定性和异化，故马克思称其为"否定性辩证法"，而我则称其为"异化辩证法"。正依靠它，黑格尔完成了从"个体的恶"到"整体的善"的论证。

由此看出，异化辩证法应该是黑格尔哲学中最具创见性和最具时代特征的地方；但很可惜，费尔巴哈却不了解这一点。他从批判黑格尔的唯心主义出发，否定了黑格尔的异化辩证法本身。因为按照黑格尔的辩证法，精神不经过中介性或间接性就无法达到真理，那么作为直接性的"现实

---

① 恩格斯：《路德维希·费尔巴哈和德国古典哲学的终结》，见《马克思恩格斯文集》第 4 卷，人民出版社 2009 年版，第 298 页。

② 同上书，第 269 页。

的、感性的、实在的、有限的、特殊的东西"① 是一定要被扬弃和否定的。但是，在费尔巴哈看来，唯有"现实的、感性的、实在的、有限的、特殊的东西"才应该是第一位的，哲学本来就应该"从肯定的东西即从感觉确定的东西出发"②。他说道："黑格尔哲学说：一切都是凭借中介的。但是一个东西只有当它不再是凭借中介的东西，而是直接的东西时，才是真实的。"③ 因此，要捍卫唯物主义的权威，就必须取消这一中介性或间接性的辩证法。

马克思虽然认同费尔巴哈唯物主义的基本立场，但在对待辩证法的问题上并没有"简单地把黑格尔当做无用的东西抛在一边"④。在《巴黎手稿》中，他虽然也批判黑格尔的唯心主义，却能够把辩证法从黑格尔的唯心主义体系中剥离出来，给它以积极的肯定。这表现在，他承认"黑格尔辩证法的积极的环节"⑤，认识到了"黑格尔的《现象学》及其最后成果——辩证法，作为推动原则和创造原则的否定性——的伟大之处"⑥；在《詹姆斯·穆勒〈政治经济学原理〉一书摘要》中，他直接将异化辩证法应用到对市民社会的分析；在《第三手稿》中，用否定之否定的辩证法论证了共产主义，等等。

总之，客观性、经济学和辩证法，是黑格尔哲学不同于青年黑格尔派以及费尔巴哈哲学的特征。正是由于同时拥有了这三个特征，才使黑格尔哲学成为他那个时代最杰出的社会认识。不用说，这也构成了马克思告别费尔巴哈而转向黑格尔的真正原因。大概从1843年开始，在短短的三年里，马克思写下了《巴黎手稿》《神圣家族》《关于费尔巴哈的提纲》《德意志意识形态》等著作，在批判性地继承了上述三点的基础上，创立了唯物史观。下面，再以异化概念为例，具体地分析马克思从费尔巴哈转向黑

---

① Karl Marx, Ökonomisch-philosophische Manuskripte, in: *MEGA* I – 2, Dietz Verlag Berlin, 1982, S. 404. 以下对本书的引用简称为"MEGA I—2"。马克思：《1844年经济学哲学手稿》，见《马克思恩格斯文集》第1卷，人民出版社2009年版，第200页。

② Marx, *MEGA* I – 2, S. 404；马克思：《1844年经济学哲学手稿》，见《马克思恩格斯文集》第1卷，人民出版社2009年版，第200页。

③ 费尔巴哈：《未来哲学原理》，洪谦译，生活·读书·新知三联书店1957年版，第61页。

④ 恩格斯：《路德维希·费尔巴哈和德国古典哲学的终结》，见《马克思恩格斯文集》第4卷，人民出版社2009年版，第296页。

⑤ Marx, *MEGA* I – 2, S. 413；马克思：《1844年经济学哲学手稿》，见《马克思恩格斯文集》第1卷，人民出版社2009年版，第216页。

⑥ 同上书，第205页。

格尔的过程。

二 马克思对黑格尔异化概念的继承

从哲学史上看，将异化从日常用语提升为哲学范畴，主要是黑格尔的功劳。黑格尔在耶拿时期确立了这一概念的基本含义；后来费尔巴哈又对它进行了批判性的改造，并将之应用于对宗教的批判和对黑格尔哲学的批判。从内容上看，马克思《巴黎手稿》中的异化概念主要是批判性地继承了他们两人的思想。在《第一手稿》的"异化劳动和私人所有"一节，马克思使用的是费尔巴哈的异化概念；但到了《詹姆斯·穆勒〈政治经济学原理〉一书摘要》，马克思使用的是黑格尔的异化概念。马克思的异化认识之所以会出现如此变化，主要跟黑格尔和费尔巴哈异化概念的差异以及黑格尔异化概念的先进性有关。

（一）异化的社会化功能

通常所谓的"异化"（Entfremdung）是指主体的自我丧失，而且这种异化往往发生在主客关系层面上，即对象与主体相疏远、相异己。费尔巴哈的异化就属于这种通常意义上的异化：一方面，正像他在批判基督教时所说的"为了使上帝富有，人就必须赤贫；为了使上帝成为一切，人就成了无"[①]。那样，异化只意味着人将自己的本质单方面地外化给对象，使人丧失自我。对主体而言，这种异化无疑是"恶"的，只有消极的意义；另一方面，正如他在人神异化模型中所展开的那样，异化只能发生在拥有"类本质"（Gattungswesen）的单个人与自己的对象物"神"，即孤立的主客关系之间。这是单个人的"自我异化"（Selbstentfremdung），从中无法衍生出与他人的社会关系。因此，如果借用马克思《关于费尔巴哈的提纲》中的说法，这只是一种"**孤立的人**"[②] 的异化。

而黑格尔的异化则与这一通常理解不同：它是指主体的自我异化和自我复归的否定之否定运动。它可以再细分为三个环节：A. 主体丧失自我，

---

① 参见费尔巴哈《基督教的本质》，荣震华译，商务印书馆1997年版，第58页。
② 参见马克思：《关于费尔巴哈的提纲》，见《马克思恩格斯文集》第1卷，人民出版社2009年版，第505页。

将自己变为对象或者他者，对象与自己相对抗，即上述通常意义上的异化；B. 然后，主体再扬弃对象，从对象中返回自身；C. 通过这一过程，对象从空洞的抽象性上升为丰富的现实性。也就是说，黑格尔的异化不仅包括费尔巴哈意义上的主体的自我丧失（A），而且还包含费尔巴哈那里所没有的主体自我复归环节（B 和 C）。如果说费尔巴哈的异化属于狭义异化的话，那么，黑格尔的异化则显然是一种广义的异化。在这种广义的异化中，主体非但没有丧失自我，反而在更高的层次上重新获得了自我。因此，这种异化对于主体而言是积极的，是"好"的。黑格尔曾这样说："正是自我意识的外化（Entäußerung）设立了物性（Dingheit），并且这种外化不仅有否定的意义，而且有肯定的意义。"[1] 说异化具有"肯定的意义"，这是黑格尔独特的社会认识，在同时代的思想家那里并不多见。

这种对异化积极理解的最大益处，就是使异化拥有了使人社会化的功能。如果费尔巴哈的异化还只能是一种孤立人的"自我异化"的话，那么，黑格尔的异化则使人们之间"相互异化"。在黑格尔以前，人们往往从孤立的主客体关系角度来定义人的本质，譬如，将人定义为"理性""自由"或者"实践"的存在物等；而到了黑格尔那里，他通过独特的异化逻辑，虽然没能像马克思那样提出人是"社会关系的总和"[2] 的定义，但是，却将对人的定义框架从主客体关系拓展到人与人之间社会关系的层面。这是黑格尔异化概念所带来的一个重大转变。

在《精神现象学》的"第六章二、A. 自我异化了的精神世界"——这可能是异化概念在黑格尔著作中出现频率最高的——一节，黑格尔这样写道："自我意识只有当它异化其自身时，才是一种什么东西，才有实在性；通过它的自身异化，它就使自己成为普遍性的东西，而它的这个普遍性即是它的效准和现实性。"[3] 如果将这句话应用于对人的本质的说明，它不外乎在说，人只有通过异化，即将自己的本质外化给对象，或者将这一

---

① 黑格尔：《精神现象学》下，贺麟、王玖兴译，商务印书馆 1996 年版，第 258 页，译文有改动，原译文"外化"翻译成了"外在化"，"物性"翻译成了"事务性"；G. W. F. Hegel, *Phänomenologie des Geistes*, *Werke* 3, Suhrkamp Taschenbuch Verlag, 1986, S. 575. 以下对本书的引用简称为"Hegel, *PG.*"。

② 马克思：《关于费尔巴哈的提纲》，见《马克思恩格斯文集》第 1 卷，人民出版社 2009 年版，第 505 页。

③ Hegel, *PG.*, S. 363；黑格尔：《精神现象学》下，贺麟、王玖兴译，商务印书馆 1996 年版，第 42 页。

对象物"转让"（Entäußerung）给他人，才能获得普遍的社会属性。

那么，人为什么只有通过异化才能获得社会属性呢？在《精神现象学》的"理性章"中，黑格尔曾通过"作品（Werk）—物象（Sache）—物象本身（die Sache selbst）"的逻辑对此做过说明。如果劳动作为人将自己的本质外化给对象的过程，属于异化行为的话，那么，作为劳动结果的"作品""物象""物象本身"就都属于人的异化物。所谓"作品"是个别劳动者的劳动产品，它反映了个体的能力和个性，代表着个别性；但是，要想使它得到他人的承认或者能被转让出去，它还必须包含能为他人所接受的某种共性，譬如，使用价值和价值。而具有这种共性的"作品"就变成了"物象"，"物象"的典型形式莫过于商品；而所谓的"物象本身"就是由这样一些"物象"所组成的世界，其典型形态莫过于货币。在这一世界，譬如货币中，个体与"作品"之间的那种个别性的对应关系将奇迹般地消失，谁也无法从中再找到自己。在这个意义上，"物象本身"是一个普遍物。从"作品"向"物象"，再向"物象本身"的过渡，意味着个体的对象物由个别性向普遍性的转变。通过"作品—物象—物象本身"的逻辑，个体与对象之间的关系就不再是他与自己的对象之间的狭隘关系，而变成了他与其他人的对象之间的关系；与此相对应，原先的孤立的个体也转变成一个社会关系性的存在。从黑格尔的这一异化认识中，可以引申出两条重要的原则。

首先，异化与社会化的同步原则。个体社会性（普遍性）的获得是以异化为代价的，没有异化就没有个体的社会化，异化与个体的社会化是同步进行的。一般说来，在理论上完成个体向整体的过渡，或者说建立一个使个人社会化的逻辑并非易事。对此，很多哲学家都曾做过尝试，但并不怎么成功。费尔巴哈就曾试图通过直接将人的本质界定为"类"（Gattung）或者"共同体"（Gemeinschaft）来完成这一过渡："人的本质只是包含于共同体之中，包含于人与人的统一之中，但是这个统一只是建立在'我'和'你'的区别的实在性上面的。"① 但是很遗憾，这种界定并不能使个人成为社会存在。因为人能否算得上社会存在并不取决于"类"或者"我和你"这些说法本身，而取决于构成"类"或者连接"我和你"的关

---

① 费尔巴哈：《未来哲学原理》，第 79 页。译文有改动，原文为繁体字。原文中将"共同体"（Gemeinschaft）译成了"团体"，将"我"译成了"自我"。

系原理或者中介原理。正是在这点上，费尔巴哈存在着根本性缺陷，他并没有找到"我和你"的"实在性"区别以及重新将他们连接起来的中介，只是直接诉诸"爱"之类的感性能力，用"爱"将人们连接起来。可是，靠"爱"而连接起来的"类"只能是抽象的共同体，其原型是自然形成的家庭；靠"爱"而连接起来的"我和你"的关系只是一种自己人关系，不具有社会关系特征。在这个意义上，只要没有找到连接人们的关系原理或者中介原理，不管你怎样强调人的"类本质"和"共同体"本性，都无法使人社会化，结果，就只能像马克思所批判的那样，停留在"单个人所固有的抽象物"①的水平上。

黑格尔的重要功绩之一，就是找到了这一关系原理或者中介原理，即异化。正像"作品—物象—物象本身"逻辑所展示的，人只有首先将自己外化为物才能使自己成为社会性存在。诚然，对个体而言，异化无疑是痛苦的，但没有异化，就没有人的社会化，异化是个体社会化过程中无论如何都绕不过去的必然环节。在个体向整体过渡的证明上，黑格尔之所以成功，在于他认识到了异化的必然性和积极意义；而费尔巴哈之所以失败，在于他从一开始就拒绝了异化，从而也就从根本上失去了使人社会化的契机。

其次，人的规定的外在性原则。按照上述异化与社会化的同步原则，由于人的社会性来源于人的异化行为，那么，人的本质就不可能像费尔巴哈所理解的那样，人先天具有的"类本质"，而只能是人在后天所形成的，是无数个体行为共同作用的结果；而且人的本质也就不再存在于人的主观世界之中，而只能存在于人的主观世界之外，即由无数物象所构成的对象世界之中。黑格尔说："这种法权的个人，其实体和内容是在它自己以外的。"②通过异化概念，黑格尔就将对人的本质规定的根据从人的内部转移到了人的外部，从诉诸人的主观能力，如"自我意识""理性""自由"。如果依人的主观因素解释人是一种内在原则路径的话，那么，黑格尔的做法则可看作是一种外在原则路径。这种人的规定的外在性原则在以前是没有的，可谓人的理解史上的一场哥白尼式的革命。

---

① 马克思：《关于费尔巴哈的提纲》，见《马克思恩格斯文集》第 1 卷，人民出版社 2009 年版，第 505 页。

② Hegel, *PG.*, S. 441；黑格尔：《精神现象学》下，贺麟、王玖兴译，商务印书馆 1996 年版，第 124 页。

（二）交往异化概念的黑格尔特征

从上述两条原则来看，黑格尔的异化概念不仅相对于同时代的哲学家而言具有卓越之处，而且还与后来的唯物史观的基本原理密切关联。那么，马克思在创立唯物史观的过程，尤其是在《巴黎手稿》中有没有吸收这一异化概念呢？这显然是问题的关键。

《巴黎手稿》的核心概念是异化。但是，同为异化概念，出现在《第一手稿》和《詹姆斯·穆勒〈政治经济学原理〉一书摘要》中的异化是不同的：如果说《第一手稿》中的是"异化劳动"（entfremdete Arbeit），那么，《詹姆斯·穆勒〈政治经济学原理〉一书摘要》中的则是"交往异化"（Entfremdung des Verkehrs）。马克思对黑格尔异化概念的继承正是体现在这一交往异化上。何谓交往异化？所谓"交往"（Verkehr）是人格与人格之间不借助于中介的、直接的关系，属于"人的真正的**共同本质**（Gemeinwesen）"①。但是，在市民社会中，人格之间的交往只有借助于私人所有和货币这样的中介才能完成，结果使人格与人格的关系表现为物象和物象之间的交换关系。这种状态显然与交往的本意相悖，是一种交往的颠倒状态，或者说人被物象奴役的非人状态。由于这种颠倒和非人状态与异化规定颇为相符，故才被马克思称为"社会交往的**异化**形式"②，简称交往异化。

交往异化与异化劳动不同。在异化劳动中登场的是一个孤立的劳动者，其本真形态是带有人道主义色彩的"人"（Mensch），异化是指这种"人"与自己的劳动产品、自己的劳动本身以及自己的"类本质"的异化。异化劳动是孤立的主客体之间的异化，属于"自我异化"模型，从中可以看到费尔巴哈对马克思的影响；而在交往异化中登场的则至少是两个对等的"私有者"（Privateigentümer），其逻辑出发点是"以作为**私有者同**

①　Karl Marx, Aus James Mill: *Éléments d'économie politique*, in: *Karl Marx/Rriedrich Engels Exzerpte und Notizen 1843bis Januar 1845*, Text, In: *MEGA* IV - 2, Dietz Verlag Berlin, 1981, S. 452. 以下对本书的引用简称为"*MEGA* IV - 2"。马克思：《詹姆斯·穆勒〈政治经济学原理〉一书摘要》，《1844年经济学哲学手稿》单行本，中央编译局译，人民出版社2000年版，第170页。译文有改动，原译文将"共同本质"译成了"社会联系"。

②　Marx, *MEGA* IV -2, S. 453；马克思：《詹姆斯·穆勒〈政治经济学原理〉一书摘要》，见《1844年经济学哲学手稿》单行本，中央编译局译，人民出版社2000年版，第172页。

私有者的关系的**人同人的关系**"①。如果异化劳动所反映的是人与对象之间的纵向关系，那么，交往异化反映的则是"两个私有者的**社会联系**或者**社会关系**"② 这样的横向关系。这种横向关系上的异化显然与黑格尔的"相互异化"的模型具有同构性。

首先，黑格尔的异化是个体社会化的契机，即个体只有通过将自己异化为物象才能获得社会性。而交往异化也具有类似的结构：人格与人格之间不能直接交往，必须借助于私人所有、商品、货币这些中介才能发生关系。由于私人所有、商品、货币只不过是人格的异化物，个人也只有先将自己异化，然后再通过异化建立起与他人的社会联系。交往异化的这一结构跟黑格尔的异化与社会化同步原则一致。在黑格尔那里，异化和社会性同步原则之所以能够成立，关键在于他提出了"剩余劳动"（überflüssige Arbeit）③ 的概念。这里的"剩余"指满足自己直接需要以外的、多余的东西。既然是多余的，那么，生产它肯定就有别的目的。这一目的就是要拿它同别人相交换。要完成这一交换，必须要让"剩余"具备能满足别人的属性，即"需要的抽象物"或者"使用的普遍可能性"④，用马克思的话说，就是使用价值。要交换，必须有一个怎样交换才算合理的比率问题，要让"剩余"中包含"相等性"（Gleichheit），用马克思的话说，就是价值或者交换价值。而无论是使用价值还是价值都是复数个体共同行为的结果，其中包括了主体间性和社会性。尤其是价值，它是个体将个别性的成果转化为普遍性的基础，通过它，"个别的人在他的个别的劳动里本就不自觉地或无意识地在完成着一种普遍的劳动"⑤。黑格尔的"剩余劳动"包含了超过以往任何劳动形式的社会关系特征，是典型的近代的私人劳动。

---

① Marx, *MEGA* IV-2, S. 453；马克思：《詹姆斯·穆勒〈政治经济学原理〉一书摘要》，见《1844 年经济学哲学手稿》单行本，人民出版社 2000 年版，第 172 页。

② Marx, *MEGA* IV-2, S. 454；马克思：《詹姆斯·穆勒〈政治经济学原理〉一书摘要》，《1844 年经济学哲学手稿》单行本，人民出版社 2000 年版，第 173 页。

③ Georg Wilhelm Friedrich Hegel, System der Sittlichkeit, Reinschriftentwurf（1802/03），In: Georg Wilhelm Friedrich Hegel, Schriften und Entwürfe（1799-1808），Gesammelte Werke, Bd. 5, Felix Meiner Verlag Hamburg, 1998, S. 297.

④ Hegel, *GW*5. S. 297f.

⑤ Hegel, *PG.*, S. 265. 黑格尔：《精神现象学》上，贺麟、王玖兴译，商务印书馆 1996 年版，第 234 页。

在《詹姆斯·穆勒〈政治经济学原理〉一书摘要》中，马克思也提出了一个类似的概念，即"**营利劳动**"（Erwerbsarbeit）①。这一概念在使个别性拓展到普遍性这一点上与黑格尔的"剩余劳动"有异曲同工之妙。按照马克思的规定：第一，"**营利劳动**以及工人的产品同工人的需要、同他的**劳动使命**没有任何**直接**的关系"；第二，"产品是作为**价值**，作为**交换价值**，作为**等价物**来生产的，不再是为了它同生产者直接的个人关系而生产的"②。由于"营利劳动"的本质在于通过交换而牟利，获得交换价值，因此它是"完全**偶然的和非本质的**"③，在这个意义上，它是一种异化了的劳动。但是，正因为它是一种异化的劳动，它才能够打破劳动的个别性的局限，使其包含社会关系这样的普遍性内容。换句话说，在这种劳动中，个别的主客体关系与社会关系同时成立。

其次，人的交往异化虽然会使人与人之间的直接关系变成物象之间的间接关系，但反过来，人及其社会也就不再由人本身的主观因素，而是要由人之外的客观因素来说明，意味着将要对人及其社会的解释依据从人之内转移到人之外。这与黑格尔的外在原则路径一脉相承。在《詹姆斯·穆勒〈政治经济学原理〉一书摘要》中，马克思还将这一路径发扬光大，他不再像《第一手稿》那样将人仅仅规定为"自由自觉的活动"，而是明确地将人定义为"人的真正的共同存在性""社会本质"④"**总体的**存在物"⑤等，也就是后来的那一"社会关系的总和"的规定。这种将人置于

---

① Erwerbsarbeit 在编译局的中文版中，被翻译成"谋生的劳动"。但是，在《詹姆斯·穆勒〈政治经济学原理〉一书摘要》中，马克思明确地将 Erwerbsarbeit 规定为追求交换价值的劳动，称其目的并不是为了获取直接的使用价值。熟悉马克思经济学的人都知道，以使用价值为目的，还是以交换价值为目的，两者之间有着本质的区别。从汉语语感来看，"谋生"似乎跟获取使用价值有关，即为了满足自己的生存需要；而"营利"似乎更符合获取价值和交换价值的本意，故本文将 Erwerbsarbeit 翻译成"营利劳动"。

② Marx，*MEGA* IV-2，S. 455；马克思：《詹姆斯·穆勒〈政治经济学原理〉一书摘要》，《1844 年经济学哲学手稿》单行本，人民出版社 2000 年版，第 174 页。译文有改动，原文将"营利劳动"译成了"谋生的劳动"。

③ Marx，*MEGA* IV-2，S. 455；马克思：《詹姆斯·穆勒〈政治经济学原理〉一书摘要》，《1844 年经济学哲学手稿》单行本，人民出版社 2000 年版，第 175 页。

④ Marx，*MEGA* IV-2，S. 452；马克思：《詹姆斯·穆勒〈政治经济学原理〉一书摘要》，《1844 年经济学哲学手稿》单行本，人民出版社 2000 年版，第 170 页。译文有改动，原文将"共同存在性"译成"社会联系"。

⑤ Marx，*MEGA* IV-2，S. 454；马克思：《詹姆斯·穆勒〈政治经济学原理〉一书摘要》，《1844 年经济学哲学手稿》单行本，人民出版社 2000 年版，第 173 页。

私人所有、商品和货币等物象之间的关系当中，从其中的经济关系来理解人和社会，是后来一切从生产关系出发的唯物史观的原型。

尽管在《詹姆斯·穆勒〈政治经济学原理〉一书摘要》中马克思一次也没有提及黑格尔的名字，但交往异化范畴绝非可以从费尔巴哈的异化概念中推导出来的，而只能来源于黑格尔的异化概念。从《詹姆斯·穆勒〈政治经济学原理〉一书摘要》开始，马克思重构了异化理论，在社会历史观上开始了从"唯心"到"唯物"的转变。

在马克思的思想成熟之前，在1844年的《巴黎手稿》当中，通过对黑格尔异化概念的批判性吸收，成功地将自己的思想框架从费尔巴哈转向了黑格尔。迄今为止，对早期马克思思想转变的权威解释是有缺陷的，费尔巴哈并不是马克思成熟之前的最后一个环节；相反，由于黑格尔哲学所具有的客观实在性、经济学和辩证法等特征，使得他才是马克思走向历史唯物主义的真实中介。

[原载《清华大学学报》2015年第4期（第30卷）]

唯物史观"历史性"观念的引入*

——马克思《1844 年经济学哲学手稿》中"异化"概念新解

鲁克俭

"历史性"是"唯物史观"的重要内容。马克思自《博士论文》以后，其思想中一直有唯物主义的基因，但缺乏"历史性"的维度。尽管马克思自大学时代起就对历史学感兴趣，并在克罗茨纳赫时期专门研究过欧洲历史，但康德、费希特、鲍威尔、费尔巴哈的应然逻辑却是《1844 年经济学哲学手稿》（以下简称《1844 年手稿》）之前马克思思想的底色。即使在《1844 年手稿》中，笔记本 I 仍然以应然逻辑为主导，笔记本 III 才明确引入"历史性"观念，从而"唯物史观"开始萌芽。本文基于《马克思恩格斯全集》历史考证第二版（MEGA 2/I/2）刊发的《1844 年手稿》文本及《1844 年手稿》原始手稿修改情况的文献学信息，对此问题进行初步探讨。

一 笔记本 I 中"异化劳动批判"与费尔巴哈 "宗教异化批判"的同构性

《马克思恩格斯全集》中文第 I 版第 42 卷和中文第 2 版第 3 卷中，有三处尾注提示马克思相关论述与费尔巴哈的联系。其实，在《1844 年手稿》笔记本 I 中马克思与费尔巴哈的联系不仅是词句上的，更多的是在精神实质方面，也就是说，马克思笔记本 I 中"异化劳动批判"与费尔巴哈

* 本文得到 2011 年教育部"新世纪优秀人才支持计划"（NECT－11－0034）和中央高校基本科研业务费专项资金（2012 WZD07）的资助。

的"宗教异化批判"具有同构性。

　　先来看费尔巴哈的"宗教异化批判"。根据费尔巴哈的宗教异化理论，人的"类本质"与非属人的"他者"（上帝）处于对立统一的关系中。所谓"类"指的是"普遍""共相"。这里有五层关系。其一，"个体"的人与人的"类本质"是统一的。从 1839 年发表《黑格尔哲学批判》开始，费尔巴哈就持认识论上的"唯名论"立场。在费尔巴哈看来，"类"只是认识的抽象，它并不独立存在，而是寓于"个体"之中。在"个体"与"类"的统一中，"个体"是主词，"类"是宾词。其二，由于认识论的错误，"个体"与"类"不再是统一的，而是对立的。也就是说，"类"变成独立的存在，就如柏拉图的"理念"① 和黑格尔的"观念"。这是认识论上的"唯实论"。根据"唯实论"，"类"成了主词，"个体"反而变成了"宾词"。其三，"类"一旦独立于"个体"，它不但从"宾词"变为"主词"，而且与"个体"相对立，从而"类"与"个体"相异化、外化。其四，"个体"与"类"虽然是对立的，但两者又具有统一性，即它们互为"对象"。因此，"个体"与"类"是既对立又统一的关系。换句话说，与个体相对立的"类"（即"唯实论"的"类"），只不过是寓于个体中的"类"（即"唯名论"的"类"）的投影。因此，与其说是"个体"与"类"相异化，不如说是"唯实论"的"类"与"唯名论"的"类"相异化，即"唯名论"的"类"异化为"唯实论"的"类"。其五，"个体"与"类"虽是对立统一的关系，但并不能将其称为"矛盾"，因为"矛盾"的解决靠的是"内在否定"即"自我扬弃"，而"异化"的克服靠的是"外在否定"，即"批判"。前者是实然的、历史的逻辑，后者是应然的、批判的逻辑。

　　再来看马克思的"异化劳动批判"。马克思吸收了费尔巴哈"宗教异化批判"的结构，并对其作了进一步发展。马克思追随赫斯，将费尔巴哈的人的"类本质"由静态的三因素（理性、意志、爱）② 改造成动态的"类活动"（Gattungsthätigkeit）。"类活动"是马克思造的新词，最早出现于笔记本Ⅲ③。"类活动"包括人与自然的关系及人与人的关系两个方面。

---

① 有学者将其译为"相"。

② 与黑格尔相比增加了"爱"这一因素。

③ 《詹姆斯·穆勒〈政治经济学原理〉一书摘要》中多次出现"类活动"的说法，这是《詹姆斯·穆勒〈政治经济学原理〉一书摘要》写于《1844 年手稿》之后的一个旁证。

第一个方面涉及人的生产劳动，第二个方面涉及人的经济交换、社会交往等社会关系。在笔记本 I 中，马克思用的是"类本质""自由的、有意识的活动""自主活动""类生活"等说法。实际上，笔记本 I 中的"异化劳动"，也就是"异化了的劳动"，与"劳动"形成对立统一的关系。这里的"劳动"是作为人的类本质来使用的。但鉴于马克思经常在狭义上即"雇佣劳动"（也即"异化了的劳动"）的意义上来使用"劳动"一词，甚至在《德意志意识形态》中还使有"消灭劳动"的说法，我们用"类活动异化"（即"类活动"与"异化劳动"形成对立统一的关系）① 作为主导视角，来把握笔记本 I 第四部分第二块第一小块，即与异化劳动相关的文本内容。

这里有必要讨论一下名词 Entfremdung 和动词 entfremden 的翻译和理解问题。目前中国大陆一般将名词 Entfremdung 和动词 entfremden 都译为"异化"。但在马克思《1844 年手稿》中，名词 Entfremdung 一般表示异化的"状态"，表示"某某"和"某某"相异化。而动词 entfremden 表示异化的"动作"，有两种用法：第一种是"某某自我异化"。如果说"某某"异化（即"某某"作为动词异化的主语），那么指的就是"某某"自我异化。在笔记本 I 第四部分中指出，"如果工人不是在生产行为本身中使自身异化，那么工人怎么会同自己活动的产品像同某种异己的东西那样相对立呢？"② 这是马克思第一次③使用动词异化（entfremdete），表达的就是"自身异化"的意思。以过去分词形式出现的异化，如"异化劳动"（Dieentfremdete Arbeit）表示的就是"自我异化的劳动"。以动词形式出现的"异化"，绝大多数出现在"异化劳动"概念中。第二种用法是表示使"某某"与"某某"相异化，如"异化劳动，由于（1）使自然界，（2）使人本身，他自己的活动机能，他的生命活动同人相异化，也就使类同人相异化"④。这句话中，异化劳动（dieentfremdete Arbeit）使"自然界"

---

① 如果"类活动"不是指生产活动，而是指交换或交往活动，那么就是"类活动"与"交往异化"的对立统一。

② "Wie würde dem Arbeiter das Produkt seiner Thätigkeit fremd gegenübertreten können, wenn er im Akt der Production selbst sich nicht sich selbst entfremdete?" MEGA 2/ I /2, S. 367.

③ 此前 8 次使用"异化"都以名词形式出现。

④ "Indem die entfremdete Arbeit dem Menschen 1 die Natur entfremdet, 2 sich selbst, seine eigne thätige Funktion, seine Lebensthätigkeit, so entfremdet sie dem Menschen die Gattung", MEGA 2/ I /2, S. 369.

（die Natur）、"人本身"（sichselbst）、"类"（die Gattung）同"人"（dem Menschen）相异化（entfremdet）。

由于马克思对费尔巴哈的"类本质"作了这样的改造，"异化"就呈现出复杂的结构。和费尔巴哈一样，马克思也是一个认识论上的"唯名论者"。因此，作为人的类本质的"类活动"，并不是独立于作为"个体"的人而存在的，而是寓于"个体"中的。换句话说，每一"个体"的活动都是"类活动"，作为个体的"你"与作为个体的"我"就没有本质区别。在生产领域的"类活动"就是"劳动"（一般劳动），在经济交换和日常社会生活领域中的"类活动"就是"交往活动"。"劳动"这一动态活动的结果，是静态的劳动产品。于是，"劳动"（一般劳动）就呈现出三元结构：个体—劳动活动—劳动结果。作为人的类本质的"劳动活动"寓于"个体"之中，因此与"个体"须臾不可分离；相应地，作为"劳动活动"的结果，"劳动产品"也与"个体"须臾不可分离。但是，如果作为人的类本质的"劳动活动"独立于"个体"，从而与"个体"相分离，那么作为人的类本质的"劳动活动"就变成了"异化劳动"，也就是说作为人的类本质的"劳动活动"发生了"自我异化"（就如在费尔巴哈的"宗教异化"中"类本质"外化为"上帝"），这是马克思对"异化劳动"的第二个规定；相应地，"个体"就与作为人的类本质的"劳动活动"相分离、相异化，这是马克思对"异化劳动"的第三个规定；于是，"个体"就与"劳动活动"的结果即劳动产品相分离、相异化，这是马克思对"异化劳动"的第一个规定；同时，作为个体的"你"（特别是作为不劳动的"你"）与作为个体的"我"（特别是作为"为你劳动"的"我"）就有了区别，就相分离、相异化，这是马克思对"异化劳动"的第四个规定。

如果说费尔巴哈主要是在认识论意义上来谈论人的"类本质"与"上帝"的投影关系，即"移植"，那么马克思则是在社会哲学的意义上来谈人的"类活动"的异化。人的"类活动"之所以会以"异化劳动"的形式与其处于"异化""外化"的关系中，不是由于认识论的错误，而是根源于社会原因，具体来说就是私有财产："你"占有财产，于是"你"不需劳动，从而"你"与"劳动"，进而与人的"类本质"相分离、相异化；"我"没有财产，从而必须"为你劳动"，从而出现"异化劳动"的四个规定。占有财产的"你"具有两种异化规定：一是与"类本质"相异化,二是与"我"相异化。后一个规定是与"异化劳动"的第四个规定相重合的。

费尔巴哈和马克思都是认识论上的"唯名论者"。但是,费尔巴哈的"类本质"和马克思的"类活动"有一个共同的特点,即"理想性"。费尔巴哈认为人的类本质有三个因素:理性、意志、爱。应该说每个个体都具有这三个因素,诚如费尔巴哈所言:"一个完善的人,必定具备思维力、意志力和心力。"[①] 但个体的理性、意志、爱是有缺陷的,是有限的;"类"却是完善的、无限的,其理性是完善的理性,其意志是完善的意志,其爱是完善的爱。具有完善性的"类"特性就很难再寓于个体之中,这就为独立于个体而存在的"唯实论"的"类"埋下了伏笔。为了避免"唯实论"的结论(如柏拉图"理想的圆"为"现实的圆"所分有),那么费尔巴哈的"类"就必然具有"理想性",是人本学的"上帝",因此具有"应然性",是指向未来的。按照费尔巴哈的宗教异化理论,"现实的个人"都是类本质与个体相异化的"非人",并非"完善的人"。因此"真正的人"是尚未出现的"新人","新人"是费尔巴哈"人本学"的理想,培育"新人"也是其新哲学的任务。如果套用马克思1859年《〈政治经济学批判〉序言》中的说法,"新人"出现之前的历史是非人的历史,或称人类社会的"史前时期";"新人"出现之后的历史才是真正人的历史。

类似地,马克思的"类活动"也是理想性的,是指向未来的。这里有一个疑问:马克思是否把原始社会人的活动看作"类活动"?从马克思对"类活动"的界定,即"自由的、有意识的活动"来看,原始社会人的活动不可能是"自由"的,因为赫斯和马克思都是在黑格尔意义上使用"自由"概念的。这再次回到本文的主题上来:在笔记本Ⅰ中,马克思关于人类社会的"史前时期"和真正人的历史的二分法,原始状态—异化—异化的扬弃的三分法,是笔记本Ⅲ才引入的"历史性"思路。

基于上述对马克思"异化劳动批判"与费尔巴哈"宗教异化批判"同构性的分析,可以看出《1844年手稿》笔记本Ⅰ中的"异化劳动批判"缺乏"历史性"的应然逻辑,即基于这种应然逻辑来论证共产主义。马克思只需把那些使人成为受屈辱、被奴役、被遗弃和被蔑视的东西的一切关

---

① 《费尔巴哈哲学著作选集》下卷,荣震华、王太庆、刘磊译,生活·读书·新知三联书店1962年版,第28页。

系置换成"异化劳动"即可。因此，马克思在笔记本 I 中对共产主义的论证是基于应然的逻辑，这是典型的"哲学共产主义"。

二　笔记本 I 的文本结构与共产主义主题

"1844 年经济学哲学手稿"（Ökonomisch-philosophische Manuskripte aus dem Jahre 1844）的标题，是 1932 年《马克思恩格斯全集》历史考证第 1 版（MEGA1）出版《1844 年手稿》时编辑者为手稿添加的。但是，这一标题却是误导性的。《1844 年手稿》与其说是"经济学哲学手稿"，不如说是"政治哲学手稿"或"共产主义手稿"。为了避免先入之见，笔者更愿意用一种可能不会造成误导的《1844 年手稿》来称呼之。

MEGA1 的编辑者还为三个笔记本中具有相对独立意义的内容加了标题，这些标题有些也具有误导性。比如笔记本 I 第四部分文本被编辑者冠以"异化劳动和私有财产"（Entfremdete Arbeit und Privateigenthum）的节标题①，于是异化劳动和私有财产的关系问题，长期以来就成为读者和研究者穷思不解的难题。

马克思在写作《1844 年手稿》时，像蒲鲁东（写作《什么是财产》）和恩格斯（写作《国民经济学批判大纲》）一样，试图理解私有财产的"前提"。但他们追溯的"前提"还是"哲学的（形而上学的）"前提，而非"历史的"前提。因此，即使马克思在《1844 年手稿》笔记本 I 中确实考察了私有财产的"前提"或"起源"，也并不意味着笔记本 I 的主题是异化劳动和私有财产的关系问题，更不意味着此时马克思已经具有明确的"历史性"观念。

为此，我们来看一下笔记本 I 的结构。笔记本 I 共有四个部分，前三个部分"工资""资本的利润""地租"属于摘录性质的笔记，每个部分最后都落脚到共产主义相关结论。这里，马克思的写作思路明显借鉴了恩格斯的《国民经济学批判大纲》。

下面具体考察一下笔记本 I 第四部分的文本结构。对于第四部分内容的文本结构，读者会见仁见智。笔者认为该部分内容可划分为三块。第一

---

①　德文版《马克思恩格斯全集》补卷收录的《1844 年手稿》，编辑者为该部分加的节标题是"Dieentfremdete Arbeit"（异化劳动）。

块从《马克思恩格斯全集》第 2 版第 3 卷第 266 页①"我们是从国民经济学的各个前提出发"② 到第 267 页倒数第 8 行,是带有总论性质的导语,强调"从国民经济学的各个前提出发"展开研究。第二块是从第 267 页倒数第 7 行"我们从当前的一个国民经济学事实出发"③ 到第 279 页第 2 行,其主旨是从"异化劳动"的国民经济学事实出发,得出否定"异化劳动"、从而消灭私有财产的共产主义结论。第三块是从第 279 页第 3 行开始到笔记本 I 结束,重申和强化"从劳动到财产"和"从异化劳动到私有财产"的主题,并酝酿新的思路,笔记本 II 和笔记本 III 就是这一思路的进一步展开。

对于第一块内容,马克思"从国民经济学的各个前提出发"到底要做什么?对此马克思并没有明言,但我们可以结合马克思写作《1844 年手稿》的语境作合理推断。众所周知,马克思的经济学研究受到恩格斯《国民经济学批判大纲》、赫斯的《论货币的本质》、蒲鲁东的《什么是财产》的直接影响,"从国民经济学的各个前提出发"就是为了得出共产主义的结论。实际上,恩格斯、赫斯、蒲鲁东并非经济学家,他们都受到当时流行的小资产阶级社会主义思潮的影响。小资产阶级社会主义以西斯蒙第和路易·勃朗为代表,其进路是,从当时被看作主流科学的古典政治经济学出发,得出社会主义的结论。恩格斯、赫斯、蒲鲁东不过是对小资产阶级社会主义的模仿(当然,模仿并不意味着没有创新),马克思则是这种模仿的最新尝试者。实际上,笔记本 I 前三部分对共产主义的论证,奉行的也是这一策略。

对于第二块内容,首先需要指出的是,中译本④都将"einemnationalökonomischen Faktum"译成"经济事实",实际上应该译成"一个国民经济学的事实"。马克思所谓的"一个国民经济学的事实",就是指国民经济学所承认的一个事实,即"工人与其产品相异化"(der Entfremdung des Arbeiters und seiner Produktion),中译本都将其错译为"工人及其产品

---

① 为方便计,本文所涉及的《1844 年手稿》中文版本页码指的是《马克思恩格斯全集》中文版第 2 版第 3 卷(人民出版社 2002 年版)的页码。

② "Wir sind ausgegangen von den Voraussetzungen der Nationalökonomie", MEGA 2/I/2, S. 363.

③ "Wir gehn von einem nationalö konomischen, gegenw ärtigen Fadtum aus", MEGA 2/I/2, S. 364.

④ 刘丕坤译本,《马克思恩格斯全集》中文第 1 版(人民出版社 1979 年版)第 42 卷、第 2 版第 3 卷。

的异化"（意思是工人的异化及工人生产产品的异化，见第 275 页第 9 行）。

长期以来，人们非常重视马克思"异化劳动"的论述①中关于异化劳动"四个规定"（或称为"四个方面""四个基本特征"）的内容，而忘了马克思作异化劳动概念分析的初衷是由此得出共产主义的结论；或者将"从异化劳动概念推演（deduzieren）出私有财产概念"作为马克思作异化劳动概念分析的主旨，从而忽视了马克思在作异化劳动"概念"分析时，是时刻将异化劳动与其对立面即"类活动"相对照来论述的这一事实。实际上，马克思在作冗长的异化劳动概念分析（可称之为第二块的第一小块）时，根本没有提到"私有财产"。根据 MEGA 2/Ⅰ/2 第 774 页异文 371. 10 – 11，《马克思恩格斯全集》中文 2002 年版第 3 卷第 275 页第 5 段"我们的出发点是经济事实，即工人及其产品的异化。我们表述了这一事实的概念：异化的、外化的劳动。我们分析了这一概念，因而我们只是分析了一个经济事实"的后面。接着写有"我们尚未假定私有财产的概念"②，后被删除了。由此可见，马克思是从《马克思恩格斯全集》中文第 2 版第 3 卷倒数第 6 自然段开始，才作从异化劳动概念到私有财产概念的推演的。

在第二块的第二小块中，马克思作了从异化劳动概念到私有财产概念的推演。将私有财产看作"类活动"异化的社会根源，其实是马克思从异化劳动"概念"到私有财产"概念"推演的实质，而马克思在作这种从概念到概念的推演时，运用的既不是演绎推理，也非归纳推理，而是思辨的概念推演。可以说，马克思这里所作的概念推演，类似于他在《博士论文》中就"原子"概念所作的推演。

为了准确把握第二小块的内容，首先需要注意译文问题。中译本都将"Wir haben den Begriff dieses Faktums ausgesprochen；die entfremdete，entäuβerte Arbeit"译成"我们表述了这一事实的概念：异化的、外化的劳动"，译文虽然没有错误，却让人费解。可参照企鹅出版社英译文③，他们

---

① 即第 267 页倒数第 6 行至第 275 页第 8 行。

② "Wir haben nicht den Begriff des Privateigenthums vorausgesezt"，MEGA 2/I/2，S. 774，异文 371. 10 – 11.

③ "We have formulated this fact in conceptual terms as estranged，alienated labor"，见 http：// www. marxists. org/archive/marx/works/1844/ manuscripts/labour. htm.

将其译为"我们已经用异化的、外化的劳动概念来表述这一事实"。此外,《马克思恩格斯全集》中文第 2 版第 3 卷将"Sehn wir nun weiter, wie sich der Begriff der entfremdeten, entäuβerten Arbeit in der Wirklichkeit aussprechen und darstellen muβ"错译为"现在让我们看一看,应该怎样在现实中去说明和表述异化的、外化的劳动这一概念"。刘丕坤译本和《马克思恩格斯全集》中文第 1 版第 42 卷的译文是正确的:"现在我们要进一步考察异化的、外化的劳动这一概念在现实中必须怎样表达和表现"。

第二块第二小块的内容,表面上看是马克思陷入了"从私有财产到异化劳动"和"从异化劳动到私有财产"的循环论证。但如果以"类活动异化"作为主导视角来重新解读第二块的文本,就会解开这一所谓的"循环论证"之谜。

前文已经表明,在生产领域,"类活动异化"就是"类活动"与"异化劳动"形成对立统一的关系。① 考察作为类活动的"劳动",马克思就进入到洛克劳动产权理论的视域。洛克从自我所有权,进而从劳动出发,推出了"自然状态"下的"占有"理论。② 洛克也被认为是"劳动价值论"的创始人,但洛克"自然状态"下的劳动价值论与肇始于斯密的古典政治经济学的劳动价值论有很大区别,后者探讨的不是"财产"而是"资本",并明确得出了"资本是积累的劳动"的结论。

第二块文本开头的一处修改值得注意。根据 MEGA 2/ I /2 第 769 页异文 365.7,中文第 2 版第 3 卷第 268 页第 2—4 行:"在国民经济学假定的状况中,劳动的这种实现表现为工人的失去现实性,对象化表现为对象的丧失和被对象奴役,占有表现为异化、外化。"③ 这句话中, "占有"(Aneignung)④ 一词是后加的。没有添加"占有"之前,马克思想表达的意思是"对象化表现为对象的丧失和被对象奴役,表现为异化、外化"。中译本将"in dem nationaläkonomischen Zustand"译为"在国民经济学假定的状况中",虽是意译⑤,却是准确的。按照洛克的劳动产权理论,作为

---

① 也可以说"异化劳动"是"类活动"的投影。

② 洛克所用的英语"占有",其动词是 appropriate,对应的名词是 appropriation。

③ "Diese Verwirklichung der Arbeit erscheint in dem nationalökonomischen Zustand als Entwirklichung des Arbeiters, die Vergegenständlichung als Verlust des gegenstan – des und Knechtschaft unter dem Gegenstand, die Aneignung als Entfremdung, als Entäuβerung", MEGA 2/ I /2, S. 365.

④ 英译文将"Aneignung"译为"appropriation"。

⑤ 中文第 1 版第 42 卷的译文是"在被国民经济学作为前提的那种状态下"。

"类活动"的生产劳动，其劳动产品为劳动者所"占有"（动词形式 aneignen，名词形式 Aneignung）；而按照古典政治经济学的劳动价值论，作为"类活动异化"的"异化劳动"，其劳动产品不为劳动者所"占有"（Aneignung），而是被资本家所"占有"（动词形式 besitzen，名词形式 Besitz）。想必马克思非常熟悉蒲鲁东在《什么是所有权》一书中的说法："这里是我的建议：劳动者即使在领到了工资以后，对他所生产出来的产物还是保有一种天然的财产权。""如果真像人们所主张并经我们认可的那样，劳动者是他所创造的价值的所有人，那么结果就是：1. 劳动者应该获得财产，而不是游手好闲的所有人。"①

"Besitz"要比"Aneignung"更宽泛。"占有"意味着"财产"②，不过此"财产"并非资产阶级的私有财产，而是人类历史中普遍存在的财产现象（也包括共产主义社会）。与"财产"对应的是"占有"（Aneignung），而与"私有财产"对应的是"占有"（Besitz）或"拥有"（Habe）。根据 MEGA 2/Ⅰ/2 第 801 页异文 392.20，中文第 2 版第 3 卷第 303 页第 5—6 行的"不应当仅仅被理解为占有、拥有"③是经过两次修改而成的。最先的文本是"nicht nur im Sinne des Besitzens. Wie der Mensch das/auch"（不应当仅仅被理解为占有。正如人也），然后修改为"nicht nur im Sinne des Besitzens, des Habens"（不应当仅仅被理解为占有、拥有），最后修改为现有的文本。现有的文本可译为"不应当仅仅被理解为占有，理解为拥有"。这句话以及下面这句话："同样，私有财产的积极的扬弃，也就是说，为了人并且通过人对人的本质和人的生命、对象性的人和人的产品的感性的占有，不应当仅仅被理解为直接的、片面的享受，不应当仅仅被理解为占有、拥有"，也都是将"Aneignung"与"Besitz"和"Habe"作对照。

实际上，马克思早在《黑格尔法哲学批判》中就谈论过"占有"与"私有财产"的关系："私有财产的真正基础，即占有，是一个事实，是无可解释的事实，而不是权利。只是由于社会赋予实际占有以法律规定，实际占有才具有合法占有的性质，才具有私有财产的性质。"④ 此处的"占

---

① 普鲁东：《什么是所有权》，孙署冰译，商务印书馆 1963 年版，第 135、142 页。

② 黑格尔在《法哲学原理》中也有"占有，就是财产"（Besitz, welcher Eigenthum ist）的说法。见《法哲学原理》，范扬、张企泰译，商务印书馆 1961 年版，第 40 页。

③ "nicht nur im Sinne des Besitzens, im Sinne des Habens"，MEGA 2/Ⅰ/2，S. 392.

④ 《马克思恩格斯全集》第 3 卷，人民出版社 2002 年版，第 137 页。

有",马克思用的是"Besitz"。更早的时候,在大学时期马克思上过法的历史学派代表人物萨维尼的课。萨维尼的代表作就是《论占有》。

套用蒲鲁东《什么是财产》一书中的思路,可以这样理解马克思的思想:一个人可以因为先占而"占有"(besitzen)自然资源,也可以通过暴力或契约而"占有"(besitzen)别人的劳动产品,当然也可以"占有"(besitzen)自己的劳动产品。一个人"占有"(besitzen)自己的劳动产品,就是"占有"(aneignen)行为,劳动产品就成为劳动者的"财产"。"对象的丧失"(Verlust des Gegenstandes),劳动产品相对于劳动者的"异化"(Entfremdung)、"外化"(Entäuβerung),也就是劳动产品作为与劳动者相分离的"积累的劳动"、作为"资本",而被资本家所"占有"(besitzen),成为资本家的"私有财产"。

需要指出的是,在《1844 年手稿》中,"私有财产"专指资本家的财产即"资本"。笔记本 I 第二部分一开始就说,"资本,即对他人劳动产品的私有权"。"私有权"的原文是"das Privateigentum",企鹅出版社的英译文用的是"private property"。因此,其字面含义是"资本是将别人的劳动产品变成自己的私有财产"。简言之,私有财产 = 资本。对于"封建财产",马克思专门用"Feudaleigenthums"这个词,也有"不发达的、不完全的私有财产"[①] 的说法。

如果,对应于"类活动"与"异化劳动"的对立统一,将"Aneignung"与"Besitz"相对照的做法分散在第二块文本中,那么,第三块文本就再次回到并强化了这一主题。

首先看第 279 页倒数第 3 自然段的论述。根据 MEGA 2/I/2 第 778 页异文 374.29,中文第 2 版第 3 卷第 279 页倒数第 10—11 行"两个组成部分,它们相互制约,或者说,它们只是同一种关系的不同表现"的后面,原先写有文本"haben wir das Privateigentum"(我们有私有财产),后被删除了。删除之前的完整意思是"我们有私有财产,它有两个相互制约(或同一种关系的不同表现)的组成部分"。其中,"关系"(Verhältnisses)是由"Sache"(事物)修改而成的。根据 MEGA 2/I/2 第 778 页异文 374.30,"aufgelöst"后面原先是句号,后改为逗号,这说明"占有表现为异化、外化,而外化表现为占有、异化表现为得到公民权"是马克思后写

---

① 字面意思是"尚未发育好的、只算半个的私有财产"。

上的。根据 MEGA 2/Ⅰ/2 第 778 页异文 374. 29，这段话中"uns"（我们）是后加的，将"hat sich uns die entausserte Arbeit aufgelost"译为"外化劳动分解为"，"uns"的字意就没有体现出来。① 综合来看，整段话②应该译为："我们已把外化劳动归结为两个相互制约（或同一种关系的不同表现）的方面，即占有显现为异化、外化，以及外化显现为占有、异化显现为真正成为公民。"我们将"Bestandtheile"意译为"方面"，而非字面的意思，即"组成部分"③。

对照一下第二块文本开头部分"占有表现为异化、外化"的说法可以看出，马克思将异化劳动（外化劳动）概念分为两个方面：类活动的方面和异化劳动的方面。与类活动相对应的是"占有"（Aneignung）、"真正成为公民"（die wahre Einbürgerung）；与"异化劳动"对应的是"异化"（Entfremdung）、"外化"（Entäusserung）。"真正成为公民"的说法似乎很让人费解。企鹅出版社的英译本对此有一个注释："这显然是指个体转变成为市民社会（市民社会被看作是财产的领域、决定其他关系的物质关系的领域）的成员。此处马克思指的是基于私有财产和不同阶级对抗的社会中的物质关系。"④ 笔者认为前面一句解释很到位，而后面一句解释则是画蛇添足。实际上，英译本的译者马丁（Martin Mulligan）也混淆了"占有"和"异化"。

隔了一段，马克思再次强调："我们已经看到，对于通过劳动而占有自然界的工人来说，占有表现为异化，自主活动表现为替他人活动和表现为他人的活动，生命的活跃表现为生命的牺牲，对象的生产表现为对象的

---

① 《关于费尔巴哈的提纲》第四条"他做的工作是把宗教世界归结于它的世俗基础（Seine Arbeit besteht darin die religiöse Welt in ihre weltliche Grundlage aufzulösen）"，中译文就把"auflösen"译为"归结"。

② "In zwei Bestandtheile, die sich wechselseitig bedingen, oder die nur verschiedne Ausdrücke eines und desselben Verhältnisses sind, hat sich uns die entäusserte Arbeit aufgelöst, die Aneignung erscheint als Entfremdung, als Entäusserung und die Entäusserung als Aneignung, die Entfremdung als die wahre Einbürgerung", MEGA 2/Ⅰ/2, S. 374.

③ 其实，接下来的一段，马克思用的就是"方面"（Seite）一词。根据 MEGA 2/I/2 第 778 页异文 374. 28，"组成部分"（Bestandtheile）是由"Sätze"（论点、命题）修改而成的，这也支持我们的翻译处理。

④ "This apparently refers to the conversion of individuals into members of civil society which is considered as the sphere of property, of material relations that determine all other relations. In this case Marx refers to the material relations of society based on private property and the antagonism of different classes", 见 http://www.marxists.org/archive/marx/works/1844/manuscripts/footnote.htm#fn23。

丧失（即转归异己力量、异己的人）"①。根据 MEGA 2/Ⅰ/2 第 778 页异文 375.3，"自主活动表现为替他人活动"② 写完之后，马克思本来是要继续 写"生命的活跃表现为生命的牺牲"（die Lebendigkeit als Aufopferung des Lebens）的，不过只写了一个定冠词"die"（Lebendigkeit 的定冠词），马 克思就删掉了"die"，然后写上"和表现为他人的活动"，接着再写"生 命的活跃表现为生命的牺牲"③。

由此我们可以看出马克思所作的以下一组对照：占有—异化、自主活 动—替他人活动、生命的朝气蓬勃—生命的牺牲、对象的生产—对象的丧 失。这仍然是对"类活动异化"两个方面所作的鲜明对比。这里有两层逻 辑线索：表层的"异化劳动—私有财产"逻辑线索和深层的"类活动—财 产"逻辑线索。如果我们仅仅看到马克思从"异化劳动"概念到"私有财 产"概念的概念分析和推演，而忽视了后一深层的逻辑线索，就很容易误 读马克思的思想。

第三块文本不但旨在强化第二块文本中的思想要点，而且还在酝酿新 的思路。沿着"异化劳动—私有财产"这层逻辑线索，马克思在笔记本Ⅱ 中将笔记本Ⅰ中的"工资""资本的利润""地租"置换成"劳动""资 本""土地（地产）"，并从笔记本Ⅰ中强调三者的对立（利益冲突），转 而强调三者的统一（统一于劳动）。笔记本Ⅲ接着笔记本Ⅱ的思路，通过 考察"私有财产的劳动本质"，将"客体"之物归结为"主体"之人，从 而从私有财产逆推出（"溯因推理"）异化劳动，由此异化劳动就真正成 为私有财产的原因和根据。这一思路迥异于笔记本Ⅰ中从异化劳动"概 念"推出"私有财产概念"的思辨推演，也有别于以"类活动"与"异 化劳动"以及"Aneignung"与"Besitz"的对照来展示"异化劳动"是 "私有财产"的根据的思路。不仅如此，马克思在笔记本Ⅲ中，还进一步 将"类活动"与"异化劳动"合并为"一般劳动""一般活动"，④ 将

---

① "Wenn wir nun gesehn haben, daβ in Bezug auf den Arbeiter, welcher sich durch die Arbeit die Natur aneignet, die Aneignung als Entfremdung erscheint, die Selbstthätigkeit als Thätigkeit für einen andern und als Thätigkeit eines andern, die Lebendigkeit als Aufopferung des Lebens, die Production des Gegenstandes als Verlust des Gegenstandes an eine fremde Macht, an einen fremden Menschen", MEGA 2/Ⅰ/2, S. 375.

② "die Selbsttätigkeit als Tätigkeit für einen andern", MEGA 2/Ⅰ/2, S. 375.

③ 需要指出的是，"Lebendigkeit"译为"生命的朝气蓬勃"比译为"生命的活跃"更易懂。

④ 马克思在《关于费尔巴哈的提纲》中进一步将"一般活动"称为"实践"。

"人的类本质"置换为"人的本质力量",从而由"劳动"生产出①"财产",并引出了"劳动—历史辩证法"。

三 笔记本Ⅲ的劳动—历史辩证法

我们经常谈论费尔巴哈的"宗教异化"。其实,正如侯才所指出的那样②,费尔巴哈在《基督教的本质》一书中从未使用过"异化"一词,而是大量使用"对象化"(Vergegenständlichung)、"外化"(Entäußerung)概念。费尔巴哈只是在后来的《关于哲学改造的临时提纲》和《未来哲学原理》中,各有一次使用"异化"一词来指谓黑格尔哲学,实际上是转述黑格尔对"异化"的使用。早在《关于伊壁鸠鲁哲学的笔记》和《博士论文》中,以及后来的《莱茵报》时期和《黑格尔法哲学批判》中,马克思就使用过异化概念(包括异化的名词形式和动词形式)。实际上,除了费尔巴哈、鲍威尔、赫斯、马克思、恩格斯等青年黑格尔派成员都频繁使用源自黑格尔的异化概念。但是,在《1844年手稿》笔记本Ⅰ中,马克思是在费尔巴哈"对象化"(外化)意义上使用黑格尔"异化"概念的。费尔巴哈的"对象化"并没有费希特"自我"设定(创造)"非我"的含义,仅指主词与宾词处于分裂、对立和互为对象的"对立统一"的关系之中。但是,当马克思使用"对象化"概念时,却又不是在费尔巴哈意义上来使用的,而是指"工人的生产"(die Produktion des Arbeiters)或"对象的生产"(die Produktion des Gegenstandes)③,是在费希特"自我"设定(创造)"非我"意义上使用的。④

马克思在这个意义上使用"对象化"一词,就非常接近于黑格尔的"自我意识"异化(外化)的含义。"对象化"是连接马克思《1844年手

---

① 马克思在笔记本Ⅰ中进行概念推演时有"通过异化劳动,人不仅生产出(erzeugt)他同作为异己的、敌对的力量的生产对象和生产行为的关系,而且生产出其他人同他的生产和他的产品的关系,以及他同这些人的关系"的说法。

② 侯才:《青年黑格尔派与马克思早期思想的发展》,中国社会科学出版社1994年版,第83页。

③ 意即"工人生产对象"。

④ 当然,马克思是一个唯物主义者,劳动与劳动产品的关系虽类似于"自我"创造"非我",但马克思非常强调劳动离不开"自然界"("感性的外部世界"),并非凭空创造。马克思在《哥达纲领批判》中强调,劳动只是价值的源泉,而非财富的源泉。

稿》笔记本 I 和笔记本 III 的枢纽，也是马克思实现从笔记本 I 的非历史性到笔记本 III 的历史性转换的枢纽。与这个意义上的"对象化"可以画等号的，是马克思偶尔使用的"外在化"一词（名词 Veräuβerung，动词 veräussern）。"veräussern"的词根是"äussern"（表达、表现），因此其基本含义是"使表达出来"。于是，自我意识—自我意识异化—异化的自我意识的扬弃这一"否定之否定"的辩证法就呈现在马克思眼前。而且通过对黑格尔《哲学百科全书》和《精神现象学》中"否定性辩证法"的回顾，马克思确认黑格尔的"否定性辩证法"就是劳动—历史辩证法。当然，这是囿于思维领域、在思维中打转的唯心主义"劳动—历史辩证法"。马克思只需对其作费尔巴哈式的改造（即注入感性因素），就变成了唯物主义"劳动—历史辩证法"。因此，费尔巴哈在笔记本 I 中和在笔记本 III 所起的作用是完全不同了。马克思在笔记本 I 中主要吸收的是费尔巴哈的宗教异化思想①，在笔记本 III 中主要吸收的是费尔巴哈的人本学自然主义感性思想。②

马克思在这个意义上使用"对象化"一词，"对象化"的主体不再是黑格尔式的人的"自我意识"，而是人的"本质力量"（Wesenskraft）。相对于笔记本 I 来说，在笔记本 III 中表述为"人的本质力量异化"，而不再表述为"类活动异化"。"人的本质力量"不再是活动性的，而是实体性的。但这种实体有一个从潜能到现实的发展过程，于是"历史性"因素就被引入了。人的本质力量的异化，就像黑格尔《精神现象学》中的"主奴辩证法"一样，就个体而言意味着人的自我发展和自我实现，就人类而言意味着人类社会从童年走向成熟的历史发展过程。

根据 MEGA 2/I/2 第 777 页异文 374. 20，中文第 2 版第 3 卷第 279 页第 8—10 行"我们把私有财产的起源问题变为外化劳动对人类发展进程的关系问题，就已经为解决这一任务得到了许多东西"③，其中"Frage nach dem Verhältniβ der entäuβerten Arbeit zum Entwicklungsgang der Menschheit"（外化劳动对人类发展进程的关系问题），是由"Frage nach der geschichtli-

---

① 主要体现在《基督教的本质》中。

② 主要体现在《关于哲学改造的临时提纲》和《未来哲学原理》中。

③ "Wir haben schon viel für die Lösung der Aufgabe gewonnen, indem wir die Frage nach dem Ursprung des Privateig entums in die Frage nach dem Verhältniβ der entäuβerten Arbeit zum Entwicklungsgang der Menschheit verwandelt haben", MEGA 2/ I /2, S. 374.

chen Nothwendligkeit, d. h. nach der Entwicklung"（历史必然性问题，即发展问题）修改而成的。整句话修改之前就是"我们把私有财产的起源问题变为历史必然性问题，即发展问题，就已经为解决这一任务得到了许多东西"。这句话出现在笔记本 I 结尾部分。在笔记本 Ⅲ 中，根据 MEGA 2/I/2 第 798 页异文 390. 26，中文第 2 版第 3 卷第 301 页第 1—2 行的"私有财产的历史必然性"① 中，"历史"（geschichtliche）一词是后加的。这两处修改都涉及"历史性"问题。如果说在第一修改处，马克思正在酝酿新的思路，"历史性"观念仍然忽明忽暗，那么在第二修改处，马克思已经有了明确的历史性观念，而且马克思既批判又肯定了黑格尔"只是为那种历史的运动找到抽象的、逻辑的、思辨的表达，这种历史还不是作为既定的主体的人的现实的历史，而只是人的产生的活动、人的发生的历史"。

根据 MEGA 2/I/2 第 796 页异文 389. 11，中文第 2 版第 3 卷第 297 页第 12 行的"共产主义是私有财产即人的自我异化的积极的扬弃"②，是由"Der Kommunismus als positive Aufhebung des Privateigentums und d. menschlichen"（共产主义是作为私有财产的积极扬弃以及人的）修改而成的。由此可以看出，整句话③的中译文"共产主义是私有财产即人的自我异化的积极的扬弃，因而是通过人并且为了人而对人的本质的真正占有"就有问题。马克思本来表达的意思是"共产主义是作为私有财产的积极扬弃以及人的自我异化的积极扬弃"，但马克思想对"人的自我异化的积极扬弃"作进一步的展开说明，于是修改为现有的文本。因此，整句话应该译为"作为私有财产的积极扬弃，作为人的自我异化从而作为通过人并为了人而对人的本质的真正占有的共产主义"。

强调"私有财产的扬弃"与强调"人的自我异化的扬弃"，其侧重点还是有所区别的。

其一，马克思不仅把私有财产看作"人的自我异化"的结果，而且也把"宗教、家庭、国家、法、道德、科学、艺术等"看作"人的自我异

---

① "die geschichtliche Nothwendigkeit des Privateigentums", MEGA 2/ I /2, S. 390.

② "Der Kommunismus als positive Aufhebung des Privateigentums, als menschlicher Selbstentfremdung", MEGA 2/ I /2, S. 389.

③ "Der Kommunismus als positive Aufhebung des Privateigentums, als menschlicher Selbstentfremdung und darum als wirkliche Aneignung des menschlichen Wesens durch und für den Menschen", MEGA 2/ I /2, S. 389.

化"即"人的实现或现实"①，亦即"迄今全部生产的运动"（der Bewe-gung aller bisherigen Produktion）② 的结果。因此共产主义也不仅仅是否定私有财产，或私有财产自我扬弃，不仅仅是财产归社会占有或重建个人财产，更主要的是人的潜能得到发挥，人得到自由而全面的发展，从而人变得真正"富有"（Reichtum）③，变成"富有（即丰富）的人"（der reiche Mensch）。

其二，强调"人的自我异化的积极扬弃"，就使"共产主义"升华为"社会主义"。正如马克思在后面的文本中所论述的那样："社会主义是人的不再以宗教的扬弃为中介的积极的自我意识，正像现实生活是人的不再以私有财产的扬弃即共产主义为中介的积极的现实一样。共产主义是作为否定的否定的肯定，因此它是人的解放和复原的一个现实的、对下一段历史发展说来是必然的环节。共产主义是最近将来的必然的形式和有效的原则。但是，这样的共产主义并不是人类发展的目标，并不是人类社会的形式。"换句话说，共产主义是从"私有财产"的扬弃的角度来看的，而社会主义是从"人的本质力量"自我异化的扬弃的角度来看的；后者强调：人的本质力量先是从潜能（自我异化之前）到现实（自我异化）即对象化，再到对现实展开对象性的人的本质力量的重新占有，这才是对人的本质的"真正占有"④。根据 MEGA 2/I/2 第 797 页异文 389.12，中文第 2 版第 3 卷第 297 页第 13 行的"真正"（wirkliche）一词，是由"allgemeine"（普遍的）修改而成的。由此可知，马克思所谓"真正占有"的含义是对潜能得到发挥的人的才能（Talent）的全面占有，即人的才能的全面发展。根据 MEGA 2/I/2 第 802 页异文 392.40，中文第 2 版第 3 卷第 303 页倒数第 5 行的"一切"（aller）后面，原先写有"Talente der"（——的才能），后被删除了。应该是马克思用"Sinne"（感觉）一词代替了"Talente"（才能）。在马克思那里，"感觉能力"也是一种才能："从主体方面来看：只有音乐才能激起人的音乐感；对于没有音乐感的耳朵说来，最美的音乐也毫无意义，不是对象，因为我的对象只能是我的一种本质力量的确证，

---

① "Verwirklichung oder Wirklichkeit des Menschen"，MEGA 2/Ⅰ/2，S. 389 – 390.

② 这体现了马克思的"大文化"观。编辑者给这部分内容添加的标题"私有财产和共产主义"也具误导性，可改为"人的自我异化与社会主义"。

③ 也译为"财富"。

④ "wirkliche Aneignung des menschlichen Wesens"，MEGA 2/Ⅰ/2，S. 389.

也就是说，它只能像我的本质力量作为一种主体能力自为地存在着那样对我存在，因为任何一个对象对我的意义（它只是对那个与它相适应的感觉说来才有意义）都以我的感觉所及的程度为限。所以社会的人的感觉不同于非社会的人的感觉。只是由于人的本质的客观地展开的丰富性，主体的、人的感性的丰富性，如有音乐感的耳朵、能感受形式美的眼睛，总之，那些能成为人的享受的感觉，即确证自己是人的本质力量的感觉，才一部分发展起来，一部分产生出来。"需要指出的是，马克思还使用过"本质力量"的复数形式（Wesenskräfte），如有"这些本质力量的每一种"（jede dieser Wesenskräfte）的说法。

除了"Talente"（才能），马克思还用了"Energie"（能力）、"天赋和才能"（Anlagen und Fähigkeiten）、"能力"（Vermögen），它们都是马克思用以表达"人的本质力量"的词汇。比如，根据 MEGA 2/Ⅰ/2 第 827 页异文 407.36，中文第二版第 3 卷第 324 页第 1 行的"自己的能力作为产物"（seine Energie als das Produkt），是经过多次修改而成的。最先的文本是"das Produkt seiner Energie"（自己能力的产物），然后修改为"als das Produkt seine Energie"（作为自己能力的产物），最后改为现有的文本。

与笔记本Ⅰ一样，"共产主义"仍然是笔记本Ⅲ的主题。正是引入了"劳动—历史"辩证法的新思路，马克思笔记本Ⅲ中对共产主义的论证才具有了历史的维度。于是，共产主义不仅仅是应然的要求，而且也是历史本身运动的结果。正是有了历史的维度，避免共产主义倒退到"粗陋的共产主义"就不再是应然的要求，而是保存了全部历史发展成果的共产主义。

共产主义作为"人的本质力量—异化—异化的扬弃"的历史运动的结果，与黑格尔的"否定之否定"的辩证法具有同构性，因此难以逃脱历史目的论。从这个意义上说，历史唯物主义只是在《1844 年手稿》笔记本Ⅲ中开始萌芽，但尚未真正形成。然而，若将这一"否定之否定"的历史过程看作马克思持有一种"价值悬设"的理论立场，在笔者看来是对文本的误读。与此相联系的是所谓"人性复归"的说法，其出处是接着的那句话"因此，它是人向自身、向社会的即合乎人性的人的复归，这种复归是完全的、自觉的而且保存了以往发展的全部财富的"①。这句话里并没有"人性复归"的

---

① "darum als vollstβändige，bewuβt und innerhalb des ganzen Reichtums der bisherigen Entwicklung gewordne Rückkehr des Menschen für sich als eines gesellschaftlichen，d. h. menschlichen Menschen"，MEGA 2/I/2，S. 389.

说法。"合乎人性的人的复归"的原文是"menschlichen Menschen"。《马克思恩格斯全集》中文第 1 版第 42 卷将其译为"（人的）人"。根据 MEGA 2/I/2 第 797 页异文 389.12—13，中文第 2 版第 3 卷第 297 页第 13 行（即前句话）中的"人的本质"（des menschlichen Wesens），倒是由"der menschlichen Natur"（人性）修改而成的。但是，把"人的自由的、有意识的活动"看作"人的本质"，也仅限于笔记本Ⅰ。在笔记本Ⅲ中，马克思从人的"本质力量"（包括人的才能、交往、需要等）的角度来看待人的本质（或人性），强调的是人的本质力量的"自由发展"。前一个"自由"强调活动的自由，后一个"自由"强调潜能得到发展的自由，即从"粗陋"（Rohheit）或"简单状态"（Einfachheit）到"丰富"（Reichtum）的完善，增加了历史性的维度。"自由人联合体"以及"人的自由而全面的发展"这两个表述中的自由，承接的是第二个层面的自由。

余　论

本文所谓马克思从笔记本Ⅰ借用费尔巴哈的"异化"概念到笔记本Ⅲ借用黑格尔的"异化"概念，进而引入了"历史性"观念，主要涉及的是生产领域的劳动异化。但在《1844 年手稿》特别是在笔记本Ⅲ中，马克思所谓的"异化"并不单单指"劳动异化"，还指"交换（交往）异化""需要异化"等。在非"劳动异化"的意义上使用"异化"概念，马克思仍然像在笔记本Ⅰ那样，是指在私有财产前提下人的"类活动"（如"交往活动"）与异化了的人的类活动、人的"本质力量"（如"感觉""需要"）与异化了的人的"本质力量"形成对立统一的关系。因此，在私有财产条件下存在着严重的货币拜物教现象、严重的人的异化。当代西方马克思主义的社会批判理论、文化批判理论、消费社会批判理论等，都可以在这里找到源头。

（原载《哲学动态》2015 年第 6 期）

《资本论》研究

全面认识资本的作用

——《资本论》及其手稿中一个被忽视的重要观点

赵家祥*

一 问题的提出

马克思《资本论》的副标题是"政治经济学批判"。这个副标题一方面说明《资本论》是批判资产阶级政治经济学的一部著作，另一方面说明它是批判资本主义生产方式的一部著作。马克思写作《资本论》的"最终目的就是揭示现代社会的经济运动规律"[①]。现代社会即资本主义社会。马克思在《资本论》及其手稿中确实深刻地揭示了资本主义社会的经济运动规律，揭露了资本原始积累的罪恶和资本家残酷剥削工人的罪行："资本来到世间，从头到脚，每个毛孔都滴着血和肮脏的东西。"[②] "对直接生产者的剥夺，是用最残酷无情的野蛮手段，在最下流、最龌龊、最卑鄙和最可恶的贪欲的驱使下完成的。"[③] 资本原始积累，在欧洲大约是在 15 世纪最后 30 多年到 18 世纪末完成的。资本原始积累过程，不仅是用暴力掠夺本国农民的过程，而且是用血腥手段掠夺殖民地人民的过程。马克思指出："美洲金银产地的发现，土著居民的被剿灭、被奴役和被埋葬于矿井，对东印度进行的征服和掠夺，非洲变成商业性地猎获黑人的场所——这一切标志着资本主义生产时代的曙光。"[④] 为了镇压被剥夺了土地的农民和雇佣工人的反抗，欧洲各国制定了严酷法律，工人"由于这些古怪的恐怖的

* 赵家祥，北京大学哲学系、北京大学中国特色社会主义理论体系研究中心教授。
① 《马克思恩格斯全集》第 44 卷，人民出版社 2001 年版，第 10 页。
② 同上书，第 871 页。
③ 同上书，第 873 页。
④ 同上书，第 860—861 页。

法律，通过鞭打、烙印、酷刑，被迫习惯于雇佣劳动制度所必需的纪律"①。在资本主义生产方式下，一边是资本家积累了越来越多的财富，另一边是雇佣工人积累了越来越大的贫困，经常受到失业和饥饿的威胁。资本家在市场上购买了雇佣工人的劳动力以后，他们作为对立的两极，呈现出两种截然相反的精神状态："原来的货币占有者作为资本家，昂首前行；劳动力占有者作为他的工人，尾随于后。一个笑容满面，雄心勃勃；一个战战兢兢，畏缩不前，像在市场上出卖了自己的皮一样，只有一个前途——让人家来鞣。"② 马克思对资本主义的罪恶揭露得淋漓尽致、活灵活现，但这只是问题的一个方面。他在揭露资本主义制度的罪恶的同时，并没有否认资本主义制度对历史发展的积极作用。他多次指出，资本主义剥削制度与奴隶制和农奴制相比，榨取剩余劳动的方式要文明得多，资本在历史上具有伟大的文明作用。这方面的论述很多，下面只引证其中三段最典型的论述：

> 因此，如果说以资本为基础的生产，一方面创造出普遍的产业劳动，即剩余劳动，创造价值的劳动，那么，另一方面也创造出一个普遍利用自然属性和人的属性的体系，创造出一个普遍有用性的体系，甚至科学也同一切物质的和精神的属性一样，表现为这个普遍有用性体系的体现者，而在这个社会生产和交换的范围之外，再也没有什么东西表现为**自在的更高的东西**，表现为自为的合理的东西。因此，只有资本才创造出资产阶级社会，并创造出社会成员对自然界和社会联系本身的普遍占有。由此产生了**资本的伟大的文明作用**（黑体是引者加的——引者注）；它创造了这样一个社会阶段，与这个社会阶段相比，一切以前的社会阶段都只表现为人类的**地方性发展**和**对自然的崇拜**。只有在资本主义制度下自然界才真正是人的对象，真正是有用物；它不再被认为是自为的力量；而对自然界的独立规律的理论认识本身不过表现为狡猾，其目的是使自然界（不管是作为消费品，还是作为生产资料）服从于人的需要。资本按照自己的这种趋势，既要克服把自然神化的现象，克服流传下来的、在一定界限内闭关自守地满

---

① 《马克思恩格斯全集》第 44 卷，人民出版社 2001 年版，第 846 页。
② 同上书，第 205 页。

足于现有需要和重复旧生活方式的状况，又要克服民族界限和民族偏见。资本破坏这一切并使之不断革命化，摧毁一切阻碍发展生产力、扩大需要、使生产多样化、利用和交换自然力量和精神力量的限制。①

资本的伟大的历史方面（黑体是引者加的——引者注）就是**创造**这种剩余劳动，即从单纯使用价值的观点，从单纯生存的观点来看的多余劳动，而一旦到了那样的时候，即一方面，需要发展到这种程度，以致超过必要劳动的剩余劳动本身成为普遍需要，成为从个人需要本身产生的东西，另一方面，普遍的勤劳，由于世世代代所经历的资本的严格纪律，发展成为新的一代的普遍财产，最后，这种普遍的勤劳，由于资本的无止境的致富欲望及其唯一能实现这种欲望的条件不断地驱使劳动生产力向前发展，而达到这样的程度，以致一方面整个社会只需要用较少的劳动时间就能占有并保持普遍财富，另一方面劳动的社会将科学地对待自己的不断发展的再生产过程，对待自己的越来越丰富的再生产过程，从而，人不再从事那种可以让物来替人从事的劳动，——一旦到了那样的时候，资本的历史使命就完成了。②

资本的文明面（黑体是引者加的——引者注）之一是，它榨取这种剩余劳动的方式和条件，同以前的奴隶制、农奴制等形式相比，都更有利于生产力的发展，有利于社会关系的发展，有利于更高级的新形态的各种要素的创造。因此，资本一方面会导致这样一个阶段，在这个阶段上，社会上的一部分人靠牺牲另一部分人来强制和垄断社会发展（包括这种发展的物质方面和精神方面的利益）的现象将会消灭；另一方面，这个阶段又会为这样一些关系创造出物质手段和萌芽，这些关系在一个更高级的社会形式中，使这种剩余劳动能够同物质劳动一般所占用的时间的更大的节制结合在一起。③

长期以来，人们只重视马克思对资本主义制度的罪恶和消极作用的批判，而有意或无意地忽视了马克思对资本主义制度的积极作用，即"**资本**

---

① 《马克思恩格斯全集》第 30 卷，人民出版社 1995 年版，第 389—390 页。
② 同上书，第 286 页。
③ 《马克思恩格斯全集》第 46 卷，人民出版社 2003 年版，第 927—928 页。

的伟大文明作用"的充分肯定。这是对《资本论》及其手稿的片面理解和极大误解。目前在世界范围内，社会主义和资本主义两种社会制度将长期并存，经济全球化持续发展，各国经济联系不断加强，我们不仅要学习外国资本主义的管理经验和管理方法，学习和吸收资本主义创造的一切积极成果，而且也需要在本国利用它们来为社会主义的进一步发展创造物质技术条件的时候，纠正这种误解，还马克思《资本论》及其手稿的本来面目。在我国社会主义初级阶段，由于建立了以公有制为主体、多种所有制经济共同发展的基本经济制度和社会主义市场经济体制，实行对外开放，加入世界贸易组织，进入发达资本主义国家主导的世界市场，发展与资本主义国家的贸易和金融关系，推进人民币的国际化等，资本依然在很多领域和方面存在并起着作用。我很赞同仰海峰教授的说法："在我看来，只要我们仍然处于资本支配一切的时代，马克思对资本主义社会的批判分析就仍然是我们面对当代社会实践与文化理念的重要前提。但这里的问题在于，马克思哲学创立于自由资本主义时代，在马克思哲学产生之后，当代社会的发展，从西方来看经过了组织化资本主义时代（即我们通常所说的垄断资本主义时代——引者注）和当下的全球化时代，而对于后发展国家来说，随着从传统的农业文明向现代文明的转换，自由资本主义、组织化资本主义与全球资本主义等模式，随着这一转换在后发展国家同时展开，在发达国家随着时间维度在空间布展的东西，在后发展国家体现为时空压缩的特征，即在发达国家不同时间和空间布展的东西在后发展国家同时呈现出来。同样，在发达国家不同历史阶段呈现出来的思想，在后发展国家也往往同时展现出来，这导致了问题的复杂性。"①

在我国社会主义初级阶段，资本的作用仍然是双重的，既有积极作用，又有消极作用，所不同的是，这种双重作用的表现，比在发达资本主义国家更为复杂。我国改革开放以来，取得举世瞩目的伟大成就，成为世界第二大经济体，综合国力和人民生活水平显著提高，这都与发挥了资本的积极作用密切相关；而存在的各种问题和产生的各种矛盾，如地区发展、城乡发展、工农业发展不平衡，教育发展、医疗发展不均衡，不同地区、不同行业、不同阶层收入差距过大，基尼系数过高甚至超过警戒线，

---

① 仰海峰：《形而上学批判——马克思哲学的理论前提及当代效应》，江苏人民出版社 2006年版，第 1—2 页。

小微实体企业资金短缺、融资困难，官商勾结、贪污腐败严重，利益关系固化、既得利益获得者阻碍改革向纵深发展，不少地区干群关系紧张、群众利益受到侵害、群体事件频发，等等，都与资本的消极作用有着这样或那样、直接或间接的联系。当前，如何全面客观地认识资本的历史作用，更好地发挥资本的积极作用，尽最大努力减少和避免资本的消极作用，对全面深化经济体制、政治体制、社会体制、文化体制、生态文明体制改革，推动我国经济社会持续健康发展，具有十分重要的理论意义和现实意义。

下面，我们将通过资本促进社会生产力的发展、为未来新社会创造物质技术条件，创造更多的自由活动时间、为建设未来新社会锻造全面发展的高素质人才，促进新社会因素的产生、孕育和形成社会主义的生产关系因素这三个方面的阐述，具体说明资本的伟大文明作用。通过考察马克思对资本的伟大文明作用的具体论述，我们将会清楚地看到，马克思对资本主义促进历史发展积极作用的肯定和对资本主义消极作用的批判是同等重要的。

二　促进社会生产力的发展，为未来新社会创造物质技术条件

发展生产力是资本主义生产方式的固有本质、内在要求和目的本身。马克思在评价英国古典经济学家大卫·李嘉图的观点时指出："李嘉图把资本主义生产方式看做最有利于生产、最有利于创造财富的生产方式，对于他那个时代来说，李嘉图是完全正确的。他希望**为生产而生产**，这是**正确的**。如果像李嘉图的感伤主义的反对者们那样，断言生产本身不是目的本身，那就是忘记了，为生产而生产无非就是发展人类的生产力，也就是**发展人类天性的财富这种目的本身**。"[1] 马克思认为，作为一种生产关系，"**资本是生产的**，也就是说，**是发展社会生产力的重要的关系**"[2]。只有从马克思这样的视角认识资本主义生产方式和生产关系，才能深刻认识资本对促进生产力发展的重要作用。

---

[1] 《马克思恩格斯全集》第 34 卷，人民出版社 2008 年版，第 127 页。
[2] 《马克思恩格斯全集》第 30 卷，人民出版社 1995 年版，第 286 页。

（一）发展社会生产力是价值增殖的必要条件

资本主义生产的目的是创造剩余价值。马克思指出："劳动生产力的发展——首先是剩余劳动的创造——是资本的价值增加或资本的价值增殖的必要条件。因此，资本作为无止境地追求发财致富的欲望，力图无止境地提高劳动生产力并且使之成为现实。但是另一方面，劳动生产力的任何提高——我们撇开它为资本家增加使用价值这一点不谈——都是资本的生产力的提高，而且，从现在的观点来看，这种提高只有就它是资本的生产力来说，才是劳动的生产力。"① 剩余价值分为绝对剩余价值和相对剩余价值两种。通过延长工作日而生产的剩余价值，叫作绝对剩余价值；相反，通过缩减必要劳动时间、相应地改变工作日的必要劳动时间和剩余劳动时间的量的比例而生产的剩余价值，叫作相对剩余价值。绝对剩余价值的生产只同工作日的长度有关；相对剩余价值的生产使劳动的技术过程和社会组织发生彻底的革命。为了增加绝对剩余价值的生产，资本家延长工人的劳动时间，增强工人的劳动强度，而无须改变生产方式，即无须改变生产的技术条件。马克思指出："资本发展成为一种强制关系，迫使工人阶级超出自身生活需要的狭隘范围而从事更多的劳动。作为他人辛勤劳动的制造者，作为剩余劳动的榨取者和劳动力的剥削者，资本在精力、贪婪和效率方面，远远超过了以往一切以直接强制劳动为基础的生产制度。""资本起初是在历史上既有的技术条件下使劳动服从自己的。因此，它并没有直接改变生产方式。所以我们上面所考察的、单靠延长工作日这种形式的剩余价值的生产（即绝对剩余价值的生产——引者注），看来是与生产方式本身的任何变化无关的。"② 而为了生产更多的相对剩余价值，资本家"必须变革劳动过程的技术条件和社会条件，从而变革生产方式本身，以提高劳动生产力，通过提高劳动生产力来降低劳动力的价值，从而缩短再生产劳动力价值所必要的工作日部分"。"劳动生产力的提高，我们在这里一般是指劳动过程中的这样一种变化，这种变化能缩短生产某种商品的社会必需的劳动时间，从而使较小量的劳动获得生产较大量使用价值的能力"③。

---

① 《马克思恩格斯全集》第 30 卷，人民出版社 1995 年版，第 305 页。
② 《马克思恩格斯全集》第 44 卷，人民出版社 2001 年版，第 359 页。
③ 同上书，第 366 页。

（二）资本的趋势是赋予生产以科学的性质

马克思指出：在机器大工业中，"整个生产过程不是从属于工人的直接技巧，而是表现为科学在工艺上的应用的时候，只有到这个时候，资本才获得了充分的发展，或者说，资本才造成了与自己相适合的生产方式。可见，资本的趋势是赋予生产以科学的性质，而直接劳动则被贬低为只是生产过程的一个要素。同价值转化为资本时的情形一样，在资本的进一步发展中，我们看到：一方面，资本是以生产力的一定的现有的历史发展为前提的——在这些生产力中也包括科学——，另一方面，资本又推动和促进生产力向前发展"①。随着机器大工业的发展和科学在生产上的应用，"现实财富的创造较少地取决于劳动时间和已耗费的劳动量，较多地取决于……科学的一般水平和技术进步，或者说取决于这种科学在生产上的应用。（这种科学，特别是自然科学以及和它有关的其他一切科学的发展，本身又和物质生产的发展相适应）"②。机器大工业"把巨大的自然力和自然科学并入生产过程，必然大大提高劳动生产率，这一点是一目了然的"③。科学推动生产力发展的途径主要有以下几个方面：第一，自然科学物化为生产工具；第二，自然科学变为劳动者的生产经验和劳动技能；第三，自然科学物化为劳动对象；第四，科学应用于生产过程可以开拓新的劳动场所；第五，科学应用于生产管理可以提高管理水平。

（三）资本主义生产方式通过分工协作促进生产力的发展

马克思把资本主义分为简单协作、工场手工业和机器大工业三个发展阶段。关于简单协作可以促进生产力的发展，马克思指出："不论在一定的情况下结合工作日怎样达到生产力的这种提高：是由于提高劳动的机械力，是由于扩大这种力量在空间上的作用范围，是由于与生产规模相比相对地在空间上缩小生产场所，是由于在紧急时期短时间内动用大量劳动，是由于激发个人的竞争心和振奋他们的精力，是由于使许多人的同种作业具有连续性和多面性，是由于同时进行不同的操作，是由于共同使用生产

① 《马克思恩格斯全集》第31卷，人民出版社1998年版，第94页。
② 同上书，第100页。
③ 《马克思恩格斯全集》第44卷，人民出版社2001年版，第444页。

资料而达到节约，是由于使个人劳动具有社会平均劳动的性质，在所有这些情形下，结合工作日的特殊生产力都是社会的劳动生产力或社会劳动的生产力。这种生产力是由协作本身产生的。劳动者在有计划地同别人共同工作中，摆脱了他的个人局限，并发挥出他的种属能力。"① 关于工场手工业的分工可以促进生产力的发展，马克思认为，这是由于每个工人可以在劳动中扬长避短。在工场手工业分工中，每个产品都是由局部工人结合而成的总体工人完成的。一种商品的生产者顺序地完成的、在其全部劳动过程中交织在一起的各种操作，向商品生产者提出各种不同的要求。在一种操作中，他必须使出较大的体力；在另一种操作中，他必须比较灵巧；在第三种操作中，他必须更加集中注意力，等等；而同一个人不可能在相同的程度上具有这些素质。在各种操作分离、独立和孤立以后，工人就按照他们的特长分开、分类和分组。如果说工人的天赋特性是分工赖以生长的基础，那么工场手工业一经建立，就会使生来只适宜于从事片面的特殊职能的劳动力发展起来。在工场手工业分工中，总体工人具备了技艺程度相同的一切生产素质，同时能最经济地使用它们，因为他使自己的所有器官个体化而成为特殊的工人或工人小组，各自担任一种专门的职能。局部工人作为总体工人的一个肢体，他的片面性甚至缺点反而成了他的优点。在机器大工业的分工中，由于各个生产部门形成一个有机联系的整体，一个工业部门生产方式的变革，会引起其他部门生产方式的变革。这首先涉及因社会分工而孤立起来以致各自生产一种独立的商品、但要作为一个总过程的各阶段而紧密联系在一起的那些工业部门。例如，有了机器纺纱，就必须有机器织布，而这二者又使漂白业、印花业和染色业必须进行力学和化学革命。同样，另一方面，棉纺业的革命又引起分离棉花纤维和棉籽的轧棉机的发明，由于这一发明，棉花生产才有可能按目前所需要的巨大规模进行。但是，工农业生产方式的革命，尤其使社会生产过程的一般条件即交通运输手段的革命成为必要。因此，撇开已经完全发生变革的帆船制造业不说，交通运输业是逐渐地靠内河轮船、铁路、远洋轮船和电报的体系而适应了大工业的生产方式。但是，现在要对巨大的铁块进行锻冶、焊接、切削、镗孔和成型，又需要有庞大的机器，制造这样的机器是工场手工业的机器制造业所不能胜任的。因此，大工业必须掌握它特有的生产资

---

① 《马克思恩格斯全集》第44卷，人民出版社2001年版，第382页。

料，即机器本身，必须用机器来生产机器。这样，大工业才建立起与自己相适应的技术基础，才得以自立。这种全面的生产方式的变革，必然促进生产力以更快的速度发展。

（四）资本主义生产方式通过缩减资本流通时间促进生产力的发展

资本流通时间不仅不生产价值，而且表现为丧失价值的时间。因而减少资本流通时间，增加资本的流通速度，就可以促进生产力的发展。在一定时期内能生产出多少产品，不仅取决于生产该商品的速度，而且取决于该商品在市场流通中的速度。马克思指出："在一定期间能够生产出多少产品，在一定期间资本能够增殖多少次，它的价值能够**再生产和倍增多少次**，就取决于流通的速度，取决于流通经历的**时间**。"① 这是因为，"虽然流通并不造成**价值规定**本身的任何要素，因为这种要素完全由劳动决定，但流通的速度却决定生产过程重复的速度，决定创造价值的速度，也就是说，虽然不决定**价值**，但在某种程度上却决定价值的数量。这就是说，在生产过程中创造出来的价值和剩余价值要乘以生产过程在一定期间所能重复的次数"② "因此，资本一方面要力求摧毁交往即交换的一切地方限制，征服整个地球作为它的市场，另一方面，它又力求用时间去消灭空间，就是说，把商品从一个地方转移到另一个地方所花费的时间缩减到最低限度。资本越发展，从而资本借以流通的市场，构成资本流通空间道路的市场越扩大，资本同时也就越是力求在空间上更加扩大市场，力求用时间去更多地消灭空间。"③

三　创造更多的自由活动时间，为建设未来新社会锻造全面发展的高素质人才

全面发展的个人，不是自然的产物，而是历史的产物，具体地说，是以交换价值为基础的生产（即资本主义生产）的产物。马克思指出："要使**这种**个性成为可能，能力的发展就要达到一定的程度和全面性，这正是

---

① 《马克思恩格斯全集》第 30 卷，人民出版社 1995 年版，第 536 页。
② 同上书，第 537 页。
③ 同上书，第 538 页。

以建立在交换价值基础上的生产为前提的，这种生产才在产生出个人同自己和同别人相异化的普遍性的同时，也产生出个人关系和个人能力的普遍性和全面性。"马克思认为，在人类历史的早期阶段，个人也显得比较全面，但那正是因为他还没有造成自己丰富的社会关系，并且还没有使这种社会关系作为独立于他自身之外的社会权力和社会关系同他自己相对立。但这毕竟是原始的丰富性，是人类社会和人类自身不发达的表现，所以，"留恋那种原始的丰富，是可笑的，相信必须停留在那种完全的空虚化之中，也是可笑的"①。资本为锻造全面发展的高素质人才所发挥的作用主要表现在以下几个方面。

（一）资本主义大工业的本性决定了劳动的变换、职能的更动和工人的全面流动性，从而使工人通过互相交替的活动方式成为全面发展的个人

资本主义大工业的技术基础是革命的，而所有以往的生产方式的技术基础本质上是保守的。资本主义大工业通过机器、化学过程和其他方法，使工人的职能和劳动过程的社会结合不断地随着生产的技术基础发生变革。同时它也不断地使社会内部的分工发生革命，不断创造出新的产业和新的生产部门，不断地把大量资本和大批工人从一个生产部门投到另一个生产部门。因此，资本主义大工业的本性决定了劳动的变换、职能的更动和工人的全面流动性。同时，大工业在它的资本主义形式上再生产出旧的分工及其固定化的专业划分。这是一个极大的矛盾。这个矛盾使资本主义大工业既有消极的方面，也有积极的方面。其消极方面是："我们已经看到，这个绝对的矛盾怎样破坏着工人生活的一切安宁、稳定和保障，使工人面临这样的威胁：在劳动资料被夺走的同时，生活资料也不断被夺走，在他的局部职能变成过剩的同时，他本身也变成过剩的东西；这个矛盾怎样通过工人阶级的不断牺牲、劳动力的无限度的浪费和社会无政府状态造成的灾难而放纵地表现出来。"其积极方面是大工业通过它的灾难本身使下面这一点成为生死攸关的问题，即"承认劳动的变换，从而承认工人尽可能多方面的发展是社会生产的普遍规律，并且使各种关系适应于这个规律的正常实现。大工业还使下面这一点成为生死攸关的问题：用适应于不断变动的劳动需求而可以随意支配的人，来代替那些适应于资本的不断变

---

① 《马克思恩格斯全集》第30卷，人民出版社1995年版，第112页。

动的剥削需要而处于后备状态的、可供支配的、大量的贫穷工人人口；用那种把不同社会职能当作互相交替的活动方式的全面发展的个人，来代替只是承担一种社会局部职能的局部个人。综合技术学校和农业学校是这种变革过程在大工业基础上自然发展起来的一个要素；职业学校是另一个要素，在这种学校里，工人的子女受到一些有关工艺学和各种生产工具的实际操作的教育"①。马克思还由此产生了对未来新社会的设想："如果说工厂立法作为从资本那里争取来的最初的微小让步，只是把初等教育同工厂劳动结合起来，那么毫无疑问，工人阶级在不可避免地夺取政权之后，将使理论的和实践的工艺教育在工人学校中占据应有的位置。"② 这种教育与生产劳动相结合的思想，在当今仍然是十分可贵的。

（二）资本违背自己的意志，为社会创造可以自由支配的时间，使整个社会的劳动时间缩减到不断下降的最低限度

资本家为了剥削工人更多的剩余劳动，利用科学技术和社会分工等各种手段，极大地提高了劳动生产率，从而缩短了必要劳动时间，增加了剩余劳动时间，不自觉地而且是违背自己意志地为社会生产了大量可以自由支配的时间。这种可以自由支配的时间，在资本主义生产方式下，只有资产阶级才能够享用，工人阶级无权享用。对此，马克思指出："在必要劳动时间之外，为整个社会和社会的每个成员**创造大量可以自由支配的时间**（即为个人生产力的充分发展，因而也为社会生产力的充分发展创造广阔余地），这样创造的非劳动时间，从资本的立场来看，和过去的一切阶段一样，表现为少数人的非劳动时间，自由时间。"不仅如此，"资本还添加了这样一点：它采用技艺和科学的一切手段，来增加群众的剩余劳动时间，因为它的财富直接在于占有剩余劳动时间；因为它的**直接目的是价值**，而不是使用价值"③。但是，事与愿违，"资本就违背自己的意志，成了为社会可以自由支配的时间创造条件的工具，使整个社会的劳动时间缩减到不断下降的最低限度，从而为全体［社会成员］本身的发展腾出时间。但是，资本的趋势始终是：一方面**创造可以自由支配的时间**，另一方

---

① 《马克思恩格斯全集》第 44 卷，人民出版社 2001 年版，第 560—561 页。
② 同上书，第 561—562 页。
③ 《马克思恩格斯全集》第 31 卷，人民出版社 1998 年版，第 103 页。

面把这些**可以自由支配的时间变为剩余劳动**。如果它在第一方面太成功了，那么，它就要吃到生产过剩的苦头，这时必要劳动就会中断，因为**资本无法实现剩余劳动**"①。这是一个极大的矛盾，这个矛盾发展到资本无法实现剩余价值的时候，资本主义制度就崩溃了。资本主义制度消灭以后，可以自由支配的时间就归全体社会成员享用了。马克思指出："这个矛盾越发展，下述情况就越明显：生产力的增长再也不能被占有他人的剩余劳动所束缚了，工人群众自己应当占有自己的剩余劳动。当他们已经这样做的时候，——这样一来，**可以自由支配的时间**就不再是**对立**的存在物了，——那时，一方面，社会的个人的需要将成为必要劳动时间的尺度，另一方面，社会生产力的发展将如此迅速，以致尽管生产将以所有的人富裕为目的，所有的人**可以自由支配的时间**还是会增加。"② 马克思生活的时代，从现在的观点来看仍然是资本主义初期阶段，在当时，可以自由支配的时间确实只为资本家享受，工人无法享受。但从目前的情况来看，在资本主义社会，特别是在发达资本主义国家，这种可以自由支配的时间，不但资本家可以享用，工人阶级也在一定程度上可以享用；工人的劳动时间比马克思在世时缩短了很多，可以自由支配的时间增加了很多。

（三）为个人利用可以自由支配的时间从事科学、艺术等活动，从而使个人得到自由而全面的发展创造条件

马克思认为，由于科学在生产上的应用，赋予生产以科学的性质，劳动生产率大大提高，生产自动化的程度大大加强，劳动将不再像以前那样表现为被包括在生产过程中，相反地，表现为人以生产过程的监督者和调节者的身份同生产过程本身发生关系。"工人不再是生产过程的主要作用者，而是站在生产过程的旁边。"③ 这样，人们将从直接生产过程中解放出来，具有更多的可以自由支配的时间，去从事艺术、科学、文化、体育、社会管理等活动，从而使个性得到自由而全面的发展。马克思指出："在这个转变中，表现为生产和财富的宏大基石的，既不是人本身完成的直接劳动，也不是人从事劳动的时间，而是对人本身的一般生产力的占有，是

① 《马克思恩格斯全集》第 31 卷，人民出版社 1998 年版，第 103—104 页。
② 同上书，第 104 页。
③ 同上书，第 100 页。

人对自然界的了解和通过人作为社会体的存在来对自然界的统治，总之，是社会个人的发展。**现今财富的基础是盗窃他人的劳动时间**，这同新发展起来的由大工业本身创造的基础相比，显得太可怜了。一旦直接形式的劳动不再是财富的巨大源泉，劳动时间就不再是，而且必然不再是财富的尺度，因而交换价值也不再是使用价值的尺度。**群众的剩余劳动**不再是一般财富发展的条件，同样，**少数人的非劳动**不再是人类头脑的一般能力发展的条件。于是，以交换价值为基础的生产便会崩溃，直接的物质生产过程本身也就摆脱了贫困和对立的形式。个性得自由发展，因此，并不是为了获得剩余劳动而缩减必要劳动时间，而是直接把社会必要劳动缩减到最低限度，那时，与此相适应，由于给所有的人腾出了时间和创造了手段，个人会在艺术、科学等等方面得到发展。"①

（四）资本主义商品经济以充分发展的社会分工为前提，而充分发展的社会分工对人的全面发展起着积极的推动作用

商品作为资本的元素形式，既表现为资本的经常的元素前提，又表现为资本主义生产过程的直接结果。资本主义商品经济以社会分工的充分发展为前提，只有在社会分工充分发展的条件下，商品才能成为资本的元素形式。马克思指出："只有在资本主义生产的基础上，商品才在事实上成**为财富的一般元素形式**。""因为商品作为产品的必要形式，从而产品转让作为占有产品的必要形式，要以充分发展的**社会分工**为前提；但是另一方面，只有在资本主义生产的基础上，从而也只有在工场内部的**资本主义分工**的基础上，所有产品才必然采取商品的形式，从而一切生产者才必然是商品生产者。因此，只有在资本主义生产下，使用价值才普遍地以交换价值为媒介。"② 资本主义的充分发展的社会分工推动人自身发展的积极作用，主要表现在两个方面。首先，分工有助于提高每个个体的专门知识、技能和技巧。社会活动的范围是无限的，而每个个体的能力是有限的，任何个体都无法以其有限的能力去涉足无限的活动领域。而分工恰好为每个个体划定了相对固定的活动范围，以使其在其中获得专门的知识、技能和技巧，使其有限的能力产生出一定的效果，不至于因为没有确定的活动范

① 《马克思恩格斯全集》第31卷，人民出版社1998年版，第100—101页。
② 《马克思恩格斯全集》第49卷，人民出版社1982年版，第5、6页。

围而分散精力,一事无成。黑格尔曾经说过:"一个志在有大成就的人,他必须,如歌德所说,知道限制自己。反之,那些什么事都想做的人,其实什么事都不能做,而终归于失败。世界上有趣味的东西异常之多:西班牙诗、化学、政治、音乐都很有趣味,如果有人对这些东西感觉兴趣,我们决不能说他不对。但一个人在特定的环境内,如欲有所成就,他必须专注于一事,而不可分散他的精力于多方面。"① 黑格尔这句话不是从分工的角度讲的,但对于理解分工对发展个人专门才能的作用,是很有启迪意义的。如果我们承认天赋才能的话,那么通过分工把一个人固定在适当的岗位上,则有可能使他的天赋才能得以发挥,有些人甚至可能成为某方面的专家。其次,分工有助于满足每个个体多方面的需要,增强人们之间的相互联系,从而使其才能得到充分发展。由于分工使每个个体具有专门的知识、技能和技巧,创造出专门的产品,而由所有这些个体组成的人类总体,则具有多方面的知识、技能和技巧,可以生产出多种多样的产品。在分工的条件下,每个个人的产品都不只供他个人消费,而且还要供其他个人消费;每个个人的产品都不能满足自己多方面的需要,只有借助于其他许多个人的产品才能满足自己这些需要。这就加强了人们之间的相互依赖和相互联系,而且随着分工的发展,人们之间的相互联系会不断扩大,以致由一国范围扩大到整个世界,形成国际分工。随着交往的不断扩大和普遍化,每个人的才能都可能得到充分的发展。

四 促进新社会因素的产生,孕育和形成未来社会主义的生产关系因素

　　资本主义的生产方式不仅可以促进社会生产力的发展,为未来新社会创造物质技术条件,不仅可以创造更多的自由活动时间,为建设未来新社会锻造全面发展的高素质人才,而且还可以促进新的社会因素的产生,孕育和形成未来社会主义的生产关系因素,这是资本的伟大文明作用最突出的表现。

　　关于资本主义社会内部是否能够孕育和形成未来社会主义的生产关系因素这个问题,我国理论界存在着分歧。产生这个分歧的重要原因之一,

---

　　① 黑格尔:《小逻辑》,贺麟译,商务印书馆1980年版,第174页。

是因为列宁曾经讲过："资产阶级革命和社会主义革命的基本区别之一就在于：对于从封建制度中生长起来的资产阶级革命来说，还在旧制度内部，新的经济组织就逐渐形成起来，逐渐改变着封建社会的一切方面。资产阶级革命面前只有一个任务，就是扫除、摒弃、破坏旧社会的一切桎梏。任何资产阶级革命完成了这个任务，也就是完成它所应做的一切，即加强资本主义的发展。""社会主义革命的情况却完全不同。由于历史进程的曲折而不得不开始社会主义革命的那个国家愈落后，它由旧的资本主义关系过渡到社会主义关系就愈困难。这里除破坏任务以外，还加上了一些空前困难的新任务，即组织任务。"列宁又说："社会主义革命和资产阶级革命的区别就在于：在资产阶级革命时已经存在资本主义关系的现成形式，而苏维埃政权，即无产阶级政权，却没有这样现成的关系，有的仅是那些实际上只包括一小部分高度集中的工业而很少触及农业的最发达的资本主义形式。"① 我认为，列宁这句话，是就当时俄国的特定情况讲的，不具有普遍的意义。列宁认为，社会主义革命之所以首先在经济文化落后的国家爆发，是"由于历史进程的曲折而不得不"这样做的。这就是说，在列宁看来，经济文化落后的国家首先爆发无产阶级革命并取得胜利，并不是资本主义社会转变为社会主义社会的一般规律；在发达资本主义国家首先爆发无产阶级革命并取得胜利，才是资本主义社会转变为社会主义社会的一般规律。列宁还充分估计到经济文化落后的国家，在无产阶级取得政权以后向社会主义过渡的极端困难，它除去完成破坏资本主义旧社会的任务之外，还要完成建立社会主义的新的经济制度、组织社会主义生产的任务。完成这个任务比完成革命任务更加困难，需要的时间更长。另外，列宁之所以形成资本主义社会内部不能孕育和形成社会主义的生产关系因素的思想，也与当时俄国的国情有关。因为俄国经济文化落后，刚刚进入资本主义社会，各种资本主义关系很不发达，俄国资本主义社会内部尚未孕育新的社会主义的生产关系因素，至少是社会主义的生产关系因素尚未明显表现出来。列宁在谈到资本主义发展的一般规律时，也认为资本主义社会内部可以自发地孕育和形成社会主义因素。例如，他在 1905 年 10 月写的《〈火星报〉策略的最新发明：滑稽的选举是推动起义的新因素》一文中就曾讲到，资本主义社会内部产生的"消费合作社是社会主义的一部

---

① 《列宁选集》第 3 卷，人民出版社 1995 年版，第 436—437 页。

分。辩证发展过程在资本主义范围内确实就包含着新社会的因素，包含着它的物质因素和精神因素"①。苏联理论界和我国改革开放前的理论界，把列宁针对俄国特定情况讲的只适合于俄国特定情况的特定思想无条件地加以普遍化，得出列宁认为资本主义社会内部不能自发地孕育和形成社会主义的生产关系因素这一具有普遍性的结论，认为这是一条马克思主义的基本原理，而且认为马克思、恩格斯也持资本主义社会内部不能自发地孕育和形成社会主义的生产关系因素的思想。目前我国理论界仍有些人持这种观点。这是对马克思、恩格斯的极大误解。为了澄清这种误解，我写过多篇文章。② 这些文章都只分别引述马克思、恩格斯的部分有关论述。为了进一步澄清对马克思、恩格斯的这种误解，我们有必要全面地、集中地、详尽地引证马克思、恩格斯的有关论述，以说明马克思、恩格斯一贯坚持资本主义社会内部可以自发地孕育和形成社会主义的生产关系因素的思想。

（一）马克思在《资本论》及其手稿中关于资本主义社会内部可以自发地孕育和形成社会主义的生产关系因素的论述

"在以**交换价值**为基础的资产阶级社会内部，产生出一些交往关系和生产关系，它们同时又是炸毁这个社会的地雷。""如果我们在现在这样的社会中没有发现隐蔽地存在着无阶级社会所必需的物质生产条件和与之相适应的交往关系，那么一切炸毁的尝试都是唐·吉诃德的荒唐行为。"③ 这里说的"无阶级社会"，就是指未来的社会主义社会；这里说的未来社会主义社会"所必需的物质生产条件和与之相适应的交往关系"，就是指资本主义社会内部自发地孕育和形成的社会主义的生产关系因素。

通过考察前资本主义各种生产形式及其灭亡的历史过程与资本主义产生和发展的历史过程，"同样会得出预示着生产关系的现代形式被扬弃之

---

① 《列宁全集》第 11 卷，人民出版社 1987 年版，第 371 页。

② 参见《资本主义社会内部是否能够孕育和形成社会主义因素——马克思恩格斯思想与列宁思想的比较研究》，《北京行政学院学报》2005 年第 1、2 期连载；《资本主义社会内部可以孕育和形成社会主义因素——澄清对马克思恩格斯思想的一种误解》，《北京大学学报》2008 年第 5 期；《〈共产党宣言〉中一个值得关注的思想》，《学习时报》2008 年 7 月 28 日；《从新的视角反思社会主义的前途和命运》，《教学与研究》2009 年第 9、10 期连载；《再论资本主义社会内部可以形成"新社会的因素"》，《马克思主义与现实》2012 年第 2 期；《资本逻辑与马克思的三大社会形态理论——重读〈资本论〉及其手稿的新领悟》，《学习与探索》2013 年第 3 期。

③ 《马克思恩格斯全集》第 30 卷，人民出版社 1995 年版，第 109 页。

点，从而预示着未来的先兆，变易的运动。如果说一方面资产阶级前的阶段表现为**仅仅是历史的**，即已经被扬弃的前提，那么，现在的生产条件就表现为**正在扬弃自身**，从而正在为新社会制度创造**历史前提**的生产条件"①。这里的"新社会制度"指的是未来社会主义社会。这里说的"未来的先兆"和"为新社会制度创造历史前提的生产条件"，既包括建立社会主义社会的物质技术条件，也包括社会主义的生产关系因素。

"生产力和社会关系——这二者是社会个人的发展的不同方面——对于资本来说仅仅表现为手段，仅仅是资本用来从它的有限的基础出发进行生产的手段。但是，实际上它们是炸毁这个基础的物质条件。"② 这就是说，资本家不是把资本主义社会的生产力和生产关系看作"个人的发展的不同方面"，而是把它们仅仅当作用于生产剩余价值的手段。而实际上，资本主义社会的生产力和生产关系，也是炸毁资本主义生产基础的物质条件。这个物质条件既包括建立社会主义社会的物质技术条件，也包括资本主义社会内部自发地孕育和形成的社会主义的生产关系因素。

马克思在讲到代替资本主义旧社会的新社会是一个"自由人联合体"时说："只有当社会生活过程即物质生产过程的形态，作为自由联合的人的产物，处于人的有意识有计划的控制之下的时候，它才会把自己的神秘的纱幕揭掉。但是，这需要有一定的社会物质基础和一系列的物质生存条件，这些条件本身又是长期的、痛苦的发展史的自然产物。"③ 这里说的资本主义社会内部通过长期的、痛苦的发展所产生的未来新社会的"社会物质基础和一系列物质生存条件"，既包括建立社会主义社会的物质技术条件，又包括社会主义的生产关系因素，而且这种社会主义的生产关系因素是资本主义社会内部的"自然产物"，即自发地产生的。

资本主义生产随着使小规模的分散的劳动过程，向较大的社会规模的结合的劳动过程的转化的普遍化和加速，"它在使生产过程的物质条件和社会结合成熟的同时，也使生产过程的资本主义形式的矛盾和对抗成熟起来，因此也同时使新社会的形成要素和旧社会的变革要素成熟起来"④。这里说的"新社会的形成要素和旧社会的变革要素"，既包括资本主义社会

---

① 《马克思恩格斯全集》第 30 卷，人民出版社 1995 年版，第 453 页。
② 《马克思恩格斯全集》第 31 卷，人民出版社 1998 年版，第 101 页。
③ 《马克思恩格斯全集》第 44 卷，人民出版社 2001 年版，第 97 页。
④ 同上书，第 576—577 页。

内部形成的建立社会主义社会所需要的物质技术条件，也包括资本主义社会内部自发地孕育和形成的社会主义的生产关系因素。

马克思在讲到西班牙、葡萄牙、荷兰、法国和英国的资本的原始积累的各种方法时说："所有这些方法都利用国家权力，也就是利用集中的、有组织的社会暴力，来大力促进从封建生产方式向资本主义生产方式的转化过程，缩短过渡时间。暴力是每一个孕育着新社会的旧社会的助产婆。暴力本身就是一种经济力。"① 马克思在这里借助于从封建社会形态向资本主义社会形态的过渡，明确提出一个适用于一切社会形态及其向更高的社会形态转化的观点，即"旧社会"内部"孕育着新社会"的因素，当然也包括资本主义社会内部可以自发地孕育和形成社会主义的生产关系因素。

"工人自己的合作工厂，是在旧形式内对旧形式打开的第一个缺口，虽然它在自己的实际组织中，当然到处都再生产出并且必然会再生产出现存制度的一切缺点。但是，资本和劳动之间的对立在这种工厂内已经被扬弃，虽然起初只是在下述形式上被扬弃，即工人作为联合体是他们自己的资本家，也就是说，他们利用生产资料来使他们自己的劳动增殖。这种工厂表明，在物质生产力和与之相适应的社会生产形式的一定的发展阶段上，一种新的生产方式怎样会自然而然地从一种生产方式中发展并形成起来。"② 马克思虽然看到工人自己的合作工厂由于资本主义生产方式"普照之光"的影响，仍然存在并再生产出资本主义制度的一切缺点，但它毕竟是资本主义生产方式内部"自然而然地""发展并形成起来的"一种新的生产方式，即社会主义的生产方式和生产关系因素。

（二）马克思、恩格斯在其他著作中关于资本主义内部可以自发地孕育和形成社会主义的生产关系因素的论述

马克思在 1843 年 9 月致阿尔诺德·卢格的信中说："虽然对于'从何处来'这个问题没有什么疑问，但是对于'往何处去'这个问题却很模糊。不仅在各种改革家中普遍出现混乱，而且他们每一个人都不得不承认自己对未来应该怎样没有确切的看法。然而，新思潮的优点又恰恰在于我

---

① 《马克思恩格斯全集》第 44 卷，人民出版社 2001 年版，第 861 页。
② 《马克思恩格斯全集》第 46 卷，人民出版社 2003 年版，第 499 页。

们不想教条地预期未来，而只是想通过批判旧世界发现新世界。"① 这里的
"旧世界"指的是资本主义旧社会，"新世界"指的是未来社会主义新社
会。马克思主张不要像卡贝、德萨米和魏特林等空想共产主义者或蒲鲁
东、傅立叶等空想社会主义者那样教条式地预期未来新社会的具体特点，
而应该在批判资本主义旧社会的过程中发现未来新社会。如果在资本主义
旧社会中没有孕育和形成社会主义新社会的因素（既包括建设社会主义新
社会的物质技术条件，又包括社会主义新社会的生产关系因素），怎么能
在批判资本主义旧社会的过程中发现未来社会主义新社会的因素呢？

马克思、恩格斯在 1848 年 2 月发表的《共产党宣言》中讲到"精神
生产随着物质生产的改造而改造"时说："当人们谈到使整个社会革命化
的思想时，他们只是表明了一个事实：在旧社会内部已经形成了新社会的
因素，旧思想是同旧生活条件的瓦解步调一致的。"② 这里讲的旧社会内部
形成的"新社会的因素"，是指资本主义社会内部形成的未来社会主义新
社会的因素，这种"新社会的因素"不仅指建立社会主义社会的物质技术
条件，而且包括社会主义的生产关系因素。

马克思在 1864 年 9 月写的《国际工人协会成立宣言》中说："劳动的
政治经济学对财产的政治经济学还取得了一个更大的胜利。我们说的是合
作运动，特别是由少数勇敢的'手'独力创办起来的合作工厂。对这些伟
大的社会试验的意义不论给予多么高的估价都是不算过分的。"③ 马克思这
里所说的工人"独力创办的合作工厂"，就属于资本主义社会内部自发地
孕育和形成的社会主义的生产关系因素。

马克思在 1866 年 8 月写的《临时中央委员会就若干问题给代表的指
示》中说："我们承认，合作运动是改造以阶级对抗为基础的现代社会的
各种力量之一。这个运动的巨大价值在于它能实际证明：现在这种使**劳动
附属于资本**的制造贫困的残暴制度，可以被**自由平等的生产者联合**的造福
人民的共和制度所代替。"④ 从马克思讲的合作运动或合作制生产的性质、
作用及其巨大价值可以看出，他认为合作制生产或生产合作社属于资本主
义社会内部孕育和形成的社会主义的生产关系因素。

---

① 《马克思恩格斯文集》第 10 卷，人民出版社 2009 年版，第 7 页。
② 《马克思恩格斯文集》第 2 卷，人民出版社 2009 年版，第 51 页。
③ 《马克思恩格斯全集》第 21 卷，人民出版社 2003 年版，第 12 页。
④ 同上书，第 271 页。

马克思在 1871 年写的总结巴黎公社经验的《法兰西内战》中说:"工人阶级并没有期望公社做出奇迹。他们不是要凭一纸人民法令去推行什么现成的乌托邦。他们知道,为了谋求自己的解放,并同时创造出现代社会在本身经济因素作用下不可遏止地向其趋归的那种更高形式,他们必须经过长期的斗争,必须经过一系列将把环境和人都加以改造的历史过程。工人阶级不是要实现什么理想,而只是要解放那些由旧的正在崩溃的资产阶级社会本身孕育着的新社会因素。"① 马克思的意思是说,工人阶级并不是首先在头脑中构想出社会主义社会具体是什么样子的所谓"理想",然后根据自己绘出的蓝图去自觉地建立社会主义的乌托邦,而只是通过适当形式去解放"资产阶级社会本身孕育着的新社会因素"。这种"新社会因素"指的是什么呢? 马克思当时指的是"联合起来的合作社"②。这种合作社就是资本主义社会内部孕育和形成的社会主义的生产关系因素。

马克思在 1875 年写的《哥达纲领批判》中区分了资本主义社会中两种不同性质的合作社,一种是拉萨尔等人主张的靠专制国家帮助建立的合作社。马克思认为,拉萨尔主张不靠革命而靠国家帮助(国家贷款)建立合作社,就可以建立"总劳动的社会主义的组织",即建立社会主义社会,这完全是不切实际的幻想。另一种是"工人自己独立创办,既不受政府保护,也不受资产者保护"的合作社,只有这种合作社"才有价值"。③ 马克思这里所说的"工人自己独立创办"的合作社,就属于资本主义社会内部自发地孕育和形成的社会主义的生产关系因素。

马克思在 1877 年《给〈祖国纪事〉杂志编辑部的信》中说:"'资本主义生产本身由于自然变化的必然性,造成了对自身的否定';它本身已经创造出了新的经济制度的要素,它同时给社会劳动生产力和一切生产者个人的全面发展以极大的推动;实际上已经以一种集体生产方式为基础的资本主义所有制只能转变为社会所有制。"④ 马克思这里所说的资本主义本身由于自然变化的必然性所创造出来的"新的经济制度的要素",就是指社会主义的生产关系要素。

恩格斯在 1876—1878 年写的《反杜林论》一书中批判包括杜林在内

① 《马克思恩格斯文集》第 3 卷,人民出版社 2009 年版,第 159 页。
② 同上。
③ 同上书,第 442—443 页。
④ 同上书,第 465 页。

的空想社会主义者时说："我们已经看到，空想主义者之所以是空想主义者，正是因为在资本主义生产还很不发达的时代，他们只能是这样。他们不得不从头脑中构想出新社会的要素，因为这些要素在旧社会本身中还没有普遍地明显地表现出来；他们只能求助于理性来构想自己的新建筑的基本特征，因为他们还不能求助于同时代的历史。"① 恩格斯这里批判的是空想社会主义者的历史局限性。空想社会主义者的"不成熟的理论，是同不成熟的资本主义生产状况、不成熟的阶级状况相适应的"，当时"解决社会问题的办法还隐藏在不发达的经济关系中，所以只有从头脑中产生出来"②。恩格斯的意思是说，空想社会主义理论形成的时期，资本主义社会还不成熟，阶级状况也不成熟，其内部孕育和形成的社会主义的生产关系因素还很少，当资本主义成熟以后，其内部孕育和形成的社会主义的生产关系因素会越来越多，而且会"普遍的明显地表现出来"。到那个时候，人们就不必再求助于理性来构想未来社会主义社会的具体特征了，只要通过适当的形式把资本主义社会中孕育和形成的社会主义的生产关系因素解放出来，并逐步把它们组织成为完整的社会主义经济制度，就能实现从资本主义社会到社会主义社会的过渡了。

恩格斯在《反杜林论》中批判杜林只是对资本主义制度诉诸道德和法以及道义上的愤怒、而不做深入的经济分析时说："经济科学的任务在于：证明现在开始显露出来的社会弊病是现存生产方式的必然结果，同时也是这一生产方式快要瓦解的征兆，并且从正在瓦解的经济运动形式内部发现未来的、能够消除这些弊病的、新的生产组织和交换组织的因素。"③ 恩格斯这里所说的在资本主义社会内部形成的"新的生产组织和交换组织的因素"，显然是指资本主义社会内部孕育和形成的未来社会主义的生产关系因素。

恩格斯在《反杜林论》中批判历史唯心主义时说："对现存社会制度的不合理和不公平、对'理想化为无稽，幸福变成苦痛'的日益觉醒的认识，只是一种征兆，表示在生产方法和交换形式中已经不知不觉地发生了变化，适合于早先的经济条件的社会制度已经不再同这些变化相适应了。

---

① 《马克思恩格斯文集》第 9 卷，人民出版社 2009 年版，第 282 页。
② 同上书，第 274 页。
③ 同上书，第 156 页。

同时这还说明，用来消除已经发现的弊病的手段，也必然以或多或少发展了的形式存在于已经发生变化的生产关系本身中。这些手段不应当从头脑中**发明出来**，而应当通过头脑从生产的现成物质事实中**发现出来**。"① 这段话可以看作是恩格斯对资本主义社会内部可以自发地孕育和形成社会主义的生产关系因素的原因最深刻、最明确和最有说服力的说明。

恩格斯在 1894 年写的《法德农民问题》中讲到，在当时的德国"把各个农户联合为合作社"，可以"在这种合作社内越来越多地消除对雇佣劳动的剥削"，有助于在无产阶级夺取政权以后，"把这些合作社逐渐变成一个全国大生产合作社的拥有同等权利和义务的组成部分"，有助于"过渡到新的生产方式"，有利于"说服最后一些可能仍在反抗着的小块土地农民乃至某些大农相信大规模合作企业的优越性"②。恩格斯所说的各个农户自愿联合组成的合作社，就是资本主义社内部自发地孕育和形成的社会主义的生产关系因素。

承认并坚持资本主义社会内部可以自发地孕育和形成社会主义的生产关系因素的思想，有助于坚定人们社会主义必胜的信念。实践是检验真理的唯一标准，这种观点正在被我国的社会主义实践和发达资本主义国家的实践不断证实：中国特色社会主义事业取得越来越大的成就，向越来越高的程度发展；发达资本主义国家的内部自发地孕育和形成的社会主义的生产关系因素正在逐步增加。这已经成为我国许多学者的共识。

五　资本的历史作用的二重性和历史评价的两种尺度

上述对马克思关于资本的伟大文明作用的丰富思想的具体论述，充分说明马克思在《资本论》及其手稿中不仅尖锐地批判了资本主义生产方式残酷地剥削工人的罪行，而且在批判这种罪行的同时充分地肯定了资本主义生产方式促进历史发展的积极作用，即资本的伟大文明作用。但是，为什么不少人却忽视了马克思对资本的伟大文明作用的有关论述呢？这可能是因为马克思对资本主义生产方式积极作用的论述总是与对资本主义罪恶的批判结合在一起有直接的关系。下面我们对马克思关于资本的历史作用

---

① 《马克思恩格斯文集》第 9 卷，人民出版社 2009 年版，第 284 页。
② 《马克思恩格斯文集》第 4 卷，人民出版社 2009 年版，第 529—530 页。

的二重性的论述做些具体分析，可能对完整准确地理解马克思的有关思想有些帮助。

第一，资本主义的矛盾和对抗不是从机器本身产生的，而是从机器的资本主义应用产生的。机器就其本身来说缩短劳动时间，而它的资本主义应用却延长工作日；机器本身减轻劳动，而它的资本主义应用却提高劳动强度；机器本身是人对自然力的胜利，而它的资本主义应用却使人受自然力的奴役；机器本身增加生产者的财富，而它的资本主义应用却使生产者变成需要救济的贫民，等等。资本家和雇佣工人之间的斗争是同资本关系本身一起开始的。在工场手工业时期，这场斗争一直如火如荼地进行着。但只是在采用机器以后，工人才开始反对劳动资料本身，即反对作为资本的物质存在方式的机器，工人破坏机器的暴动行为曾经一度几乎席卷了整个欧洲。这是因为工人尚未把机器和机器的资本主义应用区别开来。马克思指出："工人要学会把机器和机器的资本主义应用区别开来，从而学会把自己的攻击从物质生产资料本身转向物质资料的社会使用形式，是需要时间和经验的。"①

第二，资本既是生产力发展的趋势，也是阻碍生产力发展的趋势。资本主义以前的一切社会形式都是由于财富的发展，或者同样可以说，由于社会生产力的发展而没落的。因此，在意识到这一点的古代人那里，财富被直接当作使共同体解体的东西加以抨击。封建制度也是由于城市工业、商业、现代农业、甚至个别的发明（如火药的发明）而没落的。资本主义社会同样如此。马克思指出："这里表现出了资本的那种使它不同于以往一切生产阶段的全面趋势。尽管按照资本的本性来说，它本身是狭隘的，但它力求全面地发展生产力，这样就成为新的生产方式的前提，这种生产方式的基础，不是为了再生产一定的状态或者最多是扩大这种状态而发展生产力，相反，在这里生产力的自由的、无阻碍的、不断进步的和全面的发展本身就是社会的前提，因而是社会再生产的前提；在这里唯一的前提是超越出发点。这种趋势是资本所具有的，但同时又是同资本这种狭隘的生产形式相矛盾的，因而把资本推向解体，这种趋势使资本同以往的一切生产方式区别开来，同时意味着，资本不过表现为过渡点。"②

---

① 《马克思恩格斯全集》第44卷，人民出版社2001年版，第493页。
② 《马克思恩格斯全集》第30卷，人民出版社1995年版，第539页。

第三，资本主义的分工既是发展生产力的手段，又是更精巧地剥削工人的手段。马克思以工场手工业的分工为例说明了这个道理。他指出："工场手工业分工通过手工业活动的分解，劳动工具的专门化，局部工人的形成以及局部工人在一个总机构中的分组和结合，造成了社会生产过程的质的划分和量的比例，从而创立了社会劳动的一定组织，这样就同时发展了新的、社会的劳动生产力。工场手工业分工作为社会生产过程的特殊的资本主义形式，——它在当时的基础上只能在资本主义的形式中发展起来，——只是生产相对剩余价值即靠牺牲工人来加强资本……自行增殖的一种特殊方法。工场手工业分工不仅只是为资本家而不是为工人发展社会的劳动生产力，而且靠使各个工人畸形化来发展社会的劳动生产力。它生产了资本统治劳动的新条件。因此，一方面，它表现为社会的经济形成过程中的历史进步和必要的发展因素，另一方面，它表现为文明的和精巧的剥削手段。"①

第四，资本无限制地发展生产的欲望，受到资本主义生产过程自身的限制。马克思把资本自身限制资本发展过程的界限归结为四个方面："（1）必要劳动是活劳动能力的交换价值的界限；（2）剩余价值是剩余劳动和生产力发展的界限；（3）货币是生产的界限；（4）使用价值的生产受交换价值的限制。"② 所以，资本并不像资产阶级经济学家们所认为的那样，是生产力发展的绝对形式，资本既不是生产力发展的绝对形式，也不是与生产力发展绝对一致的财富形式。资本主义生产发展到一定程度，就必然产生出它消灭自身的现实条件。马克思指出："**资本**的限制就在于：这一切发展都是对立地进行的，生产力，一般财富等等，知识等等的创造，表现为从事劳动的个人本身的**外化**；他不是把他自己创造出来的东西当作**他自己的财富**的条件，而是当作**他人财富**和自身贫穷的条件。但是这种对立的形式本身是暂时的，它产生出消灭它自身的现实条件。"③

马克思1856年4月14日在纪念英国宪章派报纸《人民报》创刊四周年的宴会上的演说中生动而深刻地揭示了资本的历史作用的二重性。他说："在我们这个时代，每一种事物好像都包含有自己的反面。我们看到，

① 《马克思恩格斯全集》第44卷，人民出版社2001年版，第421—422页。
② 《马克思恩格斯全集》第30卷，人民出版社1995年版，第397页。
③ 同上书，第540—541页。

机器具有减少人类劳动和使劳动更有成效的神奇力量，然而却引起了饥饿和过度的疲劳。财富的新源泉，由于某种神奇的、不可思议的魔力而变成贫困的源泉。技术的胜利，似乎是以道德的败坏为代价换来的。随着人类愈益控制自然，个人却似乎愈益成为别人的奴隶或自身的卑劣行为的奴隶。甚至科学的纯洁光辉仿佛也只能在愚昧无知的黑暗背景上闪耀。我们的一切发明和进步，似乎结果是使物质力量成为有智慧的生命，而人的生命则化为愚钝的物质力量。现代工业和科学为一方与现代贫困和衰颓为另一方的这种对抗，我们时代的生产力和社会关系之间的这种对抗，是显而易见的、不可避免的和毋庸争辩的事实。"[1] 马克思的这段话清楚地说明了资本的历史作用的二重性，根源于资本主义社会的生产力和生产关系之间的对抗性矛盾。

资本的历史作用的二重性，是正确评价资本的历史作用的两种尺度的客观依据。一般说来，历史评价有两种尺度，即价值尺度（又称道德尺度和主体尺度）和历史尺度（又称科学尺度和客体尺度）。历史评价的价值尺度，是指作为历史评价主体的人关于社会制度、历史事件和历史人物对自身作用的善恶好坏的评价；历史评价的历史尺度，是指作为历史评价主体的人关于社会制度、历史事件和历史人物对历史发展客观作用的进步与落后、革命与保守的评价。马克思关于资本主义制度对人自身的发展所起的积极作用或消极作用的评价，属于价值尺度；马克思关于资本主义制度对促进还是阻碍历史进步与发展的评价，属于历史尺度。马克思自始至终用这两种尺度评价资本的历史作用。通过上面的论述可以清楚地看出，从价值尺度来看，马克思既无情地批判了资本摧残人的罪行，又肯定了资本对人的发展所起的积极作用；从历史尺度来看，马克思既批判了资本阻碍历史进步的消极作用，又肯定了资本促进历史进步与发展的积极作用。如果只看到资本摧残人的发展的罪行和阻碍历史进步的消极作用，而看不到资本对人的发展和历史进步所起的积极作用；或者与此相反，只看到资本对人的发展和历史进步所起的积极作用，而看不到资本摧残人的发展的罪行和阻碍历史进步的消极作用，都是对历史评价的两种尺度及其相互关系的片面理解。

在这里，我们需要着重介绍马克思对大卫·李嘉图把发展生产力的要

---

[1] 《马克思恩格斯文集》第 2 卷，人民出版社 2009 年版，第 580 页。

求作为评价经济现象的基本原则的思想给予的高度评价。前面已经讲过，马克思认为，李嘉图把资本主义生产方式看作最有利于生产、最有利于创造财富的生产方式，对于他那个时代来说，李嘉图是正确的。对李嘉图来说，生产力的进一步发展究竟是毁灭土地所有权还是毁灭工人，或者是造成工业资产阶级的资本贬值，都是无关紧要的。"如果说李嘉图的观点整个说来符合**工业资产阶级**的利益，这只是**因为**工业资产阶级的利益符合生产的利益，或者说，符合人类劳动生产率发展的利益，并且**以此为限**。"①西斯蒙第带着伤感的情绪责难李嘉图，并且认为："为了保证个人的福利，全人类的发展应该受到**阻碍**，因而，举例来说，就不能进行任何战争，因为战争无论如何会造成个人的死亡。"马克思认为，西斯蒙第的"这种议论，就是不理解：人类的才能的这种发展，虽然在开始时要靠牺牲多数的个人，甚至靠牺牲整个阶级，但最终会克服这种对抗，而同每个个人的发展相一致；因此，个性的比较高度的发展，只有以牺牲个人的历史过程为代价。至于这种感化议论的徒劳，那就不用说了，因为在人类，也像在动植物界一样，种族的利益总是要靠牺牲个体的利益来为自己开辟道路的，其所以会如此，是因为种族的利益同**特殊个体的利益**相一致，这种种族的利益同时就是这些具有特权的特殊个体的力量之所在"②。马克思对李嘉图这一思想的高度评价告诉我们，绝不能因为马克思对资本主义制度摧残人的罪行和阻碍历史发展消极作用的尖锐批判，而忽略马克思对资本主义制度对人的发展和历史进步所起的积极作用，即对资本的伟大文明作用的充分肯定。

由此可以看出，历史评价的两种尺度之间的关系非常复杂，既有一致的方面，又有不一致的方面；既有互相矛盾的一面，又有互相补充的一面。首先，就历史发展的总趋势来看，两种制度是一致的。随着社会生产力的发展和历史的进步，人自身也在逐步向全面发展；生产力的不断提高和社会的不断进步，也同时意味着人自身的逐步解放。因此，用历史尺度所做的评价与用价值尺度所做的评价终究会在社会生活的总体发展中殊途同归，达到统一。其次，就历史发展的特定阶段、特定时期来说，两种尺度有可能存在着某种不一致。从价值尺度方面予以否定的社会制度、历史

---

① 《马克思恩格斯全集》第 34 卷，人民出版社 2008 年版，第 128 页。
② 同上书，第 127 页。

事件和历史人物，却可能从历史尺度方面予以肯定。例如，马克思在 1853 年写的《不列颠在印度的统治》和《不列颠在印度统治的未来结果》两篇重要文章中，从价值尺度方面对英国殖民主义者残酷地剥削、掠夺和屠杀印度人民，给印度人民带来的苦难，进行了无情的鞭挞和谴责；但在历史尺度方面却认为英国殖民主义者在印度实现了一场真正的社会革命，不管英国殖民主义者在印度犯下了多少罪行，它在造成这场革命方面毕竟是充当了历史的不自觉的工具。再次，历史评价的两种尺度具有互补性，即使在二者之间存在不一致的时候，二者的作用仍然是互补的，而不是互相排斥的。例如，恩格斯晚年在关于俄国社会发展道路的问题上认为，虽然从价值尺度上看，俄国走上资本主义道路会给工人和农民带来种种苦难，但从历史尺度上看，这仍然是历史的进步。他尖锐地批判了俄国民粹派理论家尼·弗·丹尼尔逊凭个人好恶评价资本主义在俄国的发展，以俄国发展资本主义会给工人和农民带来苦难为理由，否认俄国发展资本主义的进步意义。对此恩格斯指出：资本主义在俄国获得了发展，这是不争的事实，"至于我们是否喜欢这些事实，那就是另一回事了；但不管我们喜欢与否，这些事实照样要继续存在下去。而我们越是能够摆脱个人的好恶，就越能更好地判断这些事实本身及其后果。"① 恩格斯进而认为，从价值尺度方面来看给人民带来的巨大灾难，可以从历史尺度方面来看给历史带来的巨大进步来补偿。他说，在俄国，"资本主义正在展示出新的前景和新的希望"，"没有哪一次巨大的历史灾难不是以历史的进步为补偿的"。②

（原载《中国高校社会科学》2015 年第 6 期）

---

① 《马克思恩格斯与俄国政治活动家通信集》，人民出版社 1987 年版，第 612 页。
② 同上书，第 673、674 页。

《资本论》中的"对象性"
概念及其语义学意义[*]

吴　猛

一　何谓"对象性"?

在当代的语义学讨论中,弗雷格的传统是不可忽视的。要言之,这一传统最重要的影响在于从指称和含义两个层面来理解表达内容,前者是被表达物,后者是被表达物的给出方式。如果我们可以将一位思想家的著作的"表达内容"称为"思考对象"的话,弗雷格就为我们揭示了指称和含义两个层面的思考对象。继承弗雷格这一思想传统的,不仅有当代分析哲学,而且还有现象学。比如在《逻辑研究》中胡塞尔就基本是以这一区分为思想前提的。

无论弗雷格还是胡塞尔,其"思考对象"都具有二元结构,即他们的"思考对象"都有两个层面。与弗雷格那里思考对象被区分为指称和含义相对应的是,在胡塞尔那里,作为意识对象的思考对象被区分为意向相关项和意向活动。他们对思考对象的两个层面的区分的标准显然并不一致,如弗雷格的区分与"表达"有关,而胡塞尔的区分则与"意向性"有关,但他们所区分的思考对象的两个层次却都分别具有"直接性"和"间接性"。弗雷格思考对象即"指称"和"含义"分别具有直接性和间接性,自然和这两个概念的定义是直接相关的;胡塞尔的思考对象与弗雷格有密

　　* 本文系教育部人文社会科学重点研究基地重大项目"《资本论》中的认识论问题与历史唯物主义的重建"(项目号:12JJD710009)、上海市哲学社会科学规划课题中青班专项课题"《资本论》方法论新探:一个现象学的研究"(项目号:2009FZX001)的阶段性研究成果。

切联系，但在胡塞尔那里，直接性的表达对象的含义，是无法在表达层面获得的，含义只有通过"意向性"的构建才能生成。

马克思在《资本论》中的讨论与弗雷格和胡塞尔有一致的地方。《资本论》的思考对象也可以区分为直接性的层面和间接性的层面，即一个概念直接要表达的内容和这一内容之得以呈现的过程或其呈现方式。如对于"货币"概念来说，我们固然可以看到作为"固定充当一般等价物"的内涵是货币概念所直接表达的内容，但这一内容的"给出方式"是在货币的职能问题讨论清楚以后才得到初步澄清的。

但马克思并未停留于此。如果我们仅仅按照弗雷格或胡塞尔的方式分析《资本论》中的表达，我们将错失后者的某些重要内容。

如果我们将《资本论》的思考对象中的直接性层面称为"观念之物"的话，可以将间接性的层面称为"观念之物的生成"。所谓"观念之物"，就是政治经济学的意识形态观念。关于商品和货币这样的概念，古典政治经济学家们已有系统的阐述，这些阐述被马克思直接引述，作为具有直接性的"观念之物"。但这些直接引述显然不是政治经济学批判的最终目标，毋宁说，马克思的引述是为探讨这些观念之物的生成提供表达的根据，而这种探讨构成了《资本论》第一卷的主要内容。但不论马克思对于价值、货币还是对资本、劳动力、工资、再生产等问题的讨论，我们都能看到，在对观念之物所作的分析和对于观念之物的生成的分析之间，还有一个中间地带。下面我们以"价值"问题为例说明这一点。

对于价值问题，马克思在《资本论》中首先给出的是古典政治经济学关于价值的观念（这是作为观念之物的、具有直接性的对象），第一章的讨论焦点正在于这些观念的呈现过程及其前提（这就是具有间接性的、观念之物的生成）。而在这两个层面的讨论之间，出现了一个重要的概念：对象性。

马克思第一次提到"对象性"概念，是在《资本论》第一章第一节。商品为什么具有交换价值？马克思的分析是：不同商品的交换，其基础不是使用价值；如果把商品体的使用价值撤开，商品体就只剩下劳动产品属性；而在作为劳动产品的商品的各种有用性质都抽离之后：

> 现在我们来看一下诸劳动产品的剩余物。所剩下来的，只是同样的幽灵般的对象性，这是无差别的人类劳动即不考虑其耗费形式的情

况下人类劳动力量的耗费的一种单纯的胶凝状态。这些物现在只是表示，在它们的生产中，耗费了人类的劳动力量，堆积了人类劳动。它们的这些共同的实体的结晶，就是它——价值。①

在《马克思恩格斯全集》的中文版（两个版本此处译文相同，只是第二版去掉了第一版关于"对象性"一词的注释）中，关于这段文字的翻译有两个可商榷之处：第一，在中文版中，"Gallerte"一词被翻译为"凝结"。"凝结"一词在汉语中的基本意思有两个：由气体而成为液体，以及由液体而成为固体。而在德语中，"Gallerte"的本意是"胶"或"胶状物"，事实上指的是介于液体和固体的一种中间状态。将之汉译为"凝结"，就使该词失去了这种"中间状态"的含义，并令其等同于下文的"结晶"（Krystalle）。第二，正是由于中文版将 Gallerte 和 Kristalle 视若等同，所以才出现上述引文中最后一句的错译。该句的德文第二版作"Als Krystalle dieser ihnen gemeinschaftlichen Substanz sind sie – Werthe"，德文第四版作"Als Krystalle dieser ihnen gemeinschaftlichen gesell – schaftlichen Substanz sind sie Werthe – Waarenwerthe"②。中文版译自德文第四版，译文为"这些物，作为它们共有的这个社会实体的结晶，就是价值——商品价值"。"社会实体"和"商品价值"是德文第四版中出现的变动，可暂不作理会，但显然无论第二版还是第四版德文本中都并无该句汉译中前三个字即"这些物"的对应语。如果说在此之前（引文中的第三句）"这些物"这一表达的确出现过，而在那里"这些物"是指"诸劳动产品的……同样的……对象性"的话，那么接下来马克思的表述所要表达的是这种对象性和价值的关系。这是一种什么关系呢？若按照中文版译文来理解，由于有了"这些物"的限定，"实体的结晶"就是指"对象性"，而由于这一结晶就是价值，因此，对象性就是价值。但不论在德文第二版还是德文第四版中，我们都找不到如此理解的根据。事实上马克思的意思是：处于胶凝状态的"对象性"的"共同的实体"的"结晶"才是价值。

上述引文是一段十分重要的表述，这里的"胶凝状态"和"结晶"两个比喻饶有趣味却极易遭到误解。如果说不同商品之间交换的基础就在于

---

① Karl Marx, Friedrich Engels, *Gesamtausgabe*, Ⅱ/6, Dietz Verlag Berlin, 1987, p. 72.

② Karl Marx, Friedrich Engels, *Gesamtausgabe*, Ⅱ/10, Dietz Verlag Berlin, 1991, p. 40.

这种无差别的人类劳动的这种"胶凝状态",而马克思将后者视为作为某种"物"的"对象性"的话,那么对象性在何种意义上能作为一种"物"?一般来说,"物"之为"物",似乎正在于其具有可以通过定性或定量的方式进行分析的性质,但这里作为"物"的"无差别的人类劳动"却恰好不是"对象",而是"对象性",这意味着什么?对象性(Gegenständlichkeit)是马克思政治经济学批判的重要概念,这一概念与对象(Gegenständ)的区别对于马克思来说非常关键。从马克思对"对象性"一词的使用来看,它的基本内涵是:具有对象的性质但却不是对象。何谓对象的性质?就是马克思所说的"物"(Ding)的性质。马克思这里的"物"是什么意思呢?首先它不是可感之物,因为"无差别的人类劳动"显然是无法通过感官把握的;其次它也不是纯粹想象之物,因为如果这样的话,这种"物"就不能"表示"任何东西。如果说这种"物"的性质和"对象"的性质是一致的话,那么我们从上述消极的表述中所未能获得的"物"的性质可以从对于"对象"的性质的积极的表述中获得。关于后者,马克思说,"因此,在商品的交换关系或交换价值中所展现出来的共同东西,就是它的价值","可见,某个使用价值或财物只具有一个价值,是因为有抽象人类劳动被对象化或被赋形在其之内"①。这样,我们可以看到,所谓对象的性质,就是在交换中发挥的功能性——使得交换得以成立。在上述两句引文中,这种功能性表现为"对象的性质",即"被对象化"(Vergegenständlicht)或"被赋形"(Materialisirt)的"抽象人类劳动"的性质。马克思所说的"对象性"所具有的正是这种"对象的性质"。但"对象性"之区别于"对象",正在于对象性虽具有对象的性质,但毕竟不是对象。这种区别是,对象是"结晶"之物,而对象性则是"胶凝状态"的物——这不仅是说,对象是可明确把握之物,而对象性由于不具明确形态因而是无法明确把握之物,更是说,对象所发挥的作用是"实体性"的,而对象性所起的作用则是"观念性"("幽灵般")的。在马克思的分析中,对象性概念的引入所针对的是古典政治经济学关于交换价值的观念。在古典政治经济学的一般视野中,"只要价值相等,一种商品就同另一种商品一样"②,因而价值概念就是被"直接给出"的,而其在商

---

① Karl Marx, Friedrich Engels, *Gesamtausgabe*, Ⅱ/6, Dietz Verlag Berlin, 1987, p. 72.

② Ibid. , p. 71.

品交换中的作用也是被"直接给出"的，因而，价值的"实体性"作用实际上就是其"直接性"作用。而对象性概念的理论作用，正是将这种直接被设定的对象"幽灵化"为间接性的观念性对象。这样可以看出，马克思引入"对象性"概念的直接目的，在于将表现为"实体"的观念之物的价值的"实体性"剥去，或者说，将隐蔽的观念之物的受造性揭示出来。

但这种"对象性"是否就是指政治经济学批判的思考对象中那个与直接性相对立的间接性维度？并非如此。马克思讨论价值形式问题时说："商品的价值对象性不同于快嘴桂嫂，你不知往何处寻它。"① 作为莎剧人物的快嘴桂嫂是一个可直接把握的感性对象，与此相对，价值对象性不能被理解为这样的一个感性对象，也就是说，不具有直接的可理解性。这样，与第一节中马克思按照古典政治经济学的立场将价值称为"实体"相对，马克思开始着手揭示这种意识形态观念的前提，因而其叙述策略随之发生了变化。关于这一点，马克思说："要使麻布的价值表现为人类劳动的胶凝状态，就必须使它作为一种对象性而被表达，这种对象性与麻布本身的物性不同，同时又是麻布与其他商品所共有的。"② 在这里，对象性不能和商品的"对象"性相同，但又并不外在于商品。这就提示我们从"关系"的角度来理解对象性。这样的对象性意味着什么？马克思在他后面的叙述策略中，揭示了价值对象性是在社会交换的过程中才能呈现出来的，也就是说，价值对象性是不能被当作实体性的对象，而是被生成的，但这种"生成"的结果又能被"对象化"，即被"当作对象"，"被认为"内在于商品。它不是实体，却被当作实体；它不是直接性的内容，但却被当作直接性的内容。于是，提出"对象性"概念，也就意味着提出一个问题：观念之物是如何生成的？提出这一问题，并不意味着解答这一问题。事实上，对这一问题的解答已超出了"对象性"领域，如对于"价值"概念的生成，只有通过"价值形式"问题的充分展开才能实现。因此"对象性"本身并不意味着"间接性"的对象领域，毋宁是一个从直接性领域走向间接性领域的过渡地带。它的任务并非充分"呈现"，而是为"观念"（处于直接性领域中）的"呈现"（处于间接性领域中）做准备。从这个角度看，"对象性"概念的作用就是使观念之物"观念化"。

---

① Karl Marx, Friedrich Engels, *Gesamtausgabe*, Ⅱ/6, Dietz Verlag Berlin, 1987, p. 80.

② Ibid., p. 84.

这样，马克思就为我们提出了一种广义的思考对象，即除了直接性的对象和间接性的对象之外的第三种对象。这种对象可被称为"观念之物的对象性"。它揭示了作为意识形态观念的观念之物的受造性和观念性。如果说在弗雷格和胡塞尔那里"对象"具有两层内涵的话，在马克思那里"对象"则具有三层内涵。如果说马克思的观念之物（或意识形态观念）层面的对象对应于弗雷格的"指称"和胡塞尔的"意向相关项"层面的对象，而"观念之物的生成"对应于"含义"及"意向活动"的话，马克思的对象概念的第三个方面即"观念之物的对象性"就是弗雷格和胡塞尔的思想所无法涵盖的。观念之物的对象性介于观念之物和观念之物的生成之间。也就是说，观念之物的对象性既不是单纯的直接性，也不是单纯的间接性，而是联结对象的直接性和间接性的中间环节。就"价值"概念来说，它对古典政治经济学来说，是直接性的对象，而马克思的工作是要揭示这种观念之物的来历或生成过程（这一揭示过程中所涉及的对象是间接性的对象），而这一揭示离开直接性的对象是无法进行的。间接性的对象与直接性的对象之间的这一关系之得以建立的关键环节，就是对象性。对象性既不是纯实体，也不是纯过程。尽管对象性不是纯实体，但人们却往往将它视为具有实体性、内在于商品体中的"物"；尽管它也不是纯过程，但对它的理解也不能离开交换过程。

这一特殊领域的存在和马克思的特殊论域有关。因为马克思在《资本论》中的思考对象既不是弗雷格意义上的思想对象，也不是胡塞尔意义上的意识对象，而是批判对象。因为马克思的整部著作的使命，是要通过政治经济学批判或观念分析，揭示"现实运动"或阿尔都塞意义上的"现实对象"。由于马克思必须重视这一揭示过程的连续性，这两种思考对象之间的联结就成为必要的了。

二 "对象性"概念的语义学维度

如果说语义学中的弗雷格传统所强调的是含义和指称的区分的话，那么从《资本论》的角度来看，由于弗雷格只知道两种语言，即自然语言和人工语言，而马克思则知道第三种语言，即意识形态批判语言，且后者是无法被归于前二者的，这样《资本论》中的语言就无法完全以含义和指称的关系作为分析基础和分析框架。

　　如前所述，马克思在分析价值问题时，揭示了介于直接性的"对象"和具有间接性的"对象之理论构造"之间的思想领域：对象性。从语义学的角度看，这一过渡领域中的对象（即"对象性"）既具有指称的性质，又具有含义的性质：对于被认为是"实体"的"价值"概念而言，对象性消解了实体，即把表达对象与其"表达"和"呈现"联系在一起，而不是表达"对象本身"；同时，在这个领域中，我们尽管可以把价值概念的指称的实体性消解掉，但无法消解的是这一指称的观念性，毋宁说，在这一领域价值概念的指称暴露出其观念性。事实上，正是基于此，我们才能在"价值"（这是对于古典政治经济学家话语的重述）和"价值的生成"（这是马克思用"价值形式"的分析所欲表达的内容）之间的"对象性"领域中，看到直接性对象和间接性对象的中间状态，这种中间状态是在马克思的"理论实践"中从古典政治经济学的指称的呈现中会必然获得的对象形式，是联结古典政治经济学的表达对象与马克思对这种对象的呈现方式所作的描述之间的必要的中间环节。

　　这样，"对象性"概念就不仅是和"对象"和"对象的理论构造"相并列的思考对象，而且是使政治经济学批判的对象的"内容"得以"批判"地呈现出来的关键环节。

　　马克思的经济学批判中出现的概念基本可被划分为三类：古典政治经济学的意识形态概念、马克思本人的新概念和日常概念。日常概念（如原材料、成本、工场等）在政治经济学批判中并不起关键作用，对于这类概念我们可以按照弗雷格的分析方式对它们的含义进行分析。而在政治经济学批判中起关键作用的其他两类概念，都不能简单借用弗雷格的分析方式。这在马克思讨论政治经济学的"旧概念"时表现得尤其明显：凡构成主流意识形态观念的概念，在马克思的政治经济学批判中基本上都具有三重维度。如"货币"观念和"资本"概念，在政治经济学中都有确定的指称，因此马克思在提出这些概念时，得以对它们的指称进行直接设定，而接下来马克思的工作就是揭示这些指称的来历。比如"货币"概念在《资本论》第一卷第一章第三节被提出（被赋予指称），而在第三章中它的含义（它的指称的给出方式）才得到详尽呈现。这一含义的揭示过程中所涉及的观点未必与前面的"指称设定"过程中的观点完全一致，比如马克思最初提出货币概念时，是在一般等价物的意义上讨论"货币"的，因而它的含义似乎是由"在先"的叙述过程所确定的，但马克思在后面的讨论中却并未将货币简单地理解为"固定充当一般等价物的商品",因为固定充当一般等价物的商品的性质事实上是要靠其他的性质共同支撑的,而非像古典政治经济学家们所理解的那样只有首先具有"一般等价物"的性质才能承担其"职能"——事实上,马克思关于货币"职能"的分析所展现的是,如果没有货币的那些职能,就没有货币的"一般等价物"地位。这样,马克思的表达过程中就不可避免地包含着"前后冲突",这种冲突意味着以古典政治经济学的方式先在地给出的概念的指称事实上是虚假的。在古典政治经济学概念的指称设定与马克思对于这种指称的给出方式的讨论之间,还有一个过渡地带,在这里先在的指称被瓦解掉,而这种瓦解的基本方式与"价值对象性"起作用的方式是一致的。这种瓦解的目标是,将被理解为"实体"的对象解构为具有"对象性"的对象。如在引入"货币"概念之后,马克思之所以要在接下来的第二章讨论"交换过程",其目的正在于使货币这一"特殊商品"的"拜物教性质"在交换过程中瓦解掉。但同时,货币作为一般等价物又是像价值那样被认定的,因而它又能在交换中被"指称",于是交换过程中的"对象性"仍具有"对象"性。正是由于这种"残余","交换过程"一章无法对货币概念的"指称"的生成做出切实的讨论(这一讨论是在第三章完成的),它的任务是为后面将要进行的对于货币概念的指称的生成过程的分析做准备。这一"过渡地带",我们可以借用"价值对象性"的说法,将之称为"货币对象性"。

马克思政治经济学批判的根本目标并非仅仅是对古典政治经济学进行话语批判,而是通过这种批判通达现实运动本身,即政治经济学批判是走向现实运动的道路。所以,对于古典政治经济学话语,马克思没有停留于单纯否定性的批判,而是试图在这一批判的过程中不断揭示话语对象之构成的前提。这一历史科学的理论方向与包括现象学和语言分析哲学在内的理论哲学的理论方向的差异,正是《资本论》能够为当代语义学争论提供新视角的重要原因。

三 《资本论》与当代语义学问题:
一个"对象性"的视角

《资本论》中的"对象性"思想,使得《资本论》在诸多方面具有了与当代哲学语义学进行对话的可能性。

首先，上文关于"对象性"概念的语义学维度的分析直接回应了当代分析哲学和现象学的一个重要问题：包含无指称的表达的语句是否有含义？弗雷格关于这一问题的基本立场与他对句子的指称和含义的理解有关。在弗雷格看来，一个句子的指称是其真值，而它的含义则是其思想①。从弗雷格的立场来看，无指称的语词必定会对语句本身的真值造成影响，但这种影响并不是在真假二值判断之间进行选择，如一个对于"当今法国国王"所作的描述，如"法国国王喜爱波尔多红酒"，都无法判断其真值，即该句子无指称；但无指称的句子是否无含义呢？答案也是否定的，因为即便一个作为"无"的指称也有其"给出方式"。当代分析哲学家们对弗雷格的这一立场越来越持怀疑态度：如果对一个语句不能判断其真值，那么是在什么意义上不能做出此种判断？如果说对于作为类型句（即作为一种规范结构的语言中的语句）的语句（如"金山比银山高"）而言，弗雷格的判断是可以接受的，那么对于"法国国王喜爱波尔多红酒"这样的语句，我们怎能说它没有真值或无法对它进行真值判断？而按照马克思政治经济学批判的这种讨论方式，我们事实上就不必再纠结于包含无指称的表达的语句是否有含义的问题。因为从语义学的角度来看，在《资本论》的理论实践所构建的"对象性"领域中，马克思将作为古典政治经济学的理论对象的"观念之物"的指称（作为实体的价值）消解了，因而古典政治经济学的表达归根结底都是没有指称的，但马克思却能够非常具体地给出这些包含这些表达的语句的含义，也就是说，他描述了这些表达的前提及其指称的给出方式。

其次，鉴于关于包含"无指称"表达的语句问题与"类型句"和"情景表达句"的关系直接相关，《资本论》也为当代意义理论关于应从类型语句还是言语表达语句出发分析语句的真值的争论提供了一种新的讨论视野。这一争论的内涵是：应将表达对象的指称和含义理解为给定的还是理解为在某一情景中给出的？类型语句和言语表达语句何者更具基础性？类型语句是言语表达语句的前提，还是言语表达语句是类型语句的前提？与上述包含无指称表达的语句问题相关，斯特劳森和达米特等分析哲学家认为，应把像"法国国王喜爱波尔多红酒"这样包含无指称语词的语

① 参见《弗雷格哲学论著选辑》，王路译，王炳文校，商务印书馆 2006 年版，第 103、132 页。

句划归为一个包含有索引词（与情境相关的语词）的语句，即情境表达句；如果从罗素的摹状词理论来理解这一问题，就是将主词转化为摹状词，即并非将其理解为一个被表达对象，而是理解为对于被表达对象的描述，这一描述本身就是带有索引词的。① 由此可以看出，在类型句和言语表达句之间进行区分是非常必要的，这一区分正是解决包含无指称语词的语句是否有指称和含义的问题的关键。从这一争论的角度看，《资本论》的表达方式既包含类型语句，也包含言语表达语句：在讨论政治经济学家的话语时，马克思所使用的基本是类型语句，而在他试图对这些类型语句做出进一步的分析和批判从而澄清其前提时，他往往又使用依赖情景的言语表达语句。如《资本论》第一章最后一部分讨论商品的拜物教性质。前面讨论的是价值形式，这一问题是以类型语句的方式展开的。在讨论完这一问题之后，作为言语表达陈述的商品的拜物教性质问题出现了。在价值性质的讨论中，各种表达的指称和含义都是给定的，而在商品的拜物教性质的讨论中，这些表达的情景性前提出现了。而在讨论货币问题时，又出现了新的类型语句。货币的价值尺度、交换手段和其他三种职能似乎又都具有某种直接给定的含义。所以在马克思那里究竟是类型语句还是言语表达语句更为基础的问题，实际上是一个假问题，因为二者是彼此交错的。而"对象性"概念正是理解这一问题的关键：正是"对象性"一方面消解了"观念之物"的类型语句特性；另一方面又开启了以言语表达句为基本语句形式的理论实践，即对于"观念之物的生成"的探讨。

再次，进一步说，由于情景表达语句问题必然会引出"非语言对象"的问题，因此《资本论》也能以独特的方式回应分析哲学与现象学的下述争论：对于一个表达对象的指称和含义的理解究竟应当以语言对象还是非语言对象为核心？按照分析哲学的基本立场，对于一个表达（不论是语词、语句还是其他符号）的含义的分析，要求首先将这种表达语言化，即这种表达只有放在一个语言系统中、作为一个语句来考察才有含义，因此所谓表达对象最终应当被理解为语言表达对象。而现象学家特别是胡塞尔给出了另一种理解方式：表达的含义应当从意向性活动的角度来理解，因为一个未经意向性分析的表达的含义无法被直接探讨。相较于现象学就这

---

① ［美］达米特对这一争论作过很好的阐述，见［美］达米特《分析哲学的起源》，王路译，上海译文出版社 2005 年版，第 61—64 页。

一问题的观点而言，分析哲学的影响显然更大，现象学家们并未对这一问题做出太多的讨论——这或许与现象学的基本立场即"面向实事本身"有关，因此重点在于对对象的构建过程进行描述；而分析哲学则更多地要对描述这一过程的语言本身进行分析，认为如果一个对象无法通过语言的方式加以描述的话，其含义和指称都是无法讨论的。就《资本论》而言，关于这一问题，表面上似乎马克思的论述只能以非语言对象为核心，因为马克思生活的时代还没有出现分析哲学，人们还没有试图真正从语言的角度对政治经济学所讨论的对象加以关注，但事实上《资本论》并不是没有忽视或回避语言对象的问题，甚至可以说，《资本论》对于政治经济学话语的批判在很大程度上可被视为语言批判。比如马克思对于商品和价值问题的讨论，重点固然在于分析概念的基本内涵，但这一分析基本上是从古典政治经济学著作中的语句开始的。可以说，《资本论》就是在与古典政治经济学话语的批判性对话中展开的。因而我们不能说《资本论》中没有语言分析。但问题是，《资本论》也并没有停留在语言分析的层面上。如果按照分析哲学意义上的语言分析方式，政治经济学批判就无法真正展开，因为政治经济学批判一方面要对政治经济学家们用语言表达的观念进行分析；另一方面又要寻找在这些表达后面的观念基础（对象性），以及这种观念基础的基础（观念之生成）。如马克思对于货币问题的考察，借用了政治经济学的话语，考察了货币的"基本职能"以及"其他职能"：在这一考察过程中，马克思始终在政治经济学话语内部围绕"职能"一词展开讨论，但在其讨论中，却内在地包含超出政治经济学话语中的"职能"或"货币职能"的内容，这种内容的呈现一方面具有语言分析的特点，但另一方面很快又脱离了语词或观念分析上。货币职能问题和即将在接下来的表达中出现的"资本"问题遥相呼应，如果不理解货币职能，就无法理解资本是如何产生的；反过来说，"资本"这一概念的出现恰好是为了更充分地理解"货币"——如果马克思仅停留于前者，那么他就仅停留在观念分析上，但正是由于"资本"这一问题和货币问题之间具有一种内在的关系，即只有通过对于资本的诞生的理解才能真切把握货币即货币的职能，才能明白马克思的政治经济学批判的重点并非止步于话语分析和观念分析，而是要走向观念之物（如"货币"概念）的生成及其前提的分析。而要把握这一问题，就不能忽视"劳动力"概念在马克思分析中所扮演的"对象性"角色：如果没有"劳动力"这一"观念化"的概念，我们显然无法真正跳出在货币问题的讨论中所编织的语言对象。这体现在，"劳动力"概念打破了政治经济学话语所构建的"商品—货币流通"的语言对象的实体性，将这一"客观对象"划归为与"人的意志"有关的对象性，即将人"视为"商品。

最后，如果我们以上基于"对象性"概念本身的语义学维度而展开的、关于《资本论》对回应当代语义学问题所具有的理论意义的分析能够成立的话，那么对《资本论》的语义学解读将有助于澄清不同话语在表达对象层面上的关系问题，而这正是澄清不同话语间的思想对象的关系的前提。所谓表达对象，与思考对象不同，是指具体语句所表达的直接内容。弗雷格关于"指称"和"含义"的区分所开启的正是"表达对象"的视野。如果说一个思考对象在很大程度上是一个思想家全部思想和话语的指向，这个指向的功能是，不论它的表述本身是否真地表达了一个对象，读者都会认为有一个现成对象被给出。因此在"思考对象"这个层面上我们无法讨论在弗雷格含义上的"没有指称"的情况下一个表达是否有其"含义"的问题。因为我们事实上是被强加了一个"指称"。比如，无论弗雷格还是罗素在讨论"没有指称"的例子（比如"金山"）时，不管这个词的指称是否存在，当这个词本身作为一个思想指向的"目标"时，它总是会作为一个"对象"而存在。也就是说，当我们讨论思考对象比如弗雷格的思考对象时，我们并不直接涉及弗雷格用"指称"一词所指称的对象是否有其现实性的问题，而是要讨论弗雷格全部话语的指向。这样我们就可以把弗雷格的思想中的"指称问题"分为两个层面：第一个层面是弗雷格对"指称"这个问题的讨论；第二个层面是，我们可以对弗雷格所使用的语句以及这些语句中包含的语词的指称进行分析，如分析"指称"一词的指称问题。对于作为当代语言哲学和分析哲学的开创者的弗雷格来说，这两个方面有着直接而密切的联系，因此弗雷格思想中的"指称"问题有"双层结构"。但对于像康德、马克思这样的思想家而言，指称问题的内在结构则完全不同，即关于问题本身的讨论和内嵌于问题本身中的关于语词的指称的讨论并不完全是同一指向。如对于马克思来说，他的问题意识中并未直接出现诸如指称问题和含义问题这样的问题。马克思的思考对象是一个由观念之物、观念之物的对象性和观念之物的生成共同构成的"三元结构"，因此这一思考对象无法直接用弗雷格和胡塞尔的"指称"和"含义"理论来进行考察。比如我们无法将马克思的"观念之物"直接对应于

"指称"，或将观念之物的"生成"直接对应于"含义"。但意识到这一点并不意味着我们在马克思那里进一步探讨语义学问题。因为我们在弗雷格和马克思那里所区分的思想对象和表达思想对象的语词与语句所表达的对象之间是有着内在关联的：如果后者不明晰的话，前者也不可能明晰。另外，如果一个语词指称的是一个不存在的对象，像"金山"和"木质的铁"这些语词，如果我们不知道它们在语句中的作用，或它们的"给出方式"（即弗雷格所说的"含义"），就无法真正理解在讨论思考对象时所使用的语词或语句的合法性（罗素的摹状词理论所欲解决的正是这样的问题）。用语词或语句表达的不仅仅是思考对象，还可能是表达对象。思考对象问题不涉及对于含义和指称及其关系的考察，而表达对象问题则内在地包含着这一考察。如对于《资本论》中的"价值"概念，如果我们将它的指称理解为古典政治经济学家们所使用的价值概念的指称的话，我们就没有在表达对象的层面上、而只是在思想对象的层面上理解这一概念，而这样的话我们就无法理解为什么马克思会一方面借用古典政治经济学的话语，但最终又会引出一种对于古典政治经济学话语的批判，从而会认为马克思的整个叙述陷入一团混乱。表达对象的问题若不能得到澄清，与思考对象有关的许多问题也得不到理解。如在一些思想争论（比如马克思的政治经济学批判和古典政治经济学话语）中，争论双方的思考对象完全不同，但争论却依然能够持续下去，正是由于他们对于表达对象的理解是对立的，而非彼此无关的。在这里，我们再次看到"对象性"领域所发挥的重要作用：对象性领域乃是统一《资本论》中两种旨趣与方法完全不同观点两种话语（古典政治经济学话语和马克思的政治经济学批判话语）的枢纽。而其原因正在于对象性领域的重要特点：这一思想和话语领域的存在，使马克思的政治经济学批判话语得以通过（康德哲学意义上的）批判地呈现表达对象中各项要素的方式、揭示不同思考对象之间内在的逻辑关系。

（原载《当代国外马克思主义评论》）

皮凯蒂为 21 世纪重写《资本论》了吗？*

孙乐强

法国学者托马斯·皮凯蒂的著作《21 世纪资本论》，在全球范围内引起了不小的轰动。单纯从书名来看，皮凯蒂似乎有意效仿马克思为 21 世纪重写《资本论》。我们不禁要问：这一著作能否取代马克思的《资本论》，成为 21 世纪人们理解资本运行机制的科学指南？在此，笔者就围绕这一核心问题展开探讨，以期为我们重新审视《资本论》的当代价值提供有益借鉴。

一　何谓 21 世纪的"资本"？

资本是一个既神秘又充满魔力的概念。从词源来看，这一范畴最初指的是牲畜。① 它具有两层含义：一是指资产的物质存在，一是指创造财富的"潜能"，因为作为资本，牲畜可以繁衍，能够带来额外的资产。② 到了古典政治经济学那里，资本被赋予了一种全新的内涵，它不再指称与牛或其他家畜相关的牲畜，而是转化为与生产相关的物质资料。斯密指出，一个人的财富包括两部分：一部分用于个人消费，一部分用于继续生产，以期获得额外的收入或利润，只有后一部分才能称为"资本"③。这是斯密对

　＊　本文系全国优秀博士学位论文专项基金项目"《资本论》的哲学思想及其当代效应研究"（项目号：201401）、国家社会科学基金青年项目"《资本论》及其手稿中的历史唯物主义思想再研究"（项目号：12CZX002）的阶段性成果。

　①　参见《马克思恩格斯全集》第 30 卷，人民出版社 1995 年版，第 509 页。

　②　赫尔南多·德·索托：《资本的秘密》，王晓冬译，江苏人民出版社 2005 年版，第 28—29 页。

　③　亚当·斯密：《国民财富的性质和原因的研究》，郭大力、王亚南译，商务印书馆 2008 年版，第 255 页。

资本和财富所做的最初区分，这一观点直接被李嘉图继承了下来。他指出："资本是国家财富中用于生产的部分，包括实现劳动所必需的食物、衣服、工具、原料、机器等等。"① 由此来看，在古典政治经济学那里，资本并不是泛指一切物品，而是专门指称用于生产过程的那部分财富。在这一定义中，各种自然资源，比如土地、矿山，等等，是不能作为资本存在的，它们的所有者只能根据所有权向租地农场主或租矿主，收取一定的地租或矿租；同样，作为储备功能的黄金、非生产性的居民住宅，等等，也不是资本的存在形态，必须将其排除在资本的定义之外。

古典经济学完全把资本理解为一种"物"，这是一种典型的拜物教。正是在批判古典经济学的基础上，马克思形成了自己的资本理论。在他看来，资本绝不是物，而"是一种社会生产关系。这是资产阶级的生产关系，是资产阶级社会的生产关系"② 。就此而言，资本绝不是从来就有的，而是人类社会发展到特定阶段的历史产物，是一种暂时的社会规定性，绝不能将其放大到所有社会，古典政治经济学恰恰就犯了这一错误。但作为一种"幽灵般的对象性"，资本是一种抽象关系，为了不断壮大自己，它必须要予以具体化，而物（Ding）就是它的载体。马克思指出，资本虽然"不是一种物（Ding）"，但它本身必须要"以物（Ding）为中介"来展现"人和人之间的社会关系"③ 。一旦资本把自己物化在某种物上之后，物本身也就取得了一种不同于自然存在的社会属性，成为资本。从这个角度而言，不论是劳动资料还是劳动材料都并非天生就是资本，只有在资本主义条件下，它们才成为资本关系的载体；而劳动生产出来的产品，也并不是天然的资本，只有在资本主义生产关系中，它们才打上了资本的烙印，成为资本。也正是在此基础上，马克思科学区分了两对范畴：一是不变资本与可变资本，这是根据资本在剩余价值生产过程中的作用做出的区分，前者只是把自己的价值转移到产品中去，它本身并不创造任何额外的价值，这包括劳动资料和劳动材料；而可变资本则是指能够创造额外价值的资本，即付给工人的工资。另一对范畴是固定资本与流动资本，它们是根据

---

① 参见彼罗·斯拉法主编《李嘉图著作和通信集》第 1 卷，郭大力、王亚南译，商务印书馆 1997 年版，第 78 页。关于这一问题的分析，参见白刚《政治经济学批判与资本现象学》，《学习与探索》2013 年第 2 期。

② 《马克思恩格斯选集》第 1 卷，人民出版社 1995 年版，第 345 页。

③ 《马克思恩格斯全集》第 44 卷，人民出版社 2001 年版，第 877—878 页。

资本的物质构成所导致的流通方式的不同做出的划分，前者包括劳动资料、机器、厂房等，后者包括劳动原料和工资。在马克思看来，不论是不变资本和可变资本，还是固定资本和流动资本的区分，都只是"对生产资本并且在生产资本之内才是存在的"①，超出这一范围，这些划分将会丧失其存在的合法性。马克思进一步指出，既然资本是资本主义社会的特有产物，那么，所有的自然资源，如土地、自然力，等等，绝不是资本的存在形式；同样，作为人类智慧结晶的科学技术和知识本身也不是资本，虽然它们可以为后者所吸纳，服务于剩余价值的生产。除了生产资本之外，马克思还根据资本的存在形式，将资本划分为商业资本、货币资本、借贷资本或生息资本等；更为重要的是，他看到了虚拟资本的产生。他指出，随着资本积累的迅速发展，必然导致银行和信用的产生，资本家为了突破自身积累的限制，必然会利用商业信用和银行信用，通过发行股票、债券等方式广泛吸收资本。马克思将这些由信用制度衍生出来的资本形式称为虚拟资本。在他看来，不论是商业资本、借贷资本还是虚拟资本，它们都不创造任何额外的价值，只是对产业利润（即工人创造的剩余价值）的一种分割。这一理论为马克思科学解剖资本主义的运行机制提供了坚实的理论基础。

　　然而，随着当代资本主义阶级结构和社会生活的变化，20世纪50年代以来，美国经济学家舒尔茨和贝克尔创立了人力资本理论。该理论认为，物质资本是指物质产品意义上的资本，包括厂房、机器、设备、原材料、土地、货币和其他有价证券等；而人力资本则是体现在人身上的资本，即对生产者进行教育、职业培训以及他们在接受教育时的机会成本的总和，表现为蕴含于人身上的各种生产知识、劳动、管理技能以及健康素质的存量总和。在马克思看来，就工人而言，劳动力只是一种需要出卖的商品，只有对资本家而言，才会转化为资本的构成部分（可变资本）。然而，根据这一理论，劳动力不仅对资本家而言是一种资本，而且对工人而言也成了一种"资本"；于是，工人也不再是单纯的"生产工人"了，而是成为与资本家一样的"资本拥有者"了。这一理论无疑是对马克思劳动力商品理论的彻底庸俗化，扭曲了马克思资本理论的科学内涵。所谓"人力资本"，只是对于少数高级雇佣劳动者即从事管理工作的阶层才是真实

---

① 《马克思恩格斯全集》第45卷，人民出版社2003年版，第187页。

的，而对于广大普通劳动者而言，他们的劳动力仍然只是一种商品，其收入仍然局限于劳动力再生产所必需的生活资料的价值，根本不具有资本的性质。

在《21世纪资本论》一书中，皮凯蒂是如何理解资本的呢？首先，他批判了古典政治经济学的资本理论。他指出："某些定义认为，财富中只有直接用于生产过程的那部分才能称为'资本'。例如，黄金被归为财富而非资本，因为黄金被认为只有储值的功能。"① 皮凯蒂认为，这种限制"既不可取也不可行"，因为任何资本都具有双重功能：既具有存储价值，也可以作为一种生产要素参与生产。因此，他反对斯密和李嘉图对资本与财富所做的区分，径直将二者等同起来，"为了简化文字，我这里使用的'资本'与'财富'含义完全一样，两个词可以相互替换。"② 这样一来，必然导致资本概念的泛化，于是，在古典经济学那里被排除在资本之外的土地、自然资源以及非生产性的居民住宅等，都成了资本的特定形态。皮凯蒂指出，根据某些定义，土地、自然资源"一般被认为是人天生就有的而无须积累。因此，土地被认为是财富的组成部分，但不是资本的组成部分。问题是我们很难将建筑的价值从其所建造的土地上单独剥离出来。更难的是，我们几乎无法排除人们在土地上增加的附加价值……石油、天然气、稀土元素等自然资源的价值也面临着同样的问题，我们很难将人们在勘探采掘中所投入的价值剥离出来，单独计算自然资源的纯粹价值。因此，我将这些形式的财富都归入了'资本'中"③。同样，那些居民住宅也像"'生产性资本'（工业厂房、写字楼群、机器、基础设施等）那样"，可以用"等价的租赁费用来衡量"，因此，也是资本的特定存在形态。④

其次，皮凯蒂批判了马克思的资本理论。他认为，马克思的理论实际上只是古典政治经济学的延续，"马克思将李嘉图的资本价格模型以及稀缺性原则作为强化资本主义动态分析的基础，当时资本主要是工业设备（比如机械、厂房等）而非土地资产"⑤。换言之，马克思仍像古典政治经

---

① 托马斯·皮凯蒂：《21世纪资本论》，巴曙松等译，中信出版社2014年版，第48页。
② 同上书，第47页。
③ 同上书，第48页。
④ 同上。
⑤ 同上书，第10页。

济学家一样，把资本理解为工业设备，相对忽视了土地资产和金融资产的重要性，这是马克思资本模型的重大缺陷，这一点决定了他的资本理论根本无法解释 21 世纪的新情况。今天，"资本的属性已有改变：过去大多是土地（指农业用地——引者注），今天则以住宅加上工业和金融资产为主，但其重要性却丝毫未减"①。因此，必须抛弃马克思的资本模型，重新建构一种全新的资本理论：一方面要考虑到工业资本的重要性；另一方面要将土地、自然资源、住宅和金融资产等纳入资本的模型之中。

最后，皮凯蒂批判了人力资本理论。他指出，所谓人力资本通常包括个人的劳动力、技术、熟练程度和能力，它是内含于每个独立主体之中的，因此，不可能将其从主体中剥离出来。一个人虽然可以雇佣另一个人，发挥他的"人力资本"功能，但在民主社会和现代法律体系下，这种雇佣必然会受到明确的时空限制，任何一个人都不可能彻底地拥有另一个人的人力资本。也正是基于此，皮凯蒂将人力资本排除在资本的内涵之外，他强调"本书中提到的'资本'均不包括经济学家们经常提及的（在我的印象中）'人力资本'……我们之所以在资本的定义中排除了人力资本是有许多原因的，其中最显而易见的原因是人力资本无论何时都不能被另一个人所有，也不能在市场中永久交易。这是人力资本与其他形式的资本最显著的区别"②。那么，这是否意味着资本就是专指"物质资本"呢？对此，皮凯蒂给出了否定回答。他指出："虽然我对于资本的定义排除了人力资本（由于人力资本不能在任何市场上交换，奴隶社会除外），但是资本并不仅局限于'物质'资本（土地、建筑、基础设施以及其他的一些产品）。我将'非物质'资本（如专利以及其他知识产权）也包括了进来，以两种形式呈现：（1）如果个人直接拥有专利，那么算入非金融资产；（2）如果个人通过持有公司股份来拥有专利（这种情况更为常见），那么这些是金融资产。更广泛来说，通过公司在股票市场上的资本化，许多形式的非物质资本都可以被考虑进来。"③ 在皮凯蒂看来，所谓资本不仅包括物质资本，也包括人力资本之外的其他形式的非物质资本。

在此基础上，皮凯蒂提出了自己的资本理论。他指出："在本书中，

---

① 托马斯·皮凯蒂：《21 世纪资本论》，巴曙松译，中信出版社 2014 年版，第 120 页。
② 同上书，第 46 页。
③ 同上书，第 49 页。

资本指的是能够划分所有权、可在市场中交换的非人力资产的总和，不仅包括所有形式的不动产（含居民住宅），还包括公司和政府机构所使用的金融资本和专业资本（厂房、基础设施、机器、专利等）。"① 而所谓"国民财富"或"国民资本"主要是指"在某个时点某个国家的居民与政府所拥有的全部物品的市场价值之和。这包括了非金融资产（土地、住宅、企业库存、其他建筑、机器、基础设施、专利以及其他直接所有的专业资产）与金融资产（银行账户、共同基金、债券、股票、所有形式的金融投资、保险、养老基金等）的总和，减去金融负债（债务）的总和"②。这就是他所理解的 21 世纪的资本概念。

必须承认，皮凯蒂试图建构一种全新的、大一统的资本模型，这种理论努力是值得肯定的。在某种程度上，他的理论建构反映了当代资本主义生产关系的新变化。在当代社会，资本为了最大限度地追逐利润，已经将自己的魔爪渗透到社会生活和生产的方方面面：土地、房地产、自然资源、固定资产、金融资产、专利、知识产权等都已成为资本的吸纳对象，沦为资本增殖的手段和条件。就此而言，他的理论建构反映了 21 世纪资本积累的新特征，具有鲜明的时代特色。但另一方面，也不得不承认，他的理论建构也存在着重大缺陷：

第一，虽然他批判了古典政治经济学的资本理论，但就其实质而言，二者的思路却是内在一致的，即都把资本理解为一种物（不论是物质资产还是非物质资产），这样就把资本放大到一切社会了。譬如，他指出："在历史上，最早的资本积累形式包括工具以及土地（围栏、灌溉、排水等）和基本居所（洞穴、帐篷、棚屋等）的改善。"③ 这种理解彻底抹杀了资本的社会规定性和本质属性，是一种典型的拜物教。从这个角度而言，马克思对古典政治经济学的批判同样适用于皮凯蒂。第二，皮凯蒂认为马克思的资本理论只不过是古典政治经济学的简单延续，并指责马克思只看到工业资本的重要性，却相对忽视了金融资本。这些指责对马克思而言显然是不公平的：马克思绝不是古典经济学的简单继承者，而是对后者的一种彻底变革；马克思不仅看到了工业资本的重要性，而且也全面分析了金融

① 托马斯·皮凯蒂：《21 世纪资本论》，巴曙松译，中信出版社 2014 年版，第 46 页。
② 同上书，第 49 页。
③ 同上书，第 217 页。

资本特别是虚拟资本的运行机制，揭示了金融危机爆发的必然性和现实性。第三，人力资本理论的确曲解了资本的内涵，但它从一个侧面反映了当代资本主义剥削形式的新变化：如果说在自由竞争年代，资本对工人的统治还仅仅停留在身体的规训上，那么，当代资本主义已经将统治渗透到工人的心灵、智力和生命之中，后者在剩余价值生产中的作用变得越来越突出。哈特和奈格里正是从这一维度入手，建立了自己的非物质劳动和生命政治理论，揭示了帝国的运行机制。而皮凯蒂恰恰忽视了这一维度，遮蔽了这一理论背后的哲学意蕴。最后，虽然皮凯蒂主张回到"政治经济学"①，但他所理解的政治经济学显然不是马克思意义上的政治经济学。恩格斯说："经济学所研究的不是物，而是人和人之间的关系，归根到底是阶级和阶级之间的关系。"② 马克思的《资本论》是要透过物象来把握现象背后的阶级关系，而皮凯蒂则是以物为中心来探究现象的运作机制，前者是一种本质层面的政治经济学批判，后者是一种现象层面的经验研究，二者是不可同日而语的。从这个角度而言，皮凯蒂的"资本论"必然与马克思的"资本论"存在天壤之别。单纯以物为中心，是不可能为我们理解21 世纪的资本逻辑提供科学的理论框架的。这一点在他的后续分析中清楚地表现了出来。

二　财富分配不平等为什么会日益加剧？

财富分配问题一直是政治经济学和主流经济学研究的焦点话题。在经济全球化日益发展的今天，全球财富的分配状况如何？当代西方经济学家们纷纷做出了解答。在《不平等的代价》中，斯蒂格利茨指出，"已为公众所知的市场经济最黑暗的一面就是大量的并且日益加剧的不平等，它使得美国的社会结构和经济的可持续性都受到了挑战：富人变得愈富，而其他人却面临着与美国梦不相称的困苦"③。在《21 世纪资本论》中，皮凯蒂更是通过对过去300 年来欧美国家财富收入数据的详细研究，全面揭示了财富分配不平等的动态演化过程，进一步证明了贫富差距不仅在欧美国

①　托马斯·皮凯蒂：《21 世纪资本论》，巴曙松译，中信出版社2014 年版，第592 页。

②　《马克思恩格斯全集》第13 卷，人民出版社1965 年版，第533 页。

③　斯蒂格利茨：《不平等的代价》，张子源译，机械工业出版社2014 年版，第3 页。

家内部日益加剧，而且在全球范围内也日趋扩大。

那么，为什么贫富差距会日益加剧呢？皮凯蒂认为，这是社会、政治、经济等多重因素相互作用的结果。具体来说：首先，就劳动收入而言，这是由超级经理人的崛起导致的。随着当代资本主义生产的进一步社会化，以及资本所有权和使用权的进一步分离，资本主义世界发生了一场所谓的"管理革命"，出现了一批从事企业管理的"超级经理人"，他们可以自主地设定自己的工资水平，并从中谋取超高的薪酬待遇，使其与中下阶层的收入差距越来越大。皮凯蒂指出，"所有迹象都表明高管薪酬的变化在世界各国工资不平等演化过程中都起到了关键作用"[1] 是导致收入分配不平等的一股强大力量，如果不对这一局面进行有效控制，必将导致越来越严重的不平等。

其次，就总收入而言，根本原因在于资本收益率（r）远远高于经济增长率（g）。如果说劳动收入的不平等还是一种温和的不平等，那么，资本收益的不平等则是一种极端的不平等，即使在前10%的人群内部也划分为两个不同的世界：在9%的人群中，劳动收入占据主导，而在前1%的人群中，则是资本收入居于主导，而且这一趋势变得越来越明显。这也表明，财富正以越来越快的速度聚集到少数人手中。那么，为什么会出现这一状况呢？皮凯蒂认为，根本原因在于资本的收益率远远高于经济和收入的增长率，这是"资本主义的核心矛盾"[2]，也是整个资本主义不平等的内在根源。"贫富差距的根本动因就是本书从头到尾都在强调的以 r > g 公式表达的不平等"[3]。在此基础上，皮凯蒂还批评了马克思的一般利润率趋于下降规律。他指出："对马克思来说，'资产阶级自掘坟墓'的核心机制类似于我在导言中所说的'无限积累原则'：资本家积累了越来越多的资本，最终必然导致利润率（即资本收益率）下降和自身的灭亡。"[4] 在马克思看来，资本收益率会无限趋于下降，最终会趋于零，届时将会爆发无产阶级革命。皮凯蒂指出，资本主义的财富演化史已证明马克思的这一判断是一个"错误的历史预言"[5]，资本收益率不仅不会趋于零，而且会持续大于

---

[1]　托马斯·皮凯蒂：《21世纪资本论》，巴曙松译，中信出版社2014年版，第340页。

[2]　同上书，第589页。

[3]　同上书，第437页。

[4]　同上书，第231页。

[5]　同上书，第53页。

经济增长率，不仅过去和现在是这样，将来也会如此。

再次，继承财富也是导致不平等加剧的重要原因。"当资本收益率长期明显高于经济增长率时，继承财富（过去积累的财富）必然会变得比储蓄财富（当下积累的财富）更重要……以 r > g 表述的不平等从某种意义上说意味着过去对未来的吞噬：过去积累的财富无须劳动即可自我增长，其增速还高于工作挣来的用于储蓄的财富。由此，几乎不可避免的是，过去形成的不平等具有持续性和特殊重要性，即继承财富更为重要"①。这表明当代资本主义已经进入到"拼爹"和"世袭资本主义"时代。

最后，国家政策是导致不平等加剧的政治机制。在一个高度不平等的社会中，政府应当更好地发挥"社会国家"的职能，有针对性地制定一些措施，比如遗产税、累进税和资本税等，有效抑制不平等的扩大；然而，现实恰恰相反，政府不仅没有制定相应的抑制措施，反而采取了有利于前1%或10%人群的税收制度，导致收入越高，缴税比率反而越低，这恰恰是造成不平等加剧的政治原因。正如斯蒂格利茨所说："在一个存在着高度不平等的民主制度里，政治也会失衡；而让不平衡的政治管理不平衡的经济就会出现毁灭性的结局。"②

皮凯蒂在该著中还揭示了新自由主义和当代资本主义的价值悖论。(1)在新自由主义看来，完善的市场机制是保障个人自由的最后堡垒，也是维护民主制度的最后屏障。然而，资本主义的现实表明，这纯粹是一种幻想，市场永远解决不了民主问题，市场机制越完善，资本收益率就会持续高于经济增长率，最终会导致反民主的金融和政治寡头，严重危及个人自由和现代民主社会的基础。皮凯蒂认为："民主和社会公正需要其本身的社会机制，而不是依靠市场机制来实现。"③ 这一观点无疑是对新自由主义的重磅回击，足以令整个华尔街为之愤怒。(2)新自由主义还主张，一旦市场达到了完全竞争状态，不平等就会降低甚至消失，"更加自由的市场以及更加纯粹和完全的竞争就足以确保一个社会的公正、繁荣及和谐"④。对此，皮凯蒂进行了尖锐的批判，"认为现代经济增长的本质特征

---

① 托马斯·皮凯蒂：《21世纪资本论》，巴曙松译，中信出版社2014年版，第388页。
② 斯蒂格利茨：《不平等的代价》，第81页。
③ 托马斯·皮凯蒂：《21世纪资本论》，巴曙松译，中信出版社2014年版，第437页。
④ 同上书，第31页。

或者市场经济法则能够确保降低财富不平等并实现社会和谐稳定是一种幻想"①，不平等的机制与市场竞争并非完全没有任何关系，"恰恰相反，资本市场越完善（以经济学家的角度），$r > g$ 的可能性就越大"②，因此，不平等绝不会"因为市场变得更加自由或竞争变得更加完全而消失"，那种"认为完全的自由竞争会让继承财富消失并让世界形成精英治理的公序良俗"的想法，纯粹是一种"危险幻想"③。(3) 当代资本主义一直信奉机会均等原则，然而，财富继承的存在则使得机会均等原则成为一句空话。此外，皮凯蒂还揭示了传统劳动伦理观的式微。他指出："民主社会的根基在于崇尚奋斗的世界观，或至少是通过奋斗而实现价值的信念"④。它告诫人们，要想致富，就必须勤勤恳恳工作，通过自己的奋斗来实现自己的梦想。然而，当代资本主义的现实已经颠覆了这种价值观：由于资本收益率远远高于经济增长率，这就意味着，继承财富的增长速度会远远高于劳动收入，这样一来，一个人财富的多寡不再取决于劳动所得，而是取决于继承财富的多少，因而出身要比后天的努力和才能更为重要。在这种社会中，力图通过勤劳来实现自己的致富梦，已经沦为一种不可能的幻想，这与资本主义宣扬的劳动伦理学和社会公正原则完全相悖。

那么，如何改变这种状况呢？皮凯蒂开出了自己的药方。虽然他反对新自由主义，主张限制不平等的扩大，但就其立场而言，他并不是一个马克思主义者或共产主义者，他既不反对资本主义民主，也不反对资本主义制度本身，而是寄希望于前者，即通过建构一种更加公正的社会秩序来完善当前的资本主义制度。这一点恰恰与自由主义殊途同归。因此，他不可能像马克思那样主张无产阶级革命，彻底推翻资本主义制度；相反，他企图利用民主来重新控制资本主义，以保证公共利益高于个人利益，其中累进所得税、累进遗产税和全球资本税等就是他所开出的最终药方。

在一定程度上，皮凯蒂的分析无疑切中了当代资本主义的软肋，为我们了解当代资本主义的财富不平等状况及其原因提供了重要启示。也正是基于此，诺贝尔经济学奖获得者保罗·克鲁格曼将这本书誉为"近 10 年来最重要的一本经济学著作"。不过，在肯定之余，我们需要冷静思考一

---

① 托马斯·皮凯蒂：《21 世纪资本论》，巴曙松译，中信出版社 2014 年版，第 386 页。
② 同上书，第 28 页。
③ 同上书，第 437 页。
④ 同上书，第 435 页。

个问题，即这一著作能否为我们认识 21 世纪的资本逻辑提供一个科学模型？或者说，这一著作能否取代马克思的《资本论》，成为新时期人们认识当代资本主义的科学指南？对此，笔者持一定的保留态度，概言之，主要由于以下一些原因：

第一，皮凯蒂虽然指出了贫富差距加剧的多种原因。在他看来，虽然导致不平等的原因是多方面的，但归根结底在于资本收益率远远高于经济增长率。那么，资本收益率为什么会高于收入增长率呢？皮凯蒂并没有给出进一步的回答。实际上，他的这一结论只是从分配领域做出的一种解释。马克思说："分配的结构完全决定于生产的结构……就对象说，能分配的只是生产的成果，就形式说，参与生产的一定方式决定分配的特殊形式，决定参与分配的形式。"[①] 资本收益率之所以远远高于收入增长率，根本原因不在于分配本身，而是在于资本主义的生产关系。早在两百多年前，卢梭就曾尖锐地指出，私有制才是不平等产生的内在根源。就是在今天看来，这一判断仍然是正确的。在《资本论》中，马克思则进一步指出，资本不是物，而是一种以剥削他人劳动为基础的生产关系，这一点构成了整个资本主义制度的经济基础。为了最大限度地攫取剩余价值，资本必然会动用一切能够动用的力量，在全球范围内掠夺财富，而国家必然会被资本权力所绑架，沦为保护资本利益的一种"虚幻共同体"。因此，随着资本积累的不断加剧，财富将会源源不断地从底层流向上层、从外围流向中心国，最终聚集到一少部分人手中，在一极是财富的积累，同时在另一极，即在把自己的产品作为资本来生产的阶级方面，是贫困、劳动折磨、受奴役、无知、粗野和道德堕落的积累，这就是资本主义积累的绝对的、一般的规律。显然，在马克思看来，财富分配之所以出现两极分化，根本原因不在于分配本身，而是根源于资本或资本主义的生产关系。虽然这一判断是在 19 世纪 60 年代针对自由竞争资本主义做出的，但不可否认，它对于理解当代资本主义的财富积累和分配问题，依然具有重要的时代价值。虽然皮凯蒂的研究为我们提供了一些新的思想，但他并没有从根本上推翻或超越马克思的结论，而只是用更加翔实的数据和资料证实了马克思的判断。从这个角度而言，马克思的分析在当代依然具有强大的生命力。

---

① 《马克思恩格斯全集》第 30 卷，人民出版社 1995 年版，第 36 页。

第二，虽然皮凯蒂区分了劳动收入和资本收益，但他并没有从根本上揭示财富的真实源泉和分配机制。马克思指出，就物质财富或使用价值而言，劳动并不是财富的唯一源泉，"自然界和劳动一样也是使用价值（而物质财富本来就是由使用价值构成的！）的源泉"①；而就价值财富而言，工人才是整个价值财富的创造者，资本家只是窃取了工人的劳动成果而已。因此，马克思主张要严格区分物质财富和价值财富。而皮凯蒂在这里恰恰犯了一个错误，他直接将财富和资本等同起来，将其定义为所有资产（包括物质资产和非物质资产）的总和，这样无形之中也就把物质财富和价值财富混淆，遮蔽了财富的不同性质。另一方面，皮凯蒂认为，作为一种物，资本能够自发地带来额外收益（G—G′），这是一种典型的拜物教，完全掩盖了这些收益的真实来源，是对劳动价值论的彻底否定。各种资本收入，如红利、利润、利息、租金，等等，只不过是中下阶层所创造的价值（包括工资和剩余价值）的一种表面分割，离开了中下阶层的劳动，这些收益将成为无本之木。斯蒂格利茨说："成为富人的方法有两种：要么创造财富，要么掠夺财富。前者为社会增添财富，后者通常减少社会财富。"② 对于大部分中下阶层而言，他们才是财富的真正创造者；然而，他们所创造的财富并没有落入自己的口袋之中，而是被各种资本所有者掠夺走了，这是一种赤裸裸的盗窃。所谓超级经理人的"劳动收入"和继承财富只不过是这种盗窃的延续和再生产。从这个角度而言，马克思的劳动价值论依然没有过时，仍是我们理解当代资本主义财富生产和分配问题的科学指南，正如英国经济学家米克指出的那样："劳动价值学说不仅在马克思时代是真正的科学，就是在今天来讲也是真正的科学。"③

第三，虽然皮凯蒂从多方面揭示了不平等加剧的原因，但他并没有从根本上诠释新时期资本积累的运行机制。在这方面，大卫·哈维的分析更加具有启发意义。他从马克思的原始积累理论出发，提出了"剥夺性积累"概念，揭示了"新帝国主义"的运行逻辑，为我们理解不平等加剧的

---

① 《马克思恩格斯全集》第 19 卷，人民出版社 1963 年版，第 15 页。
② 斯蒂格利茨：《不平等的代价》，机械工业出版社 2013 年版，第 30 页。
③ 罗纳德·米克：《劳动价值学说的研究》，陈彪如译，商务印书馆 2014 年版，原序第 4 页。

原因提供了重要的理论框架。① 在哈维看来，新时期资本主要通过四种方式进行积累：一是将一切物品彻底商品化，把原本属于公众、自然或人类共同体的一切资产全部私有化，并从中攫取高额利润。二是将一切金融化，通过操控证券和信贷市场在全球范围内掠夺财富。三是通过在世界范围内有意识地制造危机、管理危机、操控危机，将财富源源不断地从贫穷国家转移到发达国家。四是通过制定一系列有利于富人的政策，将财富从底层汇聚到上层手中。上述四种方式相互作用，共同构成了当代资本积累的主要形式。② 虽然皮凯蒂从历史维度和实证数据入手，揭示了财富不平等的演化过程，但他并没有从根本上揭示当代资本积累的核心逻辑。就此而言，哈维的分析要比皮凯蒂更深刻。

第四，皮凯蒂并没有真正理解马克思的一般利润率趋于下降规律。实际上，马克思的一般利润率与皮凯蒂的资本收益率是两个完全不同的概念：前者指的是利润率经过竞争而形成的一种平均利润率，这里的资本是有着确切内涵的，各种依据所有权而收取的"租金"显然被排除在一般利润率之外；而皮凯蒂的资本收益率则相当宽泛，不仅包括马克思主张的一般利润率，而且还包括各种"租金"。经过这种变形，皮凯蒂所理解的资本收益率必然会趋于稳定。因此，当他用"资本收益率远远高于收入增长率"来批判马克思的一般利润率下降规律时，实际上他并没有真正理解后者的真实内涵，而是把两种完全不同的规定混淆。另一方面，皮凯蒂误解了一般利润率趋于下降规律的本真含义。在《重读〈资本论〉》一书中，本·法因和哈里斯指出，"趋势"概念包括两种含义：一是收集到某一确定历史时期的利润率的数据，将会观察到一种确定的向下趋势（或回归线），这种理解是一种经验趋势；另一种是将"趋势"理解为在一定抽象水平上得出的命题，只有抽象本身才能对利润率的发展趋势做出预测，这是一种"抽象趋势"。论者在此基础上强调，马克思的一般利润率趋于下降规律并不是一种看得见的经验运动，而是一种建立在科学方法论之上的本质抽象。③ 我认为，这一判断是非常准确的。马克思说，一般利润率趋

---

① 大卫·哈维：《新帝国主义》，初立忠等译，社会科学文献出版社2009年版，第117—124页。

② 大卫·哈维：《新自由主义简史》，王钦译，上海译文出版社2010年版，第184—188页。

③ 本·法因、劳伦斯·哈里斯：《重读〈资本论〉》，魏埙等译，山东人民出版社1993年版，第63页。

于下降规律绝不是一种理论虚构，也不是单纯的经验归纳，而是"劳动的社会生产力的日益发展在资本主义生产方式下所特有的表现……是根据资本主义生产方式的本质证明了一种不言而喻的必然性"①。因此，绝不能将这一规律等同于经验现实本身，显然皮凯蒂无法理解这一点。

此外，虽然皮凯蒂提出了一些有针对性的应对措施，如累进所得税、累进遗产税、全球资本税等，但只要资本主义的生产关系没有改变，这些措施就不可能得到贯彻落实，因而是一种不切实际的幻想，就像他自己意识到的那样，"一项真正的全球范围内的资本税无疑是带有乌托邦色彩的"②。

综上所述，皮凯蒂之所以无法对上述问题做出科学解答，根本原因在于他的资本模型的内在缺陷，这也注定了他的"资本论"不可能为我们理解21世纪的资本逻辑提供科学的理论指南。

三 金融危机何以会爆发？

2008年由美国次贷危机引发的金融危机，在全球范围内蔓延开来，导致了世界经济的"大衰退"。这次危机也被认为是自1929年以来资本主义世界爆发的最为严重的一场危机。那么，这场金融危机何以会爆发？皮凯蒂对之做出了回应。

在皮凯蒂看来，2008年金融危机之所以爆发，主要有以下三个方面的原因：首先，是收入不平等的扩大。皮凯蒂指出："美国收入不平等的扩大一定程度上会引发国家的金融不稳定，这是毫无疑问的。原因很简单：收入不平等扩大的一个后果是，美国中下阶层的购买力出现了实质停滞，这必然增大了一般家庭借债的可能性。特别是，那些不择手段的银行和金融中介机构慷慨地提供了日益增长的授信额度，因为它们免于监管并渴望从流通到体系中的巨额储蓄中赚取优厚的利息收入。"③收入不平等的扩大导致美国经济增长更为缓慢，致使中低收入阶层购买力和消费力趋于停滞，这是引发金融危机的重要原因之一。其次是美国资本/收入比的内部

---

① 《马克思恩格斯全集》第46卷，人民出版社2003年版，第237页。
② 托马斯·皮凯蒂：《21世纪资本论》，巴曙松译，中信出版社2014年版，第486页。
③ 同上书，第303页。

失衡。皮凯蒂指出："在我看来，造成这种不稳定的更为重要的原因是资本/收入比的结构性上升（在欧洲尤为如此），再加之国际资产头寸总量的巨额增长。"① 收入不平等只是诱发金融危机的一个因素，绝不能将它夸大为金融危机爆发的主要原因，否则，就本末倒置了。皮凯蒂指出：截至2007 年，美国国民收入增长的15% 都流向了前10% 的人群，使资本收入在整个国民收入中的比重上升到50%，导致了资本/收入比的严重失调，这一比率是全球资本/收入比的4 倍，这才是引发金融危机的根本原因。因此，要想探寻金融危机爆发的根源及其应对措施，应当更加"关注美国国内的因素，而不仅仅是将责任推给中国或其他国家"②。再次，是金融监管体制的缺位。美国现行的金融体制是受新自由主义影响的，导致政府无法对银行和金融系统进行有效监管，由此加剧了金融体系的不稳定性。这种监管体制的缺位也是金融危机爆发的重要因素。基于上述分析，皮凯蒂呼吁西方国家借鉴中国的资本管制体制，运用民主的力量，建立公开、透明的金融监管体制，以规避未来可能发生的风险。

皮凯蒂的上述分析固然具有重要的理论价值和现实意义，但我们也应看到，他的资本模型的内在缺陷注定了他对金融危机原因的分析仍然停留在表面上，没有深入资本主义的内在机理之中，揭示金融危机爆发的真实根源。关于在资本主义社会何以会爆发金融危机，马克思在《资本论》中的分析依然具有不可替代的当代价值。

在《资本论》中，马克思将金融危机划分为两种类型：一种是伴随着经济危机发生的金融危机，一种是独立发生的金融危机。马克思认为，第一种"货币危机是任何普遍的生产危机和商业危机的一个特殊阶段，应同那种也称为货币危机的特殊危机区分开来。后一种货币危机可以单独产生，只是对工业和商业发生反作用。这种危机的运动中心是货币资本，因此，它的直接范围是银行、交易所和金融"③。就第一种危机而言，在马克思看来，它必须同时具备两个条件：信用的充分发展和生产过剩。马克思说："现实危机只能从资本主义生产的现实运动、竞争和信用中引出。"④为了能够在激烈的市场竞争中获得最大化的利润，资本家必然会加快自己

---

① 托马斯·皮凯蒂：《21 世纪资本论》，巴曙松译，中信出版社 2014 年版，第 304 页。
② 同上。
③ 《马克思恩格斯全集》第 44 卷，人民出版社 2001 年版，第 162 页。
④ 《马克思恩格斯全集》第 26 卷第 2 册，人民出版社 1973 年版，第 585 页。

的资本积累，一方面进行资本的积聚，使剩余价值资本化；另一方面进行资本的集中和兼并。这一过程必然导致银行和信用的产生，资本家为了突破自身积累的限制，会利用商业信用和银行信用，通过发行股票、债券等方式，广泛吸收资本。由此必然导致资本积累的畸形化，将资本主义不顾市场需求的生产趋势推进到极限，使生产出现普遍过剩，导致生产和消费矛盾的进一步加剧。当这一机制整个被打乱的时候，不问其原因如何，货币就会突然直接地从计算货币的纯粹观念形态转变成坚硬的货币……商品和它的价值形态（货币）之间的对立发展成绝对矛盾，此时也就必然会发生金融危机或货币危机。而且，马克思说："在再生产过程的全部联系都是以信用为基础的生产制度中，只要信用突然停止，只有现金支付才有效，危机显然就会发生，对支付手段的激烈追求必然会出现。所以乍看起来，好像整个危机只表现为信用危机和货币危机。而且，事实上问题只是在于汇票能否兑换为货币。但是这种汇票多数是代表现实买卖的，而这种现实买卖的扩大远远超过社会需要的限度这一事实，归根到底是整个危机的基础。"① 信用不仅没有克服资本主义的生产矛盾，反而进一步"加速了这种矛盾的暴力的爆发，即危机"②。

在此基础上，马克思进一步揭示了全球金融危机爆发的必然性。他指出，作为资本积累的一种手段，信用不仅在资本主义国家内部被发展到极致，而且也会在国际范围内迅速膨胀，成为资本主义世界市场和国际贸易的基础，使各国出现普遍的生产过剩，将信用支持下的债务扩张到全球范围之内。这种普遍过剩和信用的国际扩张，使一切资本主义国家都具备了发生金融危机的条件。马克思说："这时就会清楚地看到，这一切国家同时出口过剩（也就是生产过剩）和进口过剩（也就是贸易过剩），物价在一切国家上涨，信用在一切国家过度膨胀。接着就在一切国家发生同样的崩溃。"③ 因此，当一国爆发金融危机，已具备条件的其他国家将会依次发生危机。从这个角度而言，金融危机不仅不可避免，而且一旦爆发，就必然会演变为世界性的金融危机。也正是基于此，马克思将"信用制度"称为资本主义"生产过剩和商业过度投机的主要杠杆"④，由此揭示了金融危

---

① 《马克思恩格斯全集》第46卷，人民出版社2003年版，第555页。
② 同上书，第500页。
③ 同上书，第557页。
④ 同上书，第499页。

机爆发，并成为经济危机导火索的内在根源。

第二种危机是指独立发生的金融危机，这种危机不需要以生产过剩为前提条件，它直接根源于资本主义的信用本身。马克思指出，信用制度的发展，必然导致虚拟资本的出现，它是在借贷资本和银行信用制度、特别是在股份资本的基础上产生的，包括股票、债券等。这种资本可以作为商品买卖，也可以作为资本增殖，但它本身并不具有价值；它代表的实际资本已经投入生产领域或消费过程，而其自身却作为可以买卖的资产滞留在市场上。由这种虚拟资本衍生出来的经济，称为虚拟经济，它是相对于实体经济而言的。它的形成在一定程度上突破了货币的限制，对资本主义经济起到了巨大的推动作用。然而，由此也不可避免地加剧了金融系统的风险性。随着信用制度和虚拟资本的过度膨胀，必然会再生产"一种新的金融贵族，一种新的寄生虫，——发起人、创业人和徒有其名的董事；并在创立公司、发行股票和进行股票交易方面再生产出了一整套投机和欺诈活动。这是一种没有私有财产控制的私人生产"①。它把资本主义生产的动力，即靠剥削他人劳动来发财致富的机制，"发展成为最纯粹最巨大的赌博欺诈制度"②，使金融活动越来越具有冒险的性质。由此也进一步强化了金融系统的不稳定性。信用和虚拟资本的迅速膨胀，使金融体系完全脱离了实体经济和真实货币的束缚，成为一种以债券、股票、证券等为中心的自我循环市场，进一步加剧了金融体制的盲目性。在马克思看来，虚拟资本并不是真正的财富和货币，当信用收缩或完全停止时，所有的虚拟资本必须转化为货币，实现"惊险的一跃"。如果这一过程无法实现，将不可避免地爆发金融危机。马克思说："信用货币的贬值（更不用说它的只是幻想的货币资格的丧失）会动摇一切现有的关系……一旦劳动的社会性质表现为商品的货币存在，从而表现为一个处于现实生产之外的东西，货币危机——与现实危机相独立的货币危机，或作为现实危机尖锐化表现的货币危机——就是不可避免的。"③ 从这个角度而言，虚拟资本的自我膨胀，构成了第二种金融危机爆发的主要原因。

但在马克思看来，不论哪种金融危机，归根结底都根源于资本主义的

---

① 《马克思恩格斯全集》第46卷，人民出版社2003年版，第497页。
② 同上书，第500页。
③ 同上书，第584—585页。

生产关系："资产阶级的生产，由于它本身的内在规律，一方面不得不这样发展生产力，就好象它不是在一个有限的社会基础上的生产，另一方面它又毕竟只能在这种局限性的范围内发展生产力，——这种情况是危机的最深刻、最隐秘的原因，是资产阶级生产中种种尖锐矛盾的最深刻、最隐秘的原因"①。资本主义生产的真正限制不是别的，就是资本本身；只要资本主义生产方式还存在，金融危机和经济危机就必然存在。

　　综上所述，皮凯蒂的《21 世纪资本论》虽然具有重要的理论价值和现实意义，但它并没有真正揭示 21 世纪资本运行的内在机制，也没有从根本上揭示财富分配不平等的内在根源，更无法为我们探寻当前金融危机爆发的原因及其解决路径提供现实可行的道路。就此而言，《21 世纪资本论》并不能取代马克思的《资本论》成为未来一个时期人们理解当代资本主义的科学指南。《资本论》依然具有不可超越的时代价值。基于此，笔者坚决赞同大卫·哈维的判断：今天，我们需要皮凯蒂，但更"需要马克思，或马克思的当代化身"②。

（原载《天津社会科学》2015 年第 3 期）

---

① 《马克思恩格斯全集》第 26 卷第三册，人民出版社 1974 年版，第 86 页。
② 大卫·哈维：《对皮克提"资本论"的事后思考》，郭鹭译、马秀英校，四月网，2014 年 6 月 5 日。

从德国观念论到《资本论》*

——重思马克思哲学的形上观点

田冠浩

现代生活的务实取向几乎使严肃的形而上学乏人问津。然而，这不能改变现代生活本身建立在一种有缺陷的形而上学之上的事实。现代性以对人类欲望的辩护为起点，开创了人类自立法度、自我实现的道路，但也正因如此，现代性在开端中即伴有浓重的自然主义和个人主义色彩。为了克服现代性的缺陷，康德、黑格尔等西方形而上学家作出了不懈的努力。虽然他们未能根本改变现代性的个体功利取向，但却为其提供了责任意识、公共精神和国家主义等富有成效的修正方案。就此而言，轻视形而上学的唯一理由，只能是现今的形而上学已无法继续修复、提升我们的时代，但为此拒斥形而上学本身，却意味着在根本上向现实妥协，意味着文明的衰退。在笔者看来，马克思曾经给出过一种最能寄托现代人理想的形而上学方案，而本文则试图重新寻获马克思的这种洞见。

一 古典经济学的自然主义与康德的"自主性"

在现代性思想内部，笛卡尔和莱布尼茨最早试图通过论证人类理性的天赋观念，保存基督教对于心灵超越性的理解，为人类意识与行动的统一奠定基础，并以此阐明人类改造、提升自然和社会的精神能力，但是由于没有解决理性与现实分裂的问题，他们最终只能放弃"自我决断"的现代性立场，转而求助于上帝的"预定和谐"。唯理论的例子表明，近现代哲

* 本文系国家社科基金青年项目"马克思与卢梭的理论传承关系研究"（编号13CZX004）和中国博士后科学基金面上项目（编号2014M561415）的阶段性成果。

学的发展不仅要阐述人类自由的自然倾向，而且要指明人类自由的形上条件；不仅要论证人类意志的超越性与自律性，而且要说明人类本性的创造性显现，揭示人的自由意志与其自我实现的文明经验之间的内在关系。就此而言，古典经济学是一门注定会对哲学发展产生深远影响的经验科学。

古典经济学一心解决财富的起源和分配问题，这本身就反映了自然物欲在现代人性中的优势地位；但与此同时，这门科学又肯定了社会合作的价值，从而在一定程度上缓和了现代性的个人主义倾向，使它能够为现代工商业社会的兴起提供相对更为合理的自我理解。经济学的创始人斯密发展了一种新的社会观念。在他看来，社会体系的复杂性远远超出了个人的理性计划和预定目标，唯有习惯和时间才能巩固那些"根基不稳的人性原则"，塑造人们的社会生活。① 斯密由此将社会解释为人类自然倾向的衍生物。人类理性的作用在此仅仅是识别和顺从个体与社会的自然规律，理性并不能独立构成社会的原则。斯密宣称个人具有自利和交换的本能，这种人性倾向的长期积累造成了社会的分工合作关系。因为，交换将使个人意识到"分工"的利益，比如工作时间的节省，劳动的熟练、简化，以及新机械的发明。② 在此过程中，个人虽然只追求私利，但交换的需要却促使他们不断调整自身以适应社会的相互作用。社会分工体系由此借助个人自利以及顺从于它的理性计算被保存下来。亚当·斯密以此第一次对社会的现实运行机制做出了一种一贯性的自然主义解释。根据这种解释，马尔萨斯和李嘉图可以进一步宣称：经济学在本质上能够借鉴牛顿物理学和数学的方法为人们的社会经验找出类似"万有引力"的必然规律，从而提高人们对经济生活的预测和适应能力。经济学因此逐渐成为现代学术体系中的显学。

虽然成就显著，古典经济学的缺陷却也很明显。由于将社会解释为自然的产物，古典经济学事实上承认社会生活无法被人掌控。受其影响，即便人们能够发现经济运行的自然规律，并劝说政府把对经济的干扰减少到最低限度，个人也将无法确保其特殊活动与社会整体运行相适应。因此对于个人来说，经济规律将不会是持续福利的保证，而是"永恒的惩罚"。

---

① 贝瑞：《苏格兰启蒙运动的社会理论》，马庆译，浙江大学出版社 2013 年版，第 33—47 页。

② 亚当·斯密：《国民财富的性质和原因研究》，郭大力、王亚南译，商务印书馆 2008 年版，第 13、8 页。

个人的自由选择将不断受到经济规律的折磨。社会虽然有序运行，个人却终不免于投资失败、生产过剩和失业造成的苦难。自然靠淘汰那些倒霉蛋来恢复平衡，这正是马尔萨斯的《人口原理》的最高教义。古典经济学鼓吹个人的自我决定，但是却把理性贬低到了自然的水准之下，自由由此失去了根基，这是古典经济学最深刻的缺陷。

康德是斯密的同时代人，却从未对经济学表现出特别的兴趣。虽然如此，这并不妨碍他最终提出了超越古典经济学的哲学原则，即理性的自主性。值得一提的是，康德的"自主性"观点源于卢梭。为了扭转启蒙哲学和现代自然科学对人性的贬低性解释，卢梭提出，人依其本能并不足以为社会立约，文明社会乃是理性的产物。无须自然的引导，通过同等地约束和保护每个人的理性立法，人类能够创造出全新的自我和世界；"上帝创世"只是人类自主性和创造性生活的一幅剪影。与那些将现存经验视为永恒自然的哲学家和经济学家相比，卢梭的观点无疑更能把握世界的本性和人的尊严。① 康德为自己规定的哲学任务就是明确阐述卢梭的"自主性"思想，为此它在哲学史上第一次实现了对经验论与唯理论的综合，进而指出人虽然身处经验世界，却能超越感官流变，通过自身的纯粹理性能力和概念范畴，为杂多的感性自然找到秩序和统一性。人由此成为了知识和文化的作者，成为了经验世界的立法者。不仅如此，康德还进一步提出了人类道德的自律性问题：人的理性意志能够摆脱经验动机的束缚，无条件地颁布道德命令，使人在行为的准则上将所有理性存在者视为目的，同等对待。康德以此指明了人类超越自然的因果性，独立为自身存在创制规律的先验自由，这一点无疑开启了对于人的形上本性与文明社会之间关系的最深刻见解。

然而问题的困难在于，康德虽然论证了人类为自然和自我立法的先验能力，但是这种理性的"自主性"却只能停留在整理经验和克制欲望的"消极"用途上，康德没有提出通过观念的创制，改善、更新人类存在经验的问题。这一点正如黑格尔所见，在康德哲学中，理论理性只能赋予经验世界某种"外在条理"；而实践理性则只能提出"使自身普遍化而不自相矛盾"的形式诫命。这种"形式主义"的理性在干预现实方面，"没有

---

① 布鲁姆：《美国精神的封闭》，战旭英、冯克利译，译林出版社 2007 年版，第 136—137页。

任何特殊规定，因此也没有任何权威"①。质言之，康德太过强调理性自由的超越性，但忽视了其在实践经验中的显现。从这个角度也可以解释为什么康德会无视古典经济学的理论成就。按他的看法，"家庭经济、地区经济和国民经济"至多包含了一些实践技术上的熟巧规则，"为的是产生按照因果的自然概念所可能有的结果"②，它们因此只从属于理论哲学所揭示的经验自然律，本身并不能为人的自由奠定基础。也是由于这个原因，康德在面对现实社会进步问题时，无法贯彻或者说最终放弃了理性的"自主性""自律性"的原则，转而像斯密那样，寄希望于人类以私心相互作用的自然机制，认为它能够造成一只"看不见的手"，去推动社会历史实现善的目的。在《论永久和平》的附录中，康德曾做出断言，"道德上的恶所具有的与其本性不可分割的特性就是，他在自己的意图中（尤其是在对其他心智相同者的关系中）与自己相抵触，并且毁灭自己，并这样为善（道德）的原则腾出地盘"③。然而，如此一来，康德就要面临与古典经济学同样的难题，那就是即便先天的经济规律和道德规律存在，普通人重复错误的可能性和愿望也将同样永远存在，真正使世界呈现出秩序与和平的，可能始终是善恶的此消彼长、相互钳制，而非理性的自律。

二 黑格尔：概念的创造性与自由

在康德提出了理性的"自主性"原则之后，近现代哲学面临的进一步任务就是根据这一原则重新解释古典经济学关注的社会经济现象，为人的现实自由奠基。为此，德国观念论的主题逐渐由认识转向实践，由先验观点转向历史和文化观点。上帝创世的教义，最终被"人自由创造其存在经验"的认识取代了。对于这一过程来说，最具决定性意义的事件就是黑格尔对康德"理性立法"思想的改造。黑格尔提出，理性范畴、概念是"无限的有创造性的形式"④。人凭借运用"概念"，赋予经验质料以新的秩序，创造了文明社会，使自然世界隶属于精神世界。而他也由此获得了综合康德与古典经济学的哲学原则，这就是概念的现实创造性。

---

① 黑格尔：《小逻辑》，贺麟译，商务印书馆 2004 年版，第 142、150 页。
② 康德：《纯粹理性批判》，邓晓芒译，人民出版社 2004 年版，第 7 页。
③ 《康德著作全集》第 8 卷，李秋零译，中国人民大学出版社 2010 年版，第 385 页。
④ 黑格尔：《小逻辑》，贺麟译，商务印书馆 2004 年版，第 328 页。

　　黑格尔哲学的目标是以"概念论"的方式，完整地演绎人类精神对于其生活世界的创造关系，从而阐明人类精神的权能及其掌控自身存在的自由。在黑格尔那里，所谓"概念"是指人们在提取、整理、设定经验对象时所运用的"质""量""因果性""意志"等思维规定。他相信，这些思维规定"是世界的原因"；"没有在感官中的东西，不是曾经在思想中的"。① 因为任何进入人类意识的经验，都经过了概念的中介。比如，注意到"玫瑰是红的""时钟敲了三下"就运用了"质"和"量"的概念规定。人们关于事物的可能经验几乎是无穷的，但人的精神却不会耗散在其中，而是根据自身的"概念"将经验召唤到它面前，构成特定的认识。黑格尔正是在这个意义上指出："纯概念就是对象（事物）的核心与命脉。"② 更重要的是，黑格尔认为，文明世界的创造，不仅在于精神能够有选择地思考经验、获取知识，而且在于精神能够通过它的意志和行动自为地为经验建立规定，使特定经验及其联系按照人的计划发生。对此，最重要的例子就是，通过在特定行为经验间人为地建立"限有""因果性""相互作用"等概念规定，人类就能取得"所有权""法"等统一的社会观念，从而巩固、提升人类在经验世界配合行动、贯彻自身"意志"的能力。黑格尔以此表明，一切文明经验都是人类自我规定、自我创造的结果。并且从根本上看，诸文明的主要差异及其自身发展都取决于其使用概念的状况，特别是它们理解、规定自身存在方式的概念，而这也正是黑格尔重新解释、规划现代社会经济生活的基本思路。

　　从卢卡奇开始，西方学界日益重视黑格尔与古典经济学的联系。因为从《耶拿手稿》和《法哲学原理》等作品看，正是通过对古典经济学的概念反思，黑格尔才最终确立起相比康德更为全面、深入的现代意识。这体现在，一方面，黑格尔高度重视现代技术分工，认为后者实现了人类自由的"质"的丰富性；另一方面，黑格尔又注意到，人类自由的"质"的进步取决于交换关系的存在，后者扬弃了特殊产品和技能的"质"的规定，使其能够在货币的"量"的规定上互相通约、互相支撑。③ 黑格尔相信，现代社会正因此孕育着新的"社会团结"形式，对其加以认识和巩固将使

<hr>

① 黑格尔：《小逻辑》，贺麟译，商务印书馆2004年版，第48页。
② 黑格尔：《逻辑学》，杨一之译，商务印书馆2010年版，第14页。
③ 黑格尔：《法哲学原理》，张企泰、范扬译，商务印书馆2007年版，第70—71页。

人类共同的自由事业取得决定性的进步。然而，一个同样不能忽视的事实是，相比于黑格尔对基督教的终身关注，黑格尔与古典经济学的蜜月期却极其短暂。对此，唯一合理的解释是，黑格尔认为基督教关于个人及其社团的精神性的见解，较之古典经济学的经验自然主义立场更加深刻。在《法哲学原理》中，黑格尔明确将古典经济学定义为按照"群众运动的质和量的规定性"研究社会的科学①，而我们知道，对于黑格尔来说，"质""量"只是在思考自然对象方面具有较大重要性的低级概念，因此这就表明，黑格尔只承认古典经济学在理解社会的外在经验方面具有意义，却不认为这门科学触及到了社会的精神本质。② 这一点正好与基督教相反。事实上，黑格尔最终将其研究重心转向逻辑学和形而上学的做法本身就暗含了一种对于古典经济学的深刻批判。这表明他在根本上拒绝从经验自然主义立场思考个人自由和社会运行机制，因为这种立场只能表明现代人尚未真正认识到自身的精神价值和社会利益。自然的匮乏和偶然性也因此重现于社会，表现为生产过剩、失业、贫困和不平等的加剧。在此背景下，黑格尔提出社会是人的"概念"创制物，其意图就是要通过说明构成社会的精神原则，重建现代人对自身存在方式的理解和控制，避免文明向自然的倒退。

从黑格尔对市民社会的分析可以看出，在现代生活中个人的需要在根本上属于"意见"范畴，后者已经包含了概念对于自然经验的精炼和抑制；③ 而人们为满足特定需要所发展出来的"劳动方式"和社会关系，则更是取决于人们凭借概念对其行为经验的限定，取决于人们为了"适应物质的性质"和"别人的任性"而进行的自我立法。④ 黑格尔以此表明，社会生活的内容和规律独立于自然的强制，它们在根本上源自人的"概念"活动。⑤ 因此社会对于它的"创造者"来说本质上是透明的，人们只要能够凭借"概念"创造他们的社会生活，就能借助同样的"概念"理解并自由地掌控其社会生活。当然，黑格尔也承认后者仍然是市民社会尚未实现的目标。因为在市民社会中，个人意识沉溺于自然生命和某些特殊目的，

① 黑格尔：《法哲学原理》，张企泰、范扬译，商务印书馆 2007 年版，第 204 页。
② 黑格尔：《小逻辑》，贺麟译，商务印书馆 2004 年版，第 220 页。
③ 黑格尔：《法哲学原理》，张企泰、范扬译，商务印书馆 2007 年版，第 206 页。
④ 同上书，第 209 页。
⑤ 同上书，第 14—15 页。

他们只是局部地参与了社会关系的构成，而社会整体则是所有个人观念和行动相互叠加的结果。社会虽然作为一个机械性的整体发挥效力，但社会生活本身却是不自觉的，是超出个人意识之外的。黑格尔相信，市民社会的全部苦难，在根本上都源于这种人类对于自身存在方式和使命的无知。

至此，黑格尔事实上重申了苏格拉底和基督教的教诲："认识真理使人自由。"并且人们现在对于"真理"已不陌生，它就是人们建立自身生活的"概念"意识。对此，市民社会中的个人虽然尚未自知，但如古典经济学所见，他们的个别意识和行动已经造成了超越本能的社会联系和社会力量，人类精神的概念权能在此已经获得了充分展现。用黑格尔的话说："现代世界第一次使理念的一切规定各得其所。"[1] 所以，在黑格尔看来，人类只需沟通、汇集个人的特殊意识，就能从整体上把握现代生产和社会交往关系，实现对自身全部"概念"，即创造性的自觉，从而收回其作为创造者的权利与自由，成为完满地理解并实现其自身存在意义的"绝对理念"。而这也意味着，人类从自然的偶然性和个人的任性错误中解放出来，进入到自由设定和享有其社会生活的境地。对此，黑格尔设想的实例就是法国大革命之后的国家。这种国家已经在革命的洗礼下，同时认识到了个人自由与有序社会合作的价值，因此能够自觉地将自身理解为综合了个人意识的社会共同意志，并力图通过官僚机构、同业公会和立法会议等制度设置，吸收个人和具体社会部门的知识，把握其相互关系，以便从总体上对社会的共同利益加以认识和指导。这也就是《法哲学原理》所说的："国家是自知的实体性意志的伦理精神，这种伦理精神思考自身和知道自身，并完成一切他所知道的，而且只完成他所知道的。"[2] 由此不难看出，黑格尔成功地从一种"概念"形而上学的立场出发，对人类"有计划地统辖社会"的自由观念给予了最深刻的论证。

三　马克思：在更高水平上回归斯密和康德

近代形而上学的崇高愿景是确证人的基础性存在地位——人取代"上帝"，创造并拥有全部生活世界和生活的意义。在黑格尔和费尔巴哈的影

---

① 黑格尔：《法哲学原理》，张企泰、范扬译，商务印书馆 2007 年版，第 197 页。
② 同上书，第 253 页。

响下，马克思很早就接受了这一立场。所以他才在《〈黑格尔法哲学批判〉导言》中说："就德国来说，对宗教的批判基本上已经结束；而对宗教的批判是其他一切批判的前提……对宗教的批判最后归结为人是人的最高本质这样一个学说。"① 不过，真正说来，近代形而上学的真理只有到了马克思手中才臻于完成。因为正是马克思第一次将人的形上自由与社会经济规律作为一个相互关联的整体来考察，从而成功阐释了人类不断改善、更新自身经验世界的能力、方式与使命。即便马克思后来对于经济科学的关注远超形而上学，那也只能说明形而上学问题对于马克思来说早已解决，所以他的研究重心才转向了作为人类本性之显现的经验领域。这一点体现在《资本论》中，就是马克思明确指出的："（要）评价人的一切行为、运动和关系等等，就首先要研究人的一般本性，然后要研究在每个时代历史地发生了变化的人的本性。"② 可见，对人的形上本性的思考，奠定了马克思全部资本主义和政治经济学批判工作的基础。黑格尔已经将人的本质理解为自由意志，而自由的最高含义则是像"神"那样按照自身的形象"创造世界"。同样，对于马克思来说，人的一般本性也是这种创造性。《巴黎手稿》讲得很清楚："通过实践创造对象世界，改造无机界，人证明自己是有意识的类存在物……（人）在他所创造的世界中直观自身。"③ 与此相关的是，虽然斯密、李嘉图都注意到了现代劳动阶级的贫困和衰退，但只有马克思才使这一世俗经济问题上升为形而上学问题。《巴黎手稿》中著名的"异化劳动"论题揭示的正是创造者无法占有和实现其创造性的存在论危机。当然，在对创造性的理解上马克思最终又比黑格尔更高一筹。

黑格尔认为，人类自由即创造性的实现取决于其对"概念"的自觉和运用。但其实他并没有完全解决"概念"何以自觉以及如何运用的问题。原因在于，在他看来，物质世界对于精神世界是"没有何等真理"的④；现实历史仅仅是"概念"生成过程的附属物，本身不能为概念的自觉提供理由，出于同样的原因，黑格尔也没有认真对待运用概念的现实条件。概念的自觉和自由运用由此成了一个孤立的、神秘的过程。这种思想倾向的结果就是，黑格尔过分夸大思想的独立创造和支配地位，却无视现实自身

---

① 《马克思恩格斯文集》第 1 卷，人民出版社 2009 年版，第 3、11 页。
② 马克思：《资本论》第 1 卷，人民出版社 2004 年版，第 704 页。
③ 《马克思恩格斯文集》第 1 卷，人民出版社 2009 年版，第 162—163 页。
④ 黑格尔：《小逻辑》，贺麟译，商务印书馆 2006 年版，第 17 页。

的规律。其在政治哲学方面的表现之一，就是黑格尔在设想政治观念的执行者时极其草率，以致随便什么君主、官僚、容克地主都可以摇身一变，成为创造社会自由的中坚力量，就像他们从来没有需要维护的既得利益一样。作为黑格尔最重要的学生和批评者，马克思在考虑人的创造性时，始终强调创造者不能凭空创造，必须面对现实的独立规律。这使得马克思在一定程度上回归了斯密的观点。斯密认为，人们的经济活动受永恒自然规律的支配。而马克思则强调，经济活动的基础是"人和自然之间的物质变换"。在此过程中，人的内在目的、创造性，必须借助人自身的自然力和自然物的规律才能获得现实显现，亦即"在对自身生活有用的形式上占有自然物质"①。人们的经济经验也因此呈现出近似于自然现象的客观规律。但是同时，马克思又指出：现实经济关系并非"永恒的自然规律"，而是"纯粹历史的自然规律"②，后者本身是创造者的意图与机械自然律相互作用的产物。社会经济现实因此只具有历史的、暂时的必然性，人能够创造自身的现实，就能够无限地改造它，当然，这种改造受制于一定的自然和社会条件。"社会不是坚实的结晶体，而是一个能够变化并且经常处于变化过程中的有机体"③。马克思正是以此超越了斯密的自然主义社会观和黑格尔的概念创世论，同时也把对人类自由的理解引向了某种二元论式的解决方案。

无疑，马克思对自然的强调具有强烈的现实指向，但除此之外，这更是一次经过深思熟虑的理论决断。事实上，马克思希望通过将人的创造精神与自然客观性对举来恢复笛卡尔、康德的二元论的真理性内容，进而为某种趋向于透明、开放和自由的无限进步的新社会奠定基础。在某种意义上，可以说康德的认识观点同时就是马克思的社会实践观点。康德认为，理论理性不能建构关于经验世界的完备知识，但却可以设想一个按照先天规则来通盘规定的宇宙理念，引导、调节经验知识向着系统的统一性进步。④ 同样，在马克思那里，人类创造活动的终极目标，是彻底控制自然，使自然成为人类自由的表现，但是这一目标却遭到自然客观性的"顽强抵抗"，它因此始终无法提出一个完美世界的建构性"蓝图"，只能作为一个

---

① 马克思：《资本论》第 1 卷，人民出版社 2004 年版，第 208 页。
② 同上书，第 604 页。
③ 同上书，第 10—13 页。
④ 康德：《纯粹理性批判》，邓晓芒译，人民出版社 2004 年版，第 456—457 页。

范导性的原理参与改进、调整人们的生存实践。马克思因此提出："共产主义对我们来说不是应当确立的状况，不是现实应当与之相适应的理想。我们所称为共产主义的是那种消灭现存状况的现实的运动。"① 虽未言明，但是马克思的说法却暗含了一个彻底颠覆黑格尔"概念论"的形而上学洞见，即精神与自然的关系是不可穷尽的。从现代科学和工业的例子中，马克思看出，人类精神几乎可以无限地抽象出自然的新特性和新关系并加以利用。精神的探索与自然的重新涌现，使人对自然的认识和实践关系，进而人自身的社会关系处于生生不息的运动变化之中。马克思正是以此为立足点去批判资本主义社会和设想人类未来的。

根据马克思的看法，使自然服从人的自由是社会存在的原初目标。在原始共同体中，由于语言的创制，个体的意志得以沟通、结合，进而以全新的方式配置其劳动力，发展人们对自然的统治。马克思因此在《1857—1858 年经济学手稿》中指出："作为第一个伟大的生产力出现的是共同体本身。"② 与此同时，马克思还提出，在原始共同体中，财产与语言一样是社会共有的。这种社会形态的明显优势在于生产和消费受社会共同的支配，人自身"表现为生产的目的"。由于这个原因，社会生活所覆盖的全部自然内容也都成为了表现人类创造性的对象。③ 不过，在马克思看来，原始社会的"共同生产"由于分化程度过低，其对自然的控制也有局限，人类自由因此经常面临外部自然的偶然性和匮乏的威胁。与此相反，资本主义私有制的优势则在于，它更加鼓励个体对自然的特殊探索和利用，并通过交换制度为他们建立起庞大的社会支持系统。资本主义因此发展了人对自然的广泛关系，进而为实现人的丰富个性创造了物质要素。但是，资本主义也因此背离了社会存在的初衷。因为交换价值对社会生产的支配，人类需要为生产设置的限度消失了，取而代之的是社会为追求价值增量而盲目地牺牲个人的自由时间。

正是由于上述原因，马克思认为现代自由只能建立在个人创造性与社会共同治理充分结合的基础之上。在《资本论》及其手稿中，马克思分析了造成资本主义经济崩溃的两个趋势：第一，市场竞争将导致固定资本占

①　《马克思恩格斯文集》第 1 卷，人民出版社 2009 年版，第 539 页。
②　《马克思恩格斯全集》第 30 卷，人民出版社 1995 年版，第 488 页。
③　同上书，第 479—482 页。

总资本比例的上涨，同时利润率趋向下降；① 第二，对于实现利润来说，社会的消费能力总是不足的，因为工资设置了总产品转化为价值的绝对界限。马克思认为，静态循环的资本主义经济体，无法逃脱上述趋势，只有通过对生产方式和产品（需要）的创新，不断创造新的价值生产体系，维持资本主义生产的必要利润才能重新出现。② 然而，马克思紧接着就指出，资本主义社会的根本困境恰恰在于，生产的利润只能通过对人类自由时间的掠夺来实现，而这本身限制了个人的创造性和新需要的发展，从而限制了资本主义社会的自我更新。马克思从资本主义的这种悖论式存在中意识到，人的自由创造性不仅是社会存在的目标，更是它最重要的存在手段。因此马克思认为，现代社会的出路只能是：通过劳动者对其创造性的"觉悟"即"认识到产品是劳动能力自己的产品"③，重建社会共同意志对生产的支配，并在此基础上通过"把工作日限制在必要劳动上"以及"劳动的普遍化"，为个人的自由、全面发展腾出时间、创造条件。④ 在很大程度上，当代资本主义正是借助马克思的部分思路，比如政府宏观调控、劳工保护、普及教育和鼓励知识创新才得以一次次渡过危机。当然，马克思的深谋远虑还不止于此。他从原始共同体的解体中看到，社会是不透明的。社会共识在把握人与自然的特殊关系方面总是不够充分，它必定滞后于科学的新发现、生产的新发展和艺术的新风尚。有意识、有计划地安排社会生产和分配只能是一个"调节性理念"，它引导人们不断根据人与自然关系的变化，主动调整自身的生存活动，但是它又承认人与自然的矛盾进而人类社会的矛盾是不可穷尽的。比如，即便实现了生产力的共同所有，公权力对工作和产品的分配以及公权力本身的分配又将成为社会矛盾的新焦点。就此而言，马克思认为未来的社会必须建立在最大限度地追求社会的透明性和开放性的基础上。它既要充分尊重个人的独立创造，又要注意加强社会沟通；既要发挥公权力的指导作用，又要注意对公权力的监督，并保持公权力对社会成员的开放。也正是在这个意义上，当代中国的社会主义市场化改革和政治体制改革，正有可能成为一种最有前途的现代社会方案。

（原载《哲学研究》2015 年第 4 期）

---

① 参见马克思：《资本论》第 1 卷，人民出版社 2004 年版，第 236 页。
② 参见《马克思恩格斯全集》第 30 卷，人民出版社 1995 年版，第 433、388—389 页。
③ 同上书，第 455 页。
④ 马克思：《资本论》第 1 卷，人民出版社 2004 年版，第 97、605 页。

政治哲学研究

马克思主义道德哲学何以可能？

王南湜

提出"马克思主义道德哲学何以可能"这一问题，不是要讨论或争辩马克思主义道德哲学是否存在的问题。① 本文所提出的"何以可能"的问题，只是试图讨论马克思主义道德哲学若要存在的话，其得以可能的条件是一个什么样的康德式的问题。而之所以提出这一问题，是因为在当今中国哲学界，人们一方面对于历史唯物主义持一种决定论式的理解，另一方面却又在毫未感到困难地谈论马克思主义道德哲学或政治哲学，而不曾虑及决定论与人的自由这一道德得以存在的前提之间的非兼容性问题。因此，对于马克思主义道德哲学何以可能的考察，就必须追问马克思的历史唯物主义在何种意义上是一种决定论，这种决定论在何种意义上能够兼容人的自由。进而，如果在历史唯物主义中人的自由能够成立，那么道德原则便不能像通常所认为的那样，被视为是由社会存在所直接地派生出来

---

① 当然，关于这一问题国内外学界是有争论的。尽管本文并不以追问马克思主义道德哲学是否存在为主题，但却预设了我们最终能够合法地谈论马克思主义道德哲学这一前提，否则本文的讨论将是毫无意义的空论。我们知道，马克思本人对谈论正义之类道德观念也往往表示反感或不屑，但这并不能说明有些论者否认马克思有关于社会正义之类的道德哲学原则是能够成立的。因为如果否认了这一点，则如何理解马克思对于资本主义剥削的批判呢？如果"剥削"这个概念中就包含着道德价值判断的话，那么，马克思如若没有一种道德哲学原则，他又如何能够使用这一概念呢？关于这一点，罗尔斯说得对："可以肯定的是，剥削是一个道德概念，且它潜在地诉诸某种类型的正义原则。"（罗尔斯：《政治哲学史讲义》，杨通进等译，中国社会科学出版社2011年版，第348页。）显然，人们是能够有充足的理由认为马克思是有其道德哲学原则的。关于马克思之反感谈论道德之类的东西，罗尔斯的评论亦甚为合情合理："马克思对关于道德理想（特别是关于正义、自由、平等和友爱的道德理想）的纯粹说教持怀疑态度。他怀疑那些基于虚假的理想主义的理由而支持社会主义的人。他认为，即使从这些理想的角度来看，基于这些理想而对资本主义所做的批判也可能是非历史的，而且会误解推进社会主义事业所必需的经济条件。"（罗尔斯：《政治哲学史讲义》，第371页。）

的，于是，如何在人的自由的基础上建立起道德原则，以及这种建立方式在何种意义上又是马克思主义道德哲学所特有的，便必须被追问。如果经过考察，这些问题都能得到肯定的回答，我们才能够有根据地说马克思主义道德哲学或政治哲学不仅在人们言谈的意义上是存在的，而且在客观的学理意义上也是可能存在的。

一 从一般道德哲学成立的条件看
马克思主义道德哲学何以可能

道德生活意味着人们能够自主地选择自己的行为，因而，自由是道德生活赖以存在的基本前提。道德的基本存在方式便是一个人能够对其行为负责，即人们能够就其某一行为问责于他。而人若没有自由，便与一般自然存在物无异，只能是一种被决定的存在物，不可能有真正不同于其他自然存在物运动的自发的行动，即不可能自发地开启一种因果关系，从而也就不可能对其行为负有责任。在这种情况下，就其某一行为问责于一个人，要他对之负责，便如同问责于一块坠落的石头一般毫无道理可言。换言之，道德生活要可能存在，作为其主体的人便必须至少在某种程度上是自由的，而这一条件又要以世界某种程度上的非决定论性质为条件。主体的自由这一道德生活的必要条件从而也是道德哲学得以可能的条件，无论对于古代道德哲学还是现代道德哲学，在逻辑上都是必然的。

诚然，对于自由观念的强调，对于自由的热切追求，都是近代以来世界的特征，但这绝不意味着古代世界便没有自由，更不意味着古代哲人也未将自由视为道德生活的前提。人们知道，古代主流哲学对于世界的解释是目的论的，万物皆被视为由其理念或形式即本质所决定的生成过程。在其中，人更是一种以"至善"为最高目的的生命存在物。而正是由于这种目的论因果观念，才使得关于世界的决定论呈现一种"宽松"状态。对此，广松涉的评论甚为得当："在古代中世纪的认识中，无论超越性的主宰者是如何的'全能'也并不是它所决定的就是结局，前进过程的路线也并不一定就决定死了。"[①] 因此，在这种指向终极目的的进程中，人并非是被全然决定的，而是有其自主性的。事实上，亚里士多德的实践智慧观念

---

① 广松涉：《事的世界观的前哨》，赵仲明等译，南京大学出版社 2003 年版，第 258 页。

也预设了世界的可改变性, 亦即人通过自己的行动对于世界改变的可能性。① 由于在亚里士多德理论中, 与活动类型相关, 存在着两个世界: 一是 "永恒的东西" 的世界, 二是 "可变事物" 的世界, 因而人的实践领域的自由便能与作为理论智慧之对象的永恒必然的世界共存。

决定论与自由意志之间难以调和的特殊困难, 从一个方面看, 是近代科学观念的转变所导致的。与亚里士多德及中世纪的目的论截然相反, "在笛卡尔看来, 物质世界的一切, 其周围都被传递冲击的微粒所包围, 一切都服从机械的因果性", "笛卡尔排斥亚里士多德的目的因, 结果就把因果关系普泛化了"②。就此而言, 两千多年来西方哲学史的演变, 亦可看作 "关于原因的观念所发生的变化", 即从作为目的的原因, 转向作为冲击的原因。③ 这一对目的因的拒斥, 对机械因果关系普泛化的结果, 便是任何对于世界的解释都只能依据数学化的机械决定论来进行。于是, "在近代的认知中, 结局的必然性是前进过程的因果性连锁的必然结果, 较之结果, 被决定性与前进过程联系得更密切 (比起结局本身)"; "在此, 规律不是到达既定结局的具有一定幅度的 '路线', 而是现实的轨道, 而且, 从事态的进展根据原因不同而被线性地规定上来看它单单是轨迹以上的东西", "只有在此才确立了真正意义上的 '决定论' 的逻辑构制"④。在这样一种机械决定论的条件下, 要说明自由意志何以可能, 便是一件难事了。

---

① 在亚里士多德哲学中, 人类活动被划分为理论、实践和创制三种基本方式。理论的对象是 "出于必然而无条件存在的东西", 即 "永恒的东西"; 而 "创制和实践两者都以可变事物为对象"。尽管在亚里士多德那里, 实践与创制又有所区别, 一般而言, 实践是一种自身构成目的的活动, 而创制的目的则在活动之外, 且与当今马克思主义哲学传统将亚里士多德那里的实践和创制两类活动统一地称为实践不同, 但无论如何, "创制和实践两者都以可变事物为对象", 而理论的对象是 "出于必然而无条件存在的东西", 即 "永恒的东西"。这样, 从可变与不可变性来看, 人的三种类型的活动对应的便是两种不同的世界 (亚里士多德:《尼各马科伦理学》, 苗力田译, 中国社会科学出版社 1990 年版, 第 117、118 页)。显然, 世界的可改变性并不是一个简单的问题, 而是与人的活动的不同类型相关联的, 或者说, 是由人的活动的不同类型所预设的: 作为实践活动之对象的世界必须是可改变的, 改变世界的实践活动才是可能的; 而作为理论活动之对象的世界, 则必须是不可改变的, "出于必然而无条件存在的东西", "永恒的东西", 如是, 理论活动才是可能的。
② 威尔逊:《简说哲学》, 翁绍军译, 上海人民出版社 2005 年版, 第 44 页。
③ 同上书, "序", 第Ⅳ页。
④ 广松涉:《事的世界观的前哨》, 赵仲明等译, 南京大学出版社 2003 年版, 第 258、259 页。

当然，关于自由或自由意志与决定论的关系问题，自近代以来便是一个人们争论不休的难题。一些人主张两者之间的不兼容论，另一些人则相反，主张可兼容论。在此问题上，笔者赞同程炼的见解，认为兼容论或调和论者所持的论证并未能充分证成自己的观点，因此，被常人视为"明确无误的"不兼容论或不调和论就仍是成立的，亦即要使自由存在，世界在某种程度上就必须是非决定论的。但需要指出的是，非决定论的世界并不意味着是一个纯属偶然性的世界。正如程炼所指出的那样，"如果我们的行为都是事先决定的，我们无能为力，那么我们无法承担责任。但在另一方面，如果我们的行为纯属偶然，随机发生，毫无解释，我们也无法承担任何责任"①。因此，使人的自由以及责任能够存在的世界的非决定论性，并不意味着世界的纯粹偶然性，而只是在某种程度上的非决定论性。或者，是世界的非完成性和非封闭性，亦即开放性，即如波普尔的一本书的书名所标示的那样，我们的宇宙是一个"开放的宇宙"。"开放的宇宙"意味着这个世界至少在某种程度上或某种意义上是可改变的，从而人也就能够在行动中有所选择，即具有某种意义上的自由以及可问责性。

这样一来，就对马克思主义哲学提出了一个严重的问题，如果像人们通常所理解的那样，马克思的历史唯物主义是一种历史决定论甚或经济决定论，那么人们如何能够有一种道德生活？进而，如果道德生活尚且不能，我们如何能够有一种道德哲学呢？因此，如果要证成马克思主义能有一种道德哲学，那我们就必须对历史唯物主义做一种能够容纳人的自由的阐释，亦即一种非决定论的阐释。

关于历史唯物主义是一种历史决定论，长期以来被视为一种不可争辩的教条，近十几年来出现一些争议，但上述观点似乎仍是一种占支配地位的看法。一直以来，人们就试图软化传统阐释中的那种僵硬的决定论。这首先休现在上世纪末展开的关于客观规律与人的能动作用关系问题的大讨论之中。起初，人们往往将理论上的困难归咎于机械决定论，以为只要放弃了机械决定论便能容纳人的能动作用。自然科学中对于机械决定论最有力的冲击来自量子力学。既然量子力学的规律只能是统计规律，即不是对于单个粒子运动轨道的确定性描述，那么，这便似乎容许单个粒子不受因果关系的约束。若将这一理论推广至历史领域，似乎能在决定论与人的能

① 程炼：《论自由》，《云南大学学报》2003 年第 5 期。

动作用之间找到一个不相冲突的说明。但这一企图是无法成功的。且不说牛顿力学中使用的那些用于描述单个粒子运动轨迹的概念，诸如位置、动量等，在量子力学中有着十分不同的意义，不能将之混同使用，即便是允许如此使用，也无法解决所欲阐释的问题。试想，即使可将量子力学理论移植于历史领域，将人比附为微观粒子，允许其行动不受因果关系支配，那又如何能够说明人的能动作用呢？至多只是说明了个人的行为可能是未被决定的，但历史作为一个过程总体上却是被决定的。既然如此，那么，个人的活动对于总体历史就既不能有什么影响，也谈不上负道德责任。其实，试图从量子力学中找到某种答案解决决定论与自由意志论之问题的，在国外早已大有人在。罗素在半个多世纪之前就讨论过自由意志论对于量子力学的利用①，科学哲学家弗兰克亦在其著作中驳斥过某些天主教神学家和某些科学家的说法。② 此外还有所谓系统决定论，也试图用系统论来软化机械决定论。在上述讨论中引入的可能性空间理论，使得对于历史规律与人的活动的关系问题的讨论在理论层次上跃升到一个新的水平，一个时期内用此一理论讨论历史规律与人的能动活动的关系，成为一种风尚，甚至有人借助这一理论框架构造起了历史哲学的体系。但这一理论存在着严重缺陷，问题根源在于这一理论的本体论预设。按照这一本体论预设，一方面是为客观规律所支配的世界，另一方面则是具有选择能力的人类主体。人们在这里必然会提出的问题是，如果人类主体也是这个世界之内的存在，那么人类何以就不为那客观规律所支配呢？显然，这只不过是将要解决的问题预设为用来解决问题的理论前提。

长期以来人们对此问题的阐释，总是在这样一种传统的"总问题"或"问题式"中打转，而没有停下来批判地审视一下此问题之根由何在，以及是否有可能在这样一种进路中解决此问题。我们看到，以往的思想进路不是陷于旧唯物主义的机械决定论，就是试图借助某种"辩证法"来消解而不是解决问题，对此种进路的反思，迫使人们试图超越这种视野，进而探寻新的理论视域。人们看到，无论是将主体视为绝对物质的法国唯物主义，还是将主体视为绝对精神的黑格尔主义，尽管俨然如两军对阵，不可调和，但实际上在将主体视为绝对存在物上，两者都是半斤八两的，因而

---

① 参见罗素《宗教与科学》，徐奕春等译，商务印书馆1982年版，第75—88页。
② 参见弗兰克《科学的哲学》，许良英译，上海人民出版社1985年版，第273—278页。

只是在这两者之间左冲右突，是不可能找到出路的。要超越这种绝对主体的形而上学，只能从有限主体或主体的有限性出发，这便是康德哲学的进路。对于马克思哲学而言，这一进路便是将之从以往法国唯物主义式的阐释和黑格尔主义式的阐释中解放出来，而对之做一种近康德式的阐释。

对马克思哲学做一种近康德式的阐释，不仅是必要的，而且在客观上也是可能的。这一可能性就在于，马克思对黑格尔绝对唯心主义的批判，在某种程度上接近了康德的哲学观念。关于马克思哲学近康德阐释的必要性、可能性和限度，笔者在另文中有过比较详细的讨论，这里只能撮其要点。① 这种阐释的核心要点就是，与康德哲学在现象与物自体或本体之间以及理论理性与实践理性之间的基本划界相对应，马克思实际上也在思维主体与实在主体、理论活动与实践活动之间做了类似的划界。我们且从马克思在对黑格尔的批判中对于自己方法的阐发说起："黑格尔陷入幻觉，把实在理解为自我综合、自我深化和自我运动的思维的结果，其实，从抽象上升到具体的方法，只是思维用来掌握具体并把它当作一个精神上的具体再现出来的方式。但决不是具体本身的产生过程……具体总体作为思想总体、作为思想具体，事实上是思维的、理解的产物；但是，决不是处于直观和表象之外或驾于其上而思维着的、自我产生着的概念的产物，而是把直观和表象加工成概念这一过程的产物。整体，当它在头脑中作为思想整体而出现时，是思维着的头脑的产物，这个头脑用它所专有的方式掌握世界，而这种方式是不同于对世界的艺术的、宗教的、实践精神的掌握的。实在主体仍然是在头脑之外保持着它的独立性；只要这个头脑还仅仅是思辨地、理论地活动着。因此，就是在理论方法上，主体，即社会，也必须始终作为前提浮现在表象面前。"②

在这段被人们经常引用，但往往做了黑格尔主义阐释的话中，马克思要表达的意思有两点：其一是思维及其产物"思想具体"同"实在主体"的差别与对待。按照马克思历史唯物主义的一般观念，这里所说的"实在主体"便正是他在同一段话中所说的人对于世界的"实践精神的掌握"及其产物即"社会"。马克思在上述引文中之所以对黑格尔思辨方法进行了

① 参见王南湜《马克思哲学的近康德阐释（上）——其意谓与必要性》、《马克思哲学的近康德阐释（下）——其可能性与限度》，《社会科学辑刊》2014 年第 4、5 期。

② 《马克思恩格斯全集》第 46 卷（上），人民出版社 1979 年版，第 38—39 页。

批判，是因为黑格尔将"思维"与"实在主体"唯心主义地合而为一了，使思维成了"绝对"或"无对"；而在马克思这里，"思维"与"实在主体"则是"相对"或"有对"的。思维既然"有对"，便是有限的，不能自足，而只能以"对方"即"实在主体"为对象。亦即"在理论方法上，主体，即社会，也必须始终作为前提浮现在表象面前"所要表达的意思。正是由于肯定思维与实在或理论与实践之间的这种差别与对待，才使得辩证法具有了唯物主义的维度。于是，这自然也是马克思所说的其辩证方法与黑格尔的辩证法截然相反之义。显然，马克思此处所说的唯物主义对于方法绝非外在的标签，而是一种本质性的改变。在这里，唯物主义就意味着对于马克思而言，"实在主体"是外在于其辩证方法的，绝不能把思维主体借助于辩证法所把握的"思维具体"等同于"实在主体"。对于唯心主义者黑格尔来说，作为主体的绝对精神既然是"绝对"或"无对"的，那么所谓思维运动便是这一主体的自我认识，即主体"自我综合、自我深化"。而对于马克思来说，既然思维是"有对"或"相对"的，那么思维具体便只能是对于现实经济社会中的一种观念的描述。因此，"在研究经济范畴的发展时，正如在研究任何历史科学、社会科学时一样，应当时刻把握住：无论在现实中或在头脑中，主体——这里是现代资产阶级社会——都是既定的：因而范畴表现这个一定社会即这个主体的存在形式、存在规定、常常只是个别的侧面；因此，这个一定社会在科学上也决不是在把它当作这样一个社会来谈论的时候才开始存在的"①。而"材料的生命一旦观念地反映出来，呈现在我们面前的就好象是一个先验的结构了"②。马克思用了一个"好像"，就把自己与黑格尔严格地区别开了。在黑格尔那里，"材料的生命"所呈现的正是一个"先验的结构"，与之相反，在马克思这里却"好像是一个先验的结构"，而实际上当然不是。

既然思维主体所把握的"思维具体"只"好像"是一个"先验的结构"，而绝非如在黑格尔那里那样正是一个"先验的结构"，那么，这个"思维具体"在存在论上的地位便犹如康德哲学中的现象界，是思维把握"实在主体"的产物，而其本身并无直接的实在性。这样，我们就不难推断出，在马克思哲学观念中，可以说存在着两个层面，一是直接实在的实

① 《马克思恩格斯全集》第 46 卷（上），人民出版社 1979 年版，第 44 页。
② 《马克思恩格斯全集》第 23 卷，人民出版社 1972 年版，第 23—24 页。

践世界或实在世界，这是由实践主体的实践活动所构成的马克思所说的"实在主体"；二是由思维主体的理论活动所构成的理论世界或马克思所说的"思维具体"。而这便意味着，与黑格尔把"思维过程"视为"是现实事物的创造主，而现实事物只是思维过程的外部表现""截然相反"，马克思的辩证法是只限于理论世界范围内的，只是对于那一"实在主体"的观念把握。显然，这样一种辩证法便只能是理论思维把握"实在主体"之辩证方法，因而是一种近于康德之二元论哲学的辩证法。当然，马克思的辩证法只是"近于"，而不是"等于"康德哲学。

既然在马克思那里思维主体始终是与"实在主体""有对"的，这也就意味着，即便他关于历史发展过程的描述表现为一种决定论的形态，这种决定论最多也只是思维所构造的理论世界中的决定论，而非人的实践活动所构成的"实在主体"，即实在世界中的决定论。至于实在世界，由于存在于理论世界之外，因而便可能是非决定论性的。当然，理论世界中的决定论如果确实是客观有效的话，它便并非纯属主观的理论构造，而是在某种意义上也表现了实在世界的存在状况，但这种表现只是在某种意义或程度上的，而非全然的对应。由此可以推论，就与"思维"或理论世界相对待的"实在主体"或实在世界而言，至少可能是非决定论性的。

如此一来，在马克思哲学中，决定论与自由意志的关系问题便获得了一种新的理解。这种理解在某种意义上也是一种"兼容论"或"调和论"，但不是诉诸某种心理学或可能世界之类形而上学假设的粗陋的直接兼容论，而是一种基于人的有限性以及理论世界与实践世界之划界的相当特殊的兼容论。显然，这种模式的兼容论是康德最先提出来的，而根据我们这里的理解，马克思则基于其唯物主义实践哲学立场给予了某种改造。

如果决定论只属于思维构造起来用于把握实在的理论世界，而实在世界并非是完全决定论的，那么，就可进一步推论出，尽管在理论世界中一切都是被决定的，但在实在世界中人的活动却是可能具有某种自由或可选择性的。人的自由意味着，人在行动中既然是未被全然决定的，那么必须做出选择才能行动；而要做选择就不能不依据某种准则，而这选择所依据的准则，便是他行动的规范性原则或道德准则。准此，则在这种对马克思哲学的阐释中，人的道德生活便是可能的，从而一种马克思主义道德哲学也便是可能的。

二　从现代道德哲学的一般特征看
马克思主义道德哲学何以可能

　　前述马克思主义道德哲学的可能性，还只是在一种十分抽象的意义上说的。它只是说历史唯物主义关于世界的决定论描述如果能够与人的自由兼容，则建立一种道德哲学是可能的。但仅仅基于这样一种条件建立的道德哲学可以是任何一种样式的，尚不能将之定位于马克思所处的时代，而那种超时代性的理论，恰恰是马克思所极力反对的。因而，我们必须进一步从现代道德哲学的一般特征来看马克思主义道德哲学是否可能的问题。之所以提出这一问题，是因为在对马克思主义道德哲学的阐释中，似乎存在着一种将之解释为类似于古代的"至善论"或"完美论"的倾向（当然，还有功利主义的阐释倾向，以及至善论与功利论的混合倾向）。因此，我们这里还需要辨明的问题是，马克思主义道德哲学作为一种现代道德哲学是否可能。

　　现代道德哲学的一般特征是与古代道德哲学相比较而言的。关于这种差异，道德哲学史研究者们有诸多不同表述。西季威克认为："古代伦理学讨论区别于现代伦理学讨论的主要特点，是它表达关于行为的常识道德判断时使用的是一般概念而不是特殊概念。德性或正当的行为常常只被看作一种善，因而按照这种道德直觉的观点，当我们试图使自己的行为系统化时，首先碰到的问题就是如何确定这种善同其他种类的善的关系。"[1] 罗尔斯在《道德哲学史讲义》中引用了这段话之后，认为"我们可以得出这样的结论：古代人探讨着达到真正幸福或至善的最合理途径，他们探索着合乎德性的行为、作为美德之品格的诸方面——勇敢和节制、智慧和正义，这些本身就是善的美德——如何与那个至善发生着关系，无论它们是作为手段，是作为组成部分，或者两者都是。而现代人首先问的问题是，至少在第一种情况下，现代人首先问的是，他们视什么为正当理性的权威规定，关于理性的这些规定导致了权利、职责和责任。只是在此之后，他们的注意力才转向这些规定允许我们去追求和珍视的善"[2]。两人所说的核

---

　　①　西季威克:《伦理学方法》，廖申白译，中国社会科学出版社1993年版，第127—128页。
　　②　罗尔斯:《道德哲学史讲义》，张国清译，上海三联书店2003年版，第4—5页。

心之点是古代道德哲学把正当从属于一般的善，而现代道德哲学则将正当从一般的善之中分离出来，作为首先要追问的对象。

关于古代的道德哲学或伦理学，如果我们像麦金太尔那样，将亚里士多德的伦理学视为古代道德哲学或伦理学典范，那么，如其所言，"在亚里士多德的目的论体系中，偶然所是的人与实现其本质性而可能所是的人之间有一种根本的对比。伦理学就是一门使人们能够理解他们是如何从前一状态转化到后一状态的科学"①。这里关键问题是"偶然所是的人"是如何由于服从道德律从而"实现其本质性"的。而现代道德哲学所关注的问题则大不相同，甚至恰恰相反："在 17、18 世纪，把道德当成服从的常规概念日益受到正在形成的、把道德当成自治（self‑governance）的概念的挑战"。这种观念认为，"所有正常的个体都同样有能力按照一种自治的道德生活在一起；18 世纪末出现的新观点就是以这种信念为核心的"。这种"作为自治的道德概念为社会空间提供了一个概念性构架；在其中，我们每个人都有权利要求，在没有国家、教会、邻居以及那些认为他们比我们更好、更明智的人的干涉下，自主地行动。而旧的、作为服从的道德概念却缺少这些含义"②。

道德观念的这种根本性转变，以一种极为显著的方式体现在西方道德哲学中自然法这一核心概念含义的变化中，即从一种基于宇宙性的道德目的论的自然法观念，转变为基于个体自我保存之理性权衡的自然法观念。施特劳斯在《自然权利与历史》一书中，对这种转变做了深刻的描述。正如甘阳在该著译者序言中所指出的那样，该书之核心概念"natural right 一词指称两种正好对立的观念，即一是他所谓的古典的 natural right 学说，另一种则是他所谓现代的 natural right 学说。在指古典学说时他的 natural right 用法基本应该读作'自然正确'、'自然正当'，或更准确些可译为'古典的自然正义说'；而在指现代学说时则就是指人们熟悉的西方 17 世纪以来兴起的所谓'自然权利'或'天赋权利'说……施特劳斯全书的基本思想实际就是论证，17 世纪以来西方现代'自然权利'或'天赋权利'说及其带来的'历史观念'的兴起，导致了西方古典的'自然正义'或'自

---

① 麦金太尔：《追寻美德——伦理理论研究》，宋继杰译，译林出版社 2003 年版，第 67 页。
② 施尼温德：《自律的发明：近代道德哲学史》，张志平译，上海三联书店 2012 年版，第 4、5 页。

然法'（Natural Law）的衰亡"①。

道德观念的这种转变所提出的首要问题乃是现代道德哲学的一般出发点问题。基于现代社会道德生活自治的观念，一种意在说明现代人道德生活自治的理论，便只能从个体的人的存在出发，而不能从古代道德哲学之预设的客观目的论出发。而道德观念从古代到现代的这一转变，还导致了道德哲学核心问题的转变，以及现代道德哲学特殊的理论困难或难题。

古代道德哲学的主导性范式是目的论的，但这种目的论不是道德哲学中一种特设性的原则，而是与其本体论中的目的论一脉相承的，或者说道德哲学中的目的论只是古代哲学一般目的论体系的一个分支而已。这一情况对于理解古代道德哲学有着十分重要的意义。这样一种目的论体系的典范是亚里士多德的"四因说"。亚里士多德指出，所谓解释世界，从根本上说，就是探究万物生灭变动的原因，而不仅仅是将自然的本原归结为某种或几种元素。而"原因则可分为四项而予以列举"，即"质料因""形式因""动力因""目的因"。②"后面三种原因在多数情况下都可以合而为一，因为所是的那个东西和所为的那个东西是同一的，而运动的最初本原又和这两者在种上相同"③。显然，"将四因归结为二因，这对亚里士多德的第一哲学研究本体的构成有着重要意义"④。同时对于整个西方哲学的发展，都有着十分重大的意义。这是因为，所谓解释世界，无非就是找出事物动变的原因，但既然事物之动变原因无非是"质料"（"物质"）和"形式"（"理念""观念"），那么，解释世界的方法论原则从根本上来说就只有两种可能的方式：质料论（唯物论）与形式论（观念论）。这其中的根本差别在于质料与形式概念的差别。根据亚里士多德的描述，其间的差别主要在于：首先，质料是基质或基础，是被规定者，是潜能，而形式是上层，是规定者，是现实；其次，质料既然是被规定者，就是受动者，而形式既然是规定者，就是能动者；再次，质料既然是被规定者、受动者，那就是可被改变的，而形式既然是规定者、施动者，便是永恒的，不变的。基于这种差别，所谓质料论或唯物论地解释世界，便是从可被规定、改变

---

① 甘阳：《政治哲人施特劳斯：古典保守主义政治哲学的复兴》，载施特劳斯《自然权利与历史》，彭刚译，生活·读书·新知三联书店2003年版，第11页。

② 亚里士多德：《形而上学》，吴寿彭译，商务印书馆1959年版，第6、84页。

③ 《亚里士多德全集》第2卷，中国人民大学出版社1991年版，第49页。

④ 姚介厚：《西方哲学史》第2卷，凤凰出版社2005年版，第717页。

的基质或基础、下层、潜能出发，去说明事物的动变；而所谓形式论或观念论地解释世界，便是从永恒的、不变的上层、目的、理念出发，去说明事物的动变。而这就构成了两种对立的因果观念，前者基于既有存在，基于事实性，是一种基础条件论因果观，后者则基于未来存在，基于规范性、目的性，是一种目的论因果观。

在西方古代哲学中，占支配地位的是苏格拉底、柏拉图、亚里士多德的目的论。在这种理论中，人作为一种特殊的存在物，自然有其内在形式或观念，这就规定了人的本质。而人的现实存在便是一种实现其本质的过程。这内在本质规定了人的活动规则，包括道德规范。但在古代伦理学或道德哲学中，这一规范不是作为一种抽象的规则性的东西去规定人的行为，而是人的德性或美德之表现。对于这种伦理学而言，一个人不是由于遵循了某种道德规则而成为有德之人的，而是由于他是一个有德之人而表现出了这些美德或德性所要求的东西。"美德是这样一些品质，拥有它们就会使一个人获致 eudaimonia（幸福），缺少它们则会妨碍他趋向于这个目的（telos）"①。换言之，"对于德性论来说，它主要是评价人的品质，对于人的行为的评价是根据对于人的品质的评价派生出来的；也就是说，德性论的观念基础是：道德之为道德，主要在于一个人的内在品质——只是具有了某种内在的品质，才是一个道德的人，只有道德的人才能有道德的行为。德性论所关心的问题是一个人应当成为一个什么样的人，其中心主题是人的自我实现，也就是一个人根据一定的目的，如何实现自我完善"②。因此，在这种伦理学框架中，关于人的道德哲学的前提设定与本体论是全然一致的。

然而，在现代道德哲学中，一种古代不曾有的问题出现了，这就是与古代基于目的论的德性论不同，现代道德哲学既然是基于道德自治的，那么它便必须从道德主体自身引出道德规范原则，此即所谓道德自律，而由于伽利略以来科学的发展所导致的目的论因果观被废弃，它便不能像古代那样直接从作为人之本质的客观目的中获得这种目标；但既然道德规范应是普遍适用的，它也不能直接从个体的特殊存在引申出来。此即现代道德

---

① 麦金太尔：《追寻美德——伦理理论研究》，宋继杰译，译林出版社 2003 年版，第 187 页。

② 崔宜明：《德性论与规范论》，《华东师范大学学报》2002 年第 3 期。

哲学所面临的理论难题。这也就是罗尔斯所指出的从道德自治的观念引出的几个问题:"第一个问题:道德秩序要求我们摆脱一个外在的来源吗?或者它以某种方式产生于(作为理性,作为情感,或作为两者都是)人类本质自身吗?它产生于我们在社会中一起生活的需要吗?""第二个问题:是只有一些人或极少数人(如神职人员)能够直接地掌握'我们将如何行动'的知识或达到那种意识,还是凡是具有正常理性能力和良知的每个人都能够做到这一点呢?""第三个问题:我们究竟是必须通过某个外在的动机才能被说服,被迫使我们自身与道德要求保持一致,还是我们是如此地善于约束自身,以至从本质上我们具有充分的动机引导我们去做我们应该做的行为,而不需要外在的引导?"①

与古代道德哲学不同,任何一种现代道德哲学理论都必须回答这些问题。而在对这些问题的回答中,各种道德哲学路向之间产生了分歧。从一个方面看,如人们所指出的那样,这些不同的道德哲学路向对于道德规则的内容并无根本性分歧,"这些著作家们对实际的是非善恶多少达成了一致意见。他们对道德内容不表示异议,对其有关权利、职责和责任等等实际上是什么的第一原理不表示异议"②。但另一方面,由于从道德自治所引出问题的困难性,人们对于如何建立这些规则,却存在着根本性的分歧,并由之形成了不同的道德哲学派别。关于这些道德哲学派别,一些论者将之划分为四种③,但亦有人试图进一步将之归结为意志主义与理性主义两种进路④,以及对两种进路的康德式超越。

---

① 罗尔斯:《道德哲学史讲义》,张国清译,上海三联书店 2003 年版,第 14—15 页。

② 同上书,第 15 页。

③ 如罗尔斯将之划分为四个学派:自然法学派,包括苏亚雷斯、格劳秀斯、洛克等;道德感性学派,包括沙夫茨伯里、哈奇森、休谟等;德意志学派,包括莱布尼茨、沃尔夫、康德、黑格尔等;理性直观学派,包括克拉克、里德等(罗尔斯:《道德哲学史讲义》,第 14 页)。他的学生科尔斯戈德则对之有所改进,将现代道德哲学划分为唯意志论(包括霍布斯、普芬道夫等),实在论(包括克拉克、摩尔等),反思性认可论(包括哈奇森、休谟等),康德、罗尔斯的"自律"论等四个派别(科尔斯戈德:《规范性的来源》,杨顺利译,上海译文出版社 2010 年版,第 20—21 页)。前一种划分将莱布尼茨、沃尔夫与康德、黑格尔一股脑儿划拨于笼统的"德意志学派"之中,显然是有问题的,而后一种划分则大大地消除了罗尔斯划分中的疏漏。

④ 如施尼温德便依照意志主义与理性主义两种进路安排其论述结构(施尼温德:《自律的发明:近代道德哲学史》,第 8—14 页);吴彦则直接指出了意志论与理性主义的对立及康德对两者的综合是理解康德法哲学之框架:"我所设定的理解框架就是源自中世纪后期的一个争论:意志论与理性主义的争论。"(吴彦:《康德法律哲学的两种阐释路向:起源与基础》,载邓正来主编《复旦政治哲学评论》,上海人民出版社 2010 年版,第 176 页)。若从"贯穿于西方历史中的希腊文化传统与希伯来文化传统的内在张力——理性主义与意志论之间的张力便是其根本体现"来看,这当是一个更具解释力的理解框架。

由于意志主义与理性主义均未能合理地解决上述问题，因而"这两个传统在一定程度上都不让人满意"，这便引出了康德式超越的必要性。康德的"根本目的就旨在调和两个不同的思想传统……一方面是批判意志论的经验主义理解，另一方面是批判自然法的理性主义理解"①。但康德所要做的却不是简单的调和，而是要通过这样一种"调和"或者说辩证法，将意志理性化，从而从根基上论证道德自律，排除他律的道德哲学。康德"对传统意义上的理智与意志理论进行根本意义上的改造，从而将意志论传统与理性主义传统在一个更为一般的框架中整合起来。这种整合在其道德哲学层面表现为一种意志的理性化趋向，即将意志设定为一种摆脱自然因果性的能力，从而使意志脱离一种（尤其是在霍布斯那里表现出来的）经验主义的意志观念——即把意志等同于欲望"②。

关于自律与他律，康德写道："如果意志除了在其准则对它自己的普遍立法的适合性以外，在任何别的地方，从而，如果它走出自身之外，在它的任何一个客体的性状中，寻求这个应当规定意志的法则，那么任何时候都会冒出他律来。在这种情况下就不是意志给自己立法，而是客体通过它对意志的关系给意志立法。这种关系，不管它基于爱好还是基于理性的表象，都只是让假言命令成为可能：我应当做某件事情，是因为我想要某种别的东西。相反，道德的、因而定言的命令是：即使我不想要任何别的东西，我也应当如此这般地行动。"③依照这一道德的自律与他律的区分，非自律的道德便不是道德的，而一种非自律的道德哲学便也并非真正的道德哲学。因此，无论是莱布尼茨、克拉克理性主义直观论的至善论，还是休谟、哈奇森等人的情感主义的功利论，都是他律的道德哲学理论，都并非真正意义上的道德哲学。毫无疑问，康德这一标准所依据的是其关于现代性道德生活的理解。在某种意义上我们似乎可以说，只是到了康德哲学中，才真正首次证成了现代道德哲学所追寻的最高目标的道德自律。

当然，尽管康德被科尔斯戈德视为现代道德哲学发展进程中的顶峰，但其道德哲学是否证成了严格意义上的自律论，人们也是有疑问的。其中关键在于，康德是通过将意志理性化而超越传统的意志主义与理性主义两

---

① 吴彦：《康德法律哲学的两种阐释路向：起源与基础》，载邓正来主编《复旦政治哲学评论》，上海人民出版社 2010 年版，第 176—179 页。

② 同上书，第 179 页。

③ 康德：《道德形而上学奠基》，杨云飞译，人民出版社 2013 年版，第 80 页。

大传统的，但将意志理性化，却不可避免地会导致某种超出意志论原则的东西。这便是一些研究者所指出的康德论证中两种原则之间的张力问题。马尔霍兰指出："康德政治哲学中的这个问题可以被视为存在于自然法原则同自由原则、契约主义之间的紧张。我试图表明，尽管康德想要尽最大可能地维护自由的理念，但最终却不得不选择自然法证明，而非契约主义的证明。"① 而契约主义原则与自然法原则之间的紧张，正是意志主义传统与理性主义传统之间紧张的一种体现。这一贯穿西方文化的紧张，虽几经变迁，但并未被彻底消除。马尔霍兰的意思是说，即便在康德道德哲学中，也未能将意志主义与理性主义逻辑一贯地统一起来。而其他的康德研究者在此问题上也往往默认了这一点。如20世纪最重要的康德主义者罗尔斯在论及与意志主义同理性主义的紧张相关的正当或权利的优先性问题时，曾指出："我们务必小心翼翼地理解'权利的优先性'的意义。其意思并非指康德道德学说不包括善的观念，也不意指被使用的那些观念通过某种方式推论于一个以前的具体的权利概念"。"关于权利的优先性的一个重要见解是，权利和善是互补的：权利的优先性并不否认这一点。要是没有一个或多个关于善的观念，那么任何一个道德学说都将一事无成。"② 墨菲也认为："在设定道德正当性之标准时，我们必须将如下目的视为每个人之自由行动的约束条件：（1）自由（作为理性目的）；（2）幸福和完善（作为人性的两个本质性目的）。"③ 但若就此认为，在康德那里，权利优先能够包容"权利和善是互补的"这样的规定，则恐怕是走得太远了。毫无疑问，如墨菲所言，在康德那里，由于引入了"人的本质性目的"而需要预设一种自然目的论，即设定"人就是创造在这个尘世上的最终目的，因为人是尘世唯一能够给自己形成一个关于目的的概念，并能够通过自己的理性把合目的地形成的诸般事物的集合体变成一个目的系统的存在者"④，且"这种与道德相关的'自然中的法'观念就是被视为一个过程的'法'；即旨在促进作为自然之最终目的的人类的发展"⑤。然而，这种"自然中的目的论法则"在康德那里只是一种"好像"，是一种理念性的

① 马尔霍兰：《康德的权利体系》，赵明等译，商务印书馆2011年版，第152页。
② 罗尔斯：《道德哲学史讲义》，张国清译，上海三联书店2003年版，第313页。
③ 墨菲：《康德：权力哲学》，吴彦译，中国法制出版社2010年版，第103页。
④ 《康德著作全集》第5卷，中国人民大学出版社2007年版，第444页。
⑤ 墨菲：《康德：权利哲学》，吴彦译，中国法制出版社2010年版，第91页。

东西，它对于现实的意志只是一种起调节性作用的东西，而非科学的事实，因而这种自然目的论本身只是一种绝对命令得以应用的"自然的框架"。

在现代道德哲学本质上是道德自律的哲学的意义上，如果要使马克思主义道德哲学在现代意义上得以可能，或者说，如果我们要建构一种适合于现代社会的马克思主义道德哲学的话，那么，它必定只能是一种自律论的道德哲学。由此，不仅那种基于经济基础对于上层建筑的决定性原则而建立的道德哲学理论，而且那种基于集体功利原则建立的道德哲学也是他律论的，从而就都是离开了马克思的基本哲学观念的。但在这样一种关于现代道德哲学的理解框架中，任何一种道德哲学都必须以某种方式对于道德主体与道德原则之关系给出某种解决方案。马克思主义道德哲学自然亦必须提出自己的解决方案。而对于任何一种解决方案而言，首要的问题便是理论的出发点问题。

在对马克思哲学的传统阐释中，人们往往不假思索地将其出发点理解为某种总体性的东西，进而将其道德哲学或伦理学亦建立在这种总体性的出发点上。毫无疑问，基于这种出发点的阐释方式是能够容易地得出某种人们所欲得出的道德哲学结论的，但在理论上却是没有任何根据的。按照马克思的基本观念，任何道德生活方式都必然是与构成社会生活之基础的生产方式相适应的。现代生产方式的根本特点是与古代自然经济截然不同的市场经济，而市场经济所导致的一个根本性的社会后果是传统的共同体生活不再可能，社会生活的个体化成为一种趋势。对此，马克思写道："我们越往前追溯历史，个人，从而也是进行生产的个人，就越表现为不独立，从属于一个较大的整体：最初还是十分自然地在家庭和扩大成为氏族的家庭中；后来是在由氏族间的冲突和融合而产生的各种形式的公社中。只有到十八世纪，在'市民社会'中，社会联系的各种形式，对个人说来，才只是表现为达到他私人目的的手段，才表现为外在的必然性。""但是，产生这种孤立个人的观点的时代，正是具有迄今为止最发达的社会关系（从这种观点看来是一般关系）的时代。人是最名副其实的政治动物，不仅是一种合群的动物，而且是只有在社会中才能独立的动物。"① 然而，马克思的后一段话往往并非像人们所理解的那样，是要肯定现代社会

---

① 《马克思恩格斯全集》第46卷（上），人民出版社1979年版，第21页。

中的人们比古代社会具有更多的共同体性质的关联，而是对现代社会中人们之间社会关系的存在方式与古代社会做了一种客观的对比。在古代人们之间的社会关系是一种"人的依赖关系"，而现代社会中人们之间的关系则是一种"以物的依赖性为基础的人的独立性"。这种"物的依赖性"便是"社会联系的物化"。这种转变得以发生的根源在于："每个个人以物的形式占有社会权力。如果你从物那里夺去这种社会权力，那你就必须赋予人以支配人的这种权力。"① 而正是这种作为"历史的产物"的"物的联系"②，才使得现代社会中的人表现出一种与古代社会中的人不同的个人的独立性来。但这种"物的联系"并不意味着这种联系本身就能构成一个类似于传统共同体那样的使得传统的道德生活得以可能的共同体，而只是指明了一个事实，那就是借助于市场交换的间接性的"物的联系"取代了直接性的"人的依赖关系"。在马克思看来，那种试图回到古代共同体的想法，纯属脱离时代的幻想。如果我们看一看马克思对这两种不同的社会联系方式的评价，便会很清楚马克思的价值取向何在："毫无疑问，这种物的联系比单个人之间没有联系要好，或者比只是以自然血缘关系和统治服从关系为基础的地方性联系要好。"③ 而且，马克思所设想的未来的理想社会也是一种"自由人联合体"④，即"在控制了自己的生存条件和社会全体成员的生存条件的革命无产者的集体中……在这个集体中个人是作为个人参加的。它是个人的这样一种联合（自然是以当时已经发达的生产力为基础的），这种联合把个人的自由发展和运动的条件置于他们的控制之下"⑤。显然，"自由人的联合体"与直接的人的依赖关系不同，它是那种基于个人独立性而在现代社会条件下的联合。

这样一来，如果我们认为马克思主义道德哲学是一种适合于现代社会的道德哲学，而非超时代的，且马克思主义道德哲学必须与马克思关于现代社会的认识相一致的话，那么，任何关于马克思主义道德哲学的建构，

---

① 《马克思恩格斯全集》第 46 卷（上），人民出版社 1979 年版，第 106、104 页。

② 同上书，第 108 页。

③ 同上书，第 108 页。

④ 这一表述见《马克思恩格斯全集》第 23 卷，人民出版社 1972 年版，第 95 页。类似的表述则是《共产党宣言》中那句著名的话："代替那存在着阶级和阶级对立的资产阶级旧社会的，将是这样一个联合体，在那里，每个人的自由发展是一切人的自由发展的条件。"（《马克思恩格斯选集》第 1 卷，人民出版社 1995 年版，第 294 页。）

⑤ 《马克思恩格斯全集》第 3 卷，人民出版社 1960 年版，第 84—85 页。

便亦必须从个体的人出发。当然，马克思所设想的作为其理论出发点之"现实的前提"的个人是具备了丰富的社会关系的"现实的个人"，而非抽象的鲁滨逊式的个人。因而在马克思主义道德哲学中作为出发点的便绝非古代社会那种凌驾于个人之上的整体。因此，那种试图从马克思关于人的本质是一切社会关系总和的论述去否定马克思出发点是"现实的个人"的论点，从根本上说是远离了马克思的基本观念的。与之相关，那种直接从作为社会存在的经济基础推导出作为社会意识形态的道德观念的理论方式，其错误不仅在于预设了历史决定论的前提，从而使得道德生活以及道德哲学不再可能，而且还在于其从根本上对于马克思关于从"现实中的个人"出发的基本方法论的否认，而这使得马克思主义道德哲学不再可能是关于现代社会的，从而也不再可能是适于现代社会的。就此而言，前马克思主义者麦金太尔在成为社群主义之后反过来批评马克思主义的说法便在某种意义上是有道理的："马克思主义本身所患的严重且危险的道德贫困症，既是因为它背离了自由主义，同样又是因为它承继了自由主义的个人主义。"① 说马克思主义背离了自由主义，这自然没错，说它承继了自由主义的个人主义，在某种程度上也是对的，但认为"马克思主义的道德上的缺陷与失败源于它——和自由主义的个人主义一样——在一定程度上体现了独特的现代的和现代化中的世界的精神气质；而恰恰是对这种精神气质的大部分内容的拒斥，将为我们提供一种从合理性与道德上都可辩护的立场，我们以此去判断和行动，而且依据它去评价各种对立、异质且竞相要求我们信奉的道德体系"②，则大错。这是因为麦金太尔后来的社群主义立场，作为一种揭示现代社会种种问题的现代性批判，以使人们警觉现代性的弊端则可，但要作为一种解决现代性问题的"药方"，通过复兴古代的德性论来解决现代性问题，则显然脱离了时代。

如果马克思主义道德哲学也必须从个人出发去说明道德原则或建构道德原则，那么，它可能以何种方式进行这种建构呢？诚然，马克思并未具体地进行过这种建构，但这并不排斥我们可以依据马克思的基本哲学观念去推断一种合乎情理的建构。如果我们所推断的建构是基于马克思的基本

---

① 麦金太尔：《追寻美德——伦理理论研究》，宋继杰译，译林出版社 2003 年版，"序言"，第 2 页。

② 同上。

哲学观念的，那么，这种建构的结果虽然并非马克思本人的构想，但却毫无疑问应该是属于马克思主义道德哲学的。

马克思哲学的出发点是"现实的个人"或"现实中的个人"。所谓"现实中的个人"，便是"从事活动的，进行物质生产的，因而是在一定的物质的、不受他们任意支配的界限、前提和条件下活动着的"。"这种观点表明，人创造环境，同样，环境也创造人"①。马克思的基本观念是，一方面，人是受到一定的物质条件限制的；另一方面，人又是在这种受限制的条件下能动地活动着的。请注意马克思关于"现实的个人"是"在一定的物质的、不受他们任意支配的界限、前提和条件下活动着的"这样一种表述。②"活动着的"，这里意味着人是能动的行为主体，是作为能够开启一个因果链条的主体而存在的，从而他的行动是能够自行决定的。但作为一种理性的动物或能反思的动物，他又必须为自己的行动提供适当的理由，而不能仅凭感受性而行动。这行动的理由，便是其行动的准则或者规范。但人并非孤立的个体，而是一种社会性存在，因而其行动的准则或规范，又须与他人达成共识，从而成为普遍性的规范，即成为一种"原则"或"规律"。如果这种作为其行动准则的规范性原则是行动主体自己设定或建构的，那么，这里所说的遵循道德规范而行动，便是一种康德意义上的"自律"，而非"他律"。

从人是一种能动的存在者出发，还只是证成道德自律的必要条件，而非充分条件。而从前述现代道德哲学，特别是康德哲学在论证道德自律的逻辑要求来看，要在马克思哲学的基本原则上证成这种道德自律论，亦须建立某种意义上的目的论。人们一般认为目的论是唯心主义的，因而在马克思那里不可能存在一种目的论。但如果不是作为普遍的目的论，而是限于人类活动的历史领域的话，目的论就并非只能是唯心主义专有的，也可以有唯物主义的目的论。而且，如果我们仔细考察马克思著作的话，就会

---

①　《马克思恩格斯选集》第 1 卷，人民出版社 1995 年版，第 71—72、92 页。

②　这里引用的是 1995 年版的《马克思恩格斯选集》的中译文，而 1956 年版的《马克思恩格斯全集》以及 1972 年版的《马克思恩格斯选集》的中译文则是："在一定的物质的、不受他们任意支配的界限、前提和条件下能动地表现自己的"（《马克思恩格斯全集》第 3 卷，人民出版社 1956 年版，第 29 页；《马克思恩格斯选集》第 1 卷，人民出版社 1972 年版，第 29—30 页）。译文的关键是"活动着的"一词，根据《现代汉语词典》中"活动"一词的释义，以及"活动"一词在德汉两种语言中含义的差异，旧版翻译为"能动地表现自己"，当能更好地传达马克思原文的意思。

发现，其中确实包含着一种目的论思想。最为明确的是马克思在《资本论》第三卷论述必然王国和自由王国时说过的两句话："事实上，自由王国只是在由必需和外在目的规定要做的劳动终止的地方才开始"；"在这个必然王国的彼岸，作为目的本身的人类能力的发展，真正的自由王国，就开始了"。在这两段话中，特别值得注意的是这两个短语："外在目的"和"作为目的本身的人类能力的发展"。这两句话所表达的意思，如果其后面没有一种目的论思想支撑的话，那么是无法理解的。因而，毫无疑问，马克思那里也是有一种目的论思想的。只是马克思的目的论既与亚里士多德的实体性目的论不同，亦与康德的形式性目的论不同，它是一种基于物质生产实践的唯物主义目的论，或者说实践性目的论。①

如果比照康德对于道德自律论的建构，我们从人的能动性出发，将之作为一种建构性原则，并将"作为目的本身的人类能力的发展"的实践目的论作为一种调节性原则，就能够在马克思哲学的基本原则基础上，超越意志主义与理性主义的对立，证成一种马克思主义的道德自律论。②

三　从历史唯物主义的前提性看马克思主义道德哲学何以可能

至此，我们只是将基于个人的自律作为建构马克思主义道德哲学的条件。但这样建构起来的道德哲学理论仍然只是一种一般意义上适合于现代社会的自律的道德理论，这种理论还不能区别于其他现代道德哲学理论，至少还不能区别于康德的道德哲学理论。因此，我们还必须继续前进，探寻真正属于马克思的那种独特的现代道德哲学建构方式。为此，我们必须回到马克思的历史唯物主义。因为正是历史唯物主义基本原则的前提性，才规定了马克思主义道德哲学区别于其他任何一种道德哲学的独特性。由于我们已阐明马克思主义道德哲学的自律论性质，这使得它既区别于功利

---

① 关于"马克思历史观的'目的论'特征的问题"，马尔库什的说法可资参考。他说："人类历史发展却首先以这一事实为特征：它的基础适于作为环境的'自然界'处于一种变化的、日益拓展的动态相互作用中。正是由于这个原因，这种发展的一般趋势和'内在目的'不是呈现为对某种不可避免的、预先决定的终极状态和'命中注定的结局'（例如熵的最大化和有机体的死亡）的逐次近似，而是呈现为一种原则上不受限制的进步趋势。"（马尔库什：《马克思主义与人类学》，李斌玉等译，黑龙江大学出版社 2011 年版，第 89、95—96 页。）

② 为避免重复，将在第三部分阐释马克思主义道德自律论的基本要点。

论，也区别于包括黑格尔道德学说在内的至善论①，那么，只要我们说明了马克思与康德道德哲学之间的区别，也就在原则上表明了马克思主义道德哲学的独特性。

但将历史唯物主义作为前提，便涉及作为一种决定论的历史唯物主义与作为一种非决定论的道德哲学的关系问题。在第一部分，我们曾得出结论，决定论只属于思维构造起来用于把握实在的理论世界，而实在世界并非是完全决定论的，从而以一种"兼容论"的方式解决了决定论与自由意志的关系问题。但将决定论与自由意志分割在理论世界与实践世界两边，并不意味着这两个方面是全然隔绝、没有关联的。关于这种关联，笔者在另文有过较详细的讨论，马克思对于人类社会生活的考察，与康德类似，包含着行动者与旁观者或者说"事先"与"事后"双重视角，即实践中的当事人或行动者的"事前"视角与科学或理论研究中的观察者或旁观者的"事后"视角。因此，我们不能把历史唯物主义仅仅限于基于旁观者"事后"视角而得出的客体性的历史规律论维度，而是同时也包含着基于行动者"事前"视角而得出的主体性的价值论的维度。于是，在历史唯物主义中，包含着由双重视角所形成的双重体系。一方面是基于历史中的行动者视角所构成的价值论体系，可称之为历史价值论；另一方面则是基于旁观者视角所构成的历史规律论体系。但这历史规律论与历史价值论的双重体系也不是说二者是完全并列，互不相干，且没有联系的。而是说，一方面，二者是各自成体系的，即在各自体系内部是不能羼杂对方的原理的；但另一方面，二者之间又是互为前提的。一方面，历史规律论之中隐含着价值原则，但这种价值原则是其前提，而不是其体系中的原理；另一方面，价值论之中亦隐含着历史规律论的原则，但这种原则也只是前提性限制，而非体系中的原理。换言之，这双重视角之间的关联不能被理解为旧形而上学的那种建构性的关联，而只能是一种"范导性"或"调节性"的关联。② 这种双重视角之间或者说理论理性与实践理性之间的调节性关联，在康德主义的道德哲

----

① 笔者以为，黑格尔的道德哲学是一种将古代的至善论与康德的义务论结合起来的企图，但基于其绝对精神之单一视角的形而上学设定，从根本上说还是至善论的，至多也只能说是一种试图将义务论纳入其中的辩证的至善论。

② 参见拙作《决定论、自由与规范——价值论的历史唯物主义视域》，《哲学研究》2013年第4期。

学家那里自然也是被认可的。如罗尔斯则指出："实践理性在如下意义上假定了理论理性：绝对命令程序以为，一个已经确立起来的关于世界的常识信念和知识背景是理所当然的。"①

这样一来，建构一种马克思主义的道德哲学的首要问题，便是基于历史唯物主义所设定的作为出发点的"活动着的"个人，如何能够获得或建构起一种普遍性的行动规范。这里的"建构"一语包含着双重含义：一方面，它意指"活动着的"个人对于自身行动规范的建构；另一方面则指道德哲学对于这种"活动着的"个人实践中的建构在理论上建构，亦即理论重构。就后一方面而言，可以说道德哲学并不发明某种道德原则，而只是将社会中存在的道德原则以理论的方式表达出来。这一点与麦金太尔关于亚里士多德对于道德生活同道德哲学的关系的观念是一致的："亚里士多德并不认为自己是在发明一种美德理论，而只是明确表述了一种隐含在有教养的雅典人的思想、言谈与行为中的美德观点……因此，一种哲学的美德理论是这样一种理论，其主题已经隐含在前哲学的理论之中，并且为当时最优秀的美德实践所预设。"② 相应地，康德关于我们对道德法则的意识的"理性事实"观念③也指明："关于人既是合理而理性的又是自由而平等的这个观念蕴含于我们的日常道德意识中，这是一个理性事实。"④ 因而，在康德这里，道德哲学亦是对于我们的日常道德意识的一种理论建构。在此问题上，马克思主义道德哲学也不例外，它并不是要发明某种道德原则，而只是对于隐含在现代社会中并为人们所实践的道德原则，借助于理论反思而加以系统化的阐释。

就此而言，科尔斯戈德关于现代道德哲学发展的"反思性认可"说，颇为适合于我们的方法论原则，故可借用来建构马克思主义道德哲学。如前所述，科尔斯戈德将现代道德哲学划分为唯意志论、实在论、反思性认可论、自律论四个派别，其独到之处在于，他并未将"反思性认可论"仅限于其所列举的休谟、哈奇森等人的道德哲学，而是在行文中将"反思性认可"观念贯穿于对上述四个派别的论述中，即从"反思

---

① 罗尔斯：《道德哲学史讲义》，张国清译，上海三联书店2003年版，第295页。
② 麦金太尔：《追寻美德——伦理理论研究》，宋继杰译，译林出版社2003年版，第186页。
③ 参见康德《实践理性批判》，韩水法译，商务印书馆1999年版，第32、44页。
④ 罗尔斯：《道德哲学史讲义》，张国清译，上海三联书店2003年版，第322页。

性认可"视角，探讨上述道德哲学派别在理论上的得失。这些派别当然都有其合理之处，亦有其问题，而后来的理论则从新的立场提供了某种更好的解决方式。但这一进程在康德的"自律"观念中，则达到了一种理论的完备化形态："现代以降，对规范性的每一种说明都是在对以前解释的回应中发展起来的，有时候甚至还是对前一种理论批评的产物，更经常的是，前一个理论的某些含义常常在后一个那里得到了更好的解释与发挥……康德对义务的说明是这个历史进程的顶峰。"① 这样，"反思性认可"便既是一种用于说明道德规范之建立的方法，亦是一种建构道德哲学理论的方法。故亦可将之视为对于罗尔斯之建构正义理论的"反思平衡"方法论的发挥。当然，要将这一"反思性认可"方法用于马克思主义道德哲学之建构，我们还必须依据马克思之不同于康德哲学的基本观念对其予以限定。

　　与我们这里所讨论的问题相关，马克思哲学与康德哲学的最根本的不同，在于两人实践概念的不同，从而两人所理解的道德生活世界概念也便大不相同。马克思思想中的"实践"，首先是改造世界的物质生产活动，而康德哲学则与之不同。与马克思一样，康德也是强调实践理性对于理论理性的优越性的，而且正是康德首先提出了这一原则。但是，康德是将实践概念划分为截然不同的两类的，他指出："哲学被划分为在原则上完全不同的两个部分，即作为自然哲学的理论部分和作为道德哲学的实践部分（因为理性根据自由概念所作的实践立法就是这样被称呼的），这是有道理的。但迄今为止，在以这些术语来划分不同的原则、又以这些原则来划分哲学方面，流行着一种很大的误用：由于人们把按照自然概念的实践和按照自由概念的实践等同起来，这样就在理论哲学和实践哲学这些相同的名称下进行了一种划分，通过这种划分事实上什么也没有划分出来（因为这两部分可以拥有同一些原则）。"② 显然，康德所说的两种实践，一种是亚里士多德意义上涉及主体之间关系的实践，另一种则是涉及主客体之间的关系，是亚里士多德意义上的"创制""制作"或"生产"。这后一种实践是所谓的"技术上实践"，在康德看来"必须只被算作对理论哲学的补充"。这也就是说，基于"自在之物"与现象的划分，这两种实践与实在

---

① 科尔斯戈德：《规范性的来源》，上海译文出版社 2010 年版，第 21 页。
② 康德：《判断力批判》，邓晓芒译，人民出版社 2002 年版，第 5—6 页。

或"绝对物"的关系也是截然不同的。借用莱维评论马克思《关于费尔巴哈的提纲》的话来说,这两种实践之中,只有那"按照自由概念的实践"才能够参加到"绝对物"中去,而那种"按照自然概念的实践"即马克思理论中的物质生产活动,则只有自然的或现象的意义。① 显然,这后一点与上述马克思哲学的观念恰恰相反。

此外,康德哲学关于道德实践具有本体的意义,能够参加到"绝对物"中去之观念,尽管马克思不会予以否认,但对其实在性却是基于十分不同的原则去理解的。因为既然在马克思哲学中物质生产或生产实践具有首要的地位和实在性,那么,康德意义上的涉及主体间关系的道德实践作为广义的物质生产活动的社会形式方面,自然也具有其实在性。而这又进一步意味着,康德式的现象与自在之物的划分,在马克思哲学中不会得到完全的肯定,而只能被部分地、有限度地予以接受。换言之,在康德哲学中被截然分割的现象与自在之物,在马克思哲学中却只有相对的分离。而且这种分离虽然仍对应于理论与实践之间的相对分离,但其含义却大不相同:物质生产活动与广义理解的道德实践或生产关系实践一起被归属于实在性之列,而与单纯的理论活动相对待或相对分离。进而,同属于实在性的实践包括生产实践与广义道德实践两个方面,其中一个方面被视为物质生产的"质料"方面,另一个方面则被视为生产的社会"形式"方面。而此二者作为"质料"与"形式",意味着社会实践的这两个方面亦是相对待或相对分离的。于是,康德哲学中生产实践与道德实践基于现象与自在之物之分别的截然分离,在马克思哲学中便只成了"质料"与"形式"的相对分离。

马克思哲学与康德哲学的这一根本性不同,具有十分深刻的意蕴,它所带来的理论上的逻辑后承在极大程度上改变了康德哲学对于自由的刻画。这一逻辑后承包括三个相互关联的方面:

其一是物质生产实践的实在性意味着与康德哲学不同,即便在这一活动领域,人类活动也在某种意义上是一种自由的活动,即赋予对象以合目

---

① 莱维在论及马克思《关于费尔巴哈的提纲》时写道:"马克思的思想是这样的:正像同我们表象相符合的是我们之外的实在的客体一样,同我们的现象的活动相符合的是我们之外的实在的活动、物的活动。从这个意义上来讲,人类不仅通过理论认识而且还通过实践活动参加到绝对物中去;这样,整个人类活动就获得了一种使它可以同理论并驾齐驱的价值和尊严。"(转引自《列宁选集》第2卷,人民出版社1995年版,第80页。)

的性形式的活动，而这又意味着，作为人类活动之对象的客观实在，亦并非如康德哲学中的现象界一样是一必然性王国，而至少在某种程度上是非决定论性的。在马克思哲学中，构成决定论的必然性王国的，只是作为对于实在世界之观念把握的理论世界。这一理论世界，大致上相当于康德的现象界。但由于这一理论世界只是理论思维对于实在世界的一种把握方式，因而作为对于世界之把握的理论世界的决定论性并不能等同于实在世界的决定论性。当然，马克思在《资本论》手稿中认为，这一活动领域的自由只是一种有限的自由，甚至在某种意义上仍是一个必然王国，但无论如何，人类在这一领域中仍享有某种程度的自由，否则的话，通过物质活动而改变世界便是不可能的。

其二是与上述问题相关，在康德哲学中"按照自由概念的实践"，在马克思哲学中，由于这一活动领域被视为物质生产活动的社会形式，因而便不能不受到这种活动的"质料"方面的制约，因而亦非全然自由的活动，而是受到某种限制的自由活动。这种制约或限制，虽非自然因果性般的决定，但亦意味着道德实践并非能全然脱离现实的物质生活方式而成为天马行空般的纯然自律。

其三是与康德基于一种目的论的调节性观念把历史设想为一种进步的过程不同，在马克思这里，历史是一个为生产力的发展所推动的辩证发展过程，而且这个过程基于生产方式的变迁而分为若干阶段，基于不同的生产方式，人们的生活方式，特别是人与人之间的社会关系也大不相同，从而这些不同的生产方式以及生活方式对于人的自由的限制也便各不相同。这种基于生产方式的不同而对于人的自由的限制方式的不同，对于我们理解马克思的自由观，从而理解或建构马克思主义道德哲学有着根本性的意义。

在大致勾画了马克思与康德哲学之基本观念的差别之后，我们可进一步基于这些差别来阐发建构马克思主义道德哲学之"反思性认可"的具体方式。对于马克思主义哲学而言，这"反思性认可"首先便意味着，在一定的生产方式条件下，与之相应的社会关系中的人们的生活已然存在，生活于这种社会中的个人当其行动之时，由于并不像在动物那里那样，仅存在着支配其行为的自然规律，而是在某种程度上是自由的，因而他就必须自己为自己建立某种法则，并依照这种法则去规范自己的行为，只有这样，才会使得这一定的社会生活成为可能。但人既然在某种程度上是自由的，且他要创造的是某种规范自身行动的具有普遍性的法则，便需要为这种创造提供一个具有普遍性的根据或理由，以便这些法则能具有一种类似于自然法则的形式。这种反思可能在两个层面上进行。一个层面是社会生活之现实存在对于个体行动方式的要求，即个体反思到如果要使这种社会生活在庸常的现实性水平上能够存在的话，每一个社会成员所必须遵循的一般性规则是什么。另一个层面是个体不满足于设想这种庸常的社会生活，而借助于想象力，设想在一种理想状态下，社会生活要能够存在的话，每个社会成员所必须遵循的规则是什么。前一层面的反思所得出的可以说是社会生活得以可能的最低限度的规范，后一层面的反思所得出的则是理想社会的规范。这便是康德所说的人为自己"立法"。遵守这种自我所立之法，便是道德的"自律"。

在康德道德哲学中由于其强调人是目的本身只是为了证成自由的优先性，对应于亚里士多德的实体性目的论，其目的论就只是一种形式性目的论，因而，这种强调自由价值的优先性的目的论，就如罗尔斯所描述的那样，支持一种较强意义上的自由主义的权利对于善的优先性。与之相对照，马克思主义道德哲学却由于强调人的天赋能力的自由发展，是一种基于现实生活的实践性目的论，这赋予了其目的王国理论中人的本质性目的以更多的分量。但尽管如此，马克思主义道德哲学作为一种自律的现代道德哲学，却不可能像古代道德哲学的至善论那样，以人的完善为基本原则去规定人的自由。因此，马克思主义道德哲学便既与完善论不同，亦与自由主义不同。由于既主张自律原则，又比自由主义更强调人的自由发展的目的论约束作用，因而马克思主义道德哲学可以说是一种较弱意义上的权利优先论。

进而言之，基于历史唯物主义之一般原理，马克思主义道德哲学与康德道德哲学不同，还体现在它关于道德生活方式以及道德哲学观念的历史性观念上面。历史唯物主义认为，由于不同的生产方式以及社会生活方式对人的自由的限制方式的不同，因而在不同的历史条件下，人们据以反思社会生活的方式也各不相同。大致说来，可以将进入文明时代以来的人类生产方式划分为基于农业生产的自然经济与基于工业生产的市场经济两种类型。基于这两种生产方式人们的生活方式或实践方式也可以划分为两大类型。实践方式亦即"做"的方式。"做"有两个方面，一是"做事"，涉及人与物的关系；二是"做人"，涉及人与人之间的关系。做事的产物为物品，而做人的产物则为社会交往关系或社会组织。进入文明时代以来，在最基本的层面上，人类有两种可能的"做"或实践的方式，一是有机性或笼统性之做；二是无机性或构造性之做。有机性地做事之典型是农业生产，做人之典型则是基于自然血缘关系或拟血缘关系的共同体交往，概言之，就是以自然经济为基础的实践方式。在这种做事方式中，如在农耕和畜牧生产中，人的活动一般并不改变对象本身，并不创造出某种植物或动物，而是顺应对象的存在规律，从外部予以照料、改善。而在这种做人方式中，人的非选择性就更为显著了。一个人所生活于其中的全部社会关系，对于个人而言，通常都是既不可选择，又不可能改变的。一切似乎都具有一种现成性、永恒性，甚至神圣性，从而也就具有一种不可移易性。在这种情况下，人生活于其中的世界对人而言便只能显现为一种现成的存在，即一种超乎人力的、不可改变的"实体"。无机性地或构造性地做事之典型是工业生产，做人之典型则是基于自觉的利益关系的联合体交往，概言之，也就是以工商或市场经济为基础的实践方式。在这种做事方式中，人的活动不仅触及了对象自身，而且一般地按照人的目的重新构造了对象。在工业生产中，人的活动不再是辅助性的，而是根本性的、主导性的。在农业和畜牧业中，即便没有人的参与，植物和动物照样能够生长，尽管效果会有所不同；而在工业中，若没有人的设计、控制和参与，则生产一般不可能。伴随工业生产的能动性、人为性，人们的社会关系也成为人为的或人造的。市场经济破坏了传统社会中视为神圣的一切社会关系和社会组织，而代之以出于利益关系和基于契约关系的市民社会。而建基于市民社会基础之上的民主政治，亦不过是市场经济在政治领域的翻版而已。与自然经济社会中基本社会组织基于血缘、地缘等自然性的资源不同，市场社会中的基本社会组织如公司、工会、政府等，都具有明显的人造性和可改变性。在这种情况下，人生活于其中的世界对人而言不可避免地显现为一种人为的、构成性之存在，即作为活动主体之产物的存在。

在传统社会和现代社会中，由于反思所以进行的生活方式的极大不同，人们的道德反思方式及其结果也会是极其不同的。在非市场经济的古代社会中，由于无论在人与自然关系中，还是在人与人的社会关系中，都是一种笼统了的有机性之实践或做，且在这一社会中，全部社会关系都如同永恒的自然世界那般对人表现为一种超乎人力的不可移易的先在的现成之物，因而自然便会以这种现成性为前提，从而构想其正常存在的规范条件。同时，又由于传统社会中个人身份等级的先赋性和稳定性，即每一个体皆有自出生就赋有的身份、地位、生活方式等，以及个人活动范围的有限性，即生活于所谓"熟人社会"之中，因而这种道德规范在不同身份等级的人群和不同的社会群体中便往往是各不相同的。在这种情况下，道德反思便既无必要亦无可能上升到普适的道德法则之程度，而往往只能以不同等级中成员个人德性条目的方式出现。这最为典型地体现于柏拉图《理想国》中关于生产者、护卫者和统治者三个不同等级所要求的相应的不同德性的规定上，即生产者的节制德性、护卫者的勇敢德性和统治者的智慧德性。

而在市场经济的现代社会中，由于在人与自然以及人与人之间的关系中，都是一种构造性的无机之实践或做，传统的社会纽带不复存在，个体的身份、地位等不再表现为先赋和稳定不变，于是，人们只能基于平等的个体存在而构想群体生活得以可能的道德规范；且由于活动范围日益扩展，人们已处在一种"陌生人社会"之中，因而这种情况下那种针对不同的人群规定各不相同的德性条目的方式便不再可能，而只能是构想群体生活得以可能的普适性的道德法则。其典范便是康德的绝对命令："你要仅仅按照你同时也能够愿意它成为一条普遍法则的那个准则去行动。"①

基于历史唯物主义对于道德反思方式从传统社会到现代社会的这种转换的阐释，表明马克思主义道德哲学认为道德规范从而道德观念都具有一种历史性。但这种历史性最为深层的基础在于生产方式的历史性变迁，是一种虽然随着生产方式的变迁而变迁，但在一定生产方式条件下却会保持着稳定性的历史性，而不是如麦金太尔所理解的那种空无所依的泛泛的历史性。对道德规范的这种历史性理解，是与康德道德哲学的那种非历史性大不相同的。就此而言，马克思主义道德哲学也可以说是一种历史化了的康德道德哲学。

马克思与康德道德哲学上更为根本的区别则在于，根据历史唯物主义，特别是根据马克思的政治经济学批判理论，资本主义的高度发展，最终必然会导致这一生产方式的一种内在的不可能性，而这就为建立一种新

---

① 康德：《道德形而上学奠基》，邓晓芒译，人民出版社 2013 年版，第 52 页。

的生产方式以及新的社会生活方式开放了现实的可能性。① 于是，马克思主义道德哲学对于现实道德生活的反思便不可避免地包含着对于这种未来可能的社会生活方式的反思。在马克思生活的时代，由于社会主义并未现实地存在，因而这种反思便只能是基于资本主义社会生活的反思。在马克思本人那里，曾经有过片段性的反思。比较重要的有《资本论》中关于自由人联合体的讨论，《哥达纲领批判》中关于共产主义两个发展阶段的讨论。在《资本论》中，马克思写道："设想有一个自由人联合体，他们用公共的生产资料进行劳动，并且自觉地把他们许多个人劳动力当作一个社会劳动力来使用。在那里，鲁滨孙的劳动的一切规定又重演了，不过不是在个人身上，而是在社会范围内重演。鲁滨孙的一切产品只是他个人的产品，因而直接是他的使用物品。这个联合体的总产品是社会的产品。这些产品的一部分重新用作生产资料。这一部分依旧是社会的。而另一部分则作为生活资料由联合体成员消费。因此，这一部分要在他们之间进行分配。这种分配的方式会随着社会生产机体本身的特殊方式和随着生产者的相应的历史发展程度而改变。仅仅为了同商品生产进行对比，我们假定，每个生产者在生活资料中得到的份额是由他的劳动时间决定的。这样，劳动时间就会起双重作用。劳动时间的社会的有计划的分配，调节着各种劳动职能同各种需要的适当的比例。另一方面，劳动时间又是计量生产者个人在共同劳动中所占份额的尺度，因而也是计量生产者个人在共同产品的个人消费部分中所占份额的尺度。"② 在这里，马克思显然对未来社会中分配正义的基本原则和尺度进行了某种反思。

而在《哥达纲领批判》中，马克思则进一步把未来理想社会划分为两个阶段：第一阶段和高级阶段。在第一阶段中，消除了生产资料的私有制，但还保留按劳分配这一形式平等的资产阶级权利；而在财富极大涌流的高级阶段中，则废除了这一形式平等的权利，而实行实质平等的按需分

---

① 人们通常认为马克思论证了从资本主义发展到社会主义的必然性。但这种理解是不正确的。马克思在《资本论》中只是论证了资本主义发展的结果是导致这一生产方式不再可能继续下去，从而有可能在资本主义所取得的高度发展的生产力基础上去建立新的理想社会，而并未论证社会主义会以自然必然性的方式到来。关于这一问题，可参见拙作《剩余价值、全球化与资本主义——基于改进卢森堡"资本积累论"的视角》(《中国社会科学》2012年第12期)中的有关讨论。

② 《马克思恩格斯全集》第23卷，人民出版社1972年版，第95—96页。

配。① 按马克思的设想，在共产主义第一阶段实行按劳分配，这可以说是出于对洛克劳动创造权利原则的预设。否则，何以要按劳分配。马克思承认权利原则仍是该社会的基本原则。按照这一原则，按劳分配的社会主义社会在价值原则上得以成立。这一权利原则在此意义上是洛克式的资本主义与社会主义共同享有的价值原则，并且在某种意义上，只有在社会主义社会中，这一价值原则才能够得到真正完全的贯彻。就此而言，共产主义的第一阶段或通常所说的社会主义，可以说是作为对于资本主义扬弃的市场经济社会的最高阶段。对于剥削的批判，也正是基于劳动创造权利这一价值原则的。换言之，共产主义第一阶段或社会主义社会仍是属于与资本主义同类的社会，所不同的只是劳动价值原则或权利原则得到了最为彻底的贯彻。马克思虽然承认自我所有权，这与罗尔斯不同②，但亦与左翼自由至上主义不同。他虽在某种意义上接受了洛克的劳动创造权利的说法，但却并未停留于洛克对人的理解上，而是如前所述又从亚里士多德等人那里汲取了目的论思想，但不是亚里士多德意义上的那种作为解释世界的科学知识的目的论，而是类似于康德的那种作为人基于其自由本性而悬设的目的论。而且正是以这种人的完满或自我实现作为最高价值原则，马克思才得以进而批判资本主义并论证共产主义的可欲性。这便是马克思对于现代社会反思中关于未来社会道德规范之初步设想。这一设想显然与康德的道德哲学大不相同。

至此我们根据马克思的基本哲学观念对现代社会之道德规范之可能性进行了构想，这些构想不仅已表明了可以之为基本框架去建构一种道德哲学理论，而且亦展现出了马克思主义道德哲学与其他各种道德哲学的实质性区别。可以说，我们已初步论证了一种独特的马克思主义道德哲学是何以可能的。

（原载《天津社会科学》2015 年第 1 期）

---

① 参见《马克思恩格斯选集》第 3 卷，人民出版社 1995 年版，第 304—306 页。

② 罗尔斯的有关论点以及他对马克思相关论点的评论，参见其《政治哲学史讲义》，杨通进等译，中国社会科学出版社 2011 年版，第 367—386 页。

马克思拜物教批判
语境中的"自然法"概念

孙　亮

当"正义与马克思""道德与马克思"渐次成为汉语学术界的热点问题之后，我们需要将视线从艾伦·伍德、罗伯特·查尔斯·塔克、胡萨米、柯亨、杰拉斯等讨论的固有框架移置到一个更为"始源"性的平台上，方能触及问题的实质而平息这场"似是而非"[①] 的论战。这个"始源"的问题便是"自然法之于马克思是否相适"[②]。但是，依照一种流行的看法，"资产阶级在其与封建社会的时代性冲突中将自然法视为革命的旗帜。但自资产阶级胜利以来，对理解现实而言，自然法变成了一种不足胜任的工具"[③]。那么，今天还有必要提及自然法吗？况且，"马克思没有建立有关法律的特殊著作体系"，更使得人们在讨论马克思与法之间的关系时"颇为踌躇"[④]。但是，在西方学术界，近些年来相关文献在递增，其大致可区分为"马克思反对自然法"与"马克思赞成自然法"两种看法。汉语学界有关研究还比较少。对此，我们这里讨论三个问题：第一，西方学术界对马克思与自然法关系具体讨论到底处于怎样的理论状况？第二，借助马克思对"事物化"（Versachlichung）与"物化"（Verdinglichung）两者的划界所展现的历史现象学，能否以及如何处理上述争论所面对的理

[①] 卢克斯：《马克思与道德》，袁聚录译，高等教育出版社 2009 年版，第 3 页。

[②] 根据笔者对德文文献的词频统计，"Naturrecht"在马克思的语境中出现次数很少。以《资本论》为例，除提及黑格尔的脚注外，正文部分并未出现。但是，"Gerechtigkeit"则出现 27 次。

[③] 欧鲁菲米·太渥：《法律自然主义：一种马克思主义法律理论》，杨静哲译，法律出版社 2013 年版，第 41 页。

[④] 韦恩·莫里森：《法理学——从古希腊到后现代》，李桂林等译，武汉大学出版社 2003 年版，第 263、259 页。

论困境？第三，在当下中国特色社会主义市场经济建设以及法治理论体系建构过程中，是否需要倡导自然法来调节现有社会的各种矛盾？如果需要，那么，建构一种什么意义上的自然法理论？

一　赞成与反对：马克思与自然法关系的"似是而非"

在"追问法律本质是什么"的西方法哲学传统中，"法律本质为正义"① 或者"法律的本质为命令"这一问题一直争论不休。② 这里前者是自然法的"核心理念"，后者则是法律实证主义的"基本命题"。对于自然法，按照罗蒙（H. A. Rommen）的看法，我们可将其基本准则进一步理解为，"行为要与你的理性本性相一致，对理性本性而言，通过自我意识或反思可以得知，它构成了人们应然状态的本体论标准。人通过自由地领悟变成为人，成为自由的理性存在者，上帝的智慧和知识以及他的意志揭示了人的本质构成"③。这就是说，自然法被看作人们基于本性可以决断为应当要做的行为。依此衍义，自然法至少应该具有这样几个基本原则：（1）人作为一个道德的存在体对应该如何生活需要一套规范性原则，诸如正义、法、道德等；（2）这些规范性的原则适合一切社会，具有"永恒性"的特质；（3）规范性原则本身是自主的，从而构成对现存的社会结构与秩序的范导性、批判性的功能。概而言之，自然法学的特征实质上依凭一种"自然秩序"来理解人的行为，这些秩序来自于上帝、自然或理性因而是善的、正确的和正义的规则。

一方面，一些学者认为马克思一直秉承自然法的理念，从而对两者之间的关系作了"肯定"的理解。凯尔森在《共产主义的法律理论》一书中便认为，"马克思解释社会的理论是一个自然法学说"，因为，"自然法学说事先假定正义——或者是它的同一物，理性——是作为'自然'，即事物的本性，或人的天性而出现的现实的内在东西，正如马克思认为他的理想是隐藏在现存的现实中一样"，而"解决阶级冲突的手段是这样的：共

---

① 按照恩格斯的说法，衡量什么是自然法，什么不算自然法的尺度，则是法本身最抽象的表现，即公平。参见《马克思恩格斯文集》第 3 卷，人民出版社 2009 年版，第 322 页。

② 登特列夫：《自然法：法哲学导论》，李日章等译，新星出版社 2008 年版，第 73—74 页。

③ H. A. Rommen, *The Natural Law：A Study in Legal and Social History and Philosophy*, B. Herder Book Co., 1947, p. 47.

产主义社会的正义的社会秩序是物质生产这个社会现实所固有的，因此，能够从研究这个现实中去发现。这是真正的自然法学说"①。在欧鲁菲米·太渥看来，"一种适当的马克思主义法律理论必须在广阔的自然法传统的范围内寻找到适合自身的位置"，而为何马克思能够入住到自然法的大厦中，因为这是一种"生产方式的自然法"，它"指的是为其构成所必需的一种法制，它显现于其运行，且在其范围内规定着潜在的实在法的外在限制"，这也是"使特定生产方式成为生产方式的东西"②。因而，太渥认为"在马克思主义中，自然法规定着社会结构中为实在法所体现的本质"③。这样的看法也得到了保罗·菲利普斯的支持。在他看来，在马克思为莱茵报撰写的文章当中，马克思法律思想带有明显的自然法特质。马克思在这些文章中说过法律只是在自由的无意识的自然规律变成有意识的国家法律时，才成为真正的法律，菲利普斯将这个作为马克思信奉自然法的"证据"，因为"它假定了一种优于人造法（实在法）的存在，显然这是自然法"④。另外，菲利普·卡因（P. J. Kain）也认为马克思认同自然法，这是因为，"马克思持有一种判断民法是否正义与有效性的独立的道德基础，而且作为理性的民法的规范标准根植于自然"⑤。对此，斯拉特尔·理查德（Schlatter Richard）在《私有财产权》一书中更是将自然法理解为批判资本主义的"规范性基础"。他认为，当马克思谴责资本家获取工人的无酬劳动时，"他一定继承了自然法激进的解释传统"⑥。

上述讨论如果按照伯尔基（R. N. Berki）的看法，它们还只是基于1844 年之前的文本诠释马克思的思想所得出的结论，⑦还必须以此后的文本，特别是以《资本论》这样后期的文本来加以"补证"，方能摆脱"文本缺陷"。这个工作由吉拉斯（N. Geras）以及达利（J. Daly）等给予"填补"。吉拉斯认为，"道德批判和论证虽然并不足以推动社会历史革命并且

---

① 凯尔森：《共产主义的法律理论》，王名扬译，中国法制出版社 2004 年版，第 26—28 页。

② 欧鲁菲米·太渥：《法律自然主义：一种马克思主义法律理论》，杨静哲译，法律出版社 2013 年版，第 45、70 页。

③ 同上书，第 82 页。

④ Paul Philips, *Marx and Engels on Law and Laws*, Bames & Noble Books Press, 1980, p. 9.

⑤ P. J. Kain, *Marx and Ethics*, Clarendon Press, 1991, pp. 29 – 30.

⑥ R. Schlatter, *Private Property*, George Allen & Unwin, 1951, p. 274.

⑦ R. N. Berki, *Insight and Vision*, J. M. Dent & Sons, 1983, p. 28. 虽然这个说法还有些草率，但他大致指出了"文本问题"所造成的缺陷。

成为革命的中介，但是，这也绝不会与那种被他看作关于革命的历史真实分析的历史唯物主义方法相违背"①，进一步讲，成熟时的马克思并不会否认"超历史"的正义标准，达利则对此声明，"我赞成吉拉斯，马克思的看法在自然法传统中是最容易解释的"②。保罗·彼得森（G. Paul Peterson）与上述两位一样肯定地指出，"马克思在他的经济分析（《资本论》）中，没有否定自然法"③。

另一方面，一些学者与上述观点展开争论，认为马克思与自然法"难以相容"。这方面的代表人物主要是卡尔·伦纳（K. Renner）与苏联法学家帕舒卡尼斯（E. Pashukanis）。卡尔·伦纳在《私法的制度及其社会功能》一书的"法律制度与经济结构"一章中说明他有一个目的，那就是证明"物种存续是每个社会秩序必须的自然法则"，对此，"马克思与恩格斯称此物种存续为生活物质条件的生产与再生产"，换句话说，抓住生产方式才是理解社会的根本，所以，要能够对"现时代法律制度有一种洞察力，财产权仍是根本制度"④。但是，如今"享有自己的财产就变成了不断地占有他人劳动成果，它成了一种占有剩余价值的资格，把全部社会产品作为利润、孳息和租金在懒惰阶级中分配，而仅仅分给了劳动阶级一点儿生产与再生产的必需品"，这些现象"都被马克思洞穿"，所以，在马克思的思想内涵中，财产权变得反社会了。⑤ 引起学术界关注的另一位学者则是苏联法学家帕舒卡尼斯。在他看来，应当将法的概念放在现实的生产实践中加以理解，因为这能够展现交换关系和相关活动的全部丰富的内涵，宁可展现法律概念与特定历史时期的相关性，也不愿意提供关于外在权威规范的空洞的陈词滥调。⑥ 后面这句话显然意图与自然法划清界限。帕氏将法律与商品交换紧密地关联在一起加以讨论，抓住法律形式植根于社会的经济组织来阐释法，所以，"推翻法律形式不仅依赖于超越资本主义社

---

① N. Geras, The Controversy about Marx and Justice, *New Left Review*, 150, 1985.

② J. Daly, *Marx*, *Justice and Dialectic*, Greenwich Exchange, 1996, p. xiii.

③ G. Paul Peterson, "Karl Marx and His Vision of Salvation: The Natural Law and Private Property", *Review of Social Economy*, 3, 1994.

④ 卡尔·伦纳：《私法的制度及其社会功能》，王国龙译，法律出版社 2013 年版，第 73、270—271 页。

⑤ 同上。

⑥ 帕舒卡尼斯：《法的一般理论与马克思主义》，杨昂等译，中国法制出版社 2008 年版，第 10 页。

会框架，还要从它的残余中解放出来"①。由上可知，无论卡尔·伦纳还是帕舒卡尼斯都将自然法看作与历史唯物主义的政治经济学批判相违背的"抽象观念"，从而给予彻底否定。对此，帕舒卡尼斯的澳洲研究者迈克尔·黑德（Michael Head）明确地指认，帕舒卡尼斯把法律看作阶级利益冲突的产物，"这一观点基本上是实证主义的观点，因为法律被看作是国家的意志"②。帕氏从《资本论》交换理论进行探讨的论证方式似乎更加强化了人们对马克思法思想的实证化理解，这也得到马克思文本的支撑，"法的关系，是一种反映着经济关系的意志关系。这种法的关系或意志关系的内容是由这种经济关系本身决定的"③。

二 "事物化"与"物化"："自然法"的双重勘定

西方学术界关于马克思与自然法之间关系的两种观点各有长短。对第一种观点作"肯定"理解的合理性在于，从一种更高的自然法原则能够对现今资本社会所建构的原则给予规范性的批判，看起来可以发挥对实在法实施变革的作用，诸如资本市场法则本身是否违背了"按劳分配"。但这种理解还仅是一种"外在批判"，不懂得资本社会是"自否定"的。第二种观点虽然是基于"内在批判"的，但将造成两个结果：一个是彻底否定了自然法，不给历史唯物主义留任何规范性的余地，完全将历史唯物主义理论本身实证化；另一个则会导致如下观点，认为实在法只有在与生产方式相一致时，实在法才是正当的，资本建构中衍生出的"实在法"便容易获得"永恒的"假象。这样一来，实在法便遗忘了亟需变革的"规范性"力量。作为财产私有观念框架内的自然法承担不了上述功能，反而将为资本主义社会权利保驾护航的实在法予以正当化。那么，如何拆解这种理解难题？我们尝试引入《资本论》中马克思最为看重的"拜物教批判"的方法论，以此作为理解"自然法"的基本阐释框架。

依据马克思的文本，马克思早在"波恩笔记"中已经摘抄了德布洛斯

---

① 帕舒卡尼斯：《法的一般理论与马克思主义》，杨昂等译，中国法制出版社2008年版，第17—18页。

② 迈克尔·黑德：《叶夫根尼·帕舒卡尼斯》，刘蔚铭译，法律出版社2012年版，第207页。

③ 《马克思恩格斯文集》第5卷，人民出版社2009年版，第103页。

的德文词"Fetishismus"（拜物教）及其解释。不过，对拜物教批判的集中成熟的表达应该在《资本论》的第 1 卷及其手稿之中。在以往的学术研究中，人们更多注重的是"错认"意义上的拜物教，即马克思在《1857—1858 年经济学手稿》后半部分的"Ⅲ 资本章"中对以往"经济学家"的批评，这些经济学家"把人们的社会生产关系和受这些关系支配的物（Sache）所获得的规定性看作物（Ding）的自然属性，这种粗俗的唯物主义，是一种同样粗俗的唯心主义，甚至是一种拜物教，它把社会关系作为物的内在规定归之于物，从而使物神秘化"①。所谓事物就是商品化了的物。所以，马克思在《资本论》第四十八章的"三位一体的公式"中总结性地指认，"资本不是物，而是一定的、社会的、属于一定历史社会形态的生产关系，后者体现在一个物上，并赋予这个物（Ding）以独特的社会性质"②。那物（Ding）又该如何理解呢？这是一个与马克思强调的社会关系之物，即"事物"相对应的词，表示物本身的自然属性。

上述两个德文词的区分，实质上是为马克思所意欲瓦解"个人现在受抽象统治"的整体逻辑服务的，这是马克思 1845 年以后思考的元问题，其中作为主导原则的资本逻辑生成，便可以转化为对"Ding"如何成为"Sache"的追问，只有深入分析这个过程才能够说清楚整个社会的颠倒机制，包括自然法与马克思之间的关系问题。回答问题之前，先借助平子友长对事物化（Versachlichung）的概括来讨论。这是"人（或主体）的社会关系被表现为事物（Sache），进而个体社会关系的人格方面被翻转为事物的方面，而对象（或者一个客体）在此范围内被决定为事物，被视作事物的社会关系的承载者"③。也就是说，这里已经将上述问题中的拜物教原先仅有的"错认"意义，转变为追问"Ding"如何成为"Sache"的存在论机制的秘密。这种转变也通向了我们对"唯物主义"本身的"物"的重新理解，将关注点定位为"事物"。那么，这个存在论机制是如何发生的呢？在马克思看来，一个商品无论如何颠来倒去地看，它作为价值物（Sache）难以理解。但是，这个"抽象"又是带有感性的东西，这种价值绝不是虚构和编造，商品只有作为这种劳动的一般时，方具备了"社会规

---

① 《马克思恩格斯全集》第 31 卷，人民出版社 1998 年版，第 85 页。
② 《马克思恩格斯文集》第 7 卷，人民出版社 2009 年版，第 922 页。
③ 平子友长：《黑格尔〈精神现象学〉中的"Versachlichung"和"Verdinglichung"》，载张一兵编《社会批判理论纪事》第 5 辑，江苏人民出版社 2013 年版，第 203 页。

定性"。马克思在《资本论》中通过价值形式的类型讨论,已经"历史地"展示了"货币现在是一般形式上的独立化的交换价值",从而,"货币从它表现为单纯流通手段这样一种奴仆形象,一跃而成为商品世界中的统治者和上帝。货币代表商品的天上的存在"①。整个货币构成了自身的共同体,它不能容忍任何其他共同体凌驾于它之上。在商品世界中,商品的共同体之所以能够独立于人、具有宰制人的能力,是以人们彼此分离又以"价值"链接加以确立的。每个人自身生产的"使用价值"意图成为他人的"使用价值",而不是为了自己,这仿佛成了一个"人人为他人"的生产机制。商品世界是使用价值与交换价值的对立、具体劳动与抽象劳动的对立,最后展现为人与人之间的对立。显然,这就是借助了"抽象的观念",即"价值"来实现异质性"Ding"到同质性"Sache"的转化,仅仅有这种"价值"还不足以完成整个过程,它还需要进一步的法治支撑,"契约这一法律制度乃是资产阶级革命的动力"②。

在事物化的整个过程中,实质上必然催生出从"Ding"到"Sache"转化所需要的理性、契约、个人权利、私有财产权等一系列现代法哲学提倡的观念,人与人的直接关系被高度抽象化、统计化、程序化,这也意味着对个体的活动评价所依据的标准不在于自己,而是要依附于他身处的物质法则以及相关的社会要求和期望,这便形成了一种社会所"定向的自动作用"③。这种"定向的自动作用"慢慢在人们的意识中沉淀,并将其从特定历史阶段即事物化了的社会结构这一特定历史时期中抽离出来,形成所谓一切人类社会的"永恒"的、"自主的"规范原则,从而被"自然化"为"自然法",这是现代自然法的"真实发生逻辑"。这样一个过程,实质上对应于马克思所说的物化(Verdinglichung)的过程。所谓"物化"简单一点说就是将事物化"假象"进行再次"颠倒"的过程,即它的运作机制是从"Sache"到"Ding",即将特定事物化了的社会结构所赋予的关系看作物本身的自然属性,即"历史自然化"的思维方式。按照平子友长的说法就是,"被物象化了的社会关系被表现为对象自身固有的自然特

---

① 《马克思恩格斯全集》第30卷,人民出版社1995年版,第173页。

② 泰格、利维:《法律与资本主义的兴起》,纪琨译,学林出版社1996年版,第203页。

③ 阿诺德·盖伦:《技术时代的人类心灵》,何兆武等译,上海世纪出版集团2008年版,第132页。

征"，"借此所有关系规定的痕迹都被抹去了"①。依此说明，可以很容易明白自然法正是一种物化的结果。但是，人们却将构成自然法的历史条件"抹去"，将之构成为人之存在的"自然"前提，从而构成对现有的事物化了的社会结构的"辩护"。这种情况通过现代法（政治）哲学的自然法"证成"的谱系可以一目了然。洛克以劳动来为私有财产论证，一如其在《政府论》中的阐释，每个人都有自己的身体，这个身体是"我"的，而一种劳动便是身体的运动，那么，这种劳动也是"我"的。从而，只要是他对任何物注入劳动，该物都是他的财产。诺奇克则在《无政府、国家与乌托邦》一书中认为，如果"我"想要一种东西，需要将其表述为"我"有要这种东西的"权利"。那么，要"证成"私有财产，就要指明私有财产是一种"我"的自然的权利。柯亨在《自我所有、自由和平等》中将这个论证推进为"自我所有权"的论证，这些统统都借助了自然法。这种"物化"了的自然法构成了对"私有财产权"辩护的基本观点。其实，自然法不过是现代资本社会的"事物化结构"的观念"假设"，并没有一个原初的自然法则。"同吉尔巴特一起说什么天然正义，这是毫无意义的"，这就是说，讨论在一个事物化社会结构中的"正义""道德"等自然法原则时，"法的关系正像国家的形式一样，既不能从它们本身来理解，也不能从所谓人类精神的一般发展来理解，相反，它们根源于物质的生活关系，这种物质的生活关系的总和"②。

通过事物化与物化的划界所阐明的自然法建构过程探讨，我们应该能够明白卡尔·伦纳与帕舒卡尼斯将自然法置放到政治经济学的语境下来理解的原因，从而我们可以认为，消解掉这种经济语境实质上就是力图摆脱私有财产权框架，即自然法的存在条件一旦消失，其自身也失去了存在的必要性。不过，他们没有注意到事物化存在的现实性力量，从而对"自然法"作出了彻底否定的结论。而凯尔森、欧鲁菲米·太渥、保罗·菲利普斯等人则忘记了自然法实质上是事物化过程中一种严重的"物化"意识。一旦遗忘了事物化的存在论根基，也就遮蔽了自然法所内蕴的"财产权的框架"的限度问题，这在马克思看来，就是从私有财产权框架之内来谈论

---

① 平子友长：《黑格尔〈精神现象学〉中的"Versachlichung"和"Verdinglichung"》，载张一兵编《社会批判理论纪事》第 5 辑，江苏人民出版社 2013 年版，第 203 页。

② 《马克思恩格斯文集》第 2 卷，人民出版社 2009 年版，第 591 页。

自然法本身就是非自然的。他意图突破、拆解这个框架，从而在当代西方法哲学之外谈论自然法。依此运思路径，方是当下建构马克思法哲学最为核心的方法论原则。

三 建构一种"后自然法"观念："事物化"真实处境的可能性方案

从事物化的"存在论"维度与物化的"认识论"维度两个方面入手，我们已经能够阐明此种"自然法"只有在事物化社会结构中才能够成立，并且人们会以物化思维将其永恒化为社会的现象。这和法律拜物教、正义拜物教遵循一样的逻辑，或许可以称之为自然法拜物教。所以，金里卡对"正义"的看法大致指出了自然法的实质，"正义远非社会制度的首要品质，相反，真正优良的共同体根本就不需要正义，正义有其意义仅仅因为我们处于'正义的条件'之中，正是这样的条件产生着只有通过正义原则来加以解决的冲突"①。

那么，对于处于现代性与全球化境遇下的人们来讲，作为自然法条件的事物化过程中的"资本逻辑"依然占主导的原则，事物化的社会结构正在形塑着人们的基本生存方式。如果完全立足于对事物化的解构、瓦解资本逻辑的思考路径去"彻底否定自然法"，那么就会和卡尔·伦纳与帕舒卡尼斯得出同样的结论，即"马克思没有自然法观念"，而将对"实在法"的变革寄托于对生产方式本身的革命，这是"传统马克思主义教科书"下理解法的必然推论。但是，这样一来必然与当下的法治社会实践以及中国特色社会主义法治理论体系建构有着某种"断裂"。当前的法治理论建构不是以彻底颠覆"事物化"过程为条件的，而是以有限度地承认"事物化"过程本身为条件的，于是，补进"自然法"这一环来为市场经济秩序调节服务便获得了正当性。从另一极来讲，如果将马克思完全置放到"自然法传统"中，那么将抹杀在财产私有框架之内还是之外谈论的自然法观念之间的异质性。换句话说，这种做法将马克思与自由主义法学完全作同质化的理解，对马克思法哲学建构来讲是致命的错误。由此，如何能够在政治经济学语境下批判自然法观念，从

① 金里卡：《当代政治哲学》，刘莘译，上海三联书店 2004 年版，第 311 页。

而明晰确立"实在法"在法哲学思考中所呈现的限度，又能够借助当下事物化所催生的自然法概念，为市场经济发展所需的实在法建构提供原则，实为关键。对当下中国社会主义法治理论体系建设来讲，建构一种有别于自由主义的、马克思主义的自然法理论，即在财产权框架之外谈论自然法的理论十分重要。为了彰显马克思与以往自然法的异质性，我们称之为"后自然法"。

一方面，事物化要求对马克思的自然法观念以一种"后"的姿态来理解，防止陷入"非批判的实证主义"。在市场经济生活中，表面看来，资本本身不平等地获得的剩余价值正是来自权利、自由。但是，实质上一切都建立在工人出卖自身的劳动力的基础之上。这一过程，如韦恩·莫里森所说，"它要求契约，要求一种主体性，即个人被视为单个的人而不是社会整体的一个单位。法律构成了这种主体性，并使这种经济结构成为可能。正是法学构想，提出了在其中合同得以运行的前合同规范以及全部个人主体性建构"①。显然，事物化过程必然要求的是"对事不对人"的法制化，相较于先前"对人不对事"来讲更加"公正""客观"与有"效率"。在这种事物化过程中，所要求的"自然法"观念，诸如"正义""平等"等观念正是当下中国社会主义市场经济生活颇为需要的。我们强调马克思是一种"后自然法"，其中所谓"后"的姿态正是基于中国实践语境的一种激进的姿态，即要激进倡导适合事物化过程的法治理念，特别是"法人"观念的塑造，摒弃"守法的机会主义""有钱能使鬼推磨""选择性执法"等与法治精神相悖的一系列做法。建立法治国家要求我们在立法、执法、司法、守法等各个领域和环节，都能够与现有的生产方式相适应。法律作为形式表达了一定的内容，"这个内容，只要与生产方式相适应，相一致，就是正义的，只要与生产方式相矛盾，就是非正义的"②。但是，"后"的姿态还应当具有另外一层含义，那就是不能完全无批判地认可现有的正义观念，必须保持一种"历史主义"的原则来思考现有的正义观念。否则，何谓良法与恶法就无从谈论。因为，必须知道，现有的"正义"观念始终与市民社会的财产私有权等权利体制融贯在一起。

---

① 韦恩·莫里森：《法理学——从古希腊到后现代》，李桂林等译，武汉大学出版社 2003 年版，第 281 页。

② 《马克思恩格斯文集》第 7 卷，人民出版社 2009 年版，第 379 页。

也就是说，权利原则是自然法理论的核心原则，从权利视野来看，马克思对于此种自然法一直保持着批判的立场，他就曾认为所谓的人权不过就是市民社会的成员的一种权利，这无非是利己的人的权利、同其他人及共同体分离开来的人的权利。

从另一方面来讲，陷入物化观念，将会以"道德化"方式理解自然法。但是，我们所意欲建构的马克思的"后自然法"观念，强调的是一种立足于政治经济学批判的理解方式。在资本建构的社会中，人的现实的事物化的生存方式之所以可能，除了资本逻辑之外，财产私有权观念也得到了自由主义法学的"支撑"。在这种法学观念看来，法的发展使得法表现的人类生活状态一再接近"永恒公平"，马克思对物化的批判分析指明，这个公平始终只是现存经济关系的产物，它是一种其保守方面抑或革命方面的观念的神圣化表现罢了。在资本为基本建制的社会中，权利与所有权的建构原则是一致的，"所有权在资本方面就辩证地转化为对他人的产品所拥有的权利，或者说转化为对他人劳动的所有权，转化为不支付等价物便占有他人劳动的权利"①。物化概念阐明的正是需要人们将这种"权利"加以"历史化"理解，从而注重分析权利的条件，以理解为什么马克思要消灭分工、私有财产、阶级划分，等等。在这个意义上，可以肯定地说，马克思并没有创造一种关于"共产主义自然法"的观念。因为在财产权的现有框架内，自然法不过是一种人们对"事物化"过程的"物化"意识，它掩盖了资本主义的实质，即将资本主义视为永恒的存在。其原因在"经济学家"看来，现在的关系（资本主义的生产关系）是天然的，因为这些关系是不受时间影响的自然规律，这是应当永远支配社会的永恒规律②。但是，在现实社会中，一个既定的前提已经竖立在那里，一部分人拥有生产资料，多数人却并不拥有。很显然，揭穿为资本主义体制作永恒化辩护的路径，不能仅仅借助一种"自然法"观念的"纠正"，而要基于"事物化"制度自身因内在缺陷而必然被瓦解的辩证逻辑。其中的一个重要原则是，自然法所吁求的法的正义、道德之实质性的达成，不能局限于纯粹的"道德"领域。从马克思的立场来看，这种"去道德化"本身就是与其对"事物化"批判勾连在一起的，"诉诸道德和法的做法，在科学上丝毫不能

---

① 《马克思恩格斯文集》第 8 卷，人民出版社 2009 年版，第 106 页。
② 参见《马克思恩格斯文集》第 1 卷，人民出版社 2009 年版，第 612 页。

把我们推向前进；道义上的愤怒，无论多么入情入理，经济科学总不能把它看作证据，而只能看作象征"①。因为，只要懂得，"现代资本家"不过是靠"占有他人无酬劳动发财致富的"，那么，"有产阶级胡说现代社会制度盛行公道、正义、权利平等、义务平等和利益普遍和谐这一类虚伪的空话，就失去了最后的立足之地"②。换句话说，对于马克思来讲，真正自然法观念的实现，是以消灭现有自然法存在的"事物化"的存在论条件为前提的。不过，应该记住马克思另一个告诫，"一个社会即使探索到了本身运动的自然规律"，"它还是既不能跳过也不能用法令取消自然的发展阶段。但是它能缩短和减轻分娩的痛苦"③。

（原载《哲学动态》2015 年第 2 期）

---

① 《马克思恩格斯文集》第 9 卷，人民出版社 2009 年版，第 156 页。
② 《马克思恩格斯全集》第 25 卷，人民出版社 2001 年版，第 138 页。
③ 《马克思恩格斯文集》第 5 卷，人民出版社 2009 年版，第 9—10 页。

作为自由主义批判者的马克思

[英] 肖恩·塞耶斯/文　张　娜/译

众所周知，马克思是一位自由主义的批判者，但从很多论述马克思哲学思想的著作中却难以发现这一点。新近连续发表的关于马克思道德思想和政治思想的著作，几乎总是轻描淡写地看待马克思与自由主义诸多观点之间的分歧，或者对这些分歧完全置之不理。① 这些著作忽视了马克思哲学中暗含的对自由主义的批评。为了把他的诸多理论融入某种形式的激进自由主义之中，这些著作还重新解释了他的理论。本文旨在将马克思从这种误读中解救出来，并且将其作为一位自由主义的批判者来加以辩护。

所谓自由主义，笔者指的是建立在自由和平等这两大现代西方社会主导价值准则之上的政治哲学。它通常以正义和权利学说的面目或者以各种各样功利主义的自然主义的形式呈现。在自由主义的经典的启蒙形式中，其基本的价值准则体现在大量被认为是普遍而永恒的"自然权利"或"人权"中，这些权利被列入 18 世纪资产阶级革命一些主要的宪法性文件（如美国《独立宣言》和法国大革命《人权和公民权宣言》）里。虽然这些文件中宣称的权利略有不同，但通常包括自由权、平等权和私有财产权，它们被视为正义社会的基本准则。从洛克、卢梭和康德到现代的罗尔斯，一系列思想家从哲学上为这种理论作了辩解。

一　历史唯物主义的方法

马克思的方法是完全不同的。如果在他对资产阶级社会的分析中，或者在他关于继资产阶级社会之后出现的社会的探讨中，正义和权利准则有

---

① 分析哲学传统中的著作如此，大陆哲学传统中的著作亦如此。

用的话，那么作用也很微小。其部分原因在于，他首要的目标是理解和阐释资产阶级社会，而不是对它做道德的或政治的评判，也不是倡导某种资本主义社会的替代物。这还因为他的批判采取的是一种历史的方式，而不是求助于某些被认为是普遍的准则。

历史唯物主义的基本观点指导着马克思的思考，他在很多地方清晰地表述了这些基本原理。① 比如，"人们的观念、观点和概念，一句话，人们的意识，随着人们的生活条件、人们的社会关系、人们的社会存在的改变而改变，这难道需要经过深思才能了解吗？思想的历史除了证明精神生产随着物质生产的改造而改造，还证明什么呢？……当人们谈到整个社会革命化的思想时，他们只是表明了一个事实：在旧社会内部已形成了新社会的因素，旧思想的瓦解是同旧生活条件的瓦解步调一致的"②。

显然，这些观点影响着正义和权利观念，同其他的道德准则一样，它们也是社会和历史的产物，产生于并表现为对特定社会的社会关系起支配作用的规范。从这个意义上讲，它们是"具有意识形态性的"③。不同的社会形成不同的价值观和权利准则，因而不存在普遍的道德准则，也不存在永恒的权利准则。与此相一致的是，马克思不重视同时代那些追求所谓永恒正义和公平的社会主义者。他极力想要将这些社会主义者所说的观点，从那些与他有关的社会主义准则的声明中剥离出来。

然而，同样明显的是，这并不是道德价值观在马克思思想中出现的唯一方式。当然，这也是因为马克思对资产阶级社会持批判态度。从政治上和伦理上承诺资产阶级社会将被废除，以及认为它会被一个完全不同的新社会取代，这构成了他最基本的立场。进而言之，这些承诺有时候是通过诉诸正义和权利观念来表达的。例如，马克思有时候谴责资本主义包含着资本不正义地占有（"盗窃""掠夺"）劳动创造的剩余价值，而且赞扬支配共产主义社会的分配原则在平等方面是一大"进步"④。

常常有人认为，这些观点无法与那种对权利的社会历史理解中暗含的

---

① 它们最为人知的表述在马克思《〈政治经济学批判〉序言》中。

② 马克思、恩格斯：《共产党宣言》，见《马克思恩格斯文集》第 2 卷，人民出版社 2009 年版，第 50—51 页。

③ 与贬义的"意识形态"相比，这里是中性的。

④ 更多的文献可参见 Norman Gegras, "The Controversy About Marx and Justice", 1985, p. 150, New Left Review；本文注释②所涉。

相对主义的阐释相一致。确实，它们是马克思思想中根本矛盾的表征。例如，依照杰拉斯的理解，马克思依据超历史的准则来谴责资本主义为不正义，但马克思自己明确否认这一点。也有人认为，如果关于正义和权利的观点是既有社会经济关系的产物，那么这些观点肯定反映和支持这些关系，且这可能包含马克思的价值观。因而，就马克思批判资产阶级社会而言，不论他可能会说与社会主流相反的什么话，他的批判都必定依赖于对超历史准则的帮助。

这个论点是非常令人质疑的。它假设，批判性价值的唯一可能来源是超越现行社会秩序的。但情况并非如此。现行社会并不是一个和谐的统一体，其内部有着冲突和矛盾，不稳定和矛盾的趋势不需要来自外部，它们已经呈现在现行环境中。马克思主义对资产阶级社会的批判不必依赖超越性的准则，它产生于那些内在于资产阶级社会自身中的力量中，产生于资产阶级社会固有的形式中。正如马克思所指出的："什么也阻碍不了我们把政治的批判，把明确的政治立场，因而把实际斗争作为我们的批判的出发点，并把批判和实际斗争看做同一件事情。在这种情况下，我们不是教条地以新原理面向世界：真理在这里，下跪吧！我们是从世界的原理中为世界阐发新原理。"[1]

（一）黑格尔的根基

马克思的这些观点来源于黑格尔哲学。黑格尔哲学在霍布斯、洛克和康德这样的思想家们关于自然权利的启蒙普遍主义，与马克思历史的和唯物主义的方法之间构筑了一道桥梁。黑格尔哲学产生于启蒙自由主义的传统，正如我们将看到的，他保留了该传统的诸多重要方面。然而，他的哲学也对伦理和政治的价值观提出了一种社会的和历史的阐释，超越了启蒙自由主义的传统，并为马克思所用。从继承方面看，黑格尔保留了启蒙关于普遍永恒的价值准则的思想，这体现在作为《法哲学》起点的"抽象权利"观上。依黑格尔所言，"抽象权利"正是人之所以为"人"（自由和理性的存在物）而不是单纯的"物"所拥有的权利形式，是我们作为自由的主体践行我们的意志特别是占有事物的权利。

---

① 马克思：《马克思致阿尔诺德·卢格（1843 年 9 月）》，见《马克思恩格斯文集》第 10 卷，人民出版社 2009 年版，第 9 页。

黑格尔的抽象权利适用于所有人类，而且是永恒的。它与启蒙时期的自由主义关于财产和自由的自然权利观密切相关。然而，像本哈比那样认为"'抽象权利'是……黑格尔用来指'自然权利'这一传统概念的术语"①，就过于简单化了。黑格尔不愿采用"自然权利"，因为它常常用来指权利"在自然中已经形成"，甚至可能存在于虚构的"自然状态"中。相比之下，黑格尔认为："法和一切法的规定仅仅是基于自由的人格，即基于一种其实是自然决定的反面的自我决定。因此，自然权利就是强者存在和暴力有理……社会其实倒是那个只有在那里法才有其现实性的状态。"②

黑格尔批判启蒙时期主要的自由主义哲学家特别是康德，批判他们认为道德包含可评价行为和习俗的普遍的理性准则。黑格尔主张，伦理规范不是外在地用于特殊社会关系的抽象命题，那些脱离社会关系的权利准则是抽象而空洞的，它们必须体现在具体的社会关系中并获得认可才会有活力，必须表现关于具体而特殊的社会角色和习俗的规范和准则。所以，只有当权利以"伦理生活"（伦理共同体的社会关系和活动）而不是纯粹抽象的道德准则的形式呈现时，它才具体存在。

因而，一方面，黑格尔保留着普遍永恒的"抽象权利"观，但他也从社会和历史的角度把权利阐释为"伦理生活"（Sittlichkeit）。他哲学中的这两个观点存在一定的张力，从他对那些基于奴隶制和农奴制的前现代——古代和封建——社会形式的阐释中，可以看出整合这两个观点存在的一些问题。另一方面，黑格尔强调，自由是一项普遍的权利，包括奴隶和农奴在内，只要作为人都拥有这项权利："奴隶有绝对权利使自己成为自由人。"③ 然而，在古希腊和罗马社会，这项权利没有得到认可。即便是大多数奴隶也不认可它，它不具有社会和历史的现实性或"有效性"。实际上，黑格尔认为："奴隶制和专制统治在各民族的历史中都是一个必经

① Seyla Benhabib, "Obligation, Contract and Exchange: On the Significance of Hegel's Abstract Right", *In The State and Civil Society: Studies in Hegel's Political Philosophy*, edited by Z. A. Pelczynski, Cambridge University Press, 1984, p. 160.

② 黑格尔：《精神哲学——哲学全书·第三部分》，杨祖陶译，人民出版社 2006 年版，第 322—323 页。

③ 黑格尔：《法哲学原理》，张企泰、范扬译，商务印书馆 1961 年版，第 75 页。

的阶段，并因而是某种相对合理的东西。"①

这样，依黑格尔之言，自由是一项抽象的进而也是一项普遍的权利。不过，单纯作为抽象而普遍的权利，自由并没有社会现实性，只是一种抽象的准则，即一种黑格尔有力地批判过的康德的纯粹的"应该"。正如斯蒂文·史密斯所说，黑格尔抽象的权利看起来"完全是形式上的和抽象的，这与黑格尔常常宣称要抨击的义务论的道德规范一样。关于做人（personhood）的观点本身，就是基于对所有在我们生活和历史过程中形成的经验特征和关系的抽象"②。

因而，黑格尔哲学中，关于抽象权利的观念，与从社会角度对体现在伦理生活观点中的诸多权利给出的阐释，看起来是冲突的。黑格尔试图在他的历史哲学中解决这个冲突。他把历史看作通过发展权利来实现自由的目的论过程。在古代社会，只有一部分人是自由的，抽象的自由权利只得到部分实现，它在一定程度上仍是隐含的，只存在于自身中。但是，这项隐含的权利处于从被发觉到变得明晰的过程中：基督教首次明确承认自由是一项普遍的权利；接着，自由在"基督教世界"里作为一个具体的现实而逐渐发展，但只有在现代自由主义社会中它才得以充分实现。

（二）马克思

马克思对正义和权利的阐述以及他对意识形态的看法，实际上更直接地从黑格尔思想的这些方面发展而来，且最好在这一背景中来审视马克思的这些看法。特别是，上文描述的黑格尔哲学的两大组成部分，为阐释马克思的思想提供了适当的背景。马克思批判和排斥黑格尔的抽象权利观，随之批判和排斥黑格尔那里残存的启蒙自然权利观。马克思从社会和历史的角度来阐述权利是对黑格尔理论的另一个方面的发展：对作为体现在社会伦理生活中的权利观念的发展。同黑格尔一样，他也认为，伦理规范不是抽象而独立的理论准则，它们体现着具体的社会关系和活动的规范，它们是我们社会生活不可或缺的组成部分。由此，马克思完全一贯地从社会和历史的角度来阐释权利。

---

① 黑格尔：《精神哲学——哲学全书·第三部分》，杨祖陶译，人民出版社 2006 年版，第232 页。

② Steven Smith，*Hegel's Critique of Liberalism：Rights in Context*，University of Chicago Press，1991，p. 125.

当然，在某些基本方面，马克思的阐述不同于黑格尔。黑格尔的抽象权利观是基于这个理念：人类因其是人类，所以是自由的"人"，在本体论上区别于纯粹的"物"。而这正是马克思主义（作为唯物主义的一种形式）肯定排斥的形而上学的一个理念。我们是自然存在物，并非根本上不同于其他的自然创造物。

马克思拒斥黑格尔的目的论观点，即所谓历史是自由和权利的实现："在黑格尔看来，思维过程，即甚至被他在观念这一名称下转化为独立主体的思维过程，是现实事物的创造主，而现实事物只是思维过程的外部表现。我的看法则相反，观念的东西不外是移入人的头脑并在人的头脑中改造过的物质的东西而已。"①

因而，马克思"颠倒"了黑格尔哲学：历史并不是"理念"自我实现的产物，相反，普遍自由和权利的理念是历史的产物。道德价值观（更为一般地是观念和意识形态）产生于并依赖于社会关系，而不是相反。马克思在《评阿·瓦格纳的〈政治经济学教科书〉（1879—1880）》中指出了这点："在他（瓦格纳）看来，先有法，后有交易；而实际情况却相反：先有交易，后来才由交易发展为法制。"②

因而，支配法制的准则由抽象而一般的概念构成，这些概念逐渐具备"相对"自主的发展。然而，价值观和观念有独立的存在，优先于和独立于社会关系，这个观点终究只是个幻想。依马克思和恩格斯所说，"意识只是现存实践的意识"③，作为某种独立的东西，思想只是随后出现的。"从这时候起意识才能现实地想象：它是和现存实践的意识不同的某种东西；它不用想象某种现实的东西就能现实地想象某种东西。从这时候起，意识才能摆脱世界而去构造'纯粹的'理论、神学、哲学、道德，等等。"④

由此可见，虽然马克思是一个唯物主义者，并且颠倒了黑格尔对伦理

① 马克思：《〈资本论〉第二版跋》，见《马克思恩格斯文集》第 5 卷，2009 年版，第 22 页。

② 马克思：《评阿·瓦格纳的〈政治经济学教科书〉(1879—1880)》，见《马克思恩格斯全集》第 19 卷，人民出版社 1963 年版，第 422—423 页。

③ 依马克思和恩格斯在这个段落中所言，思想是随着精神劳动和手工劳动之间分工的历史发展而出现的。

④ 马克思、恩格斯：《德意志意识形态》，见《马克思恩格斯文集》第 1 卷，人民出版社 2009 年版，第 534 页。

规范和社会关系之间联系的阐述，但他仍然赞同黑格尔"伦理生活"这个概念中的核心观点，即伦理规范和社会关系必然有联系。

马克思用基础和上层建筑这个比喻来表达他的唯物主义。虽然这足以彰显他赋予物质因素以优先地位，但在其他方面，这个比喻具有误导性。把意识形态想象为某种属于上层建筑的东西，表明意识形态以某种方式分离于和"高于"社会的物质基础。但情况并非如此，这也不是马克思深思熟虑过的观点。黑格尔认为价值观具体地包含在"伦理生活"的实践活动中，这个观点为理解马克思的观点提供了一种更好的方式，为伦理价值观的本性给出了一种更令人满意的阐述。规范嵌在规则、关系和社会制度中，是它们运转的一个重要方面。在我们日常的社会生活中，它们是具体而鲜活的。这种从社会和历史的角度来阐释伦理价值观是马克思批判自由主义启蒙形式的重要组成部分。①

（三）对待自由主义的态度

除了马克思的唯物主义之外，他不同于黑格尔的第二个方面，与他们对待自由主义社会的态度有关。尽管黑格尔伦理学的社会观念与启蒙自由主义的普遍主义相冲突，但黑格尔归根结底是一位自由主义者。

这个说法可能看起来令人吃惊。多年以来，黑格尔的自由主义被一些作者们在冷战期间的虚夸言辞系统地掩盖了。这些作者中，波普尔把黑格尔政治哲学和马克思主义与法西斯主义混为一谈，认为它们是某种形式的"极权主义"，并且把它们全部描述为自由主义和"开放社会"的"敌人"。正如斯密和罗尔斯富有说服力地表明的那样，这是一种对黑格尔政治哲学也是对马克思主义的偏见和不恰当的看法。②

---

① 其他人也批判基础—上层建筑这个比喻，也用类似的话来阐释马克思对价值观的论述。例如，阿尔都塞在《意识形态和意识形态国家机器》（1971）中，强调了意识形态在社会实践中得以体现和实现的诸多方式。然而，他是从一个完全不同的（反黑格尔主义的）视角来论述的，可惜他的著作遮蔽了马克思对黑格尔"伦理生活"这个概念的借鉴。也有其他人已指出，马克思与亚里士多德把社会实践作为美德的基础所用的方式高度相似（Alasdair MacIntyre, *After Virtue*, Duckworth, 1985；Paul Blackledge, *Marxism and Ethics: Freedom, Desire, and Revolution*, State University of New York Press, 2012），这也有助于消解把道德看作一系列抽象而永恒的准则这个观点。尽管如此，正如马克思自己承认的，他的思想的首要来源显然是黑格尔，最好在这个背景中来审视他理解的正义和权利是意识形态的问题。

② 类似的说法，可见弗雷德里克·C. 贝瑟《黑格尔》（Frederick C. Beiser, *Hegel*, Routledge, 2005），但他对黑格尔的自由主义有着更令人怀疑的强调。

诚然，黑格尔对自由主义启蒙的核心宗旨作了重要批判，但他终究是站在自由主义的立场上作出这些批判的。正如贝瑟指出的，特别是黑格尔"对国家的目的只是保护自然权利和市场的自由这一常见的自由主义学说无法接受。这样一种学说似乎准许将社会消解为大量孤立的和追逐私利的原子，这些原子没有归属感和对公共的责任感"①。

为了对抗现代社会中市场的碎片化后果，黑格尔主张，国家和市民社会制度必须积极地培育集体忠诚和公共福利。黑格尔希望以这种方式缓和自由市场的自由主义，他对共同体有诸多担忧，由此来看，可以认为黑格尔在批判现代自由主义社会，甚至可以认为黑格尔在重提古希腊城邦这个前现代的理想。换言之，正如后来的黑格尔主义者 T. H. 格林和伯纳德·鲍桑葵所阐发的，他的哲学的这些方面可被看作在憧憬和期待集体的或福利国家的自由主义。无论如何，黑格尔都绝对坚持个性和自由是现代世界显著的基本特征。但他并不是真的想回到前现代的环境中去，因为这些环境盲目地接受惯常的方式和已有的权威。他认为，个体自由和"主观自由的权利"是现代性的限定词，也是现代社会不可避免的特征。

简言之，黑格尔不仅相信抽象权利准则（个体自由和正义这些自由主义准则）的普遍适用性，而且他主张，现代资产阶级自由主义社会已经为最终实现这些准则创造了社会条件和政治条件。在这种社会里，个体和共同体之间的矛盾，可以在一个稳定的国家框架内解决。至少在这些重要的方面，黑格尔是一位自由主义者。

但马克思不是自由主义者，他恰好质疑黑格尔在这些观点上所持的立场。正如下文所述，尽管马克思并不完全排斥自由主义的价值观，但他否认自由主义这一核心主张：这些价值观能够在资产阶级社会中以一种令人满意的方式得以实现，而该种资产阶级社会是基于自由主义的权利准则。马克思尤其否认：个体自由和平等这些价值准则，能够在一个以生产资料私人所有和商品交换为基础的社会中实现。他强调，资产阶级社会的矛盾是资产阶级社会内在且不可消除的特征。自由、平等和个性这些理想的实现要求从根本上变革社会和政治，而且这场变革就是这些矛盾推动的。这是因为马克思坚称：这些矛盾最终会导致一个新的社会秩序的出现，在该社会秩序下，自由主义社会的冲突可以得到解决，自由主义理想中的自由

---

① Frederick C. Beiser, *Hegel*, Routledge, 2005, p. 230.

和正义最终会得以实现。

二　马克思论权利和正义

行文至此，笔者一直着眼于形式的理论上的框架，其中马克思关于权利和正义的观点有待阐释。接下来笔者将深入其有关于自由主义价值观的内容。

马克思很少详细论述这个论题。两处最为详尽的讨论出自他研究生涯的早期和晚期，而且都与笔者已经给出的对马克思思想的阐述相一致。从中可清楚地得知，尽管马克思的观点不断演进和发展了，但他思想的基本形式（历史的方法）自始至终仍是一大特征。

（一）《论犹太人问题》

马克思对人权或自然权利这些自由主义的理念最为详尽的讨论是在《论犹太人问题》中。这篇写于1843年（在马克思认为自己是一位共产主义者之前）的文章是马克思早期的一篇文章，是一篇青年黑格尔派的著作，批判青年黑格尔主义者布鲁诺·鲍威尔关于犹太人解放问题的看法，其中包含着对那些被神圣地载入18世纪美国和法国很多宪法性文件以及《人权宣言》中的自然权利或人权的详细分析。

马克思主张，这些文件中宣称的"人权"并非如这些文件所说的那样，是普遍和永恒的准则，相反，它们体现着资产阶级社会原子式的个人主义："任何一种所谓的人权都没有超出利己的人，没有超出作为市民社会成员的人，即没有超出封闭于自身、封闭于自己的私人利益和自己的私人任意行为、脱离共同体的个体。"①

马克思指出，这些文件中宣称的许多具体的"自然权利"（包括自由权、平等权、安全权和私有财产权）每一个都具有这一特征。例如，就财产权而论，马克思主张："私有财产这一人权是任意地、同他人无关地、不受社会影响地享用和处理自己的财产的权利；这一权利是自私自利的权利。这种个人自由和对这种自由的应用构成了市民社会的基础。这种自由

---

① 马克思：《论犹太人问题》，《马克思恩格斯文集》第1卷，人民出版社2009年版，第42页。

使每个人不是把他人看作自己自由的实现，而是看作自己自由的限制。"①

正如利奥波德所说，认为马克思在像这样的段落中只是谴责自由主义关于人权的观点完全是幻想——是盲目地认可资产阶级社会这一轻蔑意义上的纯粹"意识形态"——已经成为"阐释中司空见惯的事"。然而，正如利奥波德正确主张的，这种解释毫无基础可言。马克思不是简单地抛弃自由主义权利观点，他还把关于人权的观点与市民社会的诸多形式相联系，并指出它是典型的资产阶级的观点。他的主要目的是要在产生有关人权的看法的社会关系背景中来理解这个看法。总之，他是用历史的观点来考察它。他所主张的是，这些权利并非如宣称的那样是普遍和永恒的道德准则，而是表现着特定社会在特定发展阶段的规范，体现着资产阶级市民社会（一个原子式的个人主义和私有财产的社会）的社会关系和经济关系："所谓的人权……无非是市民社会的成员的权利，就是说，无非是利己的人的权利、同其他人并同共同体分离开来的人的权利。"②

当然，马克思对资产阶级社会持批判态度。但他对资产阶级社会的批判不是诉诸普遍的或永恒的准则，他的批判不是道德的或绝对的批判，正如新近很多作者所强调的，他的批判并没有以一种完全否定的方式谴责资产阶级社会。相反，马克思的方法是历史的和相对的。

在《论犹太人问题》中，马克思对比了18世纪资产阶级革命所颂扬的"政治自由"与更为充分的"人的"自由观。但他的目的不是摒弃这些资产阶级的自由。他承认："政治解放当然是一大进步；尽管它不是普遍的人的解放的最后形式，但在迄今为止的世界制度内，它是人的解放的最后形式。"③

相对于先前封建社会存在的限制和约束来说，18世纪资产阶级提出的

---

① 马克思：《论犹太人问题》，《马克思恩格斯文集》第1卷，人民出版社2009年版，第41页。

② 马克思：《论犹太人问题》，《马克思恩格斯文集》第1卷，人民出版社2009年版，第40页。可对比下文："任何一种所谓的人权都没有超出利己的人，没有超出作为市民社会成员的人，即没有超出封闭于自身、封闭于自己的私人利益和自己的私人任意行为、脱离共同体的个体。在这些权利中，人绝对不是类存在物，相反，类生活本身，即社会，显现为诸个体的外部框架，显现为他们原有的独立性的限制。"马克思：《论犹太人问题》，见《马克思恩格斯文集》第1卷，人民出版社2009年版，第42页。

③ 马克思：《论犹太人问题》，《马克思恩格斯文集》第1卷，人民出版社2009年版，第32页。

政治自由确实是一大进步。但是一个更高级的社会秩序，以及因它而有的更完善的"人的"自由形式，都终将成为可能。

当然，马克思的部分目的是批判自由主义以及作为资产阶级秩序基础的私有财产和原子式的个人主义的资产阶级秩序。新近的一些学者（柯亨、杰拉斯等）试图掩饰这点，并将马克思主义修改为某种形式的激进自由主义，这是非常错误的。然而，马克思并没有完全拒斥自由主义的权利和自由主义的价值观。他的哲学不应该被阐释为对自由主义传统的抽象或绝对的否定，在某些重要的方面，应被阐释为对这一传统的延续和完成。马克思在此援引的"人的"解放观是对自由主义社会中获得的有限的、"政治的"形式的解放的发展和实现。他的立场表明，在自由主义社会作为自由主义核心的自由价值只能得到部分的实现，彻底变革社会秩序后才能得到完全实现。

马克思正是从这点出发来回应鲍威尔关于宗教解放问题的看法的。鲍威尔主张，犹太教包含的具有排他性的忠诚和承诺，与自由主义国家要求的普适性不一致，因而，在一个自由主义社会中，完整的公民身份和政治参与要求抛弃这些宗教隶属关系。

由此，马克思反对鲍威尔在论证过程中混淆了"政治的"解放与"人类的"解放。现代自由主义国家使宗教从政治束缚中解放出来，这准许了宗教信仰自由。国家不再力图控制宗教信仰和活动，宗教被看作纯粹私人的事物，公民们可随心所欲、自由地信仰和崇拜。马克思认为，鲍威尔错误地认为这种政治解放要求摆脱宗教。只有未来社会中充分的"人类的"解放，才会带来对宗教的彻底超越和完全摆脱宗教束缚。

马克思坚称，即便如此，对于犹太人和其他不遵从国教的宗教团体来说，自由主义的信仰自由和崇拜自由，在自由方面仍是"一大进步"①，其他自由权利如平等权、财产权、安全权以及体现这些权利的法律制度的情况亦是如此。尽管这些是资产阶级社会的特征，但也必须相对而历史地评判它们。例如，自由主义的财产权，马克思说它向所有人②保证的是"占有财产的自由"（一项在封建社会受到限制的权利）而不

---

① 马克思：《论犹太人问题》，《马克思恩格斯文集》第 1 卷，人民出版社 2009 年版，第 32 页。

② 至少是马克思写作时的所有白人男性。

是"摆脱财产"①。因而，与先前的社会条件相比，资产阶级自由社会以及它创造的权利和自由是名副其实的一大进步。然而，它所实现的自由，是资产阶级的自由，只是"政治上的"自由，仍是有限的和不完善的。一种更高级的"人类的"解放是可能的，但这要求出现一种不同形式的社会（一种新的"世界制度"②）。③

（二）《哥达纲领批判》

在 1843 年的《论犹太人问题》中，马克思没有谈及未来新的社会秩序可能会采取什么形式。然而，此后一年内，他宣称自己是一个共产主义者，并且他开始形成关于未来社会的观点。

马克思对未来共产主义社会的看法最为充分的论述是在 1825 年的《哥达纲领批判》中，其中也包含着对财产权利和分配正义这些原则的详细讨论。马克思认为这些原则适用于未来共产主义社会。从 18 世纪 40 年代后期起，马克思就主张，在资本主义和创建真正共产主义社会之间需要共产主义的第一个"过渡"阶段。在共产主义的第一个过渡阶段，生产资料（资本）的私人所有制将被废除，但私有财产在消费领域会继续存在。劳动产品（在扣除必要的社会开支后）将依据工人的劳动量分配给每个工人。正如马克思所说的，尽管在这样一个不同于资产阶级社会的社会中，个人再也不能仅靠资本所有权就可以获得一份收入，但在该社会中依然存在与支配资产阶级社会的经济原则相类似的等价交换原则，实际上，马克思称其为"资产阶级法权"原则。

这样的共产主义社会中，个体工人们有权拥有他们自己劳动的成果这一原则占据支配地位（一旦扣除了公共开支后）。这种原则常常被认为给社会主义批判资本主义提供了基础，因为在资本主义社会中，一些劳动成果被资本以利润的形式榨取了。例如，当杰拉斯写道："如果一些人的劳

① 马克思：《论犹太人问题》，《马克思恩格斯文集》第 1 卷，人民出版社 2009 年版，第 45 页。

② 同上书，第 32 页。

③ 绍克布勒用类似的话，对马克思的立场给出了很好的阐述（Igor Shoikhedbrod，"Karl Marx's Radical Critique of Liberalism and the Future of Right."http：//marxandphilosophy. org. uk/assets/files/society/word – dots/skoikhedbrod 2013. docx）。

作没有报偿而其他人不劳而获，这就违背了道德平等准则"①，这时他就是以这种方式批判资本主义，并且认为这是一条永恒的道德准则，还把它强加给马克思。

但这是一种误解。马克思的观点是，这是一个在特殊历史阶段（共产主义的第一个阶段）支配经济分配的原则。至于它可以被用来批判当前的资本主义制度，是因为"新社会的因素"②已经在其内部产生，创造这样一个社会的现实可能性已经呈现。包括这个原则在内的诸多权利准则是历史的和相对的："权利决不能超出社会的经济结构以及由经济结构制约的社会的文化发展。"③

马克思认为，共产主义的第一个阶段在平等方面将比资产阶级社会"进步"，因为个人收入将严格与完成的工作挂钩，而不再可能通过拥有资本来获得一份收入。即便如此，资产阶级原则的保留意味着这样的一个社会将继续"被限制在一个资产阶级的框框里"④。由于情况和能力的差异，按劳分配难免会产生经济不平等：一些人比其他人工作得多，一些人比其他人有更多的家属，等等。

最终，这种有局限的权利和这些不平等将被取代。"在共产主义社会高级阶段"⑤，物质丰富的诸多条件已达到，用马克思众所周知的话来说："只有在那个时候，才能完全超出资产阶级权利的狭隘眼界，社会才能在自己的旗帜上写上：各尽所能，按需分配！"⑥

一个按需分配的社会将不再由定量的等价分配原则支配，这些原则体现在资产阶级法权原则中。那些需求较多的人将比那些需求较少的人获得更大份额的社会产品，且由于有丰富的资料来满足所有的需求，因而不必拉平这些差异。在这个意义上，自由主义不会再关心分配领域中的平等问题。

---

① Norman Geras, "Bringing Marx to Justice: An Addendum and a Rejoinder", *New Left Review*, 195, 1992, p. 60.

② 马克思、恩格斯：《共产党宣言》，见《马克思恩格斯文集》第 2 卷，人民出版社 2009 年版，第 51 页。

③ 马克思：《哥达纲领批判》，见《马克思恩格斯文集》第 3 卷，人民出版社 2009 年版，第 435 页。

④ 同上。

⑤ 同上。

⑥ 同上书，第 436 页。

鉴于此，有人可能会说，这种共产主义社会是"超越平等"的，这也正是笔者在《马克思与异化》一书中所主张的。然而，这意味着，真正共产主义社会中的权利准则是对自由主义平等观的彻底否定。笔者现在质疑这一点①，因为也可以认为共产主义社会体现的是一种（性质上而不仅仅是数量上）较少限制的平等。因而，这样的一个社会将不是否定平等价值，而是更加充分地实现它。这更符合笔者在此对马克思主义给出的阐述，笔者现在倾向于认为这种阐释更好地表达了马克思主义哲学的取向。

在真正共产主义社会中起作用的诸多正义规范面临类似的问题。常有人主张，在正义和权利不再起作用这个意义上，这样的一个社会是"超越正义"的。得出这个观点的方式有很多，大多数都是正义和权利规范只有存在着需要解决的冲突时才必要存在这个看法的变体。然而，正如马克思所展望的，共产主义是这样的一种社会：在其中，私有财产权的废除消除了社会分化和冲突的基础，物质的丰富已消除了物质不平等和冲突的根源，因而，也消除了对正义准则的需要。换言之，有人主张，马克思所预见的是彻底的"超越正义"。雷曼对这些观点（他并不持有这些观点）总结道："正是正义的理想假设，人们才会把冲突强加在别人身上，他们会处于敌对状态，而不是合作的关系中。相反，共产主义被认为是一种集体团结的理想，在其中，敌对的关系已被克服，人们不需要权利和正义来劝导其他人与自己合作。"②

很多评论家把这些观点归于马克思，还有一些人捍卫这些观点。③ 然而，这样的社会到底会不会出现，到底能不能这样阐释马克思的共产主义设想，都是令人怀疑的。即便能够完全消除物质对抗和社会对抗的根源，个体之间的纷争肯定仍会出现。仅凭这点，就仍然需要一些准则来处理个体之间的纷争。

此外，还有其他更为哲学的基础来相信正义规范会继续是（即便是最为和谐的）社会的一大特征，它们确实是所有社会都必需的。这正是罗尔斯的立场，他还断言，这与他所认为的马克思持有共产主义会"超越正

---

① 特别是通过与大卫·马奇班克斯的讨论。

② Jeffrey Reiman, "Moral Philosophy: The Critique of Capitalism and the Problem of Ideology", *in The Cambridge Companion to Marx*, edited by Terrell Carver, Cambridge University Press, 1991, p. 153.

③ 如塔克尔《马克思和分配正义》、帕舒卡尼斯《法律和马克思主义：概论》。雷曼在《道德哲学：对资本主义的批判和意识形态问题》中充分阐述了这些争论。

义"这一观点相违背："对正义的关注的缺失之所以是不值得欲求的，乃是由于，具有某种正义感以及具有与正义感相关的各种理念是人类生活的一个部分，是理解其他人、承认其他人的权益的一个组成部分。"①

同新近很多评论者一样，罗尔斯认为，马克思追随休谟，也持有这一观点：正义准则服务于维持社会秩序和经济繁荣所必需的条件这一功利目的。正义准则只在特定的"正义环境"下才被需要，在该环境下，人们"有限的利他"与导致社会冲突的"中度匮乏"的条件相结合。将这种对正义的功利主义阐释归给马克思是没有根据的。正如笔者已论证的，马克思属于黑格尔传统，而且这使得马克思比罗尔斯自己知道的更接近罗尔斯自己的观点。因为马克思同黑格尔一样，把社会关系看作伦理关系：伦理规范构成社会关系。因而，包括共产主义社会在内的所有的社会关系都包含伦理规范。因而，共产主义社会不会停止对正义和权利的关心。②

共产主义社会将按需分配。按需分配是一个有着大量争论、太过含糊的短语，但那些争论大部分在此是不相关的。因为如果按需分配的观点有任何确切含义的话，那它意味着对特定规范的运用。对于什么是所需的是有界定的，而个人不需要的东西是不能被他们合法地占用的。因而，例如，社会劳动产品不应该遭到挥霍、浪费或肆意破坏。简言之，即便是在共产主义社会中，也存在着财产制度（当然，是集体的而不是个人和私人财产制度，但仍是财产制度）以及随之产生的正义和权利规范。③

在共产主义的第一个阶段即按劳分配阶段，由于已经指出的那些不可避免的不平等，所以一定程度上的不正义仍然存在，尽管这比资本主义制度带来的巨大的不平等所导致的后果小很多。一些人的所得多于所需，而其他一些人的需要得不到充分满足。真正的共产主义社会将消除这些不平等，但它不会完全消除正义和权利规范，不会"超越正义"。共产主义会超越资产阶级的框架以及所有权和正义的先前形式，以便更充分地实现它们，而不是完全否定它们。这再次表明，马克思对自由主义的批判并没有

① 约翰·罗尔斯：《政治哲学史讲义》，杨通进、李丽丽、林航译，中国社会科学出版社2011年版，第385页。

② 与奇蒂在《承认和社会生产关系》（Andrew Chitty, "Recognition and Social Relations of Production", Historical Materialism, (2), 1998）中有趣地把生产关系解析为承认关系相比较，笔者认为这种解析也暗含这点。

③ 笔者在《马克思与异化》（Marx and Alienation: Essays on Hepelian Themes, Palgrave-Macmillan, 2011）第七章中更加充分地论证了这种情况。

蕴含对自由主义价值观的单纯否定，相反，它指向它们在未来社会的真正实现。

三　相对主义和对共产主义价值观合理性的解释

马克思是从社会和历史的角度来阐释价值观，而且这为他阐释支配未来共产主义社会的价值观提供了框架。但为什么选择未来共产主义社会的规范和价值观而不选择当前或过去社会的那些规范和价值观呢？如何才能证明它们是合理的？据笔者所知，马克思自己并没有明确讨论这个问题，是后来的马克思主义者们对这个问题展开了激烈的争论。

如果共产主义的价值观是对自由主义的正义和权利准则的延续和完成，那么有人可能会认为，对自由主义的某些合理解释也可以为马克思主义所用。但事情没有这么简单。自由主义的正义和权利价值准则被认为是普遍和永恒的，对它们作出的解释给自由主义政治哲学带来了诸多重大问题。[1]

要求享有人权有时被认为是"不证自明的"[2]。但这显然是站不住脚的，看起来不证自明的东西其实容易受巨大社会历史变动的影响。对于美国《独立宣言》的作者们来说，"人人生而平等"似乎是不证自明的。但对于他们同时代的很多人来说，更不用说对于柏拉图、亚里士多德和古代社会的其他人来说，看起来同样明显的是，男人和女人生来不一样也不平等。声称"不证自明"不能为证明正义准则的合理性提供可行基础。

其他像罗尔斯这样的学者用一种康德式的主张形成一种关于基本道德准则的理性共识。这也是可疑的。至少，显而易见，现代社会实际上不存在这样的共识，能否形成这样的共识也是值得怀疑的。实际上，罗尔斯自己在他后来的著作中也逐渐接受了这点，并转而赞成一种"政治的"正义观，勉强认可至多可以有关于基本道德准则的"重叠共识"。

马克思充分认识到，在资产阶级自由主义社会中，即便是这样一种更为宽泛的共识终究也是难以企及的。因为这种社会无法创造一种和谐的秩序，也无法为道德共识提供必要的条件，生产资料私有制必然形成无法解

---

① 这些问题一直是怀疑自然权利观念而支持另一种自然主义后果论方法的一大主因。
② 如在美国《独立宣言》中。

决的冲突，这些冲突会引起相互矛盾的观点和价值观。马克思主义认为，就当前社会形态而言，在道德问题上，不可能有持续而且得到普遍同意的共识。此外，与自由主义不同，马克思主义并不强求这样一种共识。马克思主义也承认自己的观点是分化的和矛盾着的条件的产物，并不自我标榜为一种受到所有理性存在者普遍认可的观点，承认自己的观点只是现代工业社会特定阶级的观点。

那马克思主义为什么应该有更加广泛的吸引力和理性权威呢？我们被拉回到了相对主义的议题。怎样为马克思主义的价值观和它对自由主义的批判辩解呢？在马克思主义传统内有解答这一问题的各种方法。

桑德拉·哈丁在其著作中提出了一种方法。从女权主义的视角出发，她认可马克思主义提出的价值观是历史和社会的产物以及它总是体现着特定和局部的视角。然而，她主张，不是所有的观点在认识论上都是等同的，一些人的社会位置比其他人的要好。与那些处于更有特权地位的人不同，那些被剥削、被边缘化和受压迫的人对捍卫现行（社会）秩序没有兴趣。正如马克思和恩格斯在《共产党宣言》中指出的，在斗争中他们"失去的只是锁链"[1]，他们的观点没有因特殊拥护而遭到扭曲，因而，他们的观点被宣称是普遍有效的。

这使人想起康德《审美判断力批判》中的观点：审美判断的"中立"特征是它们宣称具有普遍有效力的基础。[2] 尽管有这样著名的出处，但这仍是无说服力的。一个产生于边缘地位的视角至多表明，它不易因拥护现行秩序而遭到扭曲。但它仍是一种特殊而有所偏袒的视角，不能够宣称是普遍的。此外，被剥削和受压迫的人并不是一个同质群体，他们并非发出同一种声音。即便是那些被边缘化的人们，也有不同的社会地位，这些不同的社会地位会导致相互冲突的不同视角。

马克思意义上的工人阶级在发达资本主义世界中是大多数。这个事实提供了解释共产主义的权利观点的另一种方式。通过确立一种符合工人阶级利益的方式来统治国家，共产主义社会比符合资产阶级利益的资本主义

---

① 马克思、恩格斯：《共产党宣言》，见《马克思恩格斯文集》第 2 卷，人民出版社 2009 年版，第 66 页。

② "如果有一个东西，某人意识到对它的愉悦在他自己是没有任何利害的，他对这个东西就只能作这样的评判，即它必定包含一个使每个人都愉悦的根据。"见康德《判断力批判》，邓晓芒译，杨祖陶校，人民出版社 2002 年版，第 46 页。

社会更加民主。用《共产党宣言》里的话来说，共产主义将"争得民主"①。因而，可以说，共产主义的指导原则比资产阶级自由主义社会的那些原则享有更广泛的合法性，它们会比罗尔斯倡导的自由主义的原则更能获得"政治共识"。

乔治·卢卡奇提出了一个更加雄心勃勃的观点。他承认，马克思主义是工人阶级的思想观念，而且他们只是现代社会中一个特殊的阶级。同马克思一样，他也主张，工人阶级有可能创造一个不再以基本的阶级分立和对抗为特征的无阶级社会。由于只有通过废除全部的阶级分化，进而废除作为一个特殊阶级的自身，才能最终实现这些，所以工人阶级的斗争就不仅是出于自己的利益，其目标是自我超越："无产阶级只有扬弃自身，只有把它的阶级斗争进行到底，实现无阶级社会，才能完善自身。"②

在这样的社会里，人类普遍性的观念将首次具备真正的社会历史基础。从这个意义上讲，现代工人阶级是卢卡奇笔下的"普遍阶级"，一种以该阶级的视角为基础的道德准则能够真正具有普遍性特征。③

实际上，卢卡奇在此呈现的是之前谈论过的康德理性共识观的历史化版本。因为，尽管他认可由于资产阶级自由主义社会固有的阶级分立而无法获得这样的共识，但他主张在未来共产主义社会是有可能的。此外，他坚称，创造这样一个社会的力量已经存在于资本主义社会中，而且这为共产主义的价值观提供了切实的基础。

这种解释马克思主义道德观的方式成立与否，与它如何进行历史的阐述相关，而这又提出了大量新问题。但不应该让这些问题掩盖马克思对自由主义所作的批判的重要性，特别是，不应该让它们掩盖马克思从社会和历史的角度来阐释自由主义的价值观。显然，马克思对历史发展的阐述与其道德观点相关，不能忽视他对道德的看法。

马克思主义不是一种先验的历史理论，它并没有为社会将超越资本主义给出目的论的保证。从马克思写作至今，经济和政治条件已发生了巨大

---

① 马克思、恩格斯：《共产党宣言》，见《马克思恩格斯文集》第2卷，人民出版社2009年版，第52页。

② 卢卡奇：《历史与阶级意识》，杜章智、任立、燕宏远译，商务印书馆1999年版，第145页。

③ 卢卡奇对工人阶级实际的人生观和"被强加的"人生观作了重要区分，限于篇幅，在此不作讨论。

变化。毫无疑问，需要根据这些变化来修正他对资本主义的分析，但讨论修正方式则超出了本文的范围。然而，这些还是应该指出的：正如一些人所说的，如果资本主义和自由主义社会被视为"历史的终结"以及没有超越它们的前途，那么，这表明马克思是错误的，他对自由主义的批判也会遭到驳斥。这样理解的理由是不充分的。由于分立和冲突，当前自由主义的资本主义世界秩序四分五裂，动荡不安。正如马克思所展望的，渴望基于集体准则建立一个分裂程度较轻的社会仍有生命力，并在全世界都发挥作用。尽管不清楚怎样和通过谁来推动这项事业，但有这些历史的根据去相信它仍是有效的，并迟早会成为主导。

如果这个用来结尾的评论看起来低调而含糊，那笔者只能说，这反映了我们现在所生活的时代对于左翼来说是多么地难解和不确定。

（原载《哲学动态》2015 年第 3 期）

黑格尔的法权哲学和马克思的批判[*]

——两种政治哲学观念的交锋

赵敦华

在马克思的著作中，没有一部如同《黑格尔法哲学批判》那样如此鲜明、如此激烈地表明了对黑格尔毫不妥协的态度。马克思与黑格尔的政治哲学观念的冲突充分展现了思想巨人之间的较量。笔者的任务不是裁判这场较量的胜负，而是用批判性分析的方法，在黑格尔看似思辨的"客观精神"体系和马克思貌似零散的笔记中，读出一些至今仍具现实性的问题。

一 黑格尔法权哲学体系论证方法的转换

黑格尔著作的标题是《法权哲学原理或自然法和政治科学纲要》。"自然法"属于政治思想史领域，而当时政治科学主要是对政治思想史的解释，黑格尔的法权哲学涉及从柏拉图、亚里士多德等人到霍布斯、斯宾诺莎、孟德斯鸠、卢梭、莱布尼茨、康德、费希特等经典政治哲学家的思想，乃至同时代的政治思想，他把这些内容与辩证法的形式结合起来，建构了法权哲学体系。黑格尔说："本书涉及的是科学，而在科学中内容和形式在本质上是结合着的。"[①] 从结构上看，黑格尔把自然法学说和政治科学讨论的主题与逻辑范畴相对应，即"所有权"（抽象性）——"道德"（主观性）——"伦理生活"（现实性）；伦理生活的现实性又分为"家庭"（直接个别性）——"市民社会"（形式普遍性）——"国家"（有机

---

[*] 本文为国家社科重大招标项目"20世纪中国传统哲学与马克思主义哲学、西方哲学关系研究"（编号13&ZD056）的阶段性成果。

[①] 黑格尔：《法哲学原理》，范扬、张企泰译，商务印书馆1979年版，第2页。

整体）；而国家制度的整体性则在于立法权（普遍性）、行政权（特殊性）和王权（单一性）的统一。

虽然黑格尔强调"整体以及它各部分的形成都是依存于逻辑精神的，此亦不言而喻"（同上），但对黑格尔不言而喻的前提，并不等于现代政治哲学阐述自由、实践、法权关系和社会制度等现实主题所必需的方法，也未必是达到他预期的合理性与现实性相一致目标的唯一方法。布罗德说："理解黑格尔，特别是在黑格尔传统中继续做哲学的，不是一个简单应用被描述为辩证的或现象学的方法，而是让方法本身在对所处时代的分析的基础上、在看待这个时代深刻经验到的精神需要的观点映照下构成。"① 纽豪斯尔（Frederick Neuhouser）也说："在令人想不到的大范围，黑格尔对使理性社会秩序得以理性所作的说明及其说服力，即使从更为根本的学说抽象出来，也能得到理解。"②

综合考量黑格尔政治哲学现代解释的方法，本文较少用辩证范畴的推演，主要依据黑格尔阐述的社会政治思想史记载的史料和经验事实，以重构他的法权哲学的论证。

二 黑格尔关于现代社会和国家的政治哲学

我们首先把黑格尔的"客观精神"实现自身的运动重构为这样的问题：人如何在社会中实现自由意志？人在什么样的社会制度中是自由的？有多大范围和程度的自由？这些问题只有在自由蔚然成风的启蒙时代才能成为政治哲学的主要话题。孟德斯鸠、卢梭明确地提出问题，康德、费希特围绕这些问题展开自然法和法权哲学的论证。黑格尔批判性总结这些启蒙哲学家思想，提出自己的合理性论证，从而成为"现代社会的第一个主要的政治哲学家"③。黑格尔说："自由的理念的每个发展阶段都有其独特的法权。"④ 我们把黑格尔阐述的五阶段（抽象法、道德、家庭、市民社会和国家）的辩证结构重建为三种现实的社会形态，看看黑格尔如何建立起

---

① Brod, H., *Heged's Philosophy of Politics*, Westview Press, San Francisco, 1992, p. 33.

② Ibid.

③ Avineri, S., *The Social and Political Theought of Karl Marx*, Cambridge University Press, 1968, p. x.

④ 黑格尔：《法哲学原理》，范扬、张企泰译，商务印书馆 1979 年版，第 37 页。

第一个现代社会国家的政治哲学体系。

（一）古代和封建时代的初级自由形态

人的自由最初表现为占有他物的自由，理由有二：从人与自然关系的角度看，与动物"按本能而行动，受内在东西的驱使"的实践不同①，人凭借意志和思维相结合的行动占有他物，"人把他的意志体现于物内"②；从人际关系看，人们相互承认对方占有他物的主张，物权是人的最初权利。黑格尔把物权作为法权制度的出发点。他在开篇对"抽象法"的论证方式是逻辑的，物权可以说是社会的逻辑前提，而不是洛克的社会契约论所论证的社会起源。抽象法的历史意义是罗马法典的私法。黑格尔说："所有权的自由在这里和那里被承认为原则，可以说还是昨天的事。这是一个世界史中的一个例子，说明精神在它的自我意识的前进，需要很长时间。"③ 就是说，现代所有权直到市民社会才出现。

第二篇论述的"道德"是个人内心领域，而非社会制度，但黑格尔总是依据人在具体社会制度中的自由程度来阐述道德的进步。他认为，依据"故意"来"追责"的道德意识，松动了套在古代人头上的刑罚枷锁；结合"意图"与"福利"同时促进了市民社会个人和社会的幸福；而权利与义务相一致的"善"的观念则是国家公民的"良心"。黑格尔说，不受特殊目的束缚的良心是"在自身中深入的现代世界的观点"④。如果说所有权自由是现代社会的产物，那么康德"善良意志"的绝对自由是现代国家的产物。

道德意识有个人主观与群体信念或信仰两个方面。当后者成为社会习俗，"道德"就过渡到"伦理"。"伦理"（Sittlichkeit）是社会生活方式，包括习俗和制度两个方面。黑格尔说，习俗是"取代纯粹自然意志的第二大性"，"风尚是属于自由精神方面的规律，正如自然界有自己的规律"。⑤风俗的特点在于它是精神的制作艺术，靠教育维持传播，悄然地改变并稳定一定的社会制度。"家庭""市民社会"和"国家"这三个"伦理实体"

---

① 黑格尔：《法哲学原理》，范扬、张企泰译，商务印书馆1979年版，第13页。
② 同上书，第59页。
③ 同上书，第70页。
④ 同上书，第139页。
⑤ 同上书，第170页。

背后都有不同习俗的"伦理精神"。

（二）市民社会中人的自由

当家庭培养的"自由人格"成为"市民"（bourgeois）或"公民"（Bürger）时，就产生了伦理实体的第二种形态——"市民社会"。黑格尔说，市民是私人，"他们把本身利益作为自己的目的"①，"这里初次，并且也只有在这里是从这一涵义上来谈人（Mensch）"②。

"人"是一个普遍性概念，黑格尔说："人之所以为人，正因为他是人的缘故，而并不因为他是犹太人、天主教徒、基督徒、德国人、意大利人等等不一。重视思想的这种意识是无限重要的。"③ 黑格尔还指出：犹太人首先是人，而人不是仅仅表面的、抽象的质，人是下列所述的基础，"即通过所赋予的民事权利，他产生了一种在市民社会中以法律上人格出现的自尊感，以及从这个无限的、自由而不受一切拘束的根源，产生了所要求的思想方法和情绪上的平等化"④。

市民社会的习俗是人的自由法精神，其特点可概括为四：一曰"精炼"，即用越来越适宜的手段和方法满足越来越特异的需要，产生越来越舒适的生活。⑤ 二曰"平等"，即"同别人平等的要求"，"向别人看齐即摹仿"，如服装式样和膳食等方面的习俗。三曰"解放"，即观念和精神的需要在社会需要中占优势⑥，把人的需要和手段从外部必然性和内部任性解放出来，包括趣味的殊多化、教育和知识的普及和提高而发展，等等。四曰"奢侈"与"贫困"的矛盾，前者是"需要、手段和享受的无穷尽的殊多化和细致化"，而后者与外部灾害、偶然变故和对社会的依赖有关。奢侈和贫困都是无限的，社会风尚"一方面穷奢极侈，另一方面贫病交迫，道德败坏"⑦。黑格尔指出："怎么解决贫困，是推动现代社会并使它感到苦恼的一个重要问题"，建议"利用英国的例子来对这种现象作大规

---

① 黑格尔：《法哲学原理》，范扬、张企泰译，商务印书馆 1979 年版，第 201 页。
② 同上书，第 206 页。
③ 同上书，第 217 页。
④ 同上书，第 274 页。
⑤ 同上书，第 206 页。
⑥ 同上书，第 208 页。
⑦ 同上书，第 209 页。

模的研究。"① 这个建议被恩格斯 1845 年出版的《英国工人阶级状况》所落实。

与上述习俗相适应的社会制度赋予市民充分的私人自由，这是建立在人的需要和满足基础上的自由。黑格尔说，英国政治经济学是"现代世界基础上产生的一门科学"，斯密、塞伊、李嘉图"从需要和劳动的观点出发"，"替一大堆的偶然性找出了规律"②。黑格尔在政治经济学首先读出"需要"和"劳动"的社会化。他说："需要并不是直接从具有需要的人那里产生出来的，它倒是那些企图从中获得利润的人所制造出来的。"③ 又说："我既从别人那里取得满足的手段的劳动，我就得接受别人的意见，而同时我也不得不生产满足别人的手段。"④ 消费别人的生产和为别人的需要而生产的体系是市民社会的生产方式。黑格尔言简意赅地概括了这种生产方式的六个特点：

第一，劳动是价值的主要源泉。黑格尔说："劳动通过各种各样的过程，加工于自然界所直接提供的物资，使合乎这些殊多的目的。这种变形加工使手段具有价值和实用。这样，人在自己消费中所涉及的主要是人的产品，而他所消费的正是人的努力的成果。"⑤

第二，劳动是体力与教育、技能相结合的实践。教育"使思想灵活敏捷"，"通过劳动的实践教育首先在于使做事的需要和一般的勤劳习惯自然地产生"⑥；"只有够得上称为熟练的工人，才能制造应被制造的物件来，而且在他的主观活动中找不到任何违反目的的地方。"⑦

第三，劳动机械化的倾向。劳动分工的细致化、劳动产品和程序的单一化（所谓"抽象化"），"使劳动越来越机械化，到了最后人就可以走开，而让机器来代替他"⑧。

第四，劳动生产是一种"主观的利己心转变为对其他一切人的需要得到满足"中介活动。以劳动为中介，一方面，劳动者"通过教育和技能分

① 黑格尔：《法哲学原理》，范扬、张企泰译，商务印书馆 1979 年版，第 245 页。
② 同上书，第 204、205 页。
③ 同上书，第 206—207 页。
④ 同上书，第 207 页。
⑤ 同上书，第 209 页。
⑥ 同上书，第 219 页。
⑦ 同上书，第 210 页。
⑧ 同上。

享到其中的一份，以保证他的生活"；另一方面，"每一个人在为自己取得、生产和享受的同时，也正为了其他一切人的享受而生产和取得"①。

第五，财富分配是不平等的。按照取得"特殊财富"的不同方式，黑格尔区分出农业等级、产业等级（包括手工业等级、工业等级和商业等级）和普遍等级。虽然现在农业也按工厂方式经营而受产业等级性格的影响，但"第一等级始终保持住家长制的生活方式和这种生活的实体性情绪"，"这是简单的、不是专心争取财富的情绪，我们也可以把它叫做旧贵族的情绪"②，"第一等级比较倾向屈从，第二等级则比较倾向自由"③。普遍等级在市民社会公共设施中从事管理，"以社会状态的普遍利益为其职业"④，这个等级被黑格尔称为国家制度的"中间等级"⑤。

第六，市民社会的生产方式向海外扩张的趋势。工业基础上海外扩张的动力有三：一是在外国市场寻求消费者；二是追求更高利润的海外贸易；三是由于人口增长，"尤其在生产超出消费的需要的时候"的对外殖民。黑格尔看到，海外扩张不可避免产生世界性的文化和政治影响，海外贸易"又是文化联络的最强大手段，商业也通过它而获得了世界史的意义"；再者，殖民地居民为了争取与宗主国平等的权利而发生战事，"殖民地的解放本身证明对本国有莫大利益，这正同奴隶解放对主人有莫大利益一样"⑥。

毋庸多言，马克思1844年之后的著作都带有上述六方面的痕迹。

黑格尔的影响还在于，他把市民社会的生产方式作为现代国家的基础。他说："市民社会是中介的基地"⑦，在这个基地上建立了黑格尔称之为"外部国家"的法权制度⑧，包括"司法""警察"和"同业工会"三个部分。司法部门的功能是保护公民的所有权。警察部门既尽可能地保护公民的人身和财产安全，又力所能及地促进公益事业，监督和管理公共事务和设施。同业公会按照职业在市民社会内部划分出一个个特殊领域，

---

① 黑格尔：《法哲学原理》，范扬、张企泰译，商务印书馆1979年版，第219页。
② 同上书，第213页。
③ 同上书，第214页。
④ 同上。
⑤ 同上。
⑥ 同上书，第247—248页。
⑦ 同上书，第107页。
⑧ 同上书，第198页。

"它是作为成员的第二个家庭而出现的"①，它确保了一个合法的同业公会成员的生活稳定。

（三）国家的具体自由

市民社会的法权制度之所以是"外在国家"，是因为它的三个部分关系是"外在"的，没有内在统一性。"司法"是个人权利的普遍形式，而"警察"的执法范围介于公益与私权之间，执法权带有"偶然性和个人任性"，"好多本来是无害的事被认为有害的"，因此"警察有时招致人们的厌恶"②。"同业公会"则是市民社会中一块块独立领地，代表和保障不同职业和等级的特殊利益，有可能"僵化、固步自封而衰退为可怜的行会制度"③。

黑格尔总结说："市民社会是个人私利的战场，是一切人反对一切人的战场，同样，市民社会也是私人利益跟特殊公共事务冲突的舞台"；然而，冲突中也包含着发展成"国家的最高观点和制度"的潜力。④ 历史地看，市民社会追求"解放"的习俗就是这种无形的推动力。"教育的绝对规定就是解放以及达到更高解放的工作。……在主体中，这种解放是一种艰苦的工作，这种工作反对举动的纯主观性，反对情欲的直接性，同样也反对感觉的主观虚无性与偏好的任性。……同时，特殊性通过锻炼自己和提高自己所达到的这种普遍性的形式，即知性，又使特殊性成为真实的自为存在的单一性。"⑤ 这段话中，"纯主观性"指市民社会中个人私欲的感性，被"知性"把握的"普遍性形式"指"外部国家"，而"真实的自为存在的单一性"指结合了特殊性与普遍性的国家整体，黑格尔称之为"有机的整体"⑥ 或"有机国家"⑦。

黑格尔用逻辑范畴关系说明国家有机体各部分的相互联系。"王权"是君主的"单一性"，代表和行使不可分割的国家主权，统摄其他两个部分，即规定普遍有效的立法权和行使国家特殊职能的行政权。不仅如此，

---

① 黑格尔：《法哲学原理》，范扬、张企泰译，商务印书馆 1979 年版，第 250 页。
② 同上书，第 239 页。
③ 同上书，第 251 页。
④ 同上书，第 309 页。
⑤ 同上书，第 202 页。
⑥ 同上书，第 252 页。
⑦ 同上书，第 268 页。

有机体的三部分还是相互渗透的三种因素，即王权中有立法权和行政权的因素，行政权中有王权和立法权的因素，立法权中有王权和行政权。

黑格尔用辩证法语言表达了他所处时代的政治现实。他看到市民社会高于历史上其他法权制度的历史进步，但市民社会的"外在国家"的三部分各自为政，缺乏真正的现实性，黑格尔视之为社会动乱的根源。"例如在法国革命时"，他说，"时而立法权吞噬了行政权，时而行政权吞噬了立法权"①。在理论上，三权分立的民主制的立法权相对于普遍性，行政权相对于特殊性，但司法权不是高于两者因而能够把两者统一起来的单一性，因而民主制不具有完备合理性。黑格尔说，国家的合理性"系于普遍性和特殊性的统一"②，而把各种权力都统一于王权是国家的现实性。两者相一致，"即君主立宪制的顶峰和起点"③。

黑格尔的辩证法是为当时的普鲁士君主制辩护的工具吗？这是极具争议的问题。④ 如果联系全书的中心问题来看，黑格尔是在论证为什么现代国家实现了最高形态的自由，即具体的自由。他说："国家是具体自由的现实。"⑤ 具体自由既不是市民社会形式上的人人平等，也不是法国大革命的"单个人意志的原则"⑥，而是一个人在履行国家要求他的公民义务中实现的权利和利益。黑格尔说："在履行义务中，他作为公民，其人身和财产得到了保护，他的特殊利益得到了保护，他的特殊福利得到了照顾，他的实质性本质得到了满足，他并且找到了成为这一整体的成员的意识和自尊感。"⑦ 在黑格尔看来，君主立宪制是提供和保护义务与权利相结合这一具体自由的现实的法权制度，但他从来没有说普鲁士国家是"君主立宪制的顶峰"。他从当时欧洲主要国家都是君主立宪制的现状出发，结合法国的中央集权制和英国议会制度，添加了德国政制的一些要素，设计合理的现代国家制度。

在"王权"部分，黑格尔赋予君主个人更大权威和最后决断权，而不

① 黑格尔：《法哲学原理》，范扬、张企泰译，商务印书馆 1979 年版，第 286 页。

② 同上书，第 261 页。

③ 同上书，第 287 页。

④ Kaufmann, W. (ed.), *Hegel's Political Philosophy*, Atherton Press, New York, 1970, pp. 13 – 52.

⑤ 黑格尔：《法哲学原理》，范扬、张企泰译，商务印书馆 1979 年版，第 260 页。

⑥ 同上书，第 255 页。

⑦ 同上书，第 263 页。

仅仅把君主看作国家主权的象征。但黑格尔同时强调，不能"把主权当做赤裸裸的权力和空虚的任性，从而把它同专制相混淆"；"专制就是无法无天"，而"主权却是在立宪的情况下，即在法制的统治下，构成特殊的领域和职能的理想性环节"①。

在"行政权"部分，黑格尔指出，法国的行政制度虽然"能达到最高度的简省、速度和效率"，但法国没有发达的市民社会，"缺少同业公会和地方组织"，而"国家的真正力量有赖于这些自治团体"②。他举例说："一般的看法常以为国家由于权力才能维持。其实，需要秩序的基本感情是惟一维护国家的东西。"③ 由于市民社会培养了社会安全的习俗、环境和公共设施，应该得到国家的尊重和维护。行政权只是国家的特殊职能，不能取代和僭越市民社会已经具有的社会管理职能。更重要的是，市民社会培养了国家公务员所需的"中间等级"，"全体民众的高度智慧和法律意识就集中在这一等级中"④。中间等级成员不依赖私有财产为生，但不能仅仅为了生计而担任职务，而要以知识和才能为国家服务。黑格尔说："官吏的态度和修养"是法律和政府接触到公民个体和行政效力的关键点，"公民的满意和对政府的信任以及政府计划的实施或削弱破坏要求，都依存于这一点。"⑤ 为了防止公务员的腐败，除了"使大公无私、奉公守法及温和敦厚成为一种习惯"，除了"自上而下的监督"，还要有市民同业公会依据自己权利自下而上的社会制约。⑥

在"立法权"部分，黑格尔设计的等级议会，除了包括工商产业等级和农业等级等拥有财产等级的代表外，还应有政府官员的代表，即中间等级的代表。黑格尔比较英法两国议会制度，认为法国制宪会议把政府成员排除在外，是错误的，而英国则正确地规定了内阁大臣必须是国会议员。⑦各个等级的代表在议会中的协商，调解了产业等级和农业等级的特殊利益与中间等级代表的公共利益。

黑格尔反对选举制，既反对选举君主，也反对选举等级议会代表，因

① 黑格尔：《法哲学原理》，范扬、张企泰译，商务印书馆1979年版，第295页。
② 同上书，第311页。
③ 同上书，第268页。
④ 同上书，第314页。
⑤ 同上书，第313页。
⑥ 同上书，第314页。
⑦ 同上书，第318页。

而招致"反对民主制"的诟病。其实,选举领导人和民意代表在黑格尔时代只是一种非主流的政治诉求,还谈不上是现实的制度。黑格尔反对的理由是"人民"与"公民"的概念区分。黑格尔并不否定人民的权利,但强调它只能在合理的国家制度中才能具体地实现为公民的权利。他说:"专制国家只有君主和人民",如果没有合理的国家制度作为中介,"那么群众的呼声总是粗暴的。因此,专制国家的暴君总是姑息人民而拿他周围的人来出气。同样,专制国家的人民只缴纳少数捐税,而在一个宪政国家,由于人民自己的意识,捐税反而增多了。没有一个国家,其人民应缴纳的捐税有像英国那样多的"①。在英国,自由主义者约翰·密尔经过 30 年后才认识到在人民的名义下可以施行"多数人暴虐"②。

三　马克思的批判性分析

伊尔亭考证了 1820 年版的《法权哲学原理》第 257—260 节在黑格尔政治哲学体系中提纲挈领的意义,他据此批评马克思从一开始就误解了黑格尔,因为"马克思的主要关注点是参照法权哲学文本证明费尔巴哈对黑格尔批判的正确性,以致一直忽视黑格尔的意向和思路"③。与此相反,什洛莫·阿维内里积极评价说:"马克思的《黑格尔法哲学批判》是他的政治理论的最系统著作,虽然其结构是混乱的";"马克思的经济学、社会和历史的众多研究只是他对黑格尔政治哲学内在批判的推论"。④ 在笔者看来,以上两个选项都不是"是或否"的问题。我们不妨把手稿大致分为两个阶段:第一阶段从黑格尔对历史经验的阐释中抽象出逻辑矛盾加以批判;后一阶段注意到黑格尔对历史经验阐释的合理性和局限性的矛盾,感到单纯的逻辑批判不足以解决这一矛盾,而需要政治经济学知识,因此搁笔转向写经济学哲学批判手稿。这或许对马克思的批判及其批判对象能够作出更公正的评价。

---

① 黑格尔:《法哲学原理》,范扬、张企泰译,商务印书馆 1979 年版,第 322 页。

② 密尔:《论自由》,程崇华译,商务印书馆 1859 年版,第 4—14 页。

③ Ilting, K. H. "Hegel on State and Marx's Early Critique", in Z. A. Pelczynski（ed.）, *The State arcd Civil Society*, Cambridge University Press, 1984, pp. 104 – 105.

④ Avineri, S., *The Social and Political Theought of Karl Marx*, Cambridge University Press, 1968, pp. 41 – 45.

（一）对黑格尔辩证法的批判

马克思本人为他的笔记第 1—32 印张（共 40 印张）的内容作了主题索引，包括三个主题词："体系的发展的二重化""逻辑的神秘主义""作为主体的观念"①。马克思批判的主题词意义要到费尔巴哈《关于哲学改造的临时提纲》中寻找。费尔巴哈说："在黑格尔哲学中，对一切事物作两次考察：先作为逻辑学的对象，然后又作为自然哲学和精神哲学的对象"②，这也是马克思所批判的"体系的发展的二重化"。至于"逻辑的神秘主义"更是费尔巴哈批判的重点，如说"黑格尔的逻辑学，是理性化和现代化了的神学，是化为逻辑学的神学"，"将普通神学由于畏惧和无知而远远放在彼岸世界的神圣实体移置到此岸世界中来"③。马克思对"作为主体的观念"的解释是"现实的主体变成单纯的名称"，这反映了费尔巴哈的思想："存在是主体，思维是宾词"④；但在黑格尔体系中，"思维无论在什么时候都被看作主体，客体和宗教则被看成是思想的一个单纯的宾词"⑤。费尔巴哈批判黑格尔神学的方法和术语被马克思应用于对法权哲学的批判。

第 260 节的笔记已经丢失，好在现存笔记一开始有个总结："上一节已经告诉我们，**具体的自由**在于（家庭和市民社会的）特殊利益体系和（国家的）普遍利益体系的同一性（应用的、双重的同一性）。""双重同一性"即"体系的发展的二重化"。马克思在第 261 节笔记中继续说，黑格尔一方面认为家庭和市民社会是国家的"外在必然性"；另一方面认为家庭和市民社会依附于国家的"内在目的"，由此造成"一个没有解决的**二律背反**"⑥。黑格尔的解决之道是公开与秘密的"一种双重的历程"："内容包含在公开的部分，而秘密的部分所关心的总是在国家中重新找出逻辑概念的历程。"马克思批判说，"双重的历程"只是把外在与内在的矛盾转变为公开与秘密的矛盾：在公开的部分，"家庭和市民社会使**自身**成

---

① 《马克思恩格斯全集》第 3 卷，人民出版社 2002 年版，第 159 页。
② 《费尔巴哈哲学著作选集》上卷，荣震华、李金山等译，商务印书馆 1984 年版，第 103 页。
③ 同上书，第 101 页
④ 同上书，第 115 页。
⑤ 同上书，第 114 页。
⑥ 《马克思恩格斯全集》第 3 卷，人民出版社 2002 年版，第 7、9 页。

为国家。它们是动力"；但在秘密部分，家庭和市民社会结合成国家又不是自身的存在过程，而是逻辑理念的生成发展过程。①

马克思把第 261 节讨论公民权利和义务关系抽象为辩证法的推理："无限的现实的精神"把自己分为有限的领域，是"为了返回自身，成为自为的"。马克思评论说："逻辑的、泛神论的神秘主义在这里已经很清楚地显露出来"，随后认定说："这一节集法哲学和黑格尔整个哲学的神秘主义之大成。"②"逻辑的、泛神论的神秘主义"的基调在对各节的评论中处处可见。其之所以"逻辑"，因为"整个法哲学只不过是逻辑学的补充"，是"逻辑学中的一章"；其之所以是"泛神论"，因为"各种不同的权力的命运是由'概念的本性'预先规定并封存在圣宫（逻辑学）的神圣记录中"；其之所以是"神秘主义"，因为"在一切阶段上都遇到上帝人化，这种说法又造成了一种深奥的、神秘的印象"。③

马克思批判说："黑格尔的主要错误在于：他把**现象的矛盾**理解为**观念中、本质中的统一**。"④ 比如，在评论第 269 节时，马克思虽然表扬黑格尔把政治国家看作机体"是前进了一大步"，但接着批判黑格尔仅在观念中表述这一发现。马克思指出，由于在黑格尔逻辑学中，动物有机体和政治机体都是地道的"逻辑观念"，而现实的主体即政治制度"则变成它们的简单名称"⑤。因此，"**从机体的一般观念通向国家机体或政治制度的特定观念的桥梁并没有架设起来，而且这座桥梁永远也架设不起来**"⑥。

（二）政治现实的辩证法批判

《莱茵报》被查封后，马克思明确表达了对费尔巴哈"强调自然过多而强调政治太少"的不满，誓言要写文章"同立宪君主制这个彻头彻尾自相矛盾和自我毁灭的混合物作斗争"⑦。然而，他在笔记中把满腔愤怒倾泻在黑格尔头上，使用了诸如"诡辩论""魔法""纯形式的游戏""虚无缥缈""纯粹是同义反复""废话"，以及"任意抽象""虚构""虚假""浪

---

① 《马克思恩格斯全集》第 3 卷，人民出版社 2002 年版，第 11 页。
② 同上书，第 10、12 页。
③ 同上书，第 23、19、51 页。
④ 同上书，第 114 页。
⑤ 同上书，第 15—16 页。
⑥ 同上书，第 18 页。
⑦ 《马克思恩格斯全集》第 47 卷，人民出版社 2004 年版，第 53、23 页。

漫幻想""梦想""有意识的自欺""有意识的撒谎"等词语。公平地说，马克思政治批判与青年黑格尔满口"震撼世界"的词语批判完全不同。他深入黑格尔辩证法内部，"以其人之道治其人之身"，把被黑格尔颠倒了的"正确的方法"① 颠倒过来，批判黑格尔为现存国家制度辩护。

马克思的政治批判总是依据逻辑的批判性分析揭示出黑格尔辩护中"非常抽象、非常糟糕的经验的根据"。比如，马克思分析说："黑格尔把现代欧洲立宪君主的一切属性都变成了**意志**的绝对的自我规定"，而绝对自我规定既可以指国家整体决定其组成部分，又可指君主个人的最后决断。的确，"单一性"（Einzelheit）在《法权哲学原理》中是一个有歧义的概念，它有时等同于"个体性"（Individualtät），又指"统一性"（Einheit）。黑格尔强调国家"单一性"是"一个单个的整体"，而国家整体主权由君主单个人体现。马克思说："**这种混乱表明了黑格尔法哲学的全部非批判性**。"② 黑格尔主张君主世袭制，在马克思看来，这不但把国家有机机体归结为君主的最后决断，而且更荒谬地把君主个体归结为君主的肉体生产，"国王的最高宪政活动就是他的生殖活动"③。

马克思反对黑格尔"逻辑学的形而上学的规定"④，但他与黑格尔冲突的一个焦点恰恰是对"中介"形而上规定的不同理解。在"立法权"第300—304节，黑格尔说："国家制度本质上是一种中介体系"（第322页），等级会议是"中介机关"（第321页），他用"中介"概念调和人民与王权、行政权与立法权、市民社会的"私人等级"与代表国家的"普遍等级"的矛盾。马克思说，这些矛盾是"**不可调和的矛盾**"⑤。如果要问何以见得，马克思分析说，对立有三种情况：第一，"女性和男性，二者都是一个类、一种本质"；第二，北极和南极，"它们都是分化了的本质"，或者说，同一本质的有差别的规定；第三，"真正的、现实的极端是极和非极、人类和非人类"。马克思用二个比喻分别说明这三种情况：前两种情况不需要中介，第三种情况的中介只是对立中一方掩盖对立的伪装，就像"一个人想打自己的对手，同时又不得不保护自己的对手不致挨打"。"等级会议"就是第三

---

① 《马克思恩格斯全集》第 3 卷，人民出版社 2002 年版，第 52 页。
② 同上书，第 48 页。
③ 同上书，第 53 页。
④ 同上书，第 22 页。
⑤ 《马克思恩格斯全集》第 3 卷，人民出版社 2002 年版，第 107 页。

种情况的"中介体系",它一身兼二职,既要为市民社会服务,又要充当君王的"中介",就像"在自己和对手之间架起一座驴桥"(编者注:"驴桥最初是经验哲学使用的术语,用以提示人们探索逻辑中的中介概念")。马克思的结论因此是,黑格尔的"中介"是由两个极端组成的"混合物",是"木质的铁,是普遍性和单一性之间的被掩盖了的对立"。①

(三)革命民主主义的哲学论证

通常说青年马克思是"革命的民主主义者",这个说法符合实际。我们更应注意马克思对革命民主主义合理性的哲学论证。在那个时代,"民主主义者"相当于法国大革命的雅各宾派,以致费希特不得不为指控他是"民主主义者和雅各宾党人"的罪名写"法律辩护书"。② 40 多年后,在激进政治主张高涨的形势下,马克思能够理直气壮地论证民主主义的革命主张。他通过批判黑格尔的渐进、调和的立法权观念,得出结论说,"立法权代表人民,代表类意志","立法权完成了法国的革命……它完成了伟大的根本的普遍的革命"。③

针对黑格尔把人民主权归结为君主主权的说法,马克思在第 279 节的评论中说:"民主制是君主制的真理,君主制却不是民主制的真理",民主制"是**一切国家制度的本质**。"④ 马克思同时说明,民主制的真理和本质在任何一种现存的政治国家尚未实现:"在直接的君主制、民主制、贵族制中,还没有一种与现实的物质国家或人民生活的其他内容不相同的政治制度。政治国家还没有表现为物质国家的**形式**。"⑤ "物质国家"指"现实的人民生活"的内容,民主制的本质是与这一内容相统一的国家形式。亚洲的专制国家完全没有这一内容,因此是"奴隶";希腊城邦只有市民共同生活的内容,私人是"奴隶";中世纪尚无物质生活与国家形式的分化,因而中世纪"是不自由的民主制";在现代,北美和普鲁士的财产、法和国家的物质内容相同,"因此,那里的共和制同这里的君主制一样,都只是一种国家形式"。⑥

---

① 《马克思恩格斯全集》第 3 卷,人民出版社 2002 年版,第 108、106 页。
② 参见梁志学主编《费希特著作选集》第 3 卷,商务印书馆 1997 年版,第 494 页。
③ 《马克思恩格斯全集》第 3 卷,人民出版社 2002 年版,第 73 页。
④ 同上书,第 39、40 页。
⑤ 同上书,第 43 页。
⑥ 同上书,第 41—43 页。

马克思在对历史上政治制度的批判性分析中，一方面把人民的物质生活作为国家本质的内容，认为"不言而喻，政治制度本身只有在各私人领域达到独立存在的地方才能发展起来。在商业和地产还不自由、还没有达到独立的地方，也就不会有政治制度"①；另一方面又说黑格尔对"财产、契约、婚姻、市民社会"等"这些抽象的国家形式"的阐述"是完全正确的"②，社会的物质生活似乎既是国家的内容，又是抽象的国家形式。马克思并未意识到他的批判中隐藏着这一矛盾，这为后来的批判带来麻烦。

四 从逻辑批判到经验批判的过渡

尼·拉宾注意到，马克思的笔记后半部分没有顺序：在似乎结束了对第 303 节的详细分析之后，摘录了第 304—307 节，但几乎没作评论，而是对过去的评论作了大量补充，又回到第 303 节的研究，然后再摘录第 306 节，对每句都作了详尽的分析。拉宾对此的解释是："马克思不满意自己上述的分析"，马克思要"以经验材料的更为广泛的知识为依据"，"对市民社会及其内部越来越注意"。③ 确实，第 303—307 节在黑格尔著作中只有两页④，马克思的摘评和中间插入的补充和评论却用了 50 页⑤，占全部手稿1/3篇幅。马克思似乎"杀鸡用牛刀"，实际上他的批判围绕对第303 节的解读，在矛盾中蹒跚回旋。

第 303 节说："私人等级在立法权的等级要素中获得政治意义。"⑥ 但马克思把私人等级笼统地理解为市民社会，这一误解构成了长篇大论的批判的基础。马克思大概没有读到黑格尔在第 201—206 节关于三个等级的区分，以为黑格尔承认的私人等级与普遍等级的矛盾是市民社会与国家的矛盾，"他到处都在表述市民社会和国家的**冲突**"，"黑格尔觉得市民社会和政治社会的分离是**一种矛盾**，这是他的著作中比较深刻的地方"。马克

---

① 《马克思恩格斯全集》第 3 卷，人民出版社 2002 年版，第 42 页。
② 同上书，第 40 页。
③ 拉宾：《马克思的青年时代》，南京大学外文系俄罗斯语言文学教研室翻译组译，生活·读书·新知三联书店 1982 年版，第 168—169 页。
④ 黑格尔：《法哲学原理》（中译本），范扬、张企泰译，商务印书馆 1979 年版，第 323—325 页。
⑤ 同上书，第 88—138 页。
⑥ 同上书，第 322 页。

思批评黑格尔用主观愿望掩盖矛盾，"他的愿望是**市民生活和政治生活**不分离"，因此没有深入理解这一矛盾的本质。①

马克思对第 303 节附释的评论同样建立在误解的基础之上。他把黑格尔的意思解释为，一方面说私人等级参与政治生活采用"原子论"形式；另一方面又说这种原子式的观点在家庭和市民社会中已经消逝了。在马克思看来，黑格尔自相矛盾的表述说明他不理解"政治国家是从家庭和市民社会中得出的抽象。反过来说也是如此。黑格尔把这种现象说成**令人诧异的东西**，但这丝毫也不能消除上述两个领域的**异化**"②。实事求是地看，这种批判差强人意。黑格尔的本意是说，私人等级的各种共同体进入国家政治领域之后，"竟有人想把这些共同体重新分解为个人组成的群体"，"想把市民生活和政治生活分开，并使政治生活悬在空中"，黑格尔反驳这种想法只是"笼统的话和歪曲的演词"③。黑格尔既不会承认国家中存在"两个领域的**异化**"，也没有"把这种现象说成**令人诧异的东西**"。

在对第 303 节的第一轮评论中，马克思把该节附释最后一句话"市民社会的一般等级和政治意义上的等级……在语言上仍然保持了以前就存在的两者之间的一致"④，误解为"**中世纪**是他所说的同一的顶峰"⑤。而"以前"其实是指市民社会的"外在国家"，并不是中世纪。第二轮评论中说"中世纪意义上的等级只在官僚机构本身中还依然存在"，也是基于误解的解释：国家制度的行政官吏是市民社会的普遍等级成员，而不是源于中世纪的农业等级成员。

马克思如此聪明的人不会不意识到自己批判的弱点。在第 305 节摘评中，马克思终于认识到，第 303 节私人等级中那个"建立在实体性关系上的等级"，就是"过着自然伦理生活的等级，它以家庭生活为基础，而在生活资料方面则以土地占有为基础"的"农民等级"。⑥ 德文 Bauernstandes（"农民等级"）包括中文的"地主"和"农民"，如黑格尔说："土地占有者等级分为有教养的部分和农民等级。"⑦ "有教养的地主"，即容克

---

① 《马克思恩格斯全集》第 3 卷，人民出版社 2002 年版，第 92—94 页。

② 同上书，第 99 页。

③ 黑格尔：《法哲学原理》（中译本），范扬、张企泰译，商务印书馆 1979 年版，第 323 页。

④ 同上。

⑤ 《马克思恩格斯全集》第 3 卷，人民出版社 2002 年版，第 90 页。

⑥ 同上书，第 117 页。

⑦ 黑格尔：《法哲学原理》（中译本），范扬、张企泰译，商务印书馆 1979 年版，第 394 页。

（Jakers）。马克思明白了市民社会中的农民等级是中世纪的遗留，这使得他在第305—306节的评论中一下子就抓住了君主制的要害：君主和容克世袭制是中世纪土地长子继承制的延续，"难怪贵族要以血统、家世，一句话，以**自己肉体的生活史**而自傲……贵族的秘密是**动物学**"①。

为了理解土地继承制的实质，马克思回到他以前没有涉及的第65、66、71、257、268等节，得出结论说，"**地产**是道地的**私有财产**，是**本来意义上的私有财产**"，因为它是"**不依赖于国家的财产**"，"**私有财产是政治制度的保证**"。② 对农民等级的土地私有制的评论（中文2版第117—138页）可以说是马克思批判的核心所在，它不但弥补了以前批判的漏洞和不足，而且使马克思能以财产私有制为基础解释从古代到中世纪和德国现存国家制度的传统："**古典**形式的长子继承权的地方……在那里，**私有财产**是一个普遍的范畴，是一种普遍的国家纽带"；"在**封建制度**中恰恰显示出：君王权力就是私有财产的权力"；而在德国的长子继承制中，"国家在自己的顶峰就表现为私有财产"。③

马克思最后批判黑格尔在第308—313节反对议员选举的观点。但马克思并不因此而无条件地赞成普选制；相反，他说，"无论在法国或在英国"，"**选举改革**就是在**抽象的政治国家**的范围内要求这个国家**解体**，但同时也要求**市民社会解体**"。④ 这段话似乎出人意料，但背后的逻辑是前述批判私有财产得出的结论，即，既然任何政治国家都是私有财产制的形式，那么争取普选的民主诉求必然要进一步废除市民社会的私有制及其国家形式。不难看出，这里有"从革命民主主义转向共产主义"的萌芽。市民社会的政治国家解体之后将进入什么样的社会？私有制的本质是什么？为了透析私有财产的旧制度和未来社会的新制度，马克思在巴黎踏上了探索政治经济学的新征程。

总而言之，马克思与黑格尔政治哲学观念的冲突是哲学方法和前提的较量。皮蔡因斯基说："通过发展费尔巴哈关于黑格尔形而上学只是歪曲了的历史现实镜像的批判，马克思把社会政治科学从哲学的监护下彻底解放出来，完全把它置于经验主义的基础之上。但在一个方面，马克思和恩格斯确

---

① 《马克思恩格斯全集》第3卷，人民出版社2002年版，第132页。
② 同上书，第122、135页。
③ 同上书，第135、136、138页。
④ 同上书，第150页。

实比黑格尔更远离经验主义：他们要超越所在历史现实的时间和地点，要证明下一个历史时代（社会主义）和下下一个时代（共产主义）不可避免地来临，并提供了相应的社会政治体系纲要；黑格尔却断然拒绝超出自己的时代去寻找完全不同的世界。"① 无论他们是否超越了时代，本文分析的马克思和黑格尔所讨论的那些问题，在我们这个时代仍然是现实的理论问题。

（原载《哲学研究》2015 年第 6 期）

---

① Pelczynski, Z. A. , *Hegel's Political Philosophy* , Cambridge University Press，1971，p. 237.

历史唯物主义与马克思的正义观念

段忠桥

在当前我国马克思主义哲学研究和政治哲学研究中，如何理解历史唯物主义与马克思正义观念的关系，是一个存在诸多争议且倍受关注的问题。本人认为，导致争议的原因无疑很多，但其中一个至关重要的原因是不少学者的见解缺少可信的文本依据。为此，本文将依据马克思和恩格斯的相关论述，谈谈何为历史唯物主义、何为马克思的正义观念，并对它们之间关系提出一些初步的看法。

一

笔者这里讲的历史唯物主义，是指作为马克思一生两大发现之一的、由他和恩格斯共同创立的历史唯物主义。在笔者看来，历史唯物主义是一种实证性的科学理论，说得具体一点，就是一种从人的物质生产这一经验事实出发，通过对社会结构和历史发展的考察以揭示人类社会发展一般规律的理论。这种理解的依据，是马克思（以及恩格斯）在《德意志意识形态》《〈政治经济学批判〉序言》和《资本论》中对历史唯物主义最为系统而集中的论述。

在《德意志意识形态》中，马克思和恩格斯对他们创立的历史唯物主义做了初次描述。他们指出："在思辨终止的地方，在现实生活面前，正是描述人们实践活动和实际发展过程的真正的实证科学开始的地方。关于意识的空话将终止，它们一定会被真正的知识所代替。对现实的描述会使独立的哲学失去生存环境，能够取而代之的充其量不过是从对人类历史发展的考察中抽象出来的最一般的结果的概括。"① 他们这里讲的"在思辨终止的地方",指的是以思辨为特征的德国哲学终止的地方;"真正的实证科学开始的地方",指的是"描述人们实践活动和实际发展过程"的历史唯物主义开始的地方;取代关于意识的空话的"真正的知识",指的是历史唯物主义的实证科学的特性。可以认为,马克思、恩格斯正是在这些论述中,将历史唯物主义明确定性为"真正的实证科学的"。为了表明历史唯物主义的这一特性,他们还多次谈到它从经验出发的考察方法。例如,"这种考察方法不是没有前提的。它从现实的前提出发,它一刻也不离开这种前提。它的前提是人,但不是处在某种虚幻的离群索居和固定不变状态中的人,而是处在现实的、可以通过经验观察到的、在一定条件下进行的发展过程中的人"②。他们还强调指出,不仅现实的个人、他们的活动以及他们的物质生活条件可以通过纯粹经验的方法来确认,而且社会结构和政治结构同生产的联系也应当根据经验来揭示:"……以一定的方式进行生产活动的一定的个人,发生一定的社会关系和政治关系。经验的观察在任何情况下都应当根据经验来揭示社会结构和政治结构同生产的联系,而不应当带有任何神秘和思辨的色彩。"③ 由此出发,他们进而提出,历史唯物主义主要考察社会结构和社会发展问题。关于社会结构,他们说:"这种历史观就在于:从直接生活的物质生产出发阐述现实的生产过程,把同这种生产方式相联系的、它所产生的交往形式即各个不同阶段上的市民社会理解为整个历史的基础,从市民社会作为国家的活动描述市民社会,同时从市民社会出发阐明意识的所有各种不同理论的产物和形式,如宗教、哲学、道德等等,而且追溯它们产生的过程。"④ 关于社会发展,他们说:"这种观点表明:历史不是作为'产生于精神的精神'消融在'自我意识'中而告终的,而是历史的每一阶段都遇到一定的物质结果,一定的生产力总和,人对自然以及个人之间历史地形成的关系,都遇到前一代传给后一代的大量生产力、资金和环境,尽管一方面这些生产力、资金和环境为新的一代所改变,但另一方面,它们也预先规定新的一代本身的生活条

---

① 《马克思恩格斯选集》第 1 卷,人民出版社 1995 年版,第 73—74 页。
② 同上书,第 73 页。
③ 同上书,第 71 页。
④ 同上书,第 92 页。

件，使它得到一定的发展和具有特殊的性质。"① "这些不同的条件，起初是自主活动的条件，后来却变成了它的桎梏，它们在整个历史发展过程中构成一个有联系的交往形式的序列，交往形式的联系就在于：已成为桎梏的旧交往形式被适用于比较发达的生产力，因而也适应于进步的个人自主活动方式的新交往形式所代替；新的交往形式又会成为桎梏，然后又为别的交往形式所代替。由于这些条件在历史发展的每一阶段都是与同一时期的生产力的发展相适应的，所以它们的历史同时也是发展着的、由每一个新的一代承受下来的生产力的历史，从而也是个人本身力量发展的历史。"② 可以认为，正是在《德意志意识形态》中，马克思、恩格斯明确提出了历史唯物主义是"真正的实证科学"。

在对历史唯物主义做出经典表述的《〈政治经济学批判〉序言》中，马克思再次表明历史唯物主义具有实证科学的特征。他写道："我所得到的、并且一经得到就用于指导我的研究工作的总的结果，可以简要地表述如下：人们在自己生活的社会生产中发生一定的、必然的、不以他们的意志为转移的关系，即同他们的物质生产力的一定发展阶段相适合的生产关系。这些生产关系的总和构成社会的经济结构，即有法律的和政治的上层建筑竖立其上并有一定的社会意识形式与之相适应的现实基础。物质生活的生产方式制约着整个社会生活、政治生活和精神生活的过程。不是人们的意识决定人们的存在，相反，是人们的社会存在决定人们的意识。社会的物质生产力发展到一定阶段，便同它们一直在其中运动的现存生产关系或财产关系（这只是生产关系的法律用语）发生矛盾。于是这些关系便由生产力的发展形式变成生产力的桎梏。那时社会革命的时代就到来了。随着经济基础的变更，全部庞大的上层建筑也或慢或快地发生变革。在考察这些变革时，必须时刻把下面两者区别开来：一种是生产的经济条件方面所发生的物质的、可以用自然科学的精确性指明的变革，一种是人们借以意识到这个冲突并力求把它们克服的那些法律的、政治的、宗教的、艺术的或哲学的，简言之，意识形态的形式。我们判断一个人不能以他对自己的看法为依据，同样，我们判断这样一个变革时代也不能以它的意识为根据；相反，这个意识必须从物质生活的矛盾中，从社会生产力和生产关系

① 《马克思恩格斯选集》第 1 卷，人民出版社 1995 年版，第 92 页。
② 同上书，第 123—124 页。

之间的现存冲突中去解释。"① 马克思这里讲的指导他的研究工作的"总的结果",无疑是指由他以及恩格斯创立的历史唯物主义。这段论述表明,历史唯物主义的研究对象,是生产力、生产关系(经济基础)和上层建筑的矛盾运动,进而言之,是通过社会结构的变革和社会发展阶段的演变所体现的人类社会发展的一般规律。而马克思强调的在考察社会变革时必须时刻把握的区别,即"一种是生产的经济条件方面所发生的物质的、可以用自然科学的精确性指明的变革,一种是人们借以意识到这个冲突并力求把它们克服的那些法律的、政治的、宗教的、艺术的或哲学的,简言之,意识形态的形式",则更明确地肯定了历史唯物主义的实证科学的特征。

在《资本论》第一卷"第二版跋"中,马克思又进一步肯定了历史唯物主义是一种实证性的科学。在谈到《卡尔·马克思的政治经济学批判的观点》一文的作者伊·伊·考夫曼时,马克思说,这位作者"从我的《政治经济学批判》序言(1895年柏林出版第4—7页,在那里我说明了我的方法的唯物主义基础)中摘引了一段话后说:

> 在马克思看来,只有一件事情是重要的,那就是发现他所研究的那些现象的规律。而且他认为重要的,不仅是在这些现象具有完成形式和处于一定时期内可以见到的联系中的时候支配着它们的那种规律。在他看来,除此而外,最重要的是这些现象变化的规律,即它们由一种形式过渡到另一种形式,由一种联系秩序过渡到另一种联系秩序的规律。他一发现了这个规律,就详细地来考察这个规律在社会生活中表现出来的各种后果……所以马克思竭力去做的只是一件事:通过准确的科学研究来证明一定的社会关系秩序的必然性,同时尽可能完善地指出那些作为他的出发点和根据的事实。为了这个目的,只要证明现有秩序的必然性,同时证明这种秩序不可避免地要过渡到另一种秩序的必然性就够了,而不管人们相信或不相信,意识到或没有意识到这种过渡。马克思把社会运动看作受一定规律支配的自然历史过程,这些规律不仅不以人的意志、意识和意图为转移,反而决定人的意志、意识和意图……既然意识要素在文化史上只起着这种从属作用,那么不言而喻,以文化本身为对象的批判,比任何事情更不能以

---

① 《马克思恩格斯选集》第2卷,人民出版社1995年版,第32—33页。

意识的某种形式或某种结果为依据。这就是说，作为这种批判的出发点的不能是观念，而只能是外部的现象。批判将不是把事实和观念比较对照，而是把一种事实同另一种事实比较对照。对这种批判唯一重要的是，把两种事实尽量准确地研究清楚，使之真正形成相互不同的发展阶段，但尤其重要的是，同样准确地把各种秩序的序列、把这些发展阶段所表现出来的连贯性和联系研究清楚……但是有人会说，经济生活的一般规律，不管是应用于现在或过去，都是一样的。马克思否认的正是这一点。在他看来，这样的抽象规律是不存在的……根据他的意见，恰恰相反，每个历史时期都有它自己的规律。一旦生活经过了一定的发展时期，由一定阶段进入另一阶段时，它就开始受另外的规律支配。总之，经济生活呈现出的现象，和生物学的其他领域的发展史颇相类似……旧经济学家不懂得经济规律的性质，他们把经济规律同物理学定律和化学定律相比拟……对现象所做的更深刻的分析证明，各种社会机体象动植物机体一样，彼此根本不同……由于各种机体的整个结构不同，它们的各个器官有差别，以及器官借以发生作用的条件不一样等等，同一个现象却受完全不同的规律支配。例如，马克思否认人口规律在任何时候在任何地方都是一样的。相反地，他断言每个发展阶段都有它自己的人口规律……生产力的发展水平不同，生产关系和支配生产关系的规律也就不同。马克思给自己提出的目的是，从这个观点出发去研究和说明资本主义经济制度，这样，他只不过是极其科学地表述了任何对经济生活进行准确的研究必须具有的目的……这种研究的科学价值在于阐明了支配着一定社会机体的产生、生存、发展和死亡以及为另一更高的机体所代替的特殊规律。马克思的这本书确实具有这种价值。

这位作者先生把他称为我的实际方法的东西描述得这样恰当，并且在考察我个人对这种方法的运用时又抱着这样的好感，那他所描述的不正是辩证方法吗？"（《资本论》第1卷，第20—23页）

从得到马克思高度肯定的考夫曼的这段话我们可以看到，马克思明确认可他的"辩证方法"，即他的历史唯物主义具有考夫曼描述的那些实证科学的基本特征："通过准确的科学研究来证明一定的社会关系秩序的必然性，同时尽可能完善地指出那些作为他的出发点和根据的事实"；"把社会运动看作受一定规律支配的自然历史过程，这些规律不仅不以人的意志、意识和意图为转移，反而决定人的意志、意识和意图"；"批判将不是把事实和观念比较对照，而是把一种事实同另一种事实比较对照"；"经济生活呈现出的现象，和生物学的其他领域的发展史颇相类似"；"这种研究的科学价值在于阐明了支配着一定社会机体的产生、生存、发展和死亡以及为另一更高的机体所代替的特殊规律"。

马克思、恩格斯对历史唯物主义的实证科学的特征还有不少明确的表述。例如，恩格斯在马克思墓前的讲话则更清楚地表明了这一点："正像达尔文发现有机界的发展规律一样，马克思发现了人类历史的发展规律，即历来为繁芜丛杂的意识形态所掩盖着的一个简单事实：人们首先必须吃、喝、住、穿，然后才能从事政治、科学、艺术、宗教等等；所以，直接的物质的生活资料的生产，从而一个民族或一个时代的一定的经济发展阶段，便构成基础，人们的国家设施、法的观点、艺术以至宗教观念，就是从这个基础上发展起来的，因而，也必须由这个基础来解释，而不是像过去那样做得相反。"①

在笔者看来，对于历史唯物主义的理解和阐释必须依据马克思、恩格斯本人认可的相关论述，而一旦我们这样做了，那就不能否认历史唯物主义是一种实证性的科学理论。

二

仔细研读一下马克思论著我们可以发现，他涉及正义问题的论述大体上可分为两类：一类是从历史唯物主义出发，对各种资产阶级、小资产阶级的正义主张，例如，吉尔巴特的"自然正义"、蒲鲁东的"永恒公平的理想"、拉萨尔的"公平的分配"的批判；对当时工人运动中出现的各种错误口号的批评。在这一类论述中，马克思指出并论证了正义属于社会意识，是对一定经济关系的反映；正义是人们对现实分配关系与他们自身利益关系的一种价值判断，不同阶级和社会集团对同一分配关系是否正义往往持有不同的看法；正义虽然说到底是对现实经济关系与评价主体利益之间关系的反映，但它的直接来源却是法权观念和道德观念，是法权观念或

① 《马克思恩格斯选集》第3卷，人民出版社1995年版，第776页。

道德观念的最抽象的表现；正义随着经济关系的变化而变化，永恒的正义是不存在的。① 另一类则隐含在对资本主义剥削的谴责和对社会主义按劳分配的批评中。笔者这里讲的马克思的正义观念，指的只是隐含在第二类论述中的马克思对什么是正义的、什么是不正义的看法。

那么马克思认为什么是正义的？什么是不正义的呢？在笔者看来，要弄清这一问题，首先要弄清正义概念本身在马克思相关论述中的含义。众所周知，对于正义的含义，自柏拉图以来人们就存在种种不同的理解，因此，要弄清正义在马克思那里意指什么，就要看他是如何使用这一概念的。进而言之，要弄清与历史唯物主义相关的马克思的正义观念，就要看他在创立历史唯物主义以后是如何使用这一概念的。根据笔者对马克思著作的研读，他在创立历史唯物主义以后涉及正义的论述并不多，而且这些论述大多与分配问题相关，以下是人们经常引用的几段论述：

（1）在谈到资本主义分配关系时，马克思说：“什么是‘公平的’分配呢？难道资产者不是断言今天的分配是‘公平的’吗？难道它事实上不是在现今的生产方式基础上唯一‘公平的’分配吗？……难道各种社会主义宗派分子关于‘公平的’分配不是也有各种极不相同的观念吗？”②

（2）在谈到工人争取提高工资的斗争时，马克思说：“他们应当屏弃‘**做一天公平的工作，得一天公平的工资！**’这种保守的格言，要在自己的旗帜上写上革命的口号：‘**消灭雇佣劳动制度！**’”③

（3）在谈到劳动和资本的关系时，马克思说：“认识到产品是劳动能力自己的产品，并断定劳动同自己的实现条件的分离是不公平的、强制的，这是了不起的觉悟，这种觉悟是以资本为基础的生产方式的产物，而且也正是为这种生产方式送葬的丧钟，就象当奴隶觉悟到他**不能作第三者的财产**，觉悟到他是一个人的时候，奴隶制度就只能人为地苟延残喘，而不能继续作为生产的基础一样。”④

（4）在谈到未来社会主义社会的按劳分配时，马克思说：“生产者的权利是同他们提供的劳动**成比例的**；平等就在于以**同一尺度**——劳动——来计量……但是，一个人在体力或智力上胜过另一个人，因此在同一时间

① 段忠桥：《马克思和恩格斯的公平观》，《哲学研究》2000 年第 8 期。
② 《马克思恩格斯选集》第 3 卷，人民出版社 1995 年版，第 302 页。
③ 《马克思恩格斯选集》第 2 卷，人民出版社 1995 年版，第 97 页。
④ 《马克思恩格斯全集》第 46 卷，人民出版社 1965 年版，第 460 页。

内提供较多的劳动，或者能够劳动较长的时间；而劳动，要当作尺度来用，就必须按照它的时间或强度来确定，不然它就不成其为尺度了。这种平等的权利，对不同等的劳动来说是不平等的权利。它不承认任何阶级差别，因为每个人都像其他人一样只是劳动者；但是它默认，劳动者的不同等的个人天赋，从而不同等的工作能力，是天然特权。**所以就它的内容来讲，它像一切权利一样是一种不平等的权利**。"①

从这些论述不难看出，马克思讲的正义都与对劳动产品的分配相关。那他讲的与分配相关的"正义"，其含义又是什么呢？这是一个不仅从这些论述，而且从马克思其他相关论述都无法找到确切答案的问题，因为尽管他多次讲到与分配相关的"正义"，但从没给它下过一个定义，也没对它做出专门的说明。因此，我们可以推断，他在使用这一概念时可能是沿袭了当时人们的一般用法，即也用正义指称"给每个人以其应得"。

尽管在日常用语中，与分配相关的"正义"意指"给每个人以其应得"，但因为对于"每个人应得什么"，人们往往存在不同的理解，人们持有的正义观念，即什么样的分配是正义的，什么样的分配是不正义的，往往也是各不相同的。那马克思持有的与分配相关的正义观念——"给每个人以其应得"又意指什么？在笔者看来，这也是一个从马克思的相关论述难以直接找到明确答案的问题，因为他持有的正义观念，只隐含在他对资本主义剥削的谴责和对社会主义按劳分配的批评上。

让我们先来看看马克思对资本主义剥削的谴责。我们知道，马克思不但从实证的意义上揭示了资本主义剥削体现为资本家对工人劳动的无偿占有，而且还从规范的意义上谴责了资本家无偿占有工人劳动的不正义。在他的相关论著中，他多次把资本家对工人的剥削说成是对工人的"盗窃"和"抢劫"。例如，在《1857—1858年经济学手稿》中他明确指出："现今财富的基础是盗窃他人的劳动时间。"② 在《资本论》中，他把剩余产品视为"资本家阶级每年从工人阶级那里夺取的贡品"③；把逐年增长的剩余产品称作"从英国工人那里不付等价物而窃取的"④；把资本家无偿占有

① 《马克思恩格斯选集》第3卷，人民出版社1995年版，第304—305页。
② 《马克思恩格斯全集》第46卷，人民出版社1980年版，第218页。
③ 《资本论》第1卷，人民出版社1975年版，第638页。
④ 同上书，第671页。

的剩余价值看作"从工人那里掠夺来的赃物"①。对此，G. A. 科恩教授曾做过这样的推论：在马克思看来，资本主义剥削是资本家对工人的"盗窃"，而盗窃就"是不正当地拿了属于他者的东西，盗窃是做不正义的事情，而基于'盗窃'的体系就是基于不正义"②。由此，他进而推论，你能从某人那里盗窃的东西，只能是完全属于那个人的东西，因此可以认为，马克思对资本主义剥削是不正义的谴责，实际上"暗示着工人是他自己的劳动时间的正当的所有者"③。笔者认为，科恩的推论是能够成立的，因此，我们可以断定，马克思认为资本主义剥削之所以是不正义，从根本上讲，是因为资本家无偿占有了本应属于工人的剩余产品。

让我们再来看看马克思对社会主义按劳分配的批评。《哥达纲领批判》指出，按劳分配虽然意味着资本主义剥削的消灭，但它还存在两种"弊病"：第一，它默认因劳动者个人天赋不同而导致的实际所得不平等。这表现在，"生产者的权利是同他们提供的劳动**成比例的**；平等就在于以**同一尺度**——劳动——来计量。但是，一个人在体力或智力上胜过另一个人，因此在同一时间提供较多的劳动，或者能够劳动较长时间；而劳动，要当作尺度来用，就必须按照它的时间和强度来确定，不然它就不成其为尺度了。这种**平等**的权利，对不同等的劳动来说是不平等的权利。它不承认任何阶级差别，因为每个人都像其他人一样只是劳动者；但是它默认，劳动者的不同等的个人天赋，从而不同等的工作能力，是天然特权。**所以就它的内容来讲，它像一切权利一样是一种不平等的权利**"④。第二，它使劳动者个人因家庭负担不同而实际所得不平等。这表现在："一个劳动者已经结婚，另一个则没有；一个劳动者的子女较多，另一个的子女较少，如此等等。因此，在提供的劳动时间相同、从而由社会消费基金中分得的份额相同的条件下，其中一个人事实上所得到的比另一个人多些，也就比另一个人富些，如此等等。"⑤ 由此我们可以认为，马克思将它用在这里无疑含有批评的意思，说得明确一点就是，上述两种情况都是"不应当的"

---

① 《资本论》第1卷，人民出版社1975年版，第654页。

② 科恩：《马克思与正义理论》，中国人民大学出版社2010年版，第158页。

③ Cohen, G. A., *Self - ownership*, *Freedom*, *and Equality*, Cambridge University Press, 1995, p. 146.

④ 《马克思恩格斯选集》第3卷，人民出版社1995年版，第304—305页。

⑤ 同上书，第305页。

或不正义的。那它们为什么是"不应当"的？马克思并没给出明确的说明。

然而，从马克思有关第一个"弊病"的论述我们可以推断，其原因只能在于，劳动者的不同等的个人天赋是由偶然因素导致的，也就是说，不是由他们自己选择的，因而从道德上讲是不应得的，由此说来，由其导致的劳动者所得的不平等是不应当的。那又应如何理解马克思讲的第二个"弊病"呢？让我们先来想想马克思在谈到这一弊病时讲的两种情况：一个劳动者已经结婚，另一个没有结婚，由于妻子的生活要由丈夫来负担（马克思肯定是这样假定的），那前者就要负担两个人的生活，而后者只负责一个人的生活，这样一来，前者的实际所得就只有后者的一半；一个劳动者子女较多，另一个子女较少，前者要负担较多人的生活，后者则负担较少人的生活，因此，前者的实际所得就比后者要少。如果再将这两种情况与马克思在讲完它们之后说的"如此等等"联系起来理解，那我们还可进而推论出，这类情况实际上还有很多。马克思为什么认为由不同家庭负担导致的劳动者实际所得的不平等是"弊病"，即不应当的呢？如果我们对马克思讲的两种情况及其"如此等等"的用语做进一步的思考，那就可以认为，其原因也在于劳动者不同的家庭负担是由各种偶然因素造成的，换句话说，不是他们自己故意选择的。因此，从道德上讲是不应得的，所以，由它们导致的劳动者实际所得的不平等是不应当的。简言之，笔者认为在马克思对按劳分配的批评中，隐含着一种不同于剥削是不正义的新的分配正义观念，即由偶然的天赋和负担的不同所导致的，由非选择的偶然因素所导致的人们实际所得的不平等是不正义的。

综上，马克思实际上持有两种不同的分配正义观念，一个是涉及资本主义剥削的正义观念，另一个是涉及社会主义按劳分配的正义观念。对此，人们也许会问，马克思是否还持有一种超越这两种分配正义观念的终极意义上的分配正义观念？笔者的回答是肯定没有，因为他和恩格斯从不相信有什么永恒的、不以时间和现实变化为转移的终极正义。

三

如果说历史唯物主义只是一种实证性的科学理论，马克思的正义观念只是一种规范性的见解，那对它们之间关系就要做一种与我国学术界的传统理解不同的新理解。

在历史唯物主义与马克思正义观念的关系这一问题上，传统的理解认为，马克思是从历史唯物主义出发，以是否与生产方式相适应来判定一种分配是否是正义的：只要与生产方式相适应就是正义的；只要与生产方式相矛盾就是非正义的。这种理解的依据，来自中央编译局翻译的马克思在《资本论》第三卷中的一段话："在这里，同吉尔巴特一起（见注）说什么自然正义，这是荒谬的。生产当事人之间进行的交易的正义性在于：这种交易是从生产关系中作为自然结果产生出来的。这种经济交易作为当事人的意志行为，作为他们的共同意志的表示，作为可以由国家强加给立约双方的契约，表现在法律形式上，这些法律形式作为单纯的形式，是不能决定这个内容本身的。这些形式只是表示这个内容。这个内容，只要与生产方式相适应，相一致，就是正义的；只要与生产方式相矛盾，就是非正义的。在资本主义生产方式的基础上，奴隶制是非正义的；在商品质量上弄虚作假也是非正义的。"①

笔者曾指出，这段译文存在严重误译的问题。② 在这里，笔者不再对误译问题做进一步的说明，而只想指出基于这段译文的传统理解存在的一个明显的错误——把正义理解为一种事实判断而不是一种价值判断。我们知道，在马克思和恩格斯的相关论述中，一种分配方式与生产方式相一致还是相矛盾，指的只是前者是后者的发展形式还是桎梏、是促进还是阻碍后者发展，由此说来，无论相一致还是相矛盾，都只是对它们之间关系的一种事实判断。相反，一种分配方式是正义的还是非正义的，指的则是不同社会群体对它做的"应当"还是"不应当"的价值判断。关于正义的价值判断的特征，马克思和恩格斯都有明确的论述。马克思在批判拉萨尔主张的"公平的分配"时指出："什么是'公平的'分配呢？难道资产者不是断言今天的分配是'公平的'吗？……难道各种社会主义宗派分子关于'公平的'分配不是也有各种极不相同的观念吗？"③ 恩格斯在谈到蒲鲁东的法权观时也指出："希腊人和罗马人的公平观认为奴隶制度是公平的；1789 年资产者的公平要求废除封建制度，因为据说它不公平。在普鲁士的

---

① 《马克思恩格斯全集》第 25 卷，人民出版社 1974 年版，第 379 页。
② 段忠桥：《马克思和恩格斯的公平观》，《哲学研究》2000 年第 8 期。
③ 《马克思恩格斯选集》第 3 卷，人民出版社 1995 年版，第 302 页。

容克看来，甚至可怜的行政区域条例也是对永恒公平的破坏。所以，关于永恒公平的观念不仅因时因地而变，甚至也因人而异，这种东西正如米尔伯格正确说过的那样'一个人有一个人的理解'。"① 如果说正义在马克思的论述中只是一种价值判断，那将其理解为一种事实判断显然就是错误的。

那又应如何理解作为一种实证性理论的历史唯物主义，与作为一种规范性见解的马克思正义观念的关系呢？这无疑是一个在我国学术界尚未引起人们重视，因而也从未可做过认真探讨的问题。以下是笔者对这一问题的几点初步的看法。

第一，历史唯物主义不涉及马克思的正义观念，马克思的正义观念也不涉及历史唯物主义。前边表明，历史唯物主义是一种从人的物质生产这一经验事实出发，通过对社会结构和历史发展的考察以揭示人类社会发展一般规律的理论，而马克思的正义观念只体现为马克思对资本主义剥削的谴责和对社会主义按劳分配的批评，因此，前者的内容与后者无关，后者的内容也与前者无关。

第二，历史唯物主义不是源自马克思的正义观念，马克思的正义观念也不是源自历史唯物主义。马克思不是从他的正义观念出发创立历史唯物主义的，这一点从马克思以及恩格斯有关历史唯物主义创立过程的论述就看得很清楚。② 历史唯物主义的实证性的特征还使它不可能成为马克思正义观念的来源，因为它只能对资本主义剥削和社会主义按劳分配做出事实性描述或判断。例如，它可以表明资本主义剥削体现为资本家对工人劳动的无偿占有，社会主义按劳分配体现为按照每个人提供的劳动分配生活资料。进而言之，它还可以表明资本主义剥削在一定历史时期具有必然性，社会主义实行按劳分配是因为生产力还没得到极大的提高。从这些事实性的描述或判断显然既推导不出资本主义剥削是不正义的，也推导不出社会主义按劳分配是不正义的。

那马克思的正义观念源自哪里？从马克思和恩格斯的相关论述看，马克思与剥削相关的正义观念是源自当时英国的社会主义者。对此，恩格斯曾有这样的说明："李嘉图理论的上述应用，——认为全部社会产品，即

① 《马克思恩格斯选集》第3卷，人民出版社1995年版，第212页。
② 参见《马克思恩格斯选集》第2卷，人民出版社1995年版，第32—33页。

工人的产品属于唯一的、真正的生产者，即工人——直接引导到共产主义。但是，马克思在上述的地方也指出，这种应用在经济学的形式上是错误的，因为这只不过是把道德运用于经济学而已。按照资产阶级经济学的规律，产品的绝大部分**不是**属于生产这些产品的工人。如果我们说：这是不公平的，不应该这样，那末这句话同经济学没有什么直接的关系。我们不过是说，这些经济事实同我们的道德感有矛盾。所以马克思从来不把他的共产主义要求建立在这样的基础上，而是建立在资本主义生产方式的必然的、我们眼见一天甚于一天的崩溃上；他只说了剩余价值由无酬劳动构成这个简单的事实。"① 这里说的"认为全部社会产品，即**工人的**产品属于唯一的、真正的生产者，即工人"，指的是当时英国社会主义者的主张；"我们"，指的是马克思和他本人；"产品的绝大部分**不是**属于生产这些产品的工人"，指的是资本家对工人的剥削；"我们"说资本主义剥削"是不公平的，不应该这样"，是基于"认为全部社会产品，即**工人的**产品属于唯一的、真正的生产者，即工人"这样的道德意识，这种说法在经济学上是错误的，因为这只不过是把道德运用于经济学；马克思从来不把他的共产主义要求建立在这样的基础上，而是建立由经济学揭示的资本主义生产方式的必然的、一天甚于一天的崩溃上，所以，"马克思只说了剩余价值由无酬劳动构成这个简单的事实"。从这段话可以推断，马克思涉及剥削的正义观念，是源自当时英国的社会主义者。而马克思涉及社会主义按劳分配弊病的正义观念，则源自当时德国手工业者的共产主义。他在与恩格斯合著的《德意志意识形态》中批判"霍尔施坦的格奥尔格·库尔曼博士"时指出："但是，共产主义的最重要的不同于一切反动的社会主义的原则之一就是下面这个以研究人的本性为基础的实际信念，即人们的**头脑**和智力的差别，根本不应引起**胃**和肉体**需要**的差别；由此可见，'按能力计报酬'这个以我们目前的制度为基础的不正确的原理应当——因为这个原理是仅就狭义的消费而言——变为'**按需分配**'这样一个原理，换句话说：活动上，劳动上的差别不会引起在占有和消费方面的任何**不平等**，任何**特权**。"② 马克思这里讲的"按能力计报酬"与他后来在《哥达纲领批判》中讲的按劳分配当然不是一回事，但他在这里对前者的批评却与他在

---

① 《马克思恩格斯全集》第 21 卷，人民出版社 1965 年版，第 209 页。
② 《马克思恩格斯全集》第 3 卷，人民出版社 1956 年版，第 637—638 页。

《哥达纲领批判》中对后者的批评有内在联系，因而可以看作后者的来源。当然，马克思正义观念的来源可能不仅是上面讲的两种，但无论还有什么其他来源，它们都不可能是历史唯物主义。

第三，历史唯物主义并不否定马克思正义观念，马克思的正义观念也不否定历史唯物主义。从马克思的相关论述可以发现，无论是对资本主义剥削还是对社会主义按劳分配，他都同时既有基于正义观念的论述，又有基于历史唯物主义的论述。关于基于正义观念的论述，笔者在前文已经表明，这里笔者只引用两段基于历史唯物主义的论述。针对当时工人运动中流行的"做一天公平的工作，得一天公平的工资"的口号，马克思批评说："在雇佣劳动制度的基础上要求**平等的或仅仅是公平的报酬**，就犹如在奴隶制的基础上要求**自由**一样。你们认为公道和公平的东西，与问题毫无关系。问题就在于：一定的生产制度所必需的和不可避免的东西是什么？"① 他这里讲的"一定的生产制度所必需的和不可避免的东西"指的就是资本主义剥削具有的历史必然性。在表明按劳分配存在两个弊病以后，马克思进而指出："但是这些弊病，在经过长久阵痛刚刚从资本主义社会产生出来的共产主义社会第一阶段，是不可避免的。权利决不能超出社会的经济结构以及由经济结构制约的社会的文化的发展。"② 这里讲的"不可避免"的，指的就是按劳分配两个弊病的历史必然性。由此不难看出，历史唯物主义与马克思的正义观念并不相互否定，而是各讲各的问题。这一点还可从马克思对它们的应用中得到证明。以对资本主义剥削的谴责为例，马克思一方面从其持有的正义观念出发对资本主义剥削予以强烈谴责，另一方面又坚决反对从正义观念出发解释它的存在和发展。他在谈到蒲鲁东的永恒公平理想时指出："如果一个化学家不去研究物质变换的现实规律，并根据这些规律解决一定的问题，却要按照'自然性'和'亲合性'这些'永恒观念'来改造物质变换，那末对于这样的化学家人们该怎样想呢？如果有人说，'高利贷'违背'永恒公平'、'永恒公道'、'永恒互助'以及其他种种'永恒真理'，那末这个人对高利贷的了解比那些说高利贷违背'永恒恩典'、'永恒信仰'和'永恒神意'的教父的

① 《马克思恩格斯选集》第 2 卷，人民出版社 1995 年版，第 76 页。
② 《马克思恩格斯选集》第 3 卷，人民出版社 1995 年版，第 305 页。

了解又高明多少呢?"① 与此相关的另一个例证,是马克思对英国殖民主义者入侵印度的看法。在《不列颠在印度的统治》一文中,马克思先从道德上谴责了英国殖民主义者在印度的暴行:"**从人的感情上**来说,亲眼看到这无数辛勤经营的宗法制的祥和无害的社会组织一个个土崩瓦解,被投入苦海,亲眼看到它们的每个成员既丧失自己的古老形式的文明又丧失祖传的谋生手段,是会感到难过的。"② 但他紧接着又说:"的确,英国在印度斯坦造成社会革命完全是受极卑鄙的利益所驱使,而且谋取这些利益的方式也很愚蠢。但问题不在这里。问题在于,如果亚洲的社会状态没有一个根本的革命,人类能不能实现自己的命运?如果不能,那么,英国不管干了多少罪行,它造成这个革命毕竟是充当了历史的不自觉的工具。总之,无论一个古老世界崩溃的情景对我们个人的感情来说怎样难过,但从历史观点来看,我们有权同歌德一起高唱:'我们何必因这痛苦而伤心,既然它带给我们更多快乐?难道不是有千千万万生灵曾被帖木儿的统治吞没?'"③ 由此不难看出,在马克思那里,基于人的感情谴责英国对印度的入侵是一个问题,对英国的入侵做一种历史唯物主义的说明则是另一个问题,它们之间并不相互否定。

(原载《哲学研究》2015 年第 7 期)

---

① 《资本论》第 1 卷,人民出版社 1975 年版,第 102—103 页。
② 《马克思恩格斯选集》第 1 卷,人民出版社 1995 年版,第 765 页。
③ 同上书,第 766 页。

理解马克思实践概念的政治哲学向度[*]

李佃来

众所周知，"实践"是马克思哲学中的一个核心概念，当人们试图去界划马克思哲学传统与其他哲学传统的异质性时，往往首先会想到这个概念。对于这个标示马克思哲学根本特质的实践概念，学术界虽然做了近乎汗牛充栋的研究，但其原本意蕴在很大程度上却被遮蔽了起来。人们以为已经把握住了马克思实践概念的根本内涵，但实际上却离这个概念的内核渐行渐远。那么，"实践"在马克思哲学语境中的原意是什么？根本看来，它是一个政治哲学的范畴，连接到的是一个开阔的政治哲学问题域，故此，理解马克思的实践概念，需要凸显政治哲学的理论向度。

一 从费尔巴哈批判到市民社会问题域

实践概念虽然是马克思哲学据以立论的一块坚固基石，但只要在其著作中检索一下就会发现，"实践"却不是作为一个高频词出现的，毋宁说马克思对这个词的使用，主要还是集中在《关于费尔巴哈的提纲》与《德意志意识形态》这两个文本中。人们往往以为，马克思在这两个文本中是通过对费尔巴哈所代表的旧唯物主义及康德和黑格尔代表的唯心主义的双重批判而提出并厘定实践概念的。这个观点大体来说不无道理，不过还需进一步甄别其中的细微之处。一个直接的问题是，马克思并不是在同等程度上来批判这两种哲学传统的，实际情况是他对旧唯物主义的批判要远甚

---

* 本文系国家社会科学基金后期资助项目"马克思主义政治哲学的传统及其当代延展"（编号14FZX013）、湖北省社会科学基金重点项目"马克思主义政治哲学重大理论与现实问题研究"、湖北省教育厅重大项目"马克思主义正义理论研究"（编号14ZD004）的阶段性成果。

于对唯心主义的批判。所以在一定意义上，马克思实践概念的意蕴是在他的费尔巴哈批判中展现出来的。

马克思在《关于费尔巴哈的提纲》第一条中指出："从前的一切唯物主义（包括费尔巴哈的唯物主义）的主要缺点是：对对象、现实、感性，只是从客体的或者直观的形式去理解，而不是把它们当做感性的人的活动，当做实践去理解，不是从主体方面去理解。"① 马克思在这里以简洁的语言告诉我们，他是通过将费尔巴哈的"感性直观"转换为"感性的人的活动"来提出其实践概念的，即实践在一般意义上，就是一个不同于"感性直观"而等同于"感性的人的活动"的概念。这种界定虽然是清晰的，但也只有为这个不同于费尔巴哈"感性直观"的"感性的人的活动"找到一个现实的载体，才不至于滑落到抽象空洞的理解当中。这个现实的载体是什么呢？

马克思在 1859 年《〈政治经济学批判〉序言》中回顾自己创立历史唯物主义的过程时指出："为了解决使我苦恼的疑问，我写的第一部著作是对黑格尔法哲学的批判性的分析，这部著作的导言曾发表在 1844 年巴黎出版的《德法年鉴》上。我的研究得出这样一个结果：法的关系正像国家的形式一样，既不能从它们本身来理解，也不能从所谓人类精神的一般发展来理解，相反，它们根源于物质的生活关系，这种物质的生活关系的总和，黑格尔按照 18 世纪的英国人和法国人的先例，概括为'市民社会'，而对市民社会的解剖应该到政治经济学中去寻求。我在巴黎开始研究政治经济学，后来因基佐先生下令驱逐而移居布鲁塞尔，在那里继续进行研究。我所得到的，并且一经得到就用于指导我的研究工作的总的结果，可以简要地表述如下：……（下面就是那段关于历史唯物主义的经典表述——引者注）。"② 马克思在这段回忆性的文字中直截了当地告诉人们，他是在黑格尔的启示下，通过涉入政治经济学领域去解剖市民社会而得出历史唯物主义基本观点的。其实从时间点上来看，马克思写作《关于费尔巴哈的提纲》及《德意志意识形态》的第一手资料，应当也来自于他在巴黎与布鲁塞尔所从事的剖析市民社会的政治经济学研究。所以现在的问题就是，如果认为马克思在《提纲》及《形态》中通过批判费尔巴哈的

---

① 《马克思恩格斯文集》第 1 卷，人民出版社 2009 年版，第 499 页。
② 《马克思恩格斯文集》第 2 卷，人民出版社 2009 年版，第 591 页。

"感性直观"而转向"感性的人的活动"的过程，也就是他通过批判后者的旧唯物主义而转向历史唯物主义的过程，那么这个"感性的人的活动"即实践的现实载体就是市民社会。

对于这个问题，我们也可以从马克思对"劳动"的论述中获得进一步的说明。在人们的印象中，"感性的人的活动"，即实践的重要形式之一就是劳动，甚至有时人们索性将实践直接等同于劳动。对于劳动，马克思在《德意志意识形态》中作过如下论述："我们首先应当确定一切人类生存的第一个前提，也就是一切历史的第一个前提，这个前提是：人们为了能够'创造历史'，必须能够生活。但是为了生活，首先就需要吃喝住穿以及其他一切东西。因此第一个历史活动就是生产满足这些需要的资料，即生产物质生活本身，而且，这是人们从几千年前直到今天单是为了维持生活就必须每日每时从事的历史活动，是一切历史的基本条件。即使感性在圣布鲁诺那里被归结为像一根棍子那样微不足道的东西，它仍然必须以生产这根棍子的活动为前提。因此任何历史观的第一件事情就是必须注意上述基本事实的全部意义和全部范围，并给予应有的重视。大家知道，德国人从来没有这样做过，所以他们从来没有为历史提供世俗基础，因而也从未拥有过一个历史学家。法国人和英国人尽管对这一事实同所谓的历史之间的联系了解得非常片面——特别是因为他们受政治意识形态的束缚——，但毕竟作了一些为历史编纂学提供唯物主义基础的初步尝试，首次写出了市民社会史、商业史和工业史。"[1] 马克思在这段论述中，将劳动界定为"生产物质生活本身"的第一个历史活动。需要特别注意的是，他虽然使用了"一切人类""一切历史"以及"从几千年前直到今天"这样的字眼，但最后却将问题落脚到市民社会史、商业史和工业史，认为法国人和英国人在这方面为历史编纂学奠定了唯物主义基础。这说明看似具有普泛指向的劳动，实际是一个系于市民社会的现代概念，亦即市民社会正是劳动的现实载体。

人们通常会认为，市民社会在马克思那里是一个与经济基础相对等的、抽象的概念，比如在《德意志意识形态》中，马克思说道："从直接生活的物质生产出发阐述现实的生产过程，把同这种生产方式相联系的、它所产生的交往形式即各个不同阶段上的市民社会理解为整个历史的基

---

[1] 《马克思恩格斯文集》第 1 卷，人民出版社 2009 年版，第 531 页。

础，从市民社会作为国家的活动描述市民社会，同时从市民社会出发阐明意识的所有各种不同的理论产物和形式，如宗教、哲学、道德等等，而且追溯它们产生的过程。"① 然而我们需要指出的是，马克思在经济基础层面上使用"市民社会"概念，实际只是这个概念的一种衍生含义，其原本的意义，是黑格尔在《法哲学原理》中所描述的以需要的体系和劳动为介质、以财产关系为内容的资本主义经济活动领域。从其原本意义来看，市民社会概念刻画的是 17 世纪以来汹涌澎湃的资本主义历史，尤其是大工业历史的真实状貌。市民社会作为实践的现实载体，显然是从其原本意义上来讲的。

在马克思的心目中，深谙英国工业革命和法国政治大革命的黑格尔，是德国古典哲学家中唯一有资格谈论市民社会的人，后者是他在这个问题上的启蒙老师。相比之下，费尔巴哈则由于没有像黑格尔那样对几个世纪以来的欧洲大事件予以深刻洞察，并对英国经济学理论作出深入研究，故而，他根本不可能知道在市民社会的地基上，通过考察资本主义生产领域中的内在矛盾来获得对感性存在的理解。正是因为此一缘故，马克思才这样指出："他（指费尔巴哈——引者注）从来没有把感性世界理解为构成这一世界的个人的全部活生生的感性活动，因而比方说，当他看到的是大批患瘰疬病的、积劳成疾的和患肺痨的穷苦人而不是健康人的时候，他便不得不求助于'最高的直观'和观念上的'类的平等化'，这就是说，正是在共产主义的唯物主义者看到改造工业和社会结构的必要性和条件的地方，他却重新陷入唯心主义。"② 马克思在这里所指出的"改造工业和社会结构的必要性和条件的地方"，作为"构成感性世界的个人的全部活生生的感性活动"的场域，其实就是成为现代历史之世俗基础的市民社会。而他对费尔巴哈的全部超越，也就是从这个地方开始的。这便是说，马克思是真正接着黑格尔而对市民社会作出深刻考察的人，他的"感性的人的活动"，即实践这个概念就是以之为基础提出来的；而缺少实践思维的费尔巴哈，却只能直观地、碎片化地审视那个充满矛盾的市民社会，故此无法洞见其内在的本质机理和架构，进而也并不懂得像马克思那样在审理市民社会内在矛盾中为历史提供世俗基础。《关于费尔巴哈的提纲》第九条，

---

① 《马克思恩格斯文集》第 1 卷，人民出版社 2009 年版，第 544 页。

② 同上书，第 530 页。

即"直观的唯物主义，即不是把感性理解为实践活动的唯物主义，至多也只能达到对单个人和市民社会的直观"①，大致就是在这层意义上来讲述的。

马克思对费尔巴哈的这种批评表明，他以"感性的人的活动"，即实践来取代"感性直观"，并不是打算在本体论上与费尔巴哈划清界限，而是要求将思维的触角从同质性的类群体移转到异质性的现代市民社会上来，进而通过政治经济学的研究去洞穿工业社会的生产结构，从而达到为历史提供世俗基础的目的，这就是市民社会作为实践之现实载体的真实意义。所以一言以蔽之，从费尔巴哈批判到市民社会问题域，是我们在透析马克思实践概念时需要把握到的一个极为根本的内在过渡。

二 市民社会与马克思实践概念的政治哲学之维

当实质性地置于市民社会问题域来理解马克思的实践概念时，我们会看到这个概念所关涉的问题，几乎都是近代以来最为根本的政治哲学问题，因而也唯有从政治哲学的层面来予以创造性的阐释，历史的世俗基础方可能真正昭显，实践的意义也才可能根本"绽出"。情形何以如此呢？

众所周知，霍布斯、洛克以来的现代政治哲学主要是围绕权利和自由的主题而构建和向前推进的，政治哲学家们不管在视角和观点上存在多大分歧，相互之间在坚持这一理论主题上都并无实质差异。进一步考察则会发现，在古代政治哲学中被大大贬抑的权利和自由之所以成为现代政治哲学的根本主题，不能仅仅归结为现代人在政治观念上的"哥白尼式革命"，同时更应该看到这个观念革命是在现代市民社会历史出场的大背景下才发生的。这意味着，将权利和自由视为根本价值的现代政治哲学家们在理论层面所进行的种种探讨，实际深刻反映的是人们在由契约关系所构成的市民社会中公平地占有和分配财产的现实问题。这样来看，政治哲学家们精心构建的现代权利体系中最核心的东西，就是市民社会中因占有和分配财产而来的所有权。脱离了所有权，是无法对权利和自由作出实质性说明的。根据此一情况，我们进而可以这么说，现代政治哲学实际是在市民社会的地基上来予以立论的，其所关涉的基本理论问题，最后都可以归结到

---

① 《马克思恩格斯文集》第 1 卷，人民出版社 2009 年版，第 502 页。

市民社会这个更为基始的问题上去。譬如，黑格尔在《法哲学原理》中虽然将市民社会设定为伦理的一个环节，因而是将其置于伦理的篇目下加以阐述的，但其实这个概念在整部著作中起到了支配性的作用，即不管是所有权、法还是道德、伦理国家，这些或直接或间接地系于权利和自由的政治哲学论题，无一不是围绕市民社会这个根基性问题而展开的。正因为如此，黑格尔才这样指出："如果把国家想象为各个不同的人的统一，亦即仅仅是共同性的统一，其所想象的只是指市民社会的规定而言。许多现代的国家法学者都不能对国家提出除此之外任何其他看法。"① 马克思则更加深刻地洞见了市民社会就是现代政治哲学的根本母题，所以他反复重申这样的观点："完成了的政治国家，按其本质来说，是人的同自己物质生活相对立的类生活。这种利己生活的一切前提继续存在于国家范围以外，存在于市民社会之中，然而是作为市民社会的特性存在的。"② 并且，"即使在政治生活还充满青春的激情，而且这种激情由于形势所迫而走向极端的时候，政治生活也宣布自己只是一种手段，而这种手段的目的是市民社会生活。"③ 恩格斯在对 18 世纪的英国市民社会作出考察后也感慨地指出，英国的全部政治问题基本上都是社会性的。④

如果说围绕权利和自由而发展起来的现代政治哲学的"原"问题在于市民社会，那么反过来说，我们从市民社会出发所审视到的最本质的东西，也一定是政治哲学家们所关切的权利、自由、平等、公正等诸种问题，因为人们虽然习惯于从经济层面去理解市民社会，但其实就这个概念而言，经济层面所折射出的更深层的内容恰恰是政治性的。与之相应，当马克思通过批判费尔巴哈而进入市民社会问题域中的时候，他的"感性的人的活动"，即实践，毋庸置疑就是一个系于政治哲学的概念了。在此，我们可通过作为实践之重要形式之一的劳动的范例来予以具体说明。

如果正如上述所说，劳动是在市民社会这个现实载体上昭显其意义的，那么马克思的这个概念就既不是他自己独创的，也不是从古代人那里得到的（在古代人如古希腊人的眼中，这是一个等而下之的概念），而是沿着洛克以来的理论路向确立起来的。从洛克开始，劳动就已经被赋予了

---

① 黑格尔：《法哲学原理》，范扬、张企泰译，商务印书馆 1961 年版，第 197 页。
② 《马克思恩格斯文集》第 1 卷，人民出版社 2009 年版，第 30 页。
③ 同上书，第 43 页。
④ 同上书，第 93 页。

政治哲学的意蕴，这个情况一直到马克思始终都没有发生变化。在《政府论》中，洛克这样说道："每人对他自己的人身享有一种所有权，除他以外任何人都没有这种权利。他的身体所从事的劳动和他的双手所进行的工作，我们可以说，是正当地属于他的。所以只要他使任何东西脱离自然所提供的和那个东西所处的状态，他就已经掺进他的劳动，在这上面参加他自己所有的某些东西，因而使它成为他的财产。"① 显而易见，洛克在这段论述中，并没有在自然意义上将劳动界定为一般的生产物质资料的活动，而是直截了当地从政治哲学意义上将之诠证为所有权的起点。人们很少注意到洛克的这个思想与马克思之间的关联，但其实从《1844 年经济学哲学手稿》开始，马克思就已经自觉地按照洛克的思路来理解劳动范畴了。在《手稿》中马克思有一段著名论述："黑格尔的《现象学》及其最后成果——辩证法，作为推动原则和创造原则的否定性——的伟大之处首先在于，黑格尔把人的自我产生看做一个过程，把对象化看作非对象化，看作外化和这种外化的扬弃；可见，他抓住了劳动的本质，把对象性的人、现实的因而是真正的人理解为人自己的劳动的结果。"② 马克思在这里肯定的是黑格尔劳动观点的积极价值，但其实，黑格尔之所以能够在其精神哲学中运用辩证法对劳动作出规定，从而"把对象化看作非对象化"，原因之一就在于，他正是像洛克那样看到了劳动中超出自然的知性确定性、并关涉到人的社会政治存在的内容。在此问题上，其辩证逻辑的使用与他对市民社会之内在矛盾的把握是分不开的。马克思从中得到的深刻教益是要在人的生存意义上来看待劳动（其实"感性的人的活动"这个术语中就蕴藏着一种生存意义），即把人理解为自己劳动的结果，但这个"生存"并不是在后来从海德格尔存在主义上来讲的，而是从洛克以来的所有权意义上来讲的。所以，这个理解劳动的生存论视角说到底也是一个政治哲学的视角。正因为确立了这个理解劳动的独特视角，马克思才在《手稿》中为工人的劳动贴上了"异化"的标签，这其中的深刻旨趣在于以投射在劳动中的所有权为基点来批判资本主义生产关系。到后来，马克思在《资本论》及其手稿中按照商品的二重性，也对劳动作出了"活劳动"和"对象化劳动"这二重性的界定。这个界定让马克思透彻地审视到了资本主义生产结

① 洛克：《政府论》下篇，叶启芳、瞿菊农译，商务印书馆 1996 年版，第 19 页。
② 《马克思恩格斯文集》第 1 卷，人民出版社 1995 年版，第 205 页。

构中围绕所有权而发生的剥削和不公正问题。这正如他在《1857—1858 年经济学手稿》中所指证的："工人丧失所有权，而对象化劳动拥有对活劳动的所有权，或者说资本占有他人劳动——两者只是在对立的两极上表现了同一关系——，这是资产阶级生产方式的基本条件，而决不是同这种生产方式毫不相干的偶然现象。这种分配方式就是生产关系本身，不过是从分配角度来看罢了。"① 可见，马克思始终是承接着洛克所建立的路向，将劳动安置在政治哲学的链环中来对之予以界定的。

以上论述表明，我们只有从政治哲学的维度，才可以为在市民社会问题域中所呈示出来的实践概念开辟出广阔的理解空间。

三 人类社会与马克思实践概念的政治哲学意义

在市民社会问题域中把握马克思的实践概念，我们不仅应当在打通思想史的前提下，对接从洛克到黑格尔的理论思路并予以创造性地阐发，同时也应当自觉地将马克思与对他产生影响的理论家界分开，进而以之为基础去探寻马克思的原创性思想论见。因为若非如此，我们会很容易落入马克思所反对的理论思维的陷阱当中，从而根本背离其实践概念的终极旨趣。无法达到对这一概念之政治哲学意蕴的完整把握。

基于这一问题意识，我们来看马克思在《德意志意识形态》中的著名论断："实际上，而且对实践的唯物主义者即共产主义者来说，全部问题都在于使现存世界革命化，实际地反对并改变现存的事物。"（《马克思恩格斯文集》第 1 卷，第 527 页）中国学术界对于这个论断并不陌生，因为人们常常围绕它来争论马克思哲学是否可界定为"实践唯物主义"。然而这种争论过多纠结于字词界说，从而忽视了对其中所包藏的实质性内容的理解。我们认为，这个论断中最值得反复回味的表述倒不是"实践的唯物主义者"，而是"使现存世界革命化"与"反对并改变现存的事物"。从后两个表述来看，马克思哲学是否可命定为"实践唯物主义"，其实只是一个次级问题，根本问题在于马克思以一种相对间接的方式告诉人们，实践就是改变现存事物的革命性活动。一目了然的事实是，《德意志意识形态》中的这个论断，实际是在《关于费尔巴哈的提纲》的最后一条，即

---

① 《马克思恩格斯文集》第 8 卷，人民出版社 2009 年版，第 208 页。

"哲学家们只是用不同的方式解释世界，问题在于改变世界"的基础上提出来的，它们之间在内容上存在一个前后相接的关系。而《提纲》第十条又是这样讲的："旧唯物主义的立脚点是市民社会，新唯物主义的立脚点则是人类社会或社会的人类。"① 如果我们认为《提纲》各条并非是随机和无序排列的，而是有一种内在的逻辑关系贯穿其中的，那么马克思在改变世界，即在革命意义上来界定实践时，实际也并没有越出于市民社会的问题域，而是依然以这个问题域中的问题为其实质性内容的。所以进一步说，要从改变世界的革命性活动这个定义出发来推进对实践概念的理解，前提便是从政治哲学的向度，充分把握"市民社会"和"人类社会"的矛盾关系以及它们所关涉的背后叙事。

市民社会作为一个以财产关系为根本内容的经济活动领域，其始终不变的原则就是自由和权利原则。在自由主义哲学家看来，这个原则虽然首先是针对个体的，但由于它并不是针对"这一个"或"那一个"个体，而是针对"每一个"个体的，所以说到底也是针对群体的。而这样来说，市民社会完全可以成为一个彼此依赖、和谐运转的需要的体系，而不必然存在特殊利益与普遍利益相互冲突的问题。这个观点在洛克那里其实就已经提出来了："权利和生活需要是并行不悖的；因为一个人有权享受所有那些他能施加劳动的东西，同时他也不愿为他所享用不了的东西花费劳力。这就不会让人对财产权有何争论，也不容发生侵及他人权利的事情。一个人据为己有的那部分是容易看到的，过多地割据归己，或取得多于他所需要的东西，这是既无用处，也不诚实的。"② 黑格尔在《法哲学原理》中，更加直截了当地表达了这个观点：在劳动和满足的依赖性和相互关系中，"主观的利己心转化为对其他一切人的需要得到满足是有帮助的东西，即通过普遍物而转化为特殊物的中介。这是一种辩证运动。其结果，每个人在为自己取得、生产和享受的同时，也正为了其他一切人的享受而生产和取得。在一切人相互依赖全面交织中所含有的必然性，现在对每个人说来，就是普遍而持久的财富"③。然而，不管是洛克还是黑格尔，其所构想的不过是一个理想化的市民社会模型，在资本主义历史行进的现实层面

---

① 《马克思恩格斯文集》第1卷，人民出版社2009年版，第502页。

② 洛克：《政府论》下篇，叶启芳、瞿菊农译，商务印书馆1996年版，第33页。

③ 黑格尔：《法哲学原理》，范扬、张企泰译，商务印书馆1961年版，第210页。

上，这个理想状况几乎从未出现过，相反，权利总是呈现为霍布斯所确认的"每一个人按其所愿、尽其所能来保全自己"的自由，故而个体利益始终是市民社会中支配性的诉求，它和群体利益始终是处在一个彼此对置、相互冲突的格局当中。在《论犹太人问题》中，马克思一针见血地指出了这个问题：在市民社会中，"任何一种所谓的人权都没有超出利己的人，没有超出作为市民社会成员的人，即没有超出封闭于自身、封闭于自己的私人利益和自己的私人任意行为、脱离共同体的个体。在这些权利中，人绝对不是类存在物，相反，类生活本身，即社会，显现为诸个体的外部框架，显现为他们原有的独立性的限制。把他们连接起来的唯一纽带是自然的必然性，是需要和私人利益，是对他们的财产和他们的利己的人身的保护"①。

不仅是马克思，而且自由主义哲学家们也大都看到了现实市民社会中个人主义的大行其道及由之造成的社会冲突的问题，然而，其解决之道是从"自然人的平等权利"这一大前提出发的，借助于公平正义之类的价值而提出对人的思想规范和行为规则的修正与重构，试图以此接近或达至他们所不忘宣说的市民社会的理想状况。显而易见，无论就其大前提而言还是就其目标来说，自由主义哲学家都并不可能站在市民社会之外来审理市民社会中的矛盾，进而也不可能看到超出市民社会的东西，所以市民社会在他们眼中，始终是最理想的人类活动的组合方式。这正如马克思所指出的："政治革命把市民生活分解成几个组成部分，但没有变革这些组成部分本身，没有加以批判。它把市民社会，也就是把需要、劳动、私人利益和私人权利等领域看做自己持续存在的基础，看做无须进一步论证的前提，从而看做自己的自然基础。"② 需要注意的是，这既是马克思对以法国大革命为代表的政治革命与市民社会之关系的一个深刻指认，也是他对自由主义哲学家在市民社会问题上的非批判态度所作的一个深刻批判。实际上正是基于这个批判，马克思才提出了"旧唯物主义的立脚点是市民社会"的观点。当然需要廓清的是，旧唯物主义只是一个宽泛的所指，并不仅仅限于费尔巴哈"直观的"唯物主义，同时也包括在霍布斯、洛克之后自由主义路向上发展起来的唯物主义。

---

① 《马克思恩格斯文集》第 1 卷，人民出版社 2009 年版，第 42 页。
② 同上书，第 46 页。

与自由主义哲学家判然有别，马克思真正站在了市民社会外部来思考解决这个世俗世界中矛盾的途径，而他之所以能够这样来做，一则可以追溯到其不同于自由主义哲学家的阶级立场，二则可以归结到他对市民社会及其内在矛盾所作的独特解读。在《1844 年经济学哲学手稿》中，马克思这样指证："在国民经济学家看来，社会是市民社会，在这里任何个人都是各种需要的整体，并且就人人互为手段而言，个人只为别人而存在，别人也只为他而存在。正像政治家议论人权时那样，国民经济学家把一切都归结为人，即归结为个人，从个人那里他抽去一切规定性，把个人确定为资本家或工人。"① 马克思对国民经济学家的这个指证，其实代表着他对一切自由主义的看法。这个指证的弦外之音是，从现实市民社会层面来看，自由主义哲学家所深信不疑的"自然人的平等权利"这个大前提是根本不存在的，因为人总是根据社会规定性来进行"编码"，故而人的自然存在总是镶嵌在社会政治结构之中，即自然人总是以社会人的形象活在市民社会这个世俗世界中的。这说明，市民社会中个体与群体、特殊利益与普遍利益之间的矛盾，反映的是深层的社会阶级结构中的冲突，而不是自然人中的一种相互竞争关系。所以，要想从根本上解决这个矛盾，就不能按照自由主义哲学家的套路。在不改变市民社会存在前提的基点上去构建或修补人世间的行为规则，实现所谓"个人只为别人而存在，别人也只为他而存在"的理想境况。而以人类社会取代市民社会，并以之为立脚点对支配市民社会的生产关系进行深刻批判，才是唯一行得通的道路。可以说，马克思就是在这个意义上提出人类社会概念的。

至关重要的问题是，人类社会并不是一个纯粹的观念之物，而是一个有强烈实践意蕴的概念。具体地说，马克思勾绘出人类社会这个理想模型的最重大意义，在于他跳出了理论哲学的藩篱，进而建立起了从"实践"来理解哲学的新视角。对于自由主义哲学家来说，其对市民社会的非批判态度，决定了其所遵从的是古希腊以降理论哲学的思维路数，实践在他们眼中是一个并不高贵的领域。康德虽然将高贵的纯粹理性最终划拨给了实践，但他所讲的实践不过是一个远离人的现实生活世界，甚至是处在"真空"状态下的道德命令，所以正如黑格尔在《小逻辑》中所指出的："实践理性自己立法所依据的规律，或自己决定所遵循的标准，除了同样的理

---

① 《马克思恩格斯文集》第 1 卷，人民出版社 2009 年版，第 236 页。

智的抽象同一性，即：'于自己决定时不得有矛盾'这一原则以外，没有别的了。因此康德的实践理性并未超出那理论理性的最后观点——形式主义。"① 亦即康德的道德实践并未超出于理论哲学的范围。黑格尔虽然对市民社会问题作出了深入研究，并指出"理论的东西本质上包含于实践的东西之中"②，但他所讲的实践由于包裹在抽象思辨的绝对精神之中，所以他最终仍是以柏拉图主义的方式，在理论哲学的界面上去规定实践。马克思以人类社会取代市民社会，则是要求打破资本主义私有财产制度和结构，以现实革命的方式将政治解放推到人类解放的位阶，这样一来，他便顺理成章地以"解释世界"和"改变世界"来指认自己与过去哲学家的根本分野，从而不仅在革命的意义上提出了实践的问题，而且从整个哲学的思维范式上确立起了一条实至名归的实践哲学的新路线。由此可见，不但是革命活动意义上的实践概念是在市民社会问题域中，具体地说是在从市民社会到人类社会这个政治哲学的问题式中确立起来的，而且从质的规定性上所说的实践思维方式或实践哲学，也是在这个政治哲学的问题式中确立起来的。这更加充分地表明，只有以深入解读马克思的政治哲学为切入点，才有可能架起通往马克思实践概念的桥梁，进而才有可能真正洞见马克思哲学的思想内涵与理论实质。

（原载《哲学研究》2015 年第 10 期）

---

① 黑格尔：《小逻辑》，贺麟译，商务印书馆 1980 年版，第 143 页。
② 黑格尔：《法哲学原理》，范扬、张企泰译，商务印书馆 1961 年版，第 13 页。

价值论与马克思主义中国化研究

价值理想与现实实践

——中国社会主义的矛盾运动

张曙光

人类进入现代所经历的最大也最富有意义的变化，莫过于从过去地域性的族群共同体的历史转向全人类的世界历史。然而，由于世界历史首先是由西方列强扩张、殖民和争霸的活动开创的，所以世界各民族发展不平衡的问题不仅凸显出来，甚至走向普遍的对抗。除了列强之间的对垒和战争，西方国家及文化对东方社会的挑战和冲击，同样改变了世界历史的进程。其中最为世人瞩目的大事变，是马克思基于社会生产力的高度发展而预言的"社会主义制度"，不是率先诞生于西方发达国家，而是出现于20世纪初期的俄国和后来的中国等东方国家。从那时到今天，人类社会又发生了巨大的变化，出现了许多新情况新特点，但是许多重大的理论和现实问题的争论，无不牵涉着20世纪这一历史性事件及对它的认识。为了更好地面向未来，寻找并把握现代历史的"来龙去脉"，仍然需要我们研究这一不寻常的历史变异，而从价值理想与现实实践的关系切入，应当说是透视这一论题的合适途径。

在中国尚未全面遭遇西方文化冲击之前，其历史是按照自身的逻辑展开的。大致而言，从秦废分封制实行中央集权的郡县制，直到清王朝终结，"历代都行秦政法"，表明在中国自给自足的小农经济基础上，所建立的只能是大一统的中央集权的王朝，即使有分裂和割据的情况发生，也不属于常态，而且时间也较短。在一个王朝大体上能够较好地处理所谓"舟水"，即朝廷与民众的矛盾关系，又能比较成功地坚持"夏夷之防"的情况下，即使发生对百姓严重盘剥的情况，民众一般也是只反贪官而不反皇帝。在普遍出现民不聊生、造反呈现星火燎原之势，朝廷和整个官僚系统又严重运作不灵的情势下，旧王朝被新王朝取代的命运也就无可避免了；

这也关涉夏夷关系的变化，即北宋以降处于部落社会晚期的游牧民族入主中原，在文化上学习并承袭华夏文化，使农耕文明主导及皇权官僚制得以延续，只不过当时社会呈现为主奴关系和更加专制的情况。由此形成的治乱循环、新旧王朝循环，构成了中国传统社会最大的现实和最具有历史惯性的逻辑。直到遭遇西方列强的坚船利炮，加上伴随鸦片的廉价商品的冲击，中国固有的矛盾被激化，新思想新观念传入中国。所谓天变，道亦变，这一逻辑才被一个世界性的逻辑，即现代化的逻辑逐渐统摄和取代，在中国思想理论界的体现，即"中西"之争的实质是"古今"之别这一认识的普遍形成。

但是，现代化并非只有一种形式，它的具体形式是多样的。后发国家与先发国家的国际境遇更是大不相同，自然历史条件的差异与文化的差异，加之后发国家所面临的外部与内部特殊的矛盾和困难，使后发国家的现代化历程异常艰难曲折。如果说先发内生型国家的现代化也离不开国家的支持，但由于国家体现的是社会本身，尤其是商人和市民发展资本的普遍要求，国家即使直接参与贸易与殖民的活动，其根本任务也是支持社会或民间发展资本与市场经济，并且由于"政府与商人关系密切时"，"市场的自我纠偏机制会慢慢失灵。接下来，竞争的声音会减弱，任人唯亲猖獗，效率低下受到保护"①，因而，政府会逐渐退出市场。那么，后发外源型国家的现代化不仅更要凭借国家权威，甚至会形成集权的政治或经济体制，以推动民族经济和现代化的发展。

俄国与中国先后建立的"社会主义公有制"所具有的功能，一方面也不得不遵循后发国家现代化的普遍逻辑，即凭借国家权威，建立集权的政治与经济体制来推动现代化。就此而言，社会主义是"实现现代化"的方式；另一方面，它又给自己提出了消灭包括资本主义和市场经济在内的一切"私有"和"自发势力"，建立国有和集体所有制以实现社会的普遍平等和共同富裕，乃至推动"国际共产主义运动"这一更加理想和高远的目标。就此而言，社会主义又要"反对现代性"，因为理性化与个人本位构成了现代性的基本规定。那么，在未经过资本主义洗礼也未经过启蒙运动洗礼的东方，何以会出现这种不无矛盾的历史选择？

---

① 乔伊斯·阿普尔比：《无情的革命：资本主义历史》，宋非译，社会科学文献出版社2014年版，第436页。

这就不能不说到在西方主导的世界历史和国际关系格局的压力与刺激之下，在近现代中国凸显出来的一大价值取向，那就是我们借助传统的"大同"理想所理解并信奉的"社会主义"和"共产主义"。

我们知道，传统中国是没有现代"社会主义""共产主义"观念的，与社会主义和共产主义最为接近的是古老的"大同"理想。形成于农业生产和家族生活基础上的中国传统文化和文明，其核心价值是儒家主导的由"天地君亲师"所构成的价值体系，这个价值体系蕴含四大价值观念：一是对天地自然，即"天道""天命"的尊崇和顺应，俗称"老天爷"；二是对君主，即皇帝的崇拜，皇帝不仅是最大的"王"，还是所谓"天子"，因而具有某种神圣性；三是对"亲"，即父母双亲、长辈与列祖列宗的敬爱；四是对"师"的尊敬，师指传授孔孟儒家思想文化的教师，也指各行业的师傅。自秦以来，还形成了"以吏为师"的传统，官员有教化百姓的责任，皇帝更是君师合一，要求臣民"移孝为忠""忠君爱国"，从而使这四大价值观念形成了一个以忠君为核心的价值系统。与此相关的则是两大价值观，一是民本主义与平均主义。"民本"是与"君主"相对而言的，董仲舒讲过"屈君以伸天"，但这句话的前面是"屈民以伸君"。民众尽管有贫富差异、强势弱势之分，但既然大家都是"民"，就应当平等，财富就应当平均；社会分化越严重，就越容易激起平均主义的价值意识，但这却从未撼动等级制的官僚体制。二是"大同"理想，大同指的是与"天下为家"相对的"天下为公"，是贤明君主"尧舜"当政的时代，它与平均主义也有一定关联。"故人不独亲其亲、不独子其子"，"货恶其弃于地也，不必藏于己；力恶其不出于身也，不必为己。是故谋闭而不兴，盗窃乱贼而不作，故外户而不闭，是谓大同。"（《礼记·礼运》）大同是先秦儒家的社会理想。这种社会理想在传统的历史条件下，大体上有两种表现形式，一是如孔子论述的"不患寡而患不均"，以及在历代农民起义中响亮地提出来的"等贵贱、均贫富"的主张；一是与老子的"小国寡民"思想相结合，形成的"桃花源"理想。尽管它如同乌托邦一般难以实现，却恒久地成为生活在浊世和乱世中的中国人的希望所在。

进入近代，内受皇权专制之荼毒，外受列强之欺凌的中国人，先后受到从欧美和日本传入的"自由""平等""民主"的启蒙思潮与"社会主义""共产主义"思想的强烈影响，"大同"这一传统理想也被激活了。由于"天地君亲师"这一价值体系随着帝制被推翻，"天地"也被科学逐渐祛魅而分崩离析。而启蒙思想主要影响的是知识青年，与大同理想更具有一致性和亲和感的"社会主义"及未来的"共产主义"，即使被许多人认为不如"民主主义"更适合中国国情及现实可能性，但因其主张通过"公有"来消除剥削和压迫，所以当时在道义上占据了制高点。俄国"十月革命"成功之后，一部分深受其影响和鼓舞的先进知识分子，转而信仰马克思列宁主义，他们决心发动工农，走俄国人的道路，即"社会主义"道路，从根本上改造中国社会。

颇有意思的是，康有为从 1884 年着手探讨"人类公理"，费时十余年写成《大同书》，却"秘不示人"，只让几个弟子传阅，后于 1913 年在《不忍》杂志刊出"甲乙"两部（即"入世界观众苦"与"去国界合大地"），在他去世八年后的 1935 年才由中华书局全文发表。那么，它究竟讲了一番什么道理，让康有为如此重视又如此谨慎呢？

原来，《大同书》是康有为承接中国传统的大同理想，结合佛教及当时欧美国家现代的政治、经济和社会建制，并吸收社会主义思想所设想的理想世界。康有为认为这一理想世界"至平也，至公也，至仁也，治之至也，虽有善道，无以加此矣"，因为它是"行大同之道"而消除了人世各种痛苦、苦难的极乐世界。在康有为看来，人世之苦来自于九种界别或界限的分割、对立，包括国、家、阶级等级、人种、性别、物种等，使人类相互争夺、相互迫害，造成各种苦难和严重不平等。因而，只有破除这些界别，均产均富，天下为公，才能人人平等；且伴随人类之"仁爱"扩充于天地，最终会实现众生平等。今天我们会认为这其中有不少空想的成分，不仅当时做不到，有些再过五百年也做不到。即使将来有可能做到的，当时也不具有现实实践的可行性，因而，康有为才秘而不宣。

康有为思想真正的可贵之处，不仅在于他的美好理想，更在于他依据人类历史循序渐进的逻辑，认定他生活的时期属于"据乱世"，首先应当争取的是"升平世"。西方英美接近升平世，因而中国社会的变革方向就是英美；将来各方面条件都成熟了，才可能走向"太平世"，即大同境界，如其在"三世表"中所示。[1] 青年毛泽东曾深受"大同"和康有为《大同书》的影响，在 1917 年写给友人信中也说：孔子立太平世为鹄，而不废据乱、升平二世。"大同"者，吾人之鹄也。

---

[1]　参见康有为《大同书》，李似珍评注，中州古籍出版社 1998 年版，第 127—139 页。

康有为的《大同书》公开发表之前，社会主义不仅传入中国，而且作为社会主义政党的共产党组织，已经在中国的农村顽强地生存下来了，后来在抗日战争中得到发展壮大。到1949年，国内战争大局已定，毛泽东在当年6月写下的《论人民民主专政》，说了这样两段话：

"第一次世界大战震动了全世界。俄国人举行了十月革命，创立了世界上第一个社会主义国家。过去蕴藏在地下为外国人所看不见的伟大的俄国无产阶级和劳动人民的革命精力，在列宁、斯大林领导之下，像火山一样突然爆发出来了，中国人和全人类对俄国人都另眼相看了。这时，也只是在这时，中国人从思想到生活，才出现了一个崭新的时期。中国人找到了马克思列宁主义这个放之四海而皆准的真理，中国的面目就起了变化了。"

"西方资产阶级的文明，资产阶级的民主主义，资产阶级共和国的方案，在中国人民的心目中，一齐破了产。资产阶级的民主主义让位给工人阶级领导的人民民主主义，资产阶级共和国让位给人民共和国。这样就造成了一种可能性：经过人民共和国到达社会主义和共产主义，到达阶级的消灭和世界的大同。康有为写了《大同书》，他没有也不可能找到一条到达大同的路。资产阶级的共和国，外国有过的，中国不能有，因为中国是受帝国主义压迫的国家。惟一的路是经过工人阶级领导的人民共和国。"①

今天读来，毛泽东的这些话仍然富有历史感和鼓动性，并体现出黑白分明的思维，这其实既反映了当时中国革命和战争的现实，也反映了现代世界严重的不平衡甚至对抗性矛盾。学者和思想者基于人类历史发展的一般逻辑来考虑问题，这种一般的逻辑固然可以指示历史发展的大致方向，却不可能径直得以实现；近代世界历史本身的严重矛盾注定了一种历史的吊诡，即"受帝国主义压迫的国家"难以按照常规循序渐进地发展，它的发展往往要借助"激进"的政治与文化作为其先导；而当这种政治与文化严重脱离了社会自身的条件和要求时，又会陷入空想和虚妄。事实上，在一个资产阶级弱小的国度，其实也没有强大的工人阶级，投身革命的政治家们是靠自身的信念和国内外对立性矛盾把广大民众动员、组织起来进行革命的，由共产党领导的"新民主主义"革命也不能不借助传统的形式。那么，这一革命胜利后是建设"新民主主义"社会，还是建立"社会主

① 《毛泽东选集》第4卷，人民出版社1991年版，第1470—1471页。

义"社会？这其中有无不可规避的逻辑。

二

马克思在社会主义思想上的革命性创新，是把"空想社会主义"改造成为"科学社会主义"。如果说空想社会主义在价值取向上是值得推崇的，对现实的批判精神也值得继承，但经过理性的考察，它的美好愿望却不能实现。那么，原因何在？在于它没有把社会主义建筑在社会生产力的高度发展之上。这固然是对的。但问题在于，空想社会主义者并非没有意识到社会生产和技术的重要作用，而是没有形成关于现代工业、市场和分工的概念，因而也就没有现代个人、自由、法治和文明的概念。他们重视的主要是平等的价值，是人们平等地进行生产和分配以及劳动时间的缩短。并且，他们解决社会问题的办法与其说是从社会本身的矛盾运动中引申或提炼出来的，不如说是从他们的"头脑"中产生出来的。而与现代工业和市场相适应的思想观念首先属于近代启蒙运动。

西方的启蒙运动对整个社会主义思想的发展产生了重要影响，构成社会主义理论变迁的一个重要节点，这是我们过去往往忽略的重大事实，而恩格斯在《社会主义从空想到科学的发展》中早就明确指出："现代社会主义，就其内容来说，首先是对现代社会中普遍存在的有财产者和无财产者之间、资本家和雇佣工人之间的阶级对立以及生产中普遍存在的无政府状态这两个方面进行考察的结果。但是，就其理论形式来说，它起初表现为18世纪法国伟大的启蒙学者们所提出的各种原则的进一步的、似乎更彻底的发展。同任何新的学说一样，它必须首先从已有的思想材料出发，虽然它的根子深深扎在物质的经济的事实中。"① 马克思恩格斯都是经过启蒙运动洗礼的并批判了它的理性的抽象普遍性即非历史性，因而，他们所肯定的社会主义，既非诉诸头脑中的美好愿望，亦非简单地贯彻生产力决定论，而是基于他们对"现代社会的一切矛盾的基本矛盾"的这样一种认识：资本主义工业及市场经济已经实现了生产的社会化，而生产资料仍然被个别的资本家所占有。换言之，由资本所推动的市场在发展人的社会化与个体化的同时也在制造着它们的分离。所以，作为取代资本主义的社会

---

① 《马克思恩格斯选集》第3卷，人民出版社1995年版，第719页。

主义"社会",必定是人的各方面高度的"社会化"与"个体化"的统一,生产资料的"共同占有"也是生产资料属于每一个个人,即"重新建立个人所有制"。这也就是马克思恩格斯所断言的这样一个"联合体","在那里,每个人的自由发展是一切人的自由发展的条件"。这样的社会或联合体当然只能通过对现代世界市场的扬弃才能确立起来。可见,"科学社会主义"不是具体的社会主义模式,而是关于社会主义的根本原则:其一,生产关系一定要适应社会生产力的发展,社会主义只能建立在社会生产力的高度发展之上,而社会生产力并非简单的技术概念,而是涉及社会与文化多方面内容的系统性概念;其二,基于社会生产力高度发展的社会主义社会,必定扬弃了"国家主义"和"原子式的个人主义",是人的社会化与个体化的高度统一。正是这一根本原则,决定了科学社会主义的普世性;而任何针对具体历史条件的要求或设想,都不可能构成它的根本原则,不具有普世意义,因而不能照抄照搬。在《德意志意识形态》中,马克思恩格斯共同创建唯物史观他们结合民族的地域性与世界历史性的关系,从原则的高度论述了社会主义具有普世性的原因:

"只有随着生产力的这种普遍发展,人们的普遍交往才能建立起来;普遍交往,一方面,可以产生一切民族中同时都存在着'没有财产的'群众这一现象(普遍竞争),使每一民族都依赖于其他民族的变革;最后,地域性的个人为世界历史性的、经验上普遍的个人所代替。不这样,(1)共产主义就只能作为某种地域性的东西而存在;(2)交往的力量本身就不可能发展成为一种普遍的因而是不堪忍受的力量:它们会依然处于地方的、笼罩着迷信气氛的'状态';(3)交往的任何扩大都会消灭地域性的共产主义。共产主义只有作为占统治地位的各民族'一下子'同时发生的行动,在经验上才是可能的,而这是以生产力的普遍发展和与此相联系的世界交往为前提的。""无产阶级只有在世界历史意义上才能存在,就像共产主义——它的事业——只有作为'世界历史性的'存在才有可能实现一样。而各个人的世界历史性的存在,也就是与世界历史直接相联系的各个人的存在。"①

在1850年以后,马克思恩格斯没有重提无产阶级革命同时发生的设想,但他们坚持现代工业化生产、世界交往和世界各民族相互影响的观

---

① 《马克思恩格斯选集》第1卷,人民出版社1995年版,第86、87页。

点，不可能认为包括俄国、中国在内的落后的东方社会可以率先发生无产阶级革命，建立社会主义。在马克思主义创始人看来，东方社会还处于"群体本位"的阶段，还没有达到在"物"的依赖性，即商品基础上"人的独立性"阶段。所以，马克思在1881年给俄国革命者查苏利奇的正式回信中，去掉了"跨越卡夫丁峡谷"的提法，他在理论上虽然没有否定俄国跨越资本主义阶段的可能性，但他认为这种可能性只有吸收资本主义创造的全部优秀文明成果才能成为现实。后来的历史证明，这一原则性的论断不会因为世界发展的不平衡性而减损其效力，也不会因为人们的善良愿望而省略掉其中包含的历史要求；而必定要求世界上凡是基于价值理想憧憬社会主义并决心走社会主义道路的民族和国家，都只能把科学社会主义的普遍真理与自己的具体实践相结合，从而创立符合自身历史条件和发展要求的社会主义具体形式（模式）。这其中的关键，就在于理论的"原则性"与实践的"灵活性"，"理想主义"与"现实主义"的充分结合，用马克斯·韦伯的术语，也可以称之为"价值理性"与"工具理性"的结合。

深受欧洲文化和文明影响的列宁，对此有较为深入的体会、认识和把握，这从他分析和处理俄国革命及相关问题中即可看出。在十月革命前，他针对俄国的民粹派反对理性启蒙，反对在俄国发展资本主义，曾给予这样的批评：

启蒙者是热烈地相信当前的社会发展的，而民粹派却不相信它；启蒙者满怀历史的乐观主义和蓬蓬勃勃的精神，而民粹派则悲观失望和垂头丧气……主张落后是俄国的幸福等理论。民粹主义在一定程度上是一种完整的前后一贯的学说。它否认资本主义在俄国的统治；鼓吹立刻从小农经济的农民村社出发来实行社会主义革命……在民粹派看来，农民运动正好驳倒了马克思主义；它正好有利于直接的社会主义运动。

列宁还认为孙中山的"三民主义"与俄国民粹派的许多认识都是类似的，所以在给予某种肯定的同时批评道：中国民粹主义者的这种战斗的民主主义思想体系，首先是同社会主义空想、同使中国避免走资本主义道路愿望结合在一起的，其次是同宣传和实行激进的土地改革的计划结合在一起的。

在十月革命胜利后，俄国首先实施的是"战时共产主义政策"，但时间不长就出现各种问题特别是经济问题，证明它只能是暂时性措施。列宁根据俄国在经济、文化各方面落后的国情，于1921年提出实行"新经济政策"，包括在农业政策上实行粮食税，开放自由市场，允许自由贸易；对外开放，实行租让制，搞合资企业，引进国外的资金、先进技术、人才和管理经验；把一部分工矿企业、土地森林等资源出租给外国资本家经营和开发；发展商品经济，把商业视为搞活经济的中心环节；以公有制为主体，同时发展个体经济、私营经济、租让经济、租赁经济、合资经济、合作社经济等多种经济形式。然而，由于新经济政策被包括列宁在内的高层视为策略性的"后退"或"退却"，所以列宁去世之后，新经济政策很快就被斯大林高度集中的"计划经济"所替代，与高度集权的政治体制相结合，形成了"社会主义"的"苏联模式"并逐渐僵化，人民"民主"变成了高居于人民之上的官僚特权阶层在"权力、经济和真理三方面的垄断"（久加诺夫语）。

如果撇开宗教不谈，中国与农民占人口绝大多数的俄国的国情有许多接近之处。当然，在资本主义工商业的发展和接受来自西方的现代文明方面，中国还远不如俄国。在俄国，许多知识分子包括革命者在道德和政治上高度认同处于社会底层的农民，并形成"民粹主义"思潮，对俄国的革命和社会发展产生了很大影响。[1] 中国虽然没有"民粹主义"的概念和政治派别，但作为一种社会意识和政治思潮，同样广泛地存在于主要由农民构成的中国的革命党及其关于未来的社会理想和主张中。其实孙中山所主张的民权主义、民生主义，前期虽然有"预防资本主义"的想法，并包含了一定的社会主义因素，但主要内容是肯定资本主义政治经济的发展。而中国其他众多革命者却从农民的利益和道德出发，反对资本主义，所担心的就是社会的分裂、道德的堕落和人心的腐化。[2] 列宁对民粹主义的批评，

---

① 中国本土有"民本"意识、"平均"意识，没有"民粹"概念，"平均主义"和"民粹主义"这样的概念都是后人的概括。"民粹主义"是一种社会政治思潮，来自于俄国的"民粹派"。民粹派原则上属于主张民主主义革命的平民革命派，但它与欧洲的启蒙思想大为不同，它认为底层民众特别是农民最纯朴也最有道德，是社会的真正基础和良知所在，因而知识分子应当向他们学习；在经济和政治上民粹派推崇农村村社的理想，反对在俄国发展资本主义，具有反智和空想的特点，因而遭到普列汉诺夫、列宁等人的批评。但俄国许多革命者恰是经过民粹派而后成为马克思主义者的。参见《我们拒绝什么遗产》《中国的民主主义和民粹主义》《两种乌托邦》《列宁选集》第1、2卷，人民出版社1995年版；参见马龙闪、刘建国《俄国民粹主义及其跨世纪影响》，广西师范大学出版社2013年版，第1、2、3、6章。

② 参见李泽厚《中国近代思想史论》，人民出版社1979年版，第313—362、396—412页。

对处于民主革命时期的中国共产党的领导层曾经产生不小的影响，使他们对民粹主义问题有了一定的认识和批评。如 1945 年毛泽东在《论联合政府》中特别强调：

有些人不了解共产党人为什么不但不怕资本主义，反而在一定的条件下提倡它的发展。我们的回答是这样简单：拿资本主义的某种发展去代替外国帝国主义和本国封建主义的压迫，不但是一个进步，而且是一个不可避免的过程。它不但有利于资产阶级，同时也有利于无产阶级，或者说更有利于无产阶级。现在的中国是多了一个外国的帝国主义和一个本国的封建主义，而不是多了一个本国的资本主义，相反地，我们的资本主义是太少了。①

话是这样说了，但中国历史文化自身的逻辑和以农民为主体的革命，都未能对这一论断提供强有力的支持，毛泽东和中共其他领袖人物，大都难以像列宁那样重视现代启蒙的积极作用，也没有真正认识到资本主义的某种发展对于中国现代化的重要性。前述毛泽东在 1949 年所写的《论人民民主专政》中所突出的已是另一种新的"可能性"，即"经过人民共和国到达社会主义和共产主义"了。因而，新政权建立之后，民主革命的任务似乎已大功告成，党为社会主义进而为共产主义奋斗的政治使命感和道德意识，与平均主义和民粹主义的社会理想，似乎呈现出高度的一致性，便很容易结合在一起，成为强势的主导性社会意识；加之国际上美苏对抗的"冷战"格局的形成与局部热战的发生，使得中共最高领导层特别是毛泽东，必定要将党的意志转变成国家意志，推动社会的改造和国家的现代化建设。于是，中华人民共和国刚刚成立两年，毛泽东就对"巩固新民主主义秩序"的提法表示怀疑并进行了批评，执政党就开始了对农业、手工业和资本主义工商业的"社会主义改造"；而原定 10 年到 15 年的过渡时期，结果只用了 4 年时间，就实现了把生产资料的私有制转变为"社会主义公有制"的目标，中国于是从"新民主主义社会"跨入"社会主义社会"，在政治与经济上紧紧地跟上苏联的步伐。"资本主义的某种发展不但是一个进步"，"而且是一个不可避免的过程"的论点，也就跟着"过时"了。这应当是人们常说的"急躁""冒进"，即思想变得激进化背后的原因。然而，正是这一从"新民主主义"向"社会主义"的激进"过渡"，

---

① 《毛泽东选集》第 3 卷，人民出版社 1991 年版，第 1060 页。

导致了后来更深地陷入乌托邦空想和社会长期的严重失序，即我们后来称之为"自我折腾"的状态。

那么，选择"社会主义"，并且是当时中国人所理解的社会主义，对于落后的东方大国意味着什么？一方面，它意味着一种远比资本主义"先进"或"优越"的"价值观"，让中国人在当时资本主义主导的世界历史运动中，看到了新的可能和新的方向，这就是全人类的解放，全社会的公平正义。这种价值观得到了中国本土大同理想的支持；另一方面，它则意味着为了摆脱被列强殖民的命运并赢得民族独立和国家发展所采取的"民族自救"的方式，社会主义作为东方民族自救的方式，所突出的必定是由共产党所领导的"国家"政权的作用，是把全国人民组织到"全民"与"集体"这两种公有制之中来发展经济，尽可能快速地实现现代化，赶上西方发达国家并与之抗衡。这种现实的考虑则有深厚的家国同构的整体主义文化传统作基础。那么，这两个方面之间是一种什么样的关系，它们将给现代中国带来什么命运？

显然，俄国和中国的近现代变迁都超出了马克思的预见，这在很大程度上是世界发展严重不平衡的表现，使得这两个大国既不可能再按照自己原来的逻辑运行，也不可能直接走上西方资本主义国家所经历的现代化运动。选择走社会主义道路，则将在科学社会主义理想与落后的社会现实之间形成巨大的历史张力，也会在西方拓展的世界市场与东方基本上属于自给自足的农业生产之间形成巨大的历史张力。这种历史的张力之大可能是许多共产党人始料未及的，用马克思恩格斯的话说，这要求东方国家：

"摆脱种种民族局限和地域局限而同整个世界的生产（也同精神的生产）发生实际联系"，"获得利用全球的这种全面的生产（人们的创造）的能力"，并且，"交往的任何扩大都会消灭地域性的共产主义"。[①]

这对于"现实的社会主义"国家来说，绝不只是做几个"高难度动作"的问题，而是给出了"自我批判"与"自我革命"的极高的历史要求：他们必须明确地认识到，现实的社会主义其实是"不合格"的，要变不合格为合格，执政党和国家的领导者就必须充分理解并正确地利用这一巨大的历史张力，向世界市场开放，在使资本主义获得应有发展的同时，对其弊端和问题给予限制和解决。如此去做，这一巨大的张力就会成为社

---

① 《马克思恩格斯选集》第1卷，人民出版社1995年版，第89、86页。

会发展的强劲动力，给人民带来自由、平等与福祉，推动整个社会比较顺利地实现现代化。但是，如果对这个张力缺乏应有的理解，也不能正确地加以把握和利用，社会的发展就会异常曲折，甚至酿成巨大的灾难。因为离开世界市场搞现代化，必定借助历史上和革命年代形成的政治上高度集权和经济上高度集中的体制，这就会使各级领导的权力最大化且不受制约，从而有意无意地强化本位体制，严重束缚人民群众生产生活的自主性与积极性，在思想上和学术上也不可能真正贯彻科学研究所必须的怀疑、批判和求真的精神，还会让传统中专制的落后的东西以革命的面目四处泛滥。而通过强化上层建筑的"反作用"，特别是"抓革命"，即阶级斗争来"促生产"，来推动"社会主义的过渡"，通过政治运动和意识形态的整饬来维护一个高度同质化的社会，就只能不断地在内部制造异己分子甚至敌人，这不仅会钳制人们的独立思考和言论，阻止社会合理的分化，且最后必定会搞得人人自危，这种政治与意识形态也必定走向极左、陷入虚妄。这与真正的现代社会主义的性质和要求已是南辕北辙。

可见，对于选择了"社会主义"的落后国家来说，并非像我们过去经常声称的那样，已经迈上了历史的"康庄大道"，而是始终面临着两种可能的命运，即是走上康庄大道还是陷入折腾与动乱，关键在于执政者能否像中国共产党在取得政权以前，明确自己应当也只能搞"民主革命"那样，在价值理想与现实实践的矛盾之间保持清醒的头脑，绝不指望靠"法令"取消历史发展的必经阶段，而是遵循历史发展的内在逻辑，尽可能以人道的、民主的方式完成社会转型和现代化的任务，减轻"分娩"的阵痛。事实上，由于主客观双重原因，上述两种命运在俄国、中国都曾交替出现过。中国直到结束十年动乱，痛定思痛、拨乱反正，下决心实行改革开放，提出"社会主义初级阶段"论，自觉地建立市场经济体制，变革过去"一大二公"的统制式的社会主义模式，融入现代世界文明的主流之中，在经济和社会各方面获得迅速发展，前述巨大的历史张力方才找到了它合适的实现方式。

三

找到历史张力合理的实现方式，不是表明万事大吉，而只是意味着我们已经开始自觉地推动中国的社会转型。依据科学社会主义的基本原则，在市场经济的基础上重建新的社会主义，这实则是中华民族开始的重新学习、补课和创新的过程。这个过程尤其需要现代社会科学与民族传统文化互动，并且一定要表现为社会合理的分化与有机的整合。单纯科学的观点或只是依靠人文文化，都不能有效地推动中国的社会转型，无助于中国特色社会主义的真正确立。这一结论已蕴含于改革开放以来中国新的现实及其问题中。

众所周知，改革开放三十多年来，中国社会发生了巨大的变化，经济迅速崛起，国力大大增强，人民生活得到多方面改善。然而，与此同时，贫富悬殊、腐败、文化低俗、社会大面积溃败的现象，也让我们感到触目惊心，执政党更是将此提升到生死存亡的高度加以认识。那么，这又是为什么呢？

现实说明，管子在二千七百多年前提出"仓廪实而知礼节，衣食足而知荣辱"的命题，似乎是简单的因果关系，但是，物质财富固然构成人的道德和精神追求的必要条件，却并不构成充分条件，否则，"违背社会主义道德"的情况就不会在众多的官员与富人中屡屡出现，"饱暖思淫欲"的现象也不会普遍发生了。如果认真探讨中国经济发展的原因，不难发现五大因素曾发挥重要作用：其一是中国人过去被压抑而在改革开放后被释放出来的世俗的致富欲望；其二是政治上开明的威权领导；其三是市场经济和外向型经济的带动；其四是各地区和基层的一定自主性和对"政绩"的重视；其五是传统家族文化的引导和调适作用。然而，经济发展与上述问题其实差不多是同一原因造成的，尤其是文化和政治体制方面的原因。

我们知道，马克斯·韦伯早就揭示出现代资本主义经济发展的"文化"原因。他说，现代经济的发展并非基于人们发财或致富的欲望，因为从古到今，凡人都有这种欲望；构成资本主义精神的，是"理性"的"计算"，讲"信用"和"节俭"，这是由新教伦理关于义务的"天职"观念所提供和转化而来的。[①] 当然，由资本推动的现代市场经济的形成是一个系统性的社会构造，政治国家与文化观念都参与了这种构造；推动资本主义和市场发展的，除了"节俭"，还有马克思与桑巴特都提到的"奢侈"。

---

① 参见马克斯·韦伯《新教伦理与资本主义精神》，于晓、陈维纲等译，生活·读书·新知三联书店 1987 年版，第 32—68 页。

但这些都补充而非证伪了韦伯的研究结论。中国人同样自古就有世俗的致富欲望，它在传统社会曾经孕育出相当发达的"商品经济"，却未能发展成为作为资源主要配置方式的"市场经济"。除了历朝历代实行"重农抑商"的政策之外，与深厚的农业文明压制和排斥商业文化也大有关系。那么，中国人的这种世俗的致富愿望何以能够在当今成为中国经济崛起的重要原因？显然，这是由于我们利用了世界市场和国际贸易体系。也恰恰由于我们的致富愿望缺乏相应的伦理规范与信用文化，才有层出不穷的假冒伪劣、坑蒙拐骗乃至官商勾结、权钱交易。因而，当过去具有乌托邦精神的理想主义一变而为现实主义时，这种所谓的"现实主义"便很容易失去底线，靠政治意识形态是解决不了人们日常生活中的价值问题的。

实践证明，任何社会的发展，包括从传统到现代的转换，都与其历史文化传统的支持和规范分不开。文化通过价值观、思维方式和心理习惯，从深层上制约着人们的行为和社会的发展方向。但文化是人们在特定的自然条件和历史环境中形成的应对方式与自我认同和发展的方式，因而绝非一成不变。随着人们的能力、需要和所处环境的变化，无论是作为人们生活方式的广义的文化，还是作为人们生活信念与价值观的狭义的文化，都会发生变化，只不过这个变化往往较为缓慢而已。东方社会现代化的根本性问题，在于它是前面所说的后发外源型的现代化，它在很大程度上要靠外部世界的挑战与示范来推动，这也是必须向世界开放的道理所在。然而，如果东方传统的历史文化不能生成或转换出推动现代化的内部因素，这一现代化过程不仅会始终处于被动状态，还一定会招致传统价值观的反对、销蚀或曲解。我们过去对传统主流文化长期大加扫荡，其实仍然是利用了传统文化及其价值观的某些方面。事实上，任何民族文化的内容都是多维的、丰富的，并包含着可拓展与可转换的可能性，尽管它具有某种时代的规定性和相对稳定的总体性格或倾向。

就此而言，我们对中国社会主义建设的理解，从过去高度重视上层建筑和生产关系对生产力的"反作用"，到后来重视生产力的"决定作用"，在思想理论上固然是一大进步，但只要把传统和文化置之度外，就仍然处于片面和抽象化之中，因为生产力与生产关系只是社会的"骨骼"，传统和文化才构成社会的"血肉"。列宁对马克思的唯物史观曾做过这样的表述："只有把社会关系归结于生产关系，把生产关系归结于生产力的水平，才能有可靠的根据把社会形态的发展看作自然历史过程。不言而喻，没有这种观点，也就不会有社会科学。"① 生产力在社会中的基础性作用是不容否定的，社会科学对我们实现现代化、建设社会主义也是极其重要的。改革开放以来中国思想理论的一大亮点，就是高度重视发展社会生产力，特别是通过市场经济发展生产力和科学技术；邓小平说"发展是硬道理"，也主要是指经济和科学技术的发展。但我们在前面已提到，生产力并不是一个简单的技术概念，科学技术的产生与发展也不是科学技术本身就可以说明的，它们都内在地关联着社会的分工、交往，社会个体与群体的相互关系与价值取向，涉及一个社会的文化的性质和性格。而人们在特定的自然历史下形成的生活信念和价值观念，包括集体意识与集体无意识，恰恰构成社会的另一种基础。② 正因为如此，在中国传统的农耕社会，靠天吃饭，加之没有私人财产权的保护，普通民众能够安居乐业便已经知足，并无不断改进技术和生产方式的积极性，因而生产力不是"最活跃""最革命"的因素，它的发展大部分时间都极其迟缓。即使在西方，生产力的快速发展也主要是进入近代社会之后的现象。事实上，并不存在赤裸裸的"生产力"，生产力概念只是一种理论的抽象，在现实上它总是寓于具体的社会生产活动之中，并因而直接受着人们的交往关系和社会规则的支持或限制。如同农民在"人民公社"的体制下，并无多高的生产积极性，实行"家庭联产承包责任制"之后，生产的积极性便一下子释放了出来。

由此可见，孤立地理解生产力及其发展是没有多大意义的，这种"科学"性本身也是抽象的。对自然界的认知和把握可以主要依靠科学研究，但人类社会却不可能被追求同质化的"科学"所包揽。因为一方面，人对自身的情感、意志和价值取向的把握要靠"同情地理解"，并且"以自身为目的"的人，不可能被完全对象化或外在化；另一方面，生存于不同的自然历史条件下的群体和民族，形成了各有其特点的历史文化传统，他们生活的合理性及其尺度首先蕴含在这种传统之中；即使这些群体和民族走到一起，处于差不多的社会条件或平台之上，他们文化的差异性和多样性也仍然是他们自我认同及确立主体性的基本依据，是他们相互借鉴与学习并作出自己独特贡献的宝贵资源。

---

① 《列宁选集》第 1 卷，人民出版社 1995 年版，第 8—9 页。

② 参见谢·弗兰克《社会的精神基础》，王永译，生活·读书·新知三联书店 1992 年版，第 75—96 页。

我们都知道马克思的这段名言："人们自己创造自己的历史，但是他们并不是随心所欲地创造，并不是在他们自己选定的条件下创造，而是在直接碰到的、既定的、从过去承继下来的条件下创造。一切已死的先辈们的传统，像梦魇一样纠缠着活人的头脑。"① 伽达默尔亦有言："即使在生活受到猛烈改变的地方，如在革命的时代，远比任何人所知道的多得多的古老东西在所谓改革一切的浪潮中仍保存了下来，并且与新的东西一起构成新的价值。"② 五四运动以来，我们在对待自己的传统文化上正反两方面的经验教训，已证明了上述论断的正确性。

不难发现一向重视共同体的"仁义道德""忠孝节义"价值观的传统中国人，其待人接物的方式和习惯，往往是在尚未完全弄清事实的情况下，就先做出"价值判断"。这在过去主要由熟人构成且相对封闭的传统社会，是不存在多大问题的；但面对变化的陌生世界，这种态度就有问题了。当中国在近代被西方拖入世界历史之中时，除了少量"睁眼看世界"，从而对西方社会有一定了解的学者和官员之外，绝大多数中国人都是依据历史形成的价值观，对进入和影响中国的各种事物与思想观念，"本能"地予以反应和取舍，这有成功例子也有惨重的失败。由此促使人们反思和调整自己的价值观和生活态度，并提升自己的认知能力。由此，我们越来越重视理性的逻辑与科学的力量。然而，当我们由此而否定人文与宗教信仰，以"科学"的眼光同质化地看待社会及其发展时，我们又陷入对社会"抽象化"和"单面性"的认识，即使我们自以为"客观"和"科学"，这背后也仍然有价值观的作用。例如，过去重视政治上层建筑的反作用，是基于"理想主义"价值观，后来重视生产力的决定作用，则是基于"现实主义"的价值观。作为文化核心的价值观是社会的人及其生活的内在要求与规定，无论其优劣高下我们都不能简单地摆脱。所以，不是说为了避免主观性的价值好恶，为了改变传统狭隘的、目光短浅的价值观，只要科学与理性就可以了，而是要我们努力在实践中继承和创新能够引导我们不断前进且与科学和理性构成良性互动关系的价值观。事实上，我们之所以从多维和复杂的传统文化中选择这种而非那种思想观念，之所以发生价值

---

① 《马克思恩格斯全集》第 8 卷，人民出版社 1961 年版，第 121 页。

② 伽达默尔：《真理与方法：哲学诠释学的基本特征》上卷，洪汉鼎译，上海译文出版社 2001 年版，第 363 页。

观的转换，根本上还是现实生活的要求和社会情势的变化所致。因而，即使文化深层次地决定着我们这个民族的生存取向、行为方式和想象力，并要求我们给予高度重视，也并不意味着我们主张"文化决定论"，而是更加自觉地根据实践的经验和要求来改变我们的行为和思想方式。通过换"想法"而换"活法"，逐渐形成适应新时代新环境的新的生活习惯、群体意识和文化心理，不断地提升我们的想象力与创造力。

如果说，中国传统文化及其价值观对来自于西方的社会主义比启蒙观念、资本主义更具有亲和力的话，那么，看重现实的中国人其实更加看重的是自己的生活是否得到改善，是否生活的道路越走越宽广，社会越来越文明有序。只要条件允许，中国人同样追求自由、平等和民主；而只要我们从别人和自己的实践中感受到遵守现代游戏规则的益处，中国人同样会重视规则、讲究程序。中国社会主义核心价值观的提出、培育和践行，特别是执政党以宪行政和法治国家的明确，对公权力的限制与人民权利的维护，将使以市场经济为基础的"社会"，真正得到健康地发育和成长壮大，使组成这一社会的广大的公民获得更大的自由度与平等。"有中国特色的社会主义"的理论与实践，也将成功地把"现代化""社会主义"与"传统优秀文化"这三个方面有机地结合起来。

［原载《北京师范大学学报》（社会科学版）2015 年第 1 期（总第 247 期）］

叙述定向：新启蒙运动与
马克思主义中国化[*]

张立波^{**}

20 世纪 30 年代中期，陈伯达、艾思奇、张申府等人以"继承五四、超越五四"为旗帜，发起了一场名为新启蒙的思想文化运动。近 30 年来，学术界对该运动的兴起背景、发展过程、性质特点等进行了诸多考察和研究，其中最为突出的，是把新启蒙运动和马克思主义中国化联系起来，认为这一运动为毛泽东提出马克思主义中国化做了思想准备。本文依据相关的文本，对新启蒙运动与马克思主义中国化的关联予以历史性的阐释，以期对斑驳陆离的场景条分缕析，对历史阐释的可能性空间有所拓展，从而更为深刻地体认"继承五四、超越五四"这一叙述策略和历史走向的真谛。

镜 像^①

自五四事件爆发以来，对它的报道、评价、纪念和研究就洋洋洒洒地弥漫开来。每年的五月四日，不同派别的组织和个人都会发表文章，举办纪念活动，纪念的主旨则由于政治思想立场的不同、对时局认识的不同而有所区别乃至大相径庭。作为符号的"五四"，其"所指"众说纷纭，

---

* 本文系中央高校基本科研业务费专项资金项目"马克思主义哲学在中国的传播与接受"（2011030014）的阶段性成果。

** 张立波，中国人民大学哲学院教授。

① 参见杨琥《历史记忆与历史解释：民国时期名人谈五四》，福建教育出版社 2011 年版。该书收录了 1919—1949 年间有关五四运动纪念与研究的文章，展示了 1949 年以前各家各派有关五四运动的历史记忆与现实政治之间错综复杂的互动关系。此外，浙江大学 2005 届博士张艳的学位论文《五四运动阐释史研究（1919—1949）》以"阶级革命""国民革命""文化启蒙"区别共产党、国民党、自由知识分子认识五四运动的不同视野，辨析了三者不同的认知模式。

"能指"不断增殖，但凡希望在思想、文化和政治活动上有所作为的个人、组织和活动，都必须联系五四、对照五四，在和五四的互为镜像中确认自我、塑造自我。新启蒙运动也是如此。

根据余英时的考证，新启蒙运动的倡导者们率先将五四运动称作"启蒙运动"①。无论这一判断是否精当，新启蒙运动论者将五四新文化运动视作启蒙运动是白纸黑字的事实，他们都清楚启蒙运动的来龙去脉，知道启蒙运动常用来指 17、18 世纪的欧洲思想，同时却又提出，启蒙运动"也可以用来称其他时代的意识地与旧的文化对抗的新文化的勃兴运动"，譬如，希腊公元前 6 世纪到公元前 5 世纪"原始的物活论和唯物论思想"就可以说是一个启蒙运动。那么，把中国从戊戌变法到五四运动视作"文化思想上的启蒙运动的时期"更是理所当然了。② 就理性主义而言，五四时代堪称 17、18 世纪欧洲哲学的"具体而微的小照"③。将五四新文化运动视作启蒙运动并予以充分的肯定，新启蒙运动也就具有了历史的正当性。"因为中国过去的新文化运动（以五四为最高峰）是一种启蒙运动，而现在的这一个文化运动和它有共同的地方，所以叫做新启蒙运动"④。其主题之一，就是"怎样重新估计'五四'的价值，怎么批判地接受'五四'完成的工作"⑤。新启蒙运动论者通过把新启蒙运动和五四新文化运动相对照，界定了新启蒙运动的性质，也对五四新文化运动做了新的界定。更为准确地说，通过对五四新文化运动的回顾和招魂，提出了新启蒙运动的必要性，"五四时代的启蒙运动，实在不够深入，不够广泛，不够批判"⑥。"五四新文化运动所提出来的任务：反对迷信愚蒙，建立科学的民主的思想等，都在极不彻底的状态之下停滞着了。新的文化完全说不上建立，所有的只是片段零碎的成绩，并且也只是保存在极少数人的手里，没有能够达到普遍化大众化的地步。传统文化屡次地死灰复燃，它的根仍然支配在民众的文化生活里。因此，同样的文化上的任务仍然遗留到现在，同样需要现在的文化运动来完成它，这就是为什么从旧启蒙运动之外还要再来一

---

① ［美］余英时：《重寻胡适历程》，广西师范大学出版社 2004 年版，第 246 页。
② 胡绳：《启蒙运动》，《自修大学》第 1 卷第 2 期第 11 号，1937 年。
③ 同上。
④ ［美］艾思奇：《什么是新启蒙运动》，《国民周刊》第 8 期，1937 年 6 月。
⑤ 自非：《新启蒙运动在北平》，《读书月报》第 2 号，1937 年 7 月 15 日。
⑥ 张申府：《星期偶感》，《实报》，1937 年 5 月 23 日。

个新启蒙运动。"①

对新启蒙运动论者来说，赋予五四新文化运动恰当的地位至关重要。一方面，五四新文化运动愈是重要，新启蒙运动才愈是重要；另一方面，五四新文化运动的任务完成得越少，新启蒙运动才愈是必要。这两个方面之间的关系不乏微妙和纠结：五四新文化运动那么重要，怎么会没有完成任务呢？一个没有怎么完成任务的运动，怎么可能重要呢？从陈伯达、艾思奇到何干之，都对个中的起承转合颇费思量，先扬后抑、高开低走成为他们普遍的叙述方式，爱国主义成为他们连接五四新文化运动和新启蒙运动的桥梁。"整个的五四运动就是爱国运动，就是民族的群众自救运动，新文化运动是文化上的群众爱国运动，是整个爱国运动之重要的部分，重要的一方面，是整个爱国运动之意识上的表现。"② "目前中国文化运动的本质是什么呢？这文化运动是取着爱国主义的现象形态的。"③ "国难产生了新的文化运动，而新的文化运动又以解除国难，以爱国主义为依归。"④

陈伯达《哲学的国防动员》一文的副标题是《新哲学者的自己批判和关于新启蒙运动的建议》，意在通过新哲学者的自我批评而鼓动新启蒙；他的《论新启蒙运动》也是从"唤起全民族自我的觉醒"以"挽救民族大破灭的危机"入手，呼吁发起新启蒙运动。艾思奇的《论思想文化问题》一文则强调五四新文化运动的任务"未能完成"，因而亟需一场新的思想文化运动。就五四新文化运动所提出的任务还没有完成，因而有待继续而言，新启蒙运动显然是在继续完成这一任务，而非完成什么新的任务。陈伯达直言"我们的新启蒙运动，是当前文化上的救亡运动，也即是继续戊戌以来启蒙运动的事业"。在此基础上，新启蒙运动堪称"五四以来更广阔，而又更深入的第二次新文化运动"⑤。陈伯达希望"重新整理和扩大《新青年》时代'德赛二先生'的运动"⑥。艾思奇随之响应，说"德先生和赛先生，仍是我们所需要的"⑦。所以，从一开始，新启蒙运动论者就认为"应该重新考虑"和五四时代的思想家们进行合作。与此同

---

① ［美］艾思奇：《什么是新启蒙运动》，《国民周刊》第 8 期，1937 年 6 月。
② 陈伯达：《论新启蒙运动》，《新世纪》第 1 卷第 2 期，1936 年 10 月 1 日。
③ ［美］艾思奇：《目前中国文化界的动向》，《现世界》创刊号，1936 年 8 月。
④ 何干之：《近代中国启蒙运动史》，上海生活书店 1937 年版，第 231 页。
⑤ 陈伯达：《论新启蒙运动》，《新世纪》第 1 卷第 2 期，1936 年 10 月 1 日。
⑥ 陈伯达：《我们还需要"德赛二先生"》，《时代文化》第 1 卷第 1 期，1936 年 11 月。
⑦ ［美］艾思奇：《论思想文化问题》，《认识月刊》创刊号，1937 年 6 月 15 日。

时，他们却又特别强调新启蒙运动和五四新文化运动有着"根本的不同"，首先在于时代的"歧异"，其次在于"各社会层之关系"的"很大的更动"，由此导致文化运动各方面关系的变动和发展。

在 1937 年 4 月撰写的两万字长文《论五四新文化运动》中，陈伯达对五四新文化运动的历史功绩和欠缺做了深入阐述，末了强调"五四之光明的争斗，现在正重新展开在我们的面前，而任务正压在我们的双肩。我们都是五四的儿子，都是一九二五——二七年大革命的儿子"①。在新启蒙运动论者的自我体认中，五四新文化运动成为"父亲"的影像，他们愈是对之表示敬重，愈是急切地取而代之。联想《哲学的国防动员》一文中的副标题"新启蒙者的自己批判"，陈伯达的叙述策略昭然若揭，经由"自己批判"成为"五四的儿子"，先前所谓"和五四时代的人物合作"的期待成为无须兑现的托词。那些人物当然明白这一点，所以，在整个新启蒙运动中，陈独秀、胡适、吴虞等五四老人都保持沉默，无动于衷。按照何干之的理解，在启蒙之前加上一个"新"字，是表示"它是过去启蒙运动的综合，经过扬弃的作用，已把启蒙工作，提高到一个新的阶段了"②。提出新启蒙运动，就是为了开始一种新的叙述，将其视作"现在进行时"，之前的种种启蒙运动自然都是"过去时"了。并且，随着新启蒙运动的提出，五四新文化运动的意义才得以彰显。齐伯岩说"我们对于'五四'的重新估计，只有站在展开新启蒙运动的立场上，才有积极的意义"③。张申府说："如果说五四运动引起一个新文化运动，则这个新启蒙运动应该是一个真正新的文化运动。"④ 由此，作为符号的五四新文化运动已然成为过去，却始终挥之不去，与此同时，其所指兀自飘零，流落变迁。

五四新文化运动之谓"启蒙运动"，是对西欧启蒙运动称谓的借用，新启蒙运动之谓"新启蒙运动"，亦是对西欧启蒙运动称谓的间接借用。在五四新文化运动中，"古今之争"被插入了"中西之争"，"西方"作为基准和标杆发挥了颠覆性的作用，由于这一作用，"打倒孔家店"具有了合法性和正当性。在新启蒙运动中，经由对五四新文化运动的借用、挪用和换用，"古今之争"再度首当其冲，中国古代的、民族的价值重新得到

---

① 陈伯达：《论五四新文化运动 》，《认识月刊》创刊号，1937 年 6 月 15 日。
② 何干之：《近代中国启蒙运动史》，上海生活书店 1937 年版，第 204 页。
③ 齐伯岩：《五四纪念和新启蒙运动》，《读书月报》第 2 号，1937 年 6 月。
④ 张申府：《"五四"纪念与新启蒙运动》，《北平新报》1937 年 5 月 2 日。

重视，"但我们不需要五四以前那样单纯的反封建，就是封建文化的遗产或封建文化的代表者，倘若能发挥出一定的美点，或者在爱国运动上有一点一滴的助力时，我们都可以接受他"①。新启蒙运动原本就是为了救亡，"新启蒙运动在这时机的主要任务，便是在于唤起四万万同胞从事于保卫祖国，从事于救国和自救"②。在救亡的大目标下，个人主义为爱国主义所取代，彻底的反封建为积极地利用民族文化价值所取代，以至于"民族救亡"变成"启蒙"的同义词，五四精神的意义也就所剩无几。③

视　点

在艾思奇、张申府、何干之等人的论述中，新启蒙运动就是文化思想上的爱国主义、自由主义和理性主义运动。一般说来，"是"的主要用途是联系主词与宾词，表明二者之间的某种联系，"就是"表明了联系的深度和强度。艾思奇等人的"就是"则不是语法上这样简单，也就是说，新启蒙运动和爱国主义、自由主义、理性主义之间不是简单的主体—属性关系。

新启蒙运动论者的文本中都没有出现"马克思主义"一词，但却不乏唯物辩证法的语汇和思想。陈伯达《哲学的国防动员》一文倡导发起新启蒙运动，首先就是要"从事于中国现实之唯物辩证法的阐释"。一方面，"新哲学（新唯物论）在中国各地都已成为不可抵抗的力量"；另一方面，中国新哲学者中的大部分在其哲学写作中没有很好地结合现实政治，未能"使唯物辩证法在中国问题中具体化起来"。在《论新启蒙运动》一文中，陈伯达谈到新启蒙运动作为第二次的新文化运动，和五四新文化运动有着根本的不同，首先是"时代的歧异"，其中就包括哲学基础的变化。"新哲学者乃是目前新启蒙运动的主力，动的逻辑之具体的应用，将成为目前新启蒙运动的中心，而且一切问题，将要借助于动的逻辑，才能作最后合理的解决。"张申府认为，新启蒙运动要"廓清、厘清，把言语、文字、思想、概念一切弄清楚"，这一使命和逻辑实证论"相通"，也"通于"辩

---

① ［美］艾思奇：《中国目前的文化运动》，《生活星期刊》第 1 卷第 19 期，1936 年 10 月。

② 陈伯达：《新启蒙运动杂读》，《现实月报》1936 年。

③ ［美］舒衡哲：《中国启蒙运动——知识分子与"五四"遗产》，刘京建译，新星出版社 2007 年版，第 280 页。

证唯物论。①

新启蒙运动论者探讨启蒙运动的意义及其社会基础时，都认为启蒙运动是资本主义兴起以后的产物，中国启蒙运动也是随着资本主义的出现而出现的，这显然符合马克思经济基础决定上层建筑的理论。五四新文化运动的缺点，也正是源于这一运动的资产阶级性质。其时的社会环境决定了"五四"的局限性"五四启蒙人物当然还不能真正了解儒学所以存在及其蔓延二千余年的历史基础。当时的主要启蒙人物大抵是哲学上的二元论者，而对于社会历史的了解，更只能是冠履倒置。"② 何干之在解释新启蒙运动的提出时说："最初的提出，不一定有目的意识，即使有目的意识，也未必包含问题的全面。总之，有了新的刺激，人们的脑里就起着反应。反应当然不只是一个人。只是有一个感觉最敏锐的人先提出来，不论是一些自觉，或是一点感想，于是加强了人们的注意力，引起了广大影响。或者又有人提出了反面的见解，由于大家的研究、批评、论争，于是问题的内容，更加充实起来，人们的认识，也渐渐与客观的存在相接近了。"③ 这样的解释很是符合唯物辩证法和认识论的观点。陈伯达还把新哲学的否定之否定律应用到中国社会运动史上，以辛亥革命为中国民族自觉运动的肯定，以1925—1927年的大革命为否定，而以九一八之后的民族抗战和爱国运动为否定之否定。何干之则把五四新文化运动视作"肯定"，新社会科学运动视作"否定"，新启蒙运动视作"否定之否定"。

新启蒙运动论者援引马克思《关于费尔巴哈的提纲》中的名言"哲学家们只是用不同的方式解释世界，而问题在于改变世界"，呼唤理论和实践的统一，不断调整和思想自由运动、思想统一运动的关系。新启蒙运动论者的身份及其言论不可避免地引发了质疑，"倡导者所提倡的范围过小，面目过左，没有一般的广大地开展起来，因此虽然口口声声地说这是全民族的自觉运动，应该广泛的联合，但事实上并未做到，不过仍是几个新哲学者在讨论，仍是几个新哲学者在要求"。陈伯达的文章似乎还有这样的意思："你应该跟着我走，你应该接受我的意见，我是主动者。"具体到陈伯达《哲学的国防动员》中的主张，批评者认为，其中所拟第五条"大量

---

① 张申府：《什么是新启蒙运动》，重庆生活书店1939年版，第2、4页。
② 陈伯达：《论五四新文化运动》，《认识月刊》创刊号，1937年6月15日。
③ 何干之：《近代中国启蒙运动史》，上海生活书店1937年版，第205页。

地介绍新哲学到中国来，并应用新哲学到中国各方面的具体问题上去"，应改成"大量地介绍新哲学到中国来，引起中国的自由的讨论，具体的探讨"。① 朱光潜《中国思想的危机》一文所表达的也正是一些自由知识分子的担忧："中国的知识阶级在思想上现在所能走的路只有两条，不是左，就是右。决没有含糊的余地……我们中间有许多人感到这种不能不站在某一边的严重性是一种压迫。"②

新启蒙运动论者赞成思想自由，陈伯达以《思想的自由和自由的思想》为题，强调新启蒙运动"其内容总括来说，就是思想的自由和自由的思想"。所谓思想的自由，就是要废除思想上的外来权威和枷锁；所谓自由的思想，就是每个人都应当思想，都应当重新估值一切，都应当摆脱传统思想的束缚，发现自己的真理。艾思奇强调，思想文化上的自由主义就是自由发表、自由批判、自由论争，真正的正确意见"在论争中才能愈练愈精，愈练愈显"。为此，就要反对独断，不仅要提防"右方"散布出来的"独断"，而且尤须警戒"左方"散布出来的"似是而非的独断"。③ 从反对独断出发，新启蒙运动论者把批评的矛头指向思想统一论者。思想统一论者认为，在救亡图存的大局势下，一切思想都应当"合流于民族复兴运动"，要"打破"一切的自由主义，而实现"统制主义"④。所谓"统制"并不是一个坏的名称。⑤ 思想统一论者批评新启蒙运动一方面提出民族团结、共同抗战的口号；另一方面又提出自由，反对统制，拆散民族抗战的团结力量。新启蒙运动论者针锋相对地提出，现在需要思想自由，同我们需要政治上的自由一样，一种思想只要有利于抗敌救亡，就应当允许它自由存在和发展。各种思想之间自由论争，至于哪一种思想能够取得领导权，要看它在民族抗争中的努力，以及它接近真理的程度。新启蒙运动论者反对独断，也反对迷信和盲从新哲学，他们坚信，在思想自由的大地中，新哲学终将获得普遍的支持和认同。

为了最大限度地团结一切可以团结的力量，新启蒙运动论者后来不再特别强调新哲学和唯物辩证法。"新启蒙运动必要在反对宗派主义的基础

---

① 江陵：《开展中国新文化运动》，《国际知识》第 1 卷第 1 期，1937 年 5 月 15 日。
② 朱光潜：《中国思想的危树》，《大公报》1937 年 4 月 4 日。
③ 艾思奇：《论思想文化问题》，《认识月刊》创刊号，1937 年 6 月 15 日。
④ 罗敦伟：《思想革命与思想统一》，《中国社会》第 4 卷第 1 期，1937 年 7 月。
⑤ 立民：《今日中国的思想运动》，《中国社会》第 4 卷第 1 期，1937 年 7 月。

上，才能够广阔地开展起来"，因而"对运动的逻辑之承认与否，绝不是这种结合的标志。新启蒙运动结合的标志，乃是保卫祖国，开发民智"①。艾思奇表示，"不论是资本主义的文化要素也好，封建的文化要素也好，不论是实验主义也好，社会主义也好，只要你所发挥的是有用美点，都竭诚欢迎你到这运动中来"②。如此说来，即使可以明确新启蒙运动的发起背后有中共北方局的指示，新启蒙运动的倡导者极力运用唯物辩证法论证运动的必要性和可行性，但他们后来不再把唯物辩证法作为公开的指导思想和根本方法，更没有以此在行动和组织上划界。以爱国主义为依归，以自由主义为前提来反对武断，宣扬理性，而达到建立现代中国的新文化，就是新启蒙运动的"根本概念"③。在这一概括中，没有出现"唯物辩证法"，甚至没有出现"新哲学"。

在新启蒙运动论者看来，敌人要吞并的是整个中国，所要毁灭的不单是五四以来的新文化，还包括我们旧文化里有价值的要素，因此，"封建残遗"想走活路的话，就只有走上爱国主义的道路。艾思奇明确地说："这一个启蒙运动不是五四运动时代的单纯反封建文化的运动，而是要把一切文化应用到有利于民族生存的方面。"④ 这样，就不得不放弃陈伯达在《哲学的国防动员》中组织纲领的第二条：接受五四时代"打倒孔家店"的号召，继续对中国旧传统史学、旧宗教作全面的、有系统的批判。张申府在"打倒孔家店"之后补充"救出孔夫子"，正是力图全面公正地对待民族文化传统。陈伯达后来也强调，"对于过去中国最好的文化传统，应该接受而光大之"，新启蒙运动是"为保卫中国最好的文化传统而奋斗的"⑤。所谓新启蒙运动是一场自由主义的理性运动，也就是为了欢迎一切爱国者加入救亡的联合阵线，最终促成这样的局面：新启蒙运动的确是全国文化人的共同文化运动，而不只是"左翼"的文化运动。在《哲学的国防动员》一文中，陈伯达呼吁"新哲学者"打破关门主义的门户，"以自己的正确理论为中心"，"与哲学上的一切忠心祖国的分子，一切民主主义者、自由主义者，一切理性主义者，一切唯物主义的自然科学家"组成大

① 陈伯达：《哲学的国防动员》，《读书生活》第 4 卷第 9 期，1936 年 9 月。
② 艾思奇：《中国目前的文化运动》，《生活星期刊》第 1 卷第 19 期，1936 年 10 月。
③ 何干之：《近代中国启蒙运动史》，上海生活书店 1937 年版，第 228 页。
④ 艾思奇：《新启蒙运动和中国的自觉运动》，《文化食粮》创刊号，1937 年 3 月。
⑤ 陈伯达：《思想无罪》，《读书月报》第 3 号，1937 年。

联合阵线。在《论新启蒙运动》一文中，则不再提"以自己的正确理论为中心"，只是呼吁和"一切……结合成最广泛的联合阵线"。在《思想的自由与自由的思想——再论新启蒙运动》中，"新启蒙运动是一切爱国文化人，一切理性主义者，一切民主主义者，一切科学家，一切平民教育者，一切开明的教育家……的共同文化运动"。在这里，"新哲学者"已经融入"一切"之中，而不再是和"一切"并列，更不是以自己为中心。

距　离

在新启蒙运动中，中国化的旨趣熠熠闪现。在被视作新启蒙运动最初呐喊和奠基石的《哲学的国防动员》一文中，陈伯达呼吁"使唯物辩证法在中国问题中具体化起来，更充实起来"，这跟毛泽东在 1938 年召开的中共六届六中全会报告中的"马克思主义中国化"内涵相当吻合。毛泽东提出："离开中国特点来谈马克思主义，只是抽象的空洞的马克思主义。因此，马克思主义的中国化，使之在其每一表现中带着中国的特性，即是说，按照中国的特点去应用它，成为全党亟待了解并亟须解决的问题。"由是之故，把新启蒙运动和毛泽东提出马克思主义中国化联系起来，把新启蒙运动视作马克思主义中国化历程中的一个环节，甚至认为新启蒙运动是马克思主义中国化的"起源语境"或"生成语境"①，就显得顺理成章了。但问题不是这样简单，马克思主义中国化作为一种宏大叙事可以有不同的构建，譬如，从新启蒙运动开始，从毛泽东提出马克思主义中国化开始，或者从 20 世纪 30 年代中期的中国化思潮开始，等等。起点不同，叙述的理路和格局就有所区别乃至相去甚远。在不同的叙述中，新启蒙运动、毛泽东提出马克思主义中国化、中国化思潮三者的"本义"也会发生一些或隐或现的重要变化。

从 20 世纪 30 年代初开始，借鉴西方思想，结合中国传统文化与现实社会实际的需要，形成自己的思想体系，开始成为中国思想发展的新趋向，中国化思潮逐渐形成。新启蒙运动论者的中国化旨趣在这一背景下油

---

① 陈亚杰的博士论文题为《"马克思主义中国化"的起源语境——20 世纪 30—40 年代中国新启蒙运动研究》，在此基础上出版的专著题为《当代中国意识形态的起源——新启蒙运动与"马克思主义中国化"的生成语境》，新星出版社 2009 年版。

然而生。正如柳湜所说："我们在理论上不仅自我的要求提高，要求世界新的文化的吸收，但同时提出了反对无原则的洋化，反对死硬的贩运洋货……我们要求适合我们今日的生活的新文化，但同时我们提出继承我们最好的传统文化，发扬民族的固有的文化，保卫我们的民族文化。这种自觉是过去任何文化阶段所没有的。"[1] 学术思想界呼吁的中国化是对中国学术思想道路的要求，毛泽东提出的马克思主义中国化则首先是共产党人的思想、政治和组织纲领。在1938年，共产党仅仅是中国的一个在野党，没有权力和能力指导全国的学术思想界。1949年后，共产党成为执政党，马克思主义中国化就具有了辐射性、全局性的意义。立足于今天谈论马克思主义中国化，毛泽东在党的六届六中全会上的报告就会成为一个重要的情节，甚至可以说，它是一个举足轻重的情节，是具有奠基作用的情节。

新启蒙运动虽然也可以作为情节来看待，但只能是一种离散的情节。毛泽东提出马克思主义中国化不是空穴来风，但是，马克思主义中国化的历史只有从毛泽东提出马克思主义中国化开始叙述，才比较自然和流畅。之前的种种情节，只能作为"前史"来处理。即使毛泽东在六届六中全会报告中重要的一段与陈伯达早先所写的"论文极为相似"，即使陈伯达参与了这一报告的"草拟"[2]，也不能把新启蒙运动视作当代中国意识形态的起源。陈伯达对毛泽东的影响是一回事，新启蒙运动和毛泽东提出马克思主义中国化的关系是另一回事。在1939年5月4日发表的讲演《五四运动》和次年1月发表的《新民主主义论》中，毛泽东基于新民主主义革命的理论观点指出，五四运动是反帝反封建的运动，是中国新民主主义革命的开端，它开辟了知识分子与工农群众运动相结合的新方向。毛泽东的这一阐释，成为中国共产党人理解和评价五四运动的基准，也为1949年后大陆学界研究五四奠定了基调。由此，应当很容易看出，毛泽东提出的马克思主义中国化和新启蒙运动论者的中国化旨趣属于不同的话语体系，前者是一种政党政治的话语，后者是思想文化的话语；前者是马克思主义的话语，后者是爱国主义的话语。就此而言，陈伯达参与毛泽东所做报告的草拟，意味着他的思想基点从新启蒙运动转向马克思主义中国化，他先前

---

[1] 柳湜：《抗战以来文化运动的发展》，《战时文化》创刊号，1938年5月25日。

[2] [美]雷蒙德·F. 怀利：《毛主义的崛起——毛泽东、陈伯达及其对中国理论的探索（1935—1945）》，杨悦译，中国人民大学出版社2013年版，第83页。

论文和毛泽东报告即使有极为相似之处，也只不过是相似而已，其思想的坐标系已经发生了巨大的游移。

毛泽东发出马克思主义中国化号召之后，新启蒙运动论者立即响应，撰文阐述中国化。艾思奇其时身在延安，与毛泽东过从甚密，专门论述马克思主义中国化的必要性与可能性、基本原则、具体途径、所取得的成绩，文章均在中共中央的机关刊物上发表。身处中西部的柳湜撰文《论中国化》，仍把"中国化"视作"中国学术运动在现阶段中提出的一个口号"，而"当前新的学术运动是中国新文化运动的一部分"。它的内容是历史的、民族的，也是国际的；它是学术的，也是战斗的。它是我们一切优良珍贵的传统和国际上一切优良传统的一种交流，代表今日人类最进步的立场，"创造世界新文化一环的中国新文化"① 为它的任务。张申府撰文《论中国化》，认为"外来的东西"用在中国就应该中国化，"而且如其发生效力，也必然会中国化"。毛泽东的论述"与新启蒙运动的一个要求完全相同"，新启蒙运动"很可以说就是民族主义的科学民主的思想文化运动"。张申府进而提出，马克思列宁主义是应该研究，孙中山的著作更应该研究，"中山先生实在是新启蒙运动的一个先驱"，并且，中山先生"已经明白制定"中国革命的特征、任务、目标，"中国的革命也只是中国的革命，随便拿什么别的国的革命来比拟，都是不会恰当的"②。在别的文章中，张申府还把新启蒙运动与蒋介石的新生活运动等同起来，认为新生活运动重礼而新启蒙运动宗理，礼即是理，因而新生活运动与新启蒙运动互为表里。③ 由此，张申府的中国化论述和毛泽东的马克思主义中国化渐行渐远，乃至背道而驰。

历史的实情是，由于毛泽东在党的六届六中全会上提出了马克思主义中国化，新启蒙运动才得以从马克思主义中国化的视角来看待。马克思主义中国化是主导符码，新启蒙运动只不过是为之服务的一个情节和单元罢了。把毛泽东提出马克思主义中国化视作新启蒙运动的"结果"，是一种倒果为因的叙述。把新启蒙运动作为"起源语境"或"生成语境"，困难首先在于它无力承担这样的历史重任。数十篇文章，几次会议，一个学

① 柳湜：《论中国化》，《读书月报》1939 年第 1 卷第 3 期。
② 张申府：《论中国化》，《战时文化》1939 年第 2 卷第 2 期。
③ 张申府：《新启蒙运动与新生活运动》，《战时文化》1939 年第 2 卷第 3 期。

会，和其他思想派别的争论，真正有影响的时间不过一年有余，虽然背后有党组织的指示在推动，但从总体上看，新启蒙运动的规模和影响力都非常有限，和五四新文化运动无法相提并论，根本无力支撑马克思主义中国化这一宏大的历史叙事。问题还在于，把新启蒙运动作为马克思主义"起源语境"，无异于构建了一个线性叙事，似乎从新启蒙运动到党的六届六中全会是一个直线的发展过程。这样，就把故事的丰富性变得单调了，把故事的复杂性变得简单了，新启蒙运动也由此被简单化了。新启蒙运动的主旨含混而富有包容性，相比之下，毛泽东提出的马克思主义中国化属于明确的思想、政治和组织纲领。

把新启蒙运动视作马克思主义中国化的"起源语境"或"生成语境"，未免降低了马克思主义中国化的深度、高度和创造性。毛泽东提出马克思主义中国化，泛泛而谈，有两个方面的考虑，一是反对党内的教条主义，"洋八股必须废止，空洞抽象的调头必须少唱，教条主义必须休息"，二是寄希望于中国气派和中国风格。就前者来说，新启蒙运动不曾具有这样的主旨；就后者而言，新启蒙运动不曾达到这样的高度。按照一位资深的中共文献研究专家的观点，马克思主义中国化是从中国共产党特别是毛泽东探索适合中国情况的革命道路的实践中概括出来的，是在实现马列主义与中国实际相结合的过程中概括出来的。它的提出，反映了中国共产党特别是毛泽东在认识、掌握和运用马列主义上所达到的深度，在实行马列主义与中国实际相结合上的高度自觉性。这个结合，是一个具有高度的科学精神和高度的革命精神的创造，需要高深的理论修养、丰富的实践经验和最大的理论勇气。[①] 所有这些，都是新启蒙运动论者根本无法企及的。

余　论

新启蒙运动作为一个历史事件，毫无疑问，是存在过的。就其显性存在来说，文章、书刊、座谈会等是明证；就其隐形存在来说，中共政策的

---

① 冯蕙：《六届六中全会与马克思主义中国化》，《毛泽东邓小平与马克思主义中国化》1999 年第 12 期。

转变、北方局和刘少奇等人的指导也是可以勾勒的场景。① 那么，它是不是一个历史性的存在呢？所谓历史性的存在，在叙事的历史哲学的意义上，也就是说，它能够自然而然地成为某种历史叙事的情节和环节。最近30年间，研究者倾向于书写这一历史性的存在，只是对其重要性的看法有所不同，因而叙述的力度出现差异。譬如，在陈旭麓的笔下，新启蒙运动是五四运动的继续与发展，并且，是以共产党人所倡议，以马克思主义为思想指导，以抗日民族统一战线为旗帜、为活动范围的，因而它比五四启蒙运动规模更加宽广，影响更加深远，其结果是"不久就迎来了全国抗日民族解放运动的新高涨"②。在这样的叙述中，新启蒙运动就成为五四运动和全面抗战之间的关节点，姑且不论这是否合乎历史的真相，就叙述的可行性和合理性而言，新启蒙运动难以承担如此重任。一些研究者倾向于"一定影响"或"一定作用"说，认为新启蒙运动对启蒙精神的延续，对马克思主义的中国化、对新文化建设、对鼓舞人们的抗战救国斗志等，产生了有意义的影响，发挥了不可忽视的作用。③ 这样的定位显然稳妥很多，问题却依然存在，那就是未能从历史叙述的角度出发，没有意识到历史叙述之于历史的重要性乃至首要性。即使勉强在历史研究和历史写作之间划界，以为历史研究的根本在于考证，历史写作的核心在于叙述，考证也是需要叙述才能呈现出来的。质言之，叙述是一切历史研究的必由之路。

当我们说一个叙述不可信时，从表面上看，似乎是它不合乎事实，实则是不合乎对事实的认识，而认识离不开语言和叙述。因此，一个叙述不可信，也就在于它不合乎叙述的规则；一个叙述不合理，也就在于它不合乎叙述的理性。叙述是有规则和理性的，这种规则和理性与人类生活之间的关联性是一个很大的话题，这里不做探讨，只能暂且强调，叙述的规则

① 李新在其主编的《中国新民主主义革命时期通史》1981 年重印本中删去了《新启蒙运动的开展》一节，理由是"这次运动刚发起不久，尚未真正展开，抗日战争就爆发了，实际上并没有形成为一个大规模的运动"。李新的这一说法是成问题的：其一，何谓"实际"？其二，能否称作"运动和规模的关系何在"？多大的规模才能称作运动？参见李新等《中国新民主主义革命时期通史》第 2 卷，人民出版社 1981 年版，第 2 次重印本"重印说明"。

② 陈旭麓：《五四以来政派及其思潮》，上海人民出版社 1987 年版，第 555 页。

③ 参见黄一兵《20 世纪 30 年代"新启蒙"思潮研究》，《中共党史研究》2002 年第 2 期；俞红《论新启蒙运动》，《浙江社会科学》2000 年第 6 期；方敏《新启蒙运动关于新文化建设的思想》，《首都师范大学学报》2000 年第 6 期；寇清杰：《中国新文化的方向——中国早期马克思主义者中西文化观研究》，天津人民出版社 2002 年版，第 235—271 页。

和理性与人类生活的规则和理性属于同构关系，一些曾经以为合理可信的叙述而今变得不合理、不可信了，就是因为人们的生活本身发生了变化。一些人以为合理可信的叙述，在另一些人眼里却是不合理、不可信的，也是因为他们处于不同的生活境遇中。生活决定叙述，生活的变化导致叙述的变化，反过来，对叙述的反思有助于对生活的反思，叙述的变化有助于生活的变化。学术研究的意义就在于此，把叙述作为研究对象，以叙述的方式来研究叙述，从而导致思想、生活乃至社会的变化。

新启蒙运动作为一个历史事件，在其倡导者那里，是通过和五四新文化运动的比附来塑形的，从五四新文化运动叙述到新启蒙运动，或从新启蒙运动倒叙到五四新文化运动，都体现出比较自觉的叙述意识。我们今天探讨新启蒙运动和马克思主义中国化的关系，也需要有一种明确的叙述意识。马克思主义中国化作为一个全新的主题固然不是突兀而起，但一切叙述都必须围绕它、为了它、向着它，把它作为不可偏转的中心。就此而言，与其说从新启蒙运动到马克思主义中国化之间有一种历史性的关联，不如说，从马克思主义中国化到新启蒙运动之间有一种历史性的关联，当然，这样的关联是历史叙述中的关联。历史叙述不是简单的编年史，也不是把编年的前后简单地阐释为因果，而是基于人类理性认识程度和语言发展阶段的构建。

在建构马克思主义中国化的宏大叙事时，应当考虑这样的可能性：叙事的宏大并不排除叙述中的不连贯，也不排除叙述中的含混，一个条理明晰、井然有序的叙事固然引人入胜，承认自身有诸多盲点的叙事更能令人反思。通常所谓摆脱历史的束缚，其实就是摆脱某一种历史叙述的束缚。何干之的《近代中国启蒙运动史》从洋务运动开始写起，中经戊戌维新运动、五四新文化运动、新科学运动，直到新启蒙运动，辨析每个阶段的特点和缺陷，堪称一部马克思主义的历史叙述，但它并未强调新启蒙运动的马克思主义性质。近年来的一些研究者把新启蒙运动作为起点和开端，展开对马克思主义中国化的论述，实则把新启蒙运动视作一场马克思主义的思想文化运动，建构以启蒙为质地的马克思主义中国化历程。在这一叙述中，马克思主义的基本旨趣在于启蒙，由此造成了两种可能：或者依据对启蒙的某种理解来诠释马克思主义，或者依据对马克思主义的某种理解来诠释启蒙。最终，启蒙和马克思主义都发生了"转义"。

正如新启蒙运动是在"超越五四"的前提下"继承五四"的，马克思主义中国化也更多地是在超越的意义上才对新启蒙运动的旨趣有所借用。如果说新启蒙运动在很大程度上远离了启蒙，那么，毛泽东所提出的马克思主义中国化从一开始处理的就是和启蒙属于不同层面、不同领域、不同关怀的主题。认识到了这些，在勉力阐述新启蒙运动和马克思主义中国化的关系时，就会踏实许多，从容很多。

［原载《现代哲学》2015 年第 1 期（总第 138 期）］

关于社会主义核心价值观的几点思考[*]

孙伟平[**]

核心价值观是文化的灵魂，是决定文化性质和方向的最深层次要素，是一个国家、社会的重要稳定器。社会主义核心价值观的提出是中国在社会主义理论和实践方面的重大突破，标志着中国共产党和中国人民对中国特色社会主义事业的文化觉醒和价值自觉。在全社会倡导、践行社会主义核心价值观，对于筑牢中国特色社会主义建设的思想理论基础，凝聚全国人民的目标和意志，形成干事创业的良好氛围和合力，实现国家富强民族振兴人民幸福的中国梦，具有重大意义。

一　社会主义核心价值观及其根据

价值观是人们在社会生活实践中形成的关于价值的总观点、总看法，是人们的价值信念、信仰、理想、标准和具体价值取向的综合体系。价值观往往不是孤立和隔绝的。在一定社会中，各种价值观以不同方式组合在一起，构成一个有机的系统，即"价值观体系"。不同价值观在体系中的地位并不相同，有的价值观处于主导或支配地位，有的则处于相对从属或依附地位。核心价值观是价值观体系中居于基础性地位或支配性地位的主导观念，它标志着该价值观体系的性质，是引领人们的思想行为、社会的精神风尚、社会的发展方向的指示器，是关系社会秩序稳定与国家兴旺发

*　本文系作者主持的国家社会科学基金重大项目"社会主义核心价值观研究"（项目编号：13&ZD007）和中国社会科学院马克思主义理论学科建设与理论研究项目"中国特色社会主义核心价值观研究"的阶段性成果。
**　孙伟平，湖南常德人，哲学博士，中国社会科学院哲学研究所研究员，湖南科技大学马克思主义学院"湘江学者"特聘教授、博士生导师，主要研究方向为价值论、伦理学。

达的决定性因素。

社会存在决定社会意识。作为社会意识系统的有机组成部分，任何价值观都是建构在一定的社会经济基础之上的，是一定时代人们的社会存在、社会实践的产物和表现，是文化传统、生产方式、生活方式、风俗习惯、社会心理等因素综合作用的结果。这正如马克思、恩格斯所说："意识在任何时候都只能是被意识到了的存在"①；"观念的东西不外是移入人的头脑并在人的头脑中改造过的物质的东西而已"②。社会主义核心价值观是中国人民在社会主义革命和建设实践中逐步形成的，是中国人民共同利益的反映和表现。社会主义核心价值观是立于社会主义经济基础之上的价值系统，集中反映了社会主义意识形态的本质属性，反映了社会主义经济、政治和文化制度的质的规定性。它是中国特色社会主义道路、理论和制度的价值表达，决定着中国特色社会主义的发展原则、发展模式、制度体制和目标任务，表征着中国特色社会主义的发展方向和前进趋势。

中国是全体人民当家作主的社会主义国家，马克思主义及其中国化的成果是我们的指导思想，这决定了社会主义核心价值观在当代中国社会中的统摄和主导地位。但同时，我们应该意识到，社会主义核心价值观并不能在真空中凭空构造，而必须立于中国特色社会主义实践，借鉴和消化人类取得的一切优秀的文化成果。在这里，必须正确处理社会主义核心价值观与中国传统价值观、西方资本主义价值观的关系，"古为今用""洋为中用"。

一方面，社会主义核心价值观必须根植于中华优秀传统文化。2014 年 5 月 4 日，习近平在北京大学师生座谈会上的讲话中指出："一个民族、一个国家的核心价值观必须同这个民族、这个国家的历史文化相契合，同这个民族、这个国家的人民正在进行的奋斗相结合，同这个民族、这个国家需要解决的时代问题相适应。世界上没有两片完全相同的树叶。一个民族、一个国家，必须知道自己是谁，是从哪里来的，要到哪里去，想明白了、想对了，就要坚定不移朝着目标前进。""中华文明绵延数千年，有其独特的价值体系。中华优秀传统文化已经成为中华民族的基因，植根在中国人内心，潜移默化影响着中国人的思想方式和行为方式。"中华优秀传

---

① 《马克思恩格斯选集》第 1 卷，人民出版社 1995 年版，第 72 页。
② 《马克思恩格斯选集》第 2 卷，人民出版社 1995 年版，第 112 页。

统文化是我们民族的"根"和"魂"，它积淀着中华民族最深层的精神追求，代表着中华民族独特的精神标识，是涵养社会主义核心价值观的重要源泉。博大精深的中华优秀传统文化是我们在世界文化激荡中站稳脚跟的根基。如果抛弃传统，就等于丢掉了根本，割断了自己的精神血脉。而如果能够弘扬优秀传统，并使之与当代文化相适应、与现代社会相协调，那么就会成为我们取之不尽的宝贵资源和财富。实际上，社会主义核心价值观中的许多范畴，例如"和谐""平等""公正""诚信""友善"等，都体现了中华优秀传统文化的思想精华和道德精髓，是讲仁爱、重民本、守诚信、崇正义、尚和合、求大同等经过创造性转化和创新性发展而来的。当然，它们在当代中国特色社会主义实践中被赋予了新的时代内涵。

另一方面，社会主义核心价值观要吸收一切人类文明优秀成果，特别是西方资本主义价值观成果。西方资本主义价值观是在反对封建专制统治、进行资本主义民主革命的过程中提出和逐步形成的。作为对封建主义价值观的彻底否定，资本主义价值观在人类历史上曾经发挥过解放思想、冲破禁锢、鼓舞群众、引领革命的巨大作用。与实行宗法等级制度、推崇权力权威的封建主义价值观相比较，资本主义价值观无疑具有先进性和合理性。从社会历史发展的角度而论，它也是人类文化发展的积极成果，它倡导的自由、平等、博爱、民主、人权等价值理念是全人类共同的财富。社会主义作为更高级、优越于资本主义的社会形态，必须有更大的视野和更宽阔的胸襟，大胆地引进和吸收资本主义价值观的合理内核。马克思恩格斯指出："共产主义是私有财产即人的自我异化的积极的扬弃，因而是通过人并且为了人而对人的本质的真正占有；因此，它是人向自身、向社会的（即人的）人的复归，这种复归是完全的、自觉的而且保存了以往发展的全部财富的。"[①] 邓小平更明确指出："社会主义要赢得与资本主义相比较的优势，就必须大胆吸收和借鉴人类社会创造的一切文明成果，吸收和借鉴当今世界各国包括资本主义发达国家的一切反映现代社会化生产规律的先进经营方式、管理办法。"[②] 极左年代的那些僵化的观念、二分对立的思维方式和"对着干"的行为方式，如"宁要社会主义的草，不要资本主义的苗"，"凡是敌人赞成的我们就要反对，凡是敌人反对的我们就要赞

[①] 《马克思恩格斯全集》第 42 卷，人民出版社 1979 年版，第 120 页。

[②] 《邓小平文选》第 3 卷，人民出版社 1993 年版，第 373 页。

成"，曾经令我们付出了沉痛的代价，历史的教训必须记取。实际上，在社会主义核心价值观建设中，西方资本主义价值观既是参照，也是资源，可以经过批判性"扬弃"、创造性转化而"为我所用"。这是社会主义核心价值观建设的基础和进一步前进的出发点。

当然，无论是中国传统的价值观，还是西方资本主义价值观，都存在历史的和阶级的局限性，都有许多过时的、不合理的糟粕性内容。例如，封建主义价值观的"官本位"和资本主义价值观的"金钱本位"在现实社会生活中持续"发酵"，产生了相当大的负面影响，它们甚至常常纠缠在一起，以"权钱交易"为特征的腐败现象就是典型表现。摒弃"官本位""金钱本位"价值观，消除"权钱交易"之类的腐败现象，是当前社会主义核心价值观建设的紧迫课题。因此，对于中国传统的价值观和西方资本主义价值观，我们必须立足中国特色社会主义实践，"取其精华，去其糟粕"，坚决摒弃其中不合理的、落后的观念，而对其中的合理内核，则通过"扬弃"而进行新的融合和"再创造"，实现以往社会由于社会制度、阶级利益的局限而无法实现的进步结果，体现社会主义核心价值观前所未有的优越性和先进性。

二　社会主义核心价值观的内在结构和要求

价值观具有鲜明的主体性。任何价值观都是相对于一定的主体而言的，世界上并不存在抽象的无主体的价值观。而价值主体具有不同的层次，除了相对虚幻、充满歧义的"全世界""全球""国际社会"，宗教、民族、国家、社会、地区、企业、单位、群体和个人等皆可以是价值主体。其中，最为基本的是国家、社会和个人三个层次。由于每一层次主体都有自身的历史传统和具体情况，具有不尽一致的利益和需要，具有各不相同的素质和能力，因而往往具有自身独特的价值观，其中包括核心价值观。甚至，相应主体的核心价值观也不是僵化固定、一成不变的，它可能随着环境的变化和自身的发展而相应地发生变化。

国家层面的核心价值观主要体现国家的性质、价值信念、理想和具体的发展目标，回答我们要"建设一个什么样的国家"的问题。重视国家层面核心价值观的建设，是一个民族国家自立、成熟的体现。人类社会发展的历史表明，对民族国家来说，最持久、最深层的力量是全社会共同认可的核心价值观。如果缺乏核心价值观的强有力支撑，那么，一个国家就可能失去长远的发展方向，就可能缺乏社会认同的基础，就可能缺乏凝聚力和发展活力，就可能难以实现稳定和秩序。

富强、民主、文明、和谐是中国特色社会主义的总体奋斗目标，是中华民族伟大复兴中国梦的具体内容。它体现了中华民族和中国人民的整体利益，承载着中华民族洗刷屈辱、实现伟大复兴的光荣梦想，也是中华儿女摆脱"东亚病夫"自立自强的共同期盼。它体现的是国家的价值理想、价值目标和价值定位，包含着十分丰富的内涵。究其实质，它要求中国特色社会主义不仅能够比资本主义更快地发展生产力，而且能够确立更合理的生产关系；不仅能够建设更发达的物质文明，而且能够建设更先进的精神文明。这是社会主义中国全面超越西方资本主义、巍然屹立于世界的"总体形象"。

社会层面的核心价值观体现着一个社会评判是非曲直、确立社会秩序的价值标准，主要回答我们希望"生活在一个什么样的社会"的问题。社会是由若干组织和个人构成的有机体。在全球化和市场经济背景下，组织和个人之间的利益诉求和价值追求存在程度不同的差异，这有待社会层面的核心价值观加以引导、整合和调适。总体而言，社会核心价值观是指引社会前进的精神旗帜，是强化社会认同的具体内容，是维系社会团结的精神纽带。

自由、平等、公正、法治既是社会层面提出的价值要求，也是对美好社会的生动表述。中国特色社会主义的自由观、平等观、公正思想、法治思想与马克思主义一脉相承，是对人类发展尤其是资本主义发展的文明成果的借鉴，是从阶级立场和根本内容上对资本主义自由、平等、公正、法治的超越。当然，上述核心价值观在当代中国的实现面临着不少问题和挑战：经济发展之后，社会领域的利益纠葛、无序竞争、行为失范等问题日益凸显；生活改善之后，人们的权利意识显著提高，对公平正义有了更高的要求；而反观现实社会，教育和医疗改革屡屡拨动心弦，贫富差距、身份歧视一再引发强烈关注，行政和司法不公频频成为舆论热点……人们要求平等的发展机会，渴望公正的社会环境，期盼法治政府和司法公正，向往迈入自由全面发展之境。这迫切需要凝聚社会层面的价值共识，以引领社会思潮，凝聚大众意志，推进社会治理创新，建设一个既充满活力又和谐有序的现代社会。

个人层面的核心价值观包括个人的价值追求和应该遵守的价值准则、道德规范，主要回答我们"应该做什么样的公民"的问题。道德是人与动物相揖别的标志"人无德不立，国无德不兴。"任何人作为"人"，内心必须遵从一定的"道德律"，能够做到自律和"慎独"，从而不断提升和"成己"；同时，个人作为国家、社会的基本元素，在享受一定权利的同时，必须承担一定的社会义务，合理地处理自己与他人、社会的关系，以促进社会的整体和谐和向上发展。

爱国、敬业、诚信、友善是当代公民的基本价值追求，是应当遵循的根本道德准则。它涵盖了社会主义公民道德的各个领域，贯穿了社会公德、职业道德、家庭美德、个人品德各个方面。它集成了中华民族传统美德、中国共产党人革命道德和社会主义新时期道德的精华，是一种全面性、系统性的道德要求。改革开放以来，随着社会结构和社会生活的深刻变化，作为调节人们社会关系的准则的道德在创新发展的同时，也面临着巨大的挑战，信仰缺失、道德失范、突破道德底线的现象时有发生，"扶不扶""救不救""帮不帮"等都成了"问题"。加强道德建设，培育合格公民，扭转社会风气，重建价值秩序，是培育和践行社会主义核心价值观的基础工程。

社会主义核心价值观虽然存在国家、社会、公民三个层面，但这些价值观念和价值要求相互联系、相互贯通，是有机统一的，不可人为地割裂开来。实质上，"三个倡导"兼顾了国家、社会、个人三者的利益、需要和愿望，实现了政治理想、社会导向、行为准则的统一，实现了国家、集体、个人在价值追求和价值目标上的统一，"三个倡导"反映了中国特色社会主义制度的本质规定，体现了中国特色社会主义事业的发展要求，昭示了中国共产党长期奋斗的一贯主张。"三个倡导"继承了中华传统文化精华，汲取了人类文明的优秀成果，体现了价值观的继承性、包容性和超越性。"三个倡导"凝聚了全党全社会的价值共识，为当代中国社会提供了基本的价值遵循，为中国梦的实现奠定了思想理论基础。

三　确立和践行社会主义核心价值观的关键

社会主义核心价值观的确立和践行，是一个复杂而庞大的社会系统工程，一个春风化雨、润物无声的"民心工程"，一个与中国特色社会主义实践相互促进的历史过程。这一系统建设过程的关键在于，必须紧紧依靠当代中国人民，立足时代和实践，借鉴中外历史上确立核心价值观的经验，有针对性、注重实效地开展工作。

首先，必须旗帜鲜明地确立社会主义核心价值观的主导地位，引领和规范各种多元多样的社会思潮。由于人们的文化传统、生存发展条件、生活实践方式、阶级立场、社会地位、根本利益等不同，因而价值观的差异与多样化是一种不可避免的现象，也是一种十分正常、十分普遍的客观现实。在这种新的社会条件下，必须"尊重差异，包容多样"，避免简单地强求一律，杜绝粗暴地强加于人，从而发挥大众的积极性，促进大众创造力的充分释放，促进社会的长期稳定和和谐。当然，这并不是说一切差异化、多样化甚至互相对立的价值观都是正确的和合理的。承认价值观的差异和多样化只是事情的出发点，只是核心价值观建设的基础。毕竟，我们不难发现，现实社会中有些人"信仰缺失"，没有什么不敢做的，连起码的"道德底线"都没有；有些人认同资本主义的拜金主义、享乐主义和极端利己主义价值观，沦为"金钱的奴隶"，追求穷奢极欲、花天酒地的生活方式；更有一些社会破坏分子和恐怖分子，彻底走到了人民的对立面，他们的价值观是反社会、反人类的，他们的行为是对社会秩序和人民生命的巨大威胁。因此，要将"尊重差异、包容多样"和弘扬主流价值观结合起来，利用舆论导向、利益机制的调整以及建立健全合理的道德和法律约束机制等，对人们的差异化、多样化价值观加以引导和调节，对愚昧、腐朽、落后、反动的价值观进行抵制和批判，从而在全社会确立社会主义核心价值观的主导地位，夯实社会的共同思想基础和精神支柱。

其次，用社会主义核心价值观引领、指导社会主义制度设计和制度改革。制度（包括政策、法规）是思想观念的"外化"，体现一个国家的价值理想和价值目标，当然，它一旦确立，又会不断强化或变革人们的思想观念，与国家的价值理想和价值目标互动。但确立、践行核心价值观不可能脱离制度设计和制度改革。"忠孝仁爱礼义廉耻"等传统价值观之所以深入人心，关键在于自汉代"独尊儒术"始，它与封建宗法等级制度密切相结合，已经有机地融为一体了；"自由、民主、人权"等西方价值观之所以广为人知，关键在于它以资本主义私有制为基础，融入了资本主义的制度设计和社会治理，令"资本的自由""金钱民主"和"私人财产权"等横行霸道。社会主义核心价值观体现了社会主义的本质，体现了国家和人民的共同期待，它必须融入并引导社会主义市场经济体制、政治和法律体制、文化体制改革，融入并引导国家治理体系和社会治理过程。能否设计和确立一整套体现共产主义信仰，体现中国特色社会主义共同理想，并且确实超越资本主义制度的先进、合理、高效的体制机制，事关中国特色社会主义的前途和命运。就此而言，只有用社会主义核心价值观统领全面改革的进程，经过长期的社会主义民主、法治的规范和洗礼，包括党风和社会风气的矫正以及腐败现象的治理，社会主义核心价值观才可能真正确立，并在广大民众中内化于心、外化于行。

再次，把社会主义核心价值观融入理论研究、国民教育和精神文明建设的全过程，贯穿于社会主义现代化建设的各个方面。在理论研究方面，必须将社会主义核心价值体系建设置于马克思主义中国化、创造"中国特色、中国风格、中国气派的马克思主义"新形态中，作为其中的一个有机组成部分进行探索。在宣传舆论战线上，必须将社会主义核心价值体系作为统领精神文化的纲领，思想政治工作的灵魂，注重实效地加以贯彻、落实。从形式而言，在党政各部门、社会各方面群策群力的建设过程中，必须防止"走过场"的形式主义，防止"一刀切"和"群众运动"，而必须实事求是，区分层次和对象，讲究方式方法，有针对性地、有步骤地开展工作。例如，要注意发挥现代教育体系在核心价值观的教育与传播中的主渠道作用，促进尚在成长、可塑性强的青少年群体对核心价值观的接受和认同；注意发挥现代传媒和大众文化在形塑人们的观念世界和生活方式方面的作用，使核心价值观能够借助大众媒介渗透进大众文化之中，潜移默化地影响和规范普通大众的言行；特别是突出公职部门、党员干部以及先进典型的模范带头作用，将"为人民服务"与其本职工作结合起来，通过其尽职尽责的职业行为产生良好的引领和示范效应，逐步带动社会风气的改变；等等。

最后，在全球化、信息化的背景下，社会主义核心价值观不仅需要在中国特色社会主义实践中得到认同，而且需要在世界范围内提升感召力和影响力。一个国家的文化软实力，从根本上说，取决于其核心价值观的生命力、凝聚力和感召力。在当今世界上，社会主义中国面临着资本主义阵营（即所谓"国际社会"）的"妖魔化"，面临着资本主义意识形态的持续打压，面临着严峻的文化软实力竞争。直面西方资本主义国家的"价值观结盟""价值观外交"和"为价值观而战"，面对资本主义"自由、民主、人权"之类"普适价值"的全球推广，我们必须以文化上的"自觉、自信与自强"，超越资本主义核心价值观的视野和境界，彰显社会主义在应对资本主义"现代性危机"和回应"全球化问题"方面的优越性，凸显社会主义核心价值观的中国特色、中国风格及其"世界历史意义"；必须推动核心价值观的内容和形式创新，加强国家文化传播力建设，更新全球化、信息化时代的文化传播途径和手段，有针对性地、生动有效地、注重实效地进行传播、宣传活动；从而树立中国和中国人民在世界上的良好形象，彰显社会主义核心价值观的影响力、感召力和引领力，提升社会主义核心价值观的国际话语权和中国的文化软实力。

核心价值观建设是一项触及人们灵魂的思想文化事业，若要取得明显的实质性效果，绝非一日之功。咀嚼历史我们不难发现，封建主义核心价值观和资本主义核心价值观都历经了数百年才完善和确立下来。由于中国正处于并将长期处于社会主义初级阶段，受制于国际共产主义运动和中国特色社会主义实践探索的曲折历程，受制于人们对社会主义认识的不断深化，受制于中国人民自身素质和能力提升的艰辛历程，社会主义核心价值观在中国的确立也必将经历一个比较漫长的历史过程。那种急功近利、期待毕其功于一役的心态和做法是不可取的，甚至是有害的。只有坚定地依靠当代中国人民，拿出中华民族的达观、自信和坚韧，通过全面深入的改革和注重实效的行动，才可能循序渐进、持之以恒地推进这一"民心工程"。

〔原载《山东社会科学》2015 年第 2 期（总第 234 期）〕

价值论的历史唯物主义基础

罗　骞

马克思主义是一种科学还是哲学，是一种事实性的科学知识还是价值性的批判理论，在对马克思主义阐释中存在对立的观点。这一结构性的阐释根源于近代哲学的二元论框架，在休谟的实然与应然的对立中有其理论依据，在新康德主义的价值学派那里则充分展开为关于事实的科学和关于价值的哲学之根本区分。在这个区分中，研究价值被看成哲学不同于特殊科学的本质任务。在笔者看来，可称之为历史唯物主义的马克思理论并不在这个根本的区分当中。历史唯物主义通过对西方形而上学本体论的批判，开启了后形而上学的存在论视域。在这个视域中，价值成为基本的存在论范畴并且具有了超越形而上学的存在论性质。历史唯物主义的现代性批判，不仅揭示了现代价值虚无主义产生的形而上学根源，同时深入历史的存在基础揭示了现代性的本质特征。展开这一思想视域，不仅对价值论的当代阐释，而且对历史唯物主义本身的当代阐释都具有理论上的重要性和迫切性。

一

认识总是关于对象的认识。能够区分知识形态的并不是认识对象而是如何认识对象。认识的方式和能力建构了认识对象。各种不同学科其实是随着认识能力和认识方式的发展而形成的知识体系。在前现代社会，哲学是人类知识的总体性形态。进入现代之后，新兴的各种具体科学通过经验方法研究特殊对象，以观念思辨的方式总体性地把握世界的哲学，由此陷入了历史性的危机。哲学被认为不能再提供事实性的真理，或者被宣布终结了，或者转型为关于价值理论和意义的表达。[①] 就后一种情况来说，如果价值本身也能够按照科学的方式来研究、比如说实证经济学的方式来研究的话，哲学不就彻底无立足之地了吗？它不仅被迫从事实领域退出，而且价值领域也不是它的立足之地。如果价值和意义的确与事实性无涉而只是应然观念或主观心理，那么，有了诗歌和其他的艺术形式，哲学还有何用呢？它仍然面临着无情的驱逐和谴责。显而易见，哲学从事实性的真理转向所谓规范性的价值领域，在"哲学终结"的呼声中根本拯救不了哲学。连价值论问题本身都还处于或此或彼的无根基状态，它岂能牢固地成为哲学的避难所？也许正好相反，一种在现代危机中实现改弦更张的哲学才是价值论摆脱无根基状态的出路。在笔者看来，这种可能性已经通过历史唯物主义初步呈现出来了。

哲学通常被理解为爱智慧，但知识形态意义上的哲学是通过本体论这一形态巩固起来的。本体论是西方传统哲学的根基，它体现了哲学之为形而上学的本质内容和基本特征。今天哲学遭遇的危机是西方以本体论为基本形态的形而上学的危机，实质是人类知识形态的根本性变迁瓦解了传统本体论哲学的认识对象、认识方式和基本观念。在形而上学中，本体作为自在存在或自在原则是超越时间和空间规定的"绝对"，时空中的过程和具体只是此"绝对"展现和下降的现象领域。现象领域不是与绝对本体或原则并置而立的存在，而是非本质的非存在，附着并归属于存在。现象不是本体论的根本对象，哲学作为本体论研究的是存在之为存在的绝对实体和绝对逻辑。因此，关于变化万千的经验现象的认识被形而上学看成没有真理性的意见，而哲学真理是超越时空规定的绝对知识。获得此种绝对知识依靠的是灵魂，是思辨的沉思，而不是感官，不是感性的经验。简言之，在形而上学本体论思维中，对象是自在的绝对实体和原则，方法是思辨的沉思，结果是绝对的真理。面临具体现象和事物的时候，本体论思维

---

① 关于哲学终结的观点，马克思、海德格尔和罗蒂有不同的论述，可见《告别思辨本体论——历史唯物主义的存在范畴》一书中的相关论述（华东师范大学出版社 2014 年版，第 257—261 页）。离开事实性的科学，哲学转型为价值论是新康德主义价值学派的基本观点。可参见文德尔班《哲学史教程》最后一节的相关论述（罗达仁译，商务印书馆 1997 年版，第 927 页）。与此相关的是，卡尔纳普认为"形而上学只是用来表达一个人对人生的总态度"，它们"没有认识性的意义，没有断定性的意义"，但"具有表达性意义这个明显的心理现象并不因此被否定"（卡尔纳普：《通过语言的逻辑分析清除形而上学》，见《二十世纪经典哲学文本》欧洲大陆哲学卷，复旦大学出版社 1999 年版，第 520、523 页）。

总是通过思辨的还原去找寻其中绝对的本质和原则。这一点在西方传统形而上学中一直处于支配性的地位。

在古希腊，哲学研究的对象从自然转向社会历史之后，本体论思维不是被放弃，而是被牢固地树立起来。比如苏格拉底的"善""美"、柏拉图的"公正"，等等，这些体现在生存经验中的理念，实际上仍然被看成超历史的"本体"。它们不在经验的实践中被构成并受经验实践的规定，而被看成逻辑上在经验之先、之外规定经验现实的绝对。作为抽象思维结果的观念被实体化为本质的绝对，这正是本体论思维方式的基本特征。这种抽象主义、绝对主义和本质主义的本体论思维在现代"天赋人权"的思想中具有清晰的表现。自由、平等、博爱这些历史地形成的价值观念被看成先天权利，而不是人类历史变迁的结果。形而上学本体论思维总是要寻找非历史的、实践之外和之先的原则，作为价值生成土壤的历史性被本质地排除，这些价值观念由此成了非历史的绝对。由此种思维方式的主导，经验历史中产生的价值现象和价值关系，要么不在本体论体系讨论的范围之内，要么只是按照本体论的绝对思维来演绎"逻各斯支配一切"这一传统形而上学的基本逻辑。非批判的自由平等崇拜就是这种抽象本体论的一个样式。只有当存在论走出思辨的形而上学、存在概念不再被理解为自在本体或自在原则、亦即本体论及其思维方式终结的情况下，价值问题的讨论才能获得新的思想视野。

本体论及其思维方式在现代遭遇了现实和思想的双重挑战并逐渐走向了末路。本体论中的存在及原则是对现实存在的普遍抽象，是抽象掉具体现象和实践经验之后的最终残余，但它们却被理解为自在的实体和理念，规训和制约人类现实的实践。到了现代，随着人类实践能力的增强和主体性意识的觉醒，不仅自然日益成为人化的自然，社会历史也表现为人类实践的产物。历史被看成是"追求着自己目的的人的活动"①，人被理解为动力的同时被理解为目的。经验现象之外的超验世界被揭示为观念的建构，而不是现实的存在。不仅上帝被看成人类自我异化的观念产物，自然也被理解为社会范畴。脱离了人类实践关系先于人类历史和外在于人类历史而存在的自然，它当然存在，但不是我们真正生活于其中的现实的自然，毋宁说它是脱离了现实的观念抽象。人类历史实践之外的自在概念被瓦解

---

① 《马克思恩格斯文集》第 1 卷，人民出版社 2009 年版，第 295 页。

了，存在被理解为人类对象化实践中的对象性存在，而不是抽象同一的自在实体和自在原则。本体论孜孜以求的自在本体原来只是观念抽象的产物。真正现实的存在不是抽象的本体，恰恰是现象本身。存在不是通过现象存在，而是说存在就是现象。对于人来说，而且只能对于人来说，存在必然是对象化实践中的对象性存在。此种存在概念是现代人类实践主体性在存在论层面的体现。

导致本体论瓦解的另一个因素是人类知识形态的变迁。到了现代，随着人类认识能力和认识手段的发展，实验科学逐渐取得了主导地位，以思辨的方式认识世界的哲学在经验科学的冲击下日渐式微。"哲学终结"的命题正是这样一种时代状况的体现。海德格尔认为现代实验科学手段接管了古代哲学探索真理的任务从而终结了哲学；马克思则刻薄地指出，哲学与对现实的描述之间的关系就像手淫与做爱的关系一样，哲学将被实证的科学研究所取代。虽然马克思与海德格尔理解"哲学终结"的内涵不一致，但都同时表明了以思辨的方式建构超经验现象的本体论哲学的终结。现代科学是以实证实验的方式获得的关于现象的知识。经验科学的思维逐渐瓦解了思辨的抽象。经验现象之外的存在和原则是思辨抽象的观念论产物，而不是什么本质和绝对的存在。作为思辨抽象得到的没有具体规定性的观念，如果说它有本质的话，这个本质就是空洞的"无"本身。黑格尔在《小逻辑》开端处谈到作为概念的"纯有"和"纯无"相互规定和相互过渡的辩证法，充分公开了本体论的思辨秘密。马克思有时称这种思辨的范畴运动及其进展为自我意识内部的旋转。黑格尔正是通过这种"旋转"将思辨哲学推向极端，成为思辨形而上学的集大成者和完成者。

思辨的本体论或者说本体论的思辨在现代冲击下逐渐瓦解了。但这不意味着只有具体哲学才是认识世界的基本的乃至唯一的方式，因此哲学不再可能。如果说"哲学终结"是指西方传统本体论形而上学的完成的话，那么在这种终结中一种非本体论的、后形而上学的思维是否可能呢？笔者认为，马克思的历史世界主义打开了这种可能性，其与存在主义、实用主义、语言分析等哲学思潮一样是后形而上学思想的基本形态。然而，尽管在后形而上学思想中历史唯物主义具有本质的重要性和理论优势，但马克思本人并没有以哲学的方式呈现这一视域。在此，我们以三个简单命题勾勒此一视域：其一，历史成为基本的存在范畴；其二，历史性成为基本的存在论范畴；其三，存在在实践中成为能在①。第一个命题讲的是，历史作为人类生存实践的过程和状态成为思想关注的对象。历史唯物主义要求思想离开思辨的天空回到现实大地，不再去讨论超越历史的自在本体和自在原则，而是将人类现实生活的生产和再生产作为思想的基本对象。本体论建构的观念世界被看成是思辨抽象的结果，是非现实。第二个命题讲的是，历史唯物主义以实践中介的历史性意识来理解存在和我们关于存在的认识。存在和关于存在的认识都具有对象化规定的对象性，总是具体的、历史的。历史唯物主义以此打破抽象的同一性，将实践中介的历史性领会为基本的存在论原则，以此瓦解抽象本体论绝对主义和本质主义。第三个命题讲的是，在历史概念和历史性概念扬弃了本体哲学自在存在之后，存在乃是指实践中展开的可能性领域，是实践中介的能在。不只是说历史是可能性的领域，而且是说，由于人类实践的中介并且必然中介，存在本身成为开放的可能性空间，而不再是也不再被领会为自在的绝对。

历史唯物主义思想蕴含的这三个命题，充分体现了当代思想的基本原则，呈现了哲学在本体论形态终结之后的可能方向，我们称之为后形而上学的历史存在论视域。立足于这一视域，哲学存在论不再是关于自在存在和绝对真理的思辨体系，而是论及人作为类如何存在并且如何去存在的存在真理。存在论不仅事关历史而且本身是历史性的，它不仅以观念的方式展开在物性世界中存在的超越物性的空间，而且将这样一种关乎存在的思想看成是历史存在和历史过程的内在因素。新的存在论视域就这样在实践中介的超越性维度上被开启了。在这种后形而上学的思想视域中，摆脱了抽象的自在存在和自在真理，意义和价值作为领会历史性存在的基本范畴便获得了存在论的基本地位，具有了基本的存在论性质。② 由此而来，关于价值问题的思考就不会在客观的事实性与主观的规范性这种抽象的二元框架中展开了，哲学也不必向科学拱手让渡真理，楚楚可怜地躲避到单纯应当的表达领域。

---

① 罗骞：《告别思辨本体论——历史唯物主义的存在范畴》，华东师范大学出版社 2014 年版，第 215—226 页。

② 在笔者看来，海德格尔说价值论将此在及生存的存在论设为未经道出的存在论前提，大体讲的就是这回事情（参见海德格尔《存在与时间》，陈熹映、王庆节译，生活·读书·新知三联书店 1999 年版，第 335 页）。

二

马克思在批判抽象本体论思辨的意义上谈论过"哲学终结"，但这一命题曾一度被阐释为用实证的科学取代哲学。即便在马克思主义理论的三个组成部分中包括了哲学，正确地反映了客观世界和历史本质规律的哲学被规定为放之四海而皆准的科学世界观，本质也仍是客观的科学性。后来卢卡奇、柯尔施和葛兰西等人强调主体性的精神因素与这种冰冷的科学主义、客观主义对峙，展开了被称为人道主义的马克思主义思潮。科学与哲学、事实与价值、实证与批判的二元对立在对马克思主义阐释中至今仍十分顽固。依此阐释框架，马克思主义关于价值问题的讨论大体可区分出两条路线：一是在科学主义方向上理解政治经济学批判，价值概念被理解为科学的经济学范畴，无涉道德文化、宗教艺术等等上层建筑领域，科学的劳动价值论和剩余价值理论是其基本内容；另一条路线则远离马克思主义对经济基础的阐释和批判，在"应然"的规范性层面理解价值，甚至将整个马克思主义都看成是立足于道德应然的价值学说。这以 20 世纪初伦理的社会主义及其在当代中国的微弱回响为典型。在这个路线上，要么将马克思主义的革命理论及其政治经济学基础看成从道德应当反推出来的理论及实践进行批评，要么将社会主义看成是与社会经济制度无关的立足于规范正义的伦理思想进行捍卫。与此同时，为了扬弃这种理论的分裂，坚持主观性与客观性、事实性与规范性、主体主义与实体主义等对立范畴之间的思辨统一再度被看成理论的实质进展。这种所谓的进展，不要说马克思的贡献了，就算在黑格尔的同一性哲学之后也显得是何等的可怜呀！

回到历史存在论视域。在这种分裂意识中，马克思思想或者被理解为抽象极端对立的某一极端，或者被理解为抽象极端之间的思辨统一，马克思超越本体论抽象思辨的历史存在论成果丧失殆尽了。马克思的历史唯物主义不仅不坚持某种抽象的本体论，而且也不在本体论抽象的基础上去构建统一性哲学。这种思辨的统一性哲学是作为形而上学集大成者的黑格尔已经完成了的任务。马克思清晰地意识到并且批判性地指出了这一点，黑格尔的绝对精神是斯宾诺莎的实体和费希特作为自我意识的主体思辨的统一，是形而上学地改装了的现实的人和现实的人类。① 这就是说，观念中的思辨对立或统一并不是历史的现实本身。在马克思看来，社会生活在本质上是实践的②，思想不应该在观念的内部自我旋转，而是要在现实的历史中寻找自己的诗情。在历史唯物主义这里，作为立足于实践思维的历史存在论、抽象思辨基础上形成的观念论世界的自是性及其内部的对立统一被瓦解了。现实历史成为思想的大地并且成为思想的对象。它本身是感性实践活动中的统一性存在空间。这个物性中超越物性的属人的可能性空间乃是一切价值生成和价值言说的基础。

价值作为存在论范畴的内涵。历史唯物主义意味着历史成为对象的同时历史性成为原则，因此也就意味着历史被理解为存在的同时"物"被理解为历史性的存在。在这种双重的意义上，存在不再是指超越具体经验现象的观念绝对，当然也不再是指笛卡尔意义上的广延性实体。在历史唯物主义这里，存在只能是由对象化实践中介的对象性存在，因此是在物性世界中超越物性的意义空间。这个空间的本质是可感觉的物性中超感觉的社会历史性。我们以历史性来理解这个存在空间并且理解进入这个空间的人化自然。在这个存在空间中，由于实践的中介，自在性和实在性不再是本质因素，相反，属人的对象性和可能性等则具有了基本意义。通过实践中介的对象性和可能性，存在被理解为生存实践中构建和展开的超越性领域。这个超越性讲的是人以属人的尺度领会世界与世界打交道并且构成世界。在这个意义上，世界观和存在论指的是如何观世界、如何论存在，已然不是对于自在世界镜像似的反映，而是立足生存实践对世界的领会并且是这个被领会的世界的构成因素。存在和关于存在的认识都以属人的超越性为内在规定。这种属人的超越性就是价值现象产生的根源。因此，在存在论层面上，价值是指属人世界的这样一种超越物性的规定，即在可感觉的物性存在中形成和缭绕着的超感觉的意义。

我们生活于其中并与我们共在的世界乃是人化的价值世界，是属人的意义空间。价值不能被加进或撤离这个空间。这个空间本身就是价值性的存在论领域。价值不过是人类领会存在的一个存在论范畴。这个存在空间中的事物是价值性的事物。事物的存在乃是指事物在这个意义空间中被建构起来的意义和属性。仰望北京的天空，今天我情不自禁地说，"天真蓝

---

① 参见《马克思恩格斯全集》第 2 卷，人民出版社 1957 年版，第 177 页。

② 《马克思恩格斯选集》第 1 卷，人民出版社 1995 年版，第 56 页。

呀！"相信它的意义你懂的。善恶之人、美丑之物、对错之事、真假之情都是对象化关系中的对象性建构，而不是自在事实。雄狮捕猎幼羚时的血腥根本就不成其为血腥，就像幼羚对雄狮的食用性并不构成价值一样。德里达讲动物因为赤裸根本就不在"赤裸"之中。① 只有人才有"赤裸"，"赤裸"作为属人的存在状态根源于人类自身的存在领会，绝不是指光着身子这件事。再如说对于劳动价值论这个现代命题的理解，我们应该从现代历史的变迁以及人类对自身的存在论领会着手。如果它只是被理解为对经济事实的纯粹客观反映，那么人类主体性的现代自觉和历史变迁之间的内在关系就被彻底地掩盖了。如此一来，价值的讨论就根本地失去了属人的价值性。

价值现象的存在论特征。我们用价值范畴领会属人的存在和存在关系。实践中介的存在是超越性的能在。这个超越性的能在包括两个存在论维度：事物总是在超越实在的意义空间中被构成因此是价值存在；生存总是立足于先行领会的实践因此是价值过程。双重超越性划开了一道裂口，存在不再是自在的封闭空间和封闭过程。人类是宇宙中一道美丽的裂缝。只要人存在，存在就是生成的可能性，就是不能被完全还原和缝合的"尚未"和"也许"。能在是扬弃了实然和应然的真理，是两者之间立足于生存的开放循环。用于领会此种能在的价值概念作为存在论范畴，不再是指观念中与"实然"事实对立的"应然"规范，而是指属人存在的这种"能在性"。不论就事实作为价值事实还是评价作为对价值事实的领会来讲，都是历史地构成的历史性现象，因此是"能在"。历史唯物主义的历史性不仅在存在论范畴的意义上瓦解了本体论的自在概念，价值成为存在论范畴，而且瓦解了本体论思维的绝对主义立场，价值观赢得了历史的相对性意识。没有深刻的历史意识就看不到历史事物的历史性。历史性意味着时空中的相对性和确定性的统一，只有在历史的深处才能领会价值现象的变化与稳定的辩证法。比如说自由、平等和民主在现代成为普遍价值，既不能将其抽象为先天的绝对原则、也不能将其看成没有历史存在根据的主观应当，而以相对主义的方式为任何一种反现代的立场辩护。对这些现

---

① 德里达在《我所是的动物》中说："动物因为它是裸体的而处于非赤裸中，而人在其不再赤裸的意义上处于赤裸之中。"（参见德里达《解构与思想的未来》，吉林人民出版社 2006 年版，第 115 页）。

代价值现象和价值原则的理解，应该是把握其根本的历史性，揭示其产生的历史基础、历史意义、历史限度，提供根植于历史的内在批判。

超越价值论的二元阐释框架。历史存在论作为实践思维贯穿的历史内在论①，从根本上扬弃了物质与精神、思维与存在、主体与客体、事实与规范等对偶范畴之间的抽象对立和抽象统一。在历史唯物主义立足于实践思维的存在论视域中，世界不再被理解为物质性或精神性的自在实体，而是在物性中超越物性的存在。历史性的事物作为现实存在，并不具有单纯赤裸裸的客观实在性或主观价值性。在感性的现实中根本不存在如何从自在的事实性向主体的规范性跳跃并且跳不过去的问题。观念中解决不了的对立在实践中才能解决。无法解开的悖论只是观念自我打的结。因为真正说来，纯粹的事实性和纯粹的规范性只是在抽象的极端上看待同一存在过程的不同方式，是一种纯粹的观念建构。就像通常用主体的需求和满足需求的有用性关系来谈论价值时那样，在现实存在关系中，被规定为需求的主体性和被规定为对象属性的客体性并不处在思辨的二元对立及其统一中，而是对象化活动中的直接性关系，是一种感性活动中的统一。马克思曾经借用黑格尔的话说，连动物也知道如何直接扑向猎物。实践中的感性统一性是观念抽象的前提。立足于感性实践的统一性，历史唯物主义对价值现象的理解不在事实性的客体主义或规范性的主体主义的路线上，并且也不在二者的思辨结合中。因为历史唯物主义不在抽象的二元论框架中理解事物，历史性意识拒绝非此即彼的抽象立场。马克思主义理论中一些重要性的概念，比如异化概念、剥削概念等，人们在阐释的时候总是在它们是规范性的还是描述性的问题上纠结。事实上，马克思那里从来没有这种纠结。既然历史本身就是物性中超越物性的意义空间、历史事物就是这个意义空间中的历史存在，那么把握历史事物的范畴就不可能在分裂的极端上被理解为抽象的规范性或描述性。

如果说哲学与研究特殊事物的科学应该有本质的区分，并且只有作为研究价值的科学才能继续存在的话②，那么哲学的价值论必须奠定在历史存在论的基础之上并且作为历史存在论的展开才是可能的。如果哲学对价值问题的探讨变成了纯观念论的，变成了观念论内部的自我旋转和自我发

---

① 罗骞：《面对存在与超越寄存》，人民出版社 2014 年版，第 14—32 页。
② 文德尔班：《哲学史教程》下卷，罗达仁译，商务印书馆 1997 年版，第 927 页。

明，而不是一种历史的存在分析和存在论批判，哲学就不可能像文德尔班期待的那样成为"普遍有效的价值的科学"。在历史唯物主义看来，意识形态观念没有历史，应该从现实实践理解价值观念的形成和发展。在实践中介的历史存在论基础上，我们才能把握价值现象和价值观念的历史性，由此对现实存在获得历史性的理解。

三

历史唯物主义不是要为理解历史提供绝对的教条和规律，而是社会历史的现象学，是对人们生活的生产和再生产的描述和分析，以便在结构性的历史和历史性的结构性中理解现实的生存状况和生存实践。在这个意义上，历史唯物主义视域中的现代、资本、劳动和实践等都是存在论范畴，是把握现代历史存在的概念工具。马克思以政治经济学批判的方式展开的历史存在论分析，揭示了现代历史的存在基础和异化的生存状况。在历史唯物主义对现代性展开的批判中，存在论剖析和价值论批判是内在统一的同一过程。它超越了现代性批判中立足于观念论的价值批判路向。

我们知道，尼采为理解现代提供了一个虚无主义的命题，认为宗教形而上学的瓦解使得现代生存失去了最终的价值根据。海德格尔将尼采的这一思想准确地领会为"上帝之死"表达出来的超感性事物统治的崩塌。[①] 在这样一条思路上，价值虚无主义被看成现代的根本状况和悲剧根源。价值虚无主义与绝对形而上学的瓦解相关，说的是最高价值失去了价值，人们生活在价值的无根据状态。以尼采思想作为渊源之一的后现代主义则认为，现代性的问题不在于价值虚无主义，而仍然是价值绝对主义，因为上帝死亡之后人本身及其理性被做成了抽象的绝对。被做成绝对的人本主义和理性主义按照抽象的价值理想改造社会历史，引起了深重的现代灾难。在许多后现代主义思想家那里，革命被看成立足于价值预设而引发的悲剧性事件。对于现代文明的这两种批判，看似对立，其实两极相通。取代绝对上帝的人成为绝对意味着没有管束的"怎么都行"，相对主义和绝对主义的价值观并行不悖。同时，这两种批判都是从观念论特征来理解现代

---

① 罗骞：《论马思的现代性批判及其当代意义》，上海人民出版社 2007 年版，第 228—229 页。

的。这固然是一种理解，并且确实是一种不错的理解。但是，时代价值观念的存在论基础在这一思路上被严实地遮蔽了。它在有所揭示中有所遮蔽，而且遮蔽更多。我们看不到现实的历史中的人，看到的是观念的人和人的观念。人被变成观念，然后从观念来理解现代人的生活，理解人生活的现代。甚至不曾信仰过绝对上帝的国人，在讨论当下社会状况时也批判价值虚无主义。在他们看来，是没有最高"应当"管束的为所欲为导致了社会的失序，根本出路被看成重建传统的儒家伦理，甚至是再度舶来的上帝。时下关于孔子和基督的争执在华夏大地有越演越烈并且有争夺地盘的趋势。然而真正说来，在这种纷争和喧嚣中，社会的存在论实际上仍然处在视域之外的暗处。

马克思也有对现代价值沦丧的批判，而且很激烈。但是，按照马歇尔·伯曼的说法，斯妥耶夫斯基、尼采和他们的后继者都将现代虚无主义归罪于科学主义、理性主义和上帝的死亡，而马克思则将现代虚无主义划入资产阶级经济秩序的机制之中。① 在马克思看来，"哲学家们"总是误认为"新时代的特征就是新时代受观念的统治，从而把推翻这种观念统治同创造自由个性看成一回事"②。马克思与这些"哲学家们"则不同，他将现代价值观念的变迁奠定在政治经济学批判的基础上，价值论与存在论的分析因此具有了内在关联。这样看来，不是人们的现代生活失去了价值根据，而是价值观念产生的历史基础发生了根本变化。马克思说，金钱贬低了人所崇奉的一切神，并把一切神都变成商品。剥夺了整个世界固有价值的金钱成了一切事物的普遍的、独立自在的价值，人们向它顶礼膜拜。③随着商品生产逐渐成为整个社会有机体物质代谢的根本形式，商品成了价值的根源，人格化的上帝拜物教变成了物化的商品拜物教，并进一步变成了与货币拜物教和资本拜物教三位一体的意识形态。商品拜物教取代上帝拜物教，不仅存在论上有其根据而且本身就是一种存在论意义上的生存状况。人们之间的关系陷入了冰冷的利己主义打算，"人的尊严变成了交换价值"④，这并不是价值观念演变的结果，而是资本统治的必然。在商品资本的普遍规定中，人不为了抽象的理想、超验的价值活着。利己主义和个

---

① Berman, *All that is Solid Melt into Air*, New York：Simon and Schaster, 1982, p. 143.
② 《马克思恩格斯全集》第 30 卷，人民出版社 1995 年版，第 114 页。
③ 参见《马克思恩格斯全集》第 3 卷，人民出版社 2002 年版，第 194 页。
④ 《马克思恩格斯选集》第 1 卷，人民出版社 1995 年版，第 275 页。

人主义必然成为现代市民社会的基本原则。舍己为人甚至舍生取义的现象当然存在，并且仍然值得崇尚和宣传，但它们已经不是时代的普遍要求和基本状况了。相对于具有"神性"的古代世界，现代世界表现得很鄙俗。现代经济学的"经济人假说"是对现代人类生存状况最一般的合理抽象。问题在于，实证的经济学没有揭示这一假说的现代性质，没有揭示其资本主义生产的存在论基础，而是把它理解为一种非历史的永恒绝对了。

现代历史进入了"以物的依赖性为基础的人的独立性"时代。超感性的神性统治的崩溃本质上是世俗的物性统治的确立。当然，这个从"超感性事物"的绝对统治走向商品资本统治的过程也有理由被看成一种解放，被看成实现自由平等的一个步骤。人民毕竟从自我实现的彼岸天堂回到了血与火交织的此岸世界。在这个世界，上帝面前的平等变成了现代法权面前的平等。作为天生平等派的货币和作为绝对自由派的商品其实是一回事，它们都是反对专制、集权和愚昧的现代派。能说现代人没有价值信仰了吗？自由、平等、博爱不是在现代被做成了绝对普遍的价值观念吗？这哪里是价值虚无主义，而是地地道道的绝对主义呀！然而，历史唯物主义总是无情地直抵问题的根本。它主张从现实实践、从社会生活的生产和再生产来把握观念的形成。马克思指出，如果不考虑思想的社会历史基础，就会认为在贵族统治时期占统治地位的概念是荣誉忠诚，而在资产阶级统治时期则是自由平等。[①] 割裂观念和观念产生的实践基础，就容易将价值观念变成纯粹思想上的道德应当，将解放看成唯灵论的自由。在马克思看来，纯理论和纯思想领域内的解放只是幻想，真正的自由它除了要求唯心的"意志"外，还要求完全能感触到的物质条件。[②] 只有深刻把握特殊历史时代的物质生产及与之相适应的精神生产之间的相互作用，才能真正理解此一时代的价值观念和价值原则。这是历史唯物主义讨论价值问题时的基本要求。

资本才是现代的本质范畴，是现代存在的对象性存在形式。马克思所谓"以物的依赖性为基础的人的独立性"中所谓的"物"指的就是客观化了的商品资本关系，它是现代事物历史性的存在方式和存在关系。在商品资本的普遍中介中，不仅自然成为有用的物，而且人也成为资本生产的要

---

① 参见《马克思恩格斯选集》第 1 卷，人民出版社 1995 年版，第 100—109 页。
② 参见《马克思恩格斯全集》第 2 卷，人民出版社 1957 年版，第 121 页。

素，成为物化的劳动力商品。马克思说，"如果说以资本为基础的生产，一方面创造出普遍的产业劳动，即剩余劳动，创造价值的劳动，那么，另一方面也创造出一个普遍利用自然属性和人的属性的体系，创造出一个普遍有用性的体系，甚至科学也同一切物质的和精神的属性一样，表现为这个普遍有用性体系的体现者，而在这个社会生产和交换的范围之外，再也没有什么东西表现为自在的更高的东西，表现为自为的合理的东西"①。对于现代精神价值取向的讨论，离开了资本这一本质的存在论范畴，其意义是十分有限的。马克思之所以在"现代解放"之后还要探索"人类解放"的未来可能性，就是因为在他看来，由于资本主义生产方式的制约和限制，现代的自由平等还只具有抽象的、形式的意义，它们停留在思想政治解放这一部分的领域，并且仅仅使有产者表现为被巩固者和被实现者。新的解放需要深入作为历史存在论基础的资本主义生产方式的根本性变革中。在这一根本性的变革中，作为价值应当的自由、平等和民主等将获得自己的坚实肉身，由此瓦解它们作为与生存实践相异化的唯灵论存在。

那么，在一种总体性变迁尚未成为现实的存在处境中，价值观的批判和建设具有何种性质和何种意义呢？其实，关于这个问题的可能见解在此已经相当明显了。如果说历史本身就是超越实存的能在领域，在这个超越性的领域中不仅思想要趋向现实，而且现实也要趋向思想的话，根植于存在论的价值批判本身即是存在论展开的基本维度。历史存在不是自在展开的过程，历史的存在论当然不是关于这个自在过程的事实描述。当存在论以属人的实践为基础的时候，历史作为实践建构的开放状态和开放过程，价值论已经获得它的存在论基础和存在论意义了。人作为类如何存在和如何去存在这样一种表达不是已经将存在论和价值论关联在一起了吗？历史唯物主义对于现代性的存在论批判岂不同时是一种价值论的批判？没有超越性的观念指引历史能够成为超越的存在过程吗？问题仅仅在于，价值观的批判如何能够澄清它自己的存在论基础，因此价值观的建设不是变成掩盖坚硬现实的虚假意识，也不是亦步亦趋地成为非批判的实证主义。如果历史中只有抽象的应当或坚硬的必然两种选项，就不会产生同时扬弃形而上学和实证主义的历史唯物主义了，即便产生了，如今也将不再是现实的需要。在马克思之后，在历史唯物主义超越思辨形而上学的存在论视域

① 《马克思恩格斯全集》第 30 卷，人民出版社 1995 年版，第 389—390 页。

中，请不要让我们再在抽象的纯粹"信仰"和纯粹"现实"之间进行选择了。错误前提下的选择无论如何都将是错误的。然而，历史从来不是这种抽象的纯粹！

［原载《学习与探索》2015 年第 4 期（总第 237 期）］

从梁漱溟思想看儒家精神特质
——兼论马克思主义与儒学之会通

何中华*

从某种意义上说，梁漱溟先生的真正贡献不在于从学问上对儒学做出怎样的拓展或深化，而在于拨乱反正，重新贞定对待儒家思想的恰当态度和方式，并身体力行，以自身的践履扭转儒家思想的知识论建构之歧途，从而恢复其本来面目。正是在梁漱溟一生的行止中，儒家的本真精神得以敞显。

一　谁人是真儒？

在我看来，唯体现儒家真精神者，方为真儒。整个 20 世纪的中国，仅梁漱溟先生一人而已。晚清以降，随着"西学东渐"的步步深入，西方知识论规训把中国传统文化格式化了，由此注定了儒学的"学问化"命运。这就使得儒学的现实形态日益游离以至于背叛了儒家的本真精神。在此背景下，梁漱溟所做的努力尤显难能可贵。

梁漱溟把孔子的"根本精神"归结为"生活"，可谓抓住了儒学的实质和精髓。早在 1923 年，他就强调，"我们所能晓得孔子的，主要的是他的生活"。因此"打算主张孔子，或攻击孔子，要根本的着眼在他的生活上才是"，不然就"断没论到孔子的根本精神上"①。迄至 20 世纪 80 年代，晚年梁漱溟同样强调儒学即生活的观念，他说"我们非找着孔子原来根本

* 何中华（1962—　　），男，山东大学哲学与社会发展学院教授、博士生导师，主要研究马克思主义哲学与社会发展理论。

① 参见李渊庭、阎秉华整理《梁漱溟先生讲孔孟》，广西师范大学出版社 2003 年版，第 166 页。

的地方不可，从根本处发挥，让他活起来，以后才有话讲"①。即要求我们必须返回到孔子思想的本原处。这个本根性、原初性的所在者何？它不是理论，而是生活本身。梁漱溟指出："从孔子的幼年以至于老，无论不惑、知天命等，都是说他的生活。他所谓学问就是他的生活。他一生用力之所在，不在旁处，只在他生活上。"② 这就指出了孔子学问的基本性质和根本旨趣，从而确立了对待孔子学说的恰当态度。因此，梁氏批判汉代经学，以至于将其逐出孔学范围，因为在他看来，"他们不在生活上面去学孔子，将孔子生活丢下，只是去研究孔子的书籍、孔子的思想，他们的方向不是孔子的方向，当然要被划在范围之外"③。正确的态度，应该是在践履中体认。所以，不在工夫上验证，事实上去说话，只从符号上去讲求，终无头绪。最要紧的方法，是要把符号用事实去验证出来。……换言之，即"要实地去作这种生活，方可以讲这个东西。要把他当作思想或哲学客观地研究，完全不能讲"④。梁漱溟明确指出："前人往往不注意事实，我所谓事实者，即是生活。"⑤ 因此，那种对待儒学持做学问的态度，则无异于缘木求鱼、刻舟求剑，隔靴搔痒、不得要领，终将无法同真正的儒家精神照面。所谓"生活"，亦即人的实践活动所建构着的现实过程。按马克思的说法："全部社会生活在本质上是实践的。"⑥ 对人而言，"生活"只能是"亲在"性的。在海德格尔看来，它属于"当下上手状态"，而非"现成在手状态"。因此，生活不能充当知识论把握的对象。

尤有进者，梁漱溟更是把这种态度视作中国文化所特有的一种殊像。他说："颜渊跟孔子有一个相同的地方，不向外看，返过头来体认自己的生命生活。拿颜回作一个旁证，可知孔子和他最欣赏的学生全在自己的生命生活上用功大。"⑦ 孔子及其最得意门生的姿态，决定了以儒学为代表的中国文化的基本取向："中国的问题不是向外看，是注意在'生活的本身'，讲的是变化，是生活。要是用西洋的方法来讲，当然不适宜。盖凡

① 参见李渊庭、阎秉华整理《梁漱溟先生讲孔孟》，广西师范大学出版社 2003 年版，第 106 页。

② 同上书，第 14 页。

③ 同上书，第 15 页。

④ 同上书，第 8 页。

⑤ 同上书，第 8—9 页。

⑥ 《马克思恩格斯选集》第 1 卷，人民出版社 1995 年版，第 56 页。

⑦ 戴晴：《发扬中华民族的传统精神——访梁漱溟》，《光明日报》1986 年 7 月 21 日第 2 版。

从理智出来的东西，皆是固定不变的。"①

梁漱溟自觉地提出了"学问中人"同"问题中人"的区分。1934 年，梁漱溟在《自述》中反思道："我省思再四，我自己认识我，我实在不是学问中人，我可算是'问题中人'。"② 这是梁漱溟人生角色的自我定位，这一角色其实贯穿于梁先生的一生。直到晚年，梁氏依然特别强调"儒学即生活"的理念。这正是儒家的真精神的体现和要求所在，是儒学的志之所在。舍此，都不过是陋儒、俗儒、伪儒而已。"学问中人"与"问题中人"其区别何在？它又意味着什么？很值得进一步深究。"学问中人"总是把学术当作知识探究活动，把学术作为与本己生命无关的"死的"规定，进行旁观式的把握；"问题中人"则从自己的"亲在"出发，立足于他所处的那个时代，把学术当作一种解决生命课题的方式，进行参与式的体认。这是两种截然不同的立场和态度，前者适合的是追求客观性的认知原则，后者适合的则是追求实存性的生命原则。

梁漱溟在《中国文化要义》"自序"中坦言："我不是'为学问而学问'的。我是感受中国问题之刺激，切志中国问题之解决，从而根追到其历史，其文化，不能不用番心，寻个明白。"虽然梁氏也不得不"写书"，但他所提供和传达的并"不是书本上的知识，不是学究式的研究；而是从活问题和活材料，朝夕寤寐以求之一点心得。其中有整个生命在，并非偏于头脑一面之活动，其中有整整四十年生活体验在，并不是一些空名词假概念"③。因此，他不中取一客观之姿态，而是非知识论的态度，分明是生命的态度，即那种切己的、反身性的、价值上的自我肯认和辩护。知识论的态度是把被把握者对象化，看成"死"的、与生命无关的预成之规定。当然，这并不是说可以陷入主观随意，"怎么都行"。梁漱溟提醒道："还要能超出其外，静心以观之，才行。"④ 客观地看待是必要的，但出发点却须充满"温情与敬意"。梁漱溟之所以反复陈说"我无意乎学问""我不是学问家""以哲学家看我非知我者"……其关键就在于他试图突出地宣示自己的这种非知识论视野和角度的自觉定位。这也正是他把"乡村建

---

① 参见李渊庭、阎秉华整理《梁漱溟先生讲孔孟》，广西师范大学出版社 2003 年版，第 3 页。

② 《梁漱溟全集》第 2 卷，山东人民出版社 1990 年版，第 3 页。

③ 梁漱溟：《中国文化要义》，学林出版社 1987 年版，第 2 页。

④ 同上书，第 3 页。

设"试验而非治学作为他的志业和正途的根本缘由。所以，梁漱溟宁愿让人说他"是一个思想家，同时又是一社会改造运动者"①。在 20 世纪 30 年代，梁漱溟先生醉心于"乡村建设"实验，这本身就是其儒学亲在性的落实和体现。其实，梁氏并未拒绝现代化，他所心仪的只是那种真正从中国土壤里生长出来的现代化，他所拒绝的也仅仅是那种西方化意义上的现代化，即以置换掉中国文化为前提的现代化。因此，梁漱溟并未把传统文化当作对抗现代化实际进程的挡箭牌，以逗留于凌空蹈虚的幻像世界，而是身体力行地在中国大地上做实际尝试，其中最典型的工作当属他的"乡村建设"试验。

究竟是什么样的"问题"攫取了梁漱溟先生的心力和目光？他说："我生而为中国人，恰逢到近数十年中国问题极端严重之秋，其为中国问题所困恼自是当然。"②"以中国问题几十年来之急切不得解决，使我不得不有所行动，并眈玩于政治、经济、历史、社会文化诸学。……卒之，对中国问题我有了我的见解思想，更有了今日我的主张和行动。"③ 由此可见，梁漱溟坚决摒弃那种为学问而学问的态度，而是从切己的问题出发。他不在乎自己是否被看成是"哲学家"，也并不介意自己的所思所想算不算"学问"，而唯一关注并付诸一生的乃是"认识老中国，建设新中国"这个时代主题。这非常类似于当年钱穆先生所遭遇的问题及其历史语境。钱穆在回忆录中承认："东西文化孰得孰失，孰优孰劣，此一问题围困住近一百年来之全中国人，余之一生亦被困在此一问题内。……从此七十四年来，脑中所疑，心中所计，全属此一问题。余之用心，亦全在此一问题上。"④

究竟谁人才识得儒家的真精神？谁人才把握到了儒学的真髓？我认为，梁漱溟先生应该是当之无愧的。梁漱溟在 20 世纪的象征意义就在于他以其切身的践履功夫和态度，复活了儒家的最为本然的性质，那就是"儒学即生活"的规定。他正因此才成为儒学本性的见证者和体现者。因为我们不得不承认，梁漱溟所选择的路才是真正的儒家该走的路，他所取的态度才是儒学的本真态度。在此意义上，艾恺说梁漱溟是"最后的儒家"，是再恰当不过的了。艾恺在其梁漱溟传记中文版序中给出了这种称

---

① 梁漱溟：《中国文化要义》，学林出版社 1987 年版，第 5 页。
② 同上书，第 2 页。
③ 同上书，第 4 页。
④ 钱穆：《八十忆双亲·师友杂忆》，生活·读书·新知三联书店 1998 年版，第 46 页。

谓的理由："在近代中国，只有他一个人保持了儒者的传统和骨气。"① 我认为，最关键之点应在于梁氏对儒学所采取的那种最本真的领会方式，因为这才真正体现出儒家的真精神。

二　中国文化精神与儒学品性

作为中国传统文化的基本内核，儒学的品性在很大程度上规定并代表了中国文化精神的最主要特征。

儒学乃至整个中国传统文化具有强烈的拯救情结和担当意识。这种自觉的使命感，始终是中国士大夫阶层所固有的标志。孔子曰："人能弘道，非道弘人。"（《论语·卫灵公》）"弘道"的使命感，既是拯救，也是担当。孔子谓"杀身成仁"，孟子谓"舍生取义"。孔子曰："士不可以不弘毅，任重而道远。仁以为己任，不亦重乎？死而后已，不亦远乎？"（《论语·泰伯》）孟子说："生于忧患，死于安乐。"（《孟子·告子下》）以儒家为代表的中国传统文化有着鲜明的天下情怀，有其特有的"天下观"。范仲淹谓"先天下之忧而忧，后天下之乐而乐"。朱熹赞扬范仲淹说："且如一个范文正公，自做秀才时便以天下为己任，无一事不理会过。一旦仁宗大用之，便做出许多事业。"（《朱子语类》卷一二九）顾炎武则谓"天下兴亡，匹夫有责"。这种拯救情结和担当意识，不属于理论的范畴，不是认知范围内的规定，而属于实践的动机。

"儒学即生活"的信念决定了儒家及其代表的整个中国文化从未游离于生活之外，变成人们的身外之物，而是人的生命方式本身的反思形式。因此，在中国文化中并不存在形而上同形而下的紧张和冲突。中国文化无疑有形而上与形而下的分野，如《易传》的道与器之别，《老子》的可道与不可道之别，佛家的色与空、此岸与彼岸之别，但这类分别并非不可贯通的屏障，而是一而二、二而一的关系。从运思方式看，中国文化缺乏知性思维，这就使得感性和理性之间因缺少一个否定的环节而直接相混淆。这应该是造成中国文化中文、史、哲不分和科学、技术、艺术交融的一个重要原因，也是造成中国文化在形而上者与形而下者之间缺乏像西方文化

---

① ［美］艾恺：《最后的儒家——梁漱溟与中国现代化的两难》，王宗昱、冀建中译，江苏人民出版社 1996 年版，第 4 页。

中的那种张力结构的认识论原因。知性认识构成形式逻辑的认识论基础。由于知性把同与异相分离，使得同沦为 A＝A，异变成 A≠非 A。如此一来，矛盾（对立统一）便在思维中被消解掉了，同一性成为不包含任何差异于自身的纯粹的自我等同，其结果是变成了与思维内容无关的单纯的形式规定，同时变成了不可能通过内在的自我扬弃而实现"发展"（辩证法意义上的）。于是，就不可避免地陷入作为思维方式的形而上学。就此而言，知性认识独断化，从而变成一个不可超越的终极形态，乃是形而上学的深刻认识论原因。从某种意义上说，形式逻辑就是知性认识在逻辑形式上的表征，形而上学则是知性认识在思维方式上的体现，它们归根到底都植根于知性认识这一原初基础。只有生活本身才能孕育出切己的"问题"。学问固然也会产生问题，但学问中的问题乃是人的身外之物，与生命无关。儒家认为"道不远人"（《中庸》），它要求对超验世界的领悟必须落实到当下。儒家所推崇的人格极致亦即"圣人"，既是超越的人格理想，同时又是有血有肉的活生生的人。孟子说："人皆可以为尧舜"（《孟子·告子下》），佛教相信"人人皆有佛性。"慧能就说"人即有南北，佛性即无南北；葛獠身与和尚不同，佛性有何差别？"（慧能《坛经·行由第一》）王阳明甚至说："满街都是圣人。"（王阳明《传习录》下）其实，这是从成圣、成佛的可能性上说的，但这类说法至少弥合了规范性规定同事实性规定之间看似不可逾越的鸿沟。庄子甚至说："道""无所不在"，包括"在蝼蚁""在稊稗""在瓦甓"，甚至"在屎溺"（《庄子·知北游》）。这在佛家那里也有类似的说法。例如，石头希迁和尚的弟子问老师："如何是禅？"他答道："碌砖。"又问："如何是道？"答曰："木头。"（普济《五灯会元》卷第五）云门文堰和尚的弟子向老师请教："如何是佛？"云门文偃回答："干屎橛。"（普济《五灯会元》卷第十五）禅宗则宣称"担水劈柴无非妙道"，"平常心即佛"。《心经》云："色不异空，空不异色；色即是空，空即是色。"佛教把脱离"有"的"无"称作"顽空"或"断灭空"。中国文化的体用不二传统缺乏此岸与彼岸之间的必要的张力结构。僧肇在《肇论》中云："道远乎哉。触事而真；圣远乎哉。体之即神。"（《肇论·不真空论》）湛然说："一草一木，一砾一尘，各一佛性，各一因果，具是缘了。"（湛然《金刚錍》）

庄子说"六合之外，圣人存而不论"。（《庄子·齐物论》）孔子就说过："未能事人，焉能事鬼？""未知生，焉知死？"（《论语·先进》）其实，中国文化并非没有超越性，而仅仅是把这种超越性落实于日用伦常之中罢了。这样的文化取向，养成的"国民常性，所察在政事日用，所务在工商耕稼，志尽于有生，语绝于无验"①。注重经世致用，此所谓"广大高明而不离乎日用"②。

正如熊十力在谈到中西哲学之分野时所说的那样："哲学之功，中圣深于体认，西贤极其思辨。"③ 通过中西印三种文化的比较，他认为："中国人头脑重实践而不乐玄想。故其睿圣者，恒于人伦日用中真切体会，而至于穷神知化，是得真实证解，而冥应真理者也"；与此不同，"西洋人头脑尚玄想而必根事实，又不似中人但注意当躬之践履"；而"印度人头脑尚玄想而过在蹈空"④。曹聚仁亦认为："中国哲学最注重身心实践，将思想与生活打成一片，认为至理的实践不在现实生活之外，而求在日常生活中表现至理。……知识理论与生活实践，不可分为二事。印度哲学主脱离现实而别求究竟，西洋哲学不免分知识与实践为二，中国哲学则主于现实生活之实践中体现究竟真理。"⑤

中国的学问是一定要落实到生命中的。把"学问"同"生活"撅为两截，绝非中国文化的秉性和偏好。这也在归根到底的意义上注定了现代新儒家何以一定要把儒学当生命观的根本缘由。从某种意义上说，现代新儒家不过是晚清以来中国文化焦虑的应激反应。文化上的许多关系及其性质，在这样一种极其特殊的历史情境下，都能够以格外显豁的方式凸显出来。对中国文化作"生命"观，乃是现代新儒家文化意识的一大突出特点。1958 年，张君劢、唐君毅、牟宗三、徐复观联名发表《为中国文化敬告世界人士宣言——我们对中国学术研究及中国文化与世界文化前途之共同认识》，明确宣称："我们首先要恳求：中国与世界人士研究中国学术文化者，须肯定承认中国文化之活的生命之存在。"⑥ 这种对中国文化作生命观的态度，从根本上决定了"同情与敬意的了解"之姿态。现代新儒家反对那种把中国文化当成无生命精神的"死"古董，即所谓"凭吊古迹"的

---

① 汤志钧编：《章太炎政论选集》下册，中华书局 1977 年版，第 698 页。
② 陈白沙：《与汪提举》，载《陈献章集》（上），中华书局 1987 年版，第 203 页。
③ 熊十力：《十力语要》，中华书局 1996 年版，第 278 页。
④ 同上书，第 20 页。
⑤ 曹聚仁：《中国学术思想史随笔》，生活·读书·新知三联书店 1986 年版，第 213 页。
⑥ 张君劢：《新儒家思想史》，台湾弘文馆出版社 1986 年版，第 627 页。

态度。他们认为，"如果任何研究中国之历史文化的人，不能真实肯定中国之历史文化，乃系无数代中国人，以其生命心血所写成，而为一客观的精神生命之表现，因而多少寄以同情与敬意，则中国之历史文化，在他们之前，必然只等于一堆无生命精神之文物，如同死的化石"①。这意味着，对中国文化的体认，须先有一种肯定意义上的价值贞定，方有恰当了解的可能。这显然是一种价值优位的立场。最值得注意者，乃现代新儒家已经领悟到，"这种学问（指儒学——引者注），不容许人只先取一冷静的求知一对象，由知此一对象后，再定我们行为的态度。此种态度，可用以对外在之自然与外在之社会，乃至对超越之上帝。然不能以之对吾人自己之道德实践，与实践中所觉悟到之心性"②。只有人的价值存在，才能真正标志人之所以成其为人的本质规定。所以对人的存在的历史——文化表征的体认，必须采取一价值立场和视野。当我们把人的存在视为价值存在的时候，知识论的态度只能是一种遮蔽；"同情与敬意的了解"本身作为价值的视野，只有它才能带来一种敞显和解蔽。现代新儒家为什么要求国人对本土文化作生命观？其原因就在于中国文化乃是作为生命的存在方式而被建构起来的，它因此不能作为人的身外之物、不能作为被认知的对象加以观照，而只能作为反身性体认的生命之流而被领会。由此决定了对中国人而言，中国文化只能是存在论性质的，而非知识论性质的。在此意义上，"同情与敬意的了解"特别地隶属于中国文化，这是由中国文化的独特性质所要求和规定的。钱穆先生在其《国史大纲》正文之前一上来就预先宣布"凡读本书请先具下列诸信念"，即"一、当信任何一国之国民，尤其是自称知识在水平线以上之国民，对其本国以往历史，应该略有所知。二、所谓对其本国以往历史略有所知者，尤必附随一种对其本国以往历史之温情与敬意。三、所谓对其本国以往历史有一种温情与敬意者，至少不会对其本国以往历史抱一种偏激的虚无主义，亦至少不会感到现在我们是站在以往历史最高之顶点，而将我们当身种种罪恶与弱点，一切诿卸于古人。四、当信每一国家必待其国民备具上列诸条件者比数渐多，其国家乃再有向前发展之希望"③。其中，最核心者乃为，"对本国以往历史"须持

---

① 张君劢：《新儒家思想史》，台湾弘文馆出版社 1986 年版，第 629 页。
② 同上书，第 640 页。
③ 钱穆：《国史大纲》（修订本）上册，商务印书馆 1996 年版，第 1 页。

"温情与敬意"之态度。这看上去似乎很独断，先入为主，未经自觉的反省和批判的清算。但这恰恰是基于"我相信"而成立的前提，它必须先行有效，方能使我们同本土文化及其历史真正地相遇。显然，其合法性不是植根于知识论的考量，即非基于"我知道"才成立，而是植根于价值论的信念。这正是"德性优先于知识"这一前提在反身性的文化体认中的表达和贯彻，是这一前提的必然诉求。

在儒家那里，德性优先于知识，这个顺序不可倒置。陆九渊说得好："若某则不识一字，亦须还我堂堂地做个人。"（《象山全集》卷三十五）这意味着道德既不依赖于知识，也优先于知识。"道德"何以优先于"知识"？从学理上说，其一般原因主要在于：首先，道德赖以成立的悬设属于信仰的范畴，它并不取决于知识。其次，"我相信"不等于"我知道"，二者之间具有不可通约性。再次，德性凸显人的生命之尊严，而知识则体现人与自然之间的连续性方面。第四，知识论的把握方式导致价值的遮蔽，这也包括道德的遮蔽，例如对人的科学解释，其结果不能不陷入一系列的还原：性理→伦理→心理→生理→物理。正是在这种还原中，人性丧失殆尽，最后被归结为物理。这正是人的物化在学理上的原因。

特殊地说，中国文化之所以特别强调实践的本然性和优先性，其原因主要在于：

首先，中国文化的实践性特质，归根到底是由它的伦理道德偏好决定的。因为道德属于实践范畴，而不属于理论范畴。康德区分了理论理性和实践理性，前者涉及认识如何可能的问题，后者涉及道德如何可能的问题。按照亚里士多德关于知识的分类，道德属于"实践智慧"，是伦理学探究的内容。不过，在西方文化语境中，无论怎样划分，最后都难逃被知识化的命运。只是在中国文化中，伦理道德才以其本真的形态被表征着，因为它只有在践履中才能本然地显现。同西方文化相比，中国文化把求真和审美归结和还原为致善，西方文化则是把致善和审美归结和还原为求真，两者虽然都有着对真善美的追求，但立脚点不同。致善作为一种实践智慧，属于实践的领域。"善"的领域，说到底是个实践的问题，而非理论或认知的问题。中国有着古老的伦理道德的传统，却没有"伦理学"；有着古老的审美创造的历史，却没有"美学"；有着古老的思想学术的传承，却没有"逻辑学"；有着一流的文学艺术作品却没有一本讲"文法"的书。何以如此？概源于中国文化从未打算把这一切作为认知和逻辑分析的对象、作为学问的对象去处理。在中国文化语境中，对真善美从未采取西方式的那种知识论的姿态去看待，未曾把真善美学问化。孔子关于"仁"的思想，总是体现在特定的具体情境的表征当中，从未给出一抽象定义，所以才造成了"瞻之在前，忽焉在后"（《论语·子罕》）的情形。对于中国文化而言，这种情形并非缺点，而是应当如此者。程伊川曰："学也者，使人求于内也，不求于内而求于外，非圣人之学也。"（《二程遗书》卷二十五）所以，张之洞认为："中学为内学，西学为外学；中学治身心，西学应世事"（《劝学篇·会通》）。中国学问的终极旨趣在于"学做人"而已，所以没有发展出自然科学来。在某种意义上，这也正是"李约瑟难题"的答案之所在。学问被引向了成就人的道德人格一途。所以说："君子学以致其道"（《论语·子张》）。这里所谓的"道"不是自然律，而是为人之道，亦即道德之道。"德者，得也。"道德即得道，无非是得做人之道而已。《大学》一上来就说："大学之道，在明明德，在亲民，在止于至善。"大学之道的终极归宿在于"至善"而已。陆九渊说："凡欲为学，当先识义利公私之辨。今所学果为何事？人生天地间，为人自当尽人道。学者所以为学，学为人而已。"（《象山全集》卷三十五）在中国文化语境中，人们的审美创造及其产物，也固有其道德教化的功能。孔子说"诗三百，一言以蔽之，曰思无邪。"（《论语·为政》）所谓"思无邪"，就是正其不正以归于正，亦即《大学》所倡导的"诚意正心"的"内圣"功夫。因此，孔子说《诗》可以使人"迩之事父，远之事君"。（《论语·阳货》）《诗经》的"思无邪"，有正人心之作用。《大学》《中庸》中就有若干条内容都是直接引证《诗经》的原文，进而从中引申出道德之义理。所以，中国文化有着悠久的诗教和乐教传统，审美由此被引向了助人伦、成教化、敦性情，以至于移风易俗的途径。

其次，"知行合一""体用不二"的文化理念，特别强调践履的功夫，内在地要求必须把"知"落实到"行"之中。孔子的"六艺"，即礼、乐、射、御、书、数，主要是实践性的功夫，而非理论性的技巧；因为它们属于能力的范畴，而不是知识的范畴。孟子曰："由仁义行，非行仁义也。"（《孟子·离娄下》）显然，在他看来，"仁义行"并不等于"行仁义"。其中的差别不可不察。就后者言，仁义不过是工具性的规定而已，是被行的手段，因而是受动的、消极的、非主宰和非主体性的，其中"行"并非"仁义"的本然之要求。就前者言，"仁义"则是主体，是

"行"的本然之性的内在诉求。王阳明说："未有知而不行者，知而不行，只是未知；知是行之始，行是知之成。"（王阳明《传习录》上）"知之真切笃实处即是行，行之明觉密察处即是知。"（王阳明《传习录》中）他还说："今人学问只因知行分作两件，故有一念发动，虽是不善，然却未曾行，便不去禁止。我今说个知行合一，正要人晓得一念发动处便即是行了。"（王阳明《传习录》下）需要注意，关于"知行合一"，尽管在历史上众说纷纭，但在中国文化语境中从来都只是在道德论意义上说的，与知识论无关。正如贺麟先生所指出的："知行合一说与王阳明的名字可以说是分不开的。王阳明之提出知行合一说，目的在为道德修养，或致良知的功夫，建立理论的基础。"① 既然"知"与"行"原本没有"分"，又何以言"合"？王阳明之所以强调"知行合一"，仅仅是针对人们已经把"知""行"割裂开来的这一事实而言的。他批评道："知行工夫，本不可离，只为后世学者，分作两截用功，先却知、行本体，故有合一并进之说。"（王阳明《传习录》中）因此，"虽把知行分作两个说，毕竟将来做那一个工夫，则始或未便融会，终所谓百虑而一致矣。"（《王阳明全集·答友人问》）王阳明力倡"事上磨燎""践履功夫"，主张"日用事为间，体究践履，实地用功"（王阳明《传习录》中）。关于"体用不二"，程颐曰："体用一源，显微无间。"（《伊川易传序》）朱熹亦曰："本体无著莫处，故只可于用处着"（《朱子文集》卷六十一）；"盖寻这用，便可以知其体"（《朱子语类》卷四十二）。王船山说："天下无无用之体，无无体之用。"（《读四书大全说》卷六）因此，"凡言体用，初非二致。有是体则必有是用，有是用必固有是体，是言体而用固在，言用而体固存矣"（《读四书大全说》卷七）。故"体用元不可分作两截"（《读四书大全说》卷一），"体用相函者也"（《周易外传》卷五）。在中国文化中，"用"也不似西方文化那样，被理解为对理念之分有的一切可能的形态，包括与人及其存在无关的形态；而是隐含着一个人本学的向度。正如王船山所言："道行于乾坤之全，而其用必以人为依；不依乎人者，人不得而用之，则耳目所穷，功效亦废。其道可知而不必知。圣人之所以依人而建极也。"（王夫之：《周易外传》卷一）所谓"其用必以人为依"，就彰显出人的存在之维。

---

① 贺麟：《五十年来的中国哲学》，商务印书馆 2002 年版，第 130 页。

再次，中国文化特别强调证成功夫，认为学理本身并无独立的意义和价值，它只有落实于事功才是最后归宿和最高境界。《左传》曰："正德、利用、厚生，谓之三事"（《左传》文公七年）；又曰："民生厚而德正，用利而事节"（《左传》成公十六年）；还曰："夫民，生厚而用利，于是乎正德以幅之"（《左传》襄公二十八年）。所有这些说法，无非意在强调道德必须通过事功才能得以落实。孔子说"君子欲讷于言而敏于行"；"古者言之不出，耻躬之不逮也"（《论语·里仁》）。他还说："始吾于人也，听其言而信其行，今吾于人也，听其言而观其行。"（《论语·公冶长》）《易传·系辞下》曰："精义入神，以致用也；利用安身，以崇德也。"墨子说"言必有三表"，即"有本之者，有原之者，有用之者"（《墨子·非命上》）。"上本之于古者圣王之事"，"下原察百姓耳目之实"，"发以为刑政，观其中国家百姓人民之利"。荀子曰："善言古者，必有节于今；善言天者，必有征于人。凡论者，贵其有辨合、有符验，故坐而言之，起而可设，张而可施行。"（《荀子·性恶》）韩非认为："无参验而必之者，愚也；弗能必而据之者，诬也。"（《韩非子·显学》）他还说："夫言行者，以功用为之的彀者"；所以，"今听言观行，不以功用为之的彀，言虽至察，行虽至坚，则妄发之说也。"（《韩非子·问辩》）。在韩非看来，高明的统治者"听其言必责其用，观其行必求其功"（《韩非子·六反》）。汉代的王充在其《论衡》中说："事莫明于有效，论莫定于有证。空言虚语，虽得道心，人犹不信。"（《论衡·薄葬》）他还讲："凡论事者，违实不引效验，则虽甘义繁说，众不见信。"（《论衡·知实》）近代的魏源则提出："善言心者必有验于事矣"；"善言古者必有验于今灵矣"；"善言我者必有乘于物矣"①。

三　马克思主义与儒学会通之可能性的根据

如果说"儒学即生活"，那么对于马克思主义而言也可以说"哲学即实践"。因为在马克思那里，哲学变成了人的存在方式的历史展现及其完成。在马克思看来，沉湎于理论的"象牙塔"，则意味着对现实的逃避。

---

① 魏源：《〈皇朝经世文编〉叙》，载《中国近代思想史参考资料简编》，生活·读书·新知三联书店1957年版，第62页。

这也恰恰是马克思主义哲学之所以能够同儒学会通的深层原因。

马克思同样有其自觉而强烈的拯救情结和担当意识。他在中学作文《青年在选择职业时的考虑》中提出，"在选择职业时，我们应该遵循的主要指针是人类的幸福和我们自身的完美"①。青年马克思认为，使人类幸福同自身达到完美，并不相矛盾，而是统一的。因为使人类幸福恰恰构成人的自身完美的条件。这体现出马克思的拯救情结和以天下为己任的情怀。他写道："如果我们选择了最能为人类福利而劳动的职业，那么，重担就不能把我们压倒，因为这是为大家而献身；那时我们所感到的就不是可怜的、有限的、自私的乐趣，我们的幸福将属于千百万人，我们的事业将默默地、但是永恒发挥作用地存在下去，而面对我们的骨灰，高尚的人们将洒下热泪。"② 马克思在博士论文中写道："普罗米修斯是哲学日历中最高尚的圣者和殉道者。"③ 他立志成为一名当代的"普罗米修斯"。据拉法格回忆，马克思曾说过："科学绝不是一种自私自利的享乐。有幸能够致力于科学研究的人，首先应该拿自己的学识为人类服务。"而他最喜欢的格言之一就是"为人类工作"④。由此不难窥见马克思科学研究活动的人间情怀。在马克思看来，科学本身并非目的，而是为人类服务的手段而已。

其实，马克思同样也是由问题引导，做"问题中人"。他所从事的工作绝非无关痛痒的书斋里的思辨游戏，而是切己的关乎生命生活的重大现实问题逼迫的结果。在此意义上，马克思无异于西方文化史上的一大反传统者。这颇类似于后现代先锋派绘画对于西方两千年来的写实主义传统的背叛，也正因此才同中国的绘画更具有亲和性一样。1842 年，青年马克思在《莱茵报》公开发表的一篇文章中指出："一个时代所提出的问题，和任何在内容上是正当的因而也是合理的问题，有着共同的命运：主要的困难不是答案，而是问题。"⑤ 那么，"问题"又是什么呢？在马克思看来，"问题就是公开的、无畏的、左右一切个人的时代声音。问题就是时代的口号，是它表现自己精神状态的最实际的呼声"⑥。青年马克思又说："任

① 《马克思恩格斯全集》第 40 卷，人民出版社 1982 年版，第 7 页。
② 同上。
③ 同上书，第 190 页。
④ 中央编译局编：《回忆马克思》，人民出版社 2005 年版，第 187 页。
⑤ 《马克思恩格斯全集》第 40 卷，人民出版社 1982 年版，第 289 页。
⑥ 同上书，第 289—290 页。

何真正的哲学都是自己时代精神的精华。"① "哲学家……是自己的时代、自己的人民的产物，人民最精致、最珍贵和看不见的精髓都集中在哲学思想里。"② "时代精神"，无疑都浓缩在"问题"当中。哲学要以其反思的状态把握自己时代的时代精神，就必须直面"问题"，因为时代精神本身必然内在地固有其特定的问题。响应"问题"的召唤，也就是对时代挑战的回应。它归根到底是实践逼迫的结果"问题"是什么？归根到底是实践提出来的，是已有的理论不是以解释新出现的事实的表现，是实践向理论提出的"质询"，说到底是实践逼迫的结果。

在马克思《关于费尔巴哈的提纲》这一新世界观萌芽的第一个文件中，最后一条就是"哲学家们只是用不同的方式解释世界，问题在于改变世界"③。马克思之所以把自己的哲学叫作"实践的唯物主义"④，或者"把感性理解为实践活动的唯物主义"，就是因为"新世界观"的终极旨趣在于回到实践，亦即回到生活。因为在马克思看来，全部社会生活在本质上是实践的。⑤ 恩格斯《在马克思墓前的讲话》中强调指出："马克思首先是一个革命家。"⑥ 对于马克思而言，革命不能被旁观，只能被参与。"革命家"是一个实践者的角色，他不是"坐而论道"，而是"起而实行"。正因此，马克思才把"实践的唯物主义者"同"共产主义者"看作同义词。他从来都不是一个书斋式的思想家，而是一个"实践的唯物主义者"。毋宁说，这是无产阶级革命时代的"知行合一"。马克思何以把自己学说的出发点和归宿都归结为"改变世界"，而不是"解释世界"？这绝非偶然，而是由其全部学说的内在本性所要求和决定的。青年马克思就已指出："我们的任务不是推断未来和宣布一些适合将来任何时候的一劳永逸的决定"，而是"对现存的一切进行无情的批判"。"所以我不主张我们竖起任何教条主义的旗帜⑦。所谓"无情的批判"，就是"使现存世界革命化，实际地反对并改变现存的事物"⑧，亦即诉诸现实的感性活动。

---

① 《马克思恩格斯全集》第 1 卷，人民出版社 1960 年版，第 121 页。
② 同上书，第 120 页。
③ 《马克思恩格斯选集》第 1 卷，人民出版社 1995 年版，第 57 页。
④ 同上书，第 75 页。
⑤ 同上书，第 56 页。
⑥ 《马克思恩格斯选集》第 3 卷，人民出版社 1995 年版，第 777 页。
⑦ 《马克思恩格斯全集》第 1 卷，人民出版社 1960 年版，第 416 页。
⑧ 《马克思恩格斯选集》第 1 卷，人民出版社 1995 年版，第 75 页。

马克思特别强调实践关系相对于理论关系的至上性和优先性。例如，他在批评阿·瓦格纳的《政治经济学教科书》时指出："在一个学究教授（指黑格尔——引者注）看来，人对自然的关系首先并不是实践的即以活动为基础的关系，而是理论的关系。"问题在于，"人们决不是首先'处在这种对外界物的理论关系中'。正如任何动物一样，他们首先是要吃、喝等等，也就是说，并不'处在'某一种关系中，而是积极地活动，通过活动来取得一定的外界物，从而满足自己的需要"①。青年马克思在他的博士论文中借普罗米修斯之口说过："老实说，我痛恨所有的神。"② 马克思的宗教批判固然是当时的那个时代的氛围影响的结果，因为政治合法性的解构不能不诉诸宗教合法性的解构，任何激进的否定都无法绕开宗教的批判。但必须看到，马克思的批判还有其超出当时一般宗教批判的独特角度和含义。因为在马克思看来，宗教所带给人的满足，不过是一种虚拟的满足，它缺乏真实性。基督教神学说到底仅仅是让人们改变对世界的看待方式，而并不触动和改变现实世界本身。这正是马克思所不能容忍的基督教的致命的保守性所在。马克思揭露了青年黑格尔派的那种局限，认为他们不过是用另一种方式来解释存在的东西，也就是说，借助于另外的解释来承认它。在马克思看来，基督教的缺陷也类似于青年黑格尔派的这种局限。马克思认为，基督教的天国仅仅是一种"幻想的现实性"，而不是"真正的现实性"；因为"宗教是人的本质在幻想中的实现"。作为一种"精神抚慰"，宗教带来的只是"人民的虚幻幸福"，而不是"人民的现实幸福"。马克思揭露道"颠倒的世界意识"（即宗教）不过是"颠倒的世界"的反映罢了。因此，要消除这个"颠倒的世界意识"，就必须先行地变革这个"颠倒的世界"本身。于是，马克思把宗教批判引向了对现实本身的批判。

实践关系优先于理论关系，这一顺序鲜明地体现在马克思主义哲学的原初基础中。马克思之所以清算以德国古典哲学所代表的一切可能的意识形态，就是因为它们不过是局限于"解释世界"的、顶多也不过是"书房里闹革命"的玄想罢了。因为马克思看透了"物质力量只能用物质力量来摧毁"。仅仅在意识形态范围内打转转，要么沦为苍白无力的思辨游戏，要么沦为自欺欺人的"爱的呓语"，它们都丝毫不能触动现实这一根基。所以，

---

① 《马克思恩格斯全集》第19卷，人民出版社1963年版，第405页。
② 《马克思恩格斯全集》第40卷，人民出版社1982年版，第189页。

首要的任务就是把人们从种种意识形态的蒙蔽中解脱出来。正是出于这一点，从事意识形态批判才构成马克思终其一生的哲学使命。马克思领悟到，"改变意识"只有通过"改变世界"才是可能的。因为"意识的一切形式和产物不是可以通过精神的批判来消灭的，不是可以把它们消融在'自我意识'中或化为'幽灵'、'怪影'、'怪想'等等来消灭的，而只有通过实际地推翻这一切唯心主义谬论所由产生的现实的社会关系，才能把它们消灭"①。总之，"从人们意识中消除这些观念，就要靠改变了的环境而不是靠理论上的演绎来实现"②。因为"意识〔das Bewußtsein〕在任何时候都只能是被意识到了的存在〔das bewußte Sein〕，而人们的存在就是他们的现实生活过程"③。由此决定了马克思的"为历史服务的哲学"的全部任务就在于"使现存世界革命化，实际地反对并改变现存的事物"④。这正是马克思作为一个"革命家"，其身份和角色的全部含义。按照马克思的理路，一切意识形态都是一种理论的态度，一种知识论建构的态度。所以，马克思从未试图建立一种意识形态意义上的"哲学"。就此而言，他的确宣告了"哲学"的寿终正寝。马克思的一切哲学言说，说到底都不过是为了表明何以必须"回到事情本身"。他所秉持的这种"亲在"（Dasein）的态度，只有在回到实践并通过实践才能真正得以开显并被证成。

青年毛泽东提出："问苍茫大地，谁主沉浮？"这鲜明地体现了作为马克思主义中国化代表的毛泽东的"拯救情结"。当年马克思主义最撼动毛泽东心灵的地方究竟是什么？在20世纪20年代初，毛泽东在同蔡和森的几封讨论在中国建立共产党的通信中，谈及自己对国外学说的选择问题，体现出他的选择尺度。譬如，在评论罗素的哲学思想时，毛泽东写道："我对于罗素的主张，有两句评语，就是'理论上说得通，事实上做不到'。"⑤ 在他看来，"事实是当前的，是不能消灭的，是知了就要行的"⑥。而马克思主义则与其完全不同，因为"唯物史观是吾党哲学的根据，这是事实，不象唯理观之不能证实而容易被人摇动"⑦。由此看来，马

① 《马克思恩格斯选集》第1卷，人民出版社1995年版，第92页。
② 同上书，第95页。
③ 同上书，第72页。
④ 同上书，第75页。
⑤ 《毛泽东书信选集》，人民出版社1983年版，第5页。
⑥ 同上书，第7页。
⑦ 同上书，第15页。

克思主义之所以为毛泽东所倾心并自觉认同，一个重要原因就在于它的实践性。毛泽东选择并接受马克思主义，这本身就意味着：一方面，马克思主义相对于其他学说的最突出的特点，就是它的诉诸改变世界的基本取向；另一方面，毛泽东所遗传的中国文化固有其重视实践的基因，所以才赋予毛泽东文化选择的尺度和偏好。毛泽东特别强调"认识以实践始以实践终"①。他主张回到事情本身，认为"只有在实践过程才能暴露其本质而理解他［它］"②。毛泽东还指出："哲学的研究不是为着满足好奇心，而是为改造世界。"③

需要指出的是，无论在儒家那里，还是在马克思主义那里，实践活动都不是在工具和手段的意义上被强调的，而是在视野的意义上被凸显和重视的。换言之，对于儒学和马克思主义来说，实践都具有存在论含义。总之，马克思主义同儒学在基本精神上的契合，构成二者会通的内在理由。

四　还有一个问题

众所周知，梁漱溟同毛泽东之间在历史上发生过两次著名争论，一为1938年的延安窑洞之争，二为1953年的中南海之辩。在一定意义上，这两场争论归根到底是由现代新儒家与中国化的马克思主义之间的不相伴决定的。问题在于，它是否是对马克思主义同儒学相融合之可能性的一种证伪呢？回答是否定的。

毋庸讳言，梁漱溟思想同马克思主义学说之间存在着某种紧张，甚至有冲突。但这种紧张和冲突的具体情形相当复杂：有真实的，也有不真实的。不真实的方面包括政治化的处理所造成的某种误读或曲解，还包括因为彼此的成见带来的相互隔膜，等等。真实的冲突，虽然为两种思想的关系所固有，但并未妨碍两者在根本旨趣上的一致性和基本风格上的亲和性。这也是必须承认并正视的。

1938年1月，梁漱溟造访延安，受到毛泽东的接见。在延安的窑洞里，他同毛泽东发生了一场争论。其争论内容主要有二：一是中国抗日战

---

① 《毛泽东哲学批注集》，中央文献出版社1988年版，第37页。
② 同上书，第30页。
③ 同上书，第152页。

争的前途，二是中国社会发展的前景。限于本文宗旨，这里只关心后者。在"认识老中国、建设新中国"的问题上，梁漱溟从中国传统社会的特点出发，否认中国有马克思主义意义上的"阶级"存在，进而得出中国未来发展应走改良主义道路的结论。毛泽东则运用马克思主义的阶级范畴分析中国社会矛盾，从而得出走革命道路的结论。可以说，这种分歧反映着儒学同马克思主义在分析社会结构和社会关系方面视野上的不同。毛泽东在1939年同美国记者斯诺谈话时指出："我们始终是社会革命家；我们从来不是改良主义者。"① 毛泽东认为在民主革命阶段，中国共产党从未放弃社会主义革命的远大目标，而只是把资产阶级性质的民主革命看作走向这一目标的一个不可或缺的步骤罢了；尽管在民主革命阶段，不得不与资产阶级作某些策略上的让步或妥协。诚如艾恺所言："从根本上说，毛泽东的斗争论和梁漱溟的调和论之间这种区别一直是存在的。这并不奇怪，它反映了马克思主义和儒家模式之间的截然对立。"② 毛泽东同梁漱溟的争论，一则强调人类社会发展的一般逻辑，一则强调中国社会的殊异性。毛认为梁夸大了中国的特殊性，而梁则认为毛夸大了普遍性，结果谁也未被对方说服。按照梁漱溟后来的回忆"他（指毛泽东——引者注）说我的观点是太看重了中国社会的特殊性的一面，而忽略了共同性即一般性的一面。我则说他是太看重了一般性的一面，而忽略了最基本、最重要的特殊性的一面。两人相持不下，谁也没有说服谁"③。

另一场争论则是1953年发生的有关"大仁政、小仁政"之争。梁漱溟从农民立场出发，为捍卫农民利益而不赞成以牺牲农民利益为代价发展国家的工业化和国防；毛泽东则从整个国家发展出发，认为不得不付出必要的代价，其中包括暂时牺牲农民的某些利益。在一定意义上，这种分歧折射着儒学和马克思主义各自社会基础和时代维度上的差异，反映着传统社会和现代社会、农业文明和工业文明之间的历史距离。

梁漱溟、毛泽东之间的两场论辩的深层意义在于，它使我们在讨论马克思主义与儒学之间的会通时，必须注意并正视这种会通究竟在何种意义上成立。我们必须仔细地甄别会通之可能性的特定层面。在讨论这种会通

---

① 《毛泽东自述》，人民出版社1993年版，第143页。
② ［美］艾恺：《最后的儒家——梁漱溟与中国现代化的两难》，王宗昱、冀建中译，江苏人民出版社1996年版，第225页。
③ 汪东林：《梁漱溟问答录》，湖北人民出版社2004年版，第86页。

时，不得不同时充分顾及两者之间在某些具体内容上存在的不可通约性的一面。在肯定"同"的时候不能撇开或无视"异"的存在，反之亦然。马克思主义同儒学之间不仅有时代性差别，而且有民族性距离。譬如，梁漱溟就特别强调中国传统社会的"亚洲性"，指出："我们当然不能说旧日中国是平等无阶级的社会，但却不妨说它阶级不存在。"① 他以英国和中国为例加以比较，认为两者在"社会构造"上的分野在于：前者为"阶级对立"，后者为"职业分途"。② 虽然梁氏承认"阶级之形成于社会间，则是人类社会之一般性。中国其势亦不能尽失其一般性。故其形成阶级之趋势，二千年间不绝于历史"。但是，他仍然强调："未构成阶级，自是中国社会之特殊性。"而在他看来，"凡不能指明其特殊性，而第从其一般性以为说者，不为知中国"③。

梁漱溟同毛泽东争论的焦点是中国的出路究竟是改良还是革命？毛泽东强调革命，梁漱溟则主张改良。他们各自的理论支持不同，而这又取决于如何"认识老中国"。毛泽东与梁漱溟的分歧表面看来似乎是在"认识老中国"方面的不同认知造成的，实则植根于不同的假设（包括文化的和哲学的）。于是，在"建设新中国"的问题上，也就存在着根本的分野。毛泽东认为，中国社会有其特殊性，有自己的传统，自己的文化，这都是对的，但中国社会却同样有着与西方社会共同性的一面。而这共同性是最基本、最重要的一面。它就是人类自进入阶级社会以来，就存在阶级的对立和阶级的斗争。这个阶级斗争是推动人类历史前进的动力。而梁漱溟不同意毛泽东的观点，认为中国社会与外国社会不同。在历史上，外国的中古社会，贵族与农民阶级对立鲜明，贵族兼地主，农民即农奴，贫富对立，贵贱悬殊，但中国的中古社会不是这样，贫富贵贱，上下流转相通，……这种情况在中国历史上延续了一二千年。据此，梁氏提出了"伦理本位""职业分途"的结论。④ 因此，不宜采取革命的方法，而是需要走改良的路子。梁氏当时曾赠送毛泽东一本自己的著作《乡村建设理论》，毛泽东看后即表示："你的主张总的说是走改良主义的路，不是革命的路。

---

① 梁漱溟：《中国文化要义》，学林出版社 1987 年版，第 158—159 页。
② 同上书，第 159 页。
③ 同上书，第 160 页。
④ 参见汪东林《梁漱溟问答录》，湖北人民出版社 2004 年版，第 85—86 页。

改良主义解决不了中国的问题，中国的社会需要彻底的革命。"①

有趣的是，20世纪50年代初，梁漱溟在《光明日报》连续发表两文，公开承认："若干年来我坚决不相信的事情，竟然出现在我眼前，这不是旁的事，就是一个全国统一稳定的政权竟从阶级斗争中而建立，而屹立在世界的东方。我曾经估计它一定要陷于乱斗混战而没有结果的，居然有了结果，而且结果显赫，分明不虚。"② 尽管梁氏承认毛泽东在中国社会及其前途问题上是对的，自己的估计错了，但他并未因此而改变对儒学的基本立场和看法。这只能说明梁漱溟始终信任儒学的根本体系，而作出某种让步的只是某些策略选择。

晚年梁漱溟甚至说："中国社会的历史发展盖与印度同属于马克思所谓亚洲社会生产方式者，尤其有殊于一般。"③ 因此，"凡执着于社会发展史五阶段说者，无见于中国社会历史发展属于马克思所谓亚洲社会生产方式者，不可能于中国社会文化有认识，不可能懂得什么孔孟之道"④。耐人寻味的是，梁氏为中国社会及其文化的特殊性所作辩护，还不得不援引马克思的分析框架。这又意味着什么呢？其实，"亚细亚生产方式"是马克思提出并一再坚持的概念，而且在马克思晚年被演绎为"跨越资本主义'卡夫丁峡谷'"的思想。在此意义上，"亚细亚生产方式"这个概念本身就能够自洽于马克思整个学说之总体语境的一个"纽结"。而且，即使充分尊重东方社会之"亚洲性"，也并不妨碍从根本上同马克思对历史的解释模式相一致，特别是在马克思所谓的"历史向世界历史转变"这一新参照系之下，尤为如此。

由此可见，马克思主义与儒学的会通，更多的是"神似"，而不是"形似"。只要不拘泥于个别策略选择，不拘泥于个别结论，不拘泥于某种具体的分析架构，而是从根本精神上着眼，就不难发现两者之间的某种亲和性。

[原载《山东社会科学》2015年第11期（总第243期）]

---

① 参见汪东林《梁漱溟问答录》，湖北人民出版社2004年版，第85—86页。
② 转引自戴晴《梁漱溟、王实味、储安平》，江苏文艺出版社1989年版，第10页。
③ 李渊庭、阎秉华整理《梁漱溟先生讲孔孟》，广西师范大学出版社2003年版，第213页。
④ 同上书，第218页。

马克思主义哲学史研究

马克思是在什么样的基点上
开始哲学征程的？

以《伊壁鸠鲁哲学》中对"天象"的分析为例

聂锦芳

当一个人超越个人安身立命的功利考量而对世界和人生的存在方式及其意义开始进行思考的时候，意味着其哲学的自我意识诞生了；如果他一生都在关注和探寻这些重大而永恒的哲学问题、前后的思考构成一个持续而渐进的过程，那么起始点的状况昭示的将是他最终所能达到的思维高度的基准。对于马克思哲学思想的发展来说，情况正是如此。他毕生致力于对资本进行不懈的探究和批判，源自不断提升的哲学思维对其把握社会问题的奠基性意义；相应地，理解他那精深而复杂的思想世界，离不开对其哲学发展历程的追寻。然而，遗憾的是，在学界对马克思数十年理论建构过程的研究中，起始点的情形往往被忽视，以至于出现过某个时期宣传和阐释的马克思主义哲学原理比其哲学发轫期的思想还要简单，甚至低于这一时期的水准。这是很不正常的状况；我们加强对马克思这一时期哲学思想的研究正是为了弥补这一缺憾，从而进一步加深对克思主义哲学复杂内涵和论证逻辑的理解。

马克思哲学自我意识诞生、漫长的哲学征程起步始于其大学时代，当时他思考的议题主要来自古希腊晚期哲学。柏林大学读书期间写下的题为《伊壁鸠鲁哲学》的七本笔记，就是这一阶段他学习和思考的记录。我们知道，古希腊哲学文献本来就少，而伊壁鸠鲁本人的著述流传下来的只有三封信件和个别残篇，这样，就需要把他人所记录和阐述的伊壁鸠鲁散乱的思想明确化、条理化和一定程度的体系化①，以便于进一步评论和分析。马克思的笔记一开始做的正是这样的工作，这也是它被编辑归为 MEGA 第四部分的原因，只是到每一本笔记的三分之一篇幅后，马克思自己的观点阐释就大大加强了。所以，仔细研读就可以发现，这些笔记和评论其实不仅仅是摘抄，而是马克思当时一些朦胧而朴素的想法乃至不无矛盾和混乱的思绪的记录，构成一幅复杂的思想图景，涉及的问题包括：世界是什么？它由什么构成？人如何思考世界？人思考世界的目的何在？人思考世界有什么样的困难和可能的结局？人理解世界的思维方式是如何形成和发展的，等等。现在看来，能对这些永恒的哲学问题进行思考无疑是哲学思维产生和发轫的表征，不管他当时的思考是否有明确的答案，或者与后来思想的发展有多么大的差别，但能进行这种思考本身，就体现出一定的哲学高度、境地和水平。

一　世界的存在方式、结构要素及其关系

马克思的思考借助伊壁鸠鲁提供的议题而展开，但后者对世界的解释却充满歧义。

伊壁鸠鲁把世界看成是天体的总和，即包括地球在内的诸星球及其全部现象的存在，并且认为这是从无限性中分出的一部分，即无限中的可见部分，所以必然包含着确定的界限。超出界限，世界就不存在了，或者说不是世界了；而一旦界限消失（崩溃），就会陷入混乱，因为在有限性不存在的情况下，无限是不能理解和把握的。他还描述说，世界的界限是固定的，但形状各异，或者是圆的，或者是三角形的，也可以是任何一种别的外形，"所有这些样式都是可能的，因为这些状况没有一个为现象所否定。世界在哪里结束是不可知的，但是这种世界有无数之多是清楚的"②。此外，伊壁鸠鲁也解释了属于界限内的世界上的具体事物，认为它们都是

---

① 关于马克思为摘录、转述、概括和评论伊壁鸠鲁思想而参阅过的作品版本及其作者情况，参见拙文《作为马克思哲学思想起点的伊壁鸠鲁哲学》（《北京大学学报》2014 年第 5 期）第一部分的考证。

② 马克思这部分内容摘自《第欧根尼·拉尔修》第 10 卷，在《伊壁鸠鲁哲学》第二册（Zweites Heft）中马克思的绝大部分摘录都是用希腊文书写的，但这一段用了德文，很显然是他自己的翻译，也带有了他自己特定的理解，参见 Marx - Engels Gesamtausgabe, Ⅳ/1, Dietzverlag Berlin, 1976, S. 30。

暂时的，而不是永恒的或者一成不变的，因为它们都是复合体，各部分都是会变化、充满偶然性的。同样，也不应该认为，世界上的事物会具有同样的形状，恰恰相反，它们彼此是有区别的。伊壁鸠鲁的说法给马克思留下了进一步探讨、分析和评论的余地。

马克思指出，伊壁鸠鲁上述关于世界结构的学说的贫乏性是显而易见的，单就世界是地球、星球等天体的复合这一点什么也说明不了。一般地说，一切具体的物体都是复合的，按照原子论的观点，就是原子的复合。而"复合"是什么意思呢？复合的规定性就在于，它表明复合的要素之间是有差别、有界限的，因此，把世界称作是从无限性中分离出来的一块，然后又说界限是准确的规定，不过是同义反复、多余而无意义的解释，因为一块是从另一块中分离出来的，并且一个具体的东西同另一个东西不同总是因为它们之间有界限之分。

这里的关键不在于世界、事物有无界限，而在于界限是世界、事物直接、天然存在的，还是必须有什么因素参与进去才能得以明确和显现，才能知道这界限到底是什么？马克思的理解是："界限也正是需要解释的东西！"[①] 就是说界限和特有的差别显然是先天存在的，但它们究竟是什么、意义到底何在却是必须由人来赋予、领会和明确的。这样，问题就转化为必须把界限、差别归结为不确定性的观念，这就意味着，"世界"这一观念的本质存在于人的意识中、存在于通常的思维中，而说明界限、特有的差别的根据就是这种观念的内在性和必然性。所以，世界不仅仅是外在的，更是在思维中创造、产生和内部再现的，外在世界在意识中的存在就是这种"解释"。这与说神是存在的、是可以证实的，但是神之所以为神的特殊规定性的内容通常却是不容易被理解的、意蕴无穷的情形完全一样。

这种思路能不能进一步推进呢？即撇开纯粹外在的世界，把世界、事物的界限设想为任意的、是人为空间界限确定的任何规定，这样"世界"就成为一种不确定的观念性存在，是人用任何方式确定的感性的统一；或者说得更好理解些：世界的一半是有意识的人、一半是作为人的意识与外在世界中介的感性表象，世界的规定性和界限就像这些感性表象一样，是多种多样的，因为人的意识是多种多样、变化无穷的。此外，如果说，世

---

① Karl Marx, "Hefte zur epikureischen Philosophie", in Marx – Engels Gesamtausgabe, Ⅳ/1, Dietzverlag Berlin, 1976, S. 30；《马克思恩格斯全集》第 40 卷，人民出版社 1982 年版，第 53 页。

界的存在方式不是实体性的静止状态，而是一个运动变化的过程，那么这种变化就不是外在世界直接呈现出来的，而是靠人来理解、思考和总结的。人起初确实是被动地接受现实环境的具体情况而去做各式各样的事情；但是，随后人的理性、观念就要对自然所提供的东西进行整理、思考和加工，并以自己独特的理解和发现予以充实，这样的结果是认识某些事物和事件比较快，而认识另外一些事物和事情则比较慢；在某个时代人的认识有伟大的进展，在另外的时代进展则比较缓慢。

上述思路总括起来，运用到古希腊哲学家特别爱讨论的"天象"议题上，就可以知道，天象并不是"不依赖于人而存在"、与人无关的天体，而是天体呈现给人的状态——实际上是人对作为自然物的天体的观察、认识、理解和描述。这样，世界的要素及其关系就呈现出一种结构：天体——天象——人类；对象——现象——意识。很显然，在这些要素组成的世界系统中，如何估量每一要素与其他要素的关系乃至整个系统的作用是很关键的。

首先，人类与天体是结构、功能、意旨不同的两极。古希腊哲学家早就意识到确立天人关系的重要性，并为此煞费苦心，纷纷推出自己的解释，但又不无偏激之论。比如，阿那克萨戈拉赋予人的"理性"使宇宙自然井然有序的功能。而与此不同，伊壁鸠鲁认为，天体的运动、旋转、亏蚀、升降以及诸如此类现象的发生，绝不是由于存在某一个东西（比如人），似乎由它来管制、规定、支配着它们，使它们各归其位，更不能据此而拟人化地认为外在的天体也像人一样处在"享受着福祉和不朽"的"和谐"状态。他在人类与天体之间明显地划了界限，告诫人们，不要相信天体也会有"幸福"，它们不过是聚成一堆的火而已。"福祉""不朽"之类的说法是属于人的，因此当我们使用这些用语时，应保持全部虔敬，特别是不要轻率地将其用于自然物上，以免发生错位、离谱甚至风马牛不相及的情形，这种"矛盾本身就会引起内心的最大纷扰"①。所以必须假设，在世界产生的时候，既出现了这些凝结物质的最初结合，也出现了运动的强制性和周期性，这些与人类无关。

其次，处于不同两极的人类与天体又必须发生关系。天体与人类的不

---

① Karl Marx, "Hefte zur epikureischen Philosophie", in Marx – Engels Gesamtausgabe, Ⅳ/1, Dietzverlag Berlin, 1976, S. 25；《马克思恩格斯全集》第 40 卷，人民出版社 1982 年版，第 45 页。

同又不能被理解为两者之间没有关系，相反，它们之间只有发生关系才能使界限更加明晰，意义更加确定。这种看法貌似矛盾，但却是真实存在的。比如，根据后来康德的说法，时间属于人类思维的先验预设和主观形式。但伊壁鸠鲁认为，谈论时间，不能像探究一个对象中所具有的别的特性一样，把它归结为论者心目中的框架和概念；也不需要采用一些新的言语、特别的说法或者似乎是"更好"的表达方法来证明什么，只需注意，把时间同白昼和黑夜的运行、同事物的运动或静止状态、同我们内心有无感受或者感受的强烈程度联系起来，以直观为根据来衡量某段时间的长或短，用最普通的用语来叙述时间。要言之，把握时间就是要明确，我们是怎样把独自性、把特殊的偶然性同时间联系起来的，又是怎样衡量和描述时间的。

这种关联还体现在"名称"意义上。外在的自然物都有名称，但仔细想想，这些名称又无不是由人来命名的。马克思特别注意到伊壁鸠鲁对"名称的起源"的描述和看法。伊壁鸠鲁认为，在最初的时候，名称并不是随意加到事物上的，而是由于长期生活在不同的部族中人们的习性出现差异，因而接受了特殊的印象，具有各自特殊的感触，每一部族都以自己的方式来吐气（发音），所吐出的气又根据不同的感受和印象形成定型。后来，在每一部族里，大家审慎地提出能获得公认的名称来称谓对象，为的是使这些名称的意义尽可能明确，并且表述起来更为简单。有时有些人把一直不为大家知道可是他们自己却熟悉的东西带进来，并且把它们的名称引进来，有时是自然而然地不得不说出来的，有时则是由于依照通行的结合方式进行推理而选用的，这样几经周折才能使得它们的意义明确下来。

最后，人类与天体发生关系不能通过直观，而是必须寻找中介。基于此，伊壁鸠鲁提出，确切地发现最基本的事实及其原因，乃是自然科学的任务，天体据此而可能被认识；人由于认识天体而得到的幸福就在于，了解从这些天体中见到的各种存在物的本性，了解其他与之相近的现象的性质和出现的各种不同的方式。天体给人类的启示是："自然里不存在任何能引起不协调或破坏心灵的宁静，这更是一条绝对的准则。"① 人心最大的不安，起源于人们相信天体是有福祉的，是不可毁灭的，同时还认为他们

---

① Karl Marx, "Hefte zur epikureischen Philosophie", in Marx – Engels Gesamtausgabe, Ⅳ/1, Dietzverlag Berlin, 1976, S. 25；《马克思恩格斯全集》第 40 卷，人民出版社 1982 年版，第 46 页。

具有与这些天体的特性不同的愿望和行为；又通过神话和依据错误的解释而引起恐惧。为此，伊壁鸠鲁表示反对毫无意义地惊愕地直观天体，因为这种直观束缚人，使人产生恐惧，而实际上也认识不了天体。他主张精神的绝对自由，研究自然只是为了使我们达到心灵的宁静与幸福。这样，伊壁鸠鲁就将其观点归结为："应该注意存在的东西和感性知觉：对于一般的东西注意一般知觉，对于特殊的东西则注意特殊知觉，对于每一个个别的标准则注意一切现存的明显性。"① 而马克思从伊壁鸠鲁的思路中，总结出两个基本点和原则：一种东西或对象被我们思考，"一方面肯定自我意识的自由，另一方面承认神具有不受任何决定约束的自由"②。

这里讨论的"天体"当然有特定的含义。但无论内涵多么复杂又经历过怎样的变迁，"天"对于中西哲学来说都不是独有的议题和概念。长期以来，流行着一种关于二者思维方式不同的解释，认为中国传统哲学是讲求"天人合一"，而西方哲学则强调"天人相分"，仅就上述对伊壁鸠鲁和马克思的理解的梳理也可以看出，这种解释是多　么肤浅和不符合实际！

二　天象认识中的"解释"方法及其矛盾

充当人类与天体之间中介的就是"天象"，可以这样来定义它：天体向人呈现的现象或者人对于天体的感觉。那么，这个天象是怎么凸显出来的呢？前面说过，就伊壁鸠鲁整个思想的逻辑来说，他起初也把"确切地发现最基本的事实及其原因"看作是自然科学的任务并想据此认识天体，但随着思考的深入，他认为这个任务只是理论上的期望，实际上很难实现。因为天体对于人来说犹如某种彼岸的东西，即使费力再大去认识，也不可能获得与人的感性世界和现实生活同样程度的明显性，所以对天体做不出"或者是或者否"的选言判断。这样一来，人们就会明白，在探究天体时实际上达不到其自在的、内在的规定性，或者说这些东西会被否定、舍弃，而它作为被人思考、想象的对象，它作为偶然性、抽象同一性及自

---

① Karl Marx, "Hefte zur epikureischen Philosophie", in Marx – Engels Gesamtausgabe, Ⅳ/1, Dietzverlag Berlin, 1976, S. 25；《马克思恩格斯全集》第 40 卷，人民出版社 1982 年版，第 46 页。

② 同上书，第 45 页。

由的原则，却成为这种认识活动的本质；就是说它表现为某种失去规定性，从而为外在于它的（人的）反思所规定的东西了，它不再是天体，而成为天体的表象和体征——天象。只有人能做到这一点，因为天体无限可及而天象却无处不在，布满人的周遭。

这样一来，对天体的认识就转向对天象的认识，而认识对象的转换导致了认识的目的和方法的嬗变。伊壁鸠鲁在与皮托克勒斯的讨论中谈到，不同于"其他各门知识的目的"，探究天象并不是着眼于对象本身，而是加入了人的视角，或者说成了归属于人的认识，是为了人"心灵的宁静和坚定的信念"。质言之，是人借助于对象而完成的自我意识；对象当然也是重要的，舍此不能完成认识，但它不再是认识的目的和标准，而成了工具和手段。

那么，用什么方法来探究天象呢？伊壁鸠鲁认为，对于天象的研究既不应该采用类似在生活准则问题上所采用的方法，也不能采用制定解决物理问题的规则时所采用的方法，后者如原子论哲学家所认为的，宇宙是由物质和虚空组成的、存在着不可分的元素，等等。对于天象来说，"至少可以有许多不同的、与感性知觉相一致的解释——无论是对它们产生的原因或是对它们的实质的解释"①。

马克思进一步解释说，从人这方面说，面对对象进行理解、描述、虚构和想象等意识活动，其实只是在与自己的"影像"作斗争；影像是什么样的，取决于人们怎样看待它，也取决于在这个影像中反映如何观照出自身。正如在考察具有实体形式的有机体时，暴露出原子论观点的矛盾，现在当物体本身以感觉的确实性和想象的理性形式出现时，属于哲学思维的意识就力图界定和揭示出它是什么。被想象的原则运用到某种单一的东西（对象）时，必然引起矛盾和斗争，即作为各种实体化的表象本身的对抗。当对象高悬在人们的头上或者呈现在其面前，并以其自主性、独立性来向人的意识挑战时，人们是很明白自己活动的目的的，他要先弄清楚存在于意识中的对象及其表象的意义，把自己所观察到的东西当作自己的所有物。意识的全部活动仅仅在于与作为异己的存在的对象作斗争；可能性、偶然性仅仅是意识的原则；意识力求以某种方式使自己与它的对象等

---

① Karl Marx, "Hefte zur epikureischen Philosophie", in Marx – Engels Gesamtausgabe, Ⅳ/1, Dietzverlag Berlin, 1976, S. 26；《马克思恩格斯全集》第 40 卷，人民出版社 1982 年版，第 47 页。

同起来，所以当异己的存在作为在物质上独立的天体的表象而与意识相对立时，意识并不否认其存在，但天体为何、天体何为，对意识来说，它会断定可能不只有一种解释，而是会有多种解释。也就是说，任何一种解释都能使意识得到满足；因此，意识承认它的活动是有效的虚构。

对比一下就看得很清楚了，当人类的主体意识还没有被唤醒或者不强烈的时候，比如在古代，关于天象一般来说都没有与人、与意识联系在一起进行谈论。而伊壁鸠鲁却认为，"天象向理性、意识挑战，理性、意识又不断克服天象的顽固性，力求只按照其声音来预言天象"①，这是伊壁鸠鲁的功绩，是其学说把古希腊哲学推向前进的表征。

但问题的吊诡之处在于，获得这般认识的伊壁鸠鲁也因此陷入了矛盾，一方面他认为，研究自然不应根据主体空洞而抽象的意识、公理和规律，任何时候都应按自然现象本身的提示来进行研究，因为人与自然不同，人的生活需要是能过平静的生活，而对外界的认识、判断却毫无用处，甚至是一种障碍；另一方面，人们又试图把二者联系起来、协调起来，认为人需要寻求切实、可靠、得到证实的关于天象的解释，并且保持这种解释的有效性，或者容许有各种不同的解释，但这些解释又不能与所见的种种现象冲突而是应当完全一致的。这样就产生一个问题：在这种情况下，人的意识应如何作出各种解释呢？

自在的天体通过某些标志表征自己的存在，人则可以从天象中获得天体的信息。但实际上这些天体却以多种不同的方式显现，所以必须观察每一种呈现在我们面前的天象，并解释一切与它相联系的东西，包括它所表征的天体。地球上发生的、我们所能看到的不同的天象是由于许多不同的原因产生的，这与地球、与地球上的观察者、与这些观察者的主体状况密切相关，但也并不与天体本身的存在相矛盾。实际上它们之间达成了一种"融通"与"和解"。

马克思不满意的是，伊壁鸠鲁及其信徒在观察天象时把主体性估价过大、过高了，他们往往是"自己的声音压倒天上的雷鸣，遮住闪电的光辉"，他们努力排除奇妙的、自己不知道的信息和存在，而把自己的解释

---

① 参见 Karl Marx, "Hefte zur epikureischen Philosophie", in Marx – Engels Gesamtausgabe, Ⅳ/1, Dietzverlag Berlin, 1976, S. 27；《马克思恩格斯全集》第 40 卷，人民出版社 1982 年版，第 48 页。中文翻译有改动。

方法看得非常重要，坚持采用不是一种，而是多种解释。伊壁鸠鲁几乎毫不掩饰地说，在宣称自然是自由的时候，他重视的只是意识的自由。解释时所需考虑的只是，不能与明显的感觉、经验、现象、假象对立就可以了，因为它们仅仅是自然的假象。诸如在论述太阳和诸星座的产生、出没、体积与月亮的盈亏及其表面呈现的轮廓时，他都一再重复说是由感性知觉提示而知道的，而这些说明和解释同任何一种明显的现象都一致，使每个细节都符合于观察到的现象；同时，他还认为，在醉心于一种解释时，不能轻率地拒绝其他的解释。他着重强调，研究一切天象时都应遵循上述方法，因为，如果违背明显的事实，那么就永远不能达到真正的心灵的宁静；特别重要的还有要消除神、目的论对诸现象的先入为主的看法。伊壁鸠鲁的以上逻辑清楚地显示出，他之所谓对天象的解释进而对天体的说明，仅仅是意识的自我阐述，因此天体、对象的本质也就因被"悬置"而神秘化了，永远实现不了对外在世界的认识，更谈不上对外在世界的利用进而发展自我了。

意识的这种单一的自我阐述和自我循环的漏洞还在于，解释不清楚如何处理不同主体之间的关系。伊壁鸠鲁认为，虽然应当按照现象来认识世界，但是绝不应该把自我唯一正确的"神性"同对这些现象的解释等同起来；因为，如果对自我不能给予最高程度的重视，那么对天象的一切解释将成为空话。但是，在现实生活中，自我不是唯一的、抽象的，而是一个个活生生的人，如果都把自己的自我看得无比重要，就会出现有的人并没有掌握各种可能的解释现象的方法，却陷入徒劳无益的对解释垄断权的争论中，甚至还专断地以为诸现象似乎只有一种解释，而否定一切其他可能的解释。这样，同样强调主体的人们之间就坠入不能互相理解和融通的境地，反而暴露出他们既没有认识显现出各种征兆的具体现象的能力，也根本不了解和正确估价自我。因此，在谈到地球上昼夜长短的变化，云、雷和闪电的形成等问题时，伊壁鸠鲁一再地几乎逐字逐句地重复着上面那些论断：可以用许多其他方法来解释，只要作出与所观察到的现象相符的结论。这表明他已经意识到自己学说的短板所在。正因为如此，当自然界出现很多灵异现象，诸如灾难的预兆、牲畜对"坏天气"的预感，等等，有些人把这些与神联系在一起来谈论，而放弃了自己的判断时，伊壁鸠鲁认为这是"愚蠢"的。

马克思一针见血地指出，对于伊壁鸠鲁的宇宙观来说，关键性的问题在于，精神能否和如何"创造"出世界。这是一个永恒的哲学问题，对它的解答包含着对哲学与世界的关系、哲学作为精神的创造力的理解。回答这个问题的实质是，追问意识是怎样取得解释外在事物的观念的。解释的合法性被归结为：意识中有许多先验的观念同需要解释的对象联系在一起，这些观念一般储存于意识中，指向一定的解释范围。伊壁鸠鲁虽然知道自己的哲学较之于整个古代哲学有所前进，但也承认共同的缺点在于，只知道观念存在于意识中，却不知道观念的来源、界限、原则和必然性。

马克思看出，伊壁鸠鲁并不满足于人能"创造"世界这一空洞的许诺，他还要把这一切"具体化""实体化"。伊壁鸠鲁曾经这样来描述观念的"实体化"路径："这种世界同样也可以产生在 intermundium（我们这样称呼世界之间的空间），在完全空虚的空间里，在广袤透明的虚空里：适用于创造世界的种子，从一个世界，或从一个 intermundium，或从几个世界中流出，视情况不同而逐渐结合、分离和重新组合，而且只要作为基础的基质能承受多少结合，它们就从外部吸进多少流出物。"① 这段表述尽管令人费解，但总体上我们是可以明白其主旨的：为了显现创造世界的过程而假设有许多实体存在，这些实体之间发生的冲撞创造了世界，而发生的地点是在虚空中。所以在"创造"这一概念中预示的东西即是应该被创造的东西，是事先就假设好的，在那时是属于实体性质的；虚空也是一种假设，它也是一种存在物。一方面它没有更准确的规定，另一方面又不和其他的表象相混同，也就是说在它预先被假设的形式中它是空的，或者是不具形体的②，是一种 intermundium，是非实体的空间，是观念。它的规定性和功能就表现在，提供适用于创造世界的种子按创造世界所需要的方式结合起来的环境和空间。

回到原子论的结构学说和思维路径，起初好像只有原子和虚空，是它们的配合、运行形成现实的世界；但是就整个行程来说，观念却起着操控、规划的作用，而这种作用又不是外在的、强加的，而是内化的、潜在的。亚里士多德曾经指出过以某一抽象原则为出发点的方法只能是

---

① 伊壁鸠鲁的这段话马克思是用德文来表述的，参见 Marx – Engels Gesamtausgabe，Ⅳ/1，S. 31 – S. 32，Dietzverlag Berlin，1976。

② 在马克思的手稿中把"entkörpert"（不具形体的，没有形体性的）写成"verkörpert"（具有形体的）。这显然是笔误。

表面性的，但他却没有让这一原则在高级形式中被扬弃、显现而获得新的应用。他还称赞过毕达哥拉斯派最早使范畴脱离其基质，不把范畴看作特殊的本质，而是认为范畴就是内在的实体本身，"有限的东西和无限的东西不是某些不同的实体，例如，火或土之类的东西那样，而是被谈论的东西的本质；而最早与他们所说的规定相符合的东西就是事物的本质"①。

在这里，亚里士多德所希望的二者的结合实现了！世界既是观念，同时又不脱离实体及其运动；既不与自然界的状况、物质的特性相违背，又引导、规约着它们的发展，体现着它们的本质。这也是马克思悉心思考的探究世界的方式及其结论。

三 哲学思维导致谬误的症结及其缘由

由于伊壁鸠鲁本人著述的缺乏，马克思又不得不通过与其有思想关系（包括赞赏、认同、质疑乃至否定）的其他派别的代表人物的论述来进一步甄别和评判伊壁鸠鲁的思想。他特别考察了怀疑派哲学家塞克斯都·恩披里柯的相关说法，以此来鉴别伊壁鸠鲁哲学的意义。

毫无疑问，伊壁鸠鲁的思想"与以前的哲学有着本质的联系"，《第欧根尼·拉尔修》第10卷中曾引用伊壁鸠鲁本人谈论"哲人"时提出的一个基本观点，即应该在前人的基础上"阐述一种学说，而不单是怀疑"②。这一论述虽然不够充分和具体，但隐含了伊壁鸠鲁对怀疑派的一种态度；用现在流行的术语说，就是他认为哲学应该是一种传承、创新、推进和"建构"，而不能一味地质疑、否定、颠覆和"解构"。伊壁鸠鲁建构其整个理论体系的思考原则，他关于语言、表象的形成及其实质的论述，都表明了这一点。以下我们来看怀疑论哲学家对伊壁鸠鲁学说是怎样"挑刺"的：

首先，伊壁鸠鲁哲学探究的对象玄虚而无解。恩披里克谈到促使伊壁鸠鲁从事哲学研究的原因时讲了一个无法得到证实的故事：不知是什

---

① 参见 Karl Marx, "Hefte zur epikureischen Philosophie", in Marx – Engels Gesamtausgabe, Ⅳ/1, Dietzverlag Berlin, 1976, S. 35；《马克思恩格斯全集》第40卷，人民出版社1982年版，第56页。中文翻译有改动。

② 同上。

么古怪的人发明了一个古怪的概念——"混沌"。但当伊壁鸠鲁还是一个少年时，就曾向为他朗读赫西俄德诗篇的教师问过这样的问题："如果混沌是最早出现的东西，那么它又是从哪里来的？"教师当然也回答不了，同时感到伊壁鸠鲁关注的问题有些离奇，于是就告诉他说：教这类东西不是自己的事情，而是那些所谓哲学家的事情。谁知这不仅没有抑制伊壁鸠鲁的好奇心，反而激发了他更大的探求欲，他高声说道："那么我必须去向他们（哲学家）求教，如果他们真的知道事物的真相！"有人说，正是这一点促使伊壁鸠鲁献身于哲学。而在恩披里克看来，这是一种多么荒唐和离谱的选择；相应地，哲学是一门什么样的学问也就不言而喻了。

其次，伊壁鸠鲁哲学无助于人认识自己。原子论的奠基人德谟克利特曾经自诩，人是我们大家所想知道的东西，而他的哲学能帮助大家实现这一愿望。同时，他还认定，世界上真正存在的只有原子和虚空，它们不仅存在于生物中，而且存在于一切合成物体也包括人之中。但是按照这一看法，如果人只关注原子和虚空，就不会再注意人的个别特性了，因为原子与虚空是大家所共有的。据此我们也将不知道根据什么特征来区别人与其他动物，也就不可能获得关于人的明确理解和认识。如果说，以上的判定还多少有点逻辑推导的意味，那么以下《皮浪的基本原理》中的质疑就纯粹属于"狡辩"了：原子论哲学的继承者伊壁鸠鲁说，人是既具有某种外形也具有灵魂的生物。而我们知道，外形可见、灵魂不可见。恩披里克认为，按照伊壁鸠鲁的说法，假如被指出的东西是人，那么未被指出的东西就不是人。恩披里克的用意在于说明，伊壁鸠鲁的说法不仅没有揭示人的基本特征，而且违背日常生活，根本谈不上对人的理解及其指导有什么价值。

再次，伊壁鸠鲁的学说既无继承也无创造。言其没有继承，是因为无论是毕达哥拉斯、恩培多克勒和伊奥尼亚学派，还是苏格拉底、柏拉图、亚里士多德和斯多葛学派，都保留着"神"，而伊壁鸠鲁自己却将其摈弃掉了。伊壁鸠鲁曾经说过，不能设想灵魂会下沉，灵魂脱离肉体之后，不会像烟一样消散；因为，原来就不是肉体保护灵魂，相反，灵魂倒是保存肉体的原因，但在解释事物的本性时，他则一点也不为其保留位置。此外，在古代哲学中，逻辑学也是相当重要的，但伊壁鸠鲁对严格的逻辑判断却持根本的否定，认为各门科学对达到智慧毫无帮助，而他的门徒同科学主义者也进行过论战。①

　　说伊壁鸠鲁的学说没有创造，是因为伊壁鸠鲁曾经被揭露说，他的最主要的原理都是剽窃来的。恩披里克曾谈及：伊壁鸠鲁关于快乐力量可以最彻底地消除痛苦这一原则，是从荷马的《伊利亚特》第 1 章第 469 行诗"当他们以饮食来解饿时……"中拾取来的；他关于死对我们来说没有什么这一观点，是受厄皮卡尔摩斯"死亡或变成僵死的东西，在我看来是无所谓的"说法提示的；他关于身体变成尸体后就没有感觉了的观点，也是从《伊利亚特》第 24 章第 54 行诗"狂暴的男子玷辱了沉默的土地"那里剽窃来的。马克思对这些说法做了详细的摘录，可以看出他是特别想甄别清楚伊壁鸠鲁学说区别于其他派别的真正独特的部分及其价值。②

　　当然不能完全听任怀疑论哲学家肆意曲解，梳理至此，马克思已经对包括怀疑论、伊壁鸠鲁在内的哲学思维的症结及其缘由有了自己的看法和见解。这涉及事物与精神、哲学与科学、原因与根据、思想及其异在、现象与假象等方面，是他这一时期悉心探究最重要的成果。

　　事物与精神是一种完全不同的存在，人要对事物进行认识，亦即认识要由人来完成，而精神是人的本质存在，这就是说要用表征人的本质存在的精神去认识与他完全不同的存在物，即让精神去认识精神的异在，这怎么可能呢？所以，伊壁鸠鲁认为，事物即精神的异在无法使精神变得更实在，二者是无法通约的；而怀疑派哲学家皮浪则认为人们弄反了，外在的事物才是精神的本质方面，是精神的实际能力的衡量和标志，但基于二者的无法通约性，精神无法理解这一点，所以认识实际上是不可能的。

　　马克思指出，类似固执于事物与精神二者不可通约的观念和态度，也存在于中世纪宗教虔信者与近代康德学派对哲学的看法中，前者由于一味地崇拜神灵和上帝，认为它们垄断和把握着真理，因而拒绝接受或按照知识行事；他们与伊壁鸠鲁派一样，认为无知是人的本性，上帝才掌握着知识，人就不要追求不属于自己也达不到的事情了。马克思认为，这种心理

---

　　① 不过，恩披里柯在这一点上对伊壁鸠鲁派的看法也前后矛盾，他一方面说伊壁鸠鲁根本否定严格的逻辑判断；另一方面又解释说，伊壁鸠鲁否定的不是一般逻辑学，而只是斯多葛派的逻辑学，甚至又说"伊壁鸠鲁派由逻辑学家发展而来：他们首先研究准则学，然后对于明显的东西，隐藏的东西，以及伴随着它们的其他现象作出结论"。

　　② 参见 Karl Marx, "Hefte zur epikureischen Philosophie", in Marx – Engels Gesamtausgabe, Ⅳ/1, Dietzverlag Berlin, 1976, S. 35；《马克思恩格斯全集》第 40 卷，人民出版社 1982 年版，第57—58 页。

和人生态度的实质，"不是别的，正是怠惰"①。而作为一个近代哲学家，康德对人本身的理解倒是有所推进，甚至还认为，人可以"为自然立法"，但他同样对人的能力的无限性表示怀疑，相反特别对其界限和界域进行了考察和分析，得出的结论也很悲观，认为人只能认识知性范围内的东西，而事物的本质、形而上的存在不是人的能力所及的；相反，如果人硬要超越经验去认识它们，就僭越了。所以，马克思讥讽说："他们每天干的事就是哭诉自己的虚弱和事物的强大。"可以说，两个学派都退化了，已经"失去了古希腊罗马哲学所特有的新颖性"②。

马克思主张，"这里应该把'科学'和'哲学'区别开来"，知识关涉事物（对象）的状况、结构和规律，属于科学；而讨论事物与人的关系（精神）属于哲学，意图是揭示二者之间的区别和联系。显然伊壁鸠鲁对科学的轻视涉及我们称之为知识的东西，正如有些人所说，伊壁鸠鲁的这一态度实际上是在掩饰他在对外物认识上的愚昧无知。还有人指责伊壁鸠鲁，说他在许多方面完全是不学无术的人，甚至连一般话语的文理都不大通顺。这些言语虽然有点过激，但也确实切中了要害。而恩披里克解释说，皮浪的追随者对科学持否定态度并不是因为科学似乎对于智慧毫无裨益（相反，要知道这种说法是武断的），也不是因为他们自己似乎在对外物认识上是愚昧无知的，而是他们在对事物的认识过程中经常遇到类似矛盾的异常情形；当他们为了解释矛盾而着手进一步探究原因，以便弄清其中所包含的真理时，又遇到同样的困难，于是放弃了研究。对这一点他们并不隐瞒。同样作为怀疑论者的恩披里克在《皮浪的基本原理》中的这番剖析是很准确、中肯的，"不过同时也暴露出怀疑派本身的软弱无能"③！

认识事物的复杂性在于，仅仅了解了感性的现象还是不够的，必须对其前因后果、现在与过去的关联和未来的趋向做出解释和说明，而在这一过程中，"一个人可以说出某个根据，这个根据可能与其他人或哲学派别的解释、与各种现象本身相一致，或者不相一致"。更有可能出现这样的

———————

① Karl Marx, "Hefte zur epikureischen Philosophie", in Marx – Engels Gesamtausgabe, Ⅳ/1, Dietzverlag Berlin, 1976, S. 36;《马克思恩格斯全集》第40卷，人民出版社1982年版，第59页。

② 同上书，第59、58页。

③ 同上书，第60页。

情况，即"要说出和这一切都相一致的根据也许是不可能的"①。这样一来，属于"科学"的问题就与"哲学"联系起来了：现象是对象、是实际存在的，甚至现象的根据也是实际存在的，但人对这种根据的揭示、叙述、判断却转换成观念性的了，或许可以称之为"现象的观念性"，即遭人的观念扬弃的现象就成为这种根据。

但是，怀疑论之怀疑不是建立在对这一过程悉心跟踪、探究基础上的判断，而是为怀疑而怀疑，同一切思想是职业上的矛盾，是任何界说、规定本身的扬弃，所以，任何人对现象根据的理解、分析都不可能与怀疑论的观点相一致。但是，马克思认为，一旦将各种现象及其原因、根据拿来互相对比、检验时，怀疑论就变得幼稚了；因为现象及其原因、根据是思想的丧失，即思想的非存在，而不顾思想的非存在的实际情形，或者与这种非存在完全无关的单纯的思想只是一种假象，其他人或哲学派别的解释与思想的非存在还不同程度地存在着关联，但怀疑论提供的却只是一种会嚼舌而无根据、无依托的论辩，它只是在进行着颠覆思想的活动。

也就是说，因为怀疑论者没有超越假象的界限，而且始终保持假象本身，所以它也就不可能彻底摆脱假象，只能在思维中无止境地重复，不仅失去了原有的破除某些观念长期垄断的解放意义，而且陷入无聊的游戏、讨嫌的滑稽、任意的臧否、思想的贫乏，"到处都暴露出缺陷"，使其成为"在事物中看到的那种软弱无能的化身"，怀疑论哲学成为"没有任何规定的东西，一个独立自在的虚空，一个完全无所事事的神"②。比较而言，伊壁鸠鲁的意义就突现出来了。虽然他想从原子转入进一步的规定，但是由于他不想随意离开原子、使原子本身分解，"无论谈到什么，他或者要说，原因是以所说的东西为根据的，所以他引用和某物有关的东西"③。因此，他的思想没能超越原子论，但他还是沟通了主体与客体、精神与自然、思想与对象。

回到对天象的讨论。"对于古代人来说，自然的作用是前提，而对于近代人来说，精神的作用是前提"，所以，我们看到，天象，即我们看得见的天空，或者被看作是受天体约束的象征和直观，或者是作为最高主宰

---

① Karl Marx, "Hefte zur epikureischen Philosophie", in Marx – Engels Gesamtausgabe, Ⅳ/1, Dietzverlag Berlin, 1976, S. 37;《马克思恩格斯全集》第 40 卷，人民出版社 1982 年版，第 60 页。

② 同上书，第 61 页。

③ 同上。

的神的显现和警示，或者是人精神世界的寄托和宣泄情感的对象。但马克思更倾心的是，看得见的天空与人的生活的联系，自然与社会政治、宗教的吸引。因为，在此意义上，外在的自然、思想的非存在才能"被劈开"，以便求得与人、人的思想、精神的统一。让我们看看那些艺术史、思想史的伟大创造吧，哪一个不是力图在二者的关联上取得进展的杰作呢？"希腊人用赫斐斯塔司的艺术铁锤打碎自然，用以塑造雕像；罗马人把自己的宝剑直指自然的心脏，人民不断死亡；而近代哲学打开这语言的禁锢，这语言就消失在精神的神圣火焰之中；哲学象一个和精神斗争的精神战士，而不象一个摆脱了自然吸引力的个别叛教者，它起着普遍力量的作用，使阻碍发现普遍东西的形式消融。"① 这就是马克思哲学起源时期的真实情形②。

　　梳理这段文献，让我们不胜感慨。长期以来，为了让更多的人接受马克思主义，我们往往用一个抽象的哲学范畴、派别来归类、概括和阐释马克思的哲学思想，让他在既有的思维模式中站队，或者从一个阵营转变到另一个哲学阵营，从一种主义转变为另一种主义，从一个派别转换到另一个派别。但如果仔细研读马克思的著述，不用说他中老年时期对复杂的资本问题的探究了，就是在开始哲学征程的初始阶段，他也没有这样简单地思考过问题。本文以他早期的《伊壁鸠鲁哲学》为例所做的分析表明，我们对他苦心孤诣的探究并没有悉心体悟和领会，甚至很长时期所宣传和阐发的马克思主义基本原理有的地方都没有达到马克思思想起源时期的水准。诸如，关于世界的存在方式、结构要素及其关系，过去撇开人、主体、意识而把自然界看成世界唯一的、第一性的存在，而认为人的精神、意识不过是自然界长期发展的结果，这样的理解分明处于"前马克思"思维的阶段，而正是当时马克思所要避免的思路；迄今为止，认识活动中的"解释"方法也没有进入马克思主义哲学原理教科书体系，相反，我们纯粹将其让渡给 20 世纪中叶兴起的"哲学解释学"了；至于马克思对伊壁鸠鲁和怀疑论派哲学思维的得失的分析，体现出他在理解世界时所持的辩

---

　　① Karl Marx, "Hefte zur epikureischen Philosophie", in Marx‑Engels Gesamtausgabe, Ⅳ/1, Dietzverlag Berlin, 1976, S. 38；《马克思恩格斯全集》第 40 卷，人民出版社 1982 年版，第 61—62 页。

　　② 由于篇幅所限，本文没有论及《伊壁鸠鲁哲学》第二册（Zweites Heft）中马克思借普卢塔克《论信从伊壁鸠鲁不可能有幸福的生活》所阐发的重要思想，我将另文予以分析。

证态度和逻辑方法，我们是一直到《资本论》的研究阶段才有所意识，其实这是马克思在其哲学发轫期就十分注意的问题。二者对比一下，我们对马克思思想的理解和研究存在多么大的错位和缺陷啊！

（原载《天津社会科学》2015 年第 5 期）

《关于费尔巴哈的提纲》：历史、理论和文本

周嘉昕*

作为"包含着新世界观的天才萌芽的第一个文件"，《关于费尔巴哈的提纲》（以下简称《提纲》）是马克思文本中为数不多可以直接用来作为哲学本体论建构的依据。然而，正如既有研究所表明的那样：就"实践唯物主义"而言，《提纲》中对于"实践"概念的使用恐怕只能算作一个"孤证"；在"实践是马克思主义哲学首要的和基本的观点"理解基础上，学界更多关注的是马克思"实践"概念内蕴的社会历史性的前提或维度。近年来有关"生存论"马克思主义的探讨，历史唯物主义（唯物史观）、辩证唯物主义的辨析、马克思政治经济学批判和《资本论》哲学的研究等等，都可以归结为这一诉求中结出的理论硕果。这也正为我们 170 年后重新阅读马克思 1845 年写下的这"十一条论纲"奠定了坚实的基础，开启了新的视域。本文尝试回到马克思主义哲学的复杂历程中去，结合马克思与唯物主义的关系，以及"实践的唯物主义"的得失，寻求一种激活《提纲》文本和当代学术话语内在关联的可能。

一 《马克思论费尔巴哈》与 "唯物主义"传统的建构

众所周知，《提纲》存在两个版本，一是马克思自己在 1845 年写下的《关于费尔巴哈的提纲》，二是恩格斯修订出版的《马克思论费尔巴哈》，

* 周嘉昕，南京大学哲学系副教授、硕士生导师，马克思主义社会理论研究中心研究员，人文社会科学高级研究院驻院学者，主要从事马克思主义哲学史、马克思主义哲学文本研究和当代西方激进思潮研究。

1886 年作为《路德维希·费尔巴哈和德国古典哲学的终结》（以下简称《费尔巴哈论》）的附录出版。这两个版本中最先问世的反倒是后者。恩格斯自己是这样描述《提纲》的发现过程的："旧稿（《德意志意识形态》）中缺少对费尔巴哈学说本身的批判；所以，旧稿对现在这一目的（说明马克思恩格斯自己同黑格尔、费尔巴哈的关系）是不适用的。可是我在马克思的一本旧笔记中找到了十一条关于费尔巴哈的提纲，现在作为本书附录刊印出来。这是匆匆写成的供以后研究用的笔记，根本没有打算付印。但是它作为包含着新世界观的天才萌芽的第一个文件，是非常宝贵的。"① 而前者，也就是马克思自己写下的提纲，却是到了 1924 年才由梁赞诺夫在《马克思恩格斯文库》第 1 卷中公开发表。

也就是说，《提纲》本身作为研究的笔记，马克思并没有打算将其公开问世，而是由恩格斯出于理论总结和阐发的需要，才加工整理出版的。那么，这就提出了一个尖锐的问题：恩格斯的《马克思论费尔巴哈》与马克思的《关于费尔巴哈的提纲》之间，到底是怎样一种关系？很多研究从文本变化的角度出发，围绕恩格斯对于马克思原文的修改进行了细致的考察和分析。但是笔者这里打算首先追问的是，暂且承认恩格斯无论在文字表述还是哲学理解上都与马克思存在一定的差异，但我们更应该思考的是为什么过了 40 年之后恩格斯才想起来要去重新翻阅《德意志意识形态》手稿？为什么是在 19 世纪 80 年代这样一个特定时期，恩格斯才想到要回顾费尔巴哈这个位于黑格尔哲学和马克思恩格斯观点之间的"中间环节"？

虽然恩格斯自己用"没有过机会"这样的说法一笔带过，但是结合马克思本人创作《资本论》的过程（参阅 1858 年马克思关于《逻辑学》的通信、1859 年恩格斯为《政治经济学批判》所作的书评、著名的《资本论》第二版跋等）才重新"发现"或者说"回到"黑格尔的话，我们会发现：《马克思论费尔巴哈》的问世本身与恩格斯此时所肩负的理论重任有着密切的关联，这就是要在 19 世纪中叶庸俗唯物主义和新康德主义逐渐成为思想主流的背景下，通过强调黑格尔辩证法的重要性来捍卫《资本论》以及马克思的"唯物主义历史观"。在此过程中，恩格斯和当时的马克思主义者所面对的理论任务是，既要说明政治经济学批判的方法与黑格尔辩证法的差别，又要强调唯物主义辩证法与机械论的经验主义的"形而

---

① 《马克思恩格斯选集》第 4 卷，人民出版社 1995 年版，第 212—213 页。

上学"的不同。在这个意义上，借用马克思恩格斯自己的话说，"和黑格尔比起来，费尔巴哈是极其贫乏的。但是，他在黑格尔以后起了划时代的作用"①；费尔巴哈的唯物主义，"与其说是深刻的，不如说是机智的"②。

具体说来，恩格斯《马克思论费尔巴哈》的整理和出版面对的是这样一种思想史氛围：较之马克思恩格斯1845年写作《神圣家族》时同"青年黑格尔派"的争论，随着自然科学的发展（机械唯物主义、进化论）和实证主义思潮的兴起，"唯物主义"在19世纪中期以来正在产生越来越广泛的新的影响。因此，"唯物主义"首先不是一个可以源自所谓"朴素唯物论"的古老哲学传统，也并非18世纪法国唯物主义者和马克思主义者的专利，而是一个正在建构中的哲学传统和社会思潮。例如，在被称为"唯物主义的19世纪60年代"里，新康德主义者朗格就曾专门撰写了一部名为《唯物主义史及其当代重要性的批判》的著作③。19世纪50年代以来普遍流行的是福格特、摩莱肖特和毕希纳的"科学唯物主义"（或者更准确地说是"庸俗唯物主义"），到了60年代和70年代，海克尔更是将达尔文的进化论纳入其中④。面对这样一种社会历史语境，恩格斯面前的一个重要任务就是要利用并改造这一传统的建构，为马克思主义的传播和运用提供可能；同时，更加重要的是要在这一传统的建构中，将《资本论》中重新发现或是"头足倒置"过来的辩证法植入其中。从某种程度上说，恩格斯所阐发的"唯物主义历史观"及"唯物主义辩证法"都可以被看作是马克思主义"时代化"的第一批成果。这也就解释了为什么马克思自己并没有怎么提过"唯物主义"的问题，而更多是在限定的意义上使用"物质的"这一表述，如"物质生活的生产和再生产""物质生产方式"等。

也正是在这样一个艰苦的理论实践过程中，恩格斯特别强调了马克思对费尔巴哈的批判，因为：首先，费尔巴哈是除英国的经验论者和法国的机械唯物主义者外，"德意志"唯物主义的重要代表（尽管费尔巴哈从来不会认为自己是"唯物主义者"），"他在黑格尔以后起了划时代的作用"；

---

① 《卡尔·马克思论蒲鲁东（给约·巴施韦泽的信）》，《马克思恩格斯全集》第16卷，人民出版社1974年版，第29页。

② 《马克思恩格斯选集》第4卷，人民出版社2012年版，第232页。

③ 参见 Frederick Lange, *The History of Materialism and Criticism of Its Present Importance*, London: Kegan Paul, Trench, Trubner & Co, Ltd, 1925, p. vi。

④ 参见 Frederick Gregory, *Scientific versus Dialectical Materialism: A Clash of Ideologies in Nineteenth-Century German Radicalism*, Isis, Vol. 68, No. 2 (Jun., 1977), p. 207。

其次，正是借助费尔巴哈，包括马克思恩格斯在内的"青年黑格尔派"通过"返回到唯物主义观点"实现了"同黑格尔哲学的分离"；也就是说，费尔巴哈是用来界划马克思同黑格尔方法的重要"中间环节"，但由于费尔巴哈在历史观上同样是"观念论"（唯心主义）者的，因此这个"半截子的唯物主义者"也只能是一个"中间环节"。因此，马克思对费尔巴哈的批判就责无旁贷成为恩格斯建构"唯物主义辩证法"，或者说一种全新的辩证的唯物主义理论传统的重要依据。

需要注意的是，虽然恩格斯直接投身于甚至可以说开启了通过参与建构"新唯物主义"传统来总结、传播马克思主义哲学的理论实践，但是就"辩证唯物主义"理论体系的形成来说，恰恰不是恩格斯而是狄慈根、拉法格、普列汉诺夫等人打开了新的理论之门。正如有研究已经指出的那样，是普列汉诺夫第一个使用了"辩证唯物主义"概念。在他看来，"'辩证唯物主义'这一术语，它是唯一能够正确说明马克思的哲学的术语"①。当然，这并不意味着"辩证唯物主义"体系的确立。众所周知，所谓"辩证唯物主义历史唯物主义"（Diamat），只是到了20世纪30年代才在苏联的马克思主义哲学研究中最终确立下来，标志是斯大林的《论辩证唯物主义历史唯物主义》一文和米丁的哲学教科书。严格说来，在第二国际的马克思主义理论家那里，对于马克思主义理论的命名更多是"唯物史观"，只不过这种"唯物史观"的特征一是"唯物主义"，二是"辩证法"。经过苏联马克思主义研究有关辩证论和机械论、米丁派和德波林派的争论后，今天作为常识意义上的"辩证唯物主义"才彻底替代了"唯物史观"或"历史唯物主义"成为马克思主义哲学方法的代名词。

在此过程中，随着"唯物主义"由"形容词"变为"名词"，被建构起来的"辩证唯物主义"传统也就被反向注入了马克思恩格斯早期文本的阐释之中，费尔巴哈在马克思恩格斯唯物主义转变中的作用也就得到了更多的凸显。相应的，马克思主义哲学的确立过程就应该到马克思向唯物主义的转变过程中去寻求。在苏联马克思主义哲学史的正统理解中，"马克思关于费尔巴哈的提纲乃是他在前一时期（从1843年借助于费尔巴哈转向唯物主义到1845年初《神圣家族》的发表）提出的诸原理（辩证唯物主义和共产主义世界观）的进一步发展和总结；这个提纲也提出了新的问

---

① 罗森塔尔主编：《马克思主义辩证法史》，人民出版社1982年版，第443页。

题，表述了辩证唯物主义和历史唯物主义的新思想"①。这些所谓的"新思想"指的是在《德意志意识形态》中形成的"完整看法的唯物史观"。也就是说在传统苏联的辩证唯物主义历史唯物主义体系中，作为科学世界观的辩证唯物主义问世的标识是马克思恩格斯1845年合作出版的《神圣家族》，而作为辩证唯物主义在社会历史领域中的"推广应用"的历史唯物主义则是在《德意志意识形态》中最终形成的。《提纲》这份"包含着新世界观的天才萌芽的第一个文件"不过是"推广应用"过程中的一个环节而已，而"实践"概念的理论作用也仅限于认识论之中。与此针锋相对的是，《提纲》和作为本体论意义上的"实践"概念的重要性反倒得到了所谓"资产阶级哲学家"更多的关注和强调。

二　一个"实践唯物主义"的文献"孤证"

纵观20世纪20年代以来马克思主义哲学的发展历程，我们大多可以清晰地梳理出诸如《1844年经济学哲学手稿》（以下简称《手稿》）、《1857—1858年经济学手稿》（以下简称《大纲》）、《德意志意识形态》等文本研究的历史演进。如1932年后，随着《手稿》两个版本的几乎同时问世，很快在西方学界引发了"青年马克思"或"两个马克思"的争论，这种以人本主义逻辑争夺马克思思想解释领导权的倾向，在20世纪60年代后逐渐退潮。一方面是阿尔都塞对人本主义的批评，另一方面是苏联马克思主义哲学形成史研究成果的问世。也正是在这一过程中，《德意志意识形态》的重要性得到了凸显，并且逐渐替代《手稿》成为东西方马克思文本研究交锋的焦点话题，直至世纪之交仍然如此。与人本主义思潮相关，但又更为复杂的是《大纲》和《资本论》的研究，当然，《大纲》在文本上引发的争议最小，却实际上构成了20世纪60年代以后西方左翼话语中最为重要的马克思文本依据。

相形之下，《提纲》的研究似乎比较暧昧而尴尬。除了布洛赫之外，我们竟很难直接想起有谁专门讨论过《提纲》，即便事实上《提纲》本身是一篇不断被引用的文献，"实践"也是一个经常被提起的概念。这种情

①　纳尔斯基等主编：《十九世纪的马克思主义哲学》（上），中国社会科学出版社1984年版，第201页。

况之所以发生，一方面是因为《提纲》自身格言式的写作方式给阐释者留下了太多可供发挥的空间，因而《提纲》本身在理论阐发中往往是"高大上"般的以某一条或某句话的深刻启发或创意改写的方式存在；另一方面，也更加重要的是，由于《提纲》"夹缝"式地存在于《神圣家族》和《资本论》之间，或者说《手稿》和《德意志意识形态》的"理论高峰"（不管是马克思自身思想发展的"断块山"，还是马克思主义哲学史研究造成的"褶皱山"）之间，对于《提纲》的研究更多地同马克思主义哲学总体方法界定结合在一起，而非对《提纲》本身直接的研究。

正如上文提到的那样，在"辩证唯物主义历史唯物主义"体系下，《提纲》是在首先确立唯物主义原则的"基础"上，利用"实践"概念"补充"不同于机械论唯物主义（带有与辩证法相对立的"形而上学"属性）的辩证能动性。当然，这种能动性本身也具有一定的社会历史条件作为前提。在笔者看来，这样一种"辩证唯物主义"理解在很大程度上是以梅林和普列汉诺夫为典型的第二国际理论传统的系统化。在这样一种赋予费尔巴哈以优先地位的"诠释定向"① 中，《神圣家族》被看作是"第一部公开发表的马克思主义著作"，而其中的唯物主义基础和共产主义立场，马克思早在1844年初已然具备。

作为对这一梅林—普列汉诺夫"诠释定向"的直接批判，在西方马克思主义的早期理论代表，如卢卡奇和柯尔施那里，《提纲》和"实践"则直接体现了黑格尔式的马克思思想阐释要求。在《物化与无产阶级意识》一文最后，卢卡奇指出：为了克服物化，"马克思在他的《关于费尔巴哈的提纲》里所提出的答案在于使哲学变为实践。……这实践具有它的客观的结构上的前提，具有它的另一面，那就是认为现实是'过程的集合体'，认为较之经验的僵化的物化的事实，历史发展的倾向代表的虽然是产生于经验本身的，因此决不是彼岸的，但确实是一个更高级的、真正的现实"② 。为了阐发这样一种"作为哲学原则的实践"，卢卡奇还曾批判了恩格斯"把工业和实验看作是实践"的理解。柯尔施虽然也将马克思主义的哲学称为辩证唯物主义，但他认为：《关于费尔巴哈的提纲》与马克思恩格斯的后期著作一样，强调了"新唯物主义"（辩证唯物主义）与"哲学

---

① 参见吴晓明《形而上学的没落》，人民出版社2006年版。

② 卢卡奇：《历史和阶级意识》，商务印书馆1992年版，第297页。

唯物主义"，即"通常的、抽象的和非辩证的唯物主义"之间的对比和区别。在某种意义上，我们可以发现：同卢卡奇和柯尔施所提供的《提纲》中"新唯物主义"和"实践"概念理解的遥相呼应，海德格尔也曾为马克思进行过辩护。在《关于人道主义的书信》（1946 年）中，海德格尔写道："唯物主义的本质不在于一切只是素材（物质）这一主场中，而是在于一种形而上学的规定中，按照此规定讲来一切存在者都显现为劳动的材料。劳动的新时代的形而上学的本质在黑格尔的《精神现象学》中已预先被视为无条件的制造之自己安排自己的过程，这就是通过作为主观性来体会的人来把现实的东西对象化的过程。"①

回到 20 世纪中叶的马克思思想研究中去，在很大程度上构成《手稿》中"马克思第二次降世"的思想语境，同时又受《手稿》的公开问世和"青年马克思"讨论推动的，是 20 世纪中叶在西方思想中普遍出现的一种人本主义思潮。与之相并行的，是"实践"与"异化"凸显为这一时期西方马克思主义研究的两个理论关键词。其中，最具代表性的除了萨特有关"实践"问题的阐发和布洛赫对于《提纲》的"具体的人本主义"阐释外，应当说就是南斯拉夫"实践派"对于斯大林辩证唯物主义体系的批判和对实践辩证法的探讨。在此过程中，"实践"与"历史"、作为认识论范畴的实践（practice）与作为本体论范畴的实践（praxis）、"实践"与"生产"（劳动）之间的对勘构成了问题的焦点。从这一讨论出发，或者说作为这一讨论的延伸与回应的，是如何在彰显这样一个"实践"概念的本体论意义的同时，避免陷入一种对于"实践"的抽象的"唯心主义"理解。或者说，在反对苏联"辩证唯物主义"框架下作为唯物主义辩证"补充"的"实践"观基础上，又警惕这样一种"实践"沦为抽象的价值悬设，抑或缺乏社会历史内容的空洞的主体性，即卢卡奇所说的"抽象的、唯心主义的实践概念"。这一思考焦点回溯性地反映在马克思文本和思想的分期问题上，我们可以看到：对于大多数持这样一种"实践哲学"观点的学者来说，往往将《手稿》中对于黑格尔辩证法的"批判性改造"同《提纲》中以"实践"为核心的新唯物主义更为紧密地结合起来；但与此同时，也特别注重通过《资本论》（拜物教批判），特别是 20 世纪 60 年代以后才广为流传并得到研究的《大纲》（"物化"问题）来为这样一种批

---

① 孙周兴选编：《海德格尔选集》（上），上海三联书店 1996 年版，第 383—384 页。

判性的"实践"概念注入社会历史性维度。

正是在这个意义上，笔者尝试将西方学界曾经出现的马克思与海德格尔的勾连，以及通过追溯哲学史上"实践"和"生产"的关联来为本体论意义上的"实践"奠基，历史唯物主义、唯物史观和辩证唯物主义的概念辨析，包括"资本逻辑"问题的探讨和《资本论》研究的复兴，看作一种面对上述共同的问题指向，基于不同的思想资源和学术旨趣，多元并进的理论态势。有趣的是，在此过程中，《提纲》的研究包括马克思主义哲学方法的探索，都开始距离《资本论》越来越近，而对《神圣家族》持一定的谨慎态度。当然，一个有趣的例外是：马克思恩格斯文献研究专家、MEGA2 编者陶伯特曾经根据马克思《提纲》写作原文中紧挨在"提纲"之前的四行文字和《提纲》的写作时间，来证明这"十一条论纲"更多是关涉《神圣家族》写作所引发争论的回应，而非与《德意志意识形态》的计划有关。对此，笔者的态度是：我们确实应该尊重文献学专家所提出的历史和文本事实，但也必须看到，文本的命运在很大程度上并不是由文献自身所决定的，而往往同研究者和诠释者的"理论前件"有着更为紧密的关联。不过，这一文献研究的成果所引发的争论，倒是提醒我们：从"实践"的文本依据出发或可提供一种对于在国内学界曾经引发广泛讨论的"实践唯物主义"问题的理论反思。

纵观马克思恩格斯的生平和文本，套用一个考古学的术语，我们可以说：对于"实践唯物主义"来说，《提纲》只能算作一个"孤证"，缺乏充分而有效的文本依据来相互映衬和佐证。因为"实践"概念只是偶尔出现于马克思的"博士论文"、《手稿》和《德意志意识形态》等早期文本之中。在以《资本论》为代表的大量成熟时期的著作中难以觅得"实践"范畴的踪影。因此，"实践唯物主义"较为明显地体现了"理论反注文本"的特征。熟悉马克思文本的学者同样会说，马克思没有使用过"辩证唯物主义"和"历史唯物主义"，甚至很少使用"唯物主义"和"辩证法"——较之马克思卷帙浩繁的著作，"辩证法"的出现也可谓是凤毛麟角，那么是不是意味着"辩证唯物主义"或"历史唯物主义"也是一种"理论反注文本"呢？对于这一问题较为得体的回答可能是：问题的关键不在于是否存在"理论反注文本"，而在于"怎样的"理论以"怎样的"方式反注文本。如果是抽象的设定或被动的接受某种教条化的理论，然后以"Ctrl ＋ F"的方式寻得某些词句来证明，那么这种做法注定是要遭到摒弃的。但如果是在"通晓思维和历史的成就的基础上",通过科学的文本考察和方法自省,而形成理论思维和文本证据的有机结合,那么,这种"反注"就不仅可行而且必要。在马克思写下《提纲》170 年、恩格斯发表《马克思论费尔巴哈》将近 130 年之后,马克思主义哲学研究的最新进展也呼唤着对于《提纲》的一种既不同于"辩证唯物主义历史唯物主义"(Diamat)也不同于"实践唯物主义"的新的理论"反注"。

三 今天该如何使用《关于费尔巴哈的提纲》?

概而言之,在《提纲》的阐释史上存在这样一种尴尬的逻辑交叠。一方面,是第二国际理论家以及苏联"辩证唯物主义"理论遵循恩格斯建构"新唯物主义"传统的努力,但却受到经济决定论思潮的影响,在"唯物主义'基础'＋辩证法'补充'"的意义上来定位《提纲》。这也就导致了,这种理解模式虽然源于 19 世纪下半叶马克思主义阐释和捍卫的直接需要,但却在重塑马克思早期思想发展的过程中,形成了所谓的"一次转变论"观点甚至是"辉煌史观"的倾向。① 也正是在这个意义上,《提纲》不过是此前"已经提出的诸原理"的进一步发展,并且"提出新问题","表述新思想"罢了。另一方面,基于对上述理解的不满,以卢卡奇、柯尔施和葛兰西为代表的西方马克思主义早期理论家,已经有意识地反对这种"唯物主义"的实证(物化)和直观色彩,更加强调"历史辩证法",进而将《提纲》中的"实践"理解为马克思主义哲学的核心范畴。在《手稿》和《大纲》公开问世之后,以及人本主义成为西方学术话语的显性逻辑的背景下,《提纲》的重要性得到了进一步的强化。较之苏联学者的看法,对《提纲》的理解反倒显得更接近于恩格斯的判断,"新世界观天才萌芽的第一个文件"。这一点在布洛赫从《手稿》出发定义《提纲》的尝试中一览无余。然而,为了避免"重新陷入唯心主义的直观"(卢卡奇语),这种理解模式中的《提纲》却不得不以或隐或现的方式重新诉诸《资本论》及其《手稿》,特别是"价值形式"和"拜物教"批判,来为"实践的辩证法"或"实践哲学"提供一种唯物主义的属性。做一个不恰当的类比,就是"辩证法'本体'＋唯物主义'属性'"。

---

① 参见张一兵主编《马克思哲学的历史原像》,人民出版社 2009 年版,序言。

回到今天的思想语境，重新阅读《提纲》、理解马克思的"实践"概念，第一个需要关注或者说自省的问题是：我们到底应该在何种意义上理解马克思主义哲学的本质？特别是在"物质本体论"和"实践唯物主义"相竞争的意义上，应当如何说明马克思主义哲学中存在的对于社会历史过程的唯物主义分析与针对现实资本主义非人本质的批判之间的内在关联？或者换句话说，在事实分析的土壤上如何能够开出价值批判的鲜花？在这个意义上，包括俞吾金教授"实践诠释学"的阐发、张一兵教授关于《提纲》中"实践"以工业现代性为基础的观点以及新世纪以来国内学界关于历史唯物主义的重新理解和对《资本论》哲学思想的探讨，都可以看作在后辩证唯物主义和实践唯物主义"竞争"的时代，马克思主义哲学本体论研究最新推进的理论问题映现。而这些成果也为我们重新阅读包括《提纲》在内的马克思恩格斯早期文献，阐发马克思主义哲学中科学性和批判性二者的内在关联，搭建了全新的方法论构架。在笔者看来，这一方法论构架的一个重要的外观就是在政治经济学批判中深化对马克思主义哲学的理解。

具体而言，这一方法论构架的搭建显然并不是要我们像西方价值形式论学者巴克豪斯那样，直接性地将马克思对政治经济学批判方法的批判套用到对《提纲》特别是第四条的直接改写中去。① 而是说，从马克思在《资本论》中所实现的政治经济学批判，以及这一批判从开始探索到最终形成的思想史历程，来理解以《提纲》为代表的马克思恩格斯早期文献在马克思主义哲学形成过程中的地位和作用，并对包括"实践"和"异化"在内的一系列概念范畴给出科学的评估。因此，对于《提纲》的理解，需要关注的第二个问题就是马克思的思想分期或马克思主义哲学形成史上的阶段性划分与《提纲》的定位问题。这也是直接关乎《提纲》理解的一个重要问题，包括两个层面：

其一是从所谓"青年马克思"问题延伸而来的马克思早期思想发展与成熟时期理论之间的关系问题，简单说来就是1848年之前历史唯物主义的形成与《资本论》中资本主义批判科学理论制定之间的关系问题。尽管马克思自己在1859年已经提供了经典表述，恩格斯也给出了"两个伟大

---

① 参见 Hans-Georg Backhaus, "Zur Dialektik der Wertform", Beitraege zur marxistischen Erkenntnistheorie, Herausgeben von Alfred Schmidt, SuhrkampVerlag, 1969。

发现"的说法，但是由于 19 世纪资本主义现实的变化和马克思恩格斯问题域的转换（从哲学到政治经济学），这一问题的讨论牵涉方方面面的复杂问题，并且正如前面已经提到的那样，问题本身在不同的马克思主义理论阐释模式中进一步复杂化了。可以说，到今天为止这一问题仍然没有得到彻底的解决，仍需要我们继续不懈探索。

其二是马克思早期思想发展过程中的理论转变问题。从苏联学者强调"一次转变"和《神圣家族》，到西方"马克思学"推崇《手稿》和"青年马克思"，再到现在已经逐渐成为共识的"两次转变"和"《提纲》—《德意志意识形态》"历史唯物主义确立的看法，我们会发现：《提纲》的定位发生着潜在的滑动，而且直接牵涉《提纲》与《神圣家族》《德意志意识形态》和《手稿》等早期文献之间的理论关系和文本梳理。因此，如果我们能够对《手稿》《神圣家族》《形态》这些文献之间的关系给出某种新的判断，那么关于《提纲》定位的尴尬或者说游移也许就会迎刃而解。

为了实现这一要求，一个比较切实的手段是对《提纲》中马克思所提到或使用的一系列范畴，而非仅仅是对"实践""新唯物主义""改变世界"这样一些传统研究中不断被重复提起的词句加以仔细的甄别。考察马克思在《提纲》中对这些范畴的使用，以及追踪这些范畴在马克思早期文献甚至是《资本论》及其手稿中的使用情况，尤其是术语的转换和含义的改变，我们或许可以给《提纲》以新的定位，甚至可以为对马克思主义哲学本质的新的理解提供某种逻辑支撑。在笔者看来，除了"实践"等过去的研究中经常关注的范畴外，"对象"和"对象性活动"，"现实性""二重化"和"自我分裂"，"人"和"个人"（个体），"市民社会"等范畴（按照在《提纲》中出现的顺序排列）就是这样一些值得我们关注，甚至是可以为我们带来"范式"转变的概念范畴。受篇幅所限，仅举"对象"（Gegenstand）和"个人"（Individuen）二例来说。

依照《提纲》原文，"实践"的含义是"对象性的活动"，而且马克思多次提到了从"实践"出发理解"对象"和"对象的（客观的）真理性"。而"对象"这一术语本身一方面是黑格尔，尤其是费尔巴哈著作中的关键词；另一方面在写作于《提纲》一年之前的《手稿》中也扮演了重要的理论角色（如对象化和异化的区分）。如果我们回到费尔巴哈对黑格尔的批判，强调"人"作为感性的对象性的存在是哲学的真正的出发点，以及马克思在《手稿》中"劳动的对象化"的具体展开和"黑格尔辩证法批判"中关于"对象性"的分析，可以发现：在"对象性活动"这一术语的背后，不仅是从对象"物"到对象性"活动"（实践）的推进，更重要的是"对象"和"对象性活动"背后的"社会关系"关联和"历史进程"维度。也就是说，"对象性活动"的术语所蕴含着的不仅仅是一种主客体相结合的行动，或是"主观见之于客观的活动"的抽象理解，而且是面对"一定的"对象采取"一定的"形式的"一定的"活动。

当然，这一点仅仅在《提纲》的文本中是无法被直观的。但结合《手稿》，特别是《手稿》的写作顺序，对于马克思批判"黑格尔辩证法和整个哲学"部分中所发生的写作上与经济学内容的交叠和理论逻辑上的推进（从推崇费尔巴哈到肯定"黑格尔辩证法的积极的环节"①）的说明，《提纲》中"对象"范畴的社会历史维度及其对于费尔巴哈用法的超越，也就不难理解了。同时，向后延伸到《形态》中有关"物质生产"的说明，作为"对象性活动"的"实践"概念在历史唯物主义形成中所起到的重要作用也就不难理解了。

另一个可以作为佐证的例子是马克思对"人"（Mensch）和"个人"（Individuen）的不同用法。毫无疑问，"人"或者更准确地说"人类"概念是马克思早期思想发展的一个核心概念，"人类解放"本身就是马克思孜孜以求的目标。但是 1843—1845 年间马克思所理解的"人类"显然带有强烈的费尔巴哈色彩。在《提纲》中为了与之相区分，马克思一是在第六条中特意强调"人类"本质是"一切社会关系的总和"，二是同时强调"旧唯物主义的立脚点是市民社会，新唯物主义的立脚点则是人类社会或社会的人类"②。有趣的是，马克思在提到"市民社会"和费尔巴哈"直观的唯物主义"的时候，还用了另外一个与"人类"不同的"个人"（个体）的说法。并且马克思认为费尔巴哈的失误就在于不能理解这一"抽象的个人""单个人""抽象的——孤立的——人的个体"的秘密。显然，这可以同"对象"概念理解上的推进有关。既然费尔巴哈的"对象性存在"缺乏一种社会历史的维度，那么他对于"人类"的理解就不过是一种"市

---

① 马克思：《1844 年经济学哲学手稿》（附有按照手稿写作顺序编排的文本），人民出版社 2014 年版，第 275 页。

② 《马克思恩格斯选集》第 1 卷，人民出版社 1995 年版，第 56、57 页。

民社会"基础上的"单个人"的直观。问题的关键则是对"社会关系"的考察。

对照《形态》的理论叙述（包括马克思自己的修改过程），正是在这一维度上，马克思才开始将"现实的个人"作为"历史的前提"，其内在指向是作为具有社会关系维度的"对象性活动"，即"物质生活的生产和再生产"。可以说，正是在"人类"和"个人"的理解及使用方式上，内在地体现了马克思青年时期的哲学探索，以及这种探索同政治经济学研究之间的复杂关联。

综上所述，《提纲》本身具有文本写作的特殊性——马克思笔记本中留下的十一条格言，概念术语带有同时代人相互影响的强烈痕迹；具有理论逻辑的特殊性——处于马克思思想发展的转型期，被恩格斯称作"包含着新世界观天才萌芽的第一个文件"；具有历史流传的特殊性——被后世的马克思主义者用作建构特定的思想传统、阐发哲学本体论的主要的尽管是相对略显单薄的文本依据。因此，在阅读《提纲》的过程中，我们必须格外谨慎，在历史、理论和文本的结合中把握马克思主义哲学的方法论本质，进而对《提纲》的文本和逻辑本身进行阐发。可以说，无论是"辩证唯物主义"还是"实践唯物主义"范式下对于《提纲》的"反注"和"使用"都已经遭遇到了自身的问题困境，在马克思主义哲学的科学性或者说现实历史维度，与规范性或者说价值批判维度之间，无法提供一种令人信服的理论"接合"方案。那么，我们不妨透过政治经济学批判研究所开启的马克思主义哲学本体论阐发的新的理论棱镜，在充分利用马克思恩格斯早期文本研究成果的基础上，尝试提供某种关于《提纲》的新的可能的阐释。也正是在此过程中，马克思青年时期复杂的理论探索进程、马克思主义哲学与唯物主义的关系、马克思对于资本主义物化现实的超越之路，或可以得到更为清晰的厘定。

［原载《山东社会科学》2015 年第 7 期（总第 239 期）］

马克思与苏格兰启蒙运动中的
斯密和弗格森[*]

藏峰宇

18 世纪的启蒙运动是西方思想发展的转折点，后世思想家通常更多地关注此时的法国，而实际上，苏格兰启蒙思想大大促进了市场经济的发展过程。其中两位学者亚当·斯密与亚当·弗格森各自构建了市民社会的法哲学和道德哲学，他们在改革语境中道出了现代国家富强和长治久安的秘密，意识到崛起中的现代工商业是市民社会的基础，而一个经济繁荣的市民社会需要良好的法律、商业合作与交易原则以及道德行为机制与之相适应，从而为现代文明人合理的利益诉求提供合宜的社会环境。当然，他们也看到市民社会的道德危机，并从不同角度提出了解决方案。他们的启蒙思想对马克思产生了不容忽视的影响，马克思在摘录斯密作品时写下很多评注，也多次提到弗格森的《市民社会史论》。马克思的政治经济学批判建立在研究苏格兰启蒙思想的基础上。梳理两位思想家的思想异同，是理解马克思开启的学术传统与 18 世纪启蒙运动的关系的必经之路，而马克思对李嘉图及其评价斯密的研究，可谓透视这种关系的必要补充。

一 "看不见的手"：启蒙国民经济学的秘密

亚当·斯密因《国富论》而名震欧洲，而《道德情操论》则使他成为 18 世纪最重要的伦理学家之一。他在这两部名著中分别讨论了"经济人"和"道德人"，前者由"看不见的手"支配，后者追求崇高的理念，他们

---

* 本文为中国人民大学明德青年学者项目暨中央高校专项资金资助项目"马克思早期政治哲学文本解读及其中国语境研究"（项目编号：13XNJ048）的阶段性成果。

共处于新兴的市民社会中。斯密将追求物质利益的最大化当作人的天性，认为这种自利具有道德正当性。他是在个人自由的政治基调中，论述利我与利他以及道德和利益的关系问题的，这个问题后来在其《法学讲演录》和《哲学论文选》中得到了更充分的阐述。斯密关于国民财富的科学和关于道德情操的理论，不仅关涉今天的经济学和伦理学，而且更多被当作一种基于政治经济学的广义人文社会科学。或者说，他探究的乃是有道德的、自由的"经济人"，如何在经济持续发展的市民社会获得幸福。"按照苏格兰大学中传统的学科划分方法，逻辑学的范围包括修辞学和纯文学，道德哲学则包括法学和政治学"①，斯密是在道德哲学中探讨法学和政治学问题的，而他开创的现代政治经济学也是其中应有之义。

斯密等苏格兰学人研究的都是当时对政府和市民都非常有用的学问。斯密认为人具有社会性，这是由人与生俱来的情操决定的。他将市民而非君主视为社会的保护者，认为傲慢的君主自以为至高无上，极力扫除实现自己意志的障碍，国家成为他们实现意志的手段，因而不能体现公共精神。在他看来，公共精神是市民在现代社会中自觉实现的，作为市民的个人应当成为正义的卫士，需要个人审慎和自我控制，需要政府在履行职能的过程中力求规范。斯密在《国富论》《道德情操论》和《法学演讲录》中，分别从不同角度论及源自"自然法理学"和"历史法理学"的正义论及其道德基础，即一种德性的正义在经济学、伦理学和法学中的呈现样态及其在不同社会环境中的演化。② 受到自然法理论深刻影响的斯密进一步探究了历史法理论，他看到现实中的实证法几乎从未满足过自然法的要求，因而力图论证日常生活的合理性，从而将正义和道德纳入可操作范围内。

斯密所论之"政治"基本等同于"社会"，他致力于建构作为"社会"的政治结构，以及个人在一个合理的政治结构中作为市民彼此相处的原则。市民社会成员依赖彼此的交换，他们其实都是商业社会中的商人，因而社会治理原则必须符合工商业发展的实际情况。斯密论述社会运行原则时所用的最著名隐喻是"看不见的手"，尽管这个源自宗教的话语在斯

---

① 约翰·雷:《亚当·斯密传》，周祝平、赵正吉译，华夏出版社 2008 年版，第 34 页。

② Knud Haakonssen & Donald Winch, "The Legacy of Adam Smith", in The Cambridge Companion to Adam Smith, Knud Haakonssen ed., Cambridge University Press, 2006, pp. 366 – 374.

密的著述中并不常见，但通常被人们用来诠释市场经济的根本特征。个人对自身利益的追求在客观上实现了社会利益，这种阐述进一步发挥了曼德维尔在《蜜蜂的寓言》中关于个人恶和社会善之间关系的论述思路。"他受着一只看不见的手的指导，去尽力达到一个并非他本意想要达到的目的。也并不因为事非出于本意，就对社会有害。他追求自己的利益，往往使他能比在真正出于本意的情况下更有效地促进社会的利益。我从来没听说过，那些假装为公众幸福而经营贸易的人做了多少好事。"① 自利的人为社会利益所作的贡献并非自愿，却是市场交易过程的必然结果。对此政府不应过多干涉，而应更好地为个人利益和社会利益提供保障。斯密在此基础上提出了分工理论，他肯定了分工的社会意义，认为"劳动生产力上最大的增进，亦即运用劳动时所表现的更大的熟练、技巧和判断力，似乎都是分工的结果"②。

马克思在《1844年经济学哲学手稿》中多次引述《国富论》中的观点并评价斯密的思想。例如，"既然按照斯密的意见，大多数人遭受痛苦的社会是不幸福的，社会的最富裕状态会造成大多数人遭受这种痛苦，而且国民经济学（总之，私人利益的社会）是要导致这种最富裕状态，那么国民经济学的目的也就是社会的不幸"③。这种讽刺和质疑的笔触在该文献中多次出现。又如，"斯密颂扬商业是人道的，这是对的。世界上本来就没有绝对不道德的东西；商业也有对道德和人性表示尊重的一面。但这是怎样的尊重啊！当中世纪的强权，即公开的拦路抢劫转到商业时，这种行动就变得具有人道精神了；当商业上以禁止货币输出为特征的第一个阶段转到重商主义体系时，商业也变得具有人道精神了。现在连这种体系本身也变得具有人道精神了"④。研究政治经济学伊始，马克思就从批判角度审视斯密的经济学理论，这种视角在他后来的政治经济学批判著述中颇为常见。

当然，马克思深知斯密所论政治经济学的重要意义。马克思和恩格斯在1850年为《新莱茵报·政治经济评论》撰写的《时评》中写道："一

---

① 亚当·斯密：《国民财富的性质和原因的研究》（下卷），郭大力、王亚南译，商务印书馆1974年版，第27页。

② 同上书，第5页。

③ 《马克思恩格斯全集》第3卷，人民出版社2002年版，第230页。

④ 同上书，第448页。

切资产阶级的财产当然都是'劳动的成果和标志',这一点亚当·斯密要比我们这些在他以后 80 年的革命倡导者知道得更清楚。"① 在 1851 年写的《反思》一文中,马克思指出:"贸易的区分:一方面是实业家[dealers]和实业家之间的贸易,另一方面是实业家和消费者之间的贸易;前者是资本的转移,后者是收入和资本的交换;前者靠它具有的货币来实现,后者靠它的铸币来实现;——亚当·斯密所做的这种区分是重要的","然而,在亚当·斯密上述原理的基础上,整个经济学被蒲鲁东等人愚蠢地简单化了"②。他在《〈政治经济学批判〉导言》中也指出,"亚当·斯密大大地前进了一步,他抛开了创造财富的活动的一切规定性,——干脆就是劳动,既不是工业劳动,又不是商业劳动,也不是农业劳动,而既是这种劳动,又是那种劳动。有了创造财富的活动的抽象一般性,也就有了被规定为财富的对象的一般性"③。在《1857—1858 年经济学手稿》的每个笔记本中,马克思都对斯密关于货币、交换、生产劳动、地产乃至心理等的看法作了较为详细的分析。例如,"亚当·斯密说,劳动(劳动时间)是用来购买一切商品的最初的货币。如果考察的是生产行为,那么这始终是正确的(就相对价值的规定来说,也始终是正确的)。在生产中,每个商品总是不断地同劳动时间相交换"④。可以说,马克思既肯定了斯密的某些观点,也明确指出其理论缺陷,并提出了改进方案。

在《政治经济学批判·第一分册》中,马克思同样不惜笔墨论述斯密的见解:在发达的资产阶级生产的情况下,当商品生产者早已变成资本家,已经熟悉自己的亚当·斯密,并且高傲地嘲笑那种以为只有金银是货币或以为货币根本不同于其他商品而是绝对商品的迷信的时候,货币却又突然不是作为流通的中介出现,而是完全像货币贮藏者所理解的货币一样作为交换价值的唯一适当的形式、作为唯一的财富出现。诸如此类的分析在《1861—1863 年经济学手稿》中也很常见,马克思在那里主要质疑斯密的分工理论,"斯密没有区分两种意义上的分工",即没有区分将社会劳动分成不同部门的分工和在生产某个商品时同一个工厂内部的分工,"亚·斯密没有把分工理解为特殊的、别具一格的、标志着

① 《马克思恩格斯全集》第 10 卷,人民出版社 1998 年版,第 620 页。
② 同上书,第 636—639 页。
③ 《马克思恩格斯全集》第 30 卷,人民出版社 1995 年版,第 45 页。
④ 同上书,第 117 页。

资本主义生产方式的特征的形式"①。在这部手稿的"剩余价值理论"部分，马克思又指出："我们打算完全不考虑亚·斯密在多大程度上把地租看做商品价格的构成要素。这个问题在这里对我们的研究所以更加无关紧要，是因为斯密把地租看成和利润完全一样，纯粹是剩余价值的一部分，即'工人加到原料上的劳动中的扣除部分'。"② 在这里，马克思批评斯密论证剩余价值的思路，指出其中存在"循环论证"等逻辑悖谬，进而详细阐释了符合工业发展实际的分工理论。马克思在《资本论》中对斯密的观点也作了大量评述。例如，斯密"认为机器只起了从属作用，这种说法在大工业初期遭到罗德戴尔的反驳，在往后的发展时期又遭到尤尔的反驳。亚·斯密还把工具的分化同机器的发明混为一谈"③。须知，在工具分化中起巨大作用的是工人；而在机器的发明中，起作用的是学者、手工业者和农民。这些话语具有丰富的实践依据，呈现了基于历史事实的辩证视角。

概言之，马克思认为，斯密"代表着一个还在同封建社会的残余进行斗争、力图清洗经济关系上的封建污垢、提高生产力、使工商业获得新的发展的资产阶级"④。这是苏格兰启蒙学者的社会使命，他们要以务实的姿态迎接新时代的来临。当然，他们提出了很多未经实践检验的社会发展理念，有些理念后来在市场经济发展过程中被证实是不可行的。当然，斯密对一般历史原则的建构及其对商业社会特质的阐释之间存在一定的矛盾，这几乎是当时苏格兰学人都没有意识到的。他"既相信历史发展阶段性又试图用简单和优雅的牛顿式的原理法来解释社会中复杂的现象，最后只能用不同的社会机制和抽象人性的相互作用这种很含糊的方式来解释所谓的历史发展阶段论，这是所有苏格兰历史学派思想家共有的特点"⑤。关于这些问题，另一位苏格兰启蒙学者亚当·弗格森也提供了独特的思想资源。

---

① 《马克思恩格斯全集》第 32 卷，人民出版社 1998 年版，第 304—306 页。
② 《马克思恩格斯全集》第 33 卷，人民出版社 2004 年版，第 72 页。
③ 《马克思恩格斯全集》第 44 卷，人民出版社 2001 年版，第 404 页。
④ 《马克思恩格斯选集》第 1 卷，人民出版社 1995 年版，第 153—154 页。
⑤ 唐正东：《从斯密到马克思——经济哲学方法的历史性诠释》，江苏人民出版社 2009 年版，第 41 页。

二 在回归古典中重构现代：市民社会的道德语境

亚当·弗格森是唯一出生在苏格兰高地和低地之间的苏格兰启蒙思想家，使用盖尔语的高地人具有骁勇尚德之风，这种生活环境是弗格森思想发展的最初土壤。作为苏格兰启蒙运动中的学院派思想家，弗格森赞赏柏拉图哲学和斯巴达精神，强调民兵的勇敢精神和社群纽带在市民社会中的重要意义，他的罗马史研究专著《论历史的进步和罗马共和国的终结》一度广为流传。弗格森深知现代工商业发展和市民的道德自觉推动了社会进步，身处市民社会的成员共同生活在一个商业共同体中，但他更多地以一种源自高地的公共精神，批判资本逻辑对人类精神的污染，希望繁荣的市民社会的成员能够保持古朴的人性，不至于毁灭高贵的道德情操，从而使文明社会得以持续发展。这种论证是政治性的且较古典的。

弗格森常在古希腊美德伦理学中，寻找塑造现代市民社会的公共精神的启示，以此对抗纯粹追求经济利益的社会行为，这与他年少时在圣安德鲁斯学院和爱丁堡大学接受的古典教育有关。他从维护文明社会连贯性的角度指出："为了增加财富、人口，人类受到腐败的侵蚀，无法捍卫自己的财产。最终，他们只好受压迫，走向毁灭。我们为了能够使枝干生长，叶子繁茂，把根切断了。"[1] 弗格森强调古朴高尚的精神意志是维系社会发展的根本，资本主义促进了社会的经济增长，却败坏了人类的文明。他经常发表意见的场所是爱丁堡的"拨火棍俱乐部"，这个社交团体做了大量的政治鼓动工作，特别是鼓励上流社会的人士积极赞助并建立民兵组织。这些民兵组织的职能是保卫苏格兰的安全，却也只能在苏格兰高地得到认同，因为现代社会需要的不是持剑的勇士，而是由专业化士兵组成的现代部队。

弗格森在古典古代的基础上批判美德在商业文明社会流失的现象，归纳了社会腐化堕落和政治奴役的成因，其中很多观点与休谟和斯密的看法不同。他意识到现代文明的危机与"异化"的现实，致力于"古代文明的

---

① 亚当·弗格森：《文明社会史论》，林本椿、王绍祥译，浙江大学出版社 2010 年版，第164—165 页。

政治社会学研究"①。市民即文明人，当市场经济破坏人类文明的时候，不如回到古典。弗格森重视整体的社会观念，他在生前再版七次的《市民社会史论》中概括了启蒙运动的社会语境。在弗格森的一生中，市民社会"这一词语获得了新的重要地位和新的意义，指出这一点很重要：与公民传统相反的是，黑格尔在'市民社会'和'国家'之间作了区分，在私人贸易领域和社会相互作用的个人和政府与法律管辖的公共领域之间作了区分。黑格尔阅读和使用了弗格森的著作，并在弗格森德文译本的帮助下，使'资产阶级社会'（bürgerliche Gesellschaft）概念成为德国学术圈的显学，这一事实是思想史上具有讽刺意味的事情之一。"②将"资产阶级社会"直译为英文"bourgeois society"（资产阶级社会），这个概念与古希腊城邦社会更接近；将其译为"civil society"（市民社会）则成为一个现代性概念。

弗格森对人的社会性研究以及对人的斗争天性的研究影响了马克思。例如，"我们应从群体中去看人类，因为他们总是生活在群体中。个人的历史只不过是作为人类所思所感的一个细枝末节而已"③。而"个人、社会都肩负着自我保存的重任，也有各自不同的利益。这些利益的不同导致了妒忌和竞争"④。弗格森意识到纯粹理性的限度，为此以感性思维考量政治的特征，当休谟试图将政治"简化为一门科学"，通过严密的哲学论证和清晰的逻辑推理，使政治实践从前后矛盾、思维混乱的日常琐碎中挣脱出来时，弗格森则强调"不能把政治简化为一门科学"，而要将其上升为一种自觉而博识的实践，以免只是津津乐道于某种学术成就，却很少应用这些学术成就来增进政治才能。还要指出的是，弗格森以权力平衡的方式维护自由的原理，提出了启蒙时代的平等主义自由主义主张："在每个国家中，国民的自由取决于国内各部分的均衡和协调一致。而在人类中，任何

---

① 亚当·弗格森：《文明社会史论》，林本椿、王绍祥译，浙江大学出版社 2010 年版，第 5 页。

② Adam Ferguson, *An Essay on the History of Civil Society*, Cambridge University Press, 1995, p. xix.

③ 亚当·弗格森：《文明社会史论》，林本椿、王绍祥译，浙江大学出版社 2010 年版，第 4 页。

④ 同上书，第 24 页。

这种自由的存在都取决于各国间的均衡。"① 弗格森认为建构合宜的政治制度是一件大事，于此人们的权利关系和处事方式将得到规范化，政治制度的有益程度基于其对国民安全与幸福所作的贡献、国民的适应性、对宪政的适应程度以及相关外在环境。在他看来，市民内心适度的不安和政治生活适度的波动都有益于文明发展，社会冲突导致社会变迁，促进社会文明和政治自由。

马克思在《德意志意识形态》第一章中，在批判德国意识形态家不重视物质生活时指出："法国人和英国人尽管对这一事实同所谓的历史之间的联系了解得非常片面——特别是因为他们受政治意识形态的束缚——，但毕竟作了一些为历史编纂学提供唯物主义基础的初步尝试，首次写出了市民社会史、商业史和工业史。"② 这里所说的"市民社会史"，正是由弗格森专门论述的。在《资本论》及其手稿中，马克思多次肯定弗格森，或以弗格森为例批评斯密，因为弗格森从关系角度分析社会分工，关心分工中存在的冲突问题。例如，"亚·斯密……曾专门颂扬分工，但后来，在最后一篇论述国家收入的源泉时，他又偶尔重复他的老师亚当·弗格森的话，谴责了分工"③。"亚当·弗格森曾说明分工的有害后果。作为弗格森的学生，亚·斯密对这一点是十分清楚的。他在自己的著作中一开头就专门把分工歌颂了一番，只是顺便地提到分工是社会不平等的根源。只是在第五篇论述国家收入时，他才重述了弗格森的见解。"④ 在这个方面，马克思对弗格森的肯定非常明显，"弗格森明确地把'隶属关系'看作'各种技艺和职业相互分离'的结果。资本和［劳动］之间的对立等等"，他"把这种工业民族同古典古代相比拟，但是他同时强调指出，奴隶制是自由人的充分的、全面的发展的基础"⑤。可见，马克思欣赏弗格森，主要是因为弗格森对资本和劳动力对立等社会冲突的论述，而斯密认为个体对自身利益的理性追求能实现社会普遍繁荣，这种观点基于启蒙理性主义原则，公民道德养成和社会治理旨在实现个人利益，这与强调平等主义原则

---

① 亚当·弗格森：《文明社会史论》，林本椿、王绍祥译，浙江大学出版社 2010 年版，第 304 页。

② 《马克思恩格斯文集》第 1 卷，人民出版社 2009 年版，第 531 页。

③ 《马克思恩格斯全集》第 44 卷，人民出版社 2001 年版，第 145 页。

④ 同上书，第 419 页。

⑤ 《马克思恩格斯全集》第 32 卷，人民出版社 1998 年版，第 314—315 页。

的马克思政治哲学传统显然有价值取向层面的重要差别。

三 马克思与启蒙政治经济学：历史唯物主义阐释

马克思通过对当时社会生产生活的理论关注与实践考察，实现了对以斯密为代表的古典政治经济学家的超越。马克思看到斯密没有关注经济活动中呈现的社会关系，而这正是他的政治哲学研究得以茁壮成长的土壤。谈及斯密对马克思的影响，有必要引入李嘉图对斯密的关键评述。从苏格兰启蒙运动内部来看，李嘉图为斯密的劳动价值论提供了崭新的内容，即创造和评价商品价值的要素是一般劳动，进而实现了古典经济学的革命性突破。[①] 李嘉图对资本逻辑作出了具有唯物主义特质的阐释，他不从任何理论假设出发，而将研究视野投向稀少的社会财富，在丰富劳动价值论的同时，分析了工人和资本家之间的利益差别，甚至谈到了生产力在社会发展过程中的关键作用，马克思认为这具有"科学上的诚实"。

在《哲学的贫困》中，关于政治经济学的形而上学的开端，马克思就将李嘉图与黑格尔并列论述："如果说有一个英国人把人变成帽子，那么，有一个德国人就把帽子变成了观念。这位英国人就是李嘉图，一位银行巨子，杰出的经济学家；这个德国人就是黑格尔，柏林大学的一位专任哲学教授。"[②] 在马克思看来，"政治经济学之父"是威廉·配第而不是亚当·斯密，因为威廉·配第指出，价值就是劳动，价值量就是劳动量。斯密的理论出发点是超国界的，他希望对国民财富的性质和原因的研究适应于一切时代，马克思认为，这显然是超历史的，而一切超历史的理论都不能提供研究历史的钥匙。所以，马克思在《1844 年经济学哲学手稿》中批判启蒙国民经济学家时，明显地表露出对这些道德理论的历史前提和现实有效性的不满，而李嘉图揭示了阶级之间的经济对立，"这样一来，在政治经济学中，历史斗争和历史发展过程的根源被抓住了，并且被揭示出来了"[③]。当然，马克思看到李嘉图在其政治经济分析框架中，同样没有认识到工人有意识的抗争对社会变革的决定作用，这是由马克思作出的。

---

① 参见周嘉昕《为什么仍应重视李嘉图？——兼论作为历史唯物主义的政治经济学批判》，《南京政治学院学报》2014 年第 2 期。

② 《马克思恩格斯选集》第 1 卷，人民出版社 1995 年版，第 136 页。

③ 《马克思恩格斯全集》第 26 卷，人民出版社 1973 年版，第 183 页。

马克思对弗格森的赞赏并非出于对古典公共精神的肯定，而是因为弗格森强调个人抗争和政治秩序的关系，提出了"需求的多样性"和"上层建筑"概念。"弗格森关于分工的大部分分析构成了马克思后来讨论分工的基础，事实上，马克思也明显把弗格森当作自己观念的一个来源。"① 正如前述指出，马克思重视弗格森的分工理论，并以其分工理论衡量斯密分工理论的得失。"亚当·斯密指出：如果从一方面说分工是人的才能的自然差别的产物和结果，那么，人的才能的这种差别在更大程度上是分工发展的结果。在这个问题上，斯密仿效了他的老师弗格森。""亚·斯密在论述分工的那一整篇中，基本上是仿效他的老师，甚至常常照抄他的老师亚·弗格森（《论市民社会史》，贝尔吉埃先生译，1783 年巴黎版）。他的老师认为：处于野蛮状态的人喜欢游手好闲。"② 马克思援引《市民社会史论》中多处关于分工的论述说明："弗格森也认为'把一物同另一物相交换的要求'是逐渐使人们'不知不觉地细分他们的职业'的条件之一，不过他没有像斯密那样片面地把它看作唯一的原因"，"弗格森与斯密的不同之处在于他更尖锐、更明确地揭示了分工的消极方面"。③ 马克思还指出，勒蒙泰在 19 世纪初提到过分工的有害后果，"在勒蒙泰之前很久，而且在亚当·斯密以前 17 年，斯密的老师亚·弗格森在专门论分工的一章中就已经清楚地阐明了这一点"④。从中可见马克思对弗格森以社会关系为基础的分工理论的赞赏。

马克思在批判苏格兰启蒙政治经济学的过程中，汲取其中的现代文明观念和唯物主义基础。他看到苏格兰启蒙思想在 19 世纪的实际境遇：当资本逻辑愈益肆虐，工人的劳动被更多占有的时候，穷人与启蒙思想渐行渐远。因为启蒙思想家描述的未来是他们在疲惫的劳作之余看不到的。马克思将政治经济学研究推至批判的向度，并在政治哲学语境中研究资本主义社会的经济现象，形成了一种基于德国哲学和英国古典政治经济学研究的历史唯物主义话语，从根本上改变工人的生活境遇，体现了卓越的价值立场。今天，探究马克思政治哲学思想来源，需要重审苏格兰启蒙观念，

---

① Ronald Hamowy, "Adam Smith, Adam Ferguson, and the Division of Labour", *Economica*, New Series, Vol. 35, 1968.

② 《马克思恩格斯全集》第 32 卷，人民出版社 1998 年版，第 312 页。

③ 同上书，第 313—314 页。

④ 《马克思恩格斯选集》第 1 卷，人民出版社 1995 年版，第 158 页。

避免将苏格兰启蒙思想的鲜明特征只用来描绘反启蒙运动的轮廓。尽管马克思在不同程度上否定了启蒙政治经济学研究方法和结论，但他确乎从中确认了批判的资源。他对弗格森的市民社会理论和阶级体系的赞赏表明，他研读古典政治经济学时看重的乃是建构历史唯物主义的学术资源。

（原载《哲学动态》2015 年第 10 期）

东欧与苏联：马克思主义的
分歧和公共际遇[*]

顾伟伟

究其形态，苏联和东欧的马克思主义最初是交融的，随着社会发展和理论创新，它们渐次地产生分歧。而这一分界点正值 20 世纪 60 年代。可以说，20 世纪 60 年代，东欧马克思主义质疑苏联马克思主义并发起挑战，原本整体的马克思主义阵营出现了分歧，这种分歧对马克思主义史、对社会主义事业的影响是重大的。20 世纪末以来，世界范围内针对苏联、东欧马克思主义的研究蓬勃兴起，至今方兴未艾；但关于苏联、东欧马克思主义在 20 世纪 60 年代发生的情况，却没有引起学界的高度重视，它仅作为马克思主义发展史上舒缓的一笔而被研究者略过。因此，回顾与反思 20 世纪 60 年代苏东马克思主义的分歧与影响就显得很有意义。

一 两种马克思主义的范式

所谓两种马克思主义的范式——科学的马克思主义与批判的马克思主义的划分，最初是社会学意义上的分析与判断，即它包含的视域既是思想的又是政治的，是一种兼具理论和行动的双重价值判断。在《辩证法的阴暗面》一书中，美国著名社会学家阿尔温·古尔德纳认为，马克思主义是一分为二的。就马克思主义的历史存在来说，马克思主义内部也存在着矛盾，而且这种矛盾是世界范围的，它并非仅指苏维埃社会主义联盟，亦非

* 本文系国家社会科学基金一般项目"我国马克思主义哲学史范式研究"（编号 15BKSO19）、北京社会科学联合会青年社科人才资助项目"习近平辩证法思想的总体性研究"（编号 2015SKL021）、南疆教育发展研究中心重大项目（编号 XJEDU070114A03）的阶段性成果。

特指东欧社会主义国家。它广泛存在于譬如中国、越南、朝鲜，以及古巴等国家在内的广大区域，这偏重于历史存在的空间维度；而在时间维度上，它更直观地表明历史发展的辩证法。作为整体的马克思主义，始终蕴含着互相矛盾的两种倾向：一种是科学的马克思主义，一种是批判的马克思主义。

苏东的马克思主义的分歧，大体上可以归纳为批判的马克思主义与科学的马克思主义的对立和斗争。古尔德纳同时认为，"两种马克思主义"的提法并非十分妥当，所谓科学的马克思主义、批判的马克思主义不过是马克思主义内部的两种状态，它们都是严格意义上的马克思主义。一种强调马克思主义的科学性，一种强调马克思主义的批判性。关于科学性与批判性的矛盾，古尔德纳给出了解释：

> 马克思主义一部分是实践哲学，另一部分是"科学"，即关于资本主义规律的政治经济学。马克思主义因而是科学和政治、理论和实践的矛盾结合。……马克思主义既是科学又是意识形态，既是理性的理解又是政治的实践，既是关于世界的"报道"，又是要求行动起来改变世界的"命令"。[①]

科学性与批判性的分界在哪里？或者说，二者表现为怎样的差异？

一是对待意识形态的差异性 科学的马克思主义者们认为，意识形态是对世界的歪曲反映，真理表明了认识的客观性。批判的马克思主义者们则认为，尽管意识形态具有很大的非科学性或者虚假性，却不能否认其积极、进步的一面。统治阶级在规制意识形态的过程中，民众的理性要素及其作用绝不能被忽视，即，意识形态并非全然体现为理性或感性的极端状态，总有国家与市民社会在其对立中起着协调作用。某种程度上，批判的马克思主义者看重意识形态与科学之间的连续性，强调二者之间存在着过渡与衔接。阿尔都塞就认为，意识形态与科学并非是完全分离的，而是统摄于一个总问题，要紧的是在意识形态与科学形态之间存在一个点，准确地说，存在一个断裂——即"认识论断裂"的问题。相比之下，科学的马

---

① 古尔德纳：《两种马克思主义》，杜章智编译，载《马列主义研究资料》第3辑，1982年，第220页。

克思主义更显教条主义、机械化倾向，批判的马克思主义强调辩证思维。令人惊奇的是，不仅在古尔德纳那里，就连大部分西方马克思主义者，都认同阿尔都塞是科学的马克思主义者。显然，在科学的马克思主义与批判的马克思主义之间，并不存在绝对对立。

　　二是认识方式的差异性　这里所谓的认识方式，不能简单地归结为认识论的一般范畴。它特指对社会基本结构的划分。科学的马克思主义者们坚持"经济基础决定上层建筑"的论点，以生产方式为中心的经济基础"归根结底"控制着以意识形态为中心的上层建筑。在这一点上，苏联与东欧的官方哲学家们显然是科学的马克思主义者。批判的马克思主义认为这种划分过于狭隘、庸俗，在他们看来，科学的马克思主义之所以庸俗，"不是因为它过分强调了经济的作用，而是因为它把经济的作用看得过分狭隘了"。他们还说："国家远远不止是它的明显的强制机构……国家是统治阶级取得它的集体生产条件而使用的一切活动。"[1] 不过，批判的马克思主义过分地强调了国家理性的主体能动性，一方面无形中弱化了经济基础决定论的客观规律；另一方面又在对科学的马克思主义的批判中失去了客观性。

　　较之于科学的马克思主义，感性的经验事实似乎更偏向于批判的马克思主义。十月革命的胜利、苏维埃社会主义的革命和建设，以及中国革命的胜利、社会主义地改造了资本主义基础的史实，都"严重地损害了'科学的'、唯物主义的马克思主义的威望，有力地支持了批判的、辩证的马克思主义"[2]。科学的马克思主义信赖并倚重对象化的社会结构，而非人以及人的意志和觉悟。批判的马克思主义恰恰以为，人正是这种结构的创造者，人的意志和觉悟有时是社会发展的关键因素，是支撑社会进步的动力。

二　20 世纪 60 年代：缘自分歧的质疑与内省

　　无论是科学的马克思主义，还是批判的马克思主义，究其本义，它们

---

　　① 科里甘、拉姆塞、塞耶：《社会主义建设和马克思主义理论》，杜章智译，纽约每月评论出版社 1978 年版，第 10 页。
　　② 古尔德纳：《两种马克思主义》，杜章智编译，载《马列主义研究资料》第 3 辑，1982 年，第 219 页。

都不是来自马克思主义之外的，二者都是马克思主义内部的自我批判。古尔德纳就这一点说得很清楚："我们必须坚持：马克思主义也有自己的内部矛盾。必须把马克思主义自己的矛盾看作是马克思主义的组成部分，是理解马克思主义的现状及其未来的重要钥匙。"① 试想，20 世纪 60 年代陷入纷争的马克思主义者们，在面对历史抉择时能够做些什么？进一步设想，摆在那场分歧与公共际遇面前的是否还有第二条道路，那样一来就有了规避 90 年代社会主义事业遭受重挫的可能性？幸运的是，历史为当下提供了这样一种可能，我们可以重新评估马克思主义史上 20 世纪 60 年代的重要性，以及将 60 年代与 90 年代联系起来进行反思的价值、意义。

重思 20 世纪 60 年代，苏联马克思主义与东欧马克思主义是否分别就是科学的马克思主义与批判的马克思主义的两种典型代表？多数哲学家对此持肯定态度，譬如"法国的现象学马克思主义者莫里斯·梅洛－庞蒂，在他的《辩证法的历险》中提出了他所谓的'西方马克思主义'和'列宁主义'之间的区别，和我们说的批判马克思主义和科学马克思主义之间的差别类似。"② 即，在梅洛－庞蒂看来，现实中的马克思主义被赋予了政府主义的强制性，带有明显的"共产主义的折中主义"特性，"黑格尔主义和科学主义的不稳定的混合，使得正统派能够以'哲学'原则的名义拒绝社会科学在恩格斯之后所想说的一切，而当提出哲学的反对意见时，又使它能够用'科学社会主义'来回答"③。柯尔施在《马克思主义和哲学》中对马克思主义的科学性和批判性同样作了历史考察，"马克思和恩格斯在 1840 年代作为一种'反哲学'提出的辩证唯物主义的、批判的革命理论，本身仍然是哲学的……'反哲学'向两个不同方向发展。一方面，社会主义'科学'变成了实证理论，逐渐与哲学分道扬镳。另一方面，有了哲学的发展，表面上与前者冲突，实际上是对它的补充"④。他在注释里进一步阐发了这两种性质的发展状况，"最先见于 19 世纪 50 年代后期，在

---

① 古尔德纳：《两种马克思主义》，杜章智编译，载《马列主义研究资料》第 3 辑，1982 年，第 216 页。

② 同上书，第 229 页。

③ 梅洛－庞蒂：《辩证法的历险》，杨大春、张尧均译，上海译文出版社 2009 年版，第 70 页。

④ 古尔德纳：《两种马克思主义》，杜章智编译，载《马列主义研究资料》第 3 辑，1982 年，第 228 页。

马克思和恩格斯本人的著作里，然后是更晚些时候在他们的最好的门徒——意大利的拉布里奥拉和俄国的普列汉诺夫——的著作里，它的理论特征或许可以规定为一种向黑格尔哲学的复归，而不只是向 19 世纪 40 年代狂飙与突进运动时期黑格尔左派的在本质上是批判的和革命的'反哲学'的复归"①。

我们无法洞察西方学者区分两种马克思主义的真正用意，连同它关于"科学"与"哲学"的矛盾问题在苏东社会主义阵营引起的积极的和消极的影响，但我们不得不承认它的确获得了苏东马克思主义者或显或隐的回应。南斯拉夫哲学家米·马尔科维奇在 1970 年发表的《马克思的社会批判理论》一文中写道："马克思创造了一种既是客观（科学）的又是批判性的理论，然而，在阐发他的思想并使之进一步发展的时候，大都是经常忽视了这两个基本特点中的一个，属于前一派的（强调批判的）……是那些把马克思主义发展成一种意识形态，为资本主义以后的社会辩解的各种人们……把实证知识看作是思想屈从于现存社会框框的一种形式的罗曼蒂克人道主义者……属于后一派的是所有赞赏马克思对现代社会科学所做出的巨大贡献的那些科学家，但这些人未能认识到，马克思的观点之所以根本有别于孔德、穆勒、李嘉图和其他古典社会科学家以及现代实证主义之处，乃是贯穿他全部著作的那种对现存理论和对社会现实的现存形式的彻底批判。"② 大多数情形下，苏联马克思主义并不赞同"科学的马克思主义与批判的马克思主义"区分的提法，在经典哲学教科书中，马克思主义既是科学的又是批判的，这毫无疑义。坦率地说，马克思主义究竟是科学的，还是批判的，一方面是对马克思主义本质的追问，一方面是对待马克思主义的态度问题。东欧马克思主义与苏联马克思主义，就其哲学地位而言并不平等，这与东欧与苏联所处的政治地位差异有很大关系。长时期以来，苏联马克思主义对东欧马克思主义的强制性已经严重激起了东欧马克思主义者的反感，无论是东欧官方还是东欧学界，普遍感受到苏联哲学的正统地位施加给他们的紧张与压抑。苏联马克思主义恰恰又是以一种非理性的意识形态的形象出现在东欧面前的，这就更加造成东欧马克思主义与

---

① 柯尔施：《马克思主义和哲学》，王南湜、荣新海译，重庆出版社 1989 年版，第 61 页。

② 马尔科维奇：《马克思的社会批判理论》，《哲学译丛》编辑部编译，生活·读书·新知三联书店 1979 年版，第 253—254 页。

苏联马克思主义发展道路上的分歧。

这种分歧首先表现在实践上，并以一种理论的实践的形式出现。阿尔都塞在《关于唯物辩证法》一文中对"理论的实践"作了说明，他指认列宁的社会主义革命和建设正是"理论的实践"的典型表现。[①] 马克思主义的理论的实践，最为重要的就是科学社会主义的机构和组织原则，我们更毫无疑问，斯大林主义以及去斯大林化时期，苏联马克思主义的官方代表都强制性地赋予了"理论的实践的理论"意识形态的面孔。这里所谓"意识形态"，并不是《德意志意识形态》中马克思所批判的与"科学"相对立的意识形态，而是特指对社会发展客观规律盲目崇拜的态度，以及防止一切觊觎、篡改"正统"模式的做法。生产资料的国有化与国家垄断、无产阶级与国家对立的关系问题，这不仅是苏联模式所有的表现形式，而且东欧社会主义国家也遭遇了此种问题，它们正是马克思主义致力于消灭的。官僚特权阶级的形成及其与社会民众的普遍对立，作为一种共识已经在苏联、东欧的社会思潮中蔓延开来，政治腐败猖獗、不可遏制。[②] 东欧社会主义国家更多的是从苏联那里看到了自己，察觉作为执政党的指导思想的马克思主义必然将会遭遇苏联马克思主义的困境。这就预示着东欧马克思主义即将产生与苏联马克思主义的某种分歧，甚至不惜走向决裂。这种分歧、决裂的矛头最容易也最先投向科学社会主义道路的现实问题上。因此，基于社会分析的马克思主义分歧就这样产生了。

还要承认并重视这样一个事实：马克思主义分歧并不仅产生在东欧马克思主义与苏联马克思主义之间，它还在苏联和东欧内部广泛存在着。这主要表现在苏东社会主义国家内部的正统意识形态与民间思维意识的对立与抗争。譬如罗伊·麦德维杰夫，在 20 世纪 60 年代指出："今天的苏联不是真正的社会主义社会，而是官僚化的社会主义和虚假社会主义的变种……应在维护苏联现制度的基础上进行改革，使苏联社会生活和政治生活实行深刻的全面的民主化。"[③] 同时，西方资本主义的

---

① 阿尔都塞：《关于唯物辩证法》，顾良译，商务印书馆 2007 年版，第 155—186 页。
② 马修斯：《七十年代的苏联权贵》，倪孝铨摘译，载《苏联问题译丛》第三辑，1980 年，第 1—3、8—9 页。
③ 麦德维杰夫：《论社会主义民主》，魏云峰摘译，载《苏联问题译丛》第三辑，1980 年，第 405—406 页。

社会思潮对苏联、东欧，尤其东欧社会主义的影响也值得研究。早在1961—1964 年，东德马克思主义就展开了关于"实践"问题的争论，这与东德的地缘政治、社会生活基础有着紧密的联系。"旧本哲学工作者曾归纳了三条原因：（一）东德直接受到资本主义国家，特别是西德的政治、经济、思想的挑战，面对挑战，不得不做出回答，因而在政治和意识形态领域里，保持高度的警惕。（二）东德是东欧各国中生产水平较高的国家，科学、技术革命对经济建设比较早地提出了新的问题。（三）德国是具有哲学传统的国家，是康德、黑格尔等古典哲学家的故乡，哲学的基础比较雄厚。由于这三方面的原因，使得东德的哲学家越过马克思主义哲学的教条主义解释的限制，在哲学领域开展了自主的活泼的讨论。"① 事实上，资本主义对人的技术统治以及人的生存面临的困境，正成为西方社会思想研究领域的热点和难点问题。而人的存在的问题恰恰被正统的马克思主义所忽视，它必将成为东欧马克思主义发展的一个新支点。这也发生在苏联马克思主义的内部。

三　公共际遇的现实与命运

苏东的马克思主义的分歧不是一个外在性事物，它是马克思主义发展史上一个真实的理论困境。20 世纪 60 年代，资本主义不但没有消亡，而且制造了人的生存状况的新矛盾——技术理性与人的感性生活的历史的对立。马克思主义必须对这种社会状态进行科学的阐释，并作出合理的回应。确切地说，仅有这种回应仍然不够，它还应承担起改造世界的哲学功能。马克思主义的科学性与批判性，本来是矛盾的对立双方，现在却被理论界以热切的目光期盼着合二为一。这种期待并非一开始就表现得如此强烈，它是在社会主义结构趋于稳定，以及意识形态的强制性功能变得强大起来时才会出现的，而恰恰正在这时才会为马克思主义发展提供一个拓展性的全新空间。伴随着西方人道主义的思潮，马克思主义的"人学"原本可以获得一个广阔的发展空间，事实上，世界范围内的马克思主义发展的公共际遇并没有被珍惜，亦没有得到合理利用，直至 20 世纪 90 年代它仍

---

① 尚晶晶编译：《建立马克思主义哲学体系的新尝试——日本哲学界评东德的"哲学体系争论"》，载《马列主义研究资料》1982 年第 2 辑，第 242 页。

然没有获得应有的合法性。

综观 20 世纪 60 年代东欧和苏联马克思主义的新发展，可以从中抽离出一般的共性的东西。

1. 在 20 世纪 60 年代以前，苏联马克思主义曾有过三次较大的哲学争论，国外学者曾对其进行过粗略划分：（1）第一个时期，1917 年 10 月 30 日到 1921 年底，与"战时社会主义"相一致，是一个过渡时期；（2）第二个时期，从 1922 年到 1930 年，即以清除非列宁主义的哲学家开始，以发布判决德波林的法令（1931 年 1 月 25 日）而告结束，是对马克思列宁主义哲学进行较为自由的又激烈的争辩时期；（3）第三个时期从 1931 年上述法令开始到 1947 年判决亚历山大罗夫为止，哲学处于"静寂"时期，斯大林的《辩证唯物主义和历史唯物主义》为苏联马克思主义奠定了方向。① 有一点值得注意，苏共二十大后，苏联哲学的思维方式并没有因去斯大林化而得以转机，没有体现出多样性，反而朝着正统化方向继续发展，直至 20 世纪 60 年代。在这期间，涌现了一批马克思主义的理论家，他们是米丁、尤金、罗森塔尔、爱森堡、列昂诺夫、芬格尔特、萨尔文特、萨拉比扬诺夫、沃利弗松、伊利切夫、拉祖莫夫斯基，等等。他们大体上遵循了《联共（布）党史简明教程》第四章第二节斯大林论辩证唯物主义和历史唯物主义的思想，树立了世界社会主义阵营的马克思主义典范。

20 世纪 60 年代这种状况发生了变化，正统的哲学思想受到了冲击，作为冲锋手的是伊里因科夫。他在 1967 年 12 月 10 日的《共青团真理报》上公开阐明了自己的观点：哲学就是关于思维的科学，唯物辩证法就是逻辑和马克思列宁主义的认识论。伊里因科夫高度重视辩证法，尤其黑格尔辩证法研究，就在他生前最后一篇文章《战斗的唯物主义就是辩证的唯物主义——纪念列宁〈唯物主义和经验批判主义〉问世 70 周年》中，也表现出了马克思主义研究的批判倾向，这为当时居于正统的科学的马克思主义主流所不允许。伊里因科夫的观点立即受到正统派的围攻和指责，其代表人物是 M. 鲁特凯维奇和伊利切夫。鲁特凯维奇指责伊里因科夫企图复活西方哲学传统的"认识论主义"，而"在指责伊里因科夫提倡'抽象的认识论主义'和抹煞马克思主义哲学的世界观意

---

① 鲍亨斯基：《苏俄辩证唯物主义》，薛中平译，商务印书馆 1965 年版，第 34 页。

义的哲学家中，最重要的人物就是鼎鼎大名的 П. Ф. 伊利切夫"①。曾任苏共中央书记、宣传部长的伊利切夫批评伊里因科夫"阉割了辩证法的逻辑方法论功能和世界观功能"，实际上针对的是他从科学的马克思主义到批判的马克思主义的转向。当然，伊里因科夫也获得了诸如 В. 凯德洛夫、Н. 谢苗诺夫等人的支持，著名自然科学家谢苗诺夫就直言哲学的对象不是整个世界，反对用"抽象的普遍图式"去构造、复活"自然哲学"的做法。实质上，他们的兴趣逐渐由纯粹的理论研究转向复杂的社会实践，表达了反抗正统意识、探求马克思主义活的灵魂的学术路向，这与西方马克思主义关注资本社会现实的价值取向是一致的。伊里因科夫遭遇的攻击与驳难表明，从传统思维中实现马克思主义的真正"复活"的道路必然不会一帆风顺。这也就能解释，为什么直至 20 世纪 80 年代，关于人、人的存在、人的个性的哲学研究才在弗罗洛夫、斯焦平、尤金等编写的《哲学导论》中首次以独立章节出现。②

2. "南斯拉夫以它 1948 年选择的通向社会主义的'独特道路'，也就是所谓的铁托主义，为当地的马克思主义哲学的形成创造了先决条件。如同在政治上一样，在意识形态领域也提出了一些说明新特点和决定进一步发展的观点。"③ 较之东欧其他国家，南斯拉夫的马克思主义首先注重异化与人道主义、实践和自治理论的研究。如果说，伊里因科夫从科学的马克思主义转向批判的马克思主义，一定程度上表达了重视青年马克思经典著作研究的倾向，那么，南斯拉夫的马克思主义研究则公开、充分地表达了青年马克思研究的重要意义。南斯拉夫的马克思主义研究毫不避讳地谈及卢卡奇的思想，并公开表达了对《历史和阶级意识》的尊重。多数理论家坚持把消除异化作为目的，如马尔科维奇认为从人道主义立场出发的最高价值就是消除异化，加约·彼得罗维奇提出了把人的自我异化和异化的社会区分开来的观点。这样一来，社会主义制度下的"异化"问题就摆在南斯拉夫的马克思主义者面前，他们审慎地得出"政治异化要对社会主义制

---

① 贾泽林：《一位引人注目的苏联哲学家——伊里因科夫》，载《国外社会科学》1982 年第 3 期，第 65 页。

② 弗罗洛夫主编：《哲学导论》（下卷），贾泽林等译，北京师范大学出版社 2011 年版，第 578 页。

③ 哈纳克：《东欧、中欧的新马克思主义》（一），赖升禄、张念东译，载《马列主义研究资料》第 1 辑，1982 年版，第 215 页。

度下的异化负责"，因此必须"粉碎社会主义的国家的神话"，还原长期以来被政治生活荫蔽的社会生活、社会实践的论点。正如安东尼奥·葛兰西所阐述的："南斯拉夫的哲学家不仅把马克思主义这种实践的哲学看成'政治行动的指南'，还由此理解为对政治行动的批判，理解为一种社会制度下的社会关系的哲学。"①

与南斯拉夫相比，波兰马克思主义的新问题、新领域要发现得晚一些。值得注意的是，它不是通过继续坚持和批判各个理论论点的形式，而是在内部形成的哲学发展。因此，20世纪60年代波兰的马克思主义被国外学界称作"合理的修正主义"或"正统的修正主义"。时任波兰共产党意识形态主管人的亚当·沙夫，在1960年首先提出了马克思主义语义学研究的命题，紧接着又提出了马克思主义的结构主义的研究命题，并于20世纪70年代先后出版了《历史和真理》《结构主义和马克思主义》两部著作。尽管亚当·沙夫认为阿尔都塞的"结构主义的马克思主义"既不是结构主义的，也不是马克思主义的，但他代表了东欧马克思主义者从苏联传统下解放出来的、依据西方哲学理论寻求思想研究的新方法、新趋向。莱谢克·科拉科夫斯基由于其典型知识分子的身份，更能说明波兰马克思主义的新问题、新领域。其最具代表性的理论成果是意识形态批判——以批判斯大林主义为起点要求从马克思主义的科学性中还原其批判性。

我们还要简单地阐述一下匈牙利、捷克斯洛伐克、德意志民主共和国的马克思主义的新问题、新领域。卢卡奇的观点和著述长时期以来控制着匈牙利的大众哲学生活②，形成了布达佩斯派哲学，涌现出了一大批哲学家，如阿格尔斯·赫勒尔、捷尔吉·马尔库塞、米哈里·瓦吉达、安德拉斯·黑格杜斯等。他们认为马克思主义应该集中注意力研究社会问题和历史问题，比如黑格杜斯就曾断言，马克思主义最紧迫的任务之一，就是给社会主义提出某种"自我批评"或"自我分析"，并使新制度完美化。他们尝试从国家政治层面阐释人的生活的意义。与其他东欧社会主义国家不同，德意志民主共和国的马克思主义更多的是遵循苏联正统，对某些领

---

① 哈纳克：《东欧、中欧的新马克思主义》（一），赖升禄、张念东译，载《马列主义研究资料》第1辑，1982年版，第223页。

② 同上书，第201页。

域、某些论点进行修修补补，他们少有的几次反教条主义、意识形态批判尝试也因马克思主义者遭到驱逐、迫害而终止。

3. 结论：20 世纪 60 年代东欧马克思主义与苏联马克思主义的分歧，其实质是科学的马克思主义与批判的马克思主义的冲突，正统马克思主义的教条主义与"回归"马克思主义的社会运动的对立，其现实表象是马克思主义的社会思潮与官方意识形态的斗争。由此，这种分歧并不局限在东欧与苏联两者之间，而是深入到苏东整个社会主义阵营内部。这种深入只能由马克思主义发展的总体性进行阐释，并且深入的主题和内容必须设置在资本主义社会、社会主义社会内部的矛盾危机中。这次分歧，本应成为马克思主义发展史上的一次公共际遇，然而历史并没有对它作出客观的、科学的评判，从而致使马克思主义丧失了一次重大发展的历史机遇。试想，苏东社会主义阵营解体后，世界学者普遍做到了对马克思主义的深切反思，如果苏东社会主义阵营自己（既包括它的官方意识形态机构，也包括它的民间学者，哪怕只有一方）能够从斗争中获得启示、借鉴，马克思主义是否就能够决然走出"危机"，社会主义事业是否就能够无间断地开疆拓土呢？这是摆在马克思主义者面前的历史"难题"。

四　余论

如何正确认识这次分歧与 20 世纪 90 年代苏东剧变导致的马克思主义遭受重挫的联系，是一个值得深思的理论难题。试问，理论界是否注定无法摆脱研究苏东剧变、马克思主义发展受挫的理论课题的历史宿命，如果这种研究仅仅停留于学术研究的纯粹性，不去关注马克思主义的生活现实，那么，我们毕竟不能找到最后的答案。至于 20 世纪 60 年代苏东马克思主义的分歧及其所提供的人类历史的公共际遇的命题，也必将无法成立。

回顾 20 世纪 60 年代的东欧马克思主义和苏联马克思主义的分歧，我们不难发现，科学的马克思主义、批判的马克思主义引发的争论并没有深入到事物本质中去，科学的批判的马克思主义更多倾向于口号、宣言而趋于流产。困难不在于我们在多大程度上坚持了马克思主义，真正困难的是我们是否把马克思主义视作一种事业、一种实践而不仅仅是理论。纯粹学术的、书斋式的理论研究固不可少，但对于马克思主义而言，还远远不够。正如马克思所言："全部社会生活在本质上是实践的。凡是把理论引向神秘主义的神秘东西，都能在人的实践中以及对这种实践的理解中得到合理的解决。"①

（原载《哲学研究》2015 年第 11 期）

<hr>

① 《马克思恩格斯文集》第 1 卷，人民出版社 2009 年版，第 501 页。

国外马克思主义研究

何为马克思主义的"本体论"?
——从西方马克思主义研究的角度看

陈学明　姜国敏

多年以来，我国有许多学者在争论，马克思主义的哲学是不是本体论、是怎样的本体论。本文试图结合对西方马克思主义的研究，在参照和对比之下对这一问题进行探讨。本文认为，在既往的争论中，我们首先要解决的核心问题，其实是对"本体论是什么"这个问题的理解。这个问题不搞清楚，在所讨论的基本概念的界定上就存在着歧见，其后的问题也就难以进一步地探讨清楚。

一　对"本体论"的三种不同理解

对"本体论"的第一种理解，以俞宣孟先生《本体论研究》一书中对本体论的定义为代表。《本体论研究》中归纳出本体论有三个特征：（1）从实质上讲，本体论是与经验世界相分离或先于经验而独立存在的原理系统；（2）从方法论上讲，本体论采用的是逻辑的方法；（3）从形式上讲，本体论是关于"是"的学说，"是"是经过哲学家改造以后而成为的一个具有最高、最普遍特征的逻辑规定性的概念。① 在其看来，Ontology 按照其字面的原意乃是一门关于"是"的学问，应当译成"是论"，并且它是超验的、纯粹逻辑的研究，是作为纯粹的哲学原理，而不以任何事物为对象。根据这个标准，则自然哲学、宇宙论等都有特定的研究对象，不是本体论。

这种理解是很有道理的，严格的、最狭义的 Ontology 就是如此，在此

---

①　俞宣孟：《本体论研究》，上海人民出版社 1999 年版，第 27 页。

种对"本体论"的理解下，俞著中反复论证了马克思主义哲学不是本体论，乃至现代西方哲学大部分流派都没有本体论的问题，哲学史上只有像亚里士多德和黑格尔学说这样的少数学说才是作为"第一哲学"的典型的本体论。我们还可以说，对这样的本体论，马克思主义是批判的，其声称要"消灭"哲学、"终结"哲学，要义之一正是要否定这样的哲学，否定彼岸世界的哲学，排斥"纯粹经院哲学的问题"[1]。而恩格斯在高度评价马克思的唯物史观时，也正是以黑格尔式的本体论哲学来作对照的："它是从纯粹思维出发的，而这里必须从最顽强的事实出发。一种自己承认是'从无，经过无，到无'的方法，在这种形式上在这里是根本不适用的。"[2]

第二种，从恩格斯《路德维希·费尔巴哈和德国古典哲学的终结》对哲学基本问题的表述出发来理解"本体论"。恩格斯把全部哲学的基本问题归结为思维和存在的关系问题，讨论世界的本原是精神还是物质，而恩格斯这样的研究，就被我们一些学者理解为是本体论。这种对于"本体论"的理解，显然是与上一种基于词源含义的理解，即与最狭义的、作为"是论"的Ontology有差别的，"本体论"的词义发生了偏移或发展。这种"本体论"，不仅要研究特定的东西，而且把特定的东西作为世界的本原，探究本原是物质还是精神。

基于这种对于本体论的理解，还产生了两派不同的进一步的看法：一派是经典的辩证唯物主义体系，认为马克思主义把世界本原归结为物质存在，既然它探讨世界的本原，并且还具体地谈到这种本原究竟是物质还是精神，从而就判断说马克思主义是本体论。艾思奇《大众哲学》即以加括号的"本体论（世界观）"为章名[3]，在当今学界如黄枏森先生等坚持并阐发了这种路向。另一派看法认为马克思主义哲学不是本体论，其认为马克思并不是非常清晰地去把世界归结于物质还是精神，而是超越了这种对立。但与此同时，超越论者对"本体论"这个术语的把握，实际上也是持第二种理解，认为本体论是具体地讨论何者是世界本原，在这一点上并没有区别。同样持第二种理解的这两派，他们的区别在于：前一派认为马克

---

① 《马克思恩格斯选集》第 1 卷，人民出版社 1995 年版，第 55 页。
② 《马克思恩格斯选集》第 2 卷，人民出版社 1995 年版，第 41 页。
③ 《艾思奇文集》第 1 卷，人民出版社 1981 年版，第 140 页。

思主义哲学坚持了哲学基本问题，而且坚持物质是世界本原的观点，从而马克思主义哲学是本体论，而且是物质本体论；后一派则强调马克思主义哲学实际上超越了恩格斯所说的哲学基本问题，超越了物质与精神的对立，从而马克思主义哲学不是本体论，既不是精神本体论，也不是物质本体论。

第三种，对于"本体论"的理解更加宽泛，认为可以超越那种把整个世界归结于物质或精神二选一的终极本原的做法，而只要探究世界中某种存在的基本的、重大的地位，就是"本体论"。所以，当今我们许多学者说"实践本体论"是本体论，实际上对于"本体论"，不仅不是在上述第一种意义，并且也不是在第二种意义上理解它，而是已经赋予了它新的含义。基于"本体论"这个词的第三种含义，然后才称马克思主义哲学是本体论，因为马克思主义显然讲了某种具有重大意义的存在，例如讲人的感性活动、讲了实践，从而就可以宣告说马克思主义是本体论，是实践本体论。尽管他们与持第二种理解的学者在表述上可以同样认可马克思主义哲学是本体论，但实际上两者之间的观点有天壤之别。他们不仅对本体论的含义的理解，而且对马克思主义哲学的实质的理解，都完全不同。

二 西方马克思主义关于本体论的两大判断

本文从西方马克思主义研究的角度认为，上述第三种理解，其重要的源头正是西方马克思主义，而我国当代许多学者对此问题的看法，并非我们全新的创造，乃是由于西方马克思主义理论家的理论阐发，这种阐发于20世纪80年代起在我国产生了巨大影响，我们将其接受过来并进一步加以发挥，今天才使得"本体论"的概念变得更加宽泛。可以说，如果我们不掌握这些理论家的先行成果，也就不会产生对本体论的新理解。而就本体论的新的第三种意义而言，西方马克思主义已经达成了以下两个基本判断：（1）马克思主义是本体论；（2）马克思主义的本体论是实践本体论。

尽管一些西方马克思主义理论家直接提到"本体论"一词时，像施密特在《马克思的自然概念》开篇即论述马克思唯物主义的所谓"非本体论性质"①，或又如弗洛姆先肯定"马克思是一个本体论的唯物主义者"，然后加以悬置，"但他确实对这些问题不感兴趣，也就很少谈到这些问题"②，绕开它再去作自己的阐发。但是，他们这里所否定或悬搁的，只是第二种意义的本体论，如果我们不是看其术语选择，而是从其思想实质来考虑，则西方马克思主义中的主流，是主张要超越传统的唯物和唯心的对立，超越传统的物质第一性，进而，他们实际阐发了第三种意义上的"本体论"思想，只是未以此称谓来命名。另一方面，例如柯尔施《马克思主义和哲学》中的提法，是断定马克思主义"是哲学"，他乃是认为马克思和恩格斯"在'观念'辩证的'自我运动'下面发现了历史的现实的运动，并把这一历史的革命运动宣布为唯一'绝对的'存在"③。柯尔施将社会历史运动、将人的实践活动视作基本的存在，他断言马克思主义"是哲学"，就是在说马克思主义有着对这种基本存在的探寻，所以，若我们用后起第三种意义的"本体论"语词来述评这样的实质思想，也就可以说，柯尔施断定了马克思主义是本体论，并且是实践本体论。

我们还可以列出许多西方马克思主义代表人物的相应论断，比如：葛兰西认为，"客观的总是指'人类的客观'，可以认为它正是等于'历史的主观'"④；列斐伏尔提出"物质是一个 X""自然界本身是无动于衷的"⑤，把物质作为纯粹的方法论结构，为了说明人的活动使自然界具有意义；阿多诺说"客体只是一个术语上的伪装"⑥，在他看来，客体不能离开主体而独立存在；马尔库塞认为不仅要在客观的意义上，更要在主观的意义上理解自然界，自然"本身就是一种生命力，是主体——客体"⑦；梅

① 施密特：《马克思的自然概念》，欧力同、吴仲防译，赵鑫珊校，商务印书馆1988年版，第5页。

② 弗洛姆：《马克思关于人的概念》，载《西方学者论〈一八四四年经济学—哲学手稿〉》，复旦大学哲学系现代西方哲学研究室编译，复旦大学出版社1983年版，第26页。

③ Koisch, K., *Marxism and Philosophy*, London：Monthly Review Press, 1970, pp. 131–132.

④ Gramsci, A., *Selections from the Prison Notebooks*, New York：International Publishers Co. 1971, p. 445.

⑤ Lefebvre, H., *Le Materialisme Dialectique*, Paris：Presses Universitaires de France, 1962, p. 99.

⑥ Adorno and Theodor, W., *Negative Dialectics*, London：Rouledge & Kegan Paul, 1973, pp. 192–193.

⑦ 马尔库塞：《自然和革命》，载《西方学者论〈一八四四年经济学—哲学手稿〉》，复旦大学哲学系现代西方哲学研究室编译，复旦大学出版社1983年版，第150页。

洛－庞蒂说："世界就是我们所知觉的那个东西"、"事物和世界是通过我的身体而给予我的。"① 举出这些话，就是为了说明一点，西方马克思主义的主流思想，是主张超越传统的物质—精神式的本原探求，凸显人、人的实践这种基本存在的重要地位，断定马克思主义是第三种理解下的本体论、是实践本体论——西方马克思主义关于马克思主义本体论的这两个基本判断和结论，已经在国内学界被广泛接受。那么，我们如何对这两个判断进行评价，其是否还存在什么问题？本文认为，我们仍需加以反思，并且我们首先有必要重读卢卡奇晚年的《关于社会存在的本体论》。

三 卢卡奇晚年的两点反思

卢卡奇的《关于社会存在的本体论》，对其本人早年思想乃至西方马克思主义的传统，进行了检讨。不少论者轻视乃至否定该书，将它看成卢卡奇晚年一部折中主义乃至思想混乱的作品。但是，我们通过考察该书的创作过程，可以看到卢卡奇原是打算要为伦理学著作写出绪论，来为伦理学奠定基础，他却是投入全部精力将这个绪论扩大，成为关于社会存在本体论的篇幅巨大的独立作品，由于卢卡奇患癌症去世，他留下了还未最终修著完的书稿。所以，我们单从卢卡奇的创作实践也可以看出，《关于社会存在的本体论》是卢卡奇对于一生哲学道路的系统总结与积极反思，是留给我们的宝贵哲学遗产。因此，我们要完整准确地理解和评价西方马克思主义在本体论问题上的两个基本判断，完全可以而且应该参考卢卡奇晚年的反思，将卢卡奇的反思作为看待这个问题的重要视角。

卢卡奇该书所作的检讨之一，是针对早年否认马克思主义是本体论的提法，卢卡奇《历史与阶级意识》中认为马克思主义的核心是方法，而在《关于社会存在的本体论》中，则讲要返回到存在去，存在的概念应该占主导地位。卢卡奇认为，如果只谈认识论方法论而不谈本体论，马克思主义就是一种无根的浮萍，而如果这样，马克思主义就退化为认识论主义，就与西方哲学的总体发展趋向是一致的，马克思主义也就没有了社会存在本体论的地位，所以他要回到存在，讨论存在是什么、何以存在，他正面地构建起一个社会存在本体论。卢卡奇在社会存在本体论的部分之中，大

---

① Merleau – Ponty, M. , *Sense and Non – sense*, Northwestern University Press, 1968, p. 133.

力阐发物质与精神的统一、社会存在是有机整体、社会存在的历史性等等思想。这与他早年的理论、与西方马克思主义的传统，在本质上是一致的，而他这里所主张的社会存在本体论，正是第三种意义的"本体论"。

而检讨之二，则是针对早期否认物质世界的客观存在。卢卡奇早年为了强调世界和自然是人化自然，进而否认自然辩证法、否认自然界的客观存在。而到了晚年，他则提出关于两种本体论的学说，即自然本体论和社会存在本体论。晚年卢卡奇认为，承认自然是理解马克思主义的一个前提和出发点。前述检讨之一所构建的社会存在本体论，在卢卡奇晚年新的理论框架中，也是建立在自然本体论的基础之上的，承认后者才能有前者，并且，由于承认了自然本体论，所以卢卡奇也改而承认自然辩证法是存在的。

那么，晚年卢卡奇的这种对西方马克思主义传统的反思、检讨与修正，是否是沿着正确的方向在走呢？本文以为是正确的。应该看到，西方马克思主义认为马克思主义是一种实践本体论，这些阐发本身是非常有创见、非常重要的，但本文认为它还有不够周全之处，对这种"实践本体论"的阐发需要抱有一种审慎的态度。马克思对他自己的新世界观，对这种实践的唯物主义，有着直接的表述，例如《关于费尔巴哈的提纲》（以下简称《提纲》）第一条的确高度强调实践的人的作用，旧唯物主义"对对象、现实、感性，只是从客体的或者直观的形式去理解"，而实践的唯物主义第一个要点就是"把它们当作感性的人的活动，当作实践去理解"，"从主体方面去理解"[1]。其后《德意志意识形态》（以下简称《形态》）更是进一步声明，"周围的感性世界决不是某种开天辟地以来就直接存在的、始终如一的东西，而是工业和社会状况的产物，是历史的产物，是世世代代活动的结果"[2]。

但是，我们需要注意的是不能片面地理解它们，《提纲》第一条还有另一方面：马克思在讲到旧唯物主义的缺点之后还讲到了唯心主义，它们的缺点则是"抽象地发展了"能动的方面，它们其实并不真正懂得"现实的、感性的活动"。这两方面都缺一不可，我们对马克思主义不能仅仅从主体方面去理解，不能把能动的方面仅仅是唯心主义地发展。马克思所讲

---

① 《马克思恩格斯选集》第 1 卷，人民出版社 1995 年版，第 54 页。
② 同上书，第 76 页。

的"实践"的后面，还有其唯物主义基础，而西方马克思主义只强调第一方面，恰恰犯了错误。西方马克思主义者在强调实践本体论的时候，非常强调马克思的"人化自然"思想，据此来认为自然界都是人的实践、人的活动的产物，并进而片面地从主观方面去理解世界。例如，卢卡奇早年《历史与阶级意识》中直接认定自然范畴就是社会范畴。他们的思想其实是与马克思的"人化自然"思想有差别的，本文试图将这些差别归纳为以下六个方面。

四　马克思与西方马克思主义对于自然看法的六大差别

第一，马克思强调人化自然，但马克思是否把一切自然存在都看作是社会存在、是社会活动的产物，是否认为一切自然都是人化自然？关于这一点，卢卡奇在晚年看到，有社会存在，也有自然存在。实际上，马克思认为有两种自然：一种是被劳动改造过的人化自然，另一种是保持其原始直接性的自然，而只有前者才是社会活动的产物，正如《形态》中所说的，"在这种情况下，外部自然界的优先地位仍然会保持着"①。所以，在这个最初的点上，列宁在《唯物主义和经验批判主义》中向马赫主义所提出的质疑，仍然是有意义的：在人类存在以前，自然早已存在了。②

第二，马克思从确认人化自然出发，是否进而就把人化自然概念完全归结为社会范畴，也就是说，人化自然物除了它的社会性之外还是否有自然性？马克思并不能把经由社会活动而作了形态改变的自然，看作丧失了自然本性和自然基质的东西。不能借自然的人化，用劳动产品的社会性去消解它的自然性。与商品一样，一切劳动产物，一切人化自然物，也都具有两重性，如果完全从主观方面去理解，认为自然性不存在了，这样解读马克思就会纯然陷入一种唯心主义的路径。

第三，马克思强调人化自然是以实践为中介，那么这种以实践为中介的人化自然，马克思是否认为它具有客观实在性与优先地位？马克思没有

---

① 《马克思恩格斯选集》第 1 卷，人民出版社 1995 年版，第 77 页。
② 参见《列宁选集》第 2 卷，人民出版社 1995 年版，第 81—82、129 页。

否认这一点，而是一再强调这是人的实践活动的前提、基础和对象。作为劳动产品的人化了的自然物质，也不能说它是完全从属于实践的第二性的东西，它仍然是第一性的东西。在商品中，不仅其保存和转移的天然自然属性是客观的，而且，人化因素的加入，即活劳动的凝结，也是客观的。推广到一切劳动产物，一切人化自然物，都是如此，人们并不能"随心所欲地"创造历史，他们"不是在他们自己选定的条件下创造，而是在直接碰到的、既定的、从过去承继下来的条件下创造"①。人化自然仍然具有这种客观实在性，人们不能对其随心所欲，人化自然仍然具有优先地位，它作为实践的条件，制约着实践。

第四，马克思是否把世界的统一性问题一笔勾销？实际上马克思关于自然的理论主张，仍然在讲世界的统一。他在强调实践的变革作用、强调自然的人化时，没有否定统一性问题，首先是在讲世界统一于实践，然而再进一步的考察，这还是统一于物质，因为这种"人化"作用，这种实践，本身就是一种客观的、物质的活动，而非唯心主义所不懂得的真正"现实的、感性的活动"。当马克思界定什么是"劳动"时说明，劳动首先是人和自然之间的过程，是人以自身的活动来引起、调整和控制人和自然之间的物质变换的过程。在这个意义上，马克思又使用了广义的"自然"概念，即不仅是外部自然界（从天然自然变成人化自然），而且人本身，人的劳动力，"人化"作用本身，也是作为一种"自然力"，这种自然力同外部自然相对立。而相反，西方马克思主义仅仅以实践而不是物质作为出发点，以脱离了物质的实践作为出发点，就会如卢卡奇晚年所反思的，"革命的实践概念表现为一种夸张的高调"，"过度夸张实践概念可以走向其反面：重新陷入唯心主义的直观之中"②，重蹈《提纲》第一条所批评的另一种缺点的覆辙。

第五，马克思是否否认自然观具有一种本体论地位？当然马克思没有用过"本体论"这一措辞，他在 19 世纪 40 年代中期之前正面地使用过"哲学"一词，而后又转而批判它，他反对形形色色的唯心主义特别是黑格尔的哲学，但他早期采用的"世界观"这个概念则延续下来。另一方

---

① 《马克思恩格斯选集》第 1 卷，人民出版社 1995 年版，第 585 页。

② 卢卡奇：《历史与阶级意识：关于马克思主义辩证法的研究》，杜章智、任立、燕宏远译，商务印书馆 1992 年版，第 12 页。

面，马克思还沿用了"唯物主义"一词，在继承了第二种意义的本体论基础上，进而将唯物主义延伸到了更加广阔的领域，使其具有更加丰富的含义。马克思反对旧的唯物主义，在他激烈变革的过程中，在《1844年经济学哲学手稿》中主张彻底的自然主义或人道主义，既不同于唯心主义，也不同于唯物主义。但不久后在其所承担的《神圣家族》章节中，尽管尚未摆脱对费尔巴哈的认同，但马克思已经正面地接过"唯物主义"，他称赞费尔巴哈在理论方面体现了和人道主义相吻合的唯物主义，他谈到欧文和法国一些"比较有科学根据"的共产主义者时也说，他们把唯物主义学说当做现实的人道主义学说加以发展。马克思日后反复声明自己理论的"唯物主义"属性。在20世纪80年代西方马克思主义在我国传播之初，徐崇温先生《保卫唯物辩证法》即通过对马克思大量表述的搜集整理论证了这一点。而本文在此试图作一补充，认为马克思的"唯物主义"，是同他变革之初采用的"自然主义"具有继承和发展的关系，而《1844年经济学哲学手稿》中"人是自然界的一部分"的表述，在《政治经济学批判》导言中发展为"自然（这里指一切对象的东西，包括社会在内）"①。

第六，自然界有没有规律、自然辩证法是否存在？前面几点中我们已经看到马克思笔下的自然是具有着多层次的丰富内涵，那最广义的包括社会在内的自然。早年的卢卡奇也承认有主客体相互作用的辩证法，在这里我们再返回到问题之初，即看那毕竟与人有区分、与人相对而言的外部自然界，尽管它与人的活动分不开，但这种产物的产生也是有其自然规律的，人在生产中只能象自然本身那样发挥作用。并且，人化了的自然仍然作用于人、制约人的实践，既然确认自然的这种客观存在，那么，马克思也必然要承认自然界有独立的规律，而不能否认自然辩证法存在。正因为人化自然它按照自己的客观规律发展，所以它才能够与人对抗，人不能随心所欲地调控它。人类所面临的自然生态问题，从反面促使我们进行此种理论上的思考，我们不妨设问，如果没有自然辩证法，生态问题岂非轻而易举可以解决，事实当然并非如此，所以我们看到，当代生态马克思主义的理论构建当中，福斯特尤其注重发掘马克思主义的唯物主义基础，从中汲取理论的养分。这种做法，也是对原先西方马克思主义主流传统的一种回拨，从卢卡奇到萨特等人一再否认自然辩证法存在，抽掉了马克思主义

---

① 《马克思恩格斯选集》第2卷，人民出版社1995年版，第29页。

的唯物主义本体论基础。

五　马克思的实践—物质本体论与资本批判

从上一部分可以看到，围绕人化自然这一概念，西方马克思主义与马克思主义的理解是有差别的。在本文看来，我们既要反思那种传统形态的物质本体论，也要反思西方马克思主义的实践本体论思想及新时期我们对其进一步的阐发。我们首先要搞清楚什么是本体论，在"本体论"的三种理解之中，我们当然可以接受第三种。在明确了新的含义以后，我们要在此基础上作理论阐述和表达，但是，我们也不能完全依照西方马克思主义的理解，笼统地主张说"实践本体论"，仍然需要做许多的补充和完善工作。马克思也不是简单地抛开了第二种含义的本体论，而是需要在物质的前提和框架下，正确地强调人的能动作用。对马克思主义的本体论，假如我们一定要有一个概括性表述，本文认为不妨作模糊处理，在实践和物质之间进行一个结合——"实践—物质本体论"。徐崇温先生曾经基于他的理论见解，把马克思主义哲学表述为"物质—实践本体论"。徐先生的这一表述，可以说触及了马克思主义哲学的实质，本文赞同其基本精神。不过本文还认为，我们在理论上的重大任务，主要还不是简单做这种或那种本体论的"正名"工作，更为重要的是理解马克思主义和西方马克思主义的思想实质，把握它们各自理论的内在线索，并结合它们的现实基础和实践指向来考察和评价。

马克思、恩格斯所自称的"实践的唯物主义者"，连着的表述"即共产主义者"，这两个提法本身是为了表达他们的关切所在，"全部问题都在于使现存世界革命化，实际地反对并改变现存的事物"①。如果说马克思主义有着某种本体论的问题域，其考察存在是什么、何以存在，也是为了解决存在如何可以改造、可以改造成什么形态的问题，尤其是要揭示资本主义这一存在的基础，其由来和发展趋势，对这一存在进行批判和改造。当马克思早在 1842 年提及"新的世界观"时，就是意指"一些共产主义和社会主义的原理"②。当然，这时还只是接受当时社会流行的共产主义流

---

① 《马克思恩格斯选集》第 1 卷，人民出版社 1995 年版，第 75 页。
② 《马克思恩格斯选集》第 4 卷，人民出版社 1995 年版，第 527 页。

派，还没有开辟出自己科学理论，之后马克思阐发出实践—物质本体论观点，也同样是在这个批判资本主义、阐明共产主义的总主题之下的。我们在前一部分中已经正面地论述了马克思的人化自然观点，而马克思在《哥达纲领批判》中评论"劳动是一切财富的源泉"的观点时，则认为"硬给劳动加上一种超自然的创造力"是"资产者"的取向，而"社会主义的纲领"恰恰应当与此对立。① 这正是我们考察马克思的人化自然理论和整个本体论观点时，需要注意的实践维度，外部自然界之所以需要在理论上确认其地位，一大原因也在于，它在实践上表现为生产的资料，其现有的占有方式正是资本主义的存在根据，共产主义革命正是要消灭这种所有制。

而对于西方马克思主义，首先我们要肯定，西方马克思主义持那样的一种实践本体论观点，是有其历史贡献的。它开启了新的理论视域，使得我们并不停留在最初的点上，单纯强调外部自然界的优先地位，而是促使我们由其出发，经历了辩证的发展过程，展开了丰富、全面的多的论域。当我们再谈及自然、自然辩证法等熟悉的概念时，已经是在更高的层次上达成了对马克思主义的理解，完整准确地把握思想实质。不过与此同时，西方马克思主义的理论家们对本体论问题的看法，是有片面性的，而它强调主观方面也可以说是做过了头，这在卢卡奇的两点反思中可以看到。另一方面，正如佩里·安德森所言，西方马克思主义发生了"形式的转移"和"主题的创新"②，远离了马克思主义原本的主要论域，改而以哲学和文化为主要的战场。这当然有多方面的原因，而从其实践本体论的观点来看，资本主义存在及其扬弃的根据和条件问题，是无法从自然和人化自然本身当中导出的。马克思则相反，是从中进一步研究并发展出完整的政治经济学批判和科学社会主义理论，西方马克思主义的实践本体论恰恰缺失了这一导向实践的桥梁。这一点，卢卡奇晚年反思时也看到了："任何想对社会实践产生重大影响的重新解释马克思的尝试，必须与对资本主义新阶段的经济分析联系起来。"③ 对这一点，我们在今后西方马克思主义的研究当中，还有很大的阐发余地。而在西方马克思主义当代的发展中，还有

① 《马克思恩格斯全集》第 3 卷，人民出版社 1979 年版，第 298、300 页。
② 安德森：《西方马克思主义探讨》，高铦、文贯中、魏章玲译，高铦校，人民出版社 1981 年版，第 65、96 页。
③ 卢卡奇：《关于社会存在的本体论》上卷，本泽勒编，白锡堃等译，重庆出版社 1993 年版，第 295 页。

一个重要生长点即生态社会主义理论的构建，这切合于马克思的自然观和本体论思想，也切合马克思批判现存的资本主义生产方式的主旨，是这种批判的一个重要维度，值得我们高度重视。

（原载《哲学研究》2015 年第 3 期）

康德问题与当代西方马克思主义问题域的源起

——基于卢卡奇的"资产阶级二律背反"的一种考察

夏 莹*

伴随着社会历史的现实变革，西方思想界对于马克思思想的理解和接纳虽然发生了不容忽视的变化，但无论是社会批判理论还是今天的激进左派思潮，西方马克思主义思潮却始终占据着一个理论位置。这一位置也许并非主流，但它的偏安一隅却是一种激进思潮所应有的、恰当的思想境遇。与卢卡奇、阿尔都塞等早期西方马克思主义者相比，今天的西方马克思主义者们并不是一些引经据典地进行马克思思想研究的学者，他们甚至很少谈论马克思的文本，但却仍然坚称自己为马克思主义者，这样的思想家例如吉尔·德勒兹与阿兰·巴迪欧。① 他们在何种意义上是一个马克思主义者，关涉到我们今天如何理解西方马克思主义思想指向的核心内涵。这一内涵，在笔者看来，总是带有一种面向资本主义社会的批判性以及富有颠覆性的激进维度。只是这种批判维度在今天不再单纯地呈现为经济批判，如第二国际以来的马克思主义者们，抑或单纯地呈现为文化批判，如早期的法兰克福学派，转而关注作为大写主体的人与社会的对抗性关系，如德勒兹的精神分裂分析与巴迪欧的主体理论。

当然，我们不能认为这种转变是颠覆性的。早期西方马克思主义者的

---

* 夏莹，哲学博士，清华大学哲学系副教授。

① 在笔者看来，拉克劳、墨菲与巴迪欧等人都是当代西方马克思主义理论的代表人物，他们或可被称为激进左派，或可被称为后马克思主义者，但普遍地将其称为当代西方马克思主义，笔者觉得更为稳妥一些。

批判理论同样关注了人的主体性在资本逻辑下所遭受到的冲击。但由于这一关注大多基于异化理论的视角，因此其理论的重心最终都转移到了异化之扬弃这一点上，即如何构建一个理想化的乌托邦。这种理论的跨越虽然给当下社会许诺了一个光明的未来，但却因为这种许诺具有不可避免的虚幻性从而从根本上削弱了其批判的力度。而当下的西方马克思主义者之所以成为了激进思潮的代表，正是因为他们放弃了对异化之扬弃的关注，转而投入到了研究异化理论所揭示的对抗性关系本身上。[①] 拉克劳与墨菲曾经强调了社会的不可能性，以凸显社会对抗性关系的不可消除。[②] 这种对抗性关系在德勒兹、巴迪欧等人那里转变为对于"事件"[③] 概念的关注"事件"。作为意义的或者社会秩序的断裂，它得以被构筑的基础在于一种社会存在的非同一性。换言之，社会意识与社会存在之间并不如黑格尔的思辨哲学所构筑的那样，是一个依赖于否定性的中介就可以达成和解的统一体。相反，意识与存在之间的对抗性关系成为了当下人的主体性得以凸显的一个必要条件。试想，如果社会存在可以被社会意识完全地理解和把握，那么社会的发展就可以在黑格尔的"逻辑学"中得到完美的展现，理念就可以在观念的层面展开现实本身。在其中，人不过是社会现实展现的一颗螺丝钉，行动的偶然性被强大的历史命运所左右，成为历史的理念完成自身的手段。现实是被规定了的，在其中没有任何主体性原则的凸显，颠覆现实的路径将不复存在。这是同一性哲学必然在政治上的保守主义归宿。如果我们能够理解这种同一性哲学与现实的共谋关系，那么我们就可以理解当代西方马克思主义凸显对抗性关系的意旨所在。只有当现实不再是被规定了的时候，即意识不再能够对现实完全理解和把握的时候，人的能动性才有自己行动的空间。颠覆一个既有的社会现实也才可以在主体的行动中成为可能。

于是，今天的马克思主义者们形成了自己独特的问题域：首先，他们

---

① 这段论述实际上是对社会历史性的相关分析。笔者在文章的结尾处讨论为什么卢卡奇与当代西方马克思主义思想在主体问题上存在差异的时候特别指出了作为完美罪行的资本主义制度在今天对于社会批判理论的相关影响。这一点是本文的核心要点所在。

② Laclau and Mouffe, *Hegemony and Socialist Strategy*: *Towards a Radical Democratic Politics*, Loudou: Verso, 1985, p. 4.

③ 关于事件的相关论述可参见 Gilles Deleuze, Logique du Sens, Minuit, 1969；阿兰·巴迪欧《哲学宣言》，蓝江译，南京大学出版社 2014 年版以及 L'Être et L'Événement, aris, éd. Seuil, 1988。

汲取马克思的阶级理论，凸显社会的对抗性关系，拉克劳与墨菲的霸权（Hegemony）研究具有代表性。① 其次，他们为这种对抗性关系探寻非同一性的哲学根基，齐泽克对于黑格尔的绝对精神的康德化阐释颇有代表性。② 最后，在非同一性哲学中重塑主体性哲学，保持理论的激进性维度，巴迪欧的哲学是这一倾向的典型范例。③

在此，显而易见地包含着两个关键词：断裂和主体。它们之间相互依赖，共同构筑了当代西方马克思主义的激进性的哲学向度。尽管当代西方马克思主义的理路是彻底而激进的，但追根溯源，它们与早期西方马克思主义并不存在着本质的差异。当我们将视野回溯到有"西方马克思主义之父"之称的卢卡奇那里，我们就会发现，当代激进左派思想的根甚至就埋在卢卡奇的《历史与阶级意识》这本书中。今天当我们面对着略显光怪陆离的激进思潮，反观这一西方马克思思想的经典文献时，却发现当代思潮不过是其中那些辉煌思想穿透历史所留下的余辉。

一　物自体问题与理性主义的瓦解：断裂的形成

《物化与无产阶级意识》是收录在《历史与阶级意识》中的一篇长文。无论就其篇幅还是就其所要表达的思想深度而言，这篇文章在《历史与阶段意识》这本书中都占据着绝对的优势。在此，我们将尽力勾勒出其中有关"资本主义二律背反"的基本思想，因为正是在这一部分中包含着诞生当代西方马克思主义问题域的所有理论资源及其推演过程。

卢卡奇在提出"物化"问题之后着重讨论"资产阶级二律背反"这一问题。遵循着他意图将哲学与社会现实紧密相连的思想理路，"对我们来说，重要的并不是勾画近代哲学的历史，即使是最简略的勾画。重要的倒是要揭示这种哲学的基本问题和存在基础之间的关系"④。这里的存在是社会现实的历史境遇。如果说"物化"是资本主义时代的社会现实，那么从康德以来的德国古典哲学就是这一"物化"现实在思想领域的典型表现。

---

① 参见 Laclau and Mouffe, *Hegemony and Socialist Strategy*: *Towards a Radical Democratic Politics*, Loudou: Verso, 1985。

② 参见 Slavoj Žižek, *Tarrying with the Negative*, Durham: Durham Duke university Press, 1993。

③ 参见 Alaiu Badiou, *Théorie du sujet*, Paris, éd. Seuil, 1982。

④ 卢卡奇：《历史与阶级意识》，杜章智等译，商务印书馆 1999 年版，第 182 页。

作为坚定的马克思主义者，卢卡奇坚持地认为思想也是有阶级性的，由此德国古典哲学内在的二律背反就转变为了资产阶级的二律背反。哲学与现实的这种无中介的跨越，在当代西方马克思主义的思想展开过程中并不少见，例如巴迪欧借助于集合论、德勒兹借助于黎曼空间来构筑现实革命的可能性空间，等等。

回到文本当中，我们该如何理解"资产阶级二律背反"的基本含义注定是这一节最为关键的问题，同时，也正是在这一论述中，卢卡奇为西方马克思主义设定了基本的问题域。

卢卡奇是这样来表述"资产阶级二律背反"的："德国古典哲学的伟大、矛盾和悲剧正在于，它不再——像斯宾诺莎那样——把每一个既定的事实当做不存在的东西，并让它们消失在由知性创造的理性形式的宏伟建筑后面，而是相反，它把握住了概念的既定内容的非理性特征，牢牢地抓住这种特征，超越和克服这种证明，力求建立体系。"① "但同时对一个普遍的体系的可能性的条件的反思，也就是体系问题的有意识的提出，又说明了这样提出的要求的不可能性，即是不可能实现的。"② 换言之，德国古典哲学的思想悖论就在于：一方面物化的社会现实要求社会现实中的一切事物都要接受分析合理性的考量，从而进入理性的认知系统当中，成为可以被理性认识、归纳的对象；但另一方面，德国古典哲学却清醒地发现了"感性内容的存在和存在方式（das Dasein and das Sosein）则仍旧是一种完全不可溶化的既定事实"③，它的"既定性"使其从根本上恰恰拒斥理性的认知和归纳。这种思想的悖论在卢卡奇看来是物化现实在思想中的一种必然体现。对于这一时期的卢卡奇来说，"物化"（reification）是他对现代社会存在样态的一个基本描述。这一现实所表达的是一种以计算和量化为特质的形式化倾向。这一带有浓重的马克斯·韦伯式的分析模式左右着卢卡奇思考德国古典哲学的理论路径，即从一种形式与内容的不兼容性为入手点，揭示德国古典哲学在理性认知上的无力。这种无力特别集中地表现在康德的思想当中。对于卢卡奇来说，康德的伟大正在于他没有"掩盖问题的不可解决，而是坦率地、不折不扣地突出了问题的不可解决"④。而这

---

① 卢卡奇：《历史与阶级意识》，杜章智等译，商务印书馆 1999 年版，第 189 页。
② 同上书，第 188 页。
③ 同上书，第 187 页。
④ 同上书，第 212 页。

一倾向集中表现在康德对于物自体问题的提出上。在卢卡奇的分析语境中，物自体的设定所昭示的正是感性世界的既定性。对于感性世界能否融化到理性当中来，康德保持着谨慎的态度。当康德为理性划界的时候，物自体的存在成为了理性的界限。在康德看来，这种界限保证了理性认知的确定性。但在卢卡奇看来，这种划界却是近代理性主义的非理性倾向的表达，因为物自体的存在使得认知、把握感性世界成为了一个不能确定的事情。卢卡奇将这样一种无力认知社会现实的近代理性主义等同于一种非理性的倾向。这一理论旨归在很长的一段时间内支配着卢卡奇对于马克思和德国古典哲学的对比、分析和批判。

从某种意义上说，康德对于卢卡奇的思想建构产生了决定性的影响。从以上的分析中，我们可以看到这种影响主要有两个方面：其一，卢卡奇的理性主义与非理性主义的二元对立式的批判方式源自于新康德主义者诸如李凯尔特与拉斯科等人的影响。从这一意义上说，尽管卢卡奇的思想中充满了黑格尔的色彩，但就其研究方法而言却始终是康德主义的。卢卡奇将马克思与非马克思主义（包括德国古典哲学、现象学与存在主义等）做了严格的区分，并坚持这种二元论的思维方式，同时将其运用到对思想史的分析和理解当中。① 其二，康德的物自体问题构成了卢卡奇发现"资本主义二律背反"的切入点。更进一步说，物自体的不可知性所昭示的是形式与内容之间的断裂。哲学始终试图回答思维与存在的同一性问题，只是在前康德时期，哲学常常诉诸神的存在来保障这种同一性。以康德为代表的近代理性主义则将这种同一性第一次试图安置在人自身的理性之中，而谨慎的康德却为理性走向神坛的道路设置了一个障碍——物自体。物自体让康德保持着清醒的认知：毕竟口袋中的一百块钱并不等于头脑中的一百块钱。思维与存在、观念与现实之间的距离，在康德看来是无法跨越的。对这一断裂的凸显，卢卡奇将其视为德国古典哲学的悖论。卢卡奇试图用无产阶级的立场来弥合这一断裂，解决物自体的问题。因为无产阶级是在历史中生成同时还能够创造历史的统一体，因此它是客体—主体同一性的现实化身，是整体性原则的体现。而在当代西方马克思主义那里，这种同一性被对抗性社会存在替代了。正如我们已经指出的那样，这一转变代表

---

① 汤姆·洛克摩尔：《非理性主义：卢卡奇与马克思主义理性观》，孟丹译，中国人民大学出版社2014年版，第3、4章。

了当代西方马克思主义的思想转向。

在此，我们需要强调的不是卢卡奇与当代西方马克思主义之间的差异性，而是相似性。换言之，尽管卢卡奇将物自体问题带来的断裂视为一个有待解决的问题，但他一方面通过详尽的理论阐发不断地深化了这一断裂在各个层面上的表现，将社会现实与试图把握现实的理性放在两个世界之中，从而凸显了断裂的现实性与重要性；另一方面，对于这一断裂的弥合，卢卡奇虽然在《历史与阶级意识》中提出了一种解决方案，即无产阶级的阶级立场，但这一答案显然不能令人满意。就卢卡奇本人而言，在这本书1967年版的序言当中，他已经质疑了无产阶级作为弥合断裂的同一性的合法性：首先，无产阶级是否能够担当这个使命是需要质疑的。"这里的主体—客体是不是比纯粹形而上学的构造更真实呢？真正同一的主体—客体是否能为自我认识（无论怎样充分，怎样真正基于对社会的全面认识，也就是无论怎样完美）所创造呢？只要我们精确地提出问题，便会看出，对此必须做出否定的回答。① 其次，将无产阶级视为同一性的化身，这种做法是对思辨理论的回归。"将无产阶级看做真正人类历史的同一的主体—客体并不是一种克服唯心主义体系的唯物主义实现，而是一种想比黑格尔更加黑格尔的尝试，是大胆地凌驾于一切现实之上，在客观上试图超越大师本身。"② 卢卡奇晚年的这个自我批评是富有理论意义的，因为它切中了"无产阶级立场"这一理论设定的要害所在：不仅无产阶级无法担当同一性的化身，甚至任何有限性的存在都不能担当。一旦思想试图构建这种同一性，那么它就只能是以不同的方式回归神学，前康德的思想是如此，黑格尔的哲学亦是如此。因此，卢卡奇在批判了无产阶级这一设定的问题之后并没有提出任何其他的替代品，而是将话题转向了关于"异化"问题——这是晚期卢卡奇讨论的核心主题之一。而这种做法实际上是以一种非直接的方式宣称了同一性的不可能。异化，就其所包含的对抗性内涵而言，其本身正是断裂观念的另外一种表达方式。由此可见，卢卡奇对于"资本主义二律背反"的考察所开启的论域，其重心在于探讨被物自体问题所撕开的断裂性，而非同一性。就这一点而言，今天的西方马克思主义者们都不过是以不同的方式重复了卢卡奇的这一核心观念而已。

---

① 卢卡奇：《历史与阶级意识》，杜章智等译，商务印书馆1999年版，第18页。
② 同上。

二 三种自然的区分：主体的分裂及其重塑的可能性

如果卢卡奇对物自体的论证仅仅停留在有关纯粹理性的认知能力这一点上，那么他建基于这一基础之上的关于德国古典哲学的二律背反就显得过于武断。毕竟康德并不代表古典哲学的全部，德国哲学家亨利希甚至还将康德与费希特以及黑格尔视为平行关系，而非继承关系。① 似乎是为了让其论证更为丰满，卢卡奇在随后的篇幅中谈到了费希特。费希特的引入在卢卡奇的文本中发挥着两种作用：其一，推动卢卡奇提出一个重塑主体性的要求。其二，费希特将二律背反从认识论中的主观与客观的断裂引申到了作为认知主体自身的分裂，从而深化了断裂的主题。这两个作用之间是相辅相成的关系。

费希特是康德的继承者，他试图以实践理性为切入点将康德的三个批判重新进行整合，从而完成某种体系性的建构。要构建体系，需要一个理论的基石。费希特准确地把握到了康德思想的核心：既然我们只能获知我们所构建的知识，那么全部知识论的基础将是"自我"（Ichheit）。作为主体的"自我"，不是一个简单的形式，如同康德所认为的那样仅仅是一个功能性的"自我"，它是可以进行设定的，它自身包含着被设定的内容。卢卡奇在此高度赞扬了费希特所意图实现的这种同一性"和独断主义地接受——与主体异在的——纯粹既定的现实的做法相反，就形成了这样的要求：从同一的主体—客体出发，把每一种既定性把握为同一的主体—客体的产物，把每一个两重性把握为从这种原初统一中派生出来的特殊情况"②。这种同一的主体—客体在费希特这里表现为作为本原活动（Tathandlung）的"自我"。卢卡奇对这一点特别关注，指出了这一活动在克服康德的物自体问题上可能有的贡献。卢卡奇转引了费希特的原文，指出："这种纯粹的活动是不以客体为前提的，而是创造了客体本身"③。这一点对于哲学很重要，原因在于它提出了一个与从事实出发不同的点。"如果哲学从事实出发，它就把自己置于存在和有限的世界，它就难于找

---

① 亨利希：《在康德与黑格尔之间：德国观念论讲座》，乐小军译，商务印书馆2013年版，导论。

② 卢卡奇：《历史与阶级意识》，杜章智等译，商务印书馆1999年版，第197页。

③ 转引自卢卡奇《历史与阶级意识》，杜章智等译，商务印书馆1999年版，第197页。

出一条从整个世界通向无限和超感性的道路；如果它是从行为（即所谓的活动——引者注）出发，它就正好站在把这两个世界联结起来的、由此出发可以一眼通观这两个世界的那一点上。"① 卢卡奇在此找到了他克服资产阶级二律背反的路径，探寻某种能够同一主体与客体的主体性。这一点尽管在其后的思想中遭到卢卡奇的自我批判，但却统治了卢卡奇思想相当长的一段时间。在此，我们需要关注这种主体性的提出，因为它构筑了当下西方马克思主义问题域的另外一个维度，即作为一种主体性的主体问题。虽然拉克劳与墨菲等人彻底地批判了无产阶级作为这个主体之化身的基本观点，但却留下了这个主体的空位。这个空位，可以被任何阶级或者阶层所填补，但却无法取消它的存在，并且这一主体空位在很大程度上是马克思思想固有激进性在今天的表现方式。

但另外一方面，卢卡奇却又极为深刻地发现，费希特意义上作为活动的主体性的设定只是深化了资产阶级的二律背反。因为遵循康德的基本思路，活动的主体只能是道德行为中的主体，因此这里的实践并非是马克思意义上的实践。它仍然局限于人的内心世界。于是，"在自己创造的，但纯粹是转向内心的形式（康德的道德律令）和与知行、感性异在的现实、既定性以及经验之间的不可逾越的两重性，对行为个体的道德意识来说，要比对认识的直观主体来说，表现得更为清楚"②。换言之，康德的物自体问题在实践理性领域当中不是被解决了，而是进一步凸显出来了。由此蕴含着这样一个结论：费希特建基于实践理性的行动哲学依然未能解决这一二律背反。卢卡奇进一步指出，由于费希特将客观的、感性的世界转变为"自我"的设定（"自我"设定"非我"），费希特将在康德思想中的现象与本质、必然与自由的分裂带入到了主体内部，于是，"连主体也被分裂为现象和本体，而且自由和必然的未被解决的、不可解决的、因此永恒化了的分裂进入到了主体最内在的结构之中"③。

拥有着深厚的德国古典哲学的功底，卢卡奇准确地把握到了费希特思想自身的内在矛盾。费希特的自我理论中包含着一个如上帝般创世的无限自我，同时还包括着一个被无限自我所限定的有限自我。对此，黑格尔曾

① 转引自卢卡奇《历史与阶级意识》，杜章智等译，商务印书馆 1999 年版，第 197 页。
② 卢卡奇：《历史与阶级意识》，杜章智等译，商务印书馆 1999 年版，第 198 页。
③ 同上书，第 199 页。

经有过明确的批判："费希特说，自我是无限的，是能思维的，但却发现自己与一个非我相联系。这是一个矛盾。"① 虽然卢卡奇与黑格尔都洞见到费希特思想中分裂的主体，但两者却走出了两条不同的道路。

在黑格尔那里，这种主体内在的矛盾导致了某种对恶的无限性的批判，并激发了后者跨越有限与无限之间的界限，以近乎泛神论的方式重构了一种绝对的无限性——绝对精神。从某种意义上说，黑格尔的思想中包含着某种僭越，因此他最后实现的同一性，在其最为完美的形态上不过是一种概念的神话体系。尽管黑格尔对于概念的内涵有自己的界定，但无论概念自身如何包含着时间性和过程性，它的思辨性内涵都没有被去除。这表现在黑格尔试图脱离社会现实（现象）去构建一个概念体系，并将概念的演绎视为社会发展的真理维度。

而在卢卡奇这里，他固有的现实视角促使其将其理论的洞见瞬间带入到其对现实的批判中，于是近代社会状态再次成为这种分裂主体得以产生的根源所在。卢卡奇这样概括这个社会状况："人们在其中一方面日益打碎了、摆脱了、扔掉了纯'自然的'、非理性的和实际存在的桎梏；但另一方面，又同时在这种自己建立的、'自己创造的'现实中，建立了一个包围自己的第二自然，并且以同样无情的规律性和他们相对立，就像从前非理性的自然力量（正确些说：用这种形式表现出来的社会关系）所做的那样。"②

这里的第一自然，作为一种非理性的存在，即不能被理性所把握的既定性，是科学所面对的那个物理的自然。它在康德那里作为物自体，在费希特那里作为"非我"，始终作为与主体相对的客体世界存在着。它们的存在方式正在被科学所改变。与此同时，由于对自我建构的强调，产生了第二个自然。它是人的实践的产物，但一旦形成，就具有了脱离人的客观性，它在费希特思想中作为自身受到限定的"自我"获得了理论的表达。在现实中，卢卡奇将其意指为人所构筑的社会关系。

费希特的知识学在此拥有了一个社会现实的基础。我们可以质疑这种勾连的合法性，例如从康德到费希特的哲学从根本上说其实是对人的认知能力的关照。虽然在经过费希特之后，这种知识学（Wisenschaftsle-

---

① 黑格尔：《哲学史讲演录》第 4 卷，贺麟、工太庆译，商务印书馆 1978 年版，第 360 页。
② 卢卡奇：《历史与阶级意识》，杜章智等译，商务印书馆 1999 年版，第 204 页。

hre）有向作为整体的科学转变的倾向，从而人的社会性与历史性正在进入到其认识论的研究当中，但无论如何，人的现实生存都不是其纯粹哲学理论关注的要点。无论对康德来说，还是对费希特来说"自我"都是一个纯粹的理论预设，不能在瞬间变为一个有血有肉的人。从这一意义上说，近代社会状况中的两重自然的存在，特别是作为第二重自然的社会关系，对于形成两者的知识学理论都不是最为关键的。但哲学的创造性或许正体现在这种不可联结的联结之中，卢卡奇在将物自体问题拓展到内在主体的分裂、并将这种分裂主体与近代社会现状勾连起来之时，其目的就在于揭示出在这样的理论与现实境遇下，人如何由一个行动者变成了旁观者，人的主体性的这种沦陷恰恰反衬出其所试图构建的新的主体性的必要性和可能性。

人的创造物（社会关系）也变成一种自然，意味着社会现实也试图被合理化，也意味着"它的每一个现象越是能更多地被织进这些规律体系和被把握，这样一种预测的可能性也就越大。但是另一方面，同样清楚的是，现实和'行为'主体的态度越是接近这种类型，主体也就越发变为只是对被认识的规律提供的机遇加以接受的机体。他的'行为'也就更局限在采取这样一种立场，以使这些规律根据他的意思、按照他的利益（自动地、不受他的干预地）产生作用。主体的态度——从哲学的意义上来看——将变成纯直观的"①。当形式的合理化倾向拓展到人的创造物的时候，人的创造物就拥有了一种既定性，相应地，人的能动性就被弱化为一种"被限定的自我"，它只能顺应这样一种如自然一般的创造物的规定，并在其中规定自身。如果我们按照卢卡奇的分析方式，将现实与理论做一一对应的话，那么此时的主体已经变成了黑格尔历史理性下的主体。这是扬弃费希特的恶的无限性之后，黑格尔所能实现的能动性，即一种历史理性规范下的人的能动性，他的任何恣意妄为最终不过是证明了"理性的狡计"。在这一意义上，人永远只能是一个社会现实的旁观者，而不是现实的创造者。

卢卡奇不会满足于这样的结果。因为这意识着对主体性的构造最终却导致了主体性的丧失。他需要构筑一个不能被历史理性吞没的、能够始终保持自身创造性的同时又不仅仅是一个被理论设定的现实主体。由此，卢

---

① 卢卡奇：《历史与阶级意识》，杜章智等译，商务印书馆 1999 年版，第 206 页。

卡奇的康德主义倾向再次显露出来。他在探索主体构造的时候将理论的研究拓展到了席勒身上。席勒的美学理论让卢卡奇提出了"第三种自然概念"。在这一自然概念中，"克服物化的存在造成的问题的价值性质和倾向表现得十分清楚。这时自然就意味着真正的人的存在，意味着人的真正的、摆脱了社会的错误的令人机械化的形式的本质：人作为自身完美的总体，他内在地克服了或正在克服着理论和实践、理性和感性、形式和内容的分裂"①。当卢卡奇提出这样一种美学救赎可能性的时候，鉴于他曾经在艺术理论研究中的卓越贡献，我们有理由相信他会在某种意义上止步于此。然而卢卡奇的理论推进却是出人意料的。

卢卡奇在对席勒美学给出了较高评价的同时，却清醒地认识到这种将世界美学化的倾向意味着回避真正的问题。因为在这一过程中，"主体重又变为纯直观的，并把行为'一笔勾销'"②。换言之，审美化的归宿将成为消弭主体性的另一种方式。这一批判无疑具有前瞻性。在整个法兰克福学派活跃的年代，无论是阿多诺还是马尔库塞，在物化理论的影响下所展开的社会批判理论，都曾将异化之扬弃的乌托邦诉诸艺术与审美。这或许是康德哲学给予社会批判理论的又一深远影响，但对于这一艺术化倾向的批判，社会批判理论自身却是无批判的。它所带来的现实后果早已被这一时期的卢卡奇清醒地认识到。因此，当代西方马克思主义在扬弃了法兰克福学派的异化批判之后，重新转向了对主体理论的讨论，这绝非偶然。

"艺术具有雅努斯的两副面孔。"③ 艺术对于卢卡奇来说或许在某种意义上可以成就一个完整的人的存在方式，但却并不能解决一个富有创造性的、作为创造者的主体如何诞生的问题。卢卡奇将其指认为哲学的任务。

三 主体性问题的形成及其与断裂性问题域的关系

当我们将理论的推演延伸到卢卡奇的主体建构的时候，卢卡奇关于"资本主义二律背反"的讨论已经结束了。当我们回望这一部分的时候，

---

① 卢卡奇：《历史与阶级意识》，杜章智等译，商务印书馆1999年版，第215页。
② 同上书，第219页。
③ 同上书，第220页。

这一晦涩、丰富同时又引发诸多学者理论兴趣的部分其实不过是卢卡奇达到其特有的主体理论建构的一个理论中介。在此，卢卡奇通过对物化现实的描述以及从康德到费希特、黑格尔的理论分析，试图说明物化现实与资本主义理论之间是共谋的关系，因此资本主义思想无法解决自己已经洞察到了的理论困境，因为这一困境的根扎在社会现实当中。而社会现实，作为第二种自然，对于资本主义思想来说总是非理性的，是物自体，因为他们没有找到能够触及这一社会现实同时又没有被这一现实所吞没的认知主体。

构建这一认知主体，对于卢卡奇来说是至关重要的，他看到了德国古典哲学在探索的道路上找到的诸多有效的方式，比如辩证法。康德哲学中的断裂性被推到极点的时候就是辩证法的诞生之处。辩证法是超越片面性走向整体性的有效方式。当康德清楚地指认了物自体不可知的时候，他已经以否定的方式僭越了认知的界限，将片面性推向了整体性。因此，黑格尔不无惋惜地指出："他（康德——引者注）曾经揭示了最高的对立，并且说出了这些对立的解除。……同样，当他已经到了快要超出片面性的瞬间，而他却说，我们必须停留在片面性里面。"① 黑格尔没有让这一遗憾延续，他通过将否定性的中介引入到思维当中，构建了一个富有整体性，或者在卢卡奇的语境中被称之为总体性的观念。卢卡奇确认了辩证法的重要性："因此，起源（Genesis）认识创造者的创造，自在之物的非理性的分解，被埋葬的人的复活等等，现在都具体地集中在辩证法的问题上。"②

辩证法的力量对于卢卡奇来说究竟在哪里？这是构建主体性的最后一道理论门槛。卢卡奇通过回顾辩证法的历史说明，对于那些与物化共谋的思想家来说，对于那些试图将一切都纳入到合理性的视野中才能加以分析的思想家来说，辩证法的可怕就在于它揭示了一种"实际内容的生成（Werben），即历史的问题，对于这种思维来说，只能通过一种力求公平对待一切可预见的可能性的规律体系来加以把握"③。生成，对于这些思想家来说仍然是物自体，是他们思想的界限。但对于真正试图突破这一界限的思想及其建构者来说，不断生成的内容是其认识得以可能的方式。

---

① 黑格尔：《哲学史讲演录》第 4 卷，贺麟、王太庆译，商务印书馆 1978 年版，第 336 页。
② 卢卡奇：《历史与阶级意识》，杜章智等译，商务印书馆 1999 年版，第 222 页。
③ 同上书，第 225 页。

首先，超越片面性的认知从而彻底消解物自体的方式是诉诸一种具体的总体性。这种历史的总体性在历史中生成，因此也必须消除事物及其概念的独立性，在历史的生成中去把握事物。在此，那个不可知物（Ding）就变成了黑格尔所谓的事情（Sache）。

其次，卢卡奇的主体就在这种对具体的总体性的认知中产生了。"只有当主体（意识、思维）同时既是辩证过程的创造者又是产物，只有当主体因此在一个由它自己创造的、它本身就是其意识形态的世界中运动，而且这个世界同时以完全客观的形式把自己强加给它的时候，辩证法的问题及随之而来的主体与客体、思维和存在、自由和必然等等对立的扬弃的问题才可以被看做是解决了。"① 这种主体历史的产物，同时又是历史的创造者。但这个扬弃了主体与客体从而实现了具体的同一的主体（或主体性）显然带有浓重的黑格尔的色彩。黑格尔的世界精神是这样一种辩证主体的思辨形态，因此，当卢卡奇提出这样一种主体性原则的时候，他需要将自己与黑格尔的世界精神做一个区分。

我们在此无需重复卢卡奇在这一部分中对黑格尔所构筑的概念神学展开的批判。我们只需指出最富有启发性的两点：其一，黑格尔的思辨主体使得同一的主体—客体性不在历史之中了，它被迫超越历史，站在历史的彼岸，理性通过理性的狡诈最终将自己重新塑造为一种神学体系。辩证法的生命力也就此终结。这种思辨主体也相应地失去了它的具体性和总体性。其二，精神的抑或观念的造物主"在这儿只是表面上创造了历史。古典哲学本来要在思想上打碎形式理性主义的（资产阶级的、物化的）思想的局限性，并因而在思想上重建被物化消灭了的人，但在这种表面现象中，它的全部尝试都化为乌有。思维重又落入主体和客体的直观二元论的窠臼之中"② 。卢卡奇的这一指认具有深刻的片面性。一方面，他对于世界精神的理解仅仅驻足于其最终的完成形态上，忽视了其从现象学到逻辑学的推演过程中内在包含的、具体的丰富性，同时他更以一种认识论的视角来审视那早已不再关注认识论问题的黑格尔思想。然而，另一方面，在其凸显了黑格尔哲学的思辨性并让其重新回归康德问题的时候，卢卡奇的确又触碰到了德国古典哲学发展中的一个困境：只要仍然驻足于抑或最终归

---

① 卢卡奇：《历史与阶级意识》，杜章智等译，商务印书馆 1999 年版，第 223—224 页。
② 同上书，第 231 页。

结为一个纯粹理论的或者思辨的问题，那么康德问题就总是会不断地返回到理论中来，它是纯粹理论的一个困境，表现为理论面对现实的无力。

马克思的思想核心不是解释世界，而是改变世界。从这一意义上说，马克思要从根本上解决这一理论困境，只能选择拒斥哲学。但拒斥哲学并非等于其自身不再是一种哲学。卢卡奇思想的魅力正在于此。他的理论向我们表明了如何以一种哲学方式来解决哲学自身的困境。马克思是这种独特哲学的典型代表。但用哲学来表达一个活生生的现实是困难的。卢卡奇通过一个富有哲学内涵的主体性原则作为中介来解决这一困境。与黑格尔的思辨主体比较来看，这一具体的主体总是在历史之中而非历史之外，因此它永远要充当历史的创造者以及历史的产物。它的历史性要求这一主体必然具有一定的阶级性与时代性。卢卡奇在那个时代将其直接等同于无产阶级。

这种等同的直接性甚至带有一点武断的色彩，因此，晚年的卢卡奇才对这一指认进行了批判。但当我们将问题的论述推进到结论的时候，我们会发现，结论对于一个思想来说往往是最不重要的一部分。卢卡奇的思想中最有影响力的部分恰恰不是他所构筑的具体的主体——无产阶级，相反，他的思想中对于后世更富有影响的，笔者将其概括为两个问题域的敞开：哲学的断裂性困境与主体性原则的构筑。

正如我们在文章的开篇所指出的那样，这两个问题域成为当代西方马克思主义者们热衷讨论的话题，但在此我们需要强调的是，尽管当代西方马克思主义者近乎完全地接纳了这两个基本问题，但对于这两个问题域之间的关系，他们的看法却与卢卡奇完全不同。对于前者来说，哲学的断裂性，即思维对于存在的不可知性，是主体性得以产生的条件。因此，如何保持这种理论上的断裂成为了保持现实中的激进性维度的一个关键问题。当代的德勒兹与巴迪欧都以拯救哲学甚至形而上学为己任，但他们所构筑的哲学却被"生成""解域""事件"等富有颠覆性与破坏性的话语所占据。因此，他们对哲学的拯救与马克思对哲学的拒斥并不矛盾，因为他们所拯救的哲学从来都不是马克思所拒斥的哲学，相反，他们的哲学恰恰为马克思思想的激进性提供了新时代的理论保障。因此，断裂问题与主体性问题应在一种相辅相成的意义上来加以理解。

而对于卢卡奇来说，主体性却是对断裂性的弥合。对主体性的探寻就是恢复被断裂所割裂开的整体性。它们严格说来是一个问题的两个方面。

如果说断裂是问题的表现，那么主体性的探寻就是对问题的解答。两者没有互相支撑的关系。这是卢卡奇同时也是整个早期西方马克思主义者与当代西方马克思主义者在思想理论上的差异。在笔者看来，这一差异产生的原因，或可归结为这样一种可能：当代西方马克思主义是在拒斥乌托邦的后哲学语境中展开的。失去的理想性目标（诸如关于共产主义的具体规定）让当下的西方马克思主义者不再关注问题的解决，转而关注如何保持问题的存在，因为问题的存在会让一个已经陷入了"完美罪行"的资本主义社会透露出其颠覆的可能性空间。这一点对于青年时代的卢卡奇来说是无法理解的。但无疑也正是这一点再次证明了卢卡奇分析路径的优越：哲学与其诞生的社会现实之间的确有着无法剥离的密切联系。

当代西方马克思主义以激进性的面貌活跃于思想舞台之上。他们一方面用抽象的理论保留了哲学的纯粹样态，一方面又以积极介入的方式参与到社会变革当中，但这一双重身份却从根本上破坏了其理论真正的激进性。他们着力于抽象的哲学问题的讨论（诸如同一性的断裂与主体问题），虽然拯救了哲学，但却使其理论缺乏现实性。哲学的改造并非同时意味着现实的改变。思辨理论的重构只能使其激进性更多地表现为一种姿态。他们正在用激进姿态来获得自身哲学的合法性，从而使得理论再次成为了解释世界的一种方式。这是对马克思思想根本特性的一种否定。

［原载《社会科学报刊》2015 年第 3 期（总第 218 期）］

阿多尔诺与马克思的批判的
历史哲学传统[*]

何　萍

一　一个值得重新思考的问题

阿多尔诺的哲学是马克思主义的，还是后马克思主义的，或后现代主义的？这是阿多尔诺哲学研究中争论得最激烈而又始终没有得到解答的问题。人们提出这个问题、围绕这个问题展开争论，不单单是为了给阿多尔诺哲学一个准确的定位，更是为了解答马克思主义哲学传统及其发展中的许多问题。因此，选择一个新的视角重新思考这个问题就变得十分必要而有意义了。

在已有的研究中，大多数学者都把阿多尔诺置于西方马克思主义的语境中加以评论，得出的结论却是：阿多尔诺的哲学是西方马克思主义哲学的终结和后马克思主义、后现代主义的开端，因此，它也不可避免地陷入了后现代主义"所赞成的、暂时的、碎片式的及自我耗尽的概念运演"[1]。弗雷德里克·杰姆逊挑战了这一结论，认为这些结论过于表面化，实际上，无论是从哲学研究的前提，还是从哲学研究的问题看，阿多尔诺都没有使自己的哲学陷入后现代的境遇，而是始终站在马克思主义的立场上，甚至采用了相当旧式的马克思主义立场。从哲学前提看，阿多尔诺总是把自己的阐释建立在马克思式的价值规律，"或者至少资本主义的变迁和它

＊　本文系武汉大学自主科研项目（人文社会科学）的研究成果，并获得"中央高校基本科研业务专项资金"资助。

[1]　杰姆逊：《晚期马克思主义——阿多诺，或辩证法的韧性》，李永红译，南京大学出版社2008年版，第28页。

的发展及历史趋势规律的某种一般马克思式含义"① 的基础之上，这一点在他的最重要著作《否定的辩证法》和与霍克海默合著的《启蒙辩证法》中表现得是很明显的。在《否定的辩证法》中，阿多尔诺对同一性和非同一性的论证，遵循的是马克思《资本论》第一卷第一部第一篇的同一性的思维，马克思《资本论》中的使用价值和交换价值、货币的抽象性、劳动力、生产力等概念是阿多尔诺哲学的"关键线索"②；在《启蒙辩证法》中，"价值规律显然'仅仅是借助工具理性的众多社会一体化原则中的一个'"③。从哲学研究的问题看，阿多尔诺对文化工业的论述，"关注的是娱乐商业，而不是他首先永远不会接受的一个文化范围的理论"④。这些都足以证明，阿多尔诺是一个马克思主义哲学家，他的马克思主义观点"比传统马克思主义更马克思主义"⑤。对于杰姆逊的这一辩护，人们或许会提出各种各样的质疑，但有一点是无可置疑的，那就是，杰姆逊已经改变了以往研究阿多尔诺哲学的语境，不再在西方马克思主义的语境中，而是从马克思主义哲学的语境，具体地说，以马克思的价值规律为方法来阐释阿多尔诺的哲学，评价其哲学的性质及其地位。这就开辟了阿多尔诺哲学研究的另一条学术路向。

这里提出了一个问题：要说明阿多尔诺是一个马克思主义者，为什么不能采用西方马克思主义的语境，而一定要采用马克思主义的语境呢？与之相关的问题是：把阿多尔诺定义为一个马克思主义者是合理的吗？这一定义的根据何在呢？笔者认为，要解答这两个问题，就必须先弄清楚阿多尔诺哲学的独特性。

阿多尔诺哲学的独特性体现在两个方面：一方面来自于与葛兰西、柯尔施和卢卡奇哲学的区别；另一方面来自于与马尔库塞哲学的区别。在这两个方面中，前者体现的是法兰克福学派的批判理论的一般特点，后者体现的是阿多尔诺哲学自身的特点。法兰克福学派的批判理论与葛兰西、柯尔施和卢卡奇的哲学都形成于 20 世纪 20—30 年代，都是从马克思的实践

① 杰姆逊：《晚期马克思主义——阿多诺，或辩证法的韧性》，李永红译，南京大学出版社 2008 年版，第 256 页。

② 同上书，第 24 页。

③ 同上书，第 256 页。

④ 同上。

⑤ 同上书，第 257 页。

哲学传统中发展起来的，并且都是从理论与实践关系的讨论中走向对上层建筑的批判，但是，两者在研究的目标和理论建构的任务上，在建构的理论形态及其功能上，都不相同：葛兰西、柯尔施和卢卡奇研究的目标是解决西方无产阶级革命的策略问题，为了实现这一目标，他们以重建马克思主义的实践本体论为学术进路，创造了文化领导权和无产阶级的意识形态理论，这就使他们的理论具有强烈的无产阶级的阶级性，是西方无产阶级革命的思想武器；而法兰克福学派的大多数人都坚持无党派的立场，在哲学上，他们不主张研究马克思主义的本体论，而力图在政治经济学批判的基础上重建马克思主义的批判理论，以此开展对资本主义制度的批判和探讨苏联的经济问题。阿多尔诺哲学是法兰克福学派的批判理论的经典，这就决定他的理论必然不同于葛兰西、柯尔施和卢卡奇的理论。在法兰克福学派内部，阿多尔诺的批判理论不同于马尔库塞的批判理论。马尔库塞是法兰克福学派中最激进的哲学家，在理论上，他是以存在主义解读马克思的《1844 年经济学哲学手稿》，阐发马克思的人道主义思想的第一人，他还接受了柯尔施和卢卡奇的西方马克思主义哲学思想，是一个有影响的黑格尔主义的马克思主义哲学家；在实践上，他早年曾参加过德国社会民主党，后因抗议德国社会民主党参加暗杀李卜克内西和罗莎·卢森堡而退出了德国社会民主党。由于这一理论上和实践上的激进立场，马尔库塞把革命和人的解放作为自己全部理论创造和实践活动的主旋律，这就使他的理论在论证革命的合理性和文化批判的前景上都超出了法兰克福学派的理论框架，与葛兰西、柯尔施和卢卡奇的西方马克思主义理论更为接近，相比之下，阿多尔诺因坚守法兰克福学派的无党派立场而走向了悲观主义。

对于阿多尔诺哲学的这两重独特性，研究者们完全可以把它作为西方马克思主义的一个个案来加以研究，而且研究者们的本意也是如此。然而，由于这些研究者采用了柯尔施的西方马克思主义定义，以葛兰西、柯尔施和卢卡奇的哲学为西方马克思主义的语境来衡量阿多尔诺的哲学，所以，他们找不到把阿多尔诺哲学归于西方马克思主义的根据，就只能把它归于后马克思主义或后现代主义了。在这种情况下，杰姆逊要改变以往研究者们对阿多尔诺批判理论的定性，证明阿多尔诺是一个马克思主义者，就只能跳出原来的西方马克思主义的语境，进到一个更宽广的马克思主义的语境之中，通过考察阿多尔诺与马克思哲学的关系，发现西方马克思主义的另一种哲学传统，从而证明，阿多尔诺哲学与葛兰西、柯尔施和卢卡奇哲学是一源多流。在这里，杰姆逊的确提出了阿多尔诺哲学研究中的一个有意义的课题。

遗憾的是，杰姆逊并没有完成他自己提出的课题，因为他把阿多尔诺与马克思哲学关系的考察限制在政治经济学批判的层面，并用传统的历史唯物主义的理论框架加以评论，这就使他的研究陷入了表面化和碎片化，而无法揭示阿多尔诺与马克思哲学传统的内在联系，说明阿多尔诺的哲学是如何从马克思哲学中产生出来的。为了克服杰姆逊研究视角的狭隘性，本文力图从历史哲学的角度考察阿多尔诺与马克思哲学的关系，以此阐明阿多尔诺哲学的性质及其当代启示。

二　历史批判的社会原型

霍克海默在创立法兰克福学派时明确地提出，社会哲学的最终目标是"对人类命运的兴衰作出哲学的解释"①。为了达到这一目标，法兰克福学派必须摒弃笛卡尔的以自然科学的方法为基础确立的哲学观念，遵循马克思的政治经济学批判的学术理路，建立新的历史哲学观念。这样，他就把法兰克福学派的批判理论归于历史哲学的传统，并且是马克思的批判的历史哲学传统。霍克海默对批判理论的这一哲学定位，为我们从历史哲学的角度考察阿多尔诺与马克思的批判的历史哲学的关系提供了理论根据。

把马克思的历史哲学定义为批判的历史哲学，是相对于以往的历史哲学而言的。以往的历史哲学都是以荷马时代的希腊各民族社会为研究的社会原型，通过考察古希腊民族的语言、习俗和制度等各种文化形式，探寻人类文明的起源，因此，被称之为考据的历史哲学。维科就是历史哲学的创始人之一，他的《新科学》就是历史哲学的典范。马克思在创立唯物史观时，继承了维科的历史哲学传统，以英国为资本主义社会的典型形态，通过解剖英国的"资本主义生产方式以及和它相适应的生产关系和交换关系"②，考察现代社会的形成和发展，揭示人类历史的规律。我们知道，资

---

① Horkheimer, "The present situation of social philosophy and the tasks of an institute for social research", in Max Horkheimer: *Between Philosophy and Social Science*, *Selected Early Writings*, The MIT Press, 1993, p. 1.

② 《马克思恩格斯文集》第 5 卷，人民出版社 2009 年版，第 8 页。

本主义社会与荷马时代的希腊各民族社会的性质是完全不同的：荷马时代的希腊各民族社会是原始社会，它的社会基础是自然经济，它的文化的主体形式是神话和原始宗教，因而它向人们展示的是一个非理性的、想象的世界，而资本主义社会是现代社会，它的社会基础是工业文明，它的文化的主体形式是科学以及与之相适应的经济、政治、语言和艺术等，因而它向人们展示的是一个理性的、科学的世界。由于研究的社会原型不同，马克思改变了以往历史哲学的研究路向，不再采用实证性的研究方法，而采取了批判的、否定的研究方法，从而把历史哲学从考据的历史哲学转变成了批判的历史哲学。

在解剖资本主义社会中，马克思提出了两个批判原则：一是资本批判的原则，或理性批判的原则。这个原则强调，资本的运动是资本主义社会的全部基础，决定着资本主义的经济、政治、文化和意识形态，而资本的运动本身是异化的，因此，资本的运动必然造成整个社会的异化：从劳动异化到科学技术的异化、从经济的异化到政治、文化和意识形态的异化等等，资本主义社会就是一个异化的社会；二是道德批判的原则，或文化批判的原则。这个原则的基本内容是，以人的个体自由的实现为历史进步的道德尺度，以文明—野蛮的辩证法为模式，评价资本主义的历史意义。在马克思看来，评价人类历史进步的尺度有两种：一种是以生产方式为基础的理性尺度，一种是以人的个体解放和人的全面而自由发展为核心内容的道德尺度。这两种尺度是不可分离的，生产方式的每一次变革，人类理性的进步，都会带来人的个体解放，推动人走向全面而自由的发展，而人的个体解放和人的全面而自由的发展作为一种道德尺度，主导着人类理性进步，凡是偏离了这个尺度的理性，都是需要批判的。资本主义社会就是如此。资本主义社会创造了大工业，把个体从原始共同体的自然联系中解放出来，变成了社会的个体，变成了理性的人，极大地推进了理性的进步，从这一方面看，资本主义是文明，而此前的社会都是野蛮，但是，资本主义社会把资本的生产作为社会的原则，颠倒了人与物的关系，导致了从生产、劳动到人的本质的异化，又是不道德、不文明的，而根除这种不道德、不文明的唯一路径，就是实现社会制度的变革，进入到共产主义社会。从这一方面看，资本主义社会是野蛮的，只有共产主义社会才是文明的。这两个批判原则深刻地揭示了资本主义社会的本质，因而成为了人们观察和认识资本主义社会的基本方法，只要资本主义存在，这个方法就不会过时。

但是，资本主义本身是发展着的，从 19 世纪到 20 世纪，资本主义经历了从自由资本主义向垄断资本主义的转变。这一转变为人们研究资本主义提供了两种不同的社会原型：一种是以大机器生产为主体的工业社会，一种是以文化工业为主体的后工业社会，又称为晚期资本主义社会。这两种社会原型向人们展示了不同的资本主义图景：工业社会展示的是一个科学、理性的社会，在这个社会中，资本主义生产方式正在迅速发展，摧毁了封建的生产方式，市民社会的崛起，把人从传统的自然纽带中分离出来，变成了独立的个体，而后工业社会展示的却是一个集权主义和大众文化的社会，在这个社会中，文化浸透了资本，变成了野蛮，个体受到了集权主义的压抑，丧失了自身的存在价值。面对这两幅不同的社会图景，19世纪的思想家们与 20 世纪的思想家们对资本主义采取了全然不同的态度：19 世纪的思想家们从大机器生产中看到的是启蒙理性的力量，于是，坚信启蒙精神，对资本主义采取了实证科学的态度；20 世纪的思想家们则从文化工业中看到的是文化的异化及其带来的全面的社会异化，看到的是欺骗和谎言，于是，转向了怀疑和否定启蒙精神，对资本主义采取了批判的态度。法兰克福学派的批判理论就是由此而发展起来的。

比较资本主义社会的这两种社会原型及其所形成的两种不同的研究资本主义的态度，可以使我们更清楚地看到阿多尔诺与马克思的批判的历史哲学的关系。从马克思的批判的历史哲学创立以来，历史哲学就有了两种不同的研究社会原型的方式：一种是对一定的社会原型进行实证科学的研究，一种是对一定的社会原型进行批判的、否定的研究；前者只能达到对社会原型的现象描述，它的理论很容易被同时代的人们所了解和接受，却会随着所研究的社会原型的消失而过时，后者是对社会原型的本质的透视和对该社会原型未来前景的预示，它的理论或许不会被同时代的人们所理解和接受，却会随着社会原型的转移，为后来的人们所理解和接受。马克思的批判的历史哲学便是如此。马克思生活在 19 世纪，自然会以自由资本主义为研究的社会原型，但是，马克思是以批判的、否定的态度看待自由资本主义的，在他眼里，大机器生产给资本家带来的是资本、财富，给工人带来的则是赤贫，是劳动的异化和人的生命的贬值。由此出发，他从政治经济学的现象分析入手，开展对资本的批判，进而深入到对人的生命价值否定的否定，并把人的生命的复归、人的个体价值的自我实现作为人的解放和人的自由的尺度。这就把资本的批判导入了文化的批判，并把文化批判作为批判的历史哲学的最高理念。马克思的这一思想价值并没有为 19 世纪的人们所认识，当时的人们只是从政治经济学批判的角度来理解马克思的资本批判的原则，把马克思的资本批判原则归到政治经济学的研究中去了。直到 20 世纪，人们才在后工业社会的普遍异化中领悟到马克思资本批判原则的真谛，转而从文化批判的高度来阐发马克思的资本批判原则。阿多尔诺对文化工业的批判，便是一个典型的案例。

在对文化工业的批判中，阿多尔诺首先指出了文化工业资本化的实质。他强调，所谓文化工业，就是把文化变成了工业生产，变成了经济中的一个部门，使其服从于资本积累的需要，于是，经济效益，即最大限度地获取货币，就成了文化发展的内在动力和直接的目的，这势必导致文化从内容到形式上的全面异化。进而，他反思了启蒙精神，强调启蒙精神的实质是欺骗和谎言，文化工业正是通过欺骗和谎言越出它的生产场所，对人们的休闲娱乐生活、消费及整个生活方式产生影响。他指出："在今天物质生产中，供求的机制被破坏的同时，机制在作为控制手段的上层建筑中，却起着有利于统治者的作用。消费者是工人和职员，农庄主和小资产者。资本主义的生产用灵和肉紧紧地控制住他们，使得他们心满意足地享受它为他们提供的东西。当然，正如被统治者总是比统治者本身更严肃认真地坚持他们从统治者那里学来的道德，今天受欺骗的群众比获得丰硕成果的人，更加醉心于神话般的成就。他们富有愿望。他们坚定不移地相信统治者用来奴役他们的意识形态。人民酷爱统治者给他们的一切，热情地接受有关当局对他们施行的狡诈伎俩。"① 这一事实足以证明，文化工业是建立在欺骗和谎言上的，欺骗和谎言是文化工业的道德基础，正是在这个道德基础上，文化工业构造了一个虚假的文化世界，因此，对文化工业的道德批判，就是对文化工业的资本化的文化根源的揭示。

透过阿多尔诺对文化工业的资本化的批判，不难看出，阿多尔诺的批判理论与马克思的批判的历史哲学在批判的学术理路上是一致的。当然，我们也可以从研究的社会原型上，从批判的具体内容上，发现他们理论中

---

① 霍克海默、阿多尔诺：《启蒙辩证法》，洪佩郁、蔺月峰译，重庆出版社 1990 年版，第124—125 页。

的种种差别，但是，这些差别并不能推翻马克思的批判的历史哲学传统；相反，马克思的批判的历史哲学正是在这些差别中被认识和理解的，并由此而得到了新的阐发。从这个角度看，阿多尔诺的批判理论与马克思的批判的历史哲学之间的差别就显得十分有意义了。

三　对奥斯维辛的反思

与在对文化工业的批判中以资本批判的形式阐发马克思的道德批判原则相比，阿多尔诺在反思奥斯维辛中则是以公开的、直接的形式阐发马克思的道德批判原则。在反思奥斯维辛集中营发生的种种非人道主义的现象中，阿多尔诺哲学提出了一个深刻的哲学问题："奥斯维辛之后，人还能活着吗？"（Canon live after Auschwitz？）这个问题是对人的生命价值的探寻，也是对帝国主义的野蛮行径的谴责，更是对人类文明史的思考。在研究这个问题中，阿多尔诺运用了马克思批判的历史哲学的道德批判的原则，以文明—野蛮的辩证法为模式来批判启蒙精神，在微观层面上发展了马克思的批判的历史哲学观。

事实上，以马克思的文明—野蛮的辩证法模式来揭示帝国主义的非人道主义的本质，指出人类历史的前景，早在罗莎·卢森堡那里就已经开始了。1914 年 7 月下旬，第一次世界大战全面爆发，1914 年 8 月 4 日在德国帝国主义制造的德国进行防御战争的神话下，社会民主党的国会代表投票赞成战争拨款。这一骇人听闻的事件发生后，罗莎·卢森堡写了著名的尤利乌斯小册子——《社会民主党的危机》，戳穿德国进行防御战争的神话和帝国主义战争的本质。她说："有一次，弗里德里希·恩格斯说，资产阶级社会面临着一种两难处境：不是向社会主义过渡，就是向野蛮状态倒退。……这次世界大战就是向野蛮状态的倒退。帝国主义的胜利会导致文明的毁灭。……因此，正像弗里德里希·恩格斯在一代人的时间，即 40 年前所预见的那样，我们今天面临的抉择是：或者是帝国主义胜利和所有文明遭到毁灭，就像在古罗马那样，人烟稀少，土地荒芜，人种退化，一大片墓地；或者是社会主义胜利，也就是国际无产阶级反对帝国主义及其方法即战争的有觉悟的斗争行动取得胜利。这是世界历史的一种两难处境，非此即彼，天平正在上下摆动，要由有阶级觉悟的无产阶级来决定。文明和人类的未来取决于无产阶级是否有刚强的决心把它的革命斗争之剑放到天平上。在这场战争中帝国主义取胜了。它用血淋淋的剑屠杀人类的残暴行为占了优势，天平倾向苦难与耻辱的深渊。只有我们在战争中并且通过战争学会怎样使无产阶级挺起身来从统治阶级手中一个奴仆的角色变成自己命运的主人，我们才能抵消这一切苦难与耻辱。"① 这就是罗莎·卢森堡提出的社会主义还是野蛮的问题。罗莎·卢森堡的这一思想创造了德国马克思主义的批判哲学传统。

阿多尔诺继承了罗莎·卢森堡的这一批判哲学的传统，也以马克思的道德原则来谴责法西斯摧残人性的行径。在阿多尔诺看来，文化的本质是人的尊严、人的个体的价值，然而，这一切在奥斯维辛集中营里都被摧毁了。在奥斯维辛集中营里，被害者不是人，而是残害者用来进行实验的牺牲品，这无疑是对人的个性、人的价值的践踏，是野蛮，是人类文明的倒退。阿多尔诺强调，奥斯维辛集中营发生的这种现象绝不是孤立的，而是普遍地存在于第二次世界大战中，比如美国使用原子弹，同样是把人当作实验的牺牲品。既然如此，那么，对奥斯维辛集中营所发生的残暴行径的谴责就不仅仅是对德国法西斯主义的批判，也是对帝国主义本质的批判，是对人类文明前景的思考。在思考这一问题时，他不像罗莎·卢森堡那样，在宏观历史革命的层面上来批判帝国主义的野蛮，把根除野蛮的力量诉诸无产阶级，期望社会主义革命和社会主义民主制度的建立，而是从微观的人的文化本性层面上来揭露帝国主义的野蛮，并到启蒙精神中去探寻导致帝国主义野蛮的文化根源。他指出，奥斯维辛集中营中发生的"所有这些现象都或多或少地与旧的独裁模式相联系，几乎可以说是与那种助长旧独裁性格的行为模式相联系"②。因此，要使奥斯维辛集中营的非人道主义的行径不再发生，就必须反思启蒙精神，彻底地变革启蒙以来的思维方式和行为模式。这样，阿多尔诺就把罗莎·卢森堡的社会主义还是野蛮的问题转变为文化还是野蛮的问题。

那么，奥斯维辛集中营现象与启蒙精神有着怎样的联系呢？启蒙模式的弊端究竟何在呢？阿多尔诺在与霍克海默合写的《启蒙的概念》和他独立撰写的《奥德修斯或神话与启蒙》中，对启蒙精神的内在结构进

---

① 李宗禹编：《罗莎·卢森堡文选》，人民出版社 2012 年版，第 323 页。

② Adorno, "Can One Live after Auschwitz?" in *A Philosophical Render*, edited by R. Tiedemann, Translated by R. Livingstone and Others, Stanford University Press, 2003, p. 25.

行了批判性的反思。阿多尔诺认为，启蒙精神中存在着深刻的内在矛盾：一方面，启蒙是为了破除神话，确立自主精神；另一方面，启蒙确立自主精神的基础是理性的统一，为了获得统一的理性，启蒙又借助了神话，这就使启蒙与神话这两个相互对立的因素交织在一起了："正如神话已经进行了启蒙，启蒙精神也随着神话学的前进，越来越深地与神话学交织在一起。"① 于是，启蒙与神话就构成了启蒙精神的内在矛盾。在这个矛盾中，神话发挥了巨大的作用。神话把理性的统一变成了意识形态，变成了"危害生命的'虚无主义的'权力"，"这种意识形态是对盲目生活的盲目颂扬，而压制一切活生生的东西的同样的实践"。② 由于神话的这一作用，欺骗的因素被注入了启蒙精神，奥斯维辛集中营现象就是从启蒙精神的这一实质中产生出来的。当然，这经过了一个历史的过程。在早期资本主义阶段，即"在旧的资产阶级人道主义还处于自认为是合法的神圣的早期阶段，新浪漫主义的作用与资产者的利益还是一致的，世界历史与启蒙精神仍是统一的。因此，积极消除启蒙精神的流行的意识形态，假心假意地表示尊敬启蒙精神"③，启蒙精神也被当作理性、当作合理的历史现象得到了肯定。然而，进入晚期资本主义社会后，情况就不同了。在这里，启蒙精神中所具有的欺骗因素"通过法西斯主义的欺诈之术，达到了登峰造极的程度，而法西斯主义却反过来把这种因素归咎于启蒙精神"④，法西斯主义的欺诈之术是通过意识形态的传播和控制实现的，因此，意识形态和文化传媒就成了法西斯主义实施欺诈之术的两个重要的工具。

从阿多尔诺的这一批判中，我们可以看到阿多尔诺的批判理论与马克思的批判的历史哲学之间的复杂关系。一方面，阿多尔诺在运用马克思的道德批判原则时，继承了马克思的文化批判思想，以人的生命价值的实现为历史进步的尺度。他提出"奥斯维辛之后，人还能活着吗？"这一问题，不是针对人的肉体存在的提问，而是针对人的尊严的提问。

---

① 霍克海默、阿多尔诺：《启蒙辩证法》，洪佩郁、蔺月峰译，重庆出版社1990年版，第9页。
② 同上书，第39页。
③ 同上书，第40页。
④ 同上。

这一提问与马克思对人的"类生活""产生生命的生活"① 的提问是一致的，都是对人的文化存在的思考，都是用野蛮来凸显文化，阐明人类历史进步的内涵。另一方面，在如何消除野蛮上，阿多尔诺与马克思的观点又是有差别的。马克思从资本主义生产方式和劳动方式的变革意义出发，肯定启蒙精神，相信启蒙的理性力量，并以启蒙理性来批判前资本主义社会和资本主义社会中的非理性现象，并把这种批判的力量诉诸无产阶级，把无产阶级革命作为消除野蛮的手段，把共产主义看作是人道主义的真正实现。马克思的这一思路在罗莎·卢森堡那里得到了发展，而在阿多尔诺那里却中断了。阿多尔诺从晚期资本主义体系下的集权主义和大众文化对个人的压抑出发，对启蒙精神持批判态度，力图通过文化的意识形态批判来揭穿启蒙精神的欺骗性和虚假性的实质，以此消除帝国主义的野蛮，使奥斯维辛现象不再发生。在这里，他是把消除野蛮的力量诉诸有良知的知识分子，而不是无产阶级。由于看不到无产阶级的力量和进步意义，阿多尔诺也就看不到人类社会进步的前景，从而陷入了悲观主义。

尽管如此，阿多尔诺在反思奥斯维辛现象中还是提出了一个有意义的哲学课题，这就是以反思启蒙精神为核心的现代性批判。正是在对这一课题的研究中，阿多尔诺走向了文化的形而上学的建构。

四　否定与文化的形而上学

在阿多尔诺看来，对文化工业的批判和对启蒙精神的反思，只是社会批判，还没有达到哲学批判的高度，因为这些批判只是揭示出文化的意识形态的虚假性、欺骗性，并没有阐明文化的本质，更没有把文化批判提升为人们的自觉意识，使之成为批判的力量，成为一种批判精神，因此，还称不上是哲学的批判。哲学批判的任务是通过对社会批判的否定而建立起文化的形而上学。他在《否定的意识》的讲座中，区分了否定的形上和形下的意义，阐明了社会批判和哲学批判之间的关系。他指出："任何变化的可能性都依赖于能够成为最终否定的能力，即那种处在基本层面上的否

---

① 《马克思恩格斯全集》第 3 卷，人民出版社 1995 年版，第 273 页。

定，而不是只处在短暂易变的表面的现象层面上的否定。"① 阿多尔诺这里所说的否定，就是批判；他所说的"处在基本层面上的否定"，指的是形而上学意义上的批判，亦即哲学的批判；他所说的"处在短暂易变的表面的现象层面上的否定"，指的是形下意义上的批判，亦即社会批判。他认为，社会批判为哲学批判提供了批判的对象，哲学批判正是通过否定社会批判而获得文化的本性，建立文化的自觉意识。可见，通过否定而建立文化的形而上学，才是批判理论的终极目标，相比之下，对文化工业的批判和对启蒙精神的反思，都只是批判理论实现终极目标的环节。那么，否定作为文化的形而上学如何可能呢？文化如何成为一种哲学意识呢？这个问题的核心，就是如何理解和界定否定这个概念。对于这个问题，阿多尔诺继承了马克思的批判的历史哲学传统，从绝对意识和历史文本之间的关系来阐明否定的哲学内涵。

笔者在这里所说的阿多尔诺继承了马克思的批判的历史哲学传统，是指阿多尔诺的否定概念与马克思的否定概念在哲学精神上的一致性。马克思在博士论文和《1844 年经济学哲学手稿》中，阐发了否定的形而上学意义。在博士论文中，马克思通过对伊壁鸠鲁的原子偏斜理论，特别是对其中的排斥概念的分析，强调否定是个体自我实现的环节，也是精神的个体走进现象世界的内在力量，因此，它所表达的是哲学与现实、理论与实践的批判的、相互否定的关系，在这种否定中，个体精神不是脱离现象世界，变成抽象的绝对意识，而是把现象世界当作物质的媒介来呈现个体的自由本性；在《1844 年经济学哲学手稿》中，马克思进一步把否定置于资本主义私有制的条件下加以考察，说明社会的个体，亦即个体的自由，只有通过否定资本主义条件下的异化劳动才能实现。概括起来，马克思的这些论述阐发了否定的形而上学的两个原则：其一，坚持自我意识与现象世界之间的缠结；其二，强调个体自由及其实现。在这两个原则中，前一个原则更为重要，因为正是这个原则，显示了马克思的批判的历史哲学与其他哲学的根本区别。阿多尔诺对否定意义的阐明，对文化的形而上学的建构也是围绕着论证这一原则展开的。

阿多尔诺认为，从文化哲学的角度看，自我意识与现象世界之间缠结

① Adorno, "Can One Live after Auschwitz?" in *A Philosophical Render*, edited by R. Tiedemann, Translated by R. Livingstone and Others, Stanford University Press, 2003, p. 450.

讲的是绝对意识和历史文本之间的关系问题，亦即绝对意识和文化状态之间的关系问题。这个问题可概括为：以"文化的状态"来测定绝对意识，即"依照一种历史文化境况的意识来解答所谓的形而上学问题"，这就是"通常称之为文化的东西与形而上学问题之间的缠结（intertwinement）"①。在这种缠结中，一方面绝对意识依赖于一定的文化状况，总要通过一定的文化状况来表达自己；另一方面绝对意识本身又不受一定文化状况的影响，而是以自身的否定性来显现文化的本质。阿多尔诺认为，强调文化的东西与形而上学问题之间的这种缠结，正是历史哲学不同于以往的形而上学的地方。以往的形而上学所做的一切，不外是论证绝对意识对于经验的先验性、绝对意识就是意识摆脱了经验的缠结而达到了纯粹意识，这就使形而上学变成了空洞思辨的哲学，与之不同，历史哲学所主张的否定性不是力图摆脱绝对意识与经验的缠结，而恰恰是要论证绝对意识是如何与经验缠结在一起的，绝对意识又是如何在与经验的缠结中获得文化本性的规定的。

谈到绝对意识与经验的缠结，就涉及一个古老的哲学问题，即绝对和有限的关系问题。解决这个问题，是阿多尔诺阐发他的否定概念的突破口。在解决绝对和有限的关系时，阿多尔诺分析了黑格尔的中介概念。阿多尔诺指出，黑格尔以中介概念来说明绝对和有限的关系，把中介理解为一种否定活动，一种扬弃有限的活动，绝对意识正是通过这种否定的活动而得到自我实现。由于引进了中介，黑格尔打破了直观的、机械论的思维方式，创造了辩证的思维方式。这是黑格尔作出的哲学贡献。但是，黑格尔并没有使辩证思维方式走进经验的领域，因为在黑格尔那里，中介仅限于"极限运动本身"（within the extreme itself）②，是服从于绝对的，是绝对自我实现的工具和环节，而绝对又是纯粹的意识，等同于宗教的意识，由此决定，黑格尔的"中介"概念不过是对神学形而上学的论证，根本没有解决绝对和有限的缠结问题。克尔凯郭尔力图使中介超出绝对的范围，走进经验的个体，于是，他对黑格尔的中介概念进行了改造，把中介理解为趋向外部世界的思想，理解为架接"绝对和有限之间的桥梁、人的思想

---

① Adorno, "Can One Live after Auschwitz?" in *A Philosophical Render*, edited by R. Tiedemann, Translated by R. Livingstone and Others, Stanford University Press, 2003, p. 444.

② Ibid., p. 446.

的瞬间"①。即便如此，克尔凯郭尔也没能走出神学的形而上学，达到对有限，即个体存在的论证，因为他的论证是"用辩证神学家们所使用的非同寻常的诚实和僵硬的语体来阐明自我欺骗的文化和形而上学思想的内在衰落之间的缠结"②，所谓神学的语体，就是用高尚、完善之类的语言来说明个体的文化存在。然而，在晚期资本主义社会，文化工业和奥斯维辛集中营的现象证明，现实的个人都是异化的存在，非理性的、非人道的存在，高尚、完善的个体的文化存在不过是一种幻想，一种欺骗。在这种情况下，克尔凯郭尔采用高尚、完善的语体，就把自己的哲学悬置于经验之上，中介概念成为了消除文化的客观真理，论证绝对主体和"抽象的它者"存在的工具，并由此而陷入了神学的形而上学。可见，克尔凯郭尔的中介概念也没能解决绝对和有限的缠结。针对黑格尔和克尔凯郭尔的中介概念的缺陷，阿多尔诺提出了星座式（constellation）③的思维方式。

星座式的思维方式也是一种中介性的思维方式，但是，在这种思维方式中，中介既不是黑格尔所理解的绝对精神的自我否定的活动，也不是克尔凯郭尔所理解的辩证神学语体中的抽象个体，而是场域中的单子。这就好似星座一样。星座是一个巨大的力场，这个力场中有无数个星座，其中的每一个星座都既是存在，又是一个引力场，它与其他星座同时存在，并以其自身的运动方式与其他星座的运动方式相比照，显示自身的个性。阿多尔诺认为，文化的存在就是如此。文化的存在本身就是由历史的内在场域与被称之为伟大的形而上学范畴构成的一个巨大的星座。在这个星座中，每一种文化依据自己的特性、自己的内在否定性构成一个文化星座，比如，死亡与历史构成了生命活动的星座，形而上学的经验和幸福构成了道德的星座，艺术作品和精神构成了美学的星座，文化批判和文化异化构

---

① Adorno, "Can One Live after Auschwitz?" in *A Philosophical Render*, edited by R. Tiedemann, Translated by R. Livingstone and Others, Stanford University Press, 2003, p. 446.

② Ibid.

③ 国内的大多数学者在翻译阿多尔诺的著作时，都把 constellation 译成"星丛"。笔者认为，"星丛"一词只能表达否定的具体性和偶然性的特性，却不能表达否定的封闭性，即个体性和引力场的特性，而后者是阿多尔诺着重强调的。阿多尔诺在《美学理论》中曾经这样描述艺术作品："艺术作品既是过程的结果，也是过程的瞬间。它的极点就是理性主义的形而上学称之为普遍的原则，即既是一个引力场，又是一个物的单子。"（Adorno, *Aesthetic Theory*, Newly translated, edited and with a translator's introduction by R H. – Kentor, the University of Minnesota Press, 1997, p. 179.）这是阿多尔诺对 constellation 一词的确切定义。这个定义只有采用"星座"一词才能被理解。所以，本文将 constellation 一词译为星座。

成了文化意识形态的星座，等等。这每一个文化星座又是由其中的各不相同的个体意识构成的，这些各不相同的个体意识不是来自于绝对意识，而是来自于它对自身和它所处的环境的经验反思，这种反思是个体自我的抽象经历和它的抽象经历的瞬间，与这个抽象经历和抽象经历瞬间同时存在的，是其他个体的沉默；个体意识就在这样的场域中反观自身，表现自身的特性。因此，星座中的每一个个体都是一个单子，是个体对自身经验的意识。这就是绝对和有限的缠结。阿多尔诺的星座式的思维方式，就其强调个体的自足性这一点看，类似于莱布尼茨所说的单子，但其内涵有本质的不同。在莱布尼茨那里，单子是一个时间序列，在这个序列中，无数个单子按照由模糊到清晰的顺序排列，而规定这些单子的顺序的，则是上帝的先定和谐。而在阿多尔诺那里，单子是一个空间定位，这个空间只具有历史的偶然性，是一个多元和开放的场域。在这个历史的场域中，单子不再是莱布尼茨所定义的抽象的个体意识，不再是思辨哲学的范畴，而是一个具有文化本性、文化意识的个体，是历史哲学的范畴，并且以其文化的形而上学特性而成为批判的历史哲学的最高范畴。

阿多尔诺认为，文化的形而上学，就是文化的自觉意识，而文化的自觉意识本身就是否定，就是批判的力量，相比之下，政治经济学话语中的文化批判不过是市场的文化形式，只存在于人们的经营和交换活动中，并没有进入批判的理智，因而是非批判的。批判理论的任务就是通过否定，把文化批判提升为一种自我否定、自我实现、自我超越的文化观念，即文化的自觉意识。把握阿多尔诺的这一思想，对于我们理解马克思的批判的历史哲学有着十分重要的意义，它让我们看到，马克思的批判的历史哲学不能置于政治经济学的话语系统中，而必须从否定的，即形而上学的意义上来理解，同样地，对马克思的资本批判的原则和道德批判的原则，也不能单单在政治经济学的层面上加以运用，而应该提升到哲学批判的层面上来运用，否则，就会陷入庸俗的文化批判主义。如果认识到阿多尔诺对文化的形而上学的这一诉求，那么，要把阿多尔诺哲学排除于马克思主义哲学的阵营，归到后现代主义中去，就显得论据不足了。

（原载《哲学研究》2015 年第 5 期）

葛兰西与市民社会观

[意] N. 博比奥/文　田时纲/译*

一　黑格尔与马克思的市民社会观

为了重构葛兰西的政治思想，初始的、关键性概念是市民社会（società civile）概念。最好从市民社会而不是从国家开始，因为葛兰西对前一概念（而非后一概念）的用法既不同于黑格尔，也不同于马克思。

从某种意义上说，黑格尔对市民社会的描述，可以视为马克思对资本主义社会分析批判的先兆。马克思本人在《〈政治经济学批判〉序言》的著名段落中，揭示马克思分析资本主义社会和黑格尔分析市民社会之间的联系。在这一段落中，他写道，通过对黑格尔法哲学的批判可以得出结论："法的关系正像国家的形式一样，既不能从它们本身来理解，也不能从所谓人类精神的一般发展来理解，相反，它们根源于物质的生活关系，这种物质的生活关系的总和，黑格尔按照18世纪的英国人和法国人的先例，概括为'市民社会'，而对市民社会的解剖应该到政治经济学中去寻求。"[①] 然而，事实上，一方面黑格尔法哲学的诸多解释者只关注国家理论，而忽视对市民社会的分析；另一方面，长期以来研究马克思主义的学者考察马克思和黑格尔的关系问题时，倾向于只关注马克思接受黑格尔的辩证方法。众所周知，意大利研究马克思主义的著名学者，诸如拉布里奥拉、克罗齐、金蒂莱（Gentile）和蒙道尔夫（Mondolfo），有人成为黑格

---

* N. 博比奥（Noberto Bobbio, 1909—2004），意大利政治哲学家、法哲学家、都灵大学名誉教授、当代西方著名自由左派理论家之一、意大利终身参议员。主要著作有：《法律规则理论》（1958）、《司法体制理论》（1960）、《政府形式理论》（1976）、《民主的未来》（1984）、《权利时代》（1990）、《共和的理念》（2001，中译本，吉林出版集团2009年版）。

① 《马克思恩格斯文集》第2卷，人民出版社2009年版，第591页。

尔主义者或研究黑格尔的学者，他们也没有提及黑格尔的市民社会概念。我们将会发现，葛兰西是第一位马克思主义著作家，逐字逐句地引用黑格尔市民社会概念用以分析社会。

然而，和国家概念不同，源于黑格尔并且目前尤其在马克思主义社会理论中应用的市民社会概念，在哲学理论中也被应用（不够技术和严谨），其含义摇摆不定，从而必须进行审慎的比较和初步界定。我认为确定几点将受益匪浅，有益于更加深入的分析。

1. 在自然法学派的传统中，societas civilis（市民社会）根据拉丁文用法，不是在黑格尔—马克思传统中，表示前国家社会，而是政治社会、从而也是国家的同义词。

2. 众所周知，在自然法学派传统中，对立的两极，是自然状态和文明状态，不是在黑格尔—马克思传统中，是市民社会和政治社会。

3. 和自然法学派传统相比，黑格尔的革新是彻底的：在 1821 年完成的《法哲学原理》中，他决定以市民社会称呼前政治社会，即人类社会的一个阶段，此前一直被称作自然社会的阶段，而他的最近的前辈却用这一术语称呼政治社会。同自然法学派传统相比，黑格尔的革新是根本性的，因为黑格尔在介绍前国家关系领域时，抛弃了自然法学派的司法分析，后者倾向于在司法形式中解决经济关系。黑格尔从青年时代起就从经济学家（尤其是英国经济学家）那里汲取营养——经济关系构成前国家社会的结构，前国家和国家之间的区分日益表现为经济关系领域和政治制度领域之间的区分。

4. 黑格尔的市民社会不同于从洛克到重农主义者的社会，不再是自然秩序领域，相反，是"骄奢淫逸、贫困、肉体败坏和道德沦丧"的领域，应当用国家的更高秩序规范、制约和消灭。仅在这种意义上，黑格尔的市民社会不是从洛克到卢梭等自然法学派，再到重农主义者心目中的自然社会，而是一个前马克思的概念。尽管如此，还需注意，黑格尔的市民社会有广义和狭义之分，而狭义被马克思和恩格斯使用，其后变得十分流行。广义的市民社会不仅包括经济关系领域和阶级的形成，而且包括司法体制和警察、行会制度，即传统公法的两个内容。在黑格尔的三分法体系（不似自然法学派的二分法体系）中，狭义的市民社会构成家庭和国家之间的中间环节，因此不包括前国家的所有关系和制度。由此可见，黑格尔的市民社会是经济关系领域及根据自由国家原则对这些关系的外在管理，内在的是资产阶级社会和资产阶级国家。

5. 在马克思那里，"市民社会"扩展到全部前国家社会生活，作为经济关系发展环节，先在并决定政治环节，其含义确定后，从而成为社会—国家对立两极中的一极。市民社会变成马克思、恩格斯概念体系中的一个要素，从青年马克思的研究开始，直至恩格斯的后期著作。早在 1843 年，马克思在《论犹太人问题》一文中，就指出黑格尔将市民社会和政治国家区分开就为批判鲍威尔解决犹太人问题的方案提供了前提。1886 年，恩格斯在《路德维希·费尔巴哈和德国古典哲学的终结》一文中写道："国家、政治制度是从属的东西，而市民社会、经济关系的领域是决定性的因素。"① 市民社会和国家对立的重要性，还应当和如下事实相联系：它是马克思恩格斯理论体系中的基本矛盾——经济基础和上层建筑——的表现方式之一。如果政治社会没有穷尽上层建筑环节的话，那么市民社会就和经济基础一致。在《〈政治经济学批判〉序言》中，马克思重提黑格尔对市民社会的分析："对市民社会的解剖应该到政治经济学中去寻求。"进而，在《德意志意识形态》中，提出著名论断以分析经济基础和上层建筑的关系："受到迄今为止一切历史阶段的生产力制约同时又反过来制约生产力的交往方式，就是市民社会……从这里已经可以看出，这个市民社会是全部历史的真正发源地和舞台，可以看出过去那种轻视现实关系而局限于言过其实的重大政治历史事件的历史观是何等荒谬。"②

二 葛兰西的市民社会观

从对黑格尔到马克思的市民社会概念的简要分析，可以看出马克思将市民社会和经济结构环节视同一律。这种同一性可以作为分析葛兰西市民社会概念的起点，因为恰恰在确定市民社会性质及其在体系中的地位时，与整个马克思主义传统相比，葛兰西的理论发生深刻变革。葛兰西的市民社会不属于经济基础环节，而属于上层建筑环节。尽管近几年大量分析文章关注葛兰西的市民社会概念，而且不少学者强调上层建筑环节在葛兰西理论体系中的重要性，但我认为尚未充分指出，葛兰西的整个理论体系基

① 《马克思恩格斯文集》第 4 卷，人民出版社 2009 年版，第 306 页。
② 《马克思恩格斯文集》第 1 卷，人民出版社 2009 年版，第 540 页。

于市民社会这一核心概念。引述《狱中札记》中的重要段落足以说明问题："现在，可以确定上层建筑的两大层面：可以称作市民社会的层面，即通常称作私人机构的整体和政治社会或国家的层面，它们分别行使统治集团对全社会的领导权，由国家或合法政府实施的直接统治或指挥。"① 我援引一个伟大历史实例补充说明：在葛兰西看来，在中世纪市民社会是教会，它"作为领导集团并没有自己的机构，即不拥有自己的文化和知识分子的组织，但感觉全球教会组织就是这样的机构"②。和上文引述的马克思的论述相比，可以尝试说葛兰西理解的市民社会已经不是"物质关系的总和"，而是文化—意识形态关系的总和，不是"整个工业生活和商业生活"，而是整个精神和智力生活。现在，若确实如马克思所说，市民社会是"全部历史的真正发源地和舞台"，则葛兰西对市民社会含义的改变会让我们立即提出问题：他是否冒险将"全部历史的真正发源地和舞台"移往别处？这样，还可以提出马克思（及恩格斯）和葛兰西之间的关系问题。显而易见的是：无论是马克思还是葛兰西，都未把市民社会视为黑格尔理解的国家，而是视为历史发展的积极和正面的环节。如果在马克思那里这个积极、正面的环节是经济基础，那么在葛兰西那里则是上层建筑。换言之，他们都不像黑格尔总结自然法学派传统那样，把重心放在国家上；而是放在社会上，即从某种意义上说，他们是对黑格尔的颠覆。然而，有如下差异：马克思的颠覆导致从上层建筑（被决定）环节向经济基础（决定）环节的过渡，而葛兰西的颠覆发生在上层建筑内部。当人们说葛兰西的马克思主义在于重新评价市民社会对国家的作用时，却忘记提及对马克思和葛兰西来说，"市民社会"的含义分别是什么。显然，提出这一问题，我绝对不想损害葛兰西的马克思主义，而是想让大家注意如下事实：葛兰西对市民社会的重新评价，不像普通读者可能感觉的那样，使他和马克思相连，相反，恰恰使他和马克思相区分。

事实上，和人们的看法相反，葛兰西的市民社会概念不是源于马克思，而是明显源于黑格尔，即使通过对后者思想有点儿牵强或至少片面的解释。在《过去和现在》的一则札记中，葛兰西说道市民社会的含义"如

---

① Gramsci, *Gli inttellettualial*, *organizzazione dells cultura*, Einaudi, Torino, 1955, p. 9.

② Gramsci, *Note sul Machiavelli*, *sully politica a sullo Stato moderno*, Einaudi, Torino, 1949, p. 121.

同黑格尔所理解"，接着解释市民社会"作为国家的伦理内容，是一个社会集团对整个社会的政治和文化的领导权"①。这段简短的论述可用来揭示至关重要的两点：1. 葛兰西自认为市民社会概念源于黑格尔；2. 在葛兰西看来，黑格尔的市民社会概念是个上层建筑概念。这两点克服了一个巨大困难：一方面，葛兰西的市民社会属于上层建筑环节而不属于经济基础环节，这源于黑格尔；另一方面，正如我们所知，马克思也提及黑格尔的市民社会，当他把市民社会等同于全部经济关系，即经济基础时。怎样解释这种矛盾呢？我认为唯一可能的解释需要到黑格尔的《法哲学原理》中寻求，正如我们所知，在该书中，市民社会不仅包括经济关系领域，而且包括它们自发的或自愿的组织形式，即行会及其在警察国家中最初的、基本的规章。这种解释被葛兰西的一则札记所证实，在该笔记中，他阐明"黑格尔关于政党和结社作为国家的私人机构的学说"② 问题，通过如下发现这一问题得以解决：黑格尔在其国家学说中强调政治社团和工会组织的重要性，即使通过一种空洞和原始的社团观，超越了纯粹立宪主义（即个体和政府直接面对、没有中介社会的国家），并且"用政党制度使代议制国家理论化"③。说黑格尔用政党制度预见代议制国家并不确切：在受黑格尔欢迎的立宪主义制度（只限于利益代表，拒绝政治代表）中根本没有由政党代表组成的议会的位置；只有一个行会组合下议院的位置（在议员世袭的上议院旁边）。我几乎可以准确地说，葛兰西提及黑格尔时说市民社会是"国家的伦理内容"，这千真万确。我说，若承认葛兰西心中的黑格尔市民社会，不是需要的体系（马克思从这里出发），即经济关系体系，而是规范经济关系的体制，那么它们（比如黑格尔所说的家庭）就构成"在市民社会中深深扎根的国家的伦理根基"④，或"国家的稳定基础"，"公共自由的基石"。⑤ 总之，当葛兰西提及黑格尔时，他头脑中的市民社会，不是矛盾频发故需国家统治的早期市民社会，而是通过组织和对不同利益的管理（行会）以奠定向国家过渡的基础的盛期市民社会。⑥

---

① Gramsci, *Passatoepresente*, Einaudi, Torino, 1951, p. 164.

② Gramsci, *Note sul Machictvelli*, politics e sullo Stato moderno, p. 128.

③ Ibid.

④ Hegel, *Philosophie des Rechts*, p. 255.

⑤ Ibid. , p. 265.

⑥ Hegel, *Philosophie des Rechts*, p. 256. 在这一节里，黑格尔写到通过行会"市民社会领域向国家过渡"。

三 在经济基础—上层建筑和领导——专政 双重关系中的市民社会环节

显然，若在马克思那里市民社会和经济基础同一，那么葛兰西将市民社会移位，从经济基础领域转向上层建筑领域，就不能不对葛兰西关于经济基础和上层建筑关系的看法产生影响。在葛兰西那里，经济基础和上层建筑的关系至今没有认真考察，但葛兰西本人对这一关系非常重视。我认为，市民社会占据的独特位置为深入分析提供准确的视角。我认为，马克思和葛兰西对经济基础和上层建筑关系的看法存在差异，主要有两点。

首先，虽说这两个环节的关系是相互的，但在马克思那里，经济基础是首要的和决定的，上层建筑是次要的和被决定的；在葛兰西那里，恰恰相反。这里，我们引述马克思在《〈政治经济学批判〉序言》中的一段名言："这些生产关系的总和构成社会的经济结构，即有法律的和政治的上层建筑竖立其上并有一定的社会意识形态与之相适应的现实基础。"①

在批判对马克思主义决定论的简单化解释时，葛兰西非常清楚地认识到，经济基础和上层建筑之间的关系十分复杂。他在 1918 年的一篇文章中写道："在前提（经济结构）和结果（政治体制）之间的关系绝非简单和直接：一个民族的历史不仅仅由经济事实佐证。要解开因果关系这个结既棘手又麻烦，只有对全部精神的实践的活动进行广泛、深入研究才有助于完成此任务。"② 他早就预告《狱中札记》的思想，他认为"经济结构并非直接决定政治行动，而是对经济结构的解释和制约其发展的所谓规律决定政治行动"③。在《狱中札记》中，这种关系由一系列对立范畴表现，主要有：经济环节与伦理—政治环节、必然与自由、客体与主体。我觉得如下这段至关重要："可以用'净化'术语表示从纯经济环节（或自私—情欲环节）向伦理—政治环节的过渡，即在人类意识中构建高于结构的超结构。"④

在所有三个对立范畴中，第二个术语总是首要的和决定的环节。此

---

① 《马克思恩格斯文集》第 2 卷，第 591 页。
② Gramsci, *Scritti giovanili*, Einaudi, Torino, 1958, pp. 280 – 281.
③ Gramsci, *Scritti giovanili*, p. 28.
④ Gramsci, *Il materialismo storico a la filosofia di Benedetto Croce*, Einaudi, Torino, 1948, p. 40.

外，请注意上层建筑的两个环节——认同（consenso）环节和暴力环节，其中一个具有肯定内涵，另一个具有否定内涵，在这一对立范畴中，总是前个环节受重视。上层建筑是净化环节，即必然向自由转化的环节，黑格尔理解的自由是对必然的意识。这种转化通过伦理—政治环节才能实现。必然理解为物质条件的总和，它们决定一定历史形势的特征，历史过去被吸收到这种必然中，历史过去也被视为经济结构的一部分。无论历史过去还是现存社会关系都构成客观条件，承认它们是历史积极主体的活动，葛兰西将这种活动和集体意志视为同一律。此外，在物质条件被认识的同时，它们就降低为有意识目的的工具："外在力量型结构摧毁人们，把人们吸纳于身，让人们消极被动，现在转化为自由的手段、创造新伦理—政治形式的工具、新首创精神的源泉。"① 经济基础和上层建筑之间的关系，若被自然主义地考察，就会被解释成因果关系，并导致历史宿命论；若从历史积极主体、集体意志的观点看，就将转化为手段和目的的关系。认识目的并努力实现目的要通过历史主体来完成，而历史主体利用经济结构在上层建筑领域活动，经济结构就从历史的决定环节变成从属环节。简要概述经济基础和上层建筑对立范畴的含义转化，可以确定如下几点：伦理—政治环节，也制约经济环节，通过社会意识把客体变成历史积极主体，把物质条件转化为行为工具，从而实现预定目的。

其次，葛兰西用在上层建筑领域内市民社会环节与国家环节之间发展的次要对立范畴，对经济基础和上层建筑的主要对立范畴进行补充。在这两个对立范畴中，第一市民社会总是肯定环节，国家总是否定环节。顺理成章的是，葛兰西建议评论奎恰迪尼②的论断，后者认为国家绝对需要武装和宗教："奎恰迪尼的公式可以翻译成各种各样的公式、不够极端的公式：力量与认同，强制与说服，国家与教会，政治社会与市民社会，政治与道德（克罗齐的伦理—政治史），法律与自由，秩序与纪律，或采用带有自由意识论味道的判断——暴力与欺诈。"③

毫无疑问，葛兰西间接地提及马克思的国家观，在一封《狱中书简》（1931 年 9 月 7 日）中，他提及对知识分子的研究时写道："这种研究还

---

① Gramsci, *Il materialismo storico a la filosofia di Benedetto Croce*, p. 40.

② 奎恰迪尼（F. Guicciardini，1483—1540），意大利历史学家。代表作为《意大利史》。

③ Gramsci, *Note sul Machiavelli*, sulla politica e sullo Stato moderno, p. 121.

将导致对国家概念的某些规定，通常国家被理解为政治社会（为使人民群众同某种生产类型及特定时期经济相一致的专政或强制机关），而不是视为政治社会与市民社会（某个社会集团，通过教会、工会、学校等所谓非政府组织对整个民族社会行使的领导权）的平衡。"① 确实，在马克思的思想中，国家只被理解为强制力量，并非独占上层建筑领域，因为意识形态也属于这一领域。同样，确实，葛兰西对上文引述的《〈政治经济学批判〉序言》的那段论述很熟悉，即使他并不了解《德意志意识形态》，② 但能够发现此论述充分确证《德意志意识形态》第一卷中的观点——意识形态总在制度之后，几乎作为反映环节自身领域内的一种反映环节，由于总被视为对阶级统治的事后辩护和对被统治者的欺诈。马克思的这一论点得到典范解释，至少在意大利马克思主义理论中如此，通过拉布里奥拉的著作，他解释说经济结构首先直接地决定人对人的管理和从属的方式，即法（道德）和国家，其次间接地决定宗教和科学生产中的想象和思想的方向。③ 在葛兰西看来，体制和意识形态的关系虽说是相互作用，但位置却颠倒：意识形态变成历史的首要环节，体制变成次要环节。一旦市民社会被视为通过它可以实现从必然向自由过渡的环节，意识形态（市民社会是意识形态的历史居所）就不再仅仅被看作对权力（其历史形态取决于物质条件）的事后辩护，不再是业已构建权力的辩护者，而是作为新历史的设计者和创造者，不断形成的一种权力形态的合作者。

四　市民社会概念的历史学用法和政治实践用法

由此可见，市民社会在葛兰西概念体系中的独特位置，对于马克思恩格斯思想的传统、经院式理解方式来说，不是导致一个而是两个颠倒：第一个颠倒是上层建筑对经济基础的优先地位，第二个颠倒是在上层建筑领域内，意识形态对于体制的优先地位。相对于简单二分法——市民社会与

---

① 葛兰西：《狱中书简》，人民出版社 2007 年版，第 348 页。

② "统治阶级的思想在每一时代都是占统治地位的思想。这就是说，一个阶级是社会上占统治地位的物质力量，同时也是社会上占统治地位的精神力量。"进而以分权的学说为例，说明它是权力被统治者实际分享的社会的意识形态反映（《马克思恩格斯文集》第 1 卷，人民出版社 2009 年版，第 550—551 页）。

③ A. Labriola, *Saggi sul materialismo storico*, Roma, 1964, pp. 136 – 137.

国家（它变成引证马克思的历史解释的通行概念模式）来说，葛兰西模式在使用概念含义上更完整，但读者并未充分理解其含义，两个二分法只是部分对立：必然与自由的二分法和经济基础与上层建筑的二分法相一致，暴力与认同的二分法和体制与意识形态的二分法相一致。在这种更复杂的模式中，市民社会是第一个二分法中的积极环节，同时又是第二个二分法中的肯定环节。我认为这种含义才是葛兰西概念体系的重心所在。

这种解释可以得到证实（证据确凿），我们注意到葛兰西在狱中反思时经常不同地使用两个二分法得出的结论。一个是纯粹历史学的用法，在这里二分法作为解释历史的准则；另一个是更直接的政治实践的用法，在这里作为区分应当做和不应做的标准。总之，我觉得，在葛兰西的历史学用法中，第一个二分法，即经济环节与伦理—政治的二分法，用来确定历史过程的本质要素；第二个二分法，即伦理环节与政治环节的二分法，用来区分历史过程中的上升阶段和衰落阶段，主要根据肯定环节还是否定环节占优势而定。换言之，从"历史集团"——葛兰西思想的真正核心概念出发，葛兰西想用此概念描述历史整体形势（既包括经济基础，也包括上层建筑）时，第一个二分法用来界定和限定一定历史集团，第二个二分法用来区分进步历史集团和反动历史集团。现在举若干实例：第一个二分法是概念工具，葛兰西用它在温和党内而不是行动党内发现促进意大利统一大业的运动，这是葛兰西关于民族复兴运动札记的基本题目之一；第二个二分法用来解释第一次世界大战后意大利社会危机，当时统治阶级不再是领导阶级，因统治者和被统治者的公开决裂引起的危机，"若不纯粹使用暴力"[①] 就不可能解决。危机、即历史集团解体的最大征兆在于如下事实：它再也不能把知识分子吸纳于身，而知识分子是市民社会的主角，传统知识分子进行道德说教，新型知识分子构建乌托邦。

在实践、即政治行动方面，葛兰西使用第一个二分法，作为反对经济决定论的论战基础，经济决定论者奢望仅仅在经济关系和经济关系直接引起对抗力量（工会）领域内活动，就能解决被压迫阶级面对的历史问题。第二个二分法虽说不是《狱中札记》反思的最大论题，也是主要论题之一。在《狱中札记》中，葛兰西认为，被统治阶级夺取并巩固政权，首先要实现在市民社会中的根本改变。只有懂得这两个二分法的持续重叠，才

---

① Gramsci, *prassato e presente*, p. 38.

能解释葛兰西批判的两个靶子：反对只重视经济结构层面，从而导致无产阶级斗争软弱无力，无产阶级不能进行英勇果敢并取得胜利的斗争；反对只重视上层建筑层面的否定环节，从而导致不是决定性的而是昙花一现的胜利。这两大战役的战场都在市民社会之中：一方面超越在经济结构中活动的物质条件，另一方面反对缺少认同、仅凭纯粹统治所实现的对物质条件的伪超越。不使用或不当使用这两个二分法会导致两个对立的理论错误：市民社会和经济结构的混淆造成工团主义的错误，市民社会和政治社会的混淆造成国家至上论的错误。

五　政治领导权与文化领导权

当反对经济决定论的第一个论战和政党的题目相连时，反对专政的第二个论战没有伴随市民社会的变革，从而使领导权题目凸显。因此，以前的分析让我们拥有更好的条件，以认识政党和领导权在葛兰西社会观和政治斗争观中的核心地位。事实上，政党和领导权是市民社会的两个要素，无论是作为同经济基础相对的上层建筑，还是作为在上层建筑中同国家暴力否定环节相对的肯定环节。政党和领导权问题，同连带的知识分子问题融为一体，还有知识分子对于政党和领导权来说至关重要。政党和领导权是《狱中札记》中的两个基本问题，在整体上可以将葛兰西和列宁进行比较。

在狱中葛兰西不断反思并形成领导权概念的过程中，不止一次地盛赞列宁，尤其当涉及领导权理论时。[①] 然而，人们通常没有注意到，"领导权"不属于列宁的习惯用语，相反倒是斯大林的习惯用语。列宁更爱说领导（rukovodstvo）和领导者（rukovoditel），在为数不多的段落使用领导权（gegemon）作为领导者的同义词。[②] 显然，领导权（egemonia）及其派生词很晚才进入葛兰西的话语系统。领导权没有在 1917—1924 年的文章中出现很不寻常，因为那时葛兰西直接受到列宁的影响。最早出现在 1926

① Gramsci, *Il materialismo storico e la filosofia di Benedetto Groce*, pp. 32, 39, 75, 189, 201.

② 列宁在《社会民主党在民主革命中的两种策略》中写道："领导全体人民……为共和制奋斗！领导一切被剥削的劳动者来为社会主义奋斗！"关于斯大林的习惯用语，参阅《同第一个美国工人代表团的谈话》，他在提及列宁对马克思学说的发展时，说道"在革命中的无产阶级领导权问题"。

年的两篇文章中：意共中央政治局致联共中央的信和《关于南方问题的几个题目》（未完成，《狱中札记》前最后一篇文章）。

自然，语言问题不似概念问题那样至关重要。从概念观点看，"领导权"在《狱中札记》和《狱中书简》中的含义不同于1926年的两篇文章。1926年文章中的含义和苏联著作的官方含义一致，涉及工农联盟，即在政治领导权含义上使用。在狱中著作中使用的领导权，主要指"文化领导权"。葛兰西思想的独特性在于这种含义的变化（不要忽视这种变化，但通常被人忽视）。虽然葛兰西赞扬列宁是领导权理论家，但在当代马克思主义论战中，具有深远影响的杰出领导权理论家不是列宁而是葛兰西。简要地看，"领导权"含义变化不知不觉发生，但不能因此忽视其狭义和广义的明显区分，狭义的领导权指政治领导权，广义的领导权还指文化领导权。我说"还"，因为在《狱中札记》中，第二种含义并不排斥第一种含义，相反还包含第一种含义，并且使第一种含义更完整。在关于现代君主的纲领性笔记（发表时书名是《关于马基雅维利、政治和现代国家的笔记》）中，葛兰西建议研究现代政党的两个基本题目，"集体意志"的形成和"知识与道德的革新"（这是文化领导权的题目）。我坚持要区分领导权的这两种含义，因为依我看，在列宁（及官方列宁主义）和葛兰西之间进行具有说服力的比较时，务必注意：领导权概念在不断扩大，从一种含义过渡到另一种含义，直至包含文化领导权的内涵。

因此，可以说在列宁那里政治领导权占优势，在葛兰西那里文化领导权占优势。但还需补充：这种不同具有两种不同特征：1. 在葛兰西看来，暴力环节是工具性的，因此从属领导权环节；但在列宁那里，在其革命著作中，专政和领导权齐头并进，并且无论如何暴力环节是首要的和决定性的；2. 在葛兰西那里，在夺取政权之前必须夺取领导权，但在列宁那里，夺取领导权和夺取政权同步，甚至在夺取政权之后。① 尽管这两个差异至关重要（基于文本），但并非本质的差异，因为认识两个理论形成的历史形势的巨大差异就一目了然了。列宁的理论是在革命斗争过程中形成的，而葛兰西的理论是在革命斗争遭受挫折、革命运动处于低潮时期形成的。

---

① 这方面应提及葛兰西在《民族复兴运动》中的著名论断，他说明了温和派在民族复兴运动中的政策如何成功。关于列宁，他在《俄共（布）中央委员会的政治报告》（1922年3月27日）中批评共产党员文化比对手文化低："如果出征的民族的文化高于被征服的民族，出征的民族就强迫被征服的民族接受自己的文化，反之，被征服者就会强迫征服者接受自己的文化。"

我认为，本质的差异不是多少、先后的差异，而是质的差异。我想说，差异不在于领导权和专政之间的不同关系（同这种关系无关，这种不同关系的差异可以用历史解释），而在于各自理论体系中概念的引申，从而在于概念的功能。关于葛兰西领导权概念的引申，正如众所周知，除政治领导权外，还包括文化领导权，作为承载本体，不仅包括政党，还包括市民社会（按葛兰西理解的含义）的其他所有机构，它们和文化的建设及传播息息相关。关于功能，领导权不仅致力于形成集体意志，这种意志善于创造新国家机器和改造社会，还致力于一种新世界观的形成、传播和实施。简明扼要、确切地说，在葛兰西那里，领导权理论不仅和政党、国家理论相连，而且关乎新政党观及新国家观，不仅在于政治教育活动，而且包含更新更广的市民社会观，由此可见，他把市民社会正确地视为上层建筑的首要环节。

这样，市民社会环节在葛兰西体系中的中心地位再次得到承认：葛兰西赋予领导权以决定性作用（同纯粹统治相比），强有力地揭示市民社会的突出地位，即在经济结构和上层建筑次要环节之间的中介环节。领导权是一定客观条件和一定领导集团实际统治之间的衔接环节，这种衔接环节在市民社会中起作用。同样，只在葛兰西的理论体系中（正如上文所见，不在马克思那里），这一衔接环节的自主空间得到承认，而那恰恰是市民社会空间。从而，只在葛兰西那里（不在马克思那里），领导权环节因扩展至市民社会自主空间，才获得新规模和更丰富的内容。①

六　市民社会与国家消亡

葛兰西市民社会概念起首要作用的最后一个题目是国家的消亡。在无阶级社会里废除国家，是列宁在革命时期著作中一贯坚持的观点，也是正统马克思主义的理想目标。在《狱中札记》谈及国家消亡的不多段落中，国家消亡大多被设想为"被重新吸收到市民社会的政治社会"。因此，没有国家的社会，即葛兰西所说的"规范社会"②，由于市民社会（也是领

---

① 关于新规模和更丰富的内容，可参见葛兰西研究领导权积极主体（知识分子）的问题和理解新领导权（民族—人民的题目）的方式。

② Gramsci, *Note sul Machiavelli, sulla politics e sullo Stato moderno*, pp. 94, 130.

导权环节）的不断扩展，直至占据政治社会的全部空间才出现。迄今为止存在的国家都是市民社会和政治社会的辩证统一、领导权和统治的辩证统一。一个社会阶级善于将自己的领导权普遍化，从而使强制环节成为多余，就将拥有向规范社会过渡的先决条件。在论述"规范社会"的一则札记中，"规范社会"甚至被视为市民社会（及道德状态社会）的同义词，显然，就是从政治社会中解放的市民社会。虽然提法不同，但并不矛盾，可以说在受到列宁欢迎并传播的马克思恩格斯的理论中，基本上是经济结构性质的运动（克服阶级间的对抗，直至消除阶级压迫）导致国家消亡。在葛兰西那里，主要是上层建筑领域的运动（市民社会的扩展，直至普遍化）。在马克思、恩格斯那里，对立范畴是有阶级社会和无阶级社会；在葛兰西那里，是有政治社会的市民社会和无政治社会的市民社会。我一再提醒注意如下事实：市民社会是经济结构环节和上层建筑否定环节之间的中介环节。这一事实对趋向国家消亡的辩证运动产生明显结果：这里，对立两极是市民社会和国家，目的环节，即无阶级社会是辩证运动的第三极，即否定之否定；从而，这里，已经有三极，目的环节通过中间环节强化得以实现。饶有兴味的是，葛兰西不说超越（或消除），而是说重新吸收。

在 19 世纪初，对工业革命的最初反思造成社会与国家关系的转向。在自然法学派著作中，国家理论受到自然状态悲观看法或乐观看法的直接影响：认为自然状态艰难者设想国家是革新力量；认为自然状态优越者偏好把国家看作对自然状态的恢复。这种解释模式被 19 世纪的政治理论家采用，从而他们颠倒了社会与国家的关系，将前国家社会和工业（资产阶级）社会混为一谈。有人，诸如圣西门，从工业（资产阶级）社会的乐观主义看法出发；有人，诸如马克思，从工业社会的悲观主义看法出发。对前者来说，国家消亡将是生产者社会自然、和平发展的结果；对后者来说，无国家社会将是真正的质的飞跃的结果。圣西门模式预见到从军事社会向工业社会的过渡；相反，马克思模式预见到从资本主义（工业）社会向社会主义（工业）社会的过渡。

无疑，葛兰西模式属于第二种，但引入市民社会作为第三极，从而它不再与自然状态或工业社会或更一般的前国家社会同一，而是与领导权环节同一，即与上层建筑领域中（与暴力环节对立）的认同环节同一。这样，仿佛更接近第一种模式：由于在第一种模式中，随市民社会消逝国家消亡，即由于一种与其说是超越不如说是重新吸收的进程。然而，葛兰西赋予市民社会以不同的新含义，让我们能够关注一种最为简单的解释：反对传统，葛兰西把古老的自然状态与文明状态的对立，翻译成市民社会与国家的对立，他还把历史上巨大对立，即教会（从广义上看，政党是现代教会）与国家的对立，翻译成市民社会与政治社会的对立。因此，当他说政治社会被重新吸收到市民社会时，他不想提及全部历史运动，而只想提及发生在上层建筑领域内的运动，说到底这一运动是由经济结构的改变所决定的。由此可见，政治社会被重新吸收到市民社会，就是和市民社会的改变辩证相连的经济结构的整体改变。

因此，在此种情况下，对葛兰西概念体系清晰解释的关键，是承认"市民社会"不是单一对立的两极之一，而是彼此交织又部分重叠的两个不同对立的一极。若把市民社会作为经济基础与上层建筑对立的一极考察，国家的消亡是对上层建筑环节（在其中市民社会与政治社会处于平衡）的超越；若把市民社会作为上层建筑的环节来考察，国家的消亡就是政治社会被重新吸收到市民社会。表面上的模棱两可取决于历史集团的实际复杂性，正如葛兰西把历史集团理论化那样，即取决于如下事实：市民社会是两种不同运动的建构性环节，一种是从经济基础向上层建筑的运动，另一种是发生在上层建筑本身的运动，这两种运动相互依存，却没有重叠。通过消除上层建筑层面上的二元论，在新历史集团中化解模棱两可。在葛兰西思想中，国家的消亡恰恰在于消除这种二元论。

（原载《世界哲学》2015 年第 4 期）

主权权力的悬置和复归
——论福柯和阿甘本对霍布斯
"利维坦"概念的分析

姚云帆

在福柯的政治思想中，主权概念一直处于一个暧昧不明的位置。一方面，在《必须保卫社会》这部讲演录中，福柯反对将主权学说置于其权力分析模式的核心地位，试图以支配机制（les opérateurs de domination）取而代之。[①] 但在同一部讲演录中，通过对霍布斯"利维坦"概念的分析，主权权力又以另一种方式出现在福柯的权力分析谱系之中。当代哲学家阿甘本深化了福柯对于主权权力的分析，并将"利维坦"看作制造现代"牲人"的权力装置。

"利维坦"的内在张力：福柯对霍布斯《利维坦》的解读

福柯对"利维坦"概念的解读开始于对《利维坦》第十三章的分析。在这一章中，霍布斯指出，人性中对死亡的恐惧和对生存的渴望，激发了人与人之间的不信任，从而导致了"人与人之间的战争"。可是，由于每个人能力的差别不大，这样一种战争的结果不是某人的胜利，反而是每个人的死亡和灭绝。[②] 因此，为了保障每个人最基本的权利——生命权，人们制定契约，将自己与他人战争的权利让渡给第三方，让它来保障自己与

---

① Michel Foucault, *Il faut défendre la societé*: *Coars au Collège de France* (1975 – 1976), Gallimard, 1997, p. 38.

② 参阅霍布斯《利维坦》，商务印书馆 1985 年版，第 96 页。

他人之间的和平，从而确保自己生命的安全无虞。通过施加暴力，制服主权者的对手，主权权力得以巩固。

从霍布斯的描述中，我们发现，主权权力由两种权力机制所构成：一种权力机制是代表机制：主权者通过制定社会契约，成为全体民众生命权利的代表，从而获得至高无上的权力，福柯称这种权力机制的运行方式为契约—压迫模式；另一种权力机制是战争机制，在这一权力机制中，主权者通过战争压制对手，以此确立自己的权力，福柯称这种权力机制的运行方式为战争—压制模式。福柯认为，"人与人的战争"成为两种权力机制相结合的基础。

之所以这么说，是因为福柯发现，"人与人之间的战争"是一场十分特殊的战争。他指出，这场原初战争"是一场平等的战争，它在平等中诞生，并在平等原则下展开"①。这一论断包含了两重含义：首先，由于这场战争在平等原则下展开，所以不存在胜利者和失败者；其次，由于深知对方和自己力量相差无几，战争双方不会真正开打，通过力量对比的理性计算，战争各方最终认为，让渡自己的战争权利给主权者，建立一个和平的共同体，才能真正保障自己的生命权利。

由此，主权权力既成为了全体公民生命权利的代表，又成为可以剥夺公民生命权利的唯一权力。但是，这样一种构造主权权力的手段并不能消解组成主权权力的两大权力机制的矛盾，即福柯所谓主权的设定（institu-tion de souveraineté）和主权的获取（acquisition de souveraineté）之间的矛盾。在福柯看来，主权的设定就是主权的代表功能，主权的获取则指主权的战争权力。

如果主权具有代表功能，主权者将是全体民众生命权利的代表，因此，福柯认为，"在这样一种（权利的）转移（déplacement）之中，被代表的个体将在它们的代表者中呈现（present）出来……"② 主权的获取这一范畴则强调，只有通过剥夺一部分公民的生命权，主权者才真正拥有权力。换句话说，在国家这样一个战场中，主权权力仅仅是胜利者生存权利的代表。至此，主权者所蕴含的矛盾由此凸显。一方面，主权者宣称维护全体公民的生命权利，是全体公民意志的代表；另一方面，主权者只是胜

① Michel Foucault, *Il faut défendre la societé*: *Cours au Colège de France* (1975 – 1976), p. 78.
② Ibid. , p. 81.

利者意志和生命权利的代表。正因为如此，福柯指出，霍布斯所构想的"人与人的战争"并不能真正整合主权的代表机制和战争权力，而仅仅是主权者的战争权力冠冕堂皇的掩盖者。

为了证明这一点，福柯把自己的关注投向了流行于英国和法国的大量有关种族斗争的历史陈述。福柯指出，这样一种借助历史—神话的种族斗争陈述，恰恰是霍布斯主权学说斗争功能的体现。[①] 福柯进而发现，现代种族主义话语来自于这些斗争话语。他指出，在 19 世纪中叶之前，种族这个概念并"没有固定的生物学涵义"。这是因为，种族斗争话语作为一种历史—神话话语，往往是处于弱势的等级或阶层反抗镇压，进行革命时用来彰显自身正当性的辩护手段。但是，自法国政治家和历史学家梯也尔开始，这样一种话语的性质发生了转变[②]，主权者以种族战争对国家主权的威胁为借口，将种族斗争话语转化为了一种种族纯洁话语。而纳粹德国的种族主义话语就滥觞于此。[③]

这使得福柯对利维坦的分析产生了一种非常矛盾的效果。作为主权者的象征，利维坦通过代表全体公民的生命权利，成为战争的终结者。可是，纳粹政权的实践证明，主权权力又成为大屠杀的施行者。福柯并没有说明，作为战争的阻止者，主权权力为什么最终会获得发动大规模战争的权利？

阿甘本的霍布斯解读

阿甘本对霍布斯的解读便试图解答这一问题。他的答案是：霍布斯的主权学说最重要的贡献是澄清了现代国家主权所要捍卫的目标，在捍卫这一目标的过程中，主权权力本身的暴力性就会呈现出来。

为了支持这种看法，阿甘本同样将关注点投向了霍布斯所描述的"人与人的战争"。霍布斯认为，人与人的战争就像狼与狼的战争。因此，与福柯不同，阿甘本并不认为这场战争打不起来。相反，狼这样一个形象显然是人性中凶残阴暗面的比喻。只有个人将这样一种攻击他人的欲望和力

[①] Michel Foucault, *Il faut défendre la societé: Cours au Collège de France* (1975 – 1976), p. 69.

[②] Ibid., p. 202.

[③] 参阅 Michel Foucault, *Il faut défendre la societé: Cours au Collège de France* (1975 – 1976), pp. 232 – 234。

量让渡给主权者，普通的个体才不敢攻击他人。由此我们可以说，主权者利维坦和个人的关系，就仿佛群狼和孤狼的关系，孤狼之间之所以不敢战斗，并非如福柯所理解的那样，是由于斗争无法产生最终的胜利者，而是因为害怕聚合群狼之力的利维坦的报复。

通过词源和法律史的梳理，阿甘本指出，在古日耳曼法体系中，狼这个概念与战争有着密切的联系，在一个部族中，一个人若是做了损害部族利益的事情，他就会被看作"妨害和平的人"（friedlos）被施以暴力惩罚，而这样一类妨害和平者，被称为"狼人"①。

狼人是一个奇怪的形象：首先，"狼"这一符号暗喻着这些人身上的攻击性，在一般人看来，正是这些人成为和平的威胁，战争的源头；可是，被称为"狼人"的这类人却是对主权者的战争暴力毫无反抗能力的被动承受者。

究竟为何如此呢？阿甘本借助这样一则寓言故事，呈现了"狼人"概念背后深刻的政治哲学含义。

> 这个传说讲到，一个伯爵和国王极其亲近，但他每周必须脱下自己的衣服，将它藏在石头之下，就变成了狼人（bisclavret）三天，在这三天中，他躲在森林中，偷窃并猎杀其他动物。他的妻子察觉出了点什么，引诱他告白自己的秘密生活，并说出了自己藏衣服的所在……一个随后要成为她爱人的扈从帮她将伯爵的衣服从藏身处挪开，让伯爵永远成为一头狼。②

故事在这里还没结束，有一次，国王进森林巡视，变成狼的伯爵看到了国王，十分亲切，对国王叩首亲吻，国王由此发现了狼的人性，将它带回宫廷，随后遇到使坏的妻子，对她进行了惩罚，并使狼人恢复为人。

这则寓言的关键之处在于伯爵由人变"狼"，再由"狼"变人的整个过程。故事一开始，叙述者就交代了伯爵的身份，尤其突出了他和国王的关系，这意味着他为主权权力所保护；当他进入森林时，这意味着他脱离

① 参阅 Giorgio Agamben, *Homo Sacer: The Sovereign Power anal Bare Life*, Stanford University Press, 1998, p. 65。

② Giorgio Agamben, *Homo Sacer: The Sovereign Power and Bare Life*, p. 66.

了主权权力的保护，成为"狼"；随后，当主权者进入森林时，意味着主权权力的控制范围覆盖了变成狼的伯爵所在之处，当他表现出对主权者的恭顺时，他又成为了人。

这显然说明，主权者有权决定一个人是人还是"狼"，而利维坦作出决定的理由并非这个人在公民社会中的位置，而是主权者对它对主权权力威胁大小所做的判断。在这一点上，主权者具有绝对的裁断权。例如，在狼人这则寓言故事中，当国王对伯爵夫人进行惩罚时，"狼"和人的位置互换了。本来享有人权的伯爵夫人，成为主权者的对立面，最终招致了惩罚。

由此，我们发现，在阿甘本所叙述的这则寓言中，主权者拥有两种权力：1. 区分公民／狼人的权力；2. 惩罚狼人的权力。对于后者，福柯早已经有所认识。在《真理与律法形式》中，福柯将惩罚权看作日耳曼法律中的战争—和平权力在现代主权权力中的延续。[①] 阿甘本对"狼"这样一个意象的解读实际上延续了福柯对主权者战争权力的看法。但是，阿甘本对主权的代表功能的看法，却与福柯有所不同。在他看来，主权捍卫全体公民生命权力的代表功能并不是通过霍布斯的"人与人之间的战争"实现的，相反，这一功能是通过划分敌我的功能实现的。

这里，我们必须提及阿甘本主权学说的另一个来源：德国宪法学家 C. 施密特（Carl Schmitt）的"例外状态"学说。按照这一学说的原则，主权权力并非一定完全代表每一个国民的生命权；相反，通过区分敌我，构造一种例外状态，主权者将"不值得被代表"的国民排除出自己的保护范围之外，进而消灭他们，从而更好地实现自己的代表功能。因此，阿甘本直截了当地说，霍布斯的自然状态，并非真正自然生成的状态，而是例外状态。[②]

在这样一种例外状态中，战争才真正开场。值得注意的是，"人与人的战争"并非主权者所进行的真正战争，它只是发动另一场战争的借口。主权者与被剥夺了生命权的国民——"狼人"之间的战争才是真正发生的战争。通过将一部分人命名为"狼人"这种对他人有威胁的危险存在，利维坦才有权利通过暴力惩罚宣示自己的威力，从而成为捍卫全体民众生命

① 参阅 Michel Foucault, *Essential Works of Michel Foucault*：*Power*，Penguin，2000，p. 160。
② 参阅 Giorgio Agamben，*Homo Sacer*：*The Sovereign Power and Bare Life*，pp. 73 – 75。

权利的代表。阿甘本将主权权力杀害的个体，命名为"牲人"。

从"生/杀大权"到"生—杀大权"

"牲人"是阿甘本政治思想的核心概念，它源自于古代罗马法，在费斯图斯的《论词义》中，牲人的定义如下：

> 牲人就是那些因罪被人民审判的人。这些人不能被用来祭神，杀他的人却不会被判杀人罪。实际上，最早的保民法案记载："若杀了民众所认为的牲人，不算犯杀人罪。"这就是为什么坏人和不洁净的人常被叫做牲人。①

换句话说，牲人是一个共同体之中拥有人形，却不拥有人最核心的基本权利之一——生命权的人，若是将这个定义与霍布斯主权学说的理论语境相联系，牲人的概念和霍布斯对自然状态中的人所处状况的描述有着接近之处。所有处于自然状态中的人和牲人一样都处在被人杀死而不被处罚的情形之中，而两者唯一不同之处在于，霍布斯自然状态中的人尚未组成共同体，而牲人却已经内在于人类共同体之中。换句话说，相对于前公民社会的自然人来说，牲人是被主权者主动驱逐出公民社会，重新回到"自然状态"的人，但是，这个自然状态不再是霍布斯所假设的前文明状态，而是主权者主动设定的例外状态。

在这个例外状态之中，主权权力的实施包含了两个环节：第一个环节是主动划定被代表者的范围。与福柯不同，阿甘本并未假设，利维坦这个主权者天然地代表共同体内全体民众的基本权利，相反，主权者通过重新划分正常状态和例外状态的界限，主动成为了一部分民众生命权利的代表者，而把另一部分民众推向了主权者的对立面。完成了这一环节之后，主权者开始对这些被动地成为它对立面的人实施惩罚，这种惩罚权的实施和福柯的对主权来源于战争权利的考察不谋而合。但是，与福柯对"种族战争"神话的分析不同，阿甘本并不认为这样一种战争是现代主权国家内部的一部分统治者对被统治者的压制，相反，实施惩罚权和发动战争的目的

---

① 参阅 Giorgio Agamben, *Homo Sacer: The Sovereign Power and Bare Life*, p. 71。

是保持现代主权者能够完全代表全体公民的生命权利，从而更好地巩固主权者通过社会契约从全体民众手中获得的权力。

我们可以说，在现代契约论语境中，主权者杀死"牲人"的一刹那，福柯认为十分抽象，而且仅仅是用来掩饰历史语境中真正战争的主权者却成为战争暴力真正的实施者。由此，阿甘本重构了福柯对主权权力机制的理解，福柯处理主权权力这两个层面时，强调主权的设定，即主权权力对全体公民的代表功能，实际上被主权权力的压迫机制和主权国家内部的集团斗争所悬置。可是，阿甘本的解读却与福柯相反，他认为，主权国家对内和对外所实施的战争恰恰服务于主权代表功能的实现。由此，我们可以得出这样的结论：代表全体人民生命的权力，只有在以保护人民生命这一借口之下，通过对"非人民（或非公民）"的牲人进行杀戮，才能彰显出来。

阿甘本对福柯现代主权权力分析的拓展恰恰以这样一个论断为核心。他认为，从谱系学的角度来看，现代主权权力来源于古罗马时期家父（pater familius）对家庭成员的生杀大权。① 在古罗马社会中，一个家族的家长可以任意剥夺家庭成员的生命权，以此表现他在家庭中的绝对权威。无独有偶，在《必须保卫社会》这部讲演录中，福柯也把主权者和臣民的关系解释为一种父子（父女）关系，并将之看作主权的设定机制（mécanisme de institution）和获取机制（mécanism de acqusition）综合而成的一种全新的主权权力机制。福柯指出："……不仅如此，霍布斯说，为了自己的生命，儿童同意服从母亲的主权，这与失败者在落败那一刻为保全自身而服从胜利者的主权，在本质上并无不同。"② 由此，我们可以认为，在福柯眼中，霍布斯笔下利维坦所拥有的主权权力就是一种决定是否赐予被统治者生命权的权力，即阿甘本所说的"生/杀大权"。福柯却认为，这样一种"生/杀大权"的实质是通过保卫和赋予被统治者生命权，来掩盖现代国家内部真正的战争和杀戮。他这样评价霍布斯主权学说的实质："从根本上说，所发生的一切，似乎说明霍布斯远非一个思考战争与政治权力关系的理论家，他似乎试图消灭作为历史真实的战争，试图消灭

---

① 参阅 Giorgio Agamben, *Homo Sacer*: *The Sovereign*, *Power and Bare Life*, pp. 55 - 56。

② Michel Foucault, *Il faut défendre la societé*: *Cours au Collège de France* (1975 - 1976), p. 82.

主权的生成方式（la genèse de la souveraineté）。"①

阿甘本则指出，这些斗争和暴力并非主权权力试图掩盖和消除的对象，相反，只有在例外状态中，主权权力本身的暴力性，才得以呈现出来。这让阿甘本对主权权力的解读具有了全新的内容。在福柯眼中，霍布斯的主权权力学说最终的落脚点在于通过宣布主权者拥有生杀大权，来掩盖现代国家内部隐藏的战争和杀戮行为，并让这些杀戮行为具有正当性；可是，在阿甘本看来，这些杀戮行为和主权的暴力本质是不可分的，霍布斯所建构的"人与人之间的战争"并不仅仅是福柯笔下全体公民之间关于力量对比的理性计算，相反，在例外状态，也就是霍布斯所谓的自然状态中，主权者完全可以昭示自己的暴力，通过这种昭示，他选择应该保护的公民，从而更好地成为全体公民意志的代表者。

通过这样一种分析，主权权力从福柯眼中的"生/杀大权"变成了"生—杀大权"。如果说主权者保护公民生命安全，代表全体人民生命权利的功能，体现了主权权力中捍卫生命的方面，也就体现了"生/杀大权"中的"生"字，那么，主权者发动战争，惩罚敌手，剥夺一切不服从者的生命权利，就体现了"生/杀大权"中的杀字。福柯认为，主权权力中趋向于"生"的方面，实际上掩盖了它"杀人"的意志。阿甘本则将福柯的"生/杀大权"转化为了"生—杀大权"。"生/杀大权"中的斜杠之所以变成了连字符，是因为在这一权力机制中，"生"和"杀"这两个层面不再是相互对立的判断选项；相反，两者以悖论的方式扭结在一起，为了捍卫全体公民生命权利，主权权力必须要剥夺一些非公民的生命权利，恰恰通过剥夺这样一些人的生命权，主权权力才能更好地代表和捍卫全体公民的生命权利。

至此，主权权力的暴力特质和代表功能之间的紧张关系消除了。在阿甘本的思想体系中，"牲人"这个概念最为直观地呈现了现代主权权力的暴虐特质，主权者之所以对牲人实施战争权力，并非因为牲人主动挑战了它的权威，而是因为它必须通过宣布例外状态，来展示它捍卫全体公民生命安全的能力，通过排斥和消灭掉国民中并非公民的部分，主权者才能成为全体公民最具正当性的代表。而在杀死"牲人"的瞬间，主权权力捍卫和斗争的对象也奇迹般地合二为一：牲人是不值得活着的生命，在一个特

---

① Michel Foucault, *Il faut défendre la societè*: *Cours au Collége de France*（1975 – 1976），p. 84.

定共同体中没有任何基本权利；但是，他确实又是现代主权权力最为珍视的东西，因为，这一权力除了保护赤裸生命之外，没有任何存在的理由和目的。

（原载《世界哲学》2015 年第 5 期）

马克思经济学方法论的
奈格里式激进政治解读[*]

陈培永

奈格里在《超越马克思的马克思》一书中所形成的基本逻辑，在《帝国》及其之后的著作中并没有超越，而是不断地被重新包装，并由此创设了富有特色的马克思经济学的政治哲学解读模式，他的理论建构逻辑可以概括为"经济学语境中的激进政治话语"，而他对马克思经济学方法论的诊释最能体现这一点。奈格里强调必须始终依循马克思的经济学方法论，他把这种方法论归纳为几个方面，即"规定的抽象法""历史趋势法""实际上的真实""主体性的创构"以及"对抗本体论"。这些方法经过奈格里的解读都蕴含着主体的逻辑，显示出政治的、对抗的、革命的特质。尽管奈格里有过度阐释之嫌，但他对马克思经济学方法论的政治解读模式颇有代表性，不乏新意，值得批判、考究。

马克思方法论的第一个构成部分是"规定的抽象法"，也被奈格里称为"实在的抽象"，实际上来自马克思明确提出的"从抽象到具体"的方法。在《大纲》（即马克思《1857—1858 年经济学手稿》，通常称为《大纲》）的"导言"中，马克思指出了经济学上的两种方法：第一种是"从具体到抽象"的方法，它从"实在"和"具体"开始，然后经过分析找出具有决定意义的抽象的一般关系，"完整的表象就蒸发为抽象的规定"。这种方法把"直观"和"表象"的具体综合为抽象的规定，似乎是正确的，但进一步考察，却是有问题的；第二种方法被马克思称为"科学上正

  * 本文系广东省哲学社会科学"十二五"规划 2013 年度后期资助项目"马克思主义的政治主体建构学研究"（编号 GD13HZX02）、中国博士后科学基金面上资助项目"国外自治主义马克思主义的政治哲学研究"（编号 2013M531899）的阶段性成果。

确的方法"，这种方法从抽象的规定出发，然后借助于思维逻辑实现具体的再现，再现的具体是"许多规定的综合，因而是多样性的统一"。这就是从抽象到具体的方法，即是使"抽象的规定在思维行程中导致具体的再现"的过程。

奈格里承认，他所指的"规定的抽象"实际上就存在于"从抽象到具体"的方法中，但他又赋予了自己所解读出的方法一种更高的价值。因为在他看来，"规定的抽象法"既是科学地把握现实历史发展规律的科学方法，又是深刻表明主体逻辑存在的方法论。仅仅把这一方法看作是"从抽象到具体"的研究方法，而忽视这一方法隐藏的主体逻辑是有问题的。奈格里所提出的"规定的抽象法"的真正目的实际上是要把握有着特定主体参与的现实过程，在奈格里看来，只有如此，一种思想、一种理论才不至于沦为外界事物的拜物教式的思维，即为了研究对象而研究对象，这很容易忽略了真实的状况，忽略了主体的真实存在。"我们正在现实之中，这些现实的具体和多元规定正是我们通过抽象物尝试、力图、尽力接近的。在这第一个方法的原则里，存在着意志和智力即人们的日常实践。"① "意志和智力即日常的人类实践"始终存在，方法总是行动实践的反映。再现历史的是主体，因而是主体决定了规定的抽象，主体的行动决定了历史面貌的再现。"规定的抽象法"强调的正是主体要通过抽象认识的道路，从简单到复杂，以发现、缔造现实。奈格里认为马克思看到并指明了这一点，然而他意识到却没有清晰表明的一点是：规定的抽象过程，接近具体和抽象地占有具体的过程，是集体的过程，规定的抽象过程完全是在集体的无产阶级的阐释中被赋予的。科学的方法必须有主体的动力，方法论必须变成一套主体的逻辑，强调主体的力量，这是奈格里确立的基本原则。

二

马克思经济学方法论的第二个构成部分是"历史趋势法"。这种方法可以从马克思所举的交换价值的例子来理解。马克思把交换价值看作"十分简单的经济范畴"，在"比较具体的范畴"（可理解为货币）之前，它

---

① Negri, A., *Marx Beyond Marx: Lessons on the Grundrisse*, New York: Pluto Press, 1991, p. 47.

虽然早就有独立的历史存在，但并没有获得充分的发展，没有表现出充分的力量，只有发展到以货币为表现形式的复杂的、发达的社会形态下才能充分展示出来。"比较简单的范畴，虽然在历史上可以在比较具体的范畴之前存在，但是，它在深度和广度上的充分发展恰恰只能属于一个复杂的社会形式，而比较具体的范畴在一个比较不发展的社会形式中有过比较充分的发展。"① 其中的深意是，要看到历史发展的趋势，也要看到范畴发展的趋势，学会在历史发展的进程中分析特定的范畴。奈格里指出："这意味着简单与复杂之间的联系是一个完全意义上的关系，因此是一个动力，被历史的主体性激活的动力，被能动的集体——它作为历史的主体性的表征——激活的动力。这意味着存在不同程度的抽象：一方面是抽象在具体中谋求实在（规定的抽象），另一方面是具体在抽象中谋求它的规定（趋势的过程）。"②

奈格里要说明，比较简单的范畴、比较具体的范畴与复杂范畴之间的转变，恰恰反映的是社会经济关系、社会形态的现实变化，是历史的主体推动的产物，是关系运行的产物，关系就是动力，有关系就会有动力，就会实现范畴在简单、具体、复杂的属性之间的转化。因而，"简单的范畴""具体的范畴"在历史主体的关系中实现充分的发展，在历史条件中获得充分的适用性。所谓的"抽象在具体中谋求实在"就是从抽象到具体的方法（规定的抽象），是再现历史；"具体在抽象中谋求它的规定"就是具体范畴在抽象中实现它的充分性，这就是趋势法，就是比较具体的范畴通过社会形态的变换实现它的充分发展，这是改造历史。因此，这里存在着概念向现实的变换，是现实的主体通过斗争谋求价值实现（可以称之为自由和解放）的隐喻。这种隐喻昭示着：这个革命主体尚未在深度和广度上获得充分发展，革命主体没能获得完全的价值实现，然而它却在"谋求"，依靠生产和斗争的历史运动来"谋求"，谋求自己的自由和解放。趋势真正地显现为趋势，即立足当前，放眼未来。

因而，历史趋势法反映的是主体的斗争、对抗对人类社会更理想形态的谋划。"趋势：它不仅仅是在一些历史事物的基础上进行范畴的消极构

---

① 《马克思恩格斯全集》第30卷，人民出版社1995年版，第44页。
② Negri, A. , *Marx Beyond Marx*: *Lessons on the Grundrisse*, New York: Pluto Press, 1991, p. 48.

造，最重要的是它放眼未来，对现在进行解读以制定阐释未来的规划。去冒险，去斗争。一种科学应该坚持这样。"① 这种趋势法，绝对不是按照客观规律找到通往未来途径的方法，而只是一种集体对抗的逻辑，一种主体逻辑的表述。这种方法恰恰否定的是把历史过程看作直线型的、必然的、能够被决定的过程，它把主体性纳入历史之中，坚持的是一种非连续性或者是断裂性的过程，因为是主体的生产与对抗在决定历史，历史的趋势并不能告知未来，只能依靠过程去推动趋势，这种过程就是集体的冒险。奈格里强调的就是，"马克思的方法论是一个集体的冒险"②。集体才是方法论的主体，是历史的主体。客观的历史发展趋势，变成了主体的冒险，这一理解颇为别具一格。

三

马克思经济学方法论的第三个构成部分，被认为是"实际上的真实"或"实践的标准"。这一方法体现在马克思的劳动范畴上。马克思发现，劳动作为人类生存的一般规定，似乎是一个十分简单的范畴。但经济学使用的"简单抽象"的劳动，不是自始至终地就是"实际上真实的东西"，只有到了一定的历史阶段，"'劳动'，'劳动一般'、直截了当的劳动这个范畴的抽象，这个现代经济学的起点，才成为实际上真实的东西"③。马克思用劳动的例子表明了抽象的规定性甚至最抽象的范畴也是一定历史条件的产物，抽象的范畴在一定的历史条件下成为"实际上真实的东西"。奈格里认为，马克思在构成其理论核心的劳动范畴上，结合"规定的抽象法"与"历史趋势法"阐释了"实际上的真实"的方法。劳动的概念在经济的历史现实中走向更高形式的抽象，正是资本主义生产关系决定了这一过程。沿着这条道路，这一劳动范畴（规定的抽象）慢慢地（趋势的方法）扩展，变成"劳动一般"这个抽象，范畴成为"实际上真实的东西"，"因此，'实际上的真实'正是范畴发展的特定环节，在这里抽象找到了集中点，获得了与历史现实的紧密联系。没有抽象与趋势的连接，没

① Negri, A., *Marx Beyond Marx: Lessons on the Grundrisse*, New York: Pluto Press, 1991, p. 49.

② Ibid.

③ 《马克思恩格斯全集》第 30 卷，人民出版社 1995 年版，第 46 页。

有这一连接面向实践上的真实、面向有血有肉的历史的环节，就不可能科学地前进。'实际上的真实'就是科学，它成为一个变革的概念，变革的力量的可能性与现实性"①。这里又出现力量的概念，范畴要以历史现实、社会关系为标准，就是要与主体的力量为依据。这里我们还是能够看到奈格里"另类的"解读：马克思所谈到的"产生简单抽象（劳动一般）的那些关系"是对主体力量一种隐晦的说法，"对构成这个范畴的一般的关系的分析证明，这种统一、这种多元的统一与连接，是主体力量的动力成分，是主体力量的交织与主体力量的结果"②。主体的力量决定了关系，决定了历史，关系、历史决定了劳动的范畴，所推导出的结论就是主体的力量是真正的"真实的东西"。

"实际上的真实"是抽象范畴走向社会历史领域的表征，是理论路径与历史路径的融合。这种融合本身就是始于劳动，劳动本身就包含一般关系，包含主体的力量与斗争。"实际上的真实"因此是历史主体的标准，理论体系坚持实际上的真实，就是坚持主体的向度。马克思的理论进路正对应着历史主体的实践，历史由主体创造，理论进路也跟随历史领域的扩展而由主体创造，主体在此又一次被插入了。有多少方法，就有多少主体的逻辑。奈格里很明确地指出，如果坚持这种方法，就能够理解马克思的研究（Forschung）、叙述（Darstellung）与新叙述（neue Darstellung）之间关系的完美呈现。研究环节与表述环节总会不断变换，不存在固定的永恒性，辩证的研究与表述是对所有方面开放的，每一个结论都开启了新的研究与表述的新空间，一个范畴的出现总会随新的运动而被新的范畴替代。正是因为主体的实践运动决定着研究的不断变换。奈格里认为，从抽象到具体的方法加入主体的逻辑，就能解读出整体马克思的政治经济学体系。

四

将主体的逻辑贯彻到规定的抽象法、历史趋势法、实践标准法这三种方法中，对奈格里来说显然还不能突出主体的力量在经济学理论、在历史

---

① Negri, A., *Marx Beyond Marx：Lessons on the Grundrisse*, New York：Pluto Press, 1991, pp. 49－50.

② Ibid., p. 49.

实践中的决定性作用。因此，他进一步指出，还应该遵循马克思方法论的第四个要素，这就是主体的生产、移置或创构。奈格里从马克思的政治经济学中找到的依据是，"生产不仅为主体生产对象，而且也为对象生产主体"①。只要有生产，就会有主体，主体性是在生产的物质实践中被生产的，这就是主体的生产。奈格里强调的是，生产领域充满剥削，有剥削就会有对抗，而对抗也生产主体。只要有对抗，就会有主体。因此在马克思那里，工人的主体性是在剥削经历的对抗中被创造的。奈格里的观点是：唯物主义方法完全是主体化的、对未来开放的、创造性的，它没有局限在任何的辩证总体性或逻辑统一体中。正是主体的力量注入研究的总体性中，持续不断地决定着新基础的生成，在此基础上推进历史的和趋势的运动，推进新的主体的生成，新主体的出现又揭示出新的对抗，重新开始了新主体决定的新过程。

主体性的创构决定了一切方法的真实性、实践性。主体介于规定与趋势之间，使抽象、逻辑的中介主体化，给实际上真实的东西添置先决条件与历史动力。就是这个主体的创构方法，突出了马克思方法论"运行的"特征，体现出马克思的方法论是动态的、而不是静止的逻辑。主体总是创构新的理论结构，创构新的现实秩序，整个世界就是一个被创构的世界，整个经济学方法论也必然是由主体的创构构成的完整的动态方法论。借助于主体性的创构原则，马克思经济学的方法论终于成为一个统一的整体，并真正解读了历史的真实进程。"历史的领域运动着：由规定的抽象界定的范畴被调整，趋势得以实现或被移置，在任何情况下都受强烈的易变性的支配；在此领域运动的、在实践上决定这一领域的主体自身或情愿或不情愿地参与这个过程。这一领域总是多元的、变化的、移动的：人们拥有的关于它的知识必然带有斗争的生命力和激情。"② 主体的创构，表明历史发展中的主体运动是真正的方法论的核心。

随着这种诗意的描述，经济学方法论在此完全展示为一种对历史唯物主义的重新阐述。但这种重新阐述的历史唯物主义不再有"物"，不再有客观性，不再有规律性，而只有主体的运动，多元的、变化的、移动的运

---

① 《马克思恩格斯全集》第 30 卷，人民出版社 1995 年版，第 33 页。

② Negri, A., *Marx Beyond Marx*: *Lessons on the Grundrisse*, New York: Pluto Press, 1991, p. 56.

动，只有主体的斗争，富有生命力和激情的主体。历史的真实进程就是历史主体的创构与对抗。创构就是对抗，对抗就必然导致危机。对抗在运动中构成自身，消解自身，重建自身。"马克思的方法，由于是捕捉现实的多样性和多元动力的合适的工具，因而构建了科学的现实。马克思的方法是始终创构的方法，因为阶级斗争构成了激烈的对抗。"① 创构的结果就是危机，创构原则把危机带入马克思主义分析它的方法论的核心，因为主体持续的创构所导致的恰恰是资本主义发展的危机。危机不是资本主义发展规律的必然表现或结果，而只是反抗主体创构的产物。只有创构，即只有对抗，才是真正的答案。创构的原则，而不是客观规律因此成为分析变革、过渡的基本标准，完全是主体在推动着理论，推动着历史。

经过奈格里解读的马克思经济学方法论归根结底就是主体的动力学，或者说主体对抗的本体论。这一根本原则在马克思的生产概念中得到完全展现。马克思指出："如果没有生产一般，也就没有一般的生产。生产总是一个个特殊的生产部门——如农业、畜牧业、制造业等，或者生产是总体。……生产也不只是特殊的生产，而始终是一定的社会体即社会的主体在或广或窄的由各生产部门组成的总体中活动着。"② 因此奈格里强调，总体是由主体的活动构成的具体的总体，是开放的、外延的、差异的。不存在无主体的总体，只存在有主体活动的总体。主体是总体的动力，是总体的决定者，主体的活动决定了总体不是连续的，而是动态的、非连续的，这才是总体与主体的真正关系。因此，"主体性赋予了物质结构的辩证法一种极其重要的动力，扩展了它的维度……唯物主义在此使辩证法从属于自身，利用其来表征主体的（资本主义的）结构的总体。但这并不充分：辩证法正如朴素的唯物主义确定革命方法一样是无力的。唯物主义和辩证法已经提供给我们总体和差异，以及从主体角度整合它们的结构化的环节。但这还不完善：只要这个结构、这个总体不是从内部被分开，只要我们没有成功捕捉到辩证地构成结构的主体（斗争的两个阶级），而只是结构的（资本主义的）主体性，就依然是不足的"③。仅仅把总体理解为资

---

① Negri, A., *Marx Beyond Marx*: *Lessons on the Grundrisse*, New York: Pluto Press, 1991, p. 13.

② 《马克思恩格斯全集》第 30 卷，人民出版社 1995 年版，第 27 页。

③ Negri, A., *Marx Beyond Marx*: *Lessons on the Grundrisse*, New York: Pluto Press, 1991, p. 44.

本主义的结构是不够的，是没有真正把握唯物主义与辩证法的表现，应该看到主体，看到主体的动力作用。但这还远远不够，还要看到主体性的存在方式，主体的斗争、对抗才能推动历史的发展、总体、结构的前进。一个循序渐进的深入：没主体不能解读历史的发展，有了主体也不一定能解读历史的发展，只有看到主体的对抗，明确两大阶级的对抗，才能解读历史的发展。

在奈格里的解读中，对抗被植入了，俨然成为历史发展的真正动力，是历史中的本体论。"生产的范畴——在本质上它凸显为，在总体上它表征为：一个名副其实的社会现实的链接——只能被建构为一个差异的范畴，一个主体的总体，一个差异的总体，一个对抗的总体。这是我们应该遵循的思路。"① 差异、主体、对抗，这就是生产总体中的辩证法。奈格里也认为，只有遵循这个思路，才能真正克服生产、分配、交换、消费关系上"正规的三段论法"，即生产是一般，分配和交换是特殊，消费是个别，才能真正理解其中各要素的具体、特殊和差异。只有把总体理解为由对抗构成的，而不是对概念作辩证的平衡，才能真正解释现实的关系。这意味着，生产中的主体向度与对抗逻辑构成了一条明晰的线索，生产—消费、生产—分配、生产—流通（交换）的关系都以生产为决定作用，都强调的是主体性和对抗，是对抗关系的表现。奈格里认为在生产概念中体现出的是马克思唯物主义和辩证法的统一性。唯物主义就是坚持生产的客观现实，而辩证法就是主体的对抗逻辑。正是在生产中出现了主体的逻辑，出现了主体、差异、对抗等范畴，才有了这种统一。辩证法被置于唯物主义中正是为了把结构的总体看作对抗的可能性。对于马克思的生产，只有坚持主体的对抗、差异的对抗才能真正把握其旨趣，这就是唯物主义与辩证法的统一。

奈格里指出，只有在这个对抗的领域，才能开始新范畴，新范畴不再是资本的范畴，而是为了推翻资本的范畴。必须从马克思的方法中解放出革命的内容，这里的前提就是对所有辩证形式的批判，没有什么辩证，只有对抗，这正是奈格里所总结出来的革命的理路前提。"辩证法的终结？是的，因为思维的行动相对于集体力量、集体实践，没有任何自主可言，

---

① Negri, A., *Marx Beyond Marx: Lessons on the Grundrisse*, New York: Pluto Press, 1991, p. 44.

正是集体力量、集体实践构成作为走向共产主义的动力的主体。对手必须被摧毁。只有共产主义实践才能摧毁它，而且必须通过完成它、发展它自身，才能解放出丰富的、独立的共产主义的多元性。"① 奈格里力求把马克思的政治经济学打造成贯穿主体对抗逻辑的阶级政治学、革命政治学。对于我们来说，讲清楚马克思主义历史辩证法的客体向度与主体向度的统一，依然是值得深入探讨的课题。

（原载《哲学研究》2015 年第 10 期）

---

① Negri, A., *Marx Beyond Marx: Lessons on the Grundrisse*, New York: Pluto Press, 1991, p. 190.